Der neue Büchmann

Geflügelte Worte

Der neue Büchmann

Geflügelte Worte

Gesammelt und
erläutert von
Georg Büchmann

Fortgesetzt von
Walter Robert-tornow,
Konrad Weidling,
Eduard Ippel
und Bogdan Krieger

Bearbeitet und
weitergeführt von
Eberhard Urban

Bassermann

ISBN 978-3-8094-2081-1

Redaktion: Sven Beier
Herstellung: Sonja Storz

Druck: Těšínská Tiskárna a.s., Český Těšín

Printed in the Czech Republic

101270194X817263544536271

Inhalt

Register

Vorwort

Der Büchmann ist längst ein Begriff wie der Duden und andere Nachschlagewerke, deren Urheber mit ihren Namen zum Markenzeichen geworden sind. Der Büchmann ist seit seinem ersten Erscheinen im Jahre 1864 mehr als ein Nachschlagewerk. Er ist ein Lesebuch, in dem nicht nur die gesuchten »Stellen« zu finden sind, sondern in dem die Leselust von Zitat zu Zitat geführt wird, die Leser verführt werden, sich in der Schatzkammer der geflügelten Worte zu verlieren.

Als einer, zu dessen Handwerkszeug auch der Büchmann gehört, war ich dem Herrn Büchmann und seinen nachfolgenden Bearbeitern dankbar. Und ich habe mich geärgert: über die Fülle längst nicht mehr geflügelter Worte, über das Fehlen neuer Zitate – und auch älterer, die den Wortfängern entflogen waren, über das eine und andere falsche Zitat. Nun bin ich dem Verleger dieses neuen Büchmann dankbar, der mich mit der Aufgabe betraute, eine Neuausgabe zu erstellen.

Ich versuchte, ärgerliche Fehler zu korrigieren, die Sammlung der geflügelten Worte bis in unsere Gegenwart fortzusetzen, dabei abschreckende Gelehrsamkeit zu vermeiden, ohne auf Genauigkeit zu verzichten. Und mir wurde bewußt, daß eine letztgültige Objektivität nicht zu erreichen ist; was dem einen geflügelt, ist dem andern unbekannt; was dem einen ein Begriff, ist dem andern fremd.

Neu ist bei diesem Büchmann das Kapitel »Aus Kino und Fernsehen«, das ich in anderen Büchmann-Ausgaben vermißte. Diese neuen Medien tragen wesentlich dazu bei, unseren Wort- und Sprachschatz zu bereichern.

Dankbar bin ich auch Kristiane Müller, der Herrin meines Herzens, die mir in der Zeitnot bei den griechischen und lateinischen Schriftstellern geholfen hat.

Um Verständnis bitte ich all jene, die einige Zitate vermissen oder für entbehrlich halten. Manch geflügelt Wort ist im Laufe der Zeit flügellahm geworden oder hat gar die Flügel verloren. Was gestern noch in aller Munde war, ist heute schon vergessen. Und was heute noch in aller Ohr, ist morgen schon verweht. Was bleibt, ist der Büchmann und die Lust, darin zu blättern und zu lesen.

Eberhard Urban

Historische Einleitung

Als Georg Büchmann im Jahre 1864 zuerst jenen köstlichen Schatz hob, der unter steter Vermehrung den Inhalt des vorliegenden Werkes bildet, gab er seiner Sammlung den willkürlich gewählten, dem Homer entlehnten Titel »Geflügelte Worte«.

Bis dahin hieß »geflügelte Worte« nur, was es bei Homer heißt, nämlich »schnell von den Lippen des Redenden enteilende, zum Ohre des Hörenden fliegende Worte«. Weil Büchmann jedoch unter diesem Namen einen neuen, von ihm selbst geschaffenen Begriff in die deutsche Sprachwissenschaft einführte, mußte er eine möglichst scharfe Erklärung dessen, was er wollte, zu geben versuchen. Er sagte darüber in der Einleitung zur 5. Auflage (1869):

»Die allgemeinen Verständigungsmittel der Menschen sind nicht nur die in ihrer Form fertigen, jedem zu Gebote stehenden einzelnen Wörter; es haben sich daneben auch im Laufe der Zeit stehende, fertige Formen von Wortzusammenstellungen und Gedanken entwickelt, für welche eine allgemeine Bezeichnung nicht vorhanden ist, und welche je nach ihrer Natur Redensarten, sprichwörtliche Redensarten, Sprüche, Sprichwörter usw. genannt werden. Läßt sich von den meisten dieser Gedankenformen weder die Zeit, in welcher, noch die Umstände, unter welchen sie entstanden sind, angeben, so gibt es doch eine Gruppe derselben, die sich auf einen bestimmten literarischen oder historischen Ausgangspunkt zurückführen lassen. Diese sind in dem folgenden Büchlein unter dem Titel: ›Geflügelte Worte‹ gesammelt und mit den Attesten (Anm. des Herausgebers: veraltet für Zeugnisse) ihres oft überraschend versteckten Ursprungs versehen worden; mag der Name ›geflügelte Worte‹ nun richtig gewählt sein oder nicht. So viel über den Gedanken und den Namen des Buches. Der Ausführung des Gedankens treten namentlich zwei Schwierigkeiten in den Weg: die Schwierigkeit der Abgrenzung des geflügelten Wortes gegen das Sprichwort und die andere, festzustellen, ob ein Wort allgemein genug ist, um den Rang eines geflügelten Wortes beanspruchen zu dürfen. Was die erstere betrifft, so entsteht oft die Frage, ob ein Schriftsteller ein schon vorher umlaufendes Wort für seine Zwecke angewendet hat oder ob er selbst der Schöpfer seines Wortes ist. Denn auch die Sprichwörter fallen nicht wie Manna vom Himmel; jedes derselben hat seinen speziellen Autor, seinen ersten Erfinder; viele derselben sind ohne Zweifel Sprüche aus verloren gegangenen oder noch nicht wieder aufgefundenen Schriftstellern. Selten nur ist man so glücklich, von dem Schriftsteller selbst zu erfahren, ob ein Wort, das er anwendet, auf seiner eigenen Mühle gemahlen oder fremde Ware ist. In zweifelhaften Fällen wird hier dem Sammler als Regel gelten dürfen, die erste schriftstellerische Quelle getrost anzumerken und es dann der späteren Forschung zu überweisen, ob das Wort schon in früheren Tagen im Volke verbreitet gewesen ist.«

Es mag zunächst auffallend erscheinen, daß Büchmann in der vorstehenden Erklärung das Wort »Zitat« vermeidet. Das ist kein Zufall. Der engere Begriff des landläufigen Zitates in dem allgemein üblichen Sinne der bewußten Anführung eines fremden Satzes deckte sich nämlich nicht ganz mit dem Inhalt schon der ersten Auflage des Buches. Schon dort sind als »geflügelte Worte« verzeichnet die bei uns landläufigen Anwendungen von Aussprüchen und Ausdrücken der Dichter, Denker, Propheten, Redner, Geschichtsschreiber und Mythographen, einschließlich des metaphorischen Gebrauches von Ereignissen und typisch gewordenen Namen. Mit dem Untertitel »Zitatenschatz des deutschen Volkes« wollte Büchmann sein Werk einführen und wenigstens dem größten Teile des Inhaltes nach kennzeichnen, soweit er nicht eine Erweiterung des Begriffes »Zitat« überhaupt beabsichtigte. Aus begreiflichen Gründen wurde dann auch dieser Untertitel beibehalten, obschon er dem allgemeinen Sprachgebrauche gegenüber zu eng war und mehrfach zu nicht ganz unberechtigten Bedenken Anlaß geboten hat. Büchmann sagte darüber in einer seiner Vorreden, daß das Buch unter dem alten Titel, unter dem es sich beim Publikum eingeführt hätte, weiter erscheinen müsse, und daß »weder Autor noch Verleger das Werk unter einem anderen als dem gewohnten Namen, gewissermaßen in einer Vermummung dem Publikum vorführen könnten.«

Büchmann mußte bald erkennen, daß seine erste Erklärung den Inhalt seines Buches nicht erschöpfte, und so brachte er denn in der Einleitung zur achten Auflage vom Jahre 1874 den nachfolgenden kürzeren Versuch:

»In jeder Sprache, so auch in der deutschen, gibt es neben der unendlichen Fülle von Sprichwörtern, Stich-, Kraft- und Schlagworten, deren Urheber gänzlich unbekannt sind, eine verhältnismäßig kleine Zahl solcher Worte, deren Ursprung sich urkundlich belegen läßt. Letztere sind, soweit sie dem deutschen Volke angehören, in diesem Buche unter dem Namen ›Geflügelte Worte‹ zusammengestellt.«

Doch auch diese Erklärung konnte Büchmann nicht auf die Dauer befriedigen, daher faßte er sich bald ganz kurz und sagte:

»›Geflügelte Worte‹ nenne ich solche Worte, welche, von nachweisbaren Verfassern ausgegangen, allgemein bekannt geworden sind und allgemein wie Sprichwörter angewendet werden.«

Diese, den Inhalt des Buches ebenfalls nur teilweise deckende Definition behielt Büchmann bis in die dreizehnte Auflage letzter Hand vom Jahre 1882 bei, indem er annahm, daß sein Buch selbst die beste Definition enthalte.

Erst Robert-tornow gelang es, eine feste Umgrenzung des Begriffes »geflügeltes Wort« im Sinne Büchmanns zu finden. Diese, auch heute noch gültige Erklärung lautet:

»Ein geflügeltes Wort ist ein in weiteren Kreisen des Vaterlandes dauernd angeführter Ausspruch, Ausdruck oder Name, gleichviel welcher Sprache, dessen historischer Urheber oder dessen literarischer Ursprung nachweisbar ist.«

Mit diesem begrenzten Stoff hat es das Buch zu tun, und es ist der Sammlung von Sinnsprüchen, gebräuchlichen Redensarten, Fremdworten, Sprichwörtern oder Mottos wohl vergleichbar, aber nicht gleich. Zum Beispiel:

»Nur in der fühlenden Hand regt sich das magische Reis« ist ein Goethescher Sinnspruch, aber kein allgemein angewandter; »Plagiator« ist ein übliches, aber herrenloses Fremdwort; »Pfui, Teufel!« ist eine gebräuchliche Redensart, aber ohne Geburtsschein; »Ehrlich währt am längsten« ist ein Sprichwort, das sein Dasein einem Unbekannten verdankt, und »Sinceriter citra pompam« (Wahr und prunklos) ist ein Motto Ulrichs von Hutten, das nur wenige zitieren.

Wenn nun auch die Definition des geflügelten Wortes mit der von Robert-tornow gegebenen Erklärung im sprachwissenschaftlichen Sinne erledigt ist, so darf doch nicht übersehen werden, daß auch ihrer Durchführung zwei erhebliche Schwierigkeiten sich entgegenstellen. Die erste wurde schon oben erwähnt. Sie besteht darin, daß der übliche Begriff des »landläufigen Zitates« sich nicht voll mit dem »geflügelten Worte« im Sinne Büchmanns deckt, sondern in mancher Hinsicht ein engerer als dieses ist. Die zweite Schwierigkeit ist noch größer. Sie liegt darin, daß der deutsche Sprachgebrauch sich des Ausdruckes »geflügeltes Wort« nach Büchmanns Einführung immer mehr und mehr bemächtigte und in dessen Anwendung im Laufe der Zeit weit über die Grenzen, die ihm Büchmann gezogen hatte, hinausgegangen ist. Der vulgäre Sprachgebrauch versteht unter einem geflügelten Worte jeden Ausspruch, der im allgemeinen Gebrauch als Zitat von Mund zu Mund fliegt, gleichgültig, ob der historische Urheber oder der literarische Ursprung nachweisbar ist oder nicht, und gleichgültig auch, ob das Wort schon wirklich dauernd angewendet wird oder nach kurzer Zeit wieder aus dem Gebrauch verschwindet. Diese Erweiterung des Begriffes, die dadurch entstand, daß man sich der Absicht seines Schöpfers nicht mehr bewußt war, veranlaßt nun wieder manche Freunde und Leser des Buches, in ihm Dinge zu suchen, die in dem durch Büchmann geschaffenen Sinne gar nicht hineingehören.

Zum Kennzeichen des geflügelten Wortes gehört neben der Nachweisbarkeit seines Ursprunges und seiner Landläufigkeit auch, daß er sich dauernd im Sprachgebrauch der Gebildeten erhalten hat. Gerade in dieser Hinsicht muß der Herausgeber doppelt vorsichtig sein, weil

die wandelbare Gunst der Menge schon nach wenigen Jahren oft nichts mehr von den Worten weiß, die kurz vorher in aller Munde waren. Bedachtsam muß hier weitergearbeitet werden, und immer muß man an die Weisung denken, die Büchmann seinen Nachfolgern hinterließ, daß nämlich die Prüfung, Ordnung und Sichtung des vorhandenen Inhaltes weit wichtiger als die Vermehrung sei.
Nur als Kuriosum sei erwähnt, daß von manchen Lesern verlangt wird, es sollten in das Buch auch solche Zitate, insbesondere aus unseren deutschen Klassikern, aufgenommen werden, die zwar noch nicht allgemein gebräuchlich sind, aber doch verdienten, wegen der Tiefe und Schönheit der in ihnen enthaltenen Gedanken zu geflügelten Worten zu werden.
Die Erfordernisse eines »geflügelten Wortes« sind also nach den vorstehenden Darlegungen:
1. daß sein literarischer Ursprung oder sein historischer Urheber nachweisbar ist;
2. daß es nicht nur allgemein bekannt ist, sondern auch in den Gebrauch der deutschen Sprache überging und allgemein gebraucht oder angewendet wird;
3. daß Gebrauch und Anwendung nicht nur zeitweilige, sondern dauernde sind, wobei natürlich »Dauer« nicht »Ewigkeit« heißen soll.
Hinsichtlich der ersten Bedingung ist, soweit sie nicht schon früher erläutert wurde, zu bemerken, daß historische Forschungen hier wie anderwärts leicht bis an die Grenze des Mythos führen nach dem Satze, daß »alles Gescheite schon gedacht worden ist«.
Wenn wir Homer, Aesop, die Bibel oder die Edda als Quellen angeben, so schwankt die Beantwortung der Frage, ob das betreffende Wort wirklich da zuerst geschrieben steht, ganz beträchtlich, ja sie schwankt eigentlich immer. Denn niemand kann sicher wissen, ob nicht etwa mancher aus Goethe viel zitierte Spruch seine Form oder seinen Inhalt befreundetem oder anderem Einfluß verdankt. Und dennoch bleibt er ein »geflügeltes Wort« aus Goethes Werken; denn für uns steht er bestimmt da zuerst geschrieben, wenn sich keine ältere Stelle nachweisen läßt. Parallelstellen haben im allgemeinen nur dann Aufnahme gefunden, wenn sie für den Ursprung oder für die Wandlungen des »geflügelten Wortes« von wesentlicher Bedeutung sind.
Die zweite Bedingung, die Beantwortung der Frage, ob ein Wort so allgemein geworden ist, daß es »geflügelt« genannt zu werden verdient, läßt sich nur durch Beobachtung und Umfrage lösen. Von vornherein muß sich jeder vor dem Irrtum hüten, als ob ihm und seinen besonderen Kreisen geläufige Worte deswegen allein schon geflügelte Worte seien, und als ob ein ihm nicht geläufiges, vielleicht gar nicht bekanntes Wort deswegen aus der Reihe der geflügelten Worte zu streichen sei.

Obwohl mancher daran zweifelt, gibt es dabei doch recht untrügliche Proben. Wird nämlich ein Wort von unbelesenen Leuten überhaupt oder von vielen Gedächtnisschwachen falsch oder von mehreren Witzigen in übertragener Bedeutung angeführt, dann ist es gewiß ein »geflügeltes«; ist es aber vielen belesenen und gedächtnisfrischen Leuten fremd, dann ist es schwerlich »geflügelt«.
Mit bloßem Taktgefühl oder ästhetischem Belieben kommt man bei diesem Werke nicht weiter. Der Begriff des geflügelten Wortes zieht dem Bearbeiter strenge Schranken; es wäre allerdings viel bequemer, dem Buche durch hineingesprengte Zitate eigener, leichtfertiger Wahl den Anschein größeren Stoffreichtums zu geben.
Trotz aller Vorsicht wird manch ein Wort wohl als »blinder Passagier« in dem Schifflein dieses Buches mitschwimmen, das sich nicht genügend über seine Landläufigkeit, soweit sie wenigstens für die Gegenwart noch in Frage kommt, ausweisen kann, oder das mit einem Ursprungsatteste versehen ist, dessen Angaben spätere historische oder literarische Forschungen als unrichtig erweisen werden. Wer sich ernstlich damit befaßt, wird merken, daß es nicht leicht ist, die Klasse der geflügelten Worte aus dem Gesamtschatz aller heimischen und eingewanderten Worte und Wendungen herauszuheben, und er muß einsehen, daß auch dem Erfahrenen bei der Bestimmung eines »geflügelten Wortes« Irrtümer nicht erspart bleiben.
Wenn nun der Sammler geflügelter Worte mit gewisser Freude seinen Vorrat überschaut, so ist er doch keineswegs in der glücklichen Lage desjenigen, der es sich zur Aufgabe gestellt hat, die Perlen und Goldkörner, die in reichster Fülle über die deutsche Literatur zerstreut sind, zusammenzulesen; er hat es im Gegenteil oft genug mit dem Staube der Alltäglichkeit zu tun. Zieht jenen vielleicht gerade das Ungewöhnliche und Seltene an, so ist er verpflichtet, auf das Gewöhnliche und Gebräuchliche sein Augenmerk zu richten, mag er sich auch oft daran erfreuen können, daß das Gebräuchliche zugleich ein tiefer, schön ausgeprägter Gedanke ist. Nicht der gediegene Inhalt nämlich macht Worte zu geflügelten, sondern der oft zufällige Eindruck auf einen größeren Kreis von Lesern und mehr noch von Hörern. Die Kanzel, das Theater, die Rednerbühne, der Gesang, die Zeitschrift sind die Vermittler derselben. Daher kommt es, daß die dramatische Literatur ihrer mehr liefert als die lyrische oder die epische, und daß aus der lyrischen Poesie mehr Stellen aus komponierten und gesungenen Liedern zitiert werden als aus anderen Gedichten. Daher kommt es auch, daß mancher Liebling des Volkes und der Musen in diesem Buche unvertreten bleibt, daß mit wenigen Ausnahmen Historiker und Männer der exakten Wissenschaften ganz fehlen, und daß viele Meisterstücke der Literatur, besonders solche, die in den seltenen Stunden stiller Weihe die Seele erquicken, und deren Publikum stets der einzelne Mensch oder höchstens ein traulich geschlossener enger

Kreis ist, eine überaus geringe Ausbeute zu den geflügelten Worten geben. Diese entstehen auf dem Markte des Lebens und im Strudel der Öffentlichkeit.
Viele werden das Werk nur als Nachschlagebuch wert halten und benutzen, manche jedoch werden den in ihm behandelten Stoff tiefer fassen als einen Baustein zur Erkenntnis des Seelenlebens der Völker. Diese, seine eigentlichen Leser, werden in dem Buche einen Spiegel des Geschmackes unseres Volkes erblicken. Sie werden u. a. sehen, daß entsprechend der Zeitströmung – mag man sie nun nach dem verschiedenen Standpunkt bedauern oder willkommen heißen – die Pflege und Kenntnis des Griechischen zurückgegangen ist, daß aber andererseits unsere Klassiker, an der Spitze Lessing, Goethe, Schiller und der uns verwandte Shakespeare, immer noch ihren festen Ehrenplatz behaupten, vielleicht gar noch tiefer in unsere Gedankenwelt eingedrungen sind, und daß vor allem Luthers kernige Sprache noch heute in Herz und Mund des deutschen Volkes lebendig ist.

●●●

Georg Büchmann, dessen Name selbst zum geflügelten Wort geworden ist, wurde am 4. Januar 1822 zu Berlin geboren. Er besuchte dort das Joachimsthalsche Gymnasium bis 1841, besonders gefördert durch die trefflichen Pädagogen August Meineke und Ludwig Wiese, und er studierte, ebenfalls in Berlin, anfänglich Theologie, bald aber, angezogen durch Boeckh und Panofka, klassische Philologie und Archäologie bis 1844.
Durch die damals noch herrschende Hegelsche Philosophie gewann er früh eine glänzende Dialektik. Die Jugendgenossen wissen von seiner Redegewandtheit und von seinem schlagenden Witz zu berichten; doch trieb er keinen Mißbrauch mit diesen Gaben, denn sein bester Freund aus jenen und späteren Tagen schreibt über ihn: »Mit der Freude an seinem Schaffen vereinte er die anspruchsloseste Bescheidenheit. Streng gegen sich selbst, war er liebevoll gegen andere, anerkennend und voll Wohlwollen. Nur der Lüge und hohlen Phrase oder der Unduldsamkeit gegenüber konnte er schroff werden.«
Nach Beendigung der Universitätsstudien nahm Büchmann in der Nähe von Warschau eine Hauslehrerstelle an, erlernte dort die polnische Sprache und erwarb sich im Oktober 1845 in Erlangen den philosophischen Doktorgrad auf Grund seiner Dissertation »Über die charakteristischen Differenzen zwischen den germanischen und slawischen Sprachstämmen«. Danach ging er nach Paris, befestigte seine Kenntnisse in der französischen Sprache und gab Unterricht an einem dortigen Institut.
Im Jahre 1848 in seine Vaterstadt zurückgekehrt, machte er das Lehrerexamen, erledigte das Probejahr und wurde nach dreijähriger

Tätigkeit an der Saldernschen Realschule zu Brandenburg a. d. Havel im April 1854 Oberlehrer an der Friedrich-Werderschen Gewerbeschule in Berlin. Hier gehörte er dreiundzwanzig und ein halbes Jahr hindurch zu den geachtetsten Lehrern und zählte in der von Professor Herrig gegründeten Gesellschaft für neuere Sprachen zu den Leitsternen.

Hervorragend war Büchmanns Begabung für die Aneignung lebender Sprachen. Das Griechische, Hebräische und Lateinische trieb er lediglich in den Jugendjahren, wählte dann das Französische und Englische zu seinem Spezialstudium und Lehrgegenstand und machte sich daneben mit dem Spanischen, Italienischen, Polnischen, Dänischen und Schwedischen vertraut. Die Ergebnisse seiner Forschungen legte er gelegentlich in Schulprogrammen und Zeitschriften nieder. So findet sich in einem Programm der Saldernschen Realschule außer seiner obenerwähnten Doktordissertation eine Abhandlung »Über Wort- und Satzfügung im Neuschwedischen«, in dem Jahresbericht der Berliner Gewerbeschule für 1858 ein feinsinniger Essay über Longfellow und im Herrigschen Archiv eine vielgelobte Arbeit »Beiträge zur englischen Lexikographie«. Ferner hatte er Anteil an der Neubearbeitung der sechzigsten Auflage des französischen Wörterbuches von Thibaut, die er mit Wüllenweber herausgab.

Auf weitere Kreise suchte Büchmann zu wirken, als er mit seinem Schulfreunde Leberecht Pomtow eine Reihe anmutiger Märchen herausgab. Auch hielt er am 22. Januar 1862 im Saale des Berliner Schauspielhauses einen zündenden Vortrag »Über den Berliner Adreßkalender«, worin er seine vielseitige Sprachkenntnis zur Erklärung der üblichsten und der seltsamsten Familiennamen benutzte. Aber das Gebiet seiner eigensten Befähigung ging ihm erst auf, als er die Bekanntschaft zweier Werke machte, in denen Engländer und Franzosen ihren Reichtum an landesüblichen Zitaten auszubreiten versuchten.

Diese Bücher führen den Titel: »Handbook of Familiar Quotations, chiefly from English Authors« (by J. R. P.). A new Edition. London 1853 und »L'Esprit des Autres recueilli et raconté« par Édouard Fournier. Paris 1855. Sie regten Georg Büchmanns launiges Naturell und seinen durch große Belesenheit unterstützten Scharfsinn zu Forschungen an über die geistige Scheidemünze aus aller Herren Ländern, die in Deutschland umläuft. Bald gelang es ihm, seine Vorgänger durch Stoffülle und Zuverlässigkeit weit zu übertreffen.

Zunächst hielt Büchmann nun im Herrigschen Verein 1863 einen Vortrag über »gefälschte Zitate«, und er sprach dann 1864 im Saale des Berliner Schauspielhauses über »landläufige Zitate« im allgemeinen, denen er in bestimmter, erweiterter Auffassung bei dieser Gelegenheit den seitdem weltbekannten Namen »Geflügelte Worte« gab. Dem Vortrage hatte der Verlagsbuchhändler Friedrich Weidling (geb.

1821, gest. 1902), Besitzer der Haude und Spenerschen Buchhandlung, beigewohnt. Es gelang ihm, Büchmann zu bestimmen, den Vortrag in größerer Form als Buch umzuarbeiten, und noch in demselben Jahre erschien im bescheidenen Umfang von 220 Seiten das Buch »Geflügelte Worte. Der Zitatenschatz des deutschen Volkes«. Schon aus dem Inhalt dieser ersten Auflage ist ersichtlich, welche weiten, über den engeren Kreis der landläufigen Zitate im gewöhnlichen Sinne erheblich hinausgehenden Grenzen Büchmann dem neuen, von ihm geschaffenen sprachwissenschaftlichen Begriffe des »geflügelten Wortes« zog. In der 13. Auflage (1882), der letzten von ihm herausgegebenen, schrieb er:

»Die ganz willkürlich gewählte Benennung ›Geflügelte Worte‹, welche ich diesem Buche gab, ist allgültig geworden und über Deutschlands Grenzen hinausgedrungen. Es erschien 1871 in Holland unter dem Titel ›Gevleugelde Woorden‹ ein klägliches Machwerk, welches mich ausbeutete, ohne daß mein Name darin auch nur erwähnt wurde. Eine sehr erfreuliche, in der Anlage sich eng an mein Buch anschließende, aber trotzdem selbständige dänische Bearbeitung des Stoffes hat 1878 Oscar Arlaud in Kopenhagen unter dem Titel ›Bevingede Ord‹ geliefert und die Zitate der dänischen Sprache hinzugefügt. Im Jahre 1881 ließ er ein ebenso lobenswertes Supplement erscheinen. Arvid Ahnfeld gab 1880 in Stockholm eine Zitatensammlung unter dem Titel ›Bevingade Ord‹ heraus, zu welcher die meinige und Oscar Arlauds benutzt worden sind und welche außerdem die schwedischen und finnischen Zitate bringt.«

Krankend an den Folgen eines schweren Sturzes, mußte sich Büchmann im Jahre 1877 in den Ruhestand versetzen lassen. »Alle seine Schüler«, so heißt es in dem Programm der Gewerbeschule vom Jahre 1878, »bewahren der anregenden und bildenden Kraft seines Unterrichts und der persönlichen Wärme, die er ihnen entgegentrug, das dankbarste und ehrenvollste Andenken; alle seine Kollegen zollen ihm ihre Hochachtung, viele verehren in ihm dankbar ihr Vorbild und Muster in ihrem amtlichen Wirken.«

Fortan lebte Büchmann, gepflegt von seiner Gattin, der Malerin Helene Büchmann, ganz der Ausgestaltung seines Werkes, versenkt in das Studium der Weltliteratur und angeregt durch einen schließlich über neunhundert Namen aufweisenden Briefwechsel.

Er hatte in der Einleitung jeder Auflage um Zusätze und Berichtigungen gebeten, und ein solcher Appell an die Philologie findet in deutschen Herzen immer ein Echo. In der damals von Paul Lindau redigierten »Gegenwart« (Anm. des Herausgebers: »Die Gegenwart. Wochenschrift für Literatur, Kunst und öffentliches Leben«, gegründet 1872, erschien bis 1930 in Berlin) vom 27. September 1879 sprach Büchmann in dem Aufsatz »Sechshundert Korrespondenten« seinen lebhaften Dank aus für den vielfältigen Nutzen, der seiner

Sammlung aus solcher freiwilligen Mitarbeit erwachsen sei. Gegen Ende dieses Artikels heißt es:

»›Geflügelte Worte‹ sind vorhanden. Es war meine Pflicht, sie zu sammeln und ihren Quellen nachzuspüren. Die Frage, ob ihre Anwendung nützlich oder schädlich, zu empfehlen oder abzuraten sei, hatte ich mir nicht vorzulegen. Sie sind als eine Ergänzung des deutschen Wortvorrats und Wörterbuches zu betrachten. Das lesende Publikum zollt ihrer Sammlung einen Beifall, der mich erfreut und mich anspornt, die betretene Bahn nach Kräften zu erweitern und noch gangbarer zu machen.«

Bald nach dem Erscheinen der 13. Auflage der Geflügelten Worte, vom Herbst des Jahres 1882 an, sah sich der leidende Autor genötigt, jeder ernsten Tätigkeit zu entsagen. Ein allmähliches Hinschwinden aller Lebenskräfte trat ein, und am 24. Februar 1884 gab ein erlösender Tod ihm die ewige Ruhe.

Sein Name wird unvergessen bleiben, solange es auf Erden gebildete Deutsche gibt.

Nach dem Tode Büchmanns, der im ganzen 1900 geflügelte Worte gesammelt und erläutert hatte, übernahm Walter Robert-tornow (geb. 1852, gest. 1895 als Königl. Hausbibliothekar) die Fortsetzung und weitere Bearbeitung des Buches. Er war schon zu Büchmanns Lebzeiten lange Jahre dessen treuer Helfer gewesen. In die von Robert-tornow bearbeiteten fünf Auflagen wurden neben zahlreichen Verbesserungen und Berichtigungen 730 neue Zitate und Ausdrücke aufgenommen. Dankbar erkannte die gebildete Welt Robert-tornows Weiterarbeit an. Denn während bis zu Büchmanns Tode 57 000 Exemplare der »Geflügelten Worte« verbreitet waren, erlebte Robert-tornow die Genugtuung, mit der 18. Auflage das hundertste Tausend zu erreichen.

Die 19. Auflage wurde von Dr. Konrad Weidling unter Benutzung des von Robert-tornow hinterlassenen Materials herausgegeben und brachte 2680 Zitate. Sein Vater, der Verlagsbuchhändler Friedrich Weidling, hatte, wie oben berichtet wurde, die Anregung zur Veröffentlichung des Buches gegeben. So war Konrad Weidling, der 1861 in Berlin geboren wurde, von frühester Jugend an äußerlich und innerlich mit der Arbeit am Büchmann verwachsen. Als Primaner hat er den ersten Beitrag eingesandt. Büchmann erkannte bald, daß der junge Mensch mit seiner geistigen Veranlagung und wissenschaftlichen Befähigung geeignet sein könnte, sein Werk dereinst fortzusetzen. Nach Abschluß seiner gymnasialen Ausbildung studierte Weidling in Berlin, München, Leipzig und Gießen Literatur und Kunstgeschichte, also Fächer, deren Beherrschung ihm für Nutzen sein konnte. Später wandte er sich dem Rechtsstudium zu, promovierte in Gießen und trat am 1. Januar 1888 als Teilhaber in das väterliche Geschäft, das er 1890 allein übernahm.

Bei der Bearbeitung der 19. Auflage der »Geflügelten Worte« unterzog Weidling auch die Einleitung einer gründlichen Umarbeitung. Er legte darin noch einmal die Grundsätze nieder, nach denen das Buch bearbeitet werden sollte, und begrenzte noch schärfer, als es bisher geschehen war, die Definition des geflügelten Wortes gegen begriffsverwandte Ausdrücke. Seine Einleitung ist in alle späteren Auflagen übernommen worden. Durch einen allzu frühen Tod am 21. April 1911 wurde ihm die Freude versagt, das Erscheinen der 25. Auflage zu erleben.

Die Bearbeitung der 20. bis 23. Auflage, die in den Jahren 1900 bis 1907 erschienen, lag in den Händen des Geheimen Regierungsrats und Abteilungs-Direktors an der Königl. Bibliothek in Berlin, Dr. Eduard Ippel (1849–1915). Auch seine Verdienste um die Verbesserung und Ausgestaltung des Buches sind bedeutend. Er versah es mit überaus zahlreichen Berichtigungen und sonstigen Verbesserungen und nahm eine Anzahl wichtiger und notwendig gewordener Umstellungen einzelner Zitate innerhalb des Buches vor. Eduard Ippels Name wird ebenso wie die seiner Vorgänger Walter Roberttornow und Konrad Weidling für immer mit den »Geflügelten Worten« Georg Büchmanns verbunden bleiben.

(Diese leicht gekürzte Einleitung ist der 26. Auflage des »Büchmann« von 1918 entnommen.)

Aus der Bibel

Da die Bibel unter allen Büchern des westlichen Kulturkreises das bekannteste ist, sind viele Sprachen mit volkstümlichen Ausdrücken aus ihr reichlich getränkt. Neben direkt übernommenen Worten, Namen und Redensarten kennt der Volksmund eine Menge weiterer biblischer Sprüche, die oft zum bequemeren Gebrauch umgestaltet oder entstellt worden sind.
Im folgenden wird Luthers Bibelübersetzung zitiert, denn diese ist seit mehr als vier Jahrhunderten ein Volksbuch. In seiner Übersetzung benutzte er volkstümliche Redewendungen und bereits geflügelte Worte. Zitiert wird immer nur die Bibelstelle, an der das geflügelt gewordene Bibelwort zum ersten Mal vorkommt. Parallelstellen, die zum größten Teil in den biblischen Konkordanzen zu finden sind, werden nur dann angeführt, wenn sich das Zitat mit der zuerst angeführten Stelle nicht wörtlich deckt, und wenn die Parallelstellen die Prägung des geflügelten Wortes beeinflußt haben oder beeinflußt haben können.

Altes Testament

1. Buch Mose

Tohuwabohu
bezeichnet einen wüsten Zustand der Verwirrung nach 1. Mos. 1, 2, abgeleitet von dem hebräischen Ausdruck für »wüst und leer«.

Es werde Licht!
steht bei 1. Mos. 1, 3.

Da ward aus dem Abend und Morgen der erste Tag.
1. Mos. 1, 5.

Und Gott sah, daß es gut war.
1. Mos. 1, 10.

Seid fruchtbar und mehret euch und füllet die Erde und machet sie euch untertan
spricht Gott zu den ersten Menschen nach 1. Mos. 1, 28.

Erdenkloß
Daraus machte Gott nach 1. Mos. 2, 7 den Menschen.

Garten Eden
heißt das von Gott als Lebensraum für den Menschen geschaffene Paradies nach 1. Mos. 2,8. Dort heißt es wörtlich: »Garten in Eden«.

Vom Baum der Erkenntnis essen und
Die verbotene Frucht
stammen aus 1. Mos. 2, 9, wo vom »Baum der Erkenntnis des Guten und Bösen« die Rede ist, dessen Früchte der Herr dem ersten Menschenpaar zu genießen verbietet (s. 3, 2–6).

Es ist nicht gut, daß der Mensch allein sei
zitieren wir nach 1. Mos. 2, 18 und nach 1. Mos. 2, 24: »Darum wird ein Mann Vater und Mutter verlassen und an seinem Weibe hangen, und sie werden sein ein Fleisch« (vgl. Matth. 19, 5).

Fleisch von meinem Fleisch und Bein von meinem Bein
entnehmen wir aus 1. Mos. 2, 23, wo Adam von Eva sagt: »Das ist doch Bein von meinem Bein und Fleisch von meinem Fleisch.«

Sündenfall
steht in der Überschrift zu 1. Mos. 3.

Ihr werdet sein wie Gott und wissen, was gut und böse ist.
(Eritis sicut Deus, scientes bonum et malum.)
1. Mos. 3, 5 lesen wir das Schlangenwort: »… und werdet sein wie Gott und wissen, was gut und böse ist.« Die Vulgata gibt: »Eritis sicut Dii« (Ihr werdet sein wie die Götter). Wir zitieren die Stelle hier so, wie sie Goethe in der Schülerszene des Faust anwendet.

Feigenblatt
Nach dem Sündenfall heißt es 1. Mos. 3, 7 von Adam und Eva, sie »wurden gewahr, daß sie nackt waren, und flochten Feigenblätter zusammen und machten sich Schürze«. Hiernach wurde uns das Feigenblatt ein bildlicher Ausdruck für »schamhafte Verhüllung«.

Adam, wo bist du?
fragt man nach 1. Mos. 3, 9 »Und Gott der Herr rief Adam und sprach zu ihm: Wo bist du?.« Danach hat der Roman von Heinrich Böll aus dem Jahr 1951 »Wo warst du, Adam?« seinen Titel.

Auf dem Bauche sollst du kriechen.
Gott verfluchte die Schlange und sprach zu ihr nach 1. Mos. 3, 14: »Auf deinem Bauche sollst du gehen und Erde essen dein Leben lang.«

Im Schweiße deines Angesichts sollst du dein Brot essen
steht bei 1. Mos. 3, 19.

Denn du bist Erde und sollst zu Erde werden
findet sich ebenfalls bei 1. Mos. 3, 19.

Wo ist dein Bruder Abel?
fragt Gott in 1. Mos. 4, 9.

Soll ich meines Bruders Hüter sein?
ist Kains Antwort auf Gottes Frage nach Abel 1. Mos. 4, 9.

Himmelschreiend
beruht auf 1. Mos. 4, 10; 18, 20; 2. Mos. 3, 7 und 9; 22, 23 und Jak. 5, 4.

Kainszeichen oder ***Kainsmal***
ist entstanden nach 1. Mos. 4, 15: »Und der Herr machte ein Zeichen an Kain, daß ihn niemand erschlüge«, in dem fälschlichen Sinn, als hätte der Herr Kain sichtbar zum Mörder gestempelt.

Und er ward nicht mehr gesehen
heißt es nach 1. Mos. 5, 24 von Henoch. Dieses Wort ist oft dichterisch als Schlußeffekt verwendet worden, z.B. von Wieland am Schluß des »Musarion«, von Goethe am Schluß der Ballade »Der Fischer«, von Schiller in der »Braut von Messina«.

Methusalem
dient zur Bezeichnung eines sehr hohen Alters. Nach 1. Mos. 5, 27 erreichte Methusalem (eigentlich Methusala) das »biblische« Alter von 969 Jahren.

Den Weg alles Fleisches gehen
für »zugrunde gehen« entnehmen wir wohl aus 1. Mos. 6, 12–13: »Da sah Gott auf die Erde, und siehe, sie war verderbt; denn alles Fleisch hatte seinen Weg verderbt auf Erden. Da sprach Gott zu Noah: Alles Fleisches Ende ist vor mich gekommen; denn die Erde ist voll Frevels von ihnen; und siehe da, ich will sie verderben mit der Erde.« Auch 1. Kön. 2, 2: »Ich gehe hin den Weg aller Welt« ist neben Hiob 16, 22 zu beachten.

Arche Noah
Als Fahrzeug der Rettung kennen wir sie aus 1. Mos. 6 und 7.

Sintflut
Nach 1. Mos. 6, 17 und anderen Stellen müßten wir eigentlich von einer Sündflut reden (sin- oder sintvluot ist althochdeutsch und bedeutet: große Flut).

Ölblatt
und
Friedenstaube
gelten nach 1. Mos. 8, 11 bis heute als Zeichen der Beschwichtigung, der Versöhnung und des Friedens.

Dichten und Trachten
1. Mos. 6, 5 steht: »Da aber der Herr sah, daß der Menschen Bosheit groß war auf Erden und alles Dichten und Trachten ihres Herzens nur böse war immerdar.«

Nimrod
Diese Bezeichnung für einen leidenschaftlichen Jäger geht auf Noahs Enkel zurück. Nach 1. Mos. 10, 9 heißt es: »Daher spricht man: Das ist ein gewaltiger Jäger vor dem Herrn wie Nimrod.«

Sich einen Namen machen
sagen wir nach 1. Mos. 11, 4 und 2. Sam. 8, 13.

Babylonische (Sprachen-)Verwirrung
stammt aus 1. Mos. 11, 9: »Daher heißt ihr Name Babel, daß der Herr daselbst verwirrt hatte aller Länder Sprache.«

Das gelobte Land
geht auf 1. Mos. 12, 7 zurück: »Da erschien der Herr dem Abram und sprach: Deinem Samen will ich dies Land geben«, sowie auf 26, 3 und 4 und viele andere Stellen. Doch kommt dieses Wort in der Bibel selbst nirgends vor. Die feierlichen Bezeichnungen Palästinas sind: »Land des Herrn« (Hos. 9, 3), »Heiliges Land« (Sach. 2. 12), »Das verheißene Land« (Hebr. 11, 9). Es verschmolz unter Einwirkung des Wortes vom »Lande, darinnen Milch und Honig fließt« (2. Mos. 3, 8), der Begriff des gelobten, d. h. verheißenen mit dem des gelobten, d. h. gepriesenen, herrlichen Landes.

Gnade vor deinen** (meinen) **Augen finden
geht auf 1. Mos. 18, 3 und andere Stellen zurück.

Sodom und Gomorra
beruht auf 1. Mos. 19, eine oft in der Bibel wiederkehrende Bezeichnung lasterhafter Stätten.

Mit Blindheit geschlagen werden
steht zum ersten Mal 1. Mos. 19, 11.

Zur Salzsäule werden
gebrauchen wir für »vor Entsetzen erstarren« nach 1. Mos. 19, 26: »Und sein (Lots) Weib sah hinter sich und ward zur Salzsäule.«

Wie Sand am Meer
sagen wir nach 1. Mos. 22, 17; 32, 13 und anderen ähnlichen Schriftstellen.

Ein ehrliches Begräbnis
geht zurück auf 1. Mos. 23, 6: »Begrabe deinen Toten in unsern vornehmsten Gräbern«, Jes. Sir. 38, 16: »Bestatte ihn ehrlich zum Grabe« und 2. Makk. 4, 49: »Und ließen sie ehrlich zur Erde bestatten.«

Ein Linsengericht
nennen wir nach 1. Mos. 25, 34 etwas Wertloses, wofür etwas Wertvolles preisgegeben wird, denn für ein Linsengericht mit Brot verkaufte Esau seinem Bruder Jakob seine Erstgeburt.

Der wahre Jakob
Nach 1. Mos. 27, 36 spricht Esau: »Er heißt wohl Jakob; denn er hat mich nun zweimal überlistet.« So entstand dieser ironisch gemeinte Begriff.

Gotteshaus
wird für Kirche oder Tempel gebraucht nach 1. Mos. 28, 22 und anderen Bibelstellen.

Der lange Laban
In 1. Mos. 29 wird erzählt, daß Jakob lange dem Laban diente; daraus wurde die Bezeichnung für einen langen, langweiligen Menschen.

Die Kinder Israel
werden 1. Mos. 32, 33 und auch sonst häufig in der Bibel genannt.

Behalte, was du hast
steht 1. Mos. 33, 9, was sich in der Offenbarung 3, 11 in der Form »Halte, was du hast« wiederholt, während es ebenda 2, 25 heißt: »(Doch) was ihr habt, das haltet (,bis daß ich komme).«

Ausgehen, um die Töchter des Landes zu besehen
wird nach 1. Mos. 34, 1 ganz willkürlich von Männern auf Freiersfüßen gesagt, denn Jakobs und Leas Tochter Dina »ging heraus, die Töchter des Landes zu sehen«.

Benjamin

Benjamin, nach dessen Geburt seine Mutter Rahel starb, wurde nach 1. Mos. 35, 18 von ihr Benoni genannt, d. h. »Schmerzenssohn«. Sein Vater Jakob aber nannte ihn Benjamin, d. h. »Sohn des Glücks« oder »der rechte Sohn«. Daher wurde uns der Name zur Bezeichnung des jüngsten und Lieblingssohnes.

Fleisch und Blut

Nach 1. Mos. 37, 27: »... er ist unser Bruder, Fleisch und Blut« nennen wir so die nächsten Angehörigen.

Hinunterfahren in die Grube

steht für »sterben« bei 1. Mos. 37, 35 und ist ein oft in der Bibel wiederkehrender Ausdruck.

Onanie

1. Mos. 38, 8–10 berichtet, wie Onan anstelle seines toten Bruders dessen Witwe schwängern sollte, er aber seinen Samen auf die Erde fallen ließ, wofür Gott ihn tötete. Davon abgeleitet sprechen wir von Onanie und meinen fälschlicherweise sexuelle Selbstbefriedigung.

Frau Potiphar

nennen wir eine Verführerin nach 1. Mos. 39.

Keusch wie Joseph oder ***keuscher Joseph***

stammt aus 1. Mos. 39.

Fette Jahre und magere Jahre

gehen zurück auf Pharaos Traum, 1. Mos. 41, von »sieben schönen, fetten Kühen«, die von »sieben häßlichen und mageren Kühen« gefressen, und von »sieben dicken und vollen Ähren«, die von »sieben mageren Ähren« verschlungen werden. Dieser Traum wird von Joseph dahin gedeutet, daß in Ägypten »sieben reiche Jahre« und nach denselben »sieben Jahre teure Zeit« kommen würden.

Landesvater

Diese Bezeichnung beruht auf 1. Mos. 41, 43, wo Pharao vor Joseph her ausrufen läßt: »Der ist des Landes Vater.« Das hebräische Wort »abréch«, das Luther mit Landesvater übersetzt, ist in seiner Bedeutung dunkel und hat verschiedene Erklärungen gefunden. Möglicherweise zitieren wir den Ausdruck auch aus römischer Quelle. Bekannt ist, daß Cicero nach Entdeckung der catilinarischen Verschwörung den Ehrentitel pater patriae erhielt. In der Kaiserzeit wurde die Bezeichnung sehr üblich; sie gehörte zum offiziellen Titel der römischen Kaiser.

Gutes mit Bösem vergelten
sagen wir nach 1. Mos. 44, 4 und anderen Stellen.

Böses mit Bösem vergelten
geht ebenfalls auf 1. Mos. 44,4 zurück und findet sich in dieser Form bei Röm. 12, 17 u. ö.

Das sei ferne von mir
steht bei 1. Mos. 44, 17. 1. Mos. 18, 25 heißt es: »Das sei ferne von dir«, Jos. 24, 16: »Das sei ferne von uns.« »Das sei ferne«, ohne weiteren Zusatz, finden wir 1. Sam. 14, 45, 2. Sam. 20, 20 und häufiger in den Briefen des Paulus.

Exodus
Das 2. Buch Mose, in dem der Auszug des Volkes Israel aus Ägypten erzählt wird, heißt nach der ältesten Übersetzung auch »Exodus«.

Das Leben sauer machen
Die Ägypter machten den Kindern Israels nach 2. Mos. 1, 14 »das Leben sauer«.

Ich bin ein Fremdling geworden im fremden Land
findet sich in 2. Mos. 2, 22.

Milch und Honig
fließen nach 2. Mos. 3, 8 im von Gott gesegneten Land. Der Ausdruck kommt in der Bibel häufig vor und ist auch in den klassischen Sprachen bekannt.

Zeichen und Wunder
nach 2. Mos. 7, 3 wiederholt sich ebenfalls oft in der Bibel.

Sein Herz verhärten
hat ebenfalls als Quelle 2. Mos. 7, 3.

Ein verstocktes Herz
stammt aus 2. Mos. 7, 13 (vgl. 2. Mos. 4, 21).

Der Finger Gottes
beruht auf 2. Mos. 8, 19, wo die Zauberer, weil Aaron Mücken aus dem Staube entstehen lassen konnte, zu Pharao sprechen: »Das ist Gottes Finger.« Luk. 11, 20 spricht Jesus vom Austreiben der Teufel »durch Gottes Finger«.

Zehn Plagen, darunter die
Heuschreckenplage
und die
Ägyptische Finsternis
kamen über die Ägypter nach 2. Mos. 7–11.

Ehre einlegen
beruht auf 2. Mos. 14, 4.

Seinen Mut (oder: Sein Mütchen) ***an jemandem kühlen***
stammt aus 2. Mos. 15, 9.

Die Fleischtöpfe Ägyptens
sollen zum Ausdruck bringen, daß sich jemand nach einer äußerlich besseren Lage zurücksehnt, in Anlehnung an 2. Mos. 16, 3: »Wollte Gott, wir wären in Ägypten gestorben durch des Herrn Hand, da wir bei den Fleischtöpfen saßen.«

Manna in der Wüste
beruht auf 2. Mos. 16, 15 und Joh. 6, 31.

Du sollst keine anderen Götter haben neben mir.
2. Mos. 20, 3 lautet das erste Gebot: »Du sollst keine anderen Götter neben mir haben.« Wir zitieren aber gewöhnlich nach der Umstellung in Luthers Katechismus wie oben.

Auge um Auge, Zahn um Zahn
steht zum ersten Male in 2. Mos. 21, 24. Es ist jedoch kein generelles Rachegebot, sondern bezieht sich auf Verletzungen bei Schwangeren, wonach der Täter zu bestrafen ist: »Auge um Auge, Zahn um Zahn, Hand um Hand, Fuß um Fuß …«

Die Fremdlinge sollst du nicht schinden noch unterdrücken
ist eine biblische Forderung in 2. Mos. 22, 20.

Das Recht beugen
entnehmen wir aus 2. Mos. 23, 6 und weiteren Bibelstellen nach Luther. Andere Übersetzungen gebrauchen die Wendung: »Das Recht verdrehen«, woraus die Begriffe »Rechtsverdreher« und »Rechtsverdrehung« entstanden.

Das Allerheiligste
ist die 2. Mos. 26, 33 u. ö. vorkommende Bezeichnung für den innersten Raum der Stiftshütte. Sie wird häufig im übertragenen Sinne verwendet.

Aus der Bibel

Altes Testament

2. Buch Mose

Anbetung des goldenen Kalbes und ***Tanz ums goldene Kalb***
bezeichnen die Verehrung des Reichtums und die Sucht nach Gold nach 2. Mos. 32. In der betreffenden Stelle handelt es sich um ein Götzenbild, das die Israeliten anbeteten und umtanzten, zu dessen Herstellung sie sich ihres goldenen Geschmeides entäußert hatten.

Seine Lenden mit dem Schwerte gürten
sagen wir für »sich kampfbereit machen« nach 2. Mos. 32, 27: »Gürte ein jeglicher sein Schwert um seine Lenden.«

Seine Lenden gürten
geht ursprünglich ebenfalls auf 2. Mos. 32, 27 zurück, wir gebrauchen es aber nach 1. Kön. 18, 46 und anderen Stellen ohne kriegerischen Nebensinn allgemein für »sich reisefertig machen«.

Von Angesicht zu Angesicht
redete der Herr mit Mose laut 2. Mos. 33, 11.

Kinder und Kindeskinder
2. Mos. 34, 7 finden wir zum ersten Mal diese sich noch häufig wiederholende Verbindung.

3. Buch Mose

Sündenbock und
In die Wüste schicken
beruhen auf 3. Mose 16. In Vers 21 und 22 steht über den Sündenbock: »Da soll denn Aaron seine beiden Hände auf sein Haupt legen und bekennen auf ihn alle Missetat der Kinder Israel und alle ihre Übertretung in allen ihren Sünden, und soll sie dem Bock auf das Haupt legen und ihn durch einen Mann, der bereit ist, in die Wüste laufen lassen, daß also der Bock alle ihre Missetat auf sich in eine Wildnis trage.« Vgl. »Lamm Gottes« unter Joh. 1, 29.

Moloch
3. Mos. 18, 21 und an anderen Stellen lesen wir von diesem furchtbaren Gott der Kanaaniter und gebrauchen danach auch die Redensart »einem Moloch opfern«.

Nächstenliebe und (Gal. 5, 14)
Liebe deinen Nächsten wie dich selbst
geht zurück auf 3. Mos. 19, 18: »Du sollst deinen Nächsten lieben wie dich selbst.«

Mit gleicher Elle messen
stammt aus 3. Mos. 19, 35, wo es heißt: »Ihr sollt nicht unrecht handeln im Gericht, mit der Elle, mit Gewicht, mit Maß.«

Aus der Bibel

Altes Testament

3. Buch Mose

Alle Jubeljahre einmal

3. Mos. Kapitel 25 ist überschrieben »Feier- und Jubeljahr« (in manchen Ausgaben: Sabbat- und Halljahr). Den Kindern Israel wird darin befohlen, jedes fünfzigste Jahr mit dem Schall der Posaune (hebräisch: jobel) als ein Erlaßjahr anzukündigen: »Da soll ein jeglicher bei euch wieder zu seiner Habe und zu seinem Geschlecht kommen.« Eigentlich müßte es also »Jobeljahr« heißen. Aber schon im 6. Jahrhundert n. Chr. nennt Arator in seiner Schrift »De actib. apostol.« (»Über die Apostelgeschichte«) II, 677 dieses jüdische Festjahr »annus iubilaeus«. Wir sagen daher von einer seltenen Wiederholung, sie komme alle Jubeljahre einmal vor. Die katholische Kirche feiert noch heute alle fünfundzwanzig Jahre ein Jubel- und Gnadenjahr, das zuerst Bonifatius VIII. im Jahr 1300 für eine hundertjährige Wiederkehr eingesetzt hatte. Auch das Wort Jubiläum hat hier seinen Ursprung.

4. Buch Mose

Sein Angesicht leuchten lassen über jemandem

entnehmen wir aus 4. Mose 6, 25: »Der Herr lasse sein Angesicht leuchten über dir und sei dir gnädig.«

Ein geplagter Mensch

war schon Moses nach 4. Mos. 12, 3.

Vom Stamme Nimm

4. Mos. 13, 9 erwähnt den Stamm Benjamin in einer Aufzählung der Stämme Israels; daraus leitet sich dieser Begriff ab.

Dorn im Auge

ist aus 4. Mos. 33, 55 gebildet, wo es heißt: »Werdet ihr aber die Einwohner des Landes nicht vertreiben vor eurem Angesicht, so werden euch die, so ihr überbleiben laßt, zu Dornen werden in euren Augen.«

5. Buch Mose

Himmel und Erde zu Zeugen anrufen

sagen wir nach 5. Mose 4, 26 und anderen Stellen.

Von ganzem Herzen und von ganzer Seele

steht zum ersten Mal in 5. Mos. 4, 29. Bei Matth. 22, 37 finden wir den Ausdruck in der noch volleren Form: »Von ganzem Herzen, von ganzer Seele und von ganzem Gemüte.«

Der Mensch lebt nicht vom Brot allein.

5. Mos. 8, 3 steht: »... daß der Mensch nicht lebt vom Brot allein.« Üblich ist aber die uns in Matth. 4, 4 überlieferte, umgestellte Form geworden.

Ich wasche meine Hände in Unschuld oder
Seine Hände in Unschuld waschen

5. Mos. 21, 1–9 wird angeordnet, es sollen, wo ein von unbekannter Hand Erschlagener liege, die Ältesten der nächsten Stadt über einer jungen Kuh, der der Hals abgehauen ist, ihre Hände waschen und dabei sagen: »Unsere Hände haben dies Blut nicht vergossen, so haben's auch unsere Augen nicht gesehen. Sei gnädig deinem Volke Israel, das du, Herr, erlöst hast; lege nicht das unschuldige Blut auf dein Volk Israel!« Hierauf beruhen diese uns nach Psalm 26, 6 oder 73, 13 (vgl. Pilatus bei Matth. 27, 24) geläufigen Wendungen.

Todsünde

geht zurück auf 5. Mos. 22, 26 »Sünde des Todes wert« und 1. Joh. 5, 16–17 »Sünde zum Tode«.

Der Scheidebrief

stammt aus 5. Mos. 24, 1.

Du sollst dem Ochsen, der da drischt, nicht das Maul verbinden

steht 5. Mos. 25, 4.

Ja und Amen zu etwas sagen

5. Mos. 27, 15–26 steht zwölfmal: »Und alles Volk soll sagen: Amen«; Matth. 5, 37: »Eure Rede sei: Ja, ja …« und Offenb. 22, 20: »Ja, ich komme bald, Amen.« Darauf geht diese Wendung zurück.

Im Dunkeln tappen

zitieren wir nach 5. Mos. 28, 29, wo dem, der nicht auf des Herrn Stimme hört, prophezeit wird: »Und wirst tappen am Mittag, wie ein Blinder tappt im Dunkeln.«

Vom Scheitel bis zur Sohle

sagen wir nach 5. Mos. 28, 35, obwohl wir eigentlich »von den Fußsohlen an bis auf den Scheitel« zitieren müßten. 2. Sam. 14, 25 heißt es: »Von seiner Fußsohle an bis auf seinen Scheitel«, ähnlich Hiob 2, 7. Homer, »Ilias« XVIII, 353 und XXIII, 169 sagt wie wir: »Vom Kopf bis zu den Füßen.«

Zum Sprichwort werden und
Zur Fabel werden

entnehmen wir aus 5. Mos. 28, 37, Jer. 24, 9 u. a. Stellen im Sinne von: »zum Spott der Leute werden«. Vgl. Horaz Ep. 1, 13, 9: »fabula fias«; Epod. 11, 8 »fabula quanta fui« und den Artikel »Zum Spott der Leute werden«.

Aus der Bibel

Altes Testament

5. Buch Mose

Schandfleck

nennen wir eine Person oder Sache, die einem Unehre macht, nach 5. Mos. 32, 5: »Sie sind Schandflecken und nicht seine Kinder« und nach Jes. Sir. 20, 26: »Die Lüge ist ein häßlicher Schandfleck an einem Menschen« und 47, 21: »Und hingest deiner Ehre einen Schandfleck an.«

Höllisches Feuer und ***Höllenfeuer***

wird zitiert nach dem Text in 5. Mos. 32, 22: »Denn ein Feuer ist angegangen durch meinen Zorn und wird brennen bis in die unterste Hölle …«

Gift und Galle

sagen wir nach 5. Mos. 32, 33: »Ihr Wein ist Drachengift und wütiger Ottern Galle.«

Die Rache ist mein

spricht der Herr 5. Mos. 32, 35.

Mann Gottes

steht 5. Mos. 33, 1 und findet sich sonst noch an vielen Stellen im Alten Testament.

Das Buch Josua

Groß vor den Leuten

Josua 3, 7 verspricht der Herr, »Josua groß zu machen vor dem ganzen Israel«, und in der Historie von der Susanna und Daniel 64 heißt es: »Und Daniel ward groß vor dem Volk.«

Jemand mit Füßen treten

sagen wir nach Jos. 10, 24 und anderen Stellen.

Den Raub unter sich teilen

beruht auf Jos. 22, 8.

Buch der Richter

Zu seinen Vätern versammelt werden

steht im Buch der Richter 2, 10.

Krumme Wege

Richter 5, 6 steht: »Die da auf Straßen gehen sollten, die wandelten durch krumme Wege.«

Friede sei mit dir.

Diese Grußformel finden wir erstmals Richter 6, 23.

Buch der Richter

Philister
Dieses biblische Volk war zur Zeit der Richter und der Könige Saul und David der größte Feind des Volkes Israel. Im übertragenen Sinn benennt es »einen nüchternen, pedantischen, beschränkten, ledernen Menschen ohne Sinn für eine höhere und freiere Auffassung« (»Grimms Wörterbuch«), vor allem aber in der Studentensprache seit dem 17. bis ins frühe 20. Jahrhundert jeden Nichtstudenten oder Widersacher des Studententums. Die erste Bedeutung scheint auf den griechischen Kirchenschriftsteller Origenes (geb. um 185) zurückzugehen. In der nur in lateinischer Übersetzung erhaltenen 12. und 13. Homilie über die Genesis, die die Verschüttung der Brunnen Isaaks durch die Philister behandeln (1. Mos. 26, 15), gibt er dieser kulturfeindlichen Tätigkeit der Philister die symbolische Deutung, es werde durch solches Gebaren der Weg zur geistigen Erkenntnis verschlossen. Darauf geht wohl auch das Wort vom »Bildungsphilister« zurück, das seit der Mitte des 19. Jahrhunderts gebräuchlich war.

Wie ein Mann
erhebt sich das Volk nach dem Buch der Richter 20, 1. 8. 11 und anderen Schriftstellen.

Das Buch Ruth

Wo du hingehst, da will ich auch hingehen
sagen wir nach Ruth 1, 16.

Das 1. Buch Samuel

Sein Herz ausschütten
finden wir im 1. Buch Samuel 1, 15 u. ö.

Die Ohren gellen oder klingen
jemandem nach 1. Sam. 3, 11 und Jer. 19, 3.

Alt und grau werden
stammt aus 1. Sam. 12, 2: »Ich aber bin alt und grau geworden.«

Ein Mann nach dem Herzen Gottes
beruht auf 1. Sam. 13, 14 und Apg. 13, 22.

Goliath oder ***Einen Riesen Goliath***
nennen wir nach 1. Sam. 17 einen hochgewachsenen Mann.

Ein heilloser Mensch
Bei 1. Sam. 25, 17 lesen wir »heilloser Mann«. Darauf ist diese Redewendung zurückzuführen.

Aus der Bibel

Altes Testament

Das 2. Buch Samuel

Die Großen der Erde oder ***Die Großen der Welt***
2. Sam. 7, 9 steht: »... und haben wir einen großen Namen gemacht wie der Name der Großen auf Erden«.

Krethi und Plethi
finden wir zum ersten Mal 2. Sam. 8, 18 als »Krether und Plether«. Die ursprüngliche Bedeutung ist wahrscheinlich »Scharfrichter und Eilbote« oder auch »Abgesonderte«, d. h. eine Art Elitetruppe. Die Krethi und Plethi waren eine Leibwache des Königs David. Uns ist der Ausdruck heutzutage gleichbedeutend mit »gemischter Gesellschaft«, »Pöbel«.

Kind des Todes
steht 2. Sam. 12, 5; 1. Sam. 26, 16 u. ö.: »Kinder des Todes«.

Nimm die Sache nicht so zu Herzen
sagte ihr Bruder Absalon zu Thamar, nachdem sie von Amnon geschändet worden war (2. Sam. 13, 20).

Jemandem das Herz stehlen
sagen wir nach 2. Sam. 15, 6, woraus sich die Bezeichnung »Herzensdieb« ableitet.

Bluthund
nennt Simei den David 2. Sam. 16, 7–8, und Jes. Sir. 34, 27 lautet: »Wer dem Arbeiter seinen Lohn nicht gibt, der ist ein Bluthund.«

Zwischen Himmel und Erde schweben
2. Sam. 18, 9 heißt es von Absalom, der auf einem Maultier ritt: »Und da das Maultier unter eine große Eiche ... kam, blieb sein Haupt an der Eiche hangen und er schwebte zwischen Himmel und Erde, aber sein Maultier lief unter ihm weg.«

Mein Sohn Absalom!
stammt aus 2. Sam. 18, 33 (vgl. 19, 1).

Das 1. Buch der Könige

Sei ein Mann
sagt der sterbende David zu seinem Sohn Salomo im 1. Buch der Könige 2, 2.

Nicht ein noch aus wissen
geht zurück auf 1. Kön. 3, 7. Hier spricht Salomo zu Gott: »So bin ich ein junger Knabe, weiß nicht weder meinen Ausgang noch Eingang.«

Salomonisches Urteil
beruht auf 1. Kön. 3, 16–28, dem Bericht von der Schlichtung des Streits zweier Mütter um ein Kind, das jede als ihr eigenes in Anspruch nimmt, durch König Salomo.

Weise wie Salomo, Weisheit Salomos (oder Salomonis), ***Salomonische Weisheit***
beruht auf 1. Kön. 4, 29–34 und auf vielen anderen Bibelstellen.

Auf beiden Seiten (Füßen) ***hinken***
1. Kön. 18, 21 sprach Elia zu allem Volk: »Wie lange hinket ihr auf beide Seiten?« Danach sagen wir, insbesondere bei einem falschen Vergleich, er hinkt auf beiden Füßen.

Sein Antlitz verhüllen
sagen wir nach 1. Kön. 19, 13.

Beelzebub
In 2. Könige 1, 2 wird zum ersten Mal der Heidengott Baal-Sebub erwähnt, woraus der Name Beelzebub für den Teufel entstand.

Es kostet den Hals
Im 1. Buch der Chronik 12, 19 sagen die Fürsten der Philister von David: »Wenn er zu seinem Herrn Saul fiele, so möchte es uns unsern Hals kosten.«

Sich etwas über den Kopf wachsen lassen
geht zurück auf Esra 9, 6: »Unsere Missetat ist über unser Haupt gewachsen, und unsere Schuld ist groß bis in den Himmel.«

Lückenbüßer
sagen wir für alles, was dazu dient, eine leere Stelle auszufüllen, nach Nehemia 4, 1. Dort heißt es in der unrevidierten Fassung (4, 7): »Da aber Saneballat und Tobia und die Araber und Ammoniter und Asdoditer höreten, daß die Mauern zu Jerusalem zugemacht waren, und daß sie die Lücken angefangen hatten zu büßen (veraltet für: ausbessern, flicken), wurden sie sehr zornig.«

Im Sack und in der Asche trauern (oder gehen)
beruht zunächst auf Esther 4, 1. Dort begegnen wir zum ersten Mal der Wortverbindung »Sack und Asche«. Es heißt: »Mardochai ... legte einen Sack an und Asche.« In Vers 3 steht: »(Sie) weineten, trugen Leid und lagen in Säcken und in der Asche.« Jes. 58, 5: »auf einem Sack und in der Asche liegen«. Nach 1. Makk. 3, 47 wird die Asche auf das Haupt gestreut, und bei den Evangelisten Matth. 11, 21 und

Das 1. Buch der Könige

Das 2. Buch der Könige

Das 1. Buch der Chronik

Das Buch Esra

Das Buch Nehemia

Das Buch Esther

Luk. 10, 13 tritt der Begriff »Buße tun« dazu. Wir lesen dort: »Sie hätten längst in Sack und Asche (Luk. ›gesessen und‹) Buße getan.« »In der Asche sitzen« ohne weiteren Zusatz finden wir zum ersten Mal bei Hiob 2, 8.

Schlecht und recht
Im Buch Hiob 1, 1 und öfter wird Hiob mit dieser Wendung charakterisiert.

Hiobsbotschaft
nennen wir eine unglückliche Botschaft nach Hiob 1, 14–19. Meist sagen wir auch »Hiobsbotschaft«.

Der Herr hat's gegeben, der Herr hat's genommen, der Name des Herrn sei gelobt
steht Hiob 1, 21.

Leviathan
Dieses Seeungeheuer wird in Hiob 3, 8 erwähnt; der englische Philosoph Thomas Hobbes veröffentlichte 1651 sein Buch über den ungeheuerlichen Staat und nannte es »Leviathan«.

Furcht und Zittern
steht in Hiob 4, 14.

Die Haare zu Berge stehen
Wenn wir bei einem großen Schrecken sagen, daß uns »die Haare zu Berge stehen«, so zitieren wir damit die Stelle bei Hiob 4, 15: »Und da der Geist an mir vorüberging, standen mir die Haare zu Berge an meinem Leibe.«

Von den Würmern gefressen werden
steht Hiob 4, 19.

Wir sind von gestern (her und wissen nichts)
heißt es Hiob 8, 9.

Ein fetter Wanst
Hiob 15, 27 steht: »Er brüstet sich wie ein fetter Wanst und macht sich feist und dick.«

Auf keinen grünen Zweig kommen
sagen wir nach Hiob 15, 32: »... sein Zweig wird nicht grünen.«

Mit etwas schwanger gehen und ***Unglücksschwanger***
Diese Wendungen beruhen auf Hiob 15, 35 und anderen Stellen.

Ein schwacher Trost
ist abgeleitet von Hiob 16, 2: »Ihr seid allzumal leidige Tröster.«

Den Weg gehen, den man nicht wiederkommt
stammt aus Hiob 16, 22: »Denn die bestimmten Jahre sind gekommen, und ich gehe hin des Weges, den ich nicht wiederkommen werde.« Vgl. 1. Mos. 6, 12–13: »den Weg alles Fleisches gehen«. Im Griechischen finden wir denselben Gedanken, fraglos unabhängig von dem zeitlich früheren Hiob, bei dem Elegiker Philetas (2. Hälfte des 4. Jahrh.) in den von Kayser, Göttingen 1793 hrsg. Fragmenten S. 59: »Den Weg nach dem Hades, den nie ein Wanderer wieder zurückging«. Vgl. auch Catulls Gedicht auf den Tod des Sperlings (III, 9 f.):
»Qui nunc it per iter tenebricosum
Illuc, unde negant redire quemquam«
(Und wandelt nun auf der finstern Straße hin,
Von wo, wie man sagt, keiner wiederkehrt)
und Shakespeare: »Das unentdeckte Land, von des Bezirk kein Wandrer wiederkehrt.«

Mit einem eisernen Griffel schreiben
beruht auf Hiob 19, 24.

Wie Spreu im Winde
sagen wir von etwas Haltlosem, Vergänglichem, nach Hiob 21, 18: (Die Gottlosen) »werden wie Stoppeln vor dem Winde und wie Spreu, die der Sturmwind wegführt.« Vgl. Psalm 1, 4 »wie Spreu, die der Wind verstreut«; 35, 5 »wie Spreu vor dem Winde«; sowie Hos. 13, 3 und Zeph. 2, 2. Schon Homer hat »Odyssee« V, 368 f. das Bild von der Spreu im Winde: »Wie aber ein heftiger Wind einen Haufen trockener Spreu schüttelt«. Und der deutsche Titel des Romans »Gone with the wind« der amerikanischen Autorin Margret Mitchell heißt: »Vom Winde verweht.«

Frisch und gesund
lesen wir Hiob 21, 23 u. ö.

Es geht mir ein Licht auf
beruht auf Hiob 25, 3, Psalm 97, 11 und anderen Stellen.

So wahr Gott lebt
steht Hiob 27, 2.

Gewissensbisse
geht zurück auf Hiob 27, 6: »Mein Gewissen beißt mich nicht.«

Es klebt einem die Zunge am Gaumen
sagen wir nach Hiob 29, 10; Psalm 22, 16; 137, 6; Klagel. 4, 4; Hes. 3, 26. Jedoch nur an der zweiten, dritten und vierten der zitierten Stellen wird der Ausdruck in unserem Sinn gebraucht: »so durstig und matt sein, daß man nicht sprechen kann«, an den anderen beiden bedeutet er soviel wie »schweigen«.

Ein Vater der Armen
steht Hiob 29, 16.

Staub und Asche
Hiob 30, 19 (unrevidierte Fassung) steht: »Man hat mich in Dreck getreten und gleich geachtet dem Staub und der Asche.« Vgl. »Erde und Asche« bei 1. Mos. 18, 27 und Jes. Sir. 10, 9; »Erde und Staub« heißt es bei Jes. Sir. 17, 31.

Der große Unbekannte
sagt man von einem sich in Werken offenbarenden, sonst unsichtbar bleibenden bedeutenden Geist nach Hiob 36, 26: »Siehe, Gott ist groß und unbekannt.« So wurde auch der anonyme Verfasser des Romans »Waverley« genannt, den tatsächlich Walter Scott geschrieben hat (»The great Unknown«; der Name stammt von dem Publizisten James Ballantyne); auch Lenau gebraucht den Ausdruck in dem Gedicht »Der Hagestolz«:
»Die Schädelpfeif' hat auch geraucht,
Als drin das Leben brannte,
Als noch der Raucher drein gehaucht,
Der große Unbekannte.«

Bis hierher und nicht weiter!
Dieses Zitat geht zurück auf Hiob 38, 11. »Bis hierher sollst du kommen und nicht weiter; hier sollen sich legen deine stolzen Wellen«, sind die Worte des Herrn an das Meer. Wir zitieren hier so, wie Schiller in den »Räubern« 2, 1 diese biblische Stelle verwendete. Goethe legt die Endworte des Hiobzitats in der Form: »Werden sich schon legen die stolzen Wellen« der Postmeisterin in »Stella« (1. Akt) in den Mund.

Das ist mir zu hoch
beruht auf Hiob 42, 3: »Darum bekenne ich, daß ich habe unweise geredet, was mir zu hoch ist und ich nicht verstehe« oder auf Psalm 131, 1: »... ich wandle nicht in großen Dingen, die mir zu hoch sind«

und Psalm 139, 6: »Solche Erkenntnis ist mir zu wunderbar und zu hoch, ich kann sie nicht begreifen« oder auf den Sprüchen Salomos 24, 7: »Weisheit ist dem Narren zu hoch.«

Sitzen, da wo die Spötter sitzen oder
Auf der Bank der Spötter sitzen
findet sich Psalm 1, 1: »Wohl dem, der nicht wandelt im Rat der Gottlosen noch tritt auf den Weg der Sünder noch sitzt, da die Spötter sitzen.«

Mit eisernem Zepter regieren
Psalm 2, 9 steht: »Du sollst sie mit einem eisernen Zepter zerschlagen«; im gleichen Sinne Offenbarung 2, 27; 12, 5; 19, 15: »Mit einer eisernen Rute weiden oder regieren«.

Mit Furcht und Zittern
stammt aus Psalm 2, 11: »Dienet dem Herrn mit Furcht und freuet euch mit Zittern.« Die Verbindung »mit Furcht und Zittern« in unmittelbarem Zusammenhang der Worte wiederholt sich Tob. 13, 5; Eph. 6, 5 und Phil. 2, 12. »Furcht und Zittern« steht Hiob 4, 14 und Ps. 55, 6. 1. Kor. 2, 3 steht: »Mit Furcht und großem Zittern«.

Gott führt seine Heiligen wunderlich
geht zurück auf Psalm 4, 4 (unrevidiert): »Erkennet doch, daß der Herr seine Heiligen wunderlich führet.« «Wunderlich« steht in der alten Bedeutung »wunderbar«, wie Luther z. B. auch Psalm 17, 7 (unrevidiert) sagt: »Beweise deine wunderliche Güte.« Ebenso erklärt sich – ohne Anlehnung an das Psalmistenwort – unsere Redensart: »Ein wunderlicher Heiliger« aus der alten deutschen Ausdrucksweise im Sinne von »wunderbarer, Wunder tuender« Heiliger, wie auch Gott im 12. Jahrhundert »der Wunderliche« genannt wird.

Requiescat in pace!
(Er ruhe in Frieden!)
Aus Psalm 4, 9 (lateinische Übersetzung der Vulgata): »In pace in idipsum dormiam et requiescam« entnehmen wir, ohne daß dort vom Tode die Rede ist, diesen Wunsch für einen Verstorbenen.

Herz und Nieren prüfen
bringt Psalm 7, 10 zum ersten Mal.

Von Gott verlassen
sagen wir nach Psalm 22, 2: »Mein Gott, mein Gott, warum hast du mich verlassen?« Dies sind auch die Worte Jesu am Kreuz, Matth. 27, 46 und Mark. 15, 34.

Reden ist Silber
beruht wohl auf Psalm 12, 7: »Die Rede des Herrn ist lauter wie durchläutert Silber« und Sprüche 10, 20: »Der Gerechten Zunge ist köstlich Silber«; aber welcher Weise setzte hinzu: »Schweigen ist Gold«? Der Prediger Salomo 3, 1 sagt nur: »Ein jegliches hat seine Zeit«, und fügt in 7 hinzu: »… schweigen und reden«. »Reden ist Silber und Schweigen ist Gold« führt G. W. Freytag, »Arabum proverbia« 1843, 3, 1, 92 aus der Sammlung »Al-amtal al-saira« nach einer Berliner und einer Pariser Handschrift des 16. Jahrhunderts an. Daß es aber so im Koran steht, ist ein Irrtum.

Du hast mich heimgesucht bei Nacht.
Psalm 17, 3 (unrevidiert) sagt: »Du prüfst mein Herz und suchst es heim bei Nacht«, woraus der Titel des Buches wurde: »Du hast mich heimgesucht bei Nacht. Abschiedsbriefe und Aufzeichnungen des Widerstandes 1933–1945«, München 1954.

Wie seinen Augapfel hüten
Diese Redensart geht zurück auf Psalm 17, 8: »Behüte mich wie einen Augapfel im Auge, beschirme mich unter dem Schatten deiner Flügel.«

Zum Spott der Leute werden
sagen wir nach Psalm 22, 7: »Ich aber bin ein Wurm und kein Mensch, ein Spott der Leute und Verachtung des Volks.«

Seinen Kopf über jemand schütteln
beruht auf Psalm 22, 8 (vgl. 2. Kön. 19, 21 und Hiob 16, 4).

Der Herr ist mein Hirte.
Psalm 23, 1 (siehe auch 1. Mos. 48, 15 und Joh. 10, 11).

Jugendsünden
entstand aus Psalm 25, 7: »Gedenke nicht der Sünden meiner Jugend.«

Der Gerechte muß viel leiden
heißt es in Psalm 34, 20.

Die Stillen im Lande
Psalm 35, 20.

Bleibe im Lande und nähre dich redlich.
Psalm 37, 3.

Befiehl dem Herrn deine Wege.
Psalm 37,5.

Seine Zähne zusammenbeißen
nach Psalm 37, 12.

Vergehen wie Rauch
sagen wir nach Psalm 37, 20.

Sein Leiden in sich (hinein-) ***fressen***
stammt aus Psalm 39, 3: »Ich bin verstummt und still und schweige der Freuden und muß mein Leid in mich fressen.«

Mehr Schulden als Haare auf dem Kopfe haben
sagen wir wohl nach Psalm 40, 13, wo es von den Sünden heißt: »Ihrer ist mehr denn Haare auf meinem Haupt.«

Bubenstück
Psalm 41, 9 heißt es: »Sie haben ein Bubenstück über mich beschlossen: wenn er liegt, soll er nicht wieder aufstehen.«

Wie der Hirsch schreiet nach frischem Wasser
zitieren Durstende aus Psalm 42, 2.

Am Erdboden kleben
stammt aus Psalm 44, 26.

Falsche Zunge und ***Falsche Zungen***
finden sich Psalm 52, 6; 120, 2 und an vielen anderen Stellen.

Jemanden unter seine Fittiche nehmen
sagen wir nach Psalm 61, 5: »... Zuflucht haben unter deinen Fittichen«.

Lieber ein Ende mit Schrecken als ein Schrecken ohne Ende.
Psalm 73, 19 heißt es: »Ein Ende mit Schrecken nehmen«. Daraus bildete Ferdinand von Schill, der preußische Offizier, der sich gegen Napoleon erhob, 1809 den oben zitierten Ausspruch.

Der Rest ist für die Gottlosen
geht auf Psalm 75, 9 zurück, denn der Herr wird dort als ein Schenk dargestellt, der uns aus einem Becher starken Weines tränkt; »aber die Gottlosen«, heißt es weiter, »müssen alle trinken und die Hefen aussaufen.«

Jammertal
Dieses Wort (nach der Vulgata 83, 7: »vallis lacrymarum«) ist längst vor Luther aus Psalm 84, 7 gebildet worden. Hugo von Trimberg (1260–1309) wendet es im »Renner«, Vers 235 und 896 an. In »Grimms Wörterbuch« sind noch viele andere Stellen angegeben.

Von Ewigkeit zu Ewigkeit
bietet zum ersten Mal Psalm 90, 2.

Unser Leben währet siebzig Jahre, und wenn's hoch kommt, so sind's achtzig Jahre, und wenn's köstlich gewesen ist, so ist es Mühe und Arbeit gewesen
steht in Psalm 90, 10.

Ein biblisches Alter
Die Zusammenstellung »Mühe und Arbeit« findet sich schon 1. Mos. 5, 29. Hiernach sagen wir, es erreiche einer »ein biblisches Alter«, was sich auch auf die hohen Altersangaben bezieht (z. B. Methusalem).

Auf Händen tragen
bringt Psalm 91, 12, was Matth. 4, 6 und Luk. 4, 11 unter Berufung auf diese Stelle wiederholen.

Grünen und blühen
entnehmen wir aus Psalm 92, 8: »Die Gottlosen grünen wie das Gras, und die Übeltäter blühen alle.« »Blühen und grünen« soll Israel nach Jes. 27, 6. Vgl. den Anfang von Goethes »Reineke Fuchs«: »Pfingsten, das liebliche Fest, war gekommen; es grünten und blühten Feld und Wald.«

Denn Recht muß doch Recht bleiben
steht Psalm 94, 15.

Der Wein erfreut des Menschen Herz
ist gebildet nach Psalm 104, 15: »Und daß der Wein erfreue des Menschen Herz«. Johann Wilhelm Ludwig Gleim (1719–1803) nimmt die Worte zum Anfang eines Trinkliedes, ebenso Karl Müchler 1797. Goethe legt sie im 1. Akt seines »Götz« dem Bruder Martin in den Mund, und auch sonst kommen sie in der Literatur und in Liedern häufig vor.

Das auserwählte Volk
werden die Juden genannt nach Psalm 105, 43: »Also führte er sein Volk aus mit Freuden und seine Auserwählten in Wonne« und nach

2. Makk. 5, 19: »Gott hat das Volk nicht auserwählt um der Stätte willen, sondern die Stätte um des Volkes willen.«

Eine durstige Seele und
Eine hungrige Seele
stehen Psalm 107, 9.

Einem das Maul stopfen
sagen wir nach Psalm 107, 42: »Aller Bosheit wird das Maul gestopft werden.« »Lügenmäuler verstopfen« steht Psalm 63, 12, »den Mund stopfen« Psalm 40, 10 u. Luk. 11, 53.

Die Furcht des Herrn ist der Weisheit Anfang
lautet Psalm 111, 10 (vgl. Hiob 28, 28; Spr. 1, 7, besonders aber 9, 10).

Augen haben und nicht sehen und Ohren haben und nicht hören
beruht auf Psalm 115, 5. 6 (vgl. Matth. 13, 13.) Bei Homer, »Ilias« XV, 128–129 sagt Athene zu Ares: »Fürwahr umsonst hast du Ohren, um zu hören.«

Alle Menschen sind Lügner.
Psalm 116, 11.

Nicht sich verlassen auf Menschen
Psalm 118, 8 lautet: »Es ist gut auf den Herrn vertrauen, und nicht sich verlassen auf Menschen.«

Ich bin ein Gast auf Erden
lautet Psalm 119, 19, wozu wir manchmal verkürzt sagen: »Erdengast«.

Ein verirrtes und verlorenes Schaf
lesen wir in Psalm 119, 176. Die Freude über das Wiederfinden eines verirrten oder verlorenen Schafes kommt zum Ausdruck bei Matth. 18, 12–13 und Luk. 15, 4–6.

Die mit Tränen säen, werden mit Freuden ernten.
Psalm 126, 5.

Den Seinen gibt's der Herr im Schlafe
stammt aus Psalm 127, 2: »Denn seinen Freunden gibt er's schlafend.«

Aus der Bibel

Altes Testament

Die Psalmen

De profundis

Psalm 130, 1 (Luther: »Aus der Tiefe rufe ich, Herr, zu dir«; vgl. sein Lied: »Aus tiefer Not schrei ich zu dir«) lautet nach der Vulgata (129, 1): »De profundis clamavi ad te, Domine.« Dieser Bußpsalm ist in das Totenofficium der römischen Liturgie aufgenommen; danach bezeichnet ein »De profundis« einen Trauergesang.

Mit jemandem ins Gericht gehen

läßt sich auf Psalm 143, 2 (vgl. Hiob 22, 4) zurückführen.

Aller Augen warten auf dich

steht Psalm 145, 15.

Die Sprüche Salomos

Mein Kind, wenn dich die bösen Buben locken, so folge (gewöhnlich hinzugesetzt: ihnen) ***nicht***

lautet Sprüche Salomos 1, 10.

Weisheit auf der Gasse

Aus Sprüche 1, 20: »Die Weisheit klagt draußen und läßt sich hören auf den Gassen« ist diese Bezeichnung für Sprichwörter entstanden; unter diesem Titel veröffentlichte 1810 in Augsburg der spätere Bischof von Regensburg, Johann Michael Sailer, eine Sprichwörtersammlung.

Welchen der Herr liebt, den straft er

Sprüche 3, 12 (vgl. unten 13, 24). Dieser Spruch wiederholt sich Hebr. 12, 6 in der Form: »Welchen der Herr lieb hat, den züchtigt er.«

Lästermaul

Sprüche 4, 24 lesen wir: »Laß das Lästermaul ferne von dir sein.«

Ein zweischneidiges Schwert

wird die Rede Sprüche 5, 4; Hebr. 4, 12 und an anderen Bibelstellen genannt. »Zweischneidig« kennzeichnet hier nur die Schärfe der Waffe und hat nicht die heutige Bedeutung, daß man mit solchem Schwerte nicht nur den Gegner, sondern auch sich selbst verletzen kann.

Rat und Tat

Sprüche 8, 14 steht: »Mein ist beides, Rat und Tat«, während es Jer. 32, 19 heißt: »Groß von Rat und mächtig von Tat.«

Unrecht Gut gedeihet nicht

ist gebildet nach Sprüche 10, 2: »Unrecht Gut hilft nicht.« Vgl. Jes. Sir. 5, 10; 40, 12.

Der Gerechte erbarmt sich seines Viehs.
Sprüche 12, 10.

Wer sein Kind lieb hat, der züchtigt es.
Sprüche 13, 24 (vgl. oben 3, 12) steht: »Wer seine Rute schont, der haßt seinen Sohn; wer ihn aber lieb hat, der züchtigt ihn bald.« (Vgl. Jes. Sir. 30, 1). Hiernach ist das oben zitierte Wort gebildet.

Nach Lachen kommt Weinen.
Sprüche 14, 13 heißt es: »Auch beim Lachen kann das Herz trauern, und nach der Freude kommt Leid.« Luk. 6, 25 lautet: »Weh euch, die ihr hier lachet, denn ihr werdet weinen und heulen.«

Gerechtigkeit erhöhet ein Volk.
Sprüche 14, 34.

Der Mensch denkt, Gott lenkt.
(Homo proponit, sed Deus disponit.)
Nach Sprüche 16, 9 (Vulgata): »Cor hominis disponit viam suam, sed Domini est dirigere gressus eius«, bei Luther: »Des Menschen Herz schläget seinen Weg an, aber der Herr allein gibt, daß er fortgehe.« Der lateinische Spruch kommt schon in dem englischen Gedicht William Langlands »Piers Ploughman's Vision« (Mitte des 14. Jahrhunderts), Verse 6644 und 13994, vor. An der ersten Stelle heißt es: »Homo proponit, sprach ein Dichter, und Plato hieß er, und Deus disponit, sprach er: Laß Gott seinen Willen tun.« In Alkuins (um 735–804) Briefen (Jaffés, »Bibl. rerum Germ.« 6, 356) finden wir die Version: »Homo cogitat, Deus iudicat.«

Hochmut kommt vor dem Fall
ist aus Sprüche 16, 18. Vgl. Tob. 4, 14: »Hoffart ... ist ein Anfang alles Verderbens« und Jes. Sir. 3, 30: »Hochmut tut nimmer gut, und kann nichts denn Arges daraus erwachsen.«

Erzbösewicht
Sprüche 24, 8 lautet: »Wer sich vornimmt, Böses zu tun, den heißt man billig einen Erzbösewicht.«

Schlaf des Gerechten
Aus Sprüche 24, 15: »Laure nicht als ein Gottloser auf das Haus des Gerechten; verstöre seine Ruhe nicht« mag sich dieser Ausdruck entwickelt haben. Andere leiten ihn her aus 3. Mos. 26, 6, aus Psalm 3, 6. 7; 4, 9; 127, 2 oder aus Sprüche 3, 24.

Aus der Bibel

Altes Testament

Die Sprüche Salomos

Wie du mir, so ich dir.
Sprüche 24, 29: »Sprich nicht: Wie man mir tut, so will ich wieder tun« wird auf diese Weise verkürzt.

Goldene Äpfel auf silbernen Schalen
stammt aus Sprüche 25, 11, eine besonders von den Dichtern der zweiten Hälfte des 18. Jahrhunderts, wie Schubart, Wieland, Goethe, Musäus viel zitierte und dadurch verbreitete Wendung. Auch als Buchtitel kommt es vor, z. B. bei Joh. Andr. Pfeffel: »Güldene Äpfel in silbernen Schalen. Das ist Worte geredet zu seiner Zeit, über 400 Sinnbilder von Allerley Zeiten und Umständen ...« (Augsburg 1746). In den »Bekenntnissen einer schönen Seele« (Goethe, »Wilhelm Meisters Lehrjahre« 6) heißt es: »Ich wußte die goldenen Äpfel des göttlichen Wortes auch aus irdenen Schalen unter gemeinem Obste herauszufinden.«

Wer andern eine Grube gräbt, fällt selbst hinein
ist gebildet nach Sprüche 26, 27: »Wer eine Grube macht, der wird hineinfallen« (vgl. Psalm 7, 16; 9, 16; 57, 7, besonders aber Pred. 10, 8 und Jes. Sir. 27, 29).

Ein Bruder in der Ferne
Nach Sprüche 27, 10: »Ein Nachbar in der Nähe ist besser als ein Bruder in der Ferne.«

Der Prediger Salomo

Alles ist eitel
sagen wir nach Prediger Salomo 1, 2 und 12, 8: »Es ist alles ganz eitel.« Auch der lateinische Text wird zitiert: »Vanitas vanitatum, et omnia vanitas« oder auch die ungenaue Fassung, die Goethe seinem Lied »Ich hab' mein Sach auf nichts gestellt« als Überschrift gab: »Vanitas! vanitatum vanitas!«

Alle Wasser laufen ins Meer
heißt es Pred. 1, 7.

Ein Nimmersatt
geht zurück auf Pred. 1, 8: »Das Auge sieht sich nimmer satt, und das Ohr hört sich nimmer satt.«

Und geschieht nichts Neues unter der Sonne
steht Pred. 1, 9.

Ein jegliches hat seine Zeit
stammt aus Pred. 3, 1. Vgl. Pred. 3, 11: »(Er aber tut) alles (fein) zu seiner Zeit.«

Der Prediger Salomo

Sich gütlich tun

Pred. 3, 12: »Darum merkte ich, daß nichts Besseres darin ist denn fröhlich sein und sich gütlich tun in seinem Leben.«

Eine Gabe Gottes

Pred. 3, 13: »Denn ein jeglicher Mensch, der da ißt und trinkt und hat guten Mut in aller seiner Arbeit, das ist eine Gabe Gottes.«

Gottesgabe

Diese Variante kommt aus Pred. 5, 18: »Denn welchem Menschen Gott Reichtum und Güter gibt und die Gewalt, daß er davon ißt und trinkt für sein Teil und fröhlich ist in seiner Arbeit, das ist eine Gottesgabe.«

Weh dir Land, dessen König ein Kind ist.

Pred. 10, 16.

Das sind die Tage, von denen wir sagen: sie gefallen uns nicht.

Aus Pred. 12, 1: »Gedenke an deinen Schöpfer in deiner Jugend, ehe denn die bösen Tage kommen und die Jahre herzutreten, da du wirst sagen: sie gefallen mir nicht.«

Viel Büchermachens ist kein Ende

steht Pred. 12, 12.

Das Hohelied Salomos

Taubenaugen

Das Hohelied Salomos 1, 15.

Wie eine Rose unter den Dornen

Hoheslied 2, 2.

Ich bin dein und du bist mein.

Hoheslied 2, 16: »Mein Freund ist mein, und ich bin sein« übersetzte Luther in Anlehnung an eine mittelalterliche Wendung auf diese Weise.

Liebe ist stark wie der Tod.

Hoheslied 8, 6.

Der Prophet Jesaja

Weinberg des Herrn

Von ihm sprechen wir nach Jesaja 5, 7: »Des Herrn Zebaoth Weinberg aber ist das Haus Israel« (vgl. Matth. 20, 1 ff.).

Stein des Anstoßes

findet sich Jes. 8, 14 und 1. Petr. 2, 8.

Lucifer
Wenn die christliche Poesie den Teufel, den Fürsten der Finsternis, Lucifer (Lichtbringer) nennt, so stützt sie sich neben Luk. 10, 18 auf Jes. 14, 12: »Wie bist du vom Himmel gefallen, du schöner Morgenstern!«, da die lateinische Bibel für »Morgenstern« »Lucifer« setzt. Die Kirchenväter sahen in der Stelle eine Hindeutung auf den Fall des Satans vom Himmel, während der gestürzte König von Babylon gemeint ist.

Vom Himmel fallen und
Aus seinen (oder: allen seinen) ***Himmeln fallen***
beruht ebenfalls, wie »Lucifer«, auf Jes. 14, 12 (vgl. 2. Kön. 1, 10; 2. Chron. 7, 1; Hiob 1, 16; Matth. 24, 29, besonders aber Luk. 10, 18).

Ein gefallener Engel
ist, wohl in Verbindung mit Offenb. 12, 9 die dritte Bezeichnung, die sich auf Jes. 14, 12 zurückführen läßt.

Grund- und Eckstein
sagen wir von dem Wesentlichen eines Werkes nach Jes. 28, 16: »Ich lege in Zion einen Grundstein, einen bewährten Stein, einen köstlichen Eckstein, der wohl gegründet ist.« Vgl. Psalm 118, 22: »Der Stein, den die Bauleute verworfen haben, ist zum Eckstein geworden« und Jer. 51, 25, 26: »Ich will an dich, du schädlicher Berg …, daß man weder Eckstein noch Grundstein aus dir nehmen könne.«

Treu und Glauben halten
sagen wir nach Jes. 33, 8: »Er hält weder Treue noch Glauben.«

Der Tag der Rache
steht Jes. 34, 8.

Sein Haus bestellen
sagen wir nach Jes. 38, 1: »Bestelle dein Haus, denn du wirst sterben« für: »sich auf den Tod vorbereiten«, »sein Testament machen«.

Prediger in der Wüste
nennen wir jemand, der vergeblich mahnt und warnt, nach Jes. 40, 3: »Es ist eine Stimme eines Predigers in der Wüste«; sowie nach der Vulgata: »Vox clamantis in deserto«, was, gedeutet auf Johannes den Täufer, Matth. 3, 3 u. ö. wiederholt wird.

Tauben Ohren predigen
Nach Jes. 42, 20: »Man predigt wohl viel, aber sie halten's nicht; man sagt ihnen genug, aber sie wollen's nicht hören.«

Der Prophet Jesaja

Eherne Stirn
ist entnommen aus Jes. 48, 4 »Und deine Stirn ist ehern«, oder, wie Luther in der Schrift »Wider den falsch genannten geistlichen Stand des Papstes und der Bischöfe«, 1522, Weimar. Ausg. X, 2, S. 107, 17; 133, 29 und 152, 9 sagt: »Eiserne Stirn«. Von der »frons ferrea« der Angeberschar spricht schon Plinius, »Panegyricus«, 35.

Er tat seinen Mund nicht auf.
Jes. 53, 7.

Wie ein Lamm (, das zur Schlachtbank geführt wird)
sagen wir von dem, der geduldig, still und willig anderen nachgibt, ebenfalls nach Jes. 53, 7 und nach Apg. 8, 32.

Aus seinem Herzen eine Mördergrube machen
Nach Jes. 56, 7: »Mein Haus wird heißen ein Bethaus allen Völkern« und Jer. 7, 11: »Haltet ihr denn dies Haus, das nach meinem Namen genannt ist, für eine Mördergrube?«

Basiliskeneier ausbrüten
sagt man vom Tun Bösegesinnter nach Jes. 59, 5: »Sie brüten Basiliskeneier und wirken Spinnwebe. Ißt man von ihren Eiern, so muß man sterben; zertritt man's aber, so fährt eine Otter heraus.« Vgl. Plinius: »Basiliskenblick«.

Alter Knabe und
Alter Sünder
gehen zurück auf Jes. 65, 20: »... die Knaben sollen hundert Jahr alt sterben und die Sünder hundert Jahr verflucht werden.«

Der Prophet Jeremia

Der Lockvogel
findet sich zuerst bei Jeremia 5, 27: »Ihre Häuser sind voller Tücke, wie ein Vogelbauer voller Lockvögel ist« und bei Jes. Sir. 11, 31: »Ein falsch Herz ist wie ein Lockvogel auf dem Kloben und lauert, wie er dich fangen möge.«

Mohrenwäsche und ***einen Mohren weiß waschen***
beruht auf Jer. 13, 23: »Kann auch ein Mohr seine Haut wandeln oder ein Parder seine Flecken?« Die Griechen sagten sprichwörtlich: »Einen Äthiopier abreiben«. Vgl. Aesop, Fab. 13; Lucian, »An den Ungebildeten« 28 und Zonaras 15, 4.

Ohne Gnade und Barmherzigkeit
»Gnade und Barmherzigkeit« findet sich sehr oft in der Schrift; das hier genannte Zitat beruht wohl auf Jer. 16, 5: »Ich habe meinen Frie-

den von diesem Volk weggenommen, spricht der Herr, samt meiner Gnade und Barmherzigkeit«, wobei dann noch Psalm 56, 8 dazukommen mag: »Gott, stoße solche Leute ohne alle Gnade hinunter« oder Psalm 59, 14: »Vertilge sie ohne alle Gnade« und 2. Makk. 5, 12: »Und hieß die Kriegsknechte erschlagen ohne alle Barmherzigkeit« oder Hebr. 10, 28: »Wenn jemand das Gesetz des Mose bricht, der muß sterben ohne Barmherzigkeit.«

Es ist das Herz ein trotzig und verzagt Ding
lautet Jer. 17, 9.

Vergeben und vergessen
Jer. 31, 34 spricht der Herr: »Ich will ihnen ihre Missetat vergeben und ihrer Sünde nimmermehr gedenken«, was Luther in seinem »Briefe wider die Sabatter an einen guten Freund«, 1538, Jenaer Ausg. 7, 33a, kürzer ausdrückt durch »vergeben und vergessen«.

Versiegelt und verbrieft und
Brief und Siegel (geben)
Das Jer. 32, 44 vorkommende »verbriefen, versiegeln« ist uns in diesen aus der alten Rechtssprache stammenden Formeln geläufig, in denen »Brief« eine Urkunde bedeutet, die erst durch das »Siegel« rechtskräftig wurde.

Angst und bange
Jer. 50, 43 heißt es vom König zu Babel: »Ihm wird so angst und bange werden wie einer Frau in Kindesnöten.« Nach Jes. Sir. 4, 19 sagen wir: »Angst und bange machen«. »Bange und angst« steht 1. Makk. 13, 2.

Babel
dient nach Jer. 51 und anderen Bibelstellen, besonders aber nach Offenb. 14, 8; 16, 19; 17 zur Bezeichnung einer sündhaften Großstadt, oft auch »Sündenbabel« genannt.

Den ewigen Schlaf schlafen
entnehmen wir aus Jer. 51, 39, denn es heißt dort: »Ich will sie … trunken machen, daß sie fröhlich werden und einen ewigen Schlaf schlafen, von dem sie nimmermehr aufwachen sollen, spricht der Herr.«

Klagelieder Jeremias

Jeremiade
Von einer solchen sprechen wir nach den »Klageliedern Jeremias«.

Sich die Augen ausweinen
entnehmen wir aus Klagel. 2, 11.

Aus der Bibel

Altes Testament

Der Prophet Hesekiel

Den Geist aufgeben
Klagel. 2, 12 bringt uns zum ersten Mal für »sterben« diese Wendung.

Ein Unglück kommt selten allein.
Hes. 7, 5 heißt es: »Es kommt ein Unglück über das andere.«

In alle Winde zerstreut
steht Hes. 17, 21 (vgl. 5, 2 und 12, 14).

Wer sich selbst erhöht, der wird erniedrigt, und wer sich selbst erniedrigt, der wird erhöht.
Hes. 21, 26 (vgl. Hiob 22, 29) steht: »Der sich erhöht hat, soll erniedrigt werden, und der sich erniedrigt hat, soll erhöht werden.« Wir zitieren hier nach Matth. 23, 12.

Pracht und Herrlichkeit
finden wir Hes. 31, 18.

Tun, was recht und gut ist
ist Hes. 33, 14 und anderen Bibelstellen zu entnehmen.

Der Prophet Daniel

Koloß mit (oder: auf) ***tönernen Füßen***
beruht auf Nebukadnezars Traum in Daniel 2, 31–34. Die Anwendung dieses Wortes auf das zaristische Rußland scheint um 1840 aufgekommen zu sein.

Menetekel
sagen wir für »Warnungsruf« nach Daniel 5, 25. König Belsazer gab ein wüstes Mahl. Plötzlich sah er entsetzt an der hell bestrahlten Wand des Saales entlang sich Finger einer Menschenhand bewegen und die Worte verzeichnen: »Mene, Mene, Tekel, Upharsin«. Daniel, zur Deutung dieser rätselhaften Ausdrücke herbeigerufen, las den Untergang des Reiches heraus. Der König starb in der folgenden Nacht.

Gewogen und zu leicht befunden werden
Die in Vers Daniel 5, 27 enthaltene Verdolmetschung des Wortes »Tekel«: »Man hat dich in einer Waage gewogen und zu leicht gefunden« hat der deutschen Sprache diese Wendung zugeführt.

Daniel in der Löwengrube
geht auf Daniel 6 zurück.

Greuel der Verwüstung
Daniel 9, 27 und viele andere Stellen.

Aus der Bibel
Altes Testament

Ewiges Leben
Daniel 12, 2: »Und viele, so unter der Erde schlafen liegen, werden aufwachen: etliche zum ewigen Leben ...«

Der Prophet Hosea

Blutschuld
Hosea 4, 2 steht: »Eine Blutschuld kommt nach der andern.« Der Plural »Blutschulden« kommt häufiger vor, z. B. 5. Mos. 19, 10.

Wer Wind sät, wird Sturm ernten
geht zurück auf Hos. 8, 7: »Sie säen Wind und werden Ungewitter einernten.«

Der Prophet Joel

Herzzerreißend
Joel 2, 13 steht: »Zerreißet eure Herzen und nicht eure Kleider.«

Der Prophet Amos

Recht und Gerechtigkeit
Amos 5, 7 u. ö.

Blutgeld
Amos 5, 12 steht: »Ich weiß ..., wie ihr die Gerechten drängt und Blutgeld nehmet und die Armen ... unterdrückt.« Auch werden Matth. 27, 6 mit diesem Worte die dreißig Silberlinge bezeichnet, für die Judas Jesus verriet.

Der Prophet Jona

Nicht wissen, was rechts oder links ist
Nach Jona 4, 11 sprach der Herr: »Und mich sollte nicht jammern Ninives, solcher großen Stadt, in welcher sind mehr denn hundertundzwanzigtausend Menschen, die nicht wissen, was rechts und links ist, dazu auch viele Tiere?«

Der Prophet Micha

Schwerter zu Pflugscharen
Der Prophet Micha sagt 4, 3: »Sie werden ihre Schwerter zu Pflugscharen und ihre Spieße zu Sicheln machen.« Diese Forderung wurde zur Losung der christlichen Friedensbewegung – vor allem in der damaligen DDR Ende der 80er Jahre.

Eine Sache drehen, wie man will
Micha 7, 3 steht: »Die Gewaltigen raten nach ihrem Mutwillen, Schaden zu tun, und drehen's, wie sie wollen«, und Jes. Sir. 19, 22 heißt es vom »Schalk«, er »kann die Sache drehen, wie er's haben will«.

Der Prophet Zephanja

Krämervolk
Zephanja 1, 11 heißt es: »Heulet, die ihr in der Mühle wohnet; denn das ganze Krämervolk ist dahin, und alle, die Geld sammeln, sind ausgerottet.«

Dies irae, dies illa.
Dieser Anfang des vielleicht von Thomas von Celano (13. Jahrhundert) gedichteten Hymnus, der beim katholischen Traueramt ertönt und in Goethes »Faust« dem reuigen Gretchen im Dom entgegenbraust, steht Zephanja 1, 15 in der Schilderung des Weltgerichts Vers 14–18. Luther übersetzt: »Denn dieser Tag ist ein Tag des Grimmes«, während er an den ähnlichen Stellen Sprüche 11, 4 (Vulg.: »dies ultionis«); Hes. 7, 19 (Vulg.: »dies furoris«); Röm. 2, 5 und Offenb. 6, 17 »der Tag des Zorns«, Jes. 34, 8; 63, 4 (Vulg.: »dies ultionis«) »der Tag der Rache« setzt.

Aus der Bibel

Altes Testament

Der Prophet Zephanja

Himmel und Erde in Bewegung setzen
sagen wir nach Haggai 2, 7, wo der Herr verheißt, er werde »Himmel und Erde, das Meer und Trockene bewegen«.

Der Prophet Haggai

Ein ellenlanger Brief
stammt aus Sacharja 5, 2. Dort heißt es: »Ich sehe einen fliegenden Brief, der ist zwanzig Ellen lang und zehn Ellen breit.«

Der Prophet Sacharja

Denkzettel
Dieses Maleachi 3, 16 und Matth. 23, 5 vorkommende Wort erklärt sich aus 4. Mos. 15, 38–39, wo der Herr durch Moses den Kindern Israel befiehlt, sie sollen »Quasten an den Zipfeln ihrer Kleider« tragen und bei deren Anblick an alle Gebote denken. Vgl. das ähnliche »Denkmal« 5. Mos. 6, 8; 11, 18 und dazu Sprüche 3, 3; 7, 3.

Der Prophet Maleachi

●●●

Sterben und verderben
steht im Buch Judith 6, 3. Vgl. auch die Formulierung »verdorben, gestorben« bei Heine.

Apokryphen

Das Buch Judith

Guter Hoffnung sein
Diese Wendung stammt aus dem Buch der Weisheit Salomos 12, 19.

Die Weisheit Salomos

Jahrmarkt des Lebens
entnehmen wir aus Weisheit 15, 12: »Sie halten auch das menschliche Leben für einen Scherz und menschlichen Wandel für einen Jahrmarkt.« Doch ist dieses Bild viel älter. Cicero, »Tusculanae Disputationes« V, 3, 9 und Diogenes Laertius, »Leben der Philosophen« VIII, 1, 8 schreiben es dem Pythagoras zu, der dem Herrscher von Phlius, Leon, auf seine Frage nach dem Wesen der Philosophen deren Aufgabe an einem ausführlichen Vergleich des Lebens mit einem Jahrmarkt und den verschiedenen Absichten der dort zusammenströmenden Menschen erläutert habe.

Aus der Bibel

Apokryphen

Das Buch Tobias

Was du nicht willst, daß man dir tu', das füg auch keinem andern zu
ist die Umformung von Tobias 4, 16: »Was du nicht willst, daß man dir tue, das tue einem andern auch nicht.« Vgl. Matth. 7, 12 und Luk. 6, 31. Die Entstehungszeit des Buches Tobias wird in das erste vorchristliche Jahrhundert verlegt. Zu derselben Zeit (70 vor bis 10 n. Chr.) lebte der Synedrialvorsitzende und Mischnalehrer Rabbi Hillel. Nach dem Talmudtraktat Sabbath sagte dieser einst einem Heiden, der ins Judentum aufgenommen werden wollte: »Was dir unlieb ist, füge deinem Nebenmenschen nicht zu; das ist das ganze Gesetz.« Wem die Priorität der Prägung der Sentenz zukommt, läßt sich daher nicht entscheiden. Wir zitieren das Wort auch lateinisch nach Lampridius (51), der vom Kaiser Alexander Severus (gest. 235 n. Chr.) berichtet: »Er rief öfter aus, was er von einigen Juden oder Christen gehört und behalten hatte: ›Quod tibi fieri non vis, alteri ne feceris‹, ließ es, wenn er jemanden rügte, durch den Ausrufer ausrufen und liebte diesen Spruch so, daß er ihn sowohl an seinen Palast wie auch an öffentliche Gebäude anschreiben ließ.« Doch hätte der Kaiser diese Weisheit auch von den Heiden erfahren können, denn schon im 4. Jahrhundert v. Chr. sagte Isokrates (Nikokles 61): »Worüber ihr zürnt, wenn ihr es von andern erleidet, das tut den andern nicht.« Seneca, »Epistulae morales« 94, 43, zitiert die Sentenz 2 des Publilius Syrus: »Ab alio exspectes alteri quod feceris.« In der syrischen Redaktion des Buches »Sindban oder Von den sieben weisen Meistern«, entstanden vor 1100, finden wir unsere Form »Was du nicht willst usw.«; in der arabischen Bearbeitung dieser Erzählung endlich in »1001 Nacht« lautet der Spruch: »Tue deinen Leuten nur das, was du wünschest, daß dir selbst geschehe.«

Ein guter Gesell
sagen wir nach Tob. 5, 6.

Der gute Engel
für jemand sein oder »jemandem als guter Engel zur Seite stehen« ist aus Tob. 5, 29 entlehnt, wo Tobias zu seiner Frau von seinem Sohn spricht: »Ich glaube, daß der gute Engel Gottes ihn geleite.«

O Herr, er will mich fressen!
aus Tob. 6, 3 wendet man manchmal an, um ein unverstecktes, unhöfliches Gähnen damit zu rügen.

Das Buch Jesus Sirach

Des Vaters Segen baut den Kindern Häuser
steht Jesus Sirach 3, 11 mit der Fortsetzung: »… aber der Mutter Fluch reißt sie nieder.«

Wer sich in Gefahr begibt, kommt darin um
wird zitiert nach Jes. Sir. 3, 27: »Denn wer sich gern in Gefahr gibt, der verdirbt darinnen.«

Wider den Strom schwimmen
ist entnommen aus Jes. Sir. 4, 31: »Strebe nicht wider den Strom.«

Viele Worte machen und
Nicht viele Worte machen
hat als Quelle Jes. Sir. 7, 15 (vgl. Matth. 6, 7): »Wenn du betest, so mache nicht viele Worte.«

Was du tust, bedenke das Ende
steht Jes. Sir. 7, 40. Vielleicht ist nach diesem Spruch der lateinische gemacht: »Quidquid agis prudenter agas et respice finem« (Was du beginnest, beginne es klug und bedenke das Ende), der schon im Mittelalter (z. B. in den »Gesta Romanorum«) zitiert wird.

Das Werk lobt den Meister
steht Jes. Sir. 9, 24.

Land und Leute
Jes. Sir. 10, 3: »Ein König, der selber nicht Zucht gelernt hat, verderbet Land und Leute.«

Heute rot, morgen tot
beruht auf Jes. Sir. 10, 12: »Heute König, morgen tot.«

Du sollst niemand rühmen vor seinem Ende
sagen wir nach Jes. Sir. 11, 29. Vgl. auch: »Nemo ante mortem beatus« (Niemand ist vor seinem Tod glücklich zu preisen).

Nichts Gutes im Sinne haben
zitieren wir aus Jes. Sir. 11, 34. »Böses im Sinne haben« steht Psalm 7, 15.

Wer Pech angreift, besudelt sich (damit)
steht Jes. Sir. 13, 1.

Lapsus (falsae) linguae
steht in der Vulgata-Übersetzung von Jes. Sir. 20, 20.

Seine Worte auf der Goldwaage wägen
stammt aus Jes. Sir. 21, 27 und 28, 29.

Aus der Bibel

Apokryphen

Das Buch Jesus Sirach

Jemande(n) sitzen lassen
sagen wir nach Luthers sehr freier Übersetzung von Jes. Sir. 22, 4: »Eine vernünftige Tochter kriegt wohl einen Mann, aber eine ungeratene Tochter läßt man sitzen, und sie bekümmert ihren Vater.«

Es ist keine List über Frauenlist
sagen wir nach Jes. Sir. 25, 28. Mit Gottfried August Bürger (»Die Weiber von Weinsberg«, Str. 6) reden wir auch von »Weiberlist«.

Jemand den Rücken bleuen
entnehmen wir aus Jes. Sir. 30, 12: »Bleue ihm den Rücken, weil er noch klein ist, auf daß er nicht halsstarrig und dir ungehorsam werde.«

Heute mir, morgen dir
stammt aus Jes. Sir. 38, 23 nach dem Text der Vulgata: »Memor esto iudicii mei; sic enim erit et tuum: mihi heri et tibi hodie.« Luther übersetzt: »Gedenke an ihn, wie er gestorben, so mußt du auch sterben. Gestern war es an mir, heute ist es an dir.«

Nun danket alle Gott.
Diese Aufforderung, die als Anfang eines 1630 verfaßten Kirchenliedes von Martin Rinckart am bekanntesten ist, geht auf Jes. Sir. 50, 24 zurück.

Das Buch Baruch

Jämmerlich umkommen
sagen wir nach Baruch 2, 25.

Das 1. Buch der Makkabäer

Friede im Lande
steht 1. Makk. 7, 50.

Und bitten um Antwort
Es gab Petschafte mit der Inschrift »1. Makk. 12, 18«, weil dort dieses Wort steht. Auch dürfte die Abkürzung »U. A. w. g.« auf manchen Einladungskarten auf diese Makkabäerstelle zurückgehen. Kotzebue schrieb einen Schwank: »U. A. w. g. oder Die Einladungskarte«, der zuerst im »Almanach dramat. Spiele zur geselligen Unterhaltung auf dem Lande«, 16. Jahrg., Leipzig 1818 erschien.

Das 2. Buch der Makkabäer

Mit dem Leben davonkommen
Aus 2. Makk. 3, 38.

Eine löbliche Sitte
2. Makk. 4, 11 heißt es vom Hohenpriester Jason: »Die guten löblichen Sitten, von den alten Königen geordnet, tat er gar ab.«

Apokryphen

Aus nichts hat Gott die Welt erschaffen.

Die Quelle dieses Wortes ist 2. Makk. 7, 28. Dort heißt es in der Lutherübersetzung: »Siehe an Himmel und Erde und alles, was darinnen ist: dies hat Gott alles aus nichts gemacht, und wir Menschen sind auch so gemacht.«

●●●

Neues Testament

Das Evangelium des Matthäus

Gott mit uns.

Im Neuen Testament lesen wir im Evangelium des Matthäus 1, 23: »Siehe, eine Jungfrau wird schwanger sein und einen Sohn gebären, und sie werden seinen Namen Immanuel heißen, das ist verdolmetscht: Gott mit uns.« Der schwedische König Gustav Adolf gab dieses Wort als Losung vor der Schlacht auf dem Breitenfelde 1631 aus. Die Soldaten der Nazi-Wehrmacht trugen es als Motto auf ihren Koppelschlössern.

Prediger in der Wüste

Matth. 3, 3: »Es ist eine Stimme eines Predigers in der Wüste: Bereitet dem Herrn den Weg ...«

Die Axt an die Wurzel legen

beruht auf Matth. 3, 10: »Es ist schon die Axt den Bäumen an die Wurzel gelegt. Darum, welcher Baum nicht gute Frucht bringt, wird abgehauen und ins Feuer geworfen.«

Feuertaufe

Matth. 3, 11 heißt es: »Ich taufe euch mit Wasser zur Buße; der aber nach mir kommt ..., der wird euch mit dem heiligen Geist und mit Feuer taufen.« Daher reden wir, jedoch ohne den ursprünglichen Sinn festzuhalten, von einer Feuertaufe.

Die Spreu vom Weizen sondern

ist gebildet nach Matth. 3, 12: »Er wird seine Tenne fegen und den Weizen in seine Scheune sammeln; aber die Spreu wird er verbrennen mit ewigem Feuer.«

Dies ist mein lieber Sohn, an welchem ich Wohlgefallen habe

lesen wir Matth. 3, 17 (vgl. Jes. 42, 1).

Der Mensch lebt nicht vom Brot allein.

Matth. 4, 4.

Hebe dich weg von mir, Satan!
(Apage Satana!)
Dieses Wort Jesu an den Teufel steht Matth. 4, 10. Die häufig zitierte lateinische Form stammt nicht aus der Vulgata, die »Vade, Satana« bietet, sondern aus dem Urtext.

Menschenfischer
Matth. 4, 19.

Selig sind, die da geistlich arm sind; denn das Himmelreich ist ihr.
Selig sind, die da Leid tragen; denn sie sollen getröstet werden.
Selig sind die Sanftmütigen; denn sie werden das Erdreich besitzen.
Selig sind, die da hungert und dürstet nach der Gerechtigkeit, denn sie sollen satt werden.
Selig sind die Barmherzigen; denn sie werden Barmherzigkeit erlangen.
Selig sind, die reines Herzens sind; denn sie werden Gott schauen.
Selig sind die Friedfertigen; denn sie werden Gottes Kinder heißen.
Selig sind, die um Gerechtigkeit willen verfolgt werden; denn das Himmelreich ist ihr.
Die Seligpreisungen, Matth. 5, 3–10, finden sich in der Bergpredigt, Matth. 5–7, die viele geflügelte Worte bietet. Oft werden die Seligpreisungen in Abwandlungen zitiert, manchmal auch in spaßiger Absicht.

Das Salz der Erde
nennt Jesus seine Jünger Matth. 5, 13.

Sein Licht unter den Scheffel stellen und
Sein Licht vor den Leuten leuchten lassen
stammt aus Matth. 5, 15–16: »Man zündet auch nicht ein Licht an und setzt es unter einen Scheffel, sondern auf einen Leuchter, so leuchtet es allen, die im Hause sind. So soll euer Licht leuchten vor den Leuten.«

Kein Jota oder ***Nicht ein Jota***
kein Titel oder Tütel oder Tüttel oder Tittel oder Tittelchen, beruht auf Matth. 5, 18: »Bis daß Himmel und Erde zergehe, wird nicht vergehen der kleinste Buchstabe noch ein Tüpfelchen (Tüpfelchen oder Titel meint die den hebräischen Buchstaben beigegebenen Häkchen; Vulgata: ›iota unum aut unus apex‹) vom Gesetz, bis daß es alles geschehe.«

Tüpfelchen auf dem i
könnte ebenfalls auf die oben zitierte Stelle Matth. 5, 18 zurückgehen.

Der letzte Heller
sagen wir nach Matth. 5, 26.

Eure Rede aber sei: Ja, ja; nein, nein; was darüber ist, das ist vom Übel.
Matth. 5, 37.

Seine Sonne scheinen lassen über Gerechte und Ungerechte
Matth. 5, 45: »Er läßt seine Sonne aufgehen über die Bösen und über die Guten und läßt regnen über Gerechte und Ungerechte.«

Ausposaunen
Gibt jemand prahlerisch aller Welt etwas kund, so tadeln wir, daß er es ausposaune, nach Matth. 6, 2: »Wenn du nun Almosen gibst, sollst du nicht lassen vor dir posaunen, wie die Heuchler tun.«

Laß deine linke Hand nicht wissen, was die rechte tut
lesen wir Matth. 6, 3.

Gehe in dein Kämmerlein.
Matth. 6, 6 (vgl. Judith 9, 1) steht: »Wenn du aber betest, so gehe in dein Kämmerlein.«

Plappern wie die Heiden
Matth. 6, 7.

Vaterunser (lateinisch: ***Paternoster***)
Matth. 6, 9–13 (vgl. Luk. 11, 2–4).

Unser täglich Brot
stammt aus der vierten Bitte des Vaterunsers, Matth. 6, 11.

Vergib uns unsere Schuld
Matth. 6, 12.

Und führe uns nicht in Versuchung
Matth. 6, 13.

Schätze sammeln, die weder Motten noch Rost fressen
Aus Matth. 6, 19–20.

Aus der Bibel

Neues Testament

Das Evangelium des Matthäus

Denn wo euer Schatz ist, da ist auch euer Herz
steht Matth. 6, 21.

Niemand kann zwei Herren dienen
findet sich Matth. 6, 24.

Mammon und ***Mammonsdiener***
ist ebenfalls aus Matth. 6, 24 für »Reichtum« und »Geldmensch« entnommen. Es heißt dort: »Ihr könnt nicht Gott dienen und dem Mammon«, d. h. dem syrischen Gott des Reichtums.

Sie säen nicht, sie ernten nicht.
Matth. 6, 26 steht: »Sehet die Vögel unter dem Himmel an: sie säen nicht, sie ernten nicht, sie sammeln nicht in die Scheunen; und euer himmlischer Vater nährt sie doch.«

Die Lilien auf dem Felde
zitieren wir aus Matth. 6, 28.

Was werden wir essen? Was werden wir trinken?
stammt aus Matth. 6, 31 (vgl. Vers 25).

Jeder Tag hat seine Plage.
Bei Matth. 6, 34 lesen wir: »Es ist genug, daß ein jeglicher Tag seine eigene Plage habe«, was wir gewöhnlich mit Goethe (Lied Philinens, »Wilhelm Meisters Lehrjahre« Vers 10) wie oben verkürzt zitieren.

Richtet nicht, auf daß Ihr nicht gerichtet werdet
steht Matth. 7, 1.

Der Splitter in deines Bruders Auge
Matth. 7, 3; »Was siehst du aber den Splitter in deines Bruders Auge und wirst nicht gewahr des Balkens in deinem Auge?«

Perlen vor die Säue werfen
ist gebildet nach Matth. 7, 6: »Ihr sollt das Heilige nicht den Hunden geben, und eure Perlen sollt ihr nicht vor die Säue werfen.«

Bittet, so wird euch gegeben;
suchet, so werdet ihr finden;
klopfet an, so wird euch aufgetan.
Matth. 7, 7.

Stein(e) statt Brot
entnehmen wir aus Matth. 7, 9: »Welcher ist unter euch Menschen, so ihn sein Sohn bittet ums Brot, der ihm einen Stein biete?«

Falsche Propheten
Matth. 7, 15: »Sehet euch vor vor den falschen Propheten, die in Schafskleidern zu euch kommen, inwendig aber sind sie reißende Wölfe.«

Wolf im Schafspelz
geht ebenfalls auf Matth. 7, 15 zurück.

An ihren Früchten sollt ihr sie erkennen
steht Matth. 7, 16.

Pharisäer
Sie werden an unzähligen Stellen genannt (vgl. Lukas 18,10 ff.) und zwar oft als Selbstgerechte und gar Verlogene. Diese Darstellung des Neuen Testaments tut den Pharisäern, frommen und gelehrten Laien, die im Gegensatz zu den Priestern der Oberschicht standen, bitter Unrecht.

Auf Sand bauen
Matth. 7, 26 lesen wir Jesu Gleichnis von dem »törichten Manne, der sein Haus auf den Sand baute«, so daß Regen und Wind es zu Falle brachten. Besonders bekannt wurde der Ausdruck durch die Schlußzeile von Georg Neumarks (1621–1681) Gesangbuchlied »Wer nur den lieben Gott läßt walten«, die lautet: »der hat auf keinen Sand gebaut«.

Heulen und Zähneklappern
wird in der Finsternis sein laut Matth. 8, 12 u. ö.

Nichts haben, wo man sein Haupt hinlegen kann
Aus Matth. 8, 20, wo Jesus von sich spricht: »Die Füchse haben Gruben und die Vögel unter dem Himmel haben Nester, aber des Menschen Sohn hat nicht, wo er sein Haupt hinlege«, entnehmen wir dieses Wort zur Bezeichnung äußerster Armut.

Laß die Toten ihre Toten begraben.
Matth. 8, 22.

Stehe auf und wandle!
Matth. 9, 5.

Aus der Bibel

Neues Testament

Das Evangelium des Matthäus

Die Starken (d. h. die Gesunden) ***bedürfen des Arztes nicht, sondern die Kranken***
spricht Jesus in Matth. 9, 12.

Most (oder jungen Wein oder neuen Wein) ***in alte Schläuche füllen***
beruht auf Matth. 9, 17.

Den Staub von den Füßen schütteln
bringt Matth. 10, 14 für »verachtungsvoll weggehen«.

Seid klug wie die Schlangen und ohne Falsch wie die Tauben.
Matth. 10, 16.

Auf den Dächern (oder: von den Dächern) ***predigen***
wird nach Matth. 10, 27 zitiert.

Er trägt sein Kreuz und
Sein Kreuz auf sich nehmen
sagen wir von jemandem, der ein Leid zu tragen hat, nach Matth. 10, 38, Luk. 14, 27 und anderen Stellen.

Wer Ohren hat zu hören, der höre
findet sich Matth. 11, 15.

Mühselig und beladen
Matth. 11, 28 lesen wir: »Kommet her zu mir alle, die ihr mühselig und beladen seid; ich will euch erquicken.«

Ein sanftes Joch
sagen wir nach Matth. 11, 30: »Mein Joch ist sanft und meine Last ist leicht.«

Den Teufel durch Beelzebub austreiben
sagt man nach Matth. 12, 24, 27 und anderen Stellen.

Wer nicht mit mir ist, der ist wider mich
steht Matth. 12, 30. Ähnlich dachte Caesar nach Cicero, »Pro Lig.« 11, 33: »Te enim dicere audiebamus, nos omnes adversarios putare nisi qui nobiscum essent, te omnes, qui contra te non essent, tuos.« (Denn wir hörten dich sagen, wir hielten alle für unsere Gegner außer denen, die mit uns seien, du alle die für deine Anhänger, die nicht gegen dich seien.)

Sünde wider den heiligen Geist
beruht auf Matth. 12, 31 (vgl. Mark. 3, 29; Luk. 12, 10).

Wes das Herz voll ist, des gehet der Mund über.
Matth. 12, 34.

Auf guten Boden fallen
beruht auf Matth. 13, 8.

Hundertfältige Frucht tragen
findet sich ebenfalls in Matth. 13, 8.

Wer da hat, dem wird gegeben
stammt aus Matth. 13, 12.

Mit sehenden Augen nicht sehen
entlehnen wir aus Matth. 13, 13 (s. Psalm 115, 5). Schon 1191 sagt der Minnesänger Heinrich von Rugge (»Minnesangs Frühling« 97, 40): »Wir sin mit sehenden ougen blint.«

Wetterwendisch
benutzt Luther in Matth. 13, 21. Es bedeutet unbeständig, sich wendend und ändernd wie das Wetter oder vom Wetter abhängig. Vor Luther läßt sich das Wort in übertragener Bedeutung nicht nachweisen.

Unkraut zwischen den Weizen säen
beruht auf Matth. 13, 25.

Der Prophet gilt nichts in seinem Vaterlande.
Das mit Goethe (»Götz«, 1. Akt, Bischofsszene) meist gekürzte Wort beruht auf Matth. 13, 57 (vgl. Joh. 4, 44): »Ein Prophet gilt nirgend weniger als in seinem Vaterland und im eigenen Hause.«

Was zum Munde eingeht, das macht den Menschen nicht unrein
steht in Matth. 15, 11.

Brosamen, die von des Herrn Tische fallen
sagen wir nach Matth. 15, 27.

Brosamen, die von des Reichen Tische fallen
beruht auf Luk. 16, 21.

Zeichen der Zeit
ist entlehnt aus Matth. 16, 3: »Könnt ihr dann nicht auch über die Zeichen der Zeit urteilen?«

Was hülfe es dem Menschen, wenn er die ganze Welt gewönne und nähme doch Schaden an seiner Seele?
ist Matth. 16, 4 entnommen.

Gewalt zu binden und zu lösen
Diese der Kirche verliehene Macht beruft sich auf Matth. 16, 19.

Sich selbst verleugnen und
Selbstverleugnung
Matth. 16, 24 spricht Jesus zu seinen Jüngern: »Will mir jemand nachfolgen, der verleugne sich selbst.«

Hier ist gut sein, hier laßt uns Hütten bauen.
Aus Matth. 17, 4: »Herr, hier ist für uns gut sein! Willst du, so wollen wir hier drei Hütten machen, dir eine, Mose eine und Elia eine«, hat der Volksmund diese Redensart abgeleitet. Sie wird häufig in der Kurzform »Hütten bauen« benutzt und für »sich niederlassen« gebraucht.

Wenn ihr nicht werdet wie die Kinder
Matth. 18, 3 lautet: »Wahrlich, ich sage euch: Wenn ihr nicht umkehret und werdet wie die Kinder, so werdet ihr nicht ins Himmelreich kommen«; und Vers 6: »Wer aber Ärgernis gibt einem dieser Kleinen, die an mich glauben, dem wäre besser, daß ein Mühlstein an seinen Hals gehängt und er ersäuft würde im Meer, wo es am tiefsten ist.«

Denn wo zwei oder drei versammelt sind in meinem Namen, da bin ich mitten unter ihnen
steht in Matth. 18, 20.

Höllisches Feuer
findet sich in Matth. 18, 9.

Was nun Gott zusammengefügt hat, das soll der Mensch nicht scheiden
ist Matth. 19, 6 entnommen.

Wer es fassen kann, der fasse es!
stammt aus Matth. 19, 12.

Es ist leichter, daß ein Kamel durch ein Nadelöhr gehe, als daß ein Reicher ins Reich Gottes komme.
Matth. 19, 24. Es ist nicht sicher, ob hier ein Übersetzungsfehler vorliegt; statt Kamel könnte es auch heißen: Schiffstau. Es soll aber auch ein kleines Stadttor in der Stadtmauer von Jerusalem gegeben haben, das Nadelöhr genannt wurde.

(Aber viele, die da sind) die Ersten, werden die Letzten, und die Letzten werden die Ersten sein.
Matth. 19, 30.

Die Arbeiter im Weinberg
beruht auf Matth. 20 und wird häufig auch (mit Zuziehung von Jes. 5, 7) als »Arbeiter im Weinberge des Herrn« verwandt.

Des Tages Last und Hitze getragen haben
steht Matth. 20, 12.

(Denn) viele sind berufen, aber wenige sind auserwählt
findet sich Matth. 20, 16.

Kein hochzeitlich Kleid anhaben
wird nach Matth. 22, 11 benutzt.

So gebet dem Kaiser, was des Kaisers ist, und Gott, was Gottes ist
liest man in Matth. 22, 21.

Das eine tun und das andere nicht lassen
beruht auf Matth. 23, 23: »Dies sollte man tun und jenes nicht lassen.«

Es wird kein Stein auf dem andern bleiben.
Matth. 24, 2 spricht Jesus in Jerusalem: »Es wird hier nicht ein Stein auf dem andern bleiben, der nicht zerbrochen werde.« Danach sagt man von Dingen und Verhältnissen, die der völligen Zerstörung entgegengehen, es bliebe kein Stein auf dem anderen.

Wo das Aas ist, da sammeln sich die Geier
sagen wir mit Matth. 24, 28.

Posaunenengel
in Bild und Wort verdanken wir Matth. 24, 31: »Und er wird senden seine Engel mit hellen Posaunen.« Vgl. Offenb. 8, 2.

Sein Pfund vergraben

Diese Redensart hat sich aus Matth. 25, 18: »Und machte eine Grube in die Erde und verbarg seines Herrn Geld« (vgl. 25, 25: »Und verbarg deinen Zentner in die Erde«) und Luk. 19, 20: »Hier ist dein Pfund, welches ich habe im Schweißtuch behalten« entwickelt.

Die Schafe zur (zu seiner) ***Rechten*** (stellen) ***und die Böcke zur Linken***

stammt aus Matth. 25, 32 f. Es wurde zum beliebten Vergleich guter Menschen mit bösen.

Ein gutes Werk an einem tun

Matth. 26, 10 spricht Jesus von dem Weibe, die köstliches Wasser auf sein Haupt goß: »Sie hat ein gutes Werk an mir getan.«

Der Verräter schläft nicht.

Das Wort beruht auf Matth. 26, 40–46, wo geschrieben steht, daß die anderen Jünger schlafen, während Judas den Herrn verrät.

Judaslohn und
Dreißig Silberlinge

beruht auf Matth. 26, 15. Judas Ischarioth lieferte Jesus den Hohenpriestern aus mit den Worten: »Ich will ihn euch verraten.« Dafür boten sie ihm dreißig Silberlinge.

Dieser Kelch mag an mir vorübergehen.

Wenn wir in bitteren Zeiten Linderung wünschen, so wenden wir Christi Worte bei Matth. 26, 39 an: »So gehe dieser Kelch an mir vorüber.«

Der Geist ist willig, aber das Fleisch ist schwach

lesen wir Matth. 26, 41.

Judaskuß und
Judas

Matth. 26, 48–49 heißt es von Judas: »Und der Verräter hatte ein Zeichen gegeben und gesagt: Welchen ich küssen werde, der ist's; den greifet. Und alsbald trat er zu Jesu und sprach: Gegrüßet seist du, Rabbi! und küßte ihn.« Darauf beruht der Ausdruck Judaskuß. Judas nennen wir nach dieser Textstelle einen falschen, verräterischen Menschen.

Du bist auch so einer

sprechen die Umstehenden zu Petrus, Matth. 26, 73, als er Jesus zum zweiten Mal verleugnet hatte: »Wahrlich, du bist auch einer von denen (nämlich: die mit ihm waren), denn deine Sprache verrät dich.« Der Titel von Friedrich Theodor Vischers Buch »Auch Einer« (1879) wurzelt in diesen Worten.

Ich wasche meine Hände in Unschuld
sagen wir nach Matth. 27, 24: »Da aber Pilatus sah, daß er nichts ausrichtete ..., nahm er Wasser und wusch die Hände vor dem Volk und sprach: Ich bin unschuldig an seinem Blut.«

Dornenkrone und
Einem eine Dornenkrone flechten
bezeichnet nach Matth. 27, 29 die bitterste Marter, die Königen des Geistes und Wohltätern der Menschheit zugefügt werden kann.

Nicht wert sein, einem die Schuhriemen aufzulösen
entnehmen wir aus Markus 1, 7 und Joh. 1, 27.

Der Sabbat ist um des Menschen willen gemacht, und nicht der Mensch um des Sabbats willen
steht in Mark. 2, 27.

Unsauberer Geist
zitieren wir nach Mark. 3, 30: »Denn sie sagten: Er hat einen unsauberen Geist.«

Ihre Zahl ist Legion
beruht auf Mark. 5, 9, wo der »unsaubere Geist« spricht: »Legion heiße ich, denn wir sind viele«, und Luk. 8, 30, wo er sagt, daß er »Legion« heiße, »denn es waren viele böse Geister in ihn gefahren.«

Gehe hin in Frieden
lesen wir in Mark. 5, 34.

Lasset die Kinder zu mir kommen und wehret ihnen nicht
findet sich in Mark. 10, 14.

Sein Scherflein beitragen
beruht auf Mark. 12, 42, wo jedoch von »zwei Scherflein« (= einem Heller) die Rede ist.

Kreuzige ihn!
steht in Mark. 15, 13 und Joh. 19, 15. Dies ist Luk. 23, 21 und Joh. 19, 6 erweitert zu: »Kreuzige, kreuzige ihn!«

Das Evangelium des Markus

Der Glaube macht selig
beruht auf Mark. 16, 16: »Wer da glaubet und getauft wird, der wird selig werden; wer aber nicht glaubet, der wird verdammt werden.«

Wer's glaubt, wird selig
sagt man zu einer wenig glaubwürdigen Erzählung, wohl nach dem oben angeführten Zitat.

Mit Zungen reden
ist Mark. 16, 17 entnommen; auch kommt es Apg. 2, 4; 10, 46; 19, 6 und wiederholt 1. Kor. 14 vor. An den ersten beiden Stellen, wo es »mit neuen« und »mit andern Zungen« lautet, bedeutet es »in fremden Sprachen reden«, an den folgenden Stellen ohne Beiwort hat es den Sinn: »vom heiligen Geist erfüllt reden«.

Das Evangelium des Lukas

Bei Gott ist kein Ding unmöglich
steht Lukas 1, 37 (vgl. Jer. 32, 17).

Was will (häufig: wird) ***aus dem Kindlein werden?***
zitieren wir aus Luk. 1, 66.

Die Menge der himmlischen Heerscharen
findet sich in Luk. 2, 13.

Ehre sei Gott in der Höhe
und Friede auf Erden
und den Menschen ein Wohlgefallen
steht als Weihnachtsbotschaft in Luk. 2, 14. Nach einigen Handschriften ist der Spruch nicht drei-, sondern zweiteilig, verkündet nicht, was sein soll, sondern was ist, und lautet daher richtiger übersetzt: »Preis (erschallt nun) in der Höhe Gott, und auf Erden (herrscht) Friede bei der ihm wohlgefälligen Menschheit.« So bietet auch die Vulgata: »Gloria in altissimis (oder: excelsis) Deo et in terra pax hominibus bonae voluntatis.«

Mein Sohn, warum hast du uns das getan?
spricht Maria zu Jesus in Luk. 2, 48. Vgl. 1. Mos. 12, 18: »Warum hast du mir das getan?«

Zunehmen an Alter und Weisheit
stammt aus Luk. 2, 52.

Arzt, hilf dir selber!
kommt aus Luk. 4, 23 und wird von Jesus selbst schon als Sprichwort bezeichnet.

Gebet, so wird euch gegeben
zitieren wir aus Luk. 6, 38.

Ein schwankendes Rohr
nennen wir nach Luk. 7, 24: »Wolltet Ihr ein Rohr sehen, das vom Winde bewegt wird« einen charakterschwachen oder unschlüssigen Menschen. Vgl. Matth. 11, 7.

Wes Geistes Kind
zitiert man nach Luk. 9, 55: »Welches Geistes Kinder«.

Denn der Arbeiter ist seines Lohnes wert
heißt es Luk. 10, 7, während es Matth. 10, 10 »… seiner Speise wert« lautet.

Jemanden in den Himmel erheben
bilden wir nach Luk. 10, 15.

Barmherzige Samariter und
Samariterdienst
kommt von dem Gleichnis in Luk. 10, 30–37. Dieses Gleichnis von der guten Tat des Samariters beschließt Jesus mit der Mahnung: »So gehe hin und tue desgleichen.« Wir reden danach auch von einem »Samariterdienst«.

Unter die Räuber fallen
wird ebenfalls nach dem Gleichnis vom barmherzigen Samariter gebildet, nach dem Mann, der auf dem Wege von Jerusalem nach Jericho »unter die Räuber fiel«.

Öl in die Wunden gießen
zitieren wir nach Luk. 10, 34.

Geschäftige Martha
heißt es nach Luk. 10, 40–41.

Eins aber ist not
steht Luk. 10, 42. Danach dichtete Joh. Heinr. Schröder sein Lied »Eins ist not.«

Das bessere Teil erwählen
gestalten wir nach dem Ausdruck in Luk. 10, 42: »Maria hat das gute Teil erwählt.« Vgl. Schiller, »Maria Stuart« Vers 6, Maria: »Bertha, du hast das bessere Teil erwählt.«

Nun hat die liebe Seele Ruh'
ist aus Luk. 12, 19: »Liebe Seele, du hast einen großen Vorrat auf viele Jahre; habe nun Ruhe« abgeleitet.

Der verlorene Sohn
beruht auf Luk. 15, 11–32.

Vater, ich habe gesündigt
(Pater, peccavi)
stammt aus Luk. 15, 18.

Ein gemästetes Kalb
wird in Luk. 15, 21 zu Ehren des wiedergefundenen Sohnes geschlachtet. Dort heißt es: »Lasset uns essen und fröhlich sein.«

Kinder der Welt oder ***Weltkind,***
Weltklug und ***Weltklugheit***
leiten sich aus Luk. 16, 8 ab: »Die Kinder dieser Welt sind untereinander klüger als die Kinder des Lichts.« »Kinder der Welt« betitelte Paul Heyse seinen ersten, 1873 erschienenen Roman. Vgl. »Prophete rechts, Prophete links, das Weltkind in der Mitten« unter Goethe.

Schnöder Mammon
benutzen wir häufiger als »ungerechter Mammon«, wie sich dieses Wort bei Luk. 16, 9 findet.

Im Kleinen treu sein und
Treue im Kleinen
sagen wir nach Luk. 16, 10: »Wer im Geringsten treu ist, der ist auch im Großen treu« (vgl. Matth. 25, 21–23).

Herrlich und in Freuden leben
ist entnommen aus Luk. 16, 19.

Arm wie Lazarus
stammt aus Luk. 16, 20. Dieser Name ist in »Lazarett« und »Lazzarone« (Bettler) verewigt.

In Abrahams Schoß
stammt aus Luk. 16, 22.

Eine große Kluft
In Luk. 16, 26 sagt Abraham, den Lazarus im Schoße hegend, vom Himmel herab zu dem von den Toten emporflehenden Reichen: »Über das alles ist zwischen uns und euch eine große Kluft befestigt,

daß, die da wollten von hier hinüberfahren zu euch, könnten nicht, und auch nicht die von dort zu uns herüber können.«

Ich danke dir, Gott, daß ich nicht bin wie die anderen Leute
entnehmen wir dem Gebet des Pharisäers Luk. 18, 11 und legen es ironisch gern Selbstgerechten in den Mund.

Gott, sei mir Sünder gnädig!
Das Gebet des Zöllners, Luk. 18, 13 wird heute noch mit bescheidenem Ernst aus dem Herzen des Demütigen verwendet.

An seine Brust schlagen
zitieren wir im Sinne des zerknirschten Insichgehens aus Luk. 18, 13. Es kommt in Luk. 23, 48 im Sinne der Verwunderung vor.

Zachäus auf allen Kirchweihen
pflegt man einen Menschen, den man bei allen Feiern und Veranstaltungen findet, zu nennen, weil der kleingewachsene Zachäus, der, um Jesus zu sehen, auf einen Baum steigt, im Evangelium des Tages der Kirchweihung, Luk. 19, 1–10, vorkommt, also vielfach am Kirchweihtage genannt wird.

Anvertrautes Pfund und
Mit seinem Pfunde wuchern
werden aus dem Gleichnis Luk. 19, 12–23: »Die anvertrauten Pfunde« abgeleitet und für Geistesgaben angewendet.

Ernten, wo man nicht gesäet hat
stammt aus Luk. 19, 21–22 (vgl. Matth. 25–24, wo: »du schneidest« statt: »du erntest« steht).

Wo diese schweigen, werden die Steine schreien
spricht Jesus von den Jüngern in Luk. 19, 40 (vgl. Habak. 2, 11).

Der Dinge harren, die da kommen sollen
Luk. 21, 26 steht: »Warten der Dinge, die da kommen sollen.«

Fallstrick
»Hütet euch … daß dieser Tag nicht schnell über euch komme wie ein Fallstrick«, sagt Jesus in Luk. 21, 34.

Der Satan ist in jemanden gefahren
sagen wir nach Luk. 22, 3.

Aus der Bibel

Neues Testament

Das Evangelium des Lukas

Mit dem Tode ringen
sagen wir nach Luk. 22, 44: »Und es geschah, daß er mit dem Tode rang.«

Blut schwitzen
sagen wir nach Luk. 22, 44. Dort heißt es: »Schweiß wie Blutstropfen«.

Die Macht der Finsternis
stammt aus Luk. 22, 53.

Von Pontius zu Pilatus schicken oder
Von Pontius zu Pilatus laufen
entnehmen wir Luk. 23, 6–11. Dort wird Christus von Pontius Pilatus zu Herodes und von diesem wieder zu Pilatus geschickt.

(Vater,) vergib ihnen, (denn) sie wissen nicht, was sie tun
stammt aus Luk. 23, 34.

Es will Abend werden und der Tag hat sich geneigt
sagen die Jünger Luk. 24, 29 (vgl. Richter 19, 8–9).

Friede sei mit euch!
(Pax vobiscum!)
findet sich unter anderem in Luk. 24, 36. »Friede sei mit dir« findet sich zum ersten Mal 1. Sam. 25, 6.

Das Evangelium des Johannes

Im Anfang war das Wort
steht zu Beginn des Evangeliums nach Johannes (1, 1).

Lamm Gottes oder ***Gotteslamm***
bilden wir nach Joh. 1, 29: »Siehe, das ist Gottes Lamm, welches der Welt Sünde trägt.« Vgl. »Sündenbock«, 3. Mos. 16.

Den Himmel offen sehen
finden wir in Joh. 1, 51. Vgl. bei Schiller: »Das Auge sieht den Himmel offen.«

Weib, was habe ich mit dir zu schaffen?
steht in älteren Fassungen bei Joh. 2, 4.

Wenn die Gäste trunken sind, kommt der schlechtere Wein
wird zitiert nach Joh. 2, 10: »Jedermann gibt zuerst den guten Wein, und wenn sie trunken geworden sind, alsdann den geringeren.«

Zum Tempel hinaustreiben
Joh. 2, 15 (vgl. Matth. 21, 12; Mark. 11, 15 und Luk. 19, 45) heißt es von Jesus: »Er machte eine Geißel aus Stricken und trieb sie alle zum Tempel hinaus«, nämlich die Viehhändler und Wechsler. Daher wurde dieses Wort abgeleitet, das für »unsanft entfernen« steht.

Der Wind bläst, wo er will
steht in Joh. 3, 8.

Lebendiges Wasser
ist aus Joh. 4, 10 und 7, 38 entlehnt und wird im Sinne von geistiger, beseligender Lebenskraft gebraucht. Diese Stellen beruhen wieder auf Jer. 2, 13 und 17, 13, während bei 1. Mos. 26, 19 natürliches Quellwasser gemeint ist. Erst später wurde auch diese Stelle in übertragener Bedeutung aufgefaßt.

Den ersten Stein auf jemanden werfen
beruht auf Joh. 8, 7: »Wer unter euch ohne Sünde ist, der werfe den ersten Stein auf sie.«

Nicht von dieser Welt
ist Joh. 8, 23 entnommen.

In Sünden geboren
findet man in Joh. 9, 34.

Ein guter Hirte
stammt aus Joh. 10, 12.

Die Augen gingen ihm über
heißt es von Jesus in Joh. 11, 35, ein Ausdruck, den Goethe wörtlich in seinen »König in Thule« übernommen hat.

Der Fürst dieser Welt
Aus Joh. 12, 31 entlehnen wir diese durch Luthers Lied »Ein feste Burg« gebräuchlich gewordene Bezeichnung des Teufels.

Was du tust (gewöhnlich: tun willst), ***das tue bald***
spricht nach Joh. 13, 27 Jesus zu Judas Ischarioth.

In meines Vaters Hause sind viele Wohnungen
steht in Joh. 14, 2.

Über ein kleines
stammt aus Joh. 16, 16.

Aus der Bibel

Neues Testament

Das Evangelium des Johannes

Was ist Wahrheit?
Diese Frage des Pilatus enthält Joh. 18, 38.

Ecce Homo!
ist in der Vulgata der Ausruf des Pilatus, Joh. 19, 5: »Sehet, welch ein Mensch!« übersetzt. In der Kunst wird so die Darstellung eines leidenden Christus mit der Dornenkrone bezeichnet.

Was ich geschrieben habe, das habe ich geschrieben
(Quod scripsi, scripsi)
steht in Joh. 19, 22 als Wort des Pilatus.

Es ist vollbracht
lauten Jesu letzte Worte in Joh. 19, 30.

Noli me tangere!
(Rühr mich nicht an!)
lauten die Worte des auferstandenen Jesus zu Maria Magdalena aus Joh. 20, 17.

Ungläubiger Thomas
ist aus Joh. 20, 24–29 entwickelt, wo der Jünger Thomas nicht eher an die Auferstehung Jesu glauben will, als bis er dessen Wunden betastet hat.

Die Apostelgeschichte des Lukas

Allerlei Volk
ist aus der Apostelgeschichte des Lukas 2, 5 entlehnt.

Was will das werden?
stammt aus Apg. 2, 12.

Voll süßen Weines sein
ist Apg. 2, 13 entnommen.

Non possumus
finden wir bei Apg. 4, 20: »Wir können es ja nicht (lassen, daß wir nicht reden sollten, was wir gesehen und gehöret haben).«

Ein Herz und eine Seele
steht in Apg. 4, 32.

Man muß Gott mehr gehorchen als den Menschen.
Diese Lehre gibt Petrus in Apg. 5, 29 (vgl. 4, 19).

Ist's Gottes Werk, so wird's bestehn;
Ist's Menschenwerk, wird's untergehn.
Apg. 5, 38–39 sagt Gamaliel von den Aposteln: »Ist der Rat oder das Werk aus den Menschen, so wird's untergehen. Ist's aber aus Gott, so könnt ihr sie nicht hindern.« Diese Worte werden hier in der Form zitiert, wie sie die Inschrift des von Schadow geschaffenen und am 31. Okt. 1821 enthüllten Wittenberger Lutherdenkmals bietet.

Simonie
Nach dem Zauberer Simon (Apg. 8, 9–24), der die Gabe der Mitteilung des heiligen Geistes durch Händeauflegen von den Aposteln für Geld erhandeln zu können glaubte, nennen wir Schacher mit geistlichen Ämtern »Simonie.«

Verstehst du auch, was du liesest?
fragt der Apostel Philippus den Kämmerer aus Mohrenland in Apg. 8, 30.

Aus einem Saulus ein Paulus werden
und
Seinen Tag von Damaskus erleben
erklärt sich aus dem Anfang des 9. Kapitels der Apostelgeschichte.

Wie Schuppen von den Augen fallen
ist der Bekehrung des Saulus, Apg. 9, 18, entlehnt.

Will's Gott oder ***So Gott will***
Apg. 18, 21 steht geschrieben: »Will's Gott«, ebenso 1. Kor. 4, 19 »So der Herr will«, Hebr. 6, 3 »Wenn Gott es zuläßt« und ähnlich Jak. 4, 15.

Erbauen, sich erbauen
beruht auf Apg. 20, 32 und Jud. 20.

Geben ist seliger als (oder: denn) ***nehmen***
stammt aus Apg. 20, 35.

Zu den Füßen eines Lehrers sitzen
Damit zitieren wir Paulus, der Apg. 22, 3 berichtet: »Ich bin ein jüdischer Mann, geboren zu Tarsus in Cilicien, aber erzogen in dieser Stadt, zu den Füßen Gamaliels unterwiesen mit allem Fleiß im väterlichen Gesetz.«

Aus der Bibel

Neues Testament

Die Apostelgeschichte des Lukas

Wider den Stachel löcken
steht Apg. 26, 14. Es bedeutet, wie schon in vorchristlicher Zeit gebräuchlich: »gegen den Stachelstock des Viehtreibers ausschlagen«.

Paule, du rasest und
Das große Wissen macht mich rasend
enthält Apg. 26, 24.

Der Brief des Paulus an die Römer

Wir sind allzumal Sünder.
Aus dem Brief des Paulus an die Römer (Römerbrief) 3, 23: »Denn es ist hier kein Unterschied: sie sind allzumal Sünder« wird gewöhnlich in dieser Form zitiert.

Hoffnung (aber) ***läßt nicht zu Schanden werden***
lautet Röm. 5, 5.

Der alte Adam
Nach Röm. 6, 6, wo »unser alter Mensch«, Eph. 4, 22 und Kol. 3, 9, wo »der alte Mensch« gebraucht wird, ist dieser Ausdruck gebildet, ein Wort, das auf der Anschauung und Sprachweise des Paulus beruht (Röm. 5, 14 ff. und 1. Kor. 15, 45). Danach wird dem ersten Adam als dem Urheber der Sünde und des Todes in Christus der zweite Adam als Urheber des Lebens und der Unsterblichkeit gegenübergestellt. Das hebräische Wort »Adam« heißt auf deutsch »Mensch«.

Wollen und Vollbringen
Nach Röm. 7, 18: »Wollen habe ich wohl, aber vollbringen das Gute finde ich nicht« und nach Phil. 2, 13: »Gott ist's, der in euch wirkt beides, das Wollen und das Vollbringen, zu seinem Wohlgefallen.«

Der inwendige Mensch
sagen wir nach Röm. 7, 22.

Ist Gott für uns, wer mag wider uns sein?
heißt es Röm. 8, 31. Laut Vulgata: »Si Deus pro nobis, quis contra nos?«

Eifern mit Unverstand
geht auf Röm. 10, 2 zurück: »Ich gebe ihnen das Zeugnis, daß sie eifern um Gott, aber mit Unverstand.«

Sich freuen mit den Fröhlichen
Röm. 12, 15 heißt es: »Freuet euch mit den Fröhlichen und weinet mit den Weinenden.«

Feurige Kohlen auf sein Haupt sammeln

Röm. 12, 20 steht geschrieben, wer seinem Feinde Gutes tut, der wird feurige Kohlen auf dessen Haupt sammeln. Spr. 25, 22 heißt es: »feurige Kohlen auf sein Haupt häufen«. Dieses Wort wird auch anders gedeutet, z. B. »die Wangen des Feindes vor Scham erglühen machen«, »ihn mit brennender Reue erfüllen«, »ein so schmerzhaftes Gefühl bei ihm hervorrufen, als wenn ihm glühende Kohlen aufs Haupt gelegt würden«. Über die Entstehung der Redensart sind sich die Gelehrten nicht einig.

Jedermann sei untertan der Obrigkeit, die Gewalt über ihn hat. Denn es ist keine Obrigkeit ohne von Gott; wo aber Obrigkeit ist, die ist von Gott verordnet.

Röm. 13, 1 bringt diese Aufforderung des Paulus, die gern von der Obrigkeit gegen die Untertanen benutzt wird und damit die Kirchen zu Handlangern des Staates macht.

Ehre, dem Ehre gebührt

kommt aus Röm. 13, 7.

Sich kein (oder: ein) ***Gewissen aus etwas machen***

geht zurück auf Röm. 14, 22: »Selig ist, der sich selbst kein Gewissen macht bei dem, das er annimmt.«

Der 1. Brief des Paulus an die Korinther

Verstand der Verständigen

Im 1. Brief des Paulus an die Korinther (Korintherbrief) 1, 19 (vgl. Jes. 29, 14) heißt es, daß Gott verwerfen will den Verstand der Verständigen. Vgl. Schiller, »Die Worte des Glaubens«: »Was kein Verstand der Verständigen sieht«.

Einer wie der andere

1. Kor. 3, 8 lautet: »Der aber pflanzt und der da begießt, die sind einer wie der andere. Ein jeglicher aber wird seinen Lohn empfangen nach seiner Arbeit.« Man bezieht aber heute »Es ist einer wie der andere« auf die Schlechtigkeit.

Von Gottes Gnade(n)
(Dei gratia)

setzten schon im 5. Jahrhundert Kirchenfürsten und vom 6. Jahrhundert an auch weltliche Herrscher, ursprünglich im Sinne der Demut, vor oder auch nach ihren Titel. Diese Formulierung stammt ursprünglich aus 1. Kor. 3, 10.

Aus der Bibel

Neues Testament

Der 1. Brief des Paulus an die Korinther

Abschaum oder ***Auswurf der Menschheit***
stammt nach dem griechischen Text aus 1. Kor. 4, 13. Die Vulgata übersetzt: »purgamenta huius mundi«, Luther: »ein Fluch der Welt«, heute steht: »Abschaum der Welt«.

Heiraten ist gut, nicht heiraten ist besser.
Dieser Spruch geht zurück auf 1. Kor. 7, 38: »Welcher seine Jungfrau verheiratet, der tut wohl; welcher sie aber nicht verheiratet, der tut besser.«

Wenn ich mit Menschen- und mit Engelzungen redete
und hätte der Liebe nicht, so wäre ich
ein tönend(es) Erz oder eine klingende Schelle.
1. Kor. 13, 1.

Der Glaube versetzt Berge
wird nach 1. Kor. 13, 2 (vgl. Matth. 17, 20 und andere Stellen der Synoptiker) zitiert. Der Ausdruck »Berge versetzen« stammt aus Hiob 9, 5.

Die Liebe höret nimmer auf.
1. Kor. 13, 8.

Unser Wissen ist Stückwerk
stammt aus 1. Kor. 13, 9.

Kinder sind Kinder doch stets, und Kindisches treiben die Kinder.
(Sunt pueri pueri, pueri puerilia tractant.)
Dieser Spruch geht zurück auf 1. Kor. 13, 11: »Da ich ein Kind war, da redete ich wie ein Kind und war klug wie ein Kind und hatte kindliche Anschläge.« Welcher Klosterschulmann dem biblischen Gedanken diese Fassung gab, ist eine offene Frage.

Glaube, Hoffnung, Liebe
1. Kor. 13, 13 wird auch in der Form: »Glaube, Liebe, Hoffnung« zitiert. In dieser Wortfolge kommt es 1. Thess. 1, 3 u. 5, 8 vor.

In den Wind reden
sagen wir nach 1. Kor. 14, 9.

Die Frau schweige in der Gemeinde.
(Mulier taceat in ecclesia.)
Es heißt 1. Kor. 14, 34: »Mulieres in ecclesiis taceant« (Lasset die Frauen in der Gemeinde schweigen), was mit Umänderung in die Einzahl wie oben zitiert wird.

Aus der Bibel

Neues Testament

Der 1. Brief des Paulus an die Korinther

Böse (schlechte) ***Beispiele verderben gute Sitten.***
1. Kor. 15, 33 schöpfte Paulus aus den griechischen Quellen Euripides 1024, Menander 218. Luther übersetzt: »Böse Geschwätze verderben gute Sitten«, Bunsen: »Schlechter Umgang verdirbt gute Sitten.«

Tod, wo ist dein Stachel?
Hölle, wo ist dein Sieg?
lesen wir 1. Kor. 15, 55.

Er sei verflucht!
(Anathema sit!)
zitieren wir 1. Kor. 16, 22 mit Umstellung der Worte der Vulgata: »Sit anathema.«

Der 2. Brief des Paulus an die Korinther

Der Buchstabe tötet, aber der Geist macht lebendig
bietet der 2. Korintherbrief 3, 6.

Der tote Buchstabe
geht auf das oben genannte Zitat 2. Kor. 3, 6 zurück.

Einen fröhlichen Geber hat Gott lieb
steht 2. Kor. 9, 7.

Gott weiß es.
2. Kor. 11, 11 u. ö.

Falsche Brüder
zitieren wir aus 2. Kor. 11, 26.

Im siebenten Himmel sein
2. Kor. 12, 2: »Derselbe ward entrückt bis an den dritten Himmel« ist eine der Ursprungsstellen dieses Ausdrucks für den höchsten Grad freudiger Erregung. Erwähnung finden die sieben Himmel nachweisbar zuerst in dem zwischen 70 und 135 n. Chr. entstandenen, apokryphen »Testament der XII Patriarchen«, Levi, Cap. 3. Dort steht: »Höre nun von den sieben Himmeln.« Sie werden dann in etwas nüchterner Weise beschrieben, namentlich aber nicht bezeichnet. Verbreitung hat die Anschauung durch die rabbinische Lehre gefunden. In dem Traktat des Talmud: »Chagiga« 12b zählt der Rabbi R. Schimeon ben Lakisch sieben Himmel auf, deren oberster Araboth heißt. Dort sind aufbewahrt das Recht, das Gericht, die Gerechtigkeit, der Schatz des Lebens, des Friedens, des Segens, die Seelen der Frommen usw. Dort weilen auch Gott und die vor dem Herrn dienenden Engel. Aus dieser Anschauung erklärt sich die Bedeutung, die wir heute mit dem Begriff »im siebenten Himmel sein« verbinden. Die Lehre von

den sieben Himmeln ging vom Talmud in den Koran über und fand durch ihn weitere Verbreitung.

Der 2. Brief des Paulus an die Korinther

Ein Pfahl im Fleisch
2. Kor. 12, 7 lautet: »Auf daß ich mich nicht der hohen Offenbarungen überhebe, ist mir gegeben ein Pfahl ins Fleisch, nämlich des Satans Engel, der mich mit Fäusten schlage.«

Meine Kraft ist in den Schwachen mächtig
zitieren wir nach 2. Kor. 12, 9.

Der Brief des Paulus an die Galater

Einer trage des andern Last
steht im Brief des Paulus an die Galater 6, 2.

Gott läßt sich nicht spotten.
Gal. 6, 7.

Nicht müde werden, Gutes zu tun
sagen wir nach Gal. 6, 9: »Lasset uns aber Gutes tun und nicht müde werden.«

Der Brief des Paulus an die Epheser

Der Lauf dieser Welt
stammt aus dem Brief des Paulus an die Epheser 2, 2.

Heidenblindheit und ***Blinder Heide***
stammt aus Eph. 4, 17–18 (in der älteren Fassung): »So sage ich ..., daß ihr nicht mehr wandelt wie die andern Heiden ..., welcher Verstand verfinstert ist, und sind entfremdet von dem Leben, das aus Gott ist, durch ... die Blindheit ihres Herzens.«

Den alten Menschen (oder: Den alten Adam) ***ausziehen*** und
Einen neuen Menschen anziehen
geht zurück auf Eph. 4, 22, 24: »Leget nun von euch ab den alten Menschen ... und ziehet den neuen Menschen an« und Kol. 3, 9–10 (in der älteren Fassung): »Zieht den alten Menschen mit seinen Werken aus und ziehet den neuen an.«

Laß die Sonne nicht untergehn über deinem Zorn
sagen wir nach Eph. 4, 26.

Schild des Glaubens und
Schwert des Geistes
entnehmen wir Eph. 6, 16–17.

Aus der Bibel

Neues Testament

Der Brief des Paulus an die Philipper

Tut alles ohne Murren und ohne Zweifel
lesen wir im Brief des Paulus an die Philipper 2, 14.

Buch des Lebens
Phil. 4, 3 schreibt Paulus von seinen Gehilfen, »deren Namen sind in dem Buch des Lebens«. Hiermit ist das 2. Mos. 32, 32 erwähnte »Buch« gemeint, in dem der Herr die Gerechten anschreibt und aus dem er die Sünder tilgt (vgl. Psalm 69, 29 und Luk. 10, 20).

Gut (oder schlecht) ***angeschrieben sein***
Hebr. 12, 23 spricht mit Bezug auf das oben erwähnte »Buch des Lebens« von der »Gemeinde der Erstgebornen, die im Himmel angeschrieben sind«, woraus diese Wendung abgeleitet wird.

Der 1. Brief des Paulus an die Thessalonicher

Wie ein Dieb in der Nacht kommen
soll der Tag des Herrn nach dem ersten Brief des Paulus an die Thessalonicher 5, 2 (vgl. Matth. 24, 42–44).

Prüfet alles und behaltet das Beste.
1. Thess. 5, 21: »Prüfet aber alles, und das Gute behaltet« wird in dieser Form zitiert.

Den Schein vermeiden
beruht auf 1. Thess. 5, 22: »Meidet allen bösen Schein.«

Der 2. Brief des Paulus an die Thessalonicher

Wer nicht arbeitet, soll auch nicht essen.
Der 2. Brief an die Thessalonicher enthält 3, 10: »Wenn jemand nicht will arbeiten, der soll auch nicht essen.« Gebräuchlich ist die hier zitierte verkürzte Form.

Der 1. Brief des Paulus an Timotheus

Am Glauben Schiffbruch erlitten haben
steht im ersten Brief des Paulus an Timotheus 1, 19.

Lebendig tot
1. Tim. 5, 6.

Schulgezänk(e)
findet sich 1. Tim. 6, 5.

Die Wurzel alles Übels
In 1. Tim. 6, 10 findet sich: »Habsucht (in der älteren Fassung: Geiz) ist eine Wurzel alles Übels.«

Glaubenskämpfe und
Einen guten Kampf kämpfen
geht zurück auf 1. Tim. 6, 12: »Kämpfe den guten Kampf des Glaubens.«

Der 2. Brief des Paulus an Timotheus

Einen guten Kampf gekämpft haben
findet sich im 2. Brief des Paulus an Timotheus 4, 7.

Der Brief des Paulus an Titus

Fauler Bauch
Im Brief des Paulus an Titus 1, 12 zitiert Paulus einen Vers des Epimenides aus Kreta (um 596 v. Chr.), den Luther übersetzt: »Die Kreter sind immer Lügner, böse Tiere und faule Bäuche.« Danach sagt man von einem trägen Schlemmer, er sei ein »fauler Bauch«.

Den (gewöhnlich zitiert: Dem) ***Reinen ist alles rein***
sagt Paulus in Titus 1, 15.

Der 1. Brief des Petrus

Ohne Ansehen der Person
Mit dem ersten Brief des Petrus 1, 17 (vgl. 5. Mos. 1, 17, Sprüche 24, 23 und andere Stellen) verlangen wir, man solle ohne Ansehen der Person richten.

Der Teufel geht umher wie ein brüllender Löwe und sucht, welchen er verschlinge.
1. Petr. 5, 8.

Der 2. Brief des Petrus

Weltflucht und ***Weltlust***
Nach 2. Petr. 1, 4 (in der älteren Fassung): »So ihr fliehet die vergängliche Lust der Welt«, Tit. 2, 12: »Die weltlichen Lüste« und 1. Joh. 2, 17: »Die Welt vergeht mit ihrer Lust.«

Es ist nichts dahinter
sagen wir nach 2. Petr. 2, 18: »Sie reden stolze Worte, da nichts hinter ist.«

Der 1. Brief des Johannes

Der Antichrist
Im ersten Brief des Johannes 2, 18 u. ö. wird im griechischen Text der Bösewicht »Antichrist« genannt. Luther übersetzt »Widerchrist«. An anderen Stellen (z. B. in seiner Vorrede über den Propheten Daniel, aufgenommen in die von M. Wohlrab in Leipzig 1541 gedruckte Bibelübersetzung, T. 2, Bl. 107b) gebraucht er die ältere Form »Endechrist«. In den Überschriften, die aber nachlutherisch sind, finden wir Daniel 12 und 2. Thess. 2: »Antichrist« und Offenb. 17: »antichristlich«.

Die (ganze) ***Welt liegt im Argen***
steht 1. Joh. 5, 19.

Aus der Bibel

Neues Testament

Der Brief des Paulus an die Hebräer

Dienstbare Geister
finden wir im Brief an die Hebräer 1, 14.

Mark und Bein durchdringend
sagen wir nach Hebr. 4, 12: »Das Wort Gottes ist ... schärfer denn ein zweischneidig Schwert und dringt durch, bis daß es scheidet ... Mark und Bein.«

Tote Werke
lesen wir Hebr. 6, 1 und 9, 14.

Feuereifer
Hebr. 10, 26–27 lautet (in der älteren Fassung): »Denn so wir mutwillig sündigen ..., haben wir ... ein schrecklich Warten des Gerichtes und des Feuereifers, der die Widerwärtigen verzehren wird.« »Feuriger Eifer« steht Hes. 36, 5 und »Deinen Eifer wie Feuer brennen lassen« Psalm 79, 5.

Bis aufs Blut
Hebr. 12, 4 lautet: »Ihr habt noch nicht bis aufs Blut widerstanden im Kampf wider die Sünde.«

Keine bleibende Stätte (wörtlich: Stadt) ***haben***
entlehnen wir aus Hebr. 13, 14.

Der Brief des Jakobus

Alle gute Gabe und alle vollkommene Gabe
komme von oben herab, heißt es im Brief des Jakobus 1, 17.

Täter des Worts
Jak. 1, 22–23 steht geschrieben: »Seid ... Täter des Worts und nicht Hörer allein ... Denn so jemand ist ein Hörer des Worts und nicht ein Täter, der ist gleich einem Mann, der sein leibliches Angesicht im Spiegel beschaut.«

Seine Zunge im Zaum halten
sagen wir nach Jak. 1, 26.

Die Offenbarung des Johannes

Das A und das O
Weil sich beim Propheten Jesaja (41, 4 u. ö.) der Herr »der erste und der letzte« nennt, schreibt ihm die Offenbarung des Johannes 1, 8 u. ö. das Wort zu: »Ich bin das A und das O«, was sich daraus erklärt,

daß Alpha der erste und Omega der letzte Buchstabe des griechischen Alphabets ist. Heute bedeutet dies soviel wie: »Anfang und Ende«, von A bis Z.

Die erste Liebe
Offenb. 2, 4 lautet: »Aber ich habe wider dich, daß du die erste Liebe verlässest.«

Getreu bis in den Tod
und
Die Krone des Lebens
Offenb. 2, 10 schließt: »Sei getreu bis an den Tod, so will ich dir die Krone des Lebens geben.«

Weder kalt noch warm
Offenb. 3, 15–16 lesen wir: »Ich weiß deine Werke, daß du weder kalt noch warm bist. Ach, daß du kalt oder warm wärest! Weil du aber lau bist, und weder kalt noch warm, werde ich dich ausspeien aus meinem Munde.«

Keine Ruhe Tag und Nacht
Offenb. 4, 8 und 14, 11: »Und sie hatten keine Ruhe Tag und Nacht.«

Ein Buch mit sieben Siegeln
Offenb. 5, 1 steht: »Ein Buch geschrieben inwendig und auswendig, versiegelt mit sieben Siegeln«, was auf ein schwer verständliches Buch, wie überhaupt auf alles schwer Verständliche angewendet wird.

Mit Donnerstimme
Offenb. 6, 1 findet sich: »Und ich hörte eine der Gestalten sagen wie mit einer Donnerstimme: Komm!«

Die apokalyptischen Reiter
In Offenb. 6 wird erzählt, wie die ersten sechs Siegel aufgetan werden; nach der Öffnung der ersten vier erscheinen die vier apokalyptischen Reiter.

Die alte Schlange
heißt der Teufel Offenb. 12, 9.

Ihre Werke folgen ihnen nach.
Offenb. 14, 13 spricht der Geist zu Johannes von denen, die in dem Herrn sterben, daß sie ruhen von ihrer Arbeit; denn ihre Werke folgen ihnen nach.

Die Schale des Zorns ausgießen

Offenb. 15, 7 heißt es: »Sieben goldene Schalen voll vom Zorn Gottes« und 16, 1: »Gießet aus die Schalen des Zorns Gottes.«

Der Teufel ist los.

Aus Offenb. 20, 2–3: »Und er griff den Drachen, die alte Schlange, das ist der Teufel und Satan, und band ihn tausend Jahre und warf ihn in den Abgrund und verschloß ihn und tat ein Siegel oben darauf, daß er nicht mehr verführen sollte die Völker, bis daß vollendet würden die tausend Jahre. Danach muß er los werden eine kleine Zeit« sowie aus 20, 7: »Und wenn die tausend Jahre vollendet sind, wird der Satan los werden aus seinem Gefängnis.«

Das tausendjährige Reich

ist Offenb. 20 überschrieben. Die tausend Jahre werden oft genannt, daran knüpfte sich im Mittelalter die Hoffnung auf ein tausendjähriges Christusreich hier auf Erden. Die Nationalsozialisten, die ihre Ideologie aus vielen Bereichen zusammengestohlen hatten, übernahmen für ihr Deutsches, ihr Drittes Reich den Begriff vom tausendjährigen Reich. Nachdem es nur 12 schreckliche, grausame Jahre gedauert hatte, wird nun dieser Begriff mit bitterem Spott auf die Naziherrschaft angewendet.

Aus Sagen, Volksmärchen und Volksliedern

Sagen

Aus vielen Sagen zitieren wir ständig Ausdrücke und Namen, deren Auftauchen zu erforschen nicht ohne Reiz ist.

Homer

Amazonen

sagen wir zu streitbaren Frauen, die sich ihrer Rechte bewußt sind – in Erinnerung an jene Stämme, die noch mutterrechtlich organisiert waren und bei Homer in der »Ilias« (II, 814; III, 189; VI, 186) als Kriegerinnen in den Trojanischen Krieg eingreifen; auch andere griechische Schriftsteller erwähnen die Amazonen.

Hebe

Nach Homer (»Ilias« IV, 2), wo in der Versammlung der Götter »durchging die treffliche Hebe, Nektar umher einschenkend«, nennen wir eine anmutige Mundschenkin Hebe.

Olymp

erscheint zuerst bei Homer als ein Berg auf der Grenze von Thessalien und Makedonien, als »Sitz der Unsterblichen« oder »Göttersitz« (»Ilias« VIII, 456; »Odyssee« VI, 42). Bei späteren Dichtern (s. Sophokles fragm. 490; Aristophanes, »Thesmophoriazusae« 1068 ff.; Vergil, »Eclogae« 5, 56 f.) heißt dann auch das Himmelsgewölbe, auf dem die Götter wohnen, »Olymp«. Wir bezeichnen mit dem Wort scherzhaft auch die obersten Sitzreihen im Theater.

Olympische Ruhe

Diese Bezeichnung gebrauchen wir nach der Schilderung des Olymp. Goethe hieß wegen seiner inneren Ruhe und hohen Gestalt der »Olympier«, während Perikles (vgl. Aristophanes, »Acharnenses« 530; Plutarch, »Perikles« c. 8) wegen der Gewalt seiner Rede ebenso genannt wurde.

Olympische Spiele

und alle damit zusammenhängenden Begriffe und Bezeichnungen gehen auf die Festspiele zu Ehren des Zeus zurück, die im altgriechischen Heiligtum Olympia auf dem Peleponnes stattfanden. Die älteste Überlieferung stammt aus dem Jahr 776 v. Chr.; die letzten Spiele fanden 394 n. Chr. statt. Der französische Baron Pierre de Coubertin rief die Olympischen Spiele, bei denen sich die Jugend der Welt im friedlichen Wettstreit treffen soll, 1894 wieder ins Leben; die ersten modernen Olympischen Spiele fanden 1896 in Athen statt.

Homer

Ganymed

ist für uns das Urbild eines idealen Mundschenks. Nach Homer (»Ilias« XX, 232 ff.) wurde er wegen seiner schönen Gestalt von den Göttern entführt, um Zeus als Schenk zu dienen.

Das Urteil des Paris

findet sich zuerst bei Homer (»Ilias« XXIV, 25–30). Die zur Hochzeit des Peleus und der Thetis nicht gebetene Eris (oder auch: Discordia, Göttin der Zwietracht) rollte einen goldenen Apfel mit der Aufschrift »Die Schönste soll mich bekommen« zwischen die Gäste, unter denen sich Hera, Athene und Aphrodite befanden. Diese gerieten in einen Streit, welcher von ihnen der Apfel gebühre. Paris, als Schiedsrichter berufen, spricht Aphrodite den Apfel zu. Diese Begebenheit wurde zum Anlaß für zahlreiche künstlerische Darstellungen genommen.

Verschiedene Quellen

Apfel der Zwietracht, Zankapfel, Erisapfel

wird als bildlicher Ausdruck für ein Streitobjekt benutzt. Er begegnet uns zuerst bei Justinus (XII, 15; XVI, 3) als »malum Discordiae«. Der Zwist der Göttinnen (siehe obenstehendes Zitat) rief das den trojanischen Krieg entfesselnde »Urteil des Paris« hervor, das »iudicium Paridis«.

Orest und Pylades

nennen wir ein unzertrennliches Freundespaar nach den beiden Vettern, Freunden und Schwägern, deren gemeinsame Rache an Aegisth und Klytaemnestra wegen Agamemnons Ermordung die »Heimkehr« des Hagias von Troezen schilderte (s. Proclus, »Chrestomathie« II, 5 in »Scriptores metrici graeci« ed. Westphal I, 240). Als bester Freund und Waffengefährte des Orest beim Rachezug und bei Iphigeniens Heimführung begegnet uns Pylades bei Aeschylus, »Choephoroi« 557, bei Sophokles, »Elektra« 15 und bei Euripides, »Orestes« 388 u. ö.; »Elektra« 82 u. ö.; »Iphigenia Taurica« 94 u. ö. Darum spricht Cicero von »Pyladeischer Freundschaft« (»Pyladea amicitia«). Am berühmtesten ist der Wettstreit der beiden Freunde, welcher von ihnen den Opfertod sterben sollte (s. Euripides, »Orestes« 1069–1099; »Iphigenia Taurica« 570–579. 621. 643–679).

Proteus

Für ein vielgestaltiges, wandelbares Wesen gab uns der Meergott Proteus den Namen. Homer berichtet (»Odyssee« IV, 417–418 u. 456–458) zuerst von dessen Fähigkeit, sich in alles verwandeln zu können, was auf Erden webt und lebt, um nicht Herakles gegenübertreten zu müssen.

Verschiedene Quellen

Chamäleon

Dieses Tier, das, wie Aristoteles, »Historia animalium« II, 11 ausführlich schildert, seine Farbe mannigfaltig verändern konnte, diente bereits in der Antike zur Bezeichnung eines wandelbaren Menschen. Den ältesten Beleg für die übertragene Bedeutung des Wortes bietet Aristoteles selbst, bei dem es in der »Nikomachischen Ethik« I, 10 nach der Lassonschen Übersetzung heißt: »Wenn wir uns nach dem Wandel der Geschicke richten, so werden wir einen und denselben Menschen wiederholt glücklich und nachher wieder elend nennen und damit aus dem Glücklichen eine Art von Chamäleon oder ein Bild auf tönernen Füßen machen.« Plutarch sagt in »Alcibiades« 23, von diesem, er habe die Fähigkeit gehabt, sich schneller zu verwandeln als ein Chamäleon.

Homer

Elysium

nennen wir nach Homers »Odyssee« IV, 563–568 einen himmlischen Aufenthalt. Der von Menelaos überwältigte Proteus preist diesem das »an der Erde Grenzen« liegende »Elysische Gefilde«.

Nektar und Ambrosia

als »Göttertrank und Götterspeise« finden wir bei Homer (»Odyssee« V, 93; vgl. 199–201), wo Kalypso dem Hermes den Tisch deckt: »… füllte Ambrosia auf und mischt' ihm rötlichen Nektar«.

Circe* und *Bezirzen

Ein durch dämonischen Zauber fesselndes Weib nennen wir nach Homer (»Odyssee« X, 210 ff.) Circe. Diese Zauberin, die Tochter des Sonnengottes, verleitete Odysseus zur Liebe, obwohl er sie fürchtete, weil sie seine Gefährten in Schweine verwandelt hatte. Deswegen sagen wir auch für: ver-, bezaubern, verführen: »bezirzen«.

Tantalusqualen

Bei Homer (»Odyssee« XI, 582–592) berichtet Odysseus von Tantalus, er habe ihn in der Unterwelt zum Büßen seiner Frevel bis zum Kinn im Wasser stehend gefunden. Dieses schwand hinweg, sowie er sich zum Trinken neigte, während die Fruchtzweige zu seinen Häupten vom Winde entführt wurden, wenn er sich nach ihnen reckte. Für die Qualen unbefriedigten Verlangens bildete sich daher das Wort »Tantalusqualen«.

Sisyphusarbeit

Weiterhin (593–600) erzählt Odysseus, daß er in der Unterwelt auch den Sisyphus sah, der dort zur Strafe für seine Erdensünden ein immer wieder herabrollendes Felsstück immer von neuem einen Berg hinaufzuwälzen hatte. Danach nennen wir eine mühevolle und ergebnislose Arbeit eine Sisyphusarbeit.

Sirene und ***Sirenengesang***

Homer

Circe warnt bei Homer (»Odyssee« XII, 39 ff.) Odysseus vor den Sirenen, jenen bezaubernd schön singenden Wesen, die die Schiffer Frau und Kind vergessen machten, sie an sich lockten und töteten. Hiernach nennen wir eine verführerische Frau im negativen Sinn eine Sirene und sprechen von Sirenengesang und von einer Sirenenstimme.

Parnaß

Nach dem homerischen Hymnus auf Apollo (282 ff.) baute sich dieser Gott der Musen und Dichter am Fuße des in Phokis liegenden Berges Parnaß einen Tempel.

Sphinx

Hesiod

nennen wir anknüpfend an den griechischen Mythos ein Wesen, das uns zu raten gibt. Sie war ein Geschöpf mit Frauenkopf und geflügeltem Löwenkörper. Die thebanische Sphinx gab nach Hesiod (»Theogonie« 326) den Thebanern das Rätsel auf: »Wer ist morgens vierbeinig, mittags zweibeinig, abends dreibeinig?« Wer es nicht lösen konnte, fand den Tod, bis Oedipus die Antwort gab: »Der Mensch«, der als Kind auf allen Vieren krabbelt, als Erwachsener auf zwei Beinen steht und als Greis einen Stock benützt. Darauf nahm sich die Sphinx selbst das Leben.

Helikon und
Pegasus

Der Berg Helikon in Böotien ist Aufenthaltsort der Musen, die dort tanzen und sich in der Quelle Hippokrene baden (Hesiod, »Theogonie« 1 ff.). Diesen Musenquell ließ der Hufschlag des als Sproß Neptuns und der Medusa von der Erde zu den Göttern schwebenden Flügelrosses Pegasus entspringen. Wer sich mit dem Wasser dieses »Roßquells« »die Lippen netzte«, d. h. wer daraus trank, wurde ein Dichter. So wurde Pegasus zum Roß der Dichter.

Lethe

Bei Hesiod (um 700 v. Chr.), »Theogonie« 227, begegnet uns zuerst diese Tochter der Eris, deren Name »Vergessenheit« bedeutet. Der mythische Fluß Lethe wurde nach ihr benannt.

Aus dem Strom der Vergessenheit trinken

Die abgeschiedenen Seelen, die vom Elysium zu verklärtem Dasein übergehen, trinken aus diesem Strom.

Hydra

Hesiod, »Theogonie« 313, erwähnt als erster die Tochter des Typhon und der Echidna, »die Verderben brütende Lernaeische Hydra«, die das Böse versinnbildlicht, das immer wieder sein Haupt erhebt, so sehr man es auch vernichten will. Der Sage nach wurde die Hydra von Herkules getötet.

Atlas

Hesiod erzählt in der »Theogonie« 517–20, 746–49 von dem Titanensohn, der am Westende der Welt dieselbe tragen mußte. Als Gerhard Kremer, der sich Mercator nannte, seit 1585 seine Sammlung von Landkarten veröffentlichte, bildete er den Atlas auf dem Titel ab und gab dem Werk, das die ganze Erde in Abbildungen beinhaltete, den Namen »Atlas«.

Die goldene Zeit
oder
Das goldene Zeitalter

wird zuerst von Hesiod erwähnt (»Werke und Tage« 109–123). Es ist damit das saturnische Zeitalter gemeint, »wo die Menschen sorglos ohne Arbeit und Weh dahinlebten wie die Götter, ohne Altersbeschwerden, immer tafelfreudig, und starben, als schliefen sie ein; wo der Acker von selbst Frucht trug« usw.

Büchse der Pandora oder ***Pandorabüchse***

Aus Hesiod (»Werke und Tage« 94 ff.) entnehmen wir das beliebte Wort für etwas Unheilbergendes und Unheilausströmendes. Die Menschen, so erzählt er, lebten, bevor Zeus ihnen zur Strafe für den Feuerdiebstahl des Prometheus die Pandora mit dem schreckensvollen, alle Übel enthaltenden Gefäß sandte, ohne Drangsal, Krankheit und Alter: »Aber das Weib hob ab vom Gefäß den mächtigen Deckel, streute mit Händen daraus, für die Menschheit sann sie auf Trübsal.« Nur die Hoffnung blieb tückisch in der Büchse zurück.

Die Gefilde der Seligen

sind der Sitz eines glücklichen, weltabgeschiedenen Lebens nach der Darstellung Hesiods, »Werke und Tage« 159 ff. mit Anlehnung an Homer, »Odyssee« IV, 561 ff. Bei Homer sind sie unter dem Namen »Elysische Gefilde« der Aufenthaltsort der abgeschiedenen Angehörigen des Zeus, die dorthin verpflanzt werden, um mühelos und sorglos weiterzuleben. Dort gibt es weder Schnee noch Sturm und Regen, sondern der Okeanos entsendet des Zephyrs milden Hauch, um die Menschen zu erfrischen. Hesiod läßt mit Anlehnung an Homer das vierte Menschengeschlecht, das der Heroen, dort wohnen. Er spricht von den »Inseln der Seligen«, auf denen die Erde dreimal im Jahr den sorgenfreien, beglückten Heroen süße Frucht spendet. Beide verlegen dieses paradiesische Land an das Ende der Welt, wo es der Okeanos umströmt.

Sagen

Cerberus

Hesiod

Hesiod, »Theogonie« 311 f., besingt zuerst den »Cerberus, der rohes Fleisch frißt, den Höllenhund mit der ehernen Stimme, den fünfzigköpfigen, frechen und starken«, dessen Wächteramt vor den Toren des Hades Vergil, »Aeneis« VI, 417 ff., u. a. schildert. Wir nennen daher einen grimmigen Türhüter einen »Cerberus«.

Die drei Grazien

oder, wie sie in der griechischen Mythologie heißen, Chariten, waren die Göttinnen der Anmut und all dessen, was dem Leben über die natürlichen Bedürfnisse hinaus seinen Reiz gibt, ohne »deren Huld den Irdischen nichts Ergötzliches, nichts Liebliches zuteil wird«. Nach Hesiod (»Theogonie« 907) sind sie die Töchter des Zeus und der Eurynome, einer Tochter des Okeanos. Einige geben Helios und Aigle als ihre Eltern an (Pausanias IX, 35, 1), andere wieder Dionysos und Aphrodite. Die drei Grazien sind: Aglaia (die Glänzende), Euphrosyne (die Frohsinnige) und Thalia (die Blühende).

Argusaugen

Verschiedene Quellen

Bei Aeschylus (525–456 v. Chr.) finden wir (»Supplices« 305) zuerst den Argus, der die von der eifersüchtigen Juno in eine Kuh verwandelte Io zu hüten hatte, erwähnt als »den alles sehenden Wächter«. Daher nennen wir scharfe, aufmerksame Augen »Argusaugen«.

Die Gelegenheit beim Schopf fassen

zitieren wir aus dem griechischen Mythos. Darin wird der durch Ion von Chios (gest. 422 v. Chr.) besungene und nach Pausanias in Olympia als Gott verehrte Kairos Occasio (die günstige Gelegenheit) als Gestalt mit lockigem Vorhaupt und kahlem Nacken geschildert, der gerade davonfliegt. Das Davonfliegen symbolisiert die Erfahrung, daß man eine gute Gelegenheit meist erst, wenn sie entschwunden ist, zu ergreifen sucht. (Vgl. Shakespeare, »Ende gut, alles gut« 5, 3: »Am Stirnhaar laß den Augenblick uns fassen!«)

Nessushemd

Aus den »Trachinierinnen« des Sophokles (496–406 v. Chr.), Vers 549 ff. erfahren wir, daß der wegen seines Angriffs auf Deianira von deren Gatten Herkules durch einen Giftpfeil getötete Kentaur Nessus der Begehrten sterbend riet, sein Blut als Liebesmittel aufzubewahren, durch das sie den Herkules dauernd an sich fesseln könne. Als dieser sich nun in Iole verliebte, sandte ihm die Gattin ein mit dem giftigen

Blut bestrichenes Opferhemd. Herkules zog es an und verfiel in so rasenden Schmerz, daß er den Flammentod suchte. Daher gilt uns das Nessushemd als etwas, das uns die höchste Pein verursacht.

Panischer Schrecken

So nennen wir ein unerwartetes, plötzliches Entsetzen. Nach dem französischen »panique« sprechen wir auch von einer Panik. Griechen und Römer führten den im Heerlager durch blinden Lärm hervorgerufenen nächtlichen Schrecken, zum Teil auch den bei Tage, auf Pan zurück. Im Pseudoeuripideischen »Rhesos« (36 ff.) fragt Hektor den Chor, der ihn nachts zu den Waffen ruft:

»Sag, bist du erschreckt von dem schwirrenden Schwung
Der Geißel des Pan, des Kroniden, und ließest
Den Posten im Stich, erregend das Heer?«

Die 11. orphische Hymne sagt von Pan: »Bringer der Schreckphantasien, Erreger der menschlichen Ängste« und in V. 23: »bis zu den Grenzen der Erd' entsendend das panische Rasen«.

Das Faß der Danaiden

Das alte sprichwörtliche Bild für Verschwendung, »das durchlöcherte Faß« (Aristoteles, »Oikonomika« I, 6), und für vergebliche Arbeit, »in das durchlöcherte Faß schöpfen« (Xenophon, »Oikonomikos« VII, 40), wurde später mit dem ausführlich zuerst von Hyginus 168 erzählten Mythos in Verbindung gebracht, nach dem die Töchter des Danaos zur Strafe für den Gattenmord verdammt waren, in der Unterwelt beständig Wasser in ein leckes Faß zu schöpfen. Lukian nennt dieses Faß zuerst (»Timon« 18; »Hermotimos« 61) ein »Faß der Danaiden«. Es füllen wollen ist daher ein Bild vergeblicher Anstrengung und Vergeudung von Kraft und Zeit geworden.

Jupiter pluvius

»Zeus der Regenspender« tritt uns zuerst in der pseudoaristotelischen Schrift »De mundo« 7 entgegen. Die Griechen verehrten ihn an mehreren Orten. Auf der Antoniussäule zu Rom ist er geflügelt dargestellt. Wasserströme fließen vor ihm nieder. Bei Tibull (I, 7, 26) lesen wir, daß am Nil »kein dürres Gras zum Regenspender Zeus (Pluvio Iovi) flehe«, wonach wohl Goethe in »Wanderers Sturmlied« (1772) und im 22. Epigramm (1790) vom »Jupiter pluvius« singt, den er in Deutschland zum geflügelten Wort gemacht hat.

Adonis

Theokrit (um 250 v. Chr.) schildert zuerst den Liebling der Venus, Adonis, als blühend (I, 109), schön (XV, 127), rosig, achtzehn- oder neunzehnjährig und so flaumbärtig, daß sein Kuß nicht sticht (XV, 85; 128–130). Auch Bion I, 1 u. ö., Vergil, »Eclogae« 10, 18, Properz

Verschiedene Quellen

II, 13, 53, Ovid, »Metamorphoses« X, 522 und Apollodor III, 14, 4 preisen seine Schönheit und Zartheit. Daher nennen wir einen sehr schönen jungen Mann einen »Adonis«.

Prokrustesbett

Diodor (um die Mitte des 1. Jahrhunderts v. Chr.) erzählt uns zuerst (IV, 59, 5), daß Prokrustes in Attika die des Weges Kommenden auf ein Bett legte, nach dessen Länge er die zu Kleinen reckte und die zu Großen kürzte. So wurde uns das »Prokrustesbett« ein Bild für eine willkürliche Form, in die man etwas durch gewaltsames oder ungerechtfertigtes Ausdehnen und Abkürzen bringt.

Augiasstall,
Herkulische Kraft,
Herkulesarbeit

In Diodor (13, 3) wird uns, wie in Apollodors »Bibliothek« (II, 55), als eine Kraftleistung des Herkules berichtet, daß er des Augias, Königs von Elis, seit vielen Jahren nicht gesäuberten Rinderstall in einem Tag vom Dung befreite, indem er zwei Flüsse hindurchleitete. Daher reden wir, wenn es gilt, massenhaft angehäufte Mißstände zu beseitigen, mit Lukian (»Alexandros« 1: »den Augiasstall reinigen«) und mit Seneca (»Apocolocyntosis« 7: »cloacas Augeae purgare«) von einem »Augiasstall«, dessen Reinigung »herkulische Kraft« erfordert, und sprechen, mehr im Hinblick auf diese als auf die anderen elf Arbeiten jenes Halbgottes, von einer »Herkulesarbeit«.

Palladium

nennen wir ein heilig gehaltenes Schutzmittel nach jenem Pallasbild aus Holz, das in Ilion als ein vom Himmel gefallenes verehrt und sorgsam behütet wurde, da sein Besitz die Stadt unüberwindlich machen sollte (Vergil, »Aeneis«, I., 164 ff.).

Ovid

Faden der Ariadne, Ariadnefaden
Leitfaden

Aus einem Wirrsal, einem Labyrinth, leitet uns wie den Theseus der »Faden der Ariadne«, von dem wir bei Ovid (43 v. bis 17 n. Chr.; »Heroides« 10, 103; »Metamorphoses« VIII, 172; »Fasti« III, 462) und Hygin 42 lesen. Danach nennen wir ein handliches Büchlein, das uns durch die verschlungenen Pfade einer Wissenschaft führt, einen »Leitfaden«.

Ikarusflug

Bei Ovid finden wir (»Metamorphoses« VIII, 183–235) die Erzählung von Ikarus, der trotz der Warnung seines Vaters Daedalus mit den wachsverklebten Flügeln der Sonne zu nahe flog, so daß sie schmol-

Aus Sagen, Volksmärchen und Volksliedern

zen und er im Meer ertrank. Hiernach nennen wir ein tollkühnes, mißglücktes Wagnis einen »Ikarusflug«.

Sagen

Ovid

Philemon und Baucis

sind für uns das Urbild aller greisen, frommen und treuliebenden Ehepaare. Nach Ovid (»Metamorphoses« VIII, 620–725) nahmen sie Jupiter und Merkur gastlich auf, ohne sie als Götter erkannt zu haben. Ihre Hütte wurde dafür in einen Tempel verwandelt, dessen Diener sie werden durften. Als sie dann später auf ihren Wunsch zur gleichen Stunde starben, verwandelte Jupiter sie in eine Eiche und in eine Linde, die, von Gläubigen bekränzt, gepaart an Phrygiens Höhen wuchsen.

Morpheus

Dieser Gott, in dessen Armen wir Schlafende ruhen lassen, besitzt nach Ovid (»Metamorphoses« XI, 634–693) als ein Sohn des Schlafgottes Somnus die Macht, Traumgestalten hervorzurufen.

Hygin

Achillesferse

In der 107. Fabel des Hygin (um 10 v. Chr.) tötet Apollo in der Gestalt des Paris den Achill durch einen Pfeilschuß in die Ferse. Hier war die »Stelle, wo er sterblich war«. Bis auf die Ferse, an der sie ihn hielt, hatte Thetis den Neugeborenen in den unverwundbar machenden Styx getaucht. Wir nennen daher die schwache, verwundbare Stelle eines Menschen seine »Achillesferse«.

Drachensaat

Nach der 178. Fabel des Hygin tötete Kadmus den Drachen, der den kastalischen Quell bewachte, säte dessen Zähne aus und pflügte sie unter. Daraus entsprossen dann Krieger, die einander bis auf fünf erschlugen. Hiernach nennen wir eine Saat der Zwietracht »Drachensaat«, obwohl es eigentlich richtiger wäre, von einer »Drachenzahnsaat« zu reden.

Verschiedene Quellen

Halkyonische Tage

sind Tage des Friedens und der Ruhe. Die Bezeichnung hat ihren Ursprung in der Sage vom König Keyx von Trachis und seiner Gemahlin Halkyone, der Tochter des Äolus, die sich aus Liebe zu ihrem auf einer Seefahrt umgekommenen Gatten ins Meer stürzte. Gerührt von dieser Gattenliebe verwandelten die Götter die beiden Eheleute in Eisvögel. Während der Brutzeit dieser Vögel um die Wintersonnenwende herrschte auf der See Windstille. Die einfachste Form der Sage gibt Lukian.

Verschiedene Quellen

Phönix aus der Asche

Wir pflegen zu sagen, daß ein aus dem Zusammenbruch des Bestehenden hervorgehender Staat oder neubelebter Mensch sich erhebt wie ein »Phönix aus der Asche«. Dem Ausdruck liegt die von Claudianus (ca. 370–404 n. Chr.), »Carminum minorum corpusculum« XXVII geschilderte Sage von der Wiedergeburt des indischen Wundervogels Phönix zugrunde. Sobald 1000 Jahre vergangen sind und er der Last des Alters unterliegt, macht er sich aus trockenen Kräutern und arabischen Reisern ein Nest, das sein Grab und zugleich seine Geburtsstätte werden soll. Es wird durch ein Haar des Sonnengottes entzündet, und der Vogel verbrennt. Danach entsteht aber in den aufgelösten Gliedern neues Leben, und verjüngt erhebt sich »der Phönix aus der Asche«.

Ahasver,
Der Ewige Jude

ist eine Figur, die der späteren christlichen Legende ihren Ursprung verdankt. Die bedeutsame, vielsagende Gestalt ist heute in erster Linie das Sinnbild eines ruhelos durch die Welt wandernden Menschen. Der Ursprung der Sage führt nach Armenien und taucht zuerst im 13. Jahrhundert auf. Ihre volkstümliche Ausgestaltung hat sie in Deutschland erfahren aufgrund eines im Jahr 1564 von Chrysostomus Dädalus zum Druck gegebenen Berichtes des Bischofs von Schleswig, Paulus von Eitzen. Danach hat der Jesus feindlich gesinnte Schuhmacher Ahasverus den auf seinem Wege nach Golgatha der Ruhe und Rast benötigenden Herrn von seiner Schwelle gewiesen, und dieser hat ihm darauf geantwortet: »Ich will allhier stehen und ruhen, du aber sollst gehen bis an den jüngsten Tag.« Eitzen will den Ahasverus im Winter 1542 in einer Kirche in Hamburg gesehen und gesprochen haben. Die Sage ist vielfach dichterisch bearbeitet worden, so von Schubart, Goethe, Chamisso, Lenau, Julius Mosen, Eugen Sue, Hamerling, Stefan Heym u. a.

Die Edda

Berserkerwut

zitieren wir aus der norwegisch-isländischen Sage für wilde Kampfeswut und Ingrimm. In der älteren Edda (16, 23) heißt es:

»Zu Sorgen und Arbeit hatte die Söhne
Arngrim gezeugt mit Eyfura,
Daß Schauer und Schrecken von Berserkerschwärmen
Über Land und Meer gleich Flammen lohten.«

Das Gras wachsen hören

In der jüngeren Edda (1, 27) lesen wir von einem der zwölf göttlichen Asen, von Heimdall, dem Wächter des Himmels: »Er bedarf weniger Schlaf als ein Vogel und sieht sowohl bei Nacht als bei Tag hundert

Rasten weit; er hört auch das Gras in der Erde und die Wolle auf den Schafen wachsen, mithin auch alles, was einen stärkeren Laut gibt.« Daher bezeichnen wir noch heute eine übermenschliche Feinspürigkeit mit: »das Gras wachsen hören.«

Aus Sagen, Volksmärchen und Volksliedern

Sagen

Wilkinasage

Treuer oder ***getreuer Eckart***

Wenn ein zuverlässiger Hüter und Warner von uns ein »treuer Eckart« genannt wird, so entlehnen wir diesen Namen der Wilkinasage. Eckart rettet als Erzieher der Harlunge diese vor einem Überfall. Dann finden wir ihn vor Frau Holles wilder Jagd als Warner, daß die Leute aus dem Wege gehen, und am Venusberg, daß niemand hineingehe. Schon bei Agricola (»Sprichwörter«, Hagenau 1584) heißt das 667. Sprichwort: »Du bist der treue Eckart; du warnest jedermann.« Tieck gab 1799 die romantische Erzählung »Der getreue Eckart und Tannenhäuser« heraus, und Goethe schrieb 1813 die Ballade »Der getreue Eckart«.

Nibelungenlied

Siegfried

bezeichnen wir nach der Siegfriedsage und dem Nibelungenlied einen athletischen, blonden Jüngling.

Nibelungentreue

ist gebildet nach dem Ende der Nibelungen und meint bedingungslose Treue bis zum bitteren Ende.

●●●

Märchen

Das deutsche Märchen und die deutsche Sage, die uns vor allem die Brüder Jakob und Wilhelm Grimm erschlossen haben, geben uns vielgebrauchte Namen und Bezeichnungen. Sie sind niedergelegt in den »Kinder- und Hausmärchen«, die zuerst Berlin 1812, und in den »Deutschen Sagen«, die ebendort 1816–1818 erschienen. Aber auch Märchen aus anderen Ländern haben das Deutsche um geflügelte Worte bereichert.

Verschiedene Quellen

Sesam, öffne dich!

Die Märchensammlung »Tausend und eine Nacht« liefert uns aus »Ali Baba und die vierzig Räuber« diese schatzerschließende Zauberformel.

Isegrim (Eisenhelm)

Aus dem Tierepos haben wir den schon um 1200 vorkommenden Namen des Wolfes zur Bezeichnung eines grimmigen Menschen entnommen.

Aschenbrödel oder ***Aschenputtel***
nennen wir ein zurückgesetztes, zur niedrigsten Hausarbeit verurteiltes Mädchen.

Rotkäppchen
ist ein mit rotem Hut geschmücktes Kind nach dem gleichnamigen Märchen der Gebrüder Grimm.

Hans im Glück
Ein in seiner Dummheit zum Glück oder wenigstens zu vermeintlichem Glück kommender Mensch ist uns ein »Hans im Glück«.

Bruder Lustig
nennen wir einen unbekümmerten Menschen.

Tischlein deck dich
bezeichnet die ungeahnt schleunige Erfüllung unserer materiellen Wünsche.

Goldesel und
Knüppel aus dem Sack
werden ebenfalls nach dem »Tischlein-deck-dich«-Märchen zitiert.

Ich bin so satt,
ich mag kein Blatt
sagt jemand, der nichts mehr essen kann, wie die Ziege im Märchen »Tischlein deck dich«.

Von einem der auszog, das Fürchten zu lernen
benutzen wir gern als Redensart nach dem Titel des gleichnamigen Märchens.

Meine Frau, die Ilsebill,
will nicht so, wie ich wohl will
zitieren wir aus dem Märchen »Der Fischer und seine Frau«.

Sieben auf einen Streich
sagen wir wie »Das tapfere Schneiderlein«, um eine vermeintliche Heldentat zu kennzeichnen.

Dornröschenschlaf
Von einem »Dornröschenschlaf« sprechen wir eingedenk des 100jährigen Schlafes, aus dem die Königstochter erst durch den Kuß eines Prinzen erweckt wurde.

Märchen

Brüder Grimm

Schneewittchen
wird erst durch einen Prinzenkuß wieder zum Leben erweckt; Psychologen bedienen sich gern dieses Mädchens und dieses Märchens, aus dem auch der Spruch stammt: »Spieglein, Spieglein an der Wand, wer ist die Schönste im ganzen Land?«

Ach, wie gut, daß niemand weiß,
daß ich Rumpelstilzchen heiß!
singt das Wünsche erfüllende, habgierige Kerlchen im gleichnamigen Märchen.

Bärenhäuter
Sprechen wir von einem »Bärenhäuter«, so denken wir mehr an unsere Vorfahren, die »auf Bärenhäuten zu beiden Ufern des Rheins« (vgl. »Aus dt. Schriftst.«: Wilh. Ruer) lagen und dabei ein geruhsames Leben führten, als an den armen Soldaten im Märchen, den der Teufel doch fahren lassen muß.

Der Teufel und seine Großmutter und
Armer oder ***dummer Teufel***
wird bei vielen Gelegenheiten zitiert, vor allem als schließlich immer betrogener »armer Teufel«.

Verschiedene Quellen

Schlaraffenland
Das Märchen vom Land der Faulenzer, mittelhochdeutsch »slûr«, bei uns »Schlaraffenland« genannt, ist den europäischen Völkern gemeinsam. »Das Schluraffenland« heißt es 1494 in Sebastian Brants »Narrenschiff«, während es bei Hans Sachs (1536, »Gedichte«, Nürnberg 1558, S. 544) »Schlaweraffen Landt« und »Schlauraffenlandt« lautet.

Gebratene Tauben, die einem ins Maul fliegen
finden wir bei Hans Sachs. Von ihnen sagt schon der griechische Komödiendichter Telekleides (5. Jahrhundert v. Chr.) nach Athenaeus VI, p. 268: »Gebratene Krammetsvögel mit kleinen Kuchen flogen einem in den Schlund hinein«, während sie nach Pherekrates (eb. p. 269 B), voll Sehnsucht, verspeist zu werden, einem »um den Mund herumflogen«. Luther setzt statt der Tauben Gänse (Weimar, Ausg. X, 3, 231) und Bratenten (ebendort XII, 635).

Ein Kobold
ist ein neckisches, zu allen lustigen Streichen aufgelegtes, dabei aber doch gutmütiges Wesen.

Wechselbalg
bezeichnet ein abschreckend häßliches, mißgestaltetes Menschenkind.

Alp
steht für eine schwere Angst, die uns drückt.

Heinzelmännchen
sind freundliche Hausgeister, die, während wir ruhen, alle Arbeit für uns verrichten – leider scheinen sie, seit die neugierige Schneidersfrau in Köln sie verärgerte, gänzlich verschwunden zu sein. Sie sind uns freilich weniger aus den »Deutschen Sagen« als aus August Kopischs humoristischem Gedicht lieb und wert.

Reiter über den Bodensee
Eine schwäbische Sage, die Gustav Schwab nach mündlicher Überlieferung in seiner Ballade »Der Reiter und der Bodensee« (1826; »Gedichte«, Stuttgart 1828 f.) bearbeitete, lautet also: »Über die Schneefläche des zugefrorenen Bodensees sprengt ahnungslos ein Reiter, der, jenseits angekommen, tot vom Roß sinkt, als er hört, welcher Gefahr er entronnen.« Wir erinnern uns daher bei ähnlichen Schrecken nach unbewußt überstandenem Unheil an diesen »Reiter über den Bodensee«.

Rattenfänger und
Rattenfängerei
Einen Rattenfänger nennen wir jemanden, der durch zweifelhafte Versprechungen Anhänger und Mitläufer gewinnt (Hitler wurde genannt: »Der Rattenfänger aus Braunau«). Der Ausdruck Rattenfänger und auch Rattenfängerei kommt von der Sage vom »Rattenfänger zu Hameln«. Der früheste Bericht findet sich in der »Lüneburger Handschrift« (Ende 14. Jahrhundert); danach soll am Johannis- und Paulitag, dem 26. Juni, 1284 ein Jüngling mit silberner Flöte 130 Kinder aus der Stadt gelockt haben. Die »Zimmerische Chronik« von 1557 verknüpft dann die Geschichte mit einer Rattenplage; ein um seinen Lohn geprellter Rattenfänger nimmt Rache und führt die Kinder aus der Stadt, die Buben und Mädchen blieben für immer verschollen. Sicher scheint, daß viele Kinder aus Hameln verschwunden sind, fraglich bleibt der Grund, der in den Verlusten junger Hamelner in einer Schlacht vermutet wird oder in einer Epidemie oder Naturkatastrophe; möglich ist der Auszug der Kinder zu einem Kinderkreuzzug oder zu einem Kolonistenzug in den Osten.

Aus Sagen, Volksmärchen und Volksliedern

Märchen

Verschiedene Quellen

Blaubart
nennen wir einen bösen Ehemann nach dem ursprünglich altfranzösischen Märchen »Raoul, le Chevalier Barbe-Bleue«, in dem dieser blutdürstige Ritter seine sechs Gemahlinnen wegen ihrer Neugier tötet. Auch seine siebte hätte er getötet, hätte man ihn nicht zuvor erschlagen.

Hannemann (häufig auch: Hahnemann)***! geh du voran!***
Aus dem im Anfang des 16. Jahrhunderts auftauchenden Märchen »Von den sieben Schwaben« ist diese Aufforderung des sechsten unter ihnen, der bald »Gelbfüßler«, bald »Jokele«, bald »Hansele« heißt, allgemein gebräuchlich geworden.

Eulenspiegel und
Eulenspiegeleien, Eulenspiegelstreiche
Im Jahr 1515 erschien zu Straßburg: »Ein kurtzweilig lesen von Dyl Ulenspiegel«. Es ist dies der älteste bekannte Druck des zuerst niederdeutsch verfaßten, um 1500 ins Hochdeutsche übertragenen, dann in unzähligen Ausgaben verbreiteten und in fast alle Sprachen übersetzten Schwankbuches, dessen Held »Eulenspiegel« zum Typus eines Eulenspiegeleien und Eulenspiegelstreiche, d. h. törichte, verkehrte Streiche verübenden Schalksnarren geworden ist. Ein Teil der Schwänke entstammt wohl der an die historische Persönlichkeit des Till Eulenspiegel (gest. 1350 in Mölln bei Lübeck) anknüpfenden Volkssage; der größere Teil aber gibt ältere, fremde und einheimische Sagenstoffe wieder, die dann lediglich auf die Figur Till Eulenspiegel übertragen wurden.

●●●

Lieder

So mancher Vers aus beliebten, oft gesungenen Volksliedern, deren Dichter zumeist unbekannt geblieben sind, ist für uns zum geflügelten Wort geworden.

Wo man singt, da laß dich ruhig nieder,
böse Menschen haben keine Lieder
sagt der Volksmund.

Kein Feuer, keine Kohle kann brennen so heiß
als heimliche Liebe, von der niemand nichts weiß.
Das Lied, aus dem diese Zeilen stammen, erschien zum erstenmal in der »Sammlung deutscher Volkslieder«, Berlin 1807.

Guter Mond, du gehst so stille in den Abendwolken hin

ist der Anfang eines Liedes aus der Zeit um 1800; Ludwig Reiners (»Der ewige Brunnen«, München 1955) glaubt, Theodor Enslin (1787–1851) als den Verfasser erkannt zu haben.

Frau Wirtin

Wann zum erstenmal die sprichwörtlich gewordene »Frau Wirtin« ihr unanständiges und lasterhaftes Wesen trieb, verschweigt die Scham der Germanisten.

Kein schöner Land in dieser Zeit

ist der Anfang eines der beliebtesten Abendlieder überhaupt, das im 19. Jahrhundert entstand.

Muß i denn zum Städtele hinaus

Dieses deutsche Volkslied ist so bekannt, daß es auch von Elvis Presley gesungen wurde.

Das Lieben bringt groß' Freud

Dieses Lied stammt ursprünglich aus Schwaben.

Es waren zwei Königskinder,
die hatten einander so lieb;
sie konnten zusammen nicht kommen,
das Wasser war viel zu tief.

Diese Verse eines aus der Lahngegend kommenden Liedes sind längst geflügelte Worte geworden.

Kommt ein Vogel geflogen,
setzt sich nieder auf mein Fuß,
hat ein Zettel im Schnabel,
von der Mutter ein Gruß.

Dieses bekannte Lied fand aus dem Österreichischen den Weg ins Hochdeutsche.

Des Knaben Wunderhorn

ist als erotische Anspielung ein geflügeltes Wort. So heißt die Sammlung »Alte deutsche Lieder«, die Achim von Arnim (1781–1831) und Clemens Brentano (1778–1842) zusammengetragen und herausgegeben haben; die erste Auflage des ersten Bandes erschien 1805, weitere Bände und neue Ausgaben folgten.

Lieder

Bald gras ich am Neckar,
bald gras ich am Rhein.
Dieser ironisch gebrauchte Liedanfang stammt aus der Liedersammlung »Alte deutsche Lieder« von Achim von Arnim und Clemens Brentano.

Es blies ein Jäger wohl in sein Horn
ist aus »Des Knaben Wunderhorn« entnommen.

Zeigt her eure Füßchen, zeigt her eure Schuh
fordert uns ein altes Spiellied auf.

Die Gedanken sind frei!
Ein Flugblatt aus dem Jahr 1780 verkündet diesen Liedanfang.

Ade zur guten Nacht!
Jetzt wird der Schluß gemacht
entstammt einem Lied aus volkstümlicher Überlieferung.

13.–15. Jahrhundert

Verschiedene Quellen

Neue Besen kehren gut
gehört ins 13. Jahrhundert. Es läßt sich zuerst in Freidanks »Bescheidenheit« (herausg. von W. Grimm, 2. Ausg., Göttingen 1860, 50, 12) nachweisen. Es heißt dort: »Der niuwe beseme kert vil wol, ê daz er stoubes werde vol.«

Der Hunger ist der beste Koch
finden wir ebenda 124, 17.

Den Mantel nach dem Winde kehren
findet sich zuerst in Gottfried von Straßburgs (um 1215) »Tristan und Isolt« (10 430), in der Form: »Man sol den mantel kêren, als ie die winde sint gewant.«

Wer zuerst kommt, mahlt zuerst
stammt aus Eike von Repkows »Sachsenspiegel« (um 1230).

Die Welt will betrogen sein
steht in der Form »die weltt die will betrogen syn« in Sebastian Brants (1458–1521) 1494 erschienenem »Narrenschiff« (Nachdruck Hildesheim 1961, S. 65).

Hanswurst
findet sich zum ersten Mal in der Form »Hans Worst« in der niederdeutschen Übersetzung von Brants »Narrenschiff« (Rostock 1519.

●●●

16. Jahrhundert

Luther

Aus tiefer Not schrei ich zu dir.
Im Erfurter »Enchiridion« von 1524, Bl. B 7, steht dieses von Luther in Anlehnung an Psalm 130 (vgl. auch Psalm 50, 15: »Rufe mich an in der Not«) gedichtete Lied.

Schwarmgeist
Diese Bezeichnung für einen unklaren, aufrührerischen Ideen (besonders auf religiösem Gebiet) zuneigenden Kopf beruht auf Luthers Schrift: »Das diese wort Christi (das ist mein leib etc.) noch fest stehen widder die Schwermgeister« (Wittenberg 1527).

Alles zum Besten kehren
sollen wir nach dem »Was ist das?« zum 8. Gebot in Luthers Katechismus (1529).

Gute Freunde, getreue Nachbarn
Ebenda zählt Luther in der Erklärung der vierten Bitte des Vaterunsers auch gute Freunde, getreue Nachbarn und desgleichen zu »unserem täglichen Brot«.

Matthäi am letzten
gebraucht Luther (Katechismus, 4. Hauptst.) im Sinne von: »Im letzten Kapitel des Evangeliums Matthäi«. Wie der Ausdruck »Matthäi am letzten sein« oder »Mit dem ist es Matthäi am letzten« die Bedeutung »seinem Ende oder seinem Verderben nahe sein« bekommen hat, ist unklar.

Wasser tut's freilich nicht
stammt aus dem vierten Hauptstück von Luthers Katechismus.

Wo steht das geschrieben?
fragt Luther im vierten und fünften Hauptstück des Katechismus.

Ein' feste Burg ist unser Gott
In dem Gesangbuch »Form vnd ordnung Gaystlicher Gesang vnd Psalmen« (Augsburg) 1529, Bl. 25a haben wir unter der Überschrift »Der 46. Psalm. Deus noster refugium et virtus« den ältesten vorhandenen Druck von diesem Liedtext Luthers.

Mit unsrer (eigentl.: unser) ***Macht ist nichts getan***

Und wenn die Welt voll Teufel wär

Der Fürst dieser Welt

Laß fahren dahin
wird ebenfalls aus Luthers Text zu dem Lied »Ein' feste Burg ist unser Gott« zitiert. »Laß fahren dahin, laß fahren!« schreibt Schiller im Reiterlied am Schluß seines dramatischen Gedichts »Wallensteins Lager« (zuerst erschienen in Schillers »Musenalmanach für 1798« 137).

Wer nicht liebt Wein, Weib und Gesang,
Der bleibt ein Narr sein Lebelang.
Dieser Spruch wird ohne jede Gewähr auf Luther zurückgeführt. H. Grisar hat in seinem Aufsatz: »Der gute Trunk in den Lutheranklagen« (»Histor. Jahrb.« 26, 1905, 411) nachgewiesen, daß er sich weder in Luthers Schriften noch in alten Aufzeichnungen und schriftlichen Überlieferungen über ihn vorfindet. Wohl aber scheint Luther in einem Ausspruch 1536 (E. Kroker, »Luthers Tischreden in der Mathesischen Sammlung« 1903, 376) auf einen vor ihm vorhandenen

Sinnspruch angespielt zu haben: »... wie wollt ir jetzt anders einen Deudschen vorthuen, denn ebrietate, praesertim talem, qui non diligit musicam et mulierem?« Zum ersten Mal, scheint es, tritt die Luther-Legende im »Wandsbecker Bothen« von 1775, Nr. 75 in folgender »Devise an einen Poeten« auf:

»Dir wünsch' ich Wein und Mädchenkuß,
Und deinem Klepper Pegasus
Die Krippe stets voll Futter!
Wer nicht liebt Wein, Weib und Gesang,
Der bleibt ein Narr sein Lebenlang,
Sagt Doktor Martin Luther.«

Nach C. Redlich, »Die poetischen Beiträge zum Wandsbecker Bothen«, Hamburg 1871, 57 dichtete wahrscheinlich Joh. Heinrich Voß diese Verse. Er teilte sie 1777 im »Musenalmanach«, Hamburg, S. 107 mit der Überschrift »Gesundheit« und der Unterschrift »Dr. M. Luther« mit. Auch sein 1777 gedichtetes Lied: »An Luther« (»Sämtliche Gedichte«, Königsb. 1802, 4, 60) endet mit jenen Worten, und aus seiner Anmerkung S. 294 ersehen wir, daß Hamburger Pastoren in dem Abdruck des Spruches im Musenalmanach eine Verunglimpfung Luthers erblickten und deshalb Voß' Wahl zum Lehrer am Johanneum vereitelten. Über den Ursprung gab Voß keine Auskunft. Herder, »Volkslieder« 1, Leipzig 1778, 12 schließt die Zeugnisse über Volkslieder mit:

»Wer nicht liebt Weib, Wein und G'sang,
Der bleibt ein Narr sein Leben lang.
Luther.«

Ferner berufen sich Karl Müchler in seinem Trinklied »Der Wein erfreut des Menschen Herz« (1797), Langbein in »Der Himmelsweg« (1801) u. a. für den Spruch auf Luther als Urheber.

Dunkelmänner

Die Übersetzung von »obscuri viri«, hat folgenden Ursprung: Der für die Reformation kämpfende Humanist Johannes Reuchlin gab, um sein Ansehen im Streit gegen die Kölner Papisten Pfefferkorn, Hochstraten, Arnold von Tongern, Ortuinus Gratius u. a. zu stärken, 1514 seinen Briefwechsel mit berühmten Leuten: »Clarorum virorum epistolae« heraus. Von ihm befreundeter Seite erschien 1515 der erste, 1517 der zweite Teil »Epistolae obscurorum virorum« (»Briefe unberühmter Leute«). Sie sind an Ortuinus Gratius gerichtet und so abgefaßt, als kämen sie von Reuchlins Feinden. Nach W. Brecht, »Die Verfasser der Ep. obsc. vir.« Straßburg 1904, hat den 1. Teil der Briefe ausschließlich Crotus Rubianus (um 1480–1539) verfaßt, während die Briefe des 2. Teils und des Anhangs zum 1. Teil von ihm und Ulrich von Hutten herrühren. Weil darin die Wesensart und das Wirken der die aufklärende humanistische Wissenschaft bekämpfenden

Männer gegeißelt wird, bekam »obscuri viri« den Nebensinn von Obskuranten, Finsterlingen, »Dunkelmännern«.

Hutten

Ich hab's gewagt

ist als Wahlspruch Ulrich von Huttens (1488–1523) zu erwähnen, der sich zuerst auf dem Titelblatt seiner Übersetzung der »Conquestiones« (wahrscheinlich 1520 erschienen) sowie als Unterschrift in der wohl gleichfalls 1520 erschienenen »Klag über den Lutherischen Brandt zu Mentz« (Mainz) findet. Ebenso beschließt Hutten mit diesem Spruch das Vorwort zu seinem »Gesprächbüchlein« (1521) und darin seinen Dialog in Prosa: »Die Anschauenden«. Außerdem hängt er ihn fast stets, auch ohne innere Verbindung, seinen deutschen Versen als Schluß an. Im Zusammenhang steht er am Schluß seiner »Klag und Vormahnung gegen den übermäßigen unchristlichen Gewalt des Bapsts zu Rom«, wo es heißt:

»Wohlauf, wir haben Gottes Gunst,
Wer wollt in solchem bleiben d'heim?
Ich hab's gewagt, das ist mein Reim.«

Auch beginnt ein 1521 gedrucktes Lied von ihm: »Ich hab's gewagt mit Sinnen«, dessen sechste Strophe schließt:

»Bin unverzagt,
Ich hab's gewagt,
Und will des Ends erwarten.«

Verschiedene Quellen

Es ist eine Lust zu leben.

Am Schluß seines Briefes an Willibald Pirckheymer vom 25. Okt. 1518 sagt Hutten: »O Seculum! O literae! Iuvat vivere«, übersetzt: »O Jahrhundert! O Wissenschaft! Es ist eine Lust zu leben.«

All' Fehd' hat nun ein Ende.

Nicolaus Decius, mit seinem deutschen Namen Hovesch (gest. 1541) schließt die erste Strophe seines Gesangbuchliedes »Allein Gott in der Höh' sei Ehr'« (niederdeutsch in »Eyn gantz schone vnde seer nutte gesangk boek«, Rostock 1525) mit diesen Worten.

Lehrstand, Nährstand, Wehrstand

wird bei Erasmus Alberus (um 1500–1553) zum ersten Mal angedeutet. In seiner Predigt vom Ehestand (1546) heißt es: »Der Priester muß lehren, die Oberkeit wehren, die Bauerschaft nähren« und in seinem »Buch von der Tugend und Weisheit, nämlich 49 Fabeln« (Frankfurt am Main 1550, Fabel 47, Morale):

»Fein ordentlich hat Gott die Welt
Mit dreien stenden wol bestelt.
Wenn die sich nur wüsten zu halten,
So ließ Gott immerdar hin walten.

Ein standt muß leern, der ander neern,
Der dritt muß bösen buben weern.«

Verschiedene Quellen

Modeteufel

Der Pastor in Frankfurt an der Oder, Andreas Musculus (Meusel; 1514–1581) gab 1555 die Schrift heraus »Vom Hosen Teuffel«, oder, wie der Titel im Innern lautet: »Vom zuluderten zucht und ehr erwegnen Pluderichten Hosen Teuffel vermanung und warnung«. Auf dem Titel der neuen Auflage von 1629 wird der Hosenteufel bezeichnet als »Deß jetzigen Weltbeschreyten verachten und verlachten Al-modo Kleyder Teuffels Alt-Vatter«. Dies sehen wir als die Quelle des Wortes »Modeteufel« an.

Schildbürger

Wenn auch durch ihre klassischen Vorfahren, die Abderiten, und späteren Nachkommen, die Krähwinkler (vgl. bei Jean Paul), etwas verdunkelt, haben doch die Schildbürger den Ruhm ihrer geistvollen Streiche bis heute bewahrt. Hans Friedrich von Schönberg (1543–1614) schrieb das 1598 zuerst gedruckte, vielgelesene Volksbuch »Die Schildbürger«, das, wie es die Sammlung aller Sticheleien zwischen Ort und Ort war, so fernerhin zur Quelle unzähliger Neckereien wurde.

Fischart

Freue dich, liebe Seele, jetzt kommt ein Platzregen!

In Johann Fischarts (um 1545–1590) »Gargantua« (1. Ausg. von 1575, Kap. 8, Bl. H 8b) lesen wir: »Duck dich Säl, es komt ain Platzregen.« Holzschnitt und Text eines Flugblatts aus dem Jahr 1617 mit dieser Überschrift (aber: »... ein großer Pl.«) gibt ein Exemplar der Wolfenbütteler Bibliothek wieder. In der Form: »Duck di, mai Seel, es kummt a Platzregel« übermittelt uns C. Julius Weber in seinem Buch »Deutschland oder Briefe eines in Deutschland reisenden Deutschen« (2. Aufl., 1834, S. 489) den Fischartschen Ausspruch als beliebtes Scherzwort des frohgelaunten Münchener Trinkers. In der jetzt gebräuchlicheren Fassung steht dieses Wort unter einer in den vierziger Jahren des 19. Jahrhunderts in Berlin erschienenen kolorierten Zeichnung, auf der ein dicker, schweißtriefender Herr, an einem Tisch sitzend, die Hand nach einem vollen Glas Berliner Weißbier ausstreckt.

Dem Feinde goldene Brücken bauen

In Fischarts »Gargantua« finden wir zuerst diese Form der früher viel angewandten Kriegsregel. In der 1. Ausgabe von 1575 heißt es: »Thu eh dem Feind Thür und Thor auf, vnd mach jm ain gulden prucken, das er fort mög rucken.«

Aus Schriftstellern deutscher Sprache

16. Jahrhundert

Fischart

Geschichtsklitterung

Aus dem Titel des 2. Gargantuadruckes von 1582: »Affentheurlich Naupengeheurliche Geschichtklitterung von Thaten vnd Rahten der … Herren Grandgusier, Gargantoa vnd Pantagruel …« ist dieses Wort als verächtliche Bezeichnung einer fehlerhaften, die Tatsachen entstellenden Geschichtsschreibung geblieben.

Wie die Orgelpfeifen

Ebenfalls im 2. Gargantuadruck heißt es: »Da stellen sie (nämlich die Weiber) jre zucht vmb den Tisch staffelsweis wie die Orgelpfeyffen, die kan der Vatter mit der Ruten pfeiffen machen wann er will on blaßbälg tretten.«

Arbeit vnd fleiß, das sind die flügel,
so füren vber stram (Strom) und hügel.

So lautet Vers 81 f. in Fischarts Gedicht »Das Glückhafft Schiff von Zürich« (Straßburg 1576).

●●●

17. Jahrhundert

Verschiedene Quellen

Die Welt mit Brettern vernagelt

Johannes Olorinus Variscus (Johann Sommer; 1559–1622) erzählt in »Ethographia mundi« (T. 1, 1608) unter anderen Lügengeschichten, daß jemand, an das Ende der Welt gekommen, dort die Welt mit Brettern vernagelt oder, wie er sagt, »unterschlagen« gefunden habe.

Böse Sieben

begegnet uns ebenda (T. 2, 1609, 15) zum ersten Mal als Bezeichnung eines bösen Weibes. Es heißt dort: »Ist denn deine Fraw so eine böse Siebene vnnd eine solche böse Wettermacherin?« Daß die Zahl sieben von alters her ebenso als heilige wie als Unglückszahl galt, ist bekannt. Der Ausdruck »Böse Sieben« hat seinen Ursprung in einem schon im 15. Jahrh. erwähnten Kartenspiel, das Karnüffel, Karnöffel und ähnlich benannt war. In diesem Spiel war die siebente Karte von oben eine Freikarte, die alle anderen Karten stach und auch »der Teufel« hieß.

Verzage nicht, du Häuflein klein

Der Erfurter Pfarrer Michael Altenburg (1584–1640) ist der Dichter (oder nur Tonsetzer?) dieses gewöhnlich dem König Gustav Adolf zugeschriebenen Liedes. Der erste Vers ist wohl Luk. 12, 32 nachgebildet, wo es heißt: »Fürchte dich nicht, du kleine Herde.«

Nun danket alle Gott

ist (nach Jes. Sir. 50, 24) der Anfang des zur Verherrlichung der Augsburgischen Konfession im Jubiläumsjahr 1630 gedichteten und zuerst in der nicht mehr vorhandenen 1. Ausgabe des Hertz-Jesu-Büchleins von 1636 gedruckten Liedes von Martin Rinckart (1586 bis 1649).

Ein bewaffneter Friede

Friedrich von Logau (1604–1655) überschrieb zwei seiner Sinngedichte (»Salomons von Golaw Deutscher Sinn-Getichte Drey Tausend«, Breslau 1654, 1. Tausend, 8. Hundert, Nr. 2) nach dem Ende des dreißigjährigen Krieges mit: »Gewaffneter Friede«:
»Krieg hat den Harnisch weg gelegt, der Friede zeucht ihn an.
Wir wissen, was der Krieg verübt, wer weiß, was Friede kann?«
und (3. Tausend, 5. Hundert, Nr. 78) mit: »Der geharnischte Friede«:
»Der Friede geht im Harnisch her, wie ist es so bestellt?
Es steht dahin; er ist vielleicht die Pallas unsrer Welt.«
Darauf geht der hier zitierte Ausdruck zurück.

Mit dem Mantel der (christlichen) ***Liebe zudecken***

Logaus Sinngedichte »Die Liebe« (2. Tausend, 4. Hundert, Nr. 14):
»Nenne mir den weiten Mantel, drunter alles sich verstecket;
Liebe tut's, die alle Mängel gerne hüllt und fleißig decket«
und »Christliche Liebe« (2. Tausend, 9. Hundert, Nr. 35):
»Liebe kaufte neulich Tuch, ihren Mantel zu erstrecken,
Weil sie, was durch dreißig Jahr Krieg verübt, soll alles decken«
sind hierfür wohl die Quellen. Daß die Liebe »Übertretungen zudecke« ist bereits ein biblischer Gedanke (Sprüche 10, 12, vgl. 1. Petr. 4, 8).

Gottes Mühlen mahlen langsam, mahlen aber trefflich klein,
Ob aus Langmut er sich säumet, bringt mit Schärf' er alles ein.

Dieser Anfang von Logaus Sinngedicht »Göttliche Rache« (3. Tausend, 2. Hundert, Nr. 24) ist eine Übersetzung des Sextus Empiricus (um 180 n. Chr.), »Adversos mathematicos« 287 (Bekker, Berlin 1842, S. 665), bei dem es heißt:
»Spät erst mahlen die Mühlen der Götter, doch mahlen sie Feinmehl.«
Ähnlich lautet V. 14 des 8. Buches der »Oracula Sibyllina« rec. A. Rzach, das nach der Ausgabe von J. H. Friedlieb, Leipzig 1852, Einl. S. LIX zwischen 161 und 180 v. Chr. entstanden ist. Der Hexameter beruht auf einem Sprichwort. Denn schon Plutarch, »De sera numinis vindicta« cap. 3, spricht »von den Mühlen der Götter, die, wie man sagt, erst lange Zeit nachher mahlen«. Das Bild der, wenn auch spät, so doch sicher strafenden Götter kehrt in der römischen und deutschen Literatur immer wieder. Die älteste uns bekannte deutsche Form des Gedankens bietet Sebastian Francks Sprichwörtersammlung (1541, 2, 119b).

Gerhardt

Wach auf, mein Herz, und singe!
zitiert man aus Paul Gerhardts (1606–1676) »Morgenlied« (Joh. Crügers »Praxis pietatis melica« von 1648, S. 1).

Nun ruhen alle Wälder
stammt aus Gerhardts »Abendlied«.

Die goldenen (eigentl.: güldenen) ***Sternlein prangen***
Am blauen Himmelszelt (eigentl.: Himmelssaal) und
Wo bist du, Sonne, (ge)blieben?
ist ebenfalls aus Paul Gerhardts »Abendlied« entnommen.

Wie soll ich dich empfangen?
findet sich in Gerhardts »Adventlied«.

Er kommt, er kommt mit Willen
ist der Anfang der 7. Strophe des Gerhardtschen »Adventliedes« (im »Rungeschen Gesangbuch«, Christoph Runge, Berlin 1653, S. 124).

Nun laßt uns gehn und treten.
Dieser Anfang von Gerhardts schon vor 1648 gedichtetem »Neujahrslied«, erschienen zuerst ebenfalls im »Rungeschen Gesangbuch« von 1653, S. 157.

Befiehl du deine Wege
In Crügers »Praxis pietatis melica« von 1653, S. 610 steht dieses von Gerhardt mit Zugrundelegung von Psalm 37, 5 gedichtete Lied.

O Haupt voll Blut und Wunden
In der Ausgabe von 1656, S. 323 steht dieses auf den Hl. Bernhard von Clairvaux zurückgeführte, tatsächlich von dem Flamen Arnulf von Loewen stammende Passionslied Paul Gerhardts.

Verschiedene Quellen

Schwacher Geist, erhebe dich.
Ein Weihnachtslied von Johann Rist (1607–1667; zuerst in seinen »Himmlischen Liedern. Erste Zehen«, Lüneburg 1641, S. 2) beginnt: »Ermuntre dich, mein schwacher Geist«, wird aber häufiger in der obenstehenden Form zitiert.

Nürnberger Trichter
beruht auf dem Titel eines Buches von Georg Philipp Harsdörffer (1607–1658): »Poetischer Trichter, Die Teutsche Dicht- und Reimkunst, ohne Behuf der lateinischen Sprache, in VI Stunden einzugießen«, das 1647 in Nürnberg anonym erschien. Das Bild vom Trichter ist nicht seine Erfindung, da er sich in der Vorrede auf

Verschiedene Quellen

»H. Schickards Hebreischen Trichter« (Tübingen 1627) bezieht, und ein solcher Trichter schon in der lateinischen Komödie »Almansor, sive ludus literarius« des Mart. Hayneccius (Leipzig 1578) 5, 5 genannt wird. Franz Trautmann gab 1849f. in Nürnberg ein humoristisches Blatt »Der Nürnberger Trichter« heraus.

Wer nur den lieben Gott läßt walten

ist der Anfang des bekannten Kirchenliedes Georg Neumarks (1621–1681; zuerst in seinem »Fortgepflanzten Musikalisch-Poetischen Lustwald«, Jena 1657, 1, 29).

Jesus meine Zuversicht

wird von Christoph Runge in der Widmung seines Gesangbuches (Berlin 1653, wo es S. 221 zuerst gedruckt ist) als Dichtung der Kurfürstin Luise Henriette von Brandenburg (1627–1667) bezeugt, wenn sich auch gewichtige Zweifel an der Autorschaft geltend gemacht haben.

Grimmelshausen

Springinsfeld

nennen wir einen unbekümmerten Kerl nach der Erzählung »Der seltsame Springinsfeld« des Hans Jakob Christoffel von Grimmelshausen (um 1622–1676) aus dem Jahr 1670.

Simplicius Simplicissimus

nennen wir einen besonders einfältigen Menschen nach Grimmelshausens gleichnamigem Roman von 1669.

Mutter Courage

Dieser Name, mit dem wir eine beherzte Frau bezeichnen, geht zurück auf Grimmelshausens »Lebensbeschreibung der Ertzbetrügerin und Landstörtzerin Courasche« (1670), nach der Bert Brecht 1939 sein Stück »Mutter Courage und ihre Kinder« geschrieben hat.

Verschiedene Quellen

Reim dich, oder ich freß' dich.

Wenn wir uns über stümperhafte Reimereien lustig machen, gebrauchen wir dieses Wort. »Reime dich, oder ich fresse dich« ist der Titel einer in Nordhausen 1673 erschienenen Satire, in der die Unsitten der damaligen Poeterei gegeißelt werden. Unter dem Pseudonym Hartmann Reinhold verbirgt sich der Verfasser Gottfried Wilhelm Sacer (1635–1699).

Wer weiß, wie nahe mir mein Ende

Aemilia Juliana Gräfin zu Schwarzburg-Rudolstadt (1637–1706) ist die Dichterin dieses zuerst im Anhang zum »Rudolst. Gesangbuch von 1688« anonym erschienenen und ihr daher früher abgesprochenen Kirchenliedes.

Was Gott tut, das ist wohlgetan.
Samuel Rodigast (1649–1708) dichtete dieses zuerst im Schleusinger Gesangbuch 1681, S. 458 gedruckte Lied.

Charmante
Wenn in manchen Kreisen die Geliebte eines Menschen als seine »Charmante« bezeichnet wurde, so ist dieser Ausdruck nicht dem Französischen entnommen. »Charmante« ist vielmehr eine der Geliebten des Helden in Christian Reuters (geb. 1665) Roman »Schellmuffskys Wahrhafftige, Curiöse und sehr gefährliche Reisebeschreibung zu Wasser und Lande ... in Hochteutscher Frau Mutter Sprache eigenhändig und sehr artig an den Tag gegeben von E. S.«, Hamburg 1696.

Schellmuffsky
bezeichnet nach dem oben genannten Roman Reuters einen Schelm und Aufschneider.

Schlampampe
für eine unordentliche Frau ist ebenfalls durch Reuter bekannt geworden, wenn auch »schlampampen« für »schlemmen« lange vor ihm in Gebrauch war. (Vgl. Fischart im Eingang des »Vorritts« zum »Gargantua« 1575: »Ihr meine Schlampampische gute Schlucker«.) Frau Schlampampe ist die Heldin seiner beiden satirischen Lustspiele »L'Honnête Femme Oder die ehrliche Frau zu Plissine«, 1695, und »La Maladie & la mort de l'honnête Femme das ist: Der ehrlichen Frau Schlampampe Krankheit und Tod«, 1696.

Kommet zu Hauf!
heißt es in der 1. Strophe von Joachim Neanders (1650–1680) Lied: »Lobe den Herrn« (zuerst in seiner »Glaub- und Liebesübung«, Bremen 1680, S. 47).

Seele, vergiß es ja nicht!
wird ebenfalls aus Neanders Lied »Lobe den Herrn« zitiert.

●●●

18. Jahrhundert
Verschiedene Quellen

Spree-Athen
als Bezeichnung Berlins findet sich wohl zuerst in dem Gedicht Erdmann Wirckers zum Lobe Friedrichs I. »An seiner Königl. Majestät in Preußen in Nahmen eines andern«, in dem es heißt:

»Die Fürsten wollen selbst in deine Schule gehn,
Drumb hastu auch für Sie ein Spree-Athen gebaut.«

Haupt- und Staatsaktion

nennen wir eine pomphaft in Szene gesetzte Verhandlung. Diese Bezeichnung des mit Harlekinspäßen vermischten ernsten Dramas taucht zuerst um 1700 in den marktschreierischen Theaterzetteln der Wandertruppen und in ihren Eingaben an die Behörden auf und behauptete sich bis in die Mitte des 18. Jahrhunderts.

Bramarbas

für »Prahlhans« ist dem satirischen Gedicht eines nicht bekannten Verfassers »Cartell des Bramarbas an Don Quixote« entnommen. Philander von der Linde (Burchard Menke; 1675–1732) teilt es in der »Unterredung von der deutschen Poesie« mit, die den Anhang zu seinen »Vermischten Gedichten«, Leipzig 1710, bildet. Hiernach gab Johann Christoph Gottsched (»Deutsche Schaubühne«, Leipzig 1741, Bd. 3) dem Lustspiel Baron Ludvig van Holbergs (1684–1754) »Jacob von Tyboe eller den stortalende Soldat«, das er in der Übersetzung G. A. Dethardings veröffentlichte, den Titel »Bramarbas oder der großsprecherische Offizier«, weil, wie er sich in der Vorrede äußert, der Name Tyboe »in unserer Sprache keine Anmut gehabt haben würde«; er setzt hinzu, daß er diesen Namen dem Philander von der Linde entlehnt habe. Veranlassung zur Wahl des Namens Bramarbas gab wohl der Umstand, daß der Stamm »bram« im Dänischen »prahlen« bedeutet.

Johann, der muntre Seifensieder

wird ein sorglos bei seinem Tagewerk Singender und überhaupt ein laut Vergnügter gern genannt nach der Anfangs- und Schlußzeile des Gedichtes von Friedrich von Hagedorn (1708–1754): »Johannes, der Seifensieder« (»Versuch in poetischen Fabeln und Erzehlungen«, Hamburg 1738, S. 116). Auch spricht man kurzweg von einem »muntren Seifensieder«, wie denn schon Gleim (»An die Freude«; in Voß' »Musenalmanach für 1798«, S. 88) dichtet:

»Alle muntren Seifensieder
Sind verschwunden aus der Welt!
Hagedorns und meine Lieder
Singt kein Trinker und kein Held!«

Man soll den Tag nicht vor dem Abend loben.

In Hagedorns Fabel »Der Zeisig« (»Sämmtliche poetische Werke«, Teil 2, Hamburg 1757) findet sich: »Man muß den schönsten Tag nicht vor dem Abend loben.«

Haller

Ins Innre der Natur dringt kein erschaffner Geist;
Zu glücklich, wenn sie noch die äußre Schale weist

sagt Albrecht von Haller (1708–1777) in dem Gedicht »Falschheit menschlicher Tugenden« (»Versuch Schweizerischer Gedichten«, zuerst 1732 in Bern anonym erschienen, S. 78). Dieser Behauptung widerspricht Goethe heftig in den Gedichten »Allerdings« und »Ultimatum«. Aus jenem zitieren wir Hallers Wort so:

»Ins Innre der Natur
Dringt kein erschaffner Geist.
Glückselig! wem sie nur
Die äußre Schale weist!«

Unselig Mittelding von Engeln und von Vieh!
Du prahlst mit der Vernunft und du gebrauchst sie nie

sagt Haller in dem Gedicht »Gedanken über Vernunft, Aberglauben und Unglauben«. In dem Gedicht »Über den Ursprung des Übels« (»Versuch Schweizerischer Gedichten«, 2. Aufl., 1734, S. 123) heißt es:

»Zweideutig Mittelding von Engeln und von Vieh!
Es überlebt sich selbst, es stirbt und stirbet nie.«

Barthold Hinrich B. Brockes führte in seinem »Irdischen Vergnügen in Gott« (Hamburg 1748, 9, 344) diesen Gedanken aus, den der Altonaer Goldschmied Joachim Lorenz Evers so faßt:

»Was ist der Mensch? Halb Tier, halb Engel.«

So nämlich beginnt Nr. 369 seiner 1797 erschienenen »Vierhundert Lieder«, die »der geselligen und einsamen Fröhlichkeit gewidmet« sind.

Koromandel

Krambambuli

Im Jahr 1745 erschien: »Der Krambambulist. Ein Lob-Gedicht über die gebrannten Wasser im Lachß zu Dantzig«, das in des Verfassers Crescentius Koromandel (Christoph Friedrich Wittekind oder richtiger Wedekind, dessen Geburts- und Todesjahr unbekannt sind) »Nebenstündigen Zeitvertreib in Teutschen Gedichten«, Danzig und Leipzig 1747, S. 413 ff. wieder abgedruckt ist. Von den 102 Strophen, die das Lied hier hat, werden nur noch die wenigsten, und auch diese z. T. stark verändert, gesungen, dafür sind andere hinzugekommen. Die 74. Originalstrophe schließt:

»Toujours gaillard et sans souci,
C'est l'ordre de Crambambuli.«

Als 9. Strophe steht schon im Leipziger Kommersbuch von 1815 eine ursprünglich nicht vorhandene Strophe mit dem Schluß:

»Sauft Wasser wie das liebe Vieh
Und meint, es sei Crambambuli.«

Petz ist wieder da!
Christian Fürchtegott Gellerts (1715–1769) Fabel »Der Tanzbär« (Fabeln und Erzählungen, T. 1, Leipzig 1746, wiederholt 1748, S. 6) liefert uns dieses Begrüßungswort für einen Heimkehrenden, womit die Bären des Waldes sich freudig anbrummen, als der Tanzbär zu ihnen zurückgekommen ist.

Er ward geboren,
Er lebte, nahm ein Weib und starb
schließt Gellerts Erzählung »Der Greis«. Hiermit ahmte Gellert das folgende Epigramm des Andreas Gryphius nach (aus: »Poetische Wälder. Anderer Teil«, Breslau und Leipzig 1718, S. 439):
»Ein sechzigjähr'ger Mann ward unlängst beigesetzt:
Er kam auf diese Welt, aß, trank, schlief, starb zuletzt.«

Recht muß doch Recht bleiben!
steht am Schluß von Gellerts Erzählung »Der Prozeß« und geht zurück auf Psalm 94, 15.

Der Hecht, der war doch blau
zur Bezeichnung einer Widerspruch liebenden Frau stammt aus Gellerts Erzählung »Die Widersprecherin«, kommt aber in dieser Form nicht darin vor. Es handelt sich in der Fabel darum, ob ein Hecht zu blau oder zu wenig blau gesotten ist; dem Hausherrn ist er's zu wenig, der Hausfrau zu sehr. Da jener bei seiner Meinung beharrt, fällt seine Gattin in eine tiefe Ohnmacht, aus der sie nichts zu erwecken vermag. Ihr Tod scheint gewiß. Der tiefbetrübte Mann bricht daraufhin in die Klage aus:
»Wer hieß mich dir doch widerstreben?
Ach der verdammte Fisch! Gott weiß, er war nicht blau!«
Den Augenblick bekam sie wieder Leben.
»Blau war er«, rief sie aus, »willst du dich noch nicht geben?«

Für Görgen ist mir gar nicht bange,
Der kömmt gewiß durch seine Dummheit fort
heißen die Schlußworte aus Gellerts Erzählung »Der sterbende Vater«, in der der Vater dem älteren Sohn ein Juwelenkästchen, dem jüngeren nichts vermacht.

Mit verhärtetem Gemüte
stammt aus Gellerts Lied »Die Güte Gottes« (»Geistliche Oden und Lieder«, Leipzig 1757, S. 34).

Gellert

Genieße, was dir Gott beschieden,
Entbehre gern, was du nicht hast.
Ein jeder Stand hat seinen Frieden,
Ein jeder Stand auch seine Last

findet sich in Gellerts Lied »Zufriedenheit mit seinem Zustande« (»Geistliche Oden und Lieder«). Gellerts Vorbild war wohl Daniel Stoppe:

»Ein jeder Stand hat seine Not,
Ein jeder Tag hat seine Plagen,
Doch aber auch sein täglich Brot.«

Lebe, wie du, wenn du stirbst,
Wünschen wirst, gelebt zu haben

ist der Beginn der 2. Strophe von Gellerts Lied »Vom Tode«.

Winckelmann

Edle Einfalt und stille Größe

bezeichnete Johann Joachim Winckelmann (1717–1768) in seiner Schrift »Gedancken über die Nachahmung der griechischen Wercke in der Mahlerey und Bildhauer-Kunst«, Friedrichstadt 1755 als Wesen der altgriechischen Kunst.

Lichtwer

Mensch und Tiere schliefen feste.

Magnus Gottfried Lichtwer (1719–1783) gab 1748 in Leipzig »Vier Bücher Aesopischer Fabeln« anonym heraus. Hier und ebenso in der Ausgabe von 1758 lautet in der 22. Fabel des 1. Buches »Die Katzen und der Hausherr« der 1. Vers der 2. Strophe wie oben zitiert, während in der zu Berlin und Stralsund 1762 unter seinem Namen erschienenen Ausgabe die Fabel umgeändert ist. Sie beginnt mit den Worten »Tier' und Menschen schliefen feste.«

So ein Lied, das Stein erweichen,
Menschen rasend machen kann

stammt ebenfalls aus Lichtwers Fabel »Die Katzen und der Hausherr« in der Ausgabe von 1762, kommt in den beiden früheren Auflagen aber gar nicht vor.

Blinder Eifer schadet nur.

Mit diesem Sprichwort schließt die oben zitierte Fabel von Magnus Gottfried Lichtwer.

Gleim

Denn was von mir ein Esel spricht,
Das acht' ich nicht

sagt Johann Wilhelm Ludwig Gleim (1719–1803) in den »Fabeln«, Berlin 1756 am Schluß der 4. Fabel »Der Löwe. Der Fuchs«.

Milchmädchenrechnung

Gleim

Nach der Gleimschen Fabel »Die Milchfrau« (2. Buch, Berlin 1757) und der Fabel von Joh. Benjamin Michaelis (1746–1772) »Der Milchtopf« (»Fabeln, Lieder und Satyren«, Leipzig und Aurich 1766, S. 49), die beide Bearbeitungen von Lafontaines Fabel »La laitière et le pot au lait« sind, nennen wir eine auf luftiger Grundlage beruhende Berechnung großer Einnahmen eine »Milchmädchenrechnung«.

Schlag auf Schlag!

In Voß' »Musenalmanach für das Jahr 1798«, S. 80 dichtet Gleim den Vierzeiler »Beim Lesen eines wizreichen Buchs«:
»Wiz auf Wiz!
Bliz auf Bliz!
Schlag auf Schlag!
Ob's auch einschlagen mag?«
Gleim ist wohl zweifellos beeinflußt durch Klopstocks »Messias«, Ges. 4 (Ges. 1–5 ersch. 1751), Vers 564 f.:
»… Die Harfe tönt fort mit geflügelten Stimmen,
Schlag auf Schlag, Gedank' auf Gedanke.«

Magus im Norden und ***Magus des Nordens***

Verschiedene Quellen

Friedrich Karl von Moser (1723–1798) schrieb an Joh. Georg Hamann ein »Treuherziges Schreiben eines Layen-Bruders im Reich an den Magum im Norden oder doch in Europa«, 1762 (»Moralische und politische Schriften«, Bd. 1, Frankf. a. M. 1763, S. 523). Angeregt dazu mochte er sein durch die 1760 erschienene Schrift Hamanns: »Die Magi aus Morgenland zu Bethlehem«. Hamann adoptierte das Wort sofort und nannte sich selbst so. Im »Teutschen Merkur« von 1799, St. 5, S. 72 wendet Wieland diese Bezeichnung in der Form »Magus aus Norden« auch auf Kant an.

Des Schweißes der Edlen wert

Klopstock

sei Dichterunsterblichkeit sagt Friedrich Gottlieb Klopstock (1724–1803) wiederholt in seiner Ode »Der Zürchersee« (1750).

Kategorischer Imperativ

Kant

Dieser philosophische Begriff Immanuel Kants (1724–1804) kommt zuerst in seiner 1785 zu Riga herausgegebenen »Grundlegung zur Metaphysik der Sitten« vor, wo es im zweiten Abschnitt S. 39 heißt: »Alle Imperativen nun gebieten entweder hypothetisch oder categorisch. Jene stellen die praktische Notwendigkeit einer möglichen Handlung als Mittel zu etwas Anderem, was man will (oder doch möglich ist, daß man es wolle), zu gelangen vor. Der categorische Imperativ würde der sein, welcher eine Handlung als für sich selbst, ohne Beziehung auf einen anderen Zweck, als objektiv-notwendig vorstelle.« S. 43 sagt Kant: »Dieser Imperativ mag der der Sittlichkeit heißen.«

Kant

Revolution, Evolution

Diese Antithese geht wohl auf Kant zurück, der in seiner 1798 erschienenen Schrift »Streit der Fakultäten« (Ausg. v. K. Kehrbach, Leipzig 1881) im 2. Abschnitt die Frage behandelt: »In welcher Ordnung kann der Fortschritt zum Bessern erwartet werden?« und die Antwort gibt: »Nicht durch den Gang der Dinge von unten hinauf, sondern von oben herab.« Er spricht in diesem Abschnitt von der Pflicht des Staats, das Schulwesen zu leiten und sagt darin: »Wozu wohl gehören möchte, daß der Staat sich von Zeit zu Zeit auch selbst reformiere und, statt Revolution Evolution versuchend, zum Besseren beständig fortschreite.«

Verschiedene Quellen

Ja, Bauer! das ist ganz was anders

ist eine sprichwörtliche Redensart, die wir nach Karl Wilh. Ramlers (1725–1798) Fabel »Der Junker und der Bauer« zitieren (»Fabellese«, Berlin 1783–1790, 1, 45). Ihre unmittelbare Quelle ist die Fabel von Michael Richey »Duo cum faciunt idem, non est idem« (»Deutsche Gedichte«, hrsg. von G. Schütz, Bd. 1, Hamburg 1764, Abt. 4, Nr. 119). Dort lautet der entsprechende Vers: »Ja, Bauer, das ist ganz ein anders.« Die Geschichte, um die es sich handelt, ist alt und kommt in verschiedenen Sprachen vor. Den uns bekannten ältesten Beleg bietet Erasmus in »Ecclesiastae sive de ratione concionandi« II. IV (2. Ausg., 1536, S. 454). Er sagt dort, die Geschichte stamme aus Seeland. Luther erzählt sie nach seinen »Tischreden« (Eisleben 1566, S. 612) im Jahre 1546. Bei ihm lautet das Wort: »Da sprach der Schultes: ›War's meine Kuh? Das ist ein ander Ding.‹« Die Prägung mit Anrede des Bauern begegnet uns zum ersten Mal bei Grimmelshausen im »Wunderbarlichen Vogelnest« (1672). Die Fassung der Worte: »Mein Bauer, das wär ein anders« läßt darauf schließen, daß Richey direkt aus ihm geschöpft hat.

Morgen, morgen! nur nicht heute!
Sagen alle faulen Leute

(eigentlich: Sprechen immer träge Leute)
sagen wir nach dem Anfang des Liedes »Der Aufschub« von Christian Felix Weiße (1726–1804), das in seinen »Liedern für Kinder«, verm. Aufl. Mit neuen Melodien von J. A. Hiller, Leipzig 1769, S. 104 f. abgedruckt ist.

Wer wird nicht einen Klopstock loben?
Doch wird ihn jeder lesen? – Nein.
Wir wollen weniger erhoben
Und fleißiger gelesen sein.

Aus Gotthold Ephraim Lessings (1729–1781) »Sinngedichten« (1753) zitieren wir hier den Schluß des ersten: »Die Sinngedichte an den Leser.« Nach allgemeiner Annahme sind diese Worte aus Martials »Epigramm« (IV, 49) an den Dichter Flaccus geschöpft:
»Confiteor: laudant illa, sed ista legunt.«
(Ja; dich preisen sie hoch, lesen aber nur mich.)

Alle große(n) Männer sind bescheiden.

In Lessings »Briefe, die neueste Literatur betreffend« (Sämtliche Schriften) findet sich diese gegen den eitlen Gottsched gerichtete Bemerkung. Vgl. Goethe: »Nur die Lumpe sind bescheiden.«

Zuviel kann man wohl trinken,
Doch trinkt man nie genug.

Aus Lessings »Liedern« (1, 6) zitiert man ungenau diesen Schluß der »Antwort eines trunknen Dichters«. Im Text heißt es: »Doch nie trinkt man genug.«

Corriger la fortune
(Das Glück verbessern)

stammt aus Lessings »Minna von Barnhelm« (gedichtet 1763, ersch. 1767) 4, 2. Es handelt sich um Riccaut de la Marlinières Ausdruck für »falschspielen«. Er findet sich zuerst in der 5. Satire Boileaus (1636–1711) an den Marquis de Dangeau, die 1665 gedichtet ist. Bei der Schilderung eines heruntergekommenen Adligen, der seine äußeren Verhältnisse durch den Verkauf seiner Ahnenbilder aufbessern will, heißt es dort im 125. und 126. Vers:
»Et corrigeant ainsi la fortune ennemie
Rétablit son honneur à force d'infamie.«
Die Wendung, die dann in der französischen Sprache sich einbürgerte, beruht auf Terrenz' »Adelphi« IV, 7, 21 ff.:
»Ita vitast hominum, quasi quom ludas tesseris;
Si illud, quod maxume opus est, lacu non cadit,
Illud quod cecidit forte, id arte ut corrigas.«
(So gleicht des Menschen Leben einem Würfelspiel:
Wenn just der Wurf, den man am meisten braucht, nicht fällt,
So korrigiert man, was der Zufall gab, durch Kunst.)

Seines Fleißes darf sich jedermann rühmen

stammt aus Lessings »Hamburgischer Dramaturgie«, 101.–104. Stück (1768).

Kritikaster
findet sich in der »Ankündigung« (1767) zur »Hamburgischen Dramaturgie«.

Lessing

Die Kunst geht nach Brot
sagt der Maler Conti dem Prinzen in »Emilia Galotti« 1, 2.

Raphael wäre ein großer Maler geworden, selbst wenn er ohne Hände auf die Welt gekommen wäre.
Dieses oft wiederholte Wort aus »Emilia Galotti« (1, 4) lautet eigentlich so: »Oder meinen Sie, Prinz, daß Raphael nicht das größte malerische Genie gewesen wäre, wenn er unglücklicherweise ohne Hände wäre geboren worden?«

Tu, was du nicht lassen kannst!
sagt der Bandit Angelo in »Emilia Galotti« 2, 3. In der Form »Gehe hin und tu, das du nicht lassen kannst« schon bei Erasmus Alberus, »Ein Dialogus oder Gespräch etlicher Personen vom Interim« (1548; Bl. Diiij). Eine der bekanntesten späteren Belegstellen ist die aus Schillers »Wilhelm Tell« 1, 1, wo Tell sagt: »Ich hab' getan, was ich nicht lassen konnte.«

Perlen bedeuten Tränen
wird zitiert nach »Emilia Galotti« 2, 7 und 8. Das Wort ist aber viel älter: es findet sich wörtlich in Heinrich Anselm von Ziglers und Kliphausens »Asiatischer Banise«, Leipzig 1688, und der Aberglaube selbst war schon im 9. Jahrhundert verbreitet. In den Traumlehren des Astrampsychus und des Nicephorus (Paris 1603) heißt es: »Perlen bedeuten einen Tränenstrom.«

Wer über gewisse Dinge den Verstand nicht verliert, der hat keinen zu verlieren
stammt aus »Emilia Galotti« 4, 7. Vielleicht kam der in der spanischen Literatur so bewanderte Lessing auf diese Wendung durch Lope de Vega (1562–1635), in dessen Drama »Los peligros de la ausencia« III, 6 Doña Inés sagt: »Està sin seso« (Du bist ohne Verstand), worauf Don Bernardo antwortet: »De no le haber perdido« (Ich habe keinen zu verlieren), oder durch Baltazar Gracians Wort: »Muchos por faltos de sentido no le pierden« (Viele verlieren den Verstand deshalb nicht, weil sie keinen haben), in: »Oraculo manual«, 1637 zuerst erschienen, § 35; übersetzt von Arthur Schopenhauer mit dem Titel: »Handorakel« 3. Aufl., 1877, 22.

Ha, Frau, das ist wider die Abrede.
»Emilia Galotti« 4, 7. Schiller läßt in »Kabale und Liebe« 2, 3 Ferdinand und im »Fiesco« 2, 9 den Mohren ebenfalls diese Worte sagen.

Hohngelächter der Hölle
Dieses Wort Odoardos stammt aus »Emilia Galotti« 5, 2. Lessing könnte es nach Klopstocks »Messias«, Ges. 13 (ersch. 1768), V. 473: »Zischender Spott und brüllendes Hohngelächter erwarten Euch in der Hölle« gebildet haben. In den 1773 erschienenen »Gesängen des Messias« 16 und 18 gebraucht Klopstock schon die Lessingsche Prägung: »Hohngelächter der Hölle« und »Der ... Hölle ... Hohngelächter«. Ob er nun wiederum auf Lessing fußt, wird sich schwer entscheiden lassen.

Wer lacht da? Bei Gott, ich glaub', ich war es selbst!
ruft Odoardo in Lessings »Emilia Galotti« 5, 6 aus.

Eine Rose gebrochen, ehe der Sturm sie entblättert
sagt Emilia in »Emilia Galotti« 5, 7, als sie die Rose, die für ihren ermordeten Verlobten Appiani bestimmt war, zerpflückt hat und nun, den Dolch im Herzen, niedersinkt.

Es ist Arznei, nicht Gift, was ich dir reiche
enthält »Nathan der Weise« (1779) 1, 2. Lessing hat dabei wohl an Romeos Worte in Shakespeares »Romeo und Julia« 5, 1 gedacht: »Come cordial, not poison.« (Komm Medizin, nicht Gift.)

Kein Mensch muß müssen
lesen wir in Lessings »Nathan der Weise« 1, 3 (ähnlich 3, 10).

Sagt der Patriarch
Als Bekräftigung dient uns dieses in Lessings »Nathan der Weise« 1, 5 sechsmal vorkommende Wort des Klosterbruders.

Nur muß der eine nicht den andern mäkeln,
Nur muß der Knorr den Knubben hübsch vertragen,
Nur muß ein Gipfelchen sich nicht vermessen,
Daß es allein der Erde nicht entschossen.
»Nathan der Weise«, 2, 5.

Der wahre Bettler ist
Doch einzig und allein der wahre König!
lautet der Schluß des 2. Aktes von Lessings »Nathan der Weise«.

Lessing

Betrogene Betrüger!
Dieses Wort wird der Erzählung von den drei Ringen in Lessings »Nathan der Weise« 3, 7 entnommen. Gedanke und Ausdruck kehrt dann in allen Literaturen häufig wieder. Die Prägung Lessings finden wir im Deutschen zum ersten Mal in Grimmelshausens »Springinsfeld« Kap. 5: »Daß dieser Bankert des betrogenen Betriegers einiger Erb sein würde«.

Tut nichts, der Jude wird verbrannt
steht dreimal in Lessings »Nathan der Weise« 4, 2.

Es sind nicht alle frei, die ihrer Ketten spotten.
Lessing, »Nathan der Weise« 4, 4.

Die kalte Buchgelehrsamkeit
nennt Recha angelesenes Wissen in »Nathan der Weise« V, 6.

Wieland

Ein Wahn, der mich beglückt,
Ist eine Wahrheit wert, die mich zu Boden drückt
zitieren wir aus Christoph Martin Wielands (1733–1813) »Idris und Zenide«, 1768, 3, 10.

Den Wald vor lauter Bäumen nicht sehen
Wieland ist durch seine Worte in »Musarion«, 1768, Buch 2, V. 142 (in späteren Ausgaben V. 135):
»Die Herren dieser Art blend't oft zu vieles Licht;
Sie sehn den Wald vor lauter Bäumen nicht«
zum Schöpfer dieser Redensart geworden.

Weniger wäre mehr gewesen
geht zurück auf Wieland. Im Neujahrswunsch der Zeitschrift »Merkur« von 1774 formt Wieland den Ausspruch des Prinzen aus Lessings »Emilia Galotti« 1, 4: »Nicht so redlich wäre redlicher« folgendermaßen um:
»Und minder ist oft mehr, wie Lessings Prinz uns lehrt.«

Ritt ins alte romantische Land
stammt aus Wielands »Oberon« (1780) 1, 1.

Nichts halb zu tun ist edler Geister Art.
Wieland, »Oberon« 5, 30.

Ein einz'ger Augenblick kann alles umgestalten.
Wieland, »Oberon« 7, 75.

Gott grüß Euch, Alter! Schmeckt das Pfeifchen?
und
Ein andermal von euren Taten!
zitieren wir aus Gottlieb Konrad Pfeffels (1736–1809) »Tobakspfeife« (1782 gedichtet, 1783 im »Vossischen Musenalmanach«, S. 159, erschienen).

Verschiedene Quellen

Arbeit macht das Leben süß.
Mit diesem geflügelten Wort beginnt das Lied »Arbeit« in Gottlob Wilhelm Burmanns (1737–1805) »Kleinen Liedern für kleine Jünglinge« (Berlin und Königsberg 1777, S. 30 f.).

Ein wenig fasten ist gesund
finden wir in Ludwig Heinrich Frhn. von Nicolays (1737–1820) Fabel »Der Esel und die drei Herren« (»Vermischte Gedichte«, Berlin und Stettin 1775–84, 1, 52).

Musäus

Das Volk der Dichter und Denker
als Bezeichnung für die Deutschen hat sich allmählich entwickelt. Wir finden sie zum ersten Mal bei Karl Musäus (1735–1787) im Vorbericht zu seinen Volksmärchen (1782). Dort heißt es: »Was wäre das enthusiastische Volk unserer Denker, Dichter, Schweber, Seher ohne die glücklichen Einflüsse der Phantasie?« Den Ausdruck »Denker und Dichter« ohne besondere Beziehung auf Deutschland gebraucht er schon in seinen »Physiognomischen Reisen«, 3. Heft (1779) S. 101. Allmählich hat sich die uns geläufigere Wortfolge »Dichter und Denker« herausgebildet. Diese weist Gombert in der »Zeitschrift für deutsche Wortforschung« 8, 1906/7, S. 124 zum ersten Mal, allerdings ohne die Beziehung auf das deutsche Volk, bei Jean Paul nach und glaubt sie auf das Jahr 1808 zurückführen zu können.

Claudius

Ach, sie haben
Einen guten Mann begraben;
Und mir war er mehr
zitieren wir Matthias Claudius (1740–1815) aus seinem Gedicht »Bei dem Grabe meines Vaters« (»Wandsbecker Bothe«, Hamburg 1775, T. 1 und 2, S. 96).

Am Rhein, am Rhein, da wachsen unsre Reben
aus dem »Rheinweinlied« von Matthias Claudius, 1775 in Voß' »Musenalmanach auf das Jahr 1776« erschienen, von Joh. André (»Musikalischer Blumenstrauß«, Offenbach 1776) vertont.

Aus Schriftstellern deutscher Sprache

18. Jahrhundert

Claudius

Wenn jemand eine Reise tut,
So kann er was erzählen
lauten die Anfangsverse des in Voß' »Musenalmanach auf das Jahr 1786« erschienenen Liedes »Urians Reise um die Welt« von Matthias Claudius.

Greif nicht in ein Wespennest,
Doch, wenn Du greifst, so greife fest.
In Claudius' »Asmus omnia sua secum portans oder Sämmtliche Werke des Wandsbecker Bothen«, Bd. VII, Hamburg (1803), findet sich »ein gülden A B C« und gleich dahinter »ein silbern dito«. In dem letzten finden wir unter »G« den Spruch:
»Greif nicht leicht in ein Wespen-Nest;
Doch, wenn Du greifst, so stehe fest«,
den wir hier leicht verändert zitieren.

Der Mond ist aufgegangen,
Die goldnen Sternlein prangen
Am Himmel hell und klar
ist die 1. Strophe des wohl bekanntesten Gedichts von Matthias Claudius aus dem »Wandsbecker Bothen«.

Seht ihr den Mond dort stehen?
Er ist nur halb zu sehen
Und ist doch rund und schön.
Es handelt sich hier um die 3. Strophe des Gedichts »Der Mond ist aufgegangen« von Matthias Claudius.

Wir spinnen Luftgespinste
findet sich in Strophe 4 des Gedichts »Der Mond ist aufgegangen«.

Lichtenberg

Ein Messer ohne Klinge, an welchem der Stiel fehlt.
Diese Bezeichnung einer unmöglichen Existenz stammt von Georg Christoph Lichtenberg (1742–1799), der im »Göttinger Taschen-Kalender von 1798« ein »Verzeichnis einer Sammlung von Gerätschaften, welche in dem Hause des Sir H. S. künftige Woche verauktioniert werden sollen«, angeblich »nach dem Englischen« mitteilt. In diesem Verzeichnis bildet unser Wort den ersten Auktionsartikel.

Wenn ein Buch und ein Kopf zusammenstoßen und es klingt hohl, ist das allemal im Buch?
und
Ein Buch ist ein Spiegel: wenn ein Affe hineinguckt, so kann freilich kein Apostel heraussehen
sind zwei geflügelte Worte aus den »Aphorismen« Lichtenbergs.

Der Himmel auf Erden

ist der Titel eines in Schnepfenthal 1797 erschienenen Buches von Christian Gotthilf Salzmann (1744–1811). Für diesen Titel bietet »A heaven on earth« in Miltons »Paradise lost« (1667) 4, 208 die älteste nachweisbare Quelle. Es ist aber sehr leicht möglich, daß der Ausdruck erst durch ein 1706 in Amsterdam in deutscher Übersetzung erschienenes Buch des holländischen Predigers Fredericus van Leenhof in Zwolle weitere Verbreitung fand. Das Original war schon zwei Jahre früher erschienen. Der deutsche Titel des Buches lautet: »Der Himmel auff Erden oder eine Kurze und Klahre Beschreibung der wahren und beständigen Freude so wol nach der Vernunfft als der H. Schrifft für allerley Ahrt Leuten in allerley Vorfällen ...« Leenhof sagt in der Einleitung, er sei von seinen Freunden veranlaßt worden, sein Buch so zu nennen.

Die Hölle auf Erden

verfaßte als Gegenstück dazu Johann Gottfried Gruber (1774–1793) mit dem Untertitel »Geschichte der Familie Fredini«, Leipzig 1800.

Herder

Eine schöne Menschenseele finden ist Gewinn

stammt aus Johann Gottfried Herders (1744–1803) Gedicht »Der gerettete Jüngling« (in der Sammlung der Legenden, die Herder in seinen »Zerstreuten Blättern«, 6. Sammlung, Gotha 1797, S. 285 ff. herausgab).

Was die Schickung schickt, ertrage!
Wer ausharret, wird gekrönt

ist Herders Gedicht »Die wiedergefundenen Söhne« (»Adrastea« 2, Leipzig 1801, 200 ff.) entnommen. Die erste Zeile stammt wohl aus Shakespeares »Heinrich VI.«, T. 3, 4, 3:
»What fates impose, that men must needs abide.«
(Was Schicksal auflegt, muß der Mensch ertragen.)

Elb-Florenz

Herder nannte in der 1801–1803 erschienenen »Adrastea«, Bd. 3, im Artikel »Kunst-Sammlungen in Dresden«, S. 52–56, Dresden wegen seiner überaus reichen Kunstschätze ein »Deutsches Florenz«, woraus (mit Nachahmung von »Spree-Athen«, siehe da) »Elb-Florenz« entstanden ist.

Trauernd tief saß Don Diego

beginnt der von Herder bearbeitete »Cid« (1805; die 22 ersten Romanzen erschienen zuerst in der »Adrastea« 5, Leipzig 1803, 165 ff.).

Rückwärts, rückwärts, Don Rodrigo!
Deine Ehre ist verloren!
Rückwärts, rückwärts, stolzer Cid!
heißt es im 28. Gesang des von Herder bearbeiteten »Cid«.

Herder

Fröhliche Wissenschaft
So nennt Herder die provenzalische Minnedichtung nach ihrem eigenen Verständnis.

Verschiedene Quellen

Über diese Antwort des Kandidaten Jobses
Geschah allgemeines Schütteln des Kopfes.
Karl Arnold Kortum (1745–1824) läßt in Teil 1, Kapitel 19 der 1784 in Münster erschienenen »Jobsiade« bei den wunderlichen Antworten des Examinanden stets diese Verse wiederkehren. Der verkürzte Titel »Jobsiade« wurde erst in der 2. Auflage den Vorbildern »Iliade« oder »Messiade« nachempfunden.

Schlaf, Kindchen, schlaf,
da draußen ist ein Schaf.
Dieses bekannte Wiegenlied (auch gern ironisch zitiert: »... dein Vater ist ein Schaf«) ist von Joachim Heinrich Campe (1746–1818), der ein Volkslied bearbeitete.

Ein junges Lämmchen, weiß wie Schnee
wird zitiert nach Friedrich Justin Bertuchs (1747–1822) Lied »Das Lämmchen« (»Wiegenliederchen«, Altenburg 1772, 30).

Die Freuden, die man übertreibt,
Verwandeln sich in Schmerzen
wird gebildet nach:
»Die Freuden, die man übertreibt,
Die Freuden werden Schmerzen«
aus Bertuchs Lied »Das Lämmchen« (»Wiegenliederchen«, Altenburg 1772, 30).

Bürger

Ich rühme mir
Mein Dörfchen hier!
beginnt und schließt Gottfried August Bürgers (1748–1794) Gedicht »Das Dörfchen« (1771, erschienen im »Göttinger Musenalmanach von 1772«, 149). Bürgers Gedicht ist dem »Hameau« von Pierre Joseph Bernard (1708–1775) erschienen in Paris 1754, II, 244 ff. nachgebildet.

Lenore fuhr ums Morgenrot
Empor aus schweren Träumen:
Bist untreu, Wilhelm, oder tot?
Wie lange willst du säumen?

beginnt Bürgers »Lenore« (1773, »Göttinger Musenalmanach von 1774«, 214). Der Anfang lautet ursprünglich: »Lenore weinte bitterlich.«

Des langen Haders müde

stammt aus Strophe 2, 2 der »Lenore« von Bürger.

O Mutter, Mutter! Hin ist hin!
Verloren ist verloren!

enthält Strophe 9, 1 und 2 der »Lenore« von Bürger. Das schon in Strophe 5 vorkommende sprichwörtliche »Hin ist hin!« wurde zuerst von den Mitgliedern des Hainbundes aufgegriffen. So schreibt Fritz Stolberg am 11. 9. 1773 an Bürger (Briefwechsel 1, 142): »Mein itziger Haupt-Gedancke ist: Hin ist hin!« Aber es ist eine alte Redensart. Schon 1524 sagt Luther, »An die Ratherren aller Städte deutsches Lands« (»Werke«, Weimar, Ausg. 15, 32): »Gottes wort und gnade ist ein farender platz regen, der nicht wider kompt, wo er eyn mal gewesen ist. Er ist bey den Juden gewest, aber hyn ist hyn; sie haben nu nichts.« »Verloren ist verloren« finden wir schon bei Plautus, »Cistellaria«, 4, 2, 36: »Quod periit, periit.«

Die Toten reiten schnell(e)!

lautet der 6. Vers aus der 20. Strophe des Bürgerschen Gedichts »Lenore«, der mehrmals darin wiederholt wird. Nach L. Chr. Althof, »Einige Nachrichten von den vornehmsten Lebensumständen G. A. Bürgers«, Göttingen 1798, 37 hätte er ihn dem Munde eines Bauernmädchens entnommen, das er einst im Mondschein singen hörte:
»Der Mond der scheint so helle,
Die Toten reiten so schnelle,
Feins Liebchen, graut dir nicht?«
Diese wenigen Worte hätten ihm nie wieder aus dem Sinn gewollt, und aus ihnen sei nach und nach das gewaltige Lied »Lenore« entstanden. In Wirklichkeit enthält der erste Entwurf des Gedichts weder diese Form noch die Worte »Graut Liebchen auch?« Die jetzigen Strophen 20, 24, 27 fehlen in der »Ur-Lenore« ganz, und Strophe 19, 22, 24 (jetzt 19, 23, 26) schließen:
»Der volle Mond schien helle;
Wie ritten die Toten so schnelle!«
Nach seiner erst 1815 nach seinem Tod erschienenen Rezension (Ausg. Suphan, 20, 377–379) des Althofschen Buches hat Herder in seiner Kindheit in Ostpreußen oft ein Zaubermärchen erzählen

hören, dessen Kehrreim gerade die Strophe war, die Bürger gehört haben soll. Der Geliebte reitet mit der Geliebten in einer kalten, mondhellen Winternacht und spricht sie im Weiterreiten wiederholt folgendermaßen an:

»Der Mond scheint hell,
Der Tod reit't schnell,
Feinsliebchen, grauet's dir?«

worauf sie antwortet:

»Und warum sollt mir's grauen:
Ist doch Feinslieb mit mir.«

Dasselbe Volkslied wird von T. G. v. Hippel, »Lebensläufe«, 1778, 3, 313 angeführt und findet sich ähnlich auch in anderen Quellen. »Die Toten reiten schnell« heißt es auch in dem in der Liedersammlung »Des Knaben Wunderhorn« von Clemens Brentano und Achim v. Arnim (2, 19, 1. Ausg. 1808) enthaltenen Lied »Lenore«. Dieses Volkslied aus dem Odenwald ist den Herausgebern von Frau Auguste Pattberg aus Neckarelz zugesandt, aber von Brentano etwas verändert worden; in ihrer Handschrift lautet es: »Wie reuthen die Toten so schnell.«

In sausendem Galopp

Strophe 22, Vers 5 von Bürgers »Lenore« bietet das noch zweimal wiederholte:

»Und hurre, hurre, hop hop hop!
Ging's fort in sausendem Galopp!«

Geduld! Geduld! wenn's Herz auch bricht!

stammt aus der Schlußstrophe der »Lenore« von Bürger.

O weh, mir armen Korydon!

enthält Bürgers Gedicht »Die Weiber von Weinsberg« (1775, »Hamburger Musenalmanach 1777«, 73), eine Klage, die sich ursprünglich auf den in unerwiderter Liebe zum schönen Alexis hinschmachtenden Schäfer Korydon in Vergils 2. Ecloge bezieht.

Ein Kaiserwort
Soll man nicht drehn noch deuteln!

Diese Worte in Strophe 11 von Bürgers Gedicht »Die Weiber von Weinsberg« sind die Umgestaltung des angeblichen Ausspruches Konrads III. bei Zincgref, »Apophthegmata«, Straßburg 1626, 29 f.: »Eines Keysers wort will sich nit gebüren zu trehen oder zu deutelen.« Zincgref berichtet, daß Konrad den Frauen der belagerten Stadt Weinsberg (Dez. 1140) erlaubt habe, mit dem, was sie auf den Schultern tragen könnten, frei abzuziehen. Als nun jede mit ihrem Mann auf dem Rücken herauskam, und man den König dazu drang, diese List nicht gelten zu lassen, habe er jenes Wort gesprochen. Die Erzählung, die zuerst in der »Cölner Kriegschronik« (um 1170; »Monumenta Germaniae historiae«, Scriptores 17, 759) berichtet wird (hier heißt es: »rex favens subdolositati feminarum dixit, regium verbum non decere immutare«), ist von namhaften Historikern abwechselnd als geschichtlich oder nicht geschichtlich angesehen worden.

Bürger

Hoch klingt das Lied vom braven Mann

stammt aus Bürgers »Lied vom braven Manne«, das zuerst im »Göttinger Musenalmanach für 1778«, 125 erschien. Das Gedicht setzt mit den obenstehenden, bei mancher hochherzigen Tat zitierten, kraftvollen Worten ein.

Wie Vollmond glänzte sein feistes Gesicht,
Drei Männer umspannten den Schmerbauch ihm nicht.

Ein bleicher, hohlwangiger Werther

Der Mann, der das Wenn und das Aber erdacht,
Hat sicher aus Häckerling Gold schon gemacht.

Alle drei Zitate stammen aus Bürgers Ballade »Der Kaiser und der Abt« (»Göttinger Musenalmanach 1785«, 177).

Wenn dich die Lästerzunge sticht,
So laß dir dies zum Troste sagen:
Die schlechtsten Früchte sind es nicht,
Woran die Wespen nagen.

Dieser Trost Bürgers für alle Klatschopfer stand zuerst im »Göttinger Musenalmanach für 1787«, 7. Der zweite Teil des Gedankens ist sprichwörtlich und wird ähnlich schon von Alexander Pope (1688–1744) ausgedrückt. In seinen »Thoughts on various subjects« (Elwin-Courthope edition, London 1871–1889, X, 561) sagt er: »It often happens that those are the best people, whose characters have been must most injured by slanderers; as we usually find that to be the sweetest fruit which the birds have been pecking at.« (Oft sind es die wertvollsten Menschen, deren Charakter besonders heftig von Verleumdern in Verruf gebracht wird; wie es gewöhnlich die süßesten Früchte sind, die von den Vögeln angepickt werden.)

Hölty

Ein Leben wie im Paradies

beginnt Ludwig Heinrich Christoph Höltys (1748–1776) 1775 verfaßtes, in Voß' »Musenalmanach für 1776«, 88 zuerst gedrucktes »Trinklied«.

Hölty

Wer wollte sich mit Grillen plagen
und
O, wunderschön ist Gottes Erde
Und wert, darauf vergnügt zu sein.
In Voß' »Musenalmanach für 1777«, 37 erschien auch zuerst Höltys 1776 gedichtetes Lied »Aufmunterung zur Freude«, aus dem die oben angeführten Worte stammen.

Rosen auf den Weg gestreut
Und des Harms vergessen!
stammt aus Höltys 1776 gedichtetem Lied »Lebenspflichten«, in Voß' »Musenalmanach für 1778« zuerst erschienen.

Üb' immer Treu und Redlichkeit
Bis an dein kühles Grab
finden wir erstmals in Voß' »Musenalmanach für 1779«, 117. Die Zeilen stammen aus Höltys Lied »Der alte Landmann an seinen Sohn«, das nach der Melodie des Liedes »Ein Mädchen oder Weibchen« aus Mozarts »Zauberflöte« (1791) gesungen zu werden pflegt.

Verschiedene Quellen

Wer ein Liebchen hat gefunden,
Die es treu und redlich meint ...

Erst geköpft, dann gehangen
und
Vivat Bacchus, Bacchus lebe!
Bacchus war ein braver Mann.
Christoph Friedrich Bretzner (1748–1807) dichtete für den Berliner Komponisten André 1780 einen Operntext »Die Entführung aus dem Serail«. Aus der von Gottlieb Stephanie dem Jüngeren (1741–1800) herrührenden, von Mozart komponierten Umarbeitung dieses Buches (die erste Aufführung fand am 12. Juli 1782 in Wien statt) entnehmen wir die drei oben genannten Zitate.

● ● ●

Goethe

Götz von Berlichingen

Wo viel Licht ist, ist starker Schatten!
In Johann Wolfgang von Goethes (1749–1832) »Götz von Berlichingen« (1773), 1. Akt, erwidert Götz den Wunsch Weislingens, er möge Freude an seinem Sohn Karl erleben, mit diesem Spruch.

Die Zeiten sind vorbei!
antwortet Weislingen dem ihm mit den Worten: »Ein fröhlich Herz!« zutrinkenden Götz in Goethes »Götz von Berlichingen«, 1. Akt.

Aus Schriftstellern deutscher Sprache

Goethe

Götz von Berlichingen

Am Arsch lecken

Die Urfassung des »Götz« schrieb Goethe 1771. Im 3. Aufzug läßt er Götz dem Trompeter der kaiserlichen Armee sagen: »Sag deinem Hauptmann, vor ihro Kayserlichen Majestät hab ich, wie immer, schuldigen Respeckt. Er aber, sag ihm, er kann mich im Arsch lecken.« Dieser schon lange vor Goethe volkstümliche Ausdruck der Verachtung fehlt in vielen Ausgaben oder ist durch schwache Redensarten abgefälscht. Der kräftige Ausspruch wird auch als »Götz-Zitat« bezeichnet.

Verschiedene Werke

Künstlers Erdenwallen

1774 erschien Goethes »Neueröffnetes moralisch-politisches Puppenspiel«, dessen zweites Stück die dramatische Skizze »Künstlers Erdewallen« bildet. Mit »Künstlers Erdenwallen« bezeichnen wir danach das Leben eines Künstlers, der durch kleinliche und widrige Verhältnisse gezwungen ist, seine Ideale dem »Gehen nach Brot« aufzuopfern.

Gedichte

Röslein, Röslein, Röslein rot
Röslein auf der Heiden.

sowie

Und der wilde Knabe brach
's Röslein auf der Heiden.

Diese Reime zitieren wir aus Goethes Lied »Heideröslein«, zuerst 1773 als »Fabelliedchen« in Herders »Von deutscher Art und Kunst« veröffentlicht.

Schlagt ihn tot, den Hund! Es ist ein Rezensent.

Im »Wandsbecker Bothen« vom 9. März 1774 steht ohne Überschrift das im »Göttinger Musenalmanach für 1775«, 59 »Der unverschämte Gast« und später »Der Rezensent« betitelte Gedicht Goethes, dessen Schluß wir zitieren.

Clavigo

Man lebt nur einmal in der Welt

sagt Carlos in Goethes »Clavigo« (1774) 1, 1. Dieser Ausspruch ist durch das Lied des Knappen Georg in Lortzings »Waffenschmied« (1846) besonders bekannt geworden.

Da macht wieder jemand einmal einen dummen Streich

heißt es am Ende des 2. Aktes in Goethes »Clavigo«.

Luft! Luft! Clavigo!

So zitieren wir zusammenfassend die Worte der sterbenden Marie Beaumarchais im 4. Akt in Goethes »Clavigo«: »Luft, Luft« – in Klammern steht dann als Hinweis für den Schauspieler: »(zu Clavigo)«.

Verschiedene Werke

***Prophete rechts, Prophete links,
Das Weltkind in der Mitten.***

In »Dichtung und Wahrheit« (14. Buch) gedenkt Goethe seines am 19. Juli 1774 entstandenen Scherzgedichts »Diné zu Coblenz«. Er schildert sich darin bei Tische zwischen Lavater und Basedow sitzend. Lavater belehrt einen Geistlichen über die Geheimnisse der Offenbarung des Johannes; Basedow beweist einem Tanzmeister, daß die Taufe ein veralteter Brauch sei; Goethe widmet sich unterdessen den Genüssen der Mahlzeit. Aus dieser Situation heraus entstand obenstehendes Zitat.

Werther

Glänzendes Elend

Diesen Ausdruck zitieren wir nach Goethes »Leiden des jungen Werthers« (1774), II. Buch. Goethe schildert dort die Wetzlarer gesellschaftlichen Verhältnisse. Unter dem 24. Dez. 1771 heißt es: »Und das glänzende Elend, die Langeweile unter dem garstigen Volke, das sich hier nebeneinander sieht! Die Rangsucht unter ihnen, wie sie nur wachen und aufpassen, einander ein Schrittchen abzugewinnen, die elendesten, erbärmlichsten Leidenschaften, ganz ohne Röckchen.« Der Ausdruck kennzeichnet hier die innere Hohlheit von Menschen, die an den schimmernden Äußerlichkeiten des Daseins hängen.
Der erste literarisch nachweisbare Beleg für den Ausdruck »Glänzendes Elend« findet sich 1729 in Gerhard Tersteegens (1697–1769) Lied »Die Verachtung der Welt« (»Geistliches Blumengärtlein inniger Seelen« 4. Ausg., 1745, S. 387). Dort heißt es in der 3. Strophe:
»Geld und Güter der Gemüter
Güldne Strick' und Fesseln sind
...
Auf dem Staats- und Ehr'n Gerüste
Man nur glänzend Elend find't.«
Gemeint sind hier die dem Christen verächtlich erscheinenden materiellen Güter der Welt. Wir gebrauchen das Wort heute wieder in anderem Sinne und verstehen darunter »äußeres glänzendes Auftreten bei heimlicher Dürftigkeit oder gar Schuldenlast«. Mit dieser Bedeutung begegnet es uns, soweit bisher nachzuweisen ist, zum ersten Mal 1786 im 3. Teil des psychologischen Romans »Anton Reiser« von Karl Philipp Moritz, der mit Goethe befreundet war. Dort heißt es: »So glänzend nun Reisers Zustand schien, wenn er so über die Straßen paradierte und in den ersten Häusern seine Kour machte, so war dieser Zustand doch im eigentlichen Verstande ein glänzendes Elend zu nennen, – denn durch das schlechte Verhältnis seiner Ausgaben gegen seine Einkünfte wurden seine Umstände immer mißlicher, seine Lage immer ängstlicher.«

Gedichte

Wähntest du etwa,
Ich sollte das Leben hassen,
In Wüsten fliehen,
Weil nicht alle
Blütenträume reiften?
heißt es gegen Ende in Goethes Gedicht »Prometheus« (wahrscheinlich 1774 gedichtet, zuerst gedruckt in Fr. H. Jacobi, »Über die Lehre des Spinoza«, Breslau 1785).

Kleine Blumen, kleine Blätter
und
Einen Blick, geliebtes Leben!
Und ich bin belohnt genug.
In Jacobis »Iris«, Bd. 2, St. 1, Januar 1775, 73 steht Goethes Gedicht von 1771 »Mit einem gemalten Band«. Darin finden sich obenstehende Worte.

Herz, mein Herz, was soll das geben?
In der »Iris« findet sich auch das Gedicht »Neue Liebe, neues Leben« mit obenstehendem Anfangsvers.

Verschiedene Werke

Ein Schauspiel für Götter,
Zwei Liebende zu sehn!
Dieser Ausspruch stammt aus Goethes Singspiel »Erwin und Elmire«, 1. Auftritt des 1. Aufzugs (abgedruckt in Jacobis »Iris«, Bd. 2, St. 3, März 1775, 161–224). Das »Schauspiel für Götter« geht weit ins Altertum zurück. Die Vorstellung, daß der tapfere, mit dem Schicksal ringende Mann ein solches sei, ist bei den späteren Stoikern beliebt. Seneca, »De providentia« 2, 7 ff. sagt von solchem Kampf mit dem Schicksal: »Ecce spectaculum dignum ad quod respiciat intentus operi suo deus.« (Das ist ein Schauspiel, wert der Betrachtung des auf sein Werk achtenden Gottes) Die Kirchenväter übernahmen das Bild ins Christliche und trugen dadurch zu seiner Erhaltung und Verbreitung bei.

Mit Mädeln sich vertragen,
Mit Männern sich geschlagen,
Und mehr Credit als Geld,
So kommt man durch die Welt
singt Rugantino in dem 1775 gedichteten, 1776 in Berlin gedruckten Singspiel Goethes »Claudine von Villa Bella«. Wir zitieren die ersten beiden Zeilen aus einem nach Goethes Dichtung frei gestalteten Studentenlied auch in der Form:
»Mit Männern sich geschlagen,
Mit Weibern sich vertragen.«

Kühl bis ans Herz hinan!
und
Da war's um ihn geschehn:
Halb zog sie ihn, halb sank er hin,
Und ward nicht mehr gesehn.
Aus Goethes Ballade »Der Fischer« (in »Volks- und andere Lieder, mit Begl. d. Fortepiano. In Musik ges. von Siegm. Frh. von Seckendorff«, Weimar 1779, S. 4, im gleichen Jahr von Herder in »Volkslieder« als »Das Lied vom Fischer« wieder abgedruckt) werden diese Worte zitiert.

Ach, ich bin des Treibens müde
stammt aus dem ersten der beiden Goethe-Gedichte mit der Überschrift »Wanderers Nachtlied«. Es wurde schon am 12. Febr. 1776 an Frau von Stein gesandt; gedruckt wurde es zuerst unter dem Titel »Um Friede« in J. K. Pfenningers »Christlichem Magazin«, 3, 1, Zürich 1780, 243 mit einer Komposition von Phil. Chr. Kayser.

Über allen Gipfeln
Ist Ruh'
und
Warte nur, balde
Ruhest du auch.
Das von Goethe in der Nacht vom 6. zum 7. Sept. 1780 mit Bleistift an die Innenwand des Jagdhäuschens auf dem Gickelhahn bei Ilmenau geschriebene, erst 1815 in den »Werken« 1, 99 gedruckte und mit Bezug auf das vorhergehende »Wanderers Nachtlied« (»Der du vom Himmel bist ...«) »Ein Gleiches« überschriebene Lied enthält diese Zeilen.

Und bist du nicht willig, so brauch' ich Gewalt
und
Erreicht den Hof mit Müh und Not
wird aus der Ballade »Erlkönig« (1782 im Singspiel »Die Fischerin« erschienen, 1781 oder Anfang 1782 gedichtet) zitiert.

Edel sei der Mensch,
Hilfreich und gut
zitieren wir aus dem Goethe-Gedicht »Das Göttliche« (in das 40. Stück des »Tiefurter Journals« vom 2. 12. 1783 aufgenommen, zuerst gedruckt in Fr. H. Jacobi, »Über die Lehre des Spinoza«, Breslau 1785, Bl. 2 f.).

Gedichte

Ich besaß es doch einmal,
Was so köstlich ist!
Daß man doch zu seiner Qual
Nimmer es vergißt.

Mit diesen Worten beschreibt Goethe sein Sehnen nach verlorenem Liebesglück in dem Gedicht »An den Mond«.

Selig, wer sich vor der Welt
Ohne Haß verschließt

findet sich in Goethes Gedicht »An den Mond«. Es wurde wahrscheinlich 1778 verfaßt und Frau von Stein gewidmet. Gedruckt wurde es zuerst in »Goethes Schriften«, Göschen, 1787–90.

Verschiedene Werke

Das Beste ist (gerade) ***gut genug***

ist entnommen aus Goethes »Italienischer Reise«, wo es am Ende des zweiten Briefes aus Neapel vom 3. März 1787 heißt: »In der Kunst ist das Beste gut genug.«

Iphigenie

So eine Arbeit wird eigentlich nie fertig

schrieb Goethe aus Caserta in bezug auf seine »Iphigenie« am 16. März 1787.

Das Land der Griechen mit der Seele suchend

sind in Goethes »Iphigenie« (1787) 1, 1 die Worte der Titelheldin.

Ein unnütz Leben ist ein früher Tod

und

Das Wenige verschwindet leicht dem Blick,
Der vorwärts sieht, wie viel noch übrig bleibt

ziteren wir Iphigenies Worte in 1, 2 von Goethes gleichnamigem Stück.

Ein edler Mann wird durch ein gutes Wort
Der Frauen weit geführt

spricht Arkas in Goethes »Iphigenie« 1, 2.

Du sprichst ein großes Wort gelassen aus

und

Man spricht vergebens viel, um zu versagen;
Der andre hört von allem nur das Nein

zitieren wir nach Thoas in Goethes »Iphigenie« 1, 3.

Wohl dem, der seiner Väter gern gedenkt

spricht die Titelheldin in 1, 3 von Goethes »Iphigenie«.

Lust und Liebe sind die Fittiche
Zu großen Taten
sagt Pylades in 2, 1 von Goethes »Iphigenie«.

Iphigenie

Zwischen uns sei Wahrheit
fordert Orest Iphigenie in Goethes gleichnamigem Stück auf.

Es fürchte die Götter
Das Menschengeschlecht
zitieren wir aus dem Monolog der Iphigenie am Schluß des 4. Aufzugs von Goethes »Iphigenie«.

Verschiedene Werke

Der ungezogene
Liebling der Grazien
wird Aristophanes von Goethe im Epilog zu seiner Bearbeitung des aristophanischen Lustspiels »Die Vögel« (1780, ersch. 1787) genannt, ein Wort, das später gern auf Heinrich Heine angewendet wurde.

Egmont

Das ist ein fremder Tropfen in meinem Blute
sagt Egmont in Goethes »Egmont« (1788), 2, gegen Ende.

Freudvoll
Und leidvoll,
Gedankenvoll sein;
Langen
Und bangen
In schwebender Pein,
Himmelhoch jauchzend,
Zum Tode betrübt,
Glücklich allein
Ist die Seele, die liebt.
»Clärchens Lied« in Goethes »Egmont« 3, 2 wurde zu einer Kette von geflügelten Worten. »Langen« hat hier die Bedeutung von »Verlangen tragen«, »sich sehnen« (englisch: to long) und wird oft in »Hangen« verändert. Vielleicht geschah dies zuerst durch Beethoven, der 1810 die Musik zum »Egmont« mit dieser Textveränderung drucken ließ. In Goethes Handschrift des »Egmont« auf der Königl. Bibliothek zu Berlin steht: »Langen«. »Hangen« wurde wohl durch die »schwebende Pein« hervorgerufen. Das Volk singt wie der vermeintliche Schneidergeselle in Heines »Harzreise« (1824):
»Freudvoll und leidvoll,
Gedanken sind frei.«
»Zum Tode betrübt« entlehnte Goethe den Worten Jesu (Matth. 26, 38): »Meine Seele ist betrübt bis an den Tod.«

Egmont

Ich versprach dir, einmal spanisch zu kommen.
Diese Worte des Titelhelden in Goethes »Egmont« 3, 2 werden meistens scherzhaft zitiert.

Süßes Leben! schöne freundliche Gewohnheit des Daseins und Wirkens!
Von dir soll ich scheiden?
heißt es gegen Ende des 5. Aufzugs von Goethes »Egmont«.

Gedichte

Geh den Weibern zart entgegen,
Du gewinnst sie, auf mein Wort.
Und wer rasch ist und verwegen,
Kommt vielleicht noch besser fort.
Doch, wem wenig dran gelegen
Scheinet, ob er reizt und rührt,
Der beleidigt, der verführt.
Aus dem Singspiel »Die ungleichen Hausgenossen«, an dem Goethe 1785–1789 arbeitete, stammt das zuerst in Schillers »Musenalmanach für 1796«, 95 f., dann in »Neue Schriften«, Berlin bei Unger, 7, 1800, 23 ff. gedruckte Gedicht »Antwort(en) bei einem gesellschaftlichen Fragespiel«, aus dem wir diese Worte eines »Erfahrenen« zitieren.

Eines schickt sich nicht für alle!
Sehe jeder, wie er's treibe,
Sehe jeder, wo er bleibe,
Und wer steht, daß er nicht falle.
Aus dem 1789 im 8. Bd. von »Goethes Schriften« (Leipzig, Göschen), S. 120 erschienenen Gedicht »Beherzigung« wird diese Schlußstrophe zitiert. Der letzte Vers beruht auf 1. Kor. 10, 12: »Wer sich läßt dünken, er stehe, mag wohl zusehen, daß er nicht falle«, während der erste Vers aus lateinischer Quelle geflossen zu sein scheint. Vgl. Cicero, »Pro Roscio Amerino« 42, 122: »Non in omnes arbitror omnia convenire.« (Alles, glaube ich, schickt sich nicht für alle.)

Willst du immer weiter schweifen?
Sieh, das Gute liegt so nah.
Lerne nur das Glück ergreifen,
Denn das Glück ist immer da
findet sich im 8. Bd. von »Goethes Schriften« (Leipzig, Göschen) S. 121. Die erste Zeile wird häufig falsch zitiert: »Warum (oder: Wozu) in die Ferne schweifen?«

Von der Gewalt, die alle Wesen bindet,
Befreit der Mensch sich, der sich überwindet
sind die Schlußzeilen des Goethegedichts »Die Geheimnisse«.

Torquato Tasso

Du siehst mich lächelnd an, Eleonore,
Und siehst dich selber an und lächelst wieder
und
Ein edler Mensch zieht edle Menschen an
Und weiß sie festzuhalten
sowie
Die Stätte, die ein guter Mensch betrat,
Ist eingeweiht; nach hundert Jahren klingt
Sein Wort und seine Tat dem Enkel wider
zitieren wir aus Goethes »Torquato Tasso« (1790) 1, 1.

Es bildet ein Talent sich in der Stille,
Sich ein Charakter in dem Strom der Welt
zitieren wir nach Goethes »Tasso« 1, 2.

Doch – haben alle Götter sich versammelt
Geschenke seiner Wiege darzubringen:
Die Grazien sind leider ausgeblieben
findet sich in Goethes »Tasso« 2, 1.

So fühlt man Absicht, und man ist verstimmt
stammt ebenfalls aus dem »Tasso« 2, 1 und wird in der Form zitiert: »Man merkt die Absicht, und man wird verstimmt.«

Erlaubt ist, was gefällt
finden wir in Goethes »Tasso« 2, 1. Es scheint dem »libito fe' licito« aus Dantes »Hölle« 5, 56 nachgeahmt zu sein, ist aber von Goethe aus Torquato Tassos Schäferspiel »Aminta« entnommen, in dem die zweite Strophe des Chorliedes am Ende des ersten Aktes mit den Worten schließt:
»Ein goldnes, glückliches Gesetz,
Das die Natur schrieb: Wenn's gefällt, so ziemt's.«
Überhaupt sind die begeisterten Worte über die goldene Zeit, die Goethe hier dem Tasso in den Mund legt, eine Umschreibung dieses Chorgesangs. Die letzte Quelle des zitierten Wortes ist wohl das freche »si libet, licet«, das Julia zu ihrem Stiefsohn Caracalla sagte, als er sie zum Weibe begehrte (bei Spartianus, »Caracalla«, c. 10). Die Prinzessin erhebt dann bei Goethe sofort den Spruch des Dichters zu dem einfach schönen: »Erlaubt ist, was sich ziemt«, wozu sie ihm den Weg durch die Worte weist:
»Willst du genau erfahren, was sich ziemt,
So frage nur bei edlen Frauen an.«

Torquato Tasso

Verbiete du dem Seidenwurm zu spinnen,
Wenn er sich schon dem Tode näher spinnt
sagt der Titelheld in Goethes »Tasso« 5, 2.

Und wenn der Mensch in seiner Qual verstummt,
Gab mir ein Gott, zu sagen, wie ich leide.
Dieses Zitat stammt aus Goethes »Tasso« 5, 5.

Faust-Fragment

Aus Goethes »Faust. Ein Fragment« Echte Ausgabe, Leipzig, Göschen, 1790, werden zahlreiche geflügelte Worte zitiert. Der erste Entwurf dazu stammt aus den Jahren 1774 und 1775. Die Lesarten dieses »Urfaust«, den Erich Schmidt zuerst 1887 (»Goethes Faust in ursprüngl. Gestalt nach der Göchhausenschen Abschrift«) und 1903 (»Werke«, Cottasche Jubil.-Ausg., 13, 203 ff.) herausgegeben hat, werden im folgenden mit »U.« bezeichnet.

Mit heißem Bemühn (U.: Mit heißer Müh)

Da steh' ich nun, ich armer Tor!
Und bin so klug als wie zuvor.

Es möchte kein Hund so länger leben!

Daß ich erkenne, was die Welt
Im Innersten zusammen hält.

O sähst du, voller Mondenschein,
Zum letzten Mal auf meine Pein!

Urväter Hausrat

Die Geisterwelt ist nicht verschlossen,
Dein Sinn ist zu, dein Herz ist tot!
Auf, bade, Schüler, unverdrossen
Die ird'sche Brust im Morgenrot!

Welch Schauspiel! aber ach! ein Schauspiel nur!

Wie anders wirkt dies Zeichen auf mich ein!

Fülle der Gesichte

Der trockne Schleicher (U.: Schwärmer)

Aus Schriftstellern deutscher Sprache

Goethe

Faust-Fragment

Ich hab' es öfters rühmen hören,
Ein Komödiant könnt' einen Pfarrer lehren.

Wenn ihr's nicht fühlt, ihr werdet's nicht erjagen,
Wenn es nicht aus der Seele dringt
Und mit urkräftigem Behagen
Die Herzen aller Hörer zwingt.

Doch werdet ihr nie Herz zu Herzen schaffen,
Wenn es euch nicht von Herzen geht.

Sei Er kein schellenlauter Tor.
Es trägt Verstand und rechter Sinn
Mit wenig Kunst sich selber vor.

Was ihr den Geist der Zeiten heißt,
Das ist im Grund der Herren eigner Geist.

Ja, was man so erkennen heißt!
Wer darf das Kind beim rechten Namen nennen?

Wie nur dem Kopf nicht alle Hoffnung schwindet,
Der immerfort an schalem Zeuge klebt,
Mit gier'ger Hand nach Schätzen gräbt,
Und froh ist, wenn er Regenwürmer findet.
Die obenstehenden Zitate stammen aus der Szene »Nacht« und werden von Faust gesprochen.

Allein der Vortrag macht des Redners Glück.
(U.: nützt dem Redner viel)

Und wie wir's dann zuletzt so herrlich weit gebracht.
Diese beiden Zitate werden in der »Nacht«-Szene von Wagner gesprochen.

Wer ruft mir?

So schaff' ich am sausenden Webstuhl der Zeit.

Du gleichst dem Geist, den du begreifst.
Diese Worte werden in der »Nacht«-Szene von Goethes »Faust«-Fragment vom Geist gesprochen.

Setz dir Perücken auf von Millionen Locken,
Setz deinen Fuß auf ellenhohe Socken,
Du bleibst doch immer, was du bist

Ich sag' es dir: ein Kerl, der spekuliert,
Ist wie ein Tier, auf einer Heide (seit 1808: dürrer Heide)***,***
Von einem bösen Geist im Kreis herum geführt,
Und rings umher liegt schöne grüne Weide

Das Beste, was du wissen kannst,
Darfst du den Buben doch nicht sagen

Verachte nur Vernunft und Wissenschaft!
spricht Mephisto in der Szene »Faust. Mephistopheles« (seit 1808: »Studierzimmer«).

In spanische Stiefeln eingeschnürt

Fehlt leider nur das geistige (U.: geistlich) ***Band***

Spottet ihrer selbst (U.: Bohrt sich selbst einen Esel) ***und weiß nicht wie***

Es erben sich Gesetz' und Rechte
Wie eine ew'ge Krankheit fort.

Vernunft wird Unsinn, Wohltat Plage;
Weh dir, daß du ein Enkel bist!
Vom Rechte, das mit uns geboren ist,
Von dem ist leider nie die Frage.

Am besten ist's auch hier, wenn ihr nur Einen hört
Und auf des Meisters Worte schwört.
Im ganzen – haltet euch an Worte!

Denn eben, wo Begriffe fehlen,
Da stellt ein Wort zur rechten Zeit sich ein.
Mit Worten läßt sich trefflich streiten.

Ich bin des trocknen Tons nun satt.
(U.: Bin des Professortums nun satt.)

Der Geist der Medizin ist leicht zu fassen.

Doch der den Augenblick ergreift
Das ist der rechte Mann.

Besonders lernt die Weiber führen;
Es ist ihr ewig Weh und Ach
So tausendfach
Aus einem Punkte zu kurieren.

Grau, teurer Freund, ist alle Theorie,
Und grün des Lebens goldner Baum.

Folg' nur dem alten Spruch und meiner Muhme, der Schlange,
Dir wird gewiß einmal bei deiner Gottesähnlichkeit bange.

Sobald du dir vertraust, sobald weißt du zu leben.
Alle obenstehenden Zitate entnehmen wir Mephistos Worten in der »Schülerszene« von Goethes »Faust. Ein Fragment«.

Mir wird von allem (in den späteren Bearbeitungen: alle) ***dem so dumm,***
Als ging mir ein Mühlrad im Kopf herum.

Denn, was man schwarz auf weiß besitzt,
Kann man getrost nach Hause tragen.

Das sieht schon besser aus! Man sieht doch, wo und wie.
(U.: Das sieht schon besser aus als die Philosophie.)
Diese Zitate stammen aus dem Mund des Schülers in der »Schülerszene«.

Fühlt man erst recht des Basses Grundgewalt
Dieses Zitat bilden wir nach Siebels Worten in der Szene »Auerbachs Keller in Leipzig« des Faust-Fragments.

Uns ist ganz (U.: gar) ***kannibalisch wohl***
Als wie fünfhundert Säuen
singen die Gäste in »Auerbachs Keller«.

Ein garstig Lied! Pfui! Ein politisch Lied!
(U.: Pfui, ein garstig Lied! Ein politisch Lied, ein leidig Lied.)
sagt Brander in der Szene »Auerbachs Keller in Leipzig«. Herber beginnt sein um 1792 entstandenes Gedicht »Coalition« mit den Worten:
»Politisch Lied, ein böses, böses Lied!
So sagt das Sprichwort.«

Hatte sich ein Ränzlein angemäst
Als wie der Doktor Luther

Ein echter deutscher Mann mag keinen Franzen leiden,
Doch ihre Weine trinkt er gern.
(U.: Die Franzosen kann ich nicht leiden,
so großen Respekt ich vor ihren Weinen hab'.)
Diese geflügelten Worte stammen von Brander aus der Szene »Auerbachs Keller in Leipzig«.

Denn wenn ich judizieren soll,
Verlang ich auch das Maul recht voll.

Mein Leipzig lob' ich mir!
Es ist ein klein Paris und bildet seine Leute.
Beide obenstehenden Zitate sind Äußerungen Froschs in Goethes Faust-Fragment, in der Szene »Auerbachs Keller in Leipzig«. Schon in einer Beschreibung Leipzigs aus dem Jahr 1768 wird die Stadt »Paris im Kleinen« genannt.

Mit wenig Witz und viel Behagen

Im engen Zirkeltanz

Den Teufel spürt das Völkchen nie,
Und wenn er sie beim Kragen hätte.
(U.: Den Teufel vermuten die Kerls nie, so nah er ihnen immer ist.)

Spanien, das Land des Weins und der Gesänge
Diese Zitate gehen auf Äußerungen Mephistos in der Szene »Auerbachs Keller in Leipzig« zurück. »Spanien, das Land des Weins und der Gesänge« entwickelte sich aus der wörtlichen Formulierung des Mephistopheles:
»Wir kommen erst aus Spanien zurück,
dem schönen Land des Weins und der Gesänge«,
die im U. lauten:
»Wir kommen aus Spanien, wo nachts so viele Lieder gesungen werden, als Sterne am Himmel stehn.«

Auch die Kultur, die alle Welt beleckt,
Hat auf den Teufel sich erstreckt.

Den Bösen sind sie los, die Bösen sind geblieben.

Dies ist die Art, mit Hexen umzugehn.

Denn ein vollkommner Widerspruch
Bleibt gleich geheimnisvoll für Kluge wie für Toren.

Gewöhnlich glaubt der Mensch, wenn er nur Worte hört,
Es müsse sich dabei doch auch was denken lassen.

Du siehst, mit diesem Trank im Leibe,
Bald Helenen in jedem Weibe.
Alle obenstehenden Zitate stammen von Mephisto und sind in der Szene »Hexenküche« in Goethes Faust-Fragment zu finden.

Mein schönes Fräulein, darf ich (U.: ich's) ***wagen,***
Meinen Arm und Geleit ihr anzutragen?
fragt Faust Margarete in der Szene »Straße«.

Bin weder Fräulein, weder schön,
Kann ungeleitet (U.: ohngeleit) ***nach Hause gehn***
entgegnet Margarete Fausts Annäherungsversuchen.

Allerlei Brimborium

Gleich schenken?
Das ist brav!
Da wird er reussieren!
sagt Mephisto in der Szene »Straße«.

In dieser Armut welche Fülle!
äußert Faust in der Szene »Abend«.

Die Augen gingen ihm über,
So oft er trank daraus.

Die Augen täten ihm sinken,
Trank nie einen Tropfen mehr.
Diese Zitate stammen aus dem Lied »Es war ein König in Thule«, das Margarete in der »Abend«-Szene singt. Nach »Dichtung und Wahrheit« hat Goethe den »König in Thule« 1774 gedichtet. Gedruckt erschien er zuerst in »Volks- und andere Lieder« und wurde vertont von Sigm. Frhr. v. Seckendorff (3. Samml., Dessau 1782). Hier lautet der letzte Vers: »Trank keinen Tropfen mehr«.

Nach Golde drängt,
Am Golde hängt
Doch alles!
sagt Margarete in der »Abend«-Szene.

Die Kirche hat einen guten Magen
bekräftigt Mephisto in der Szene »Spaziergang«.

Ihr Mann ist tot und läßt Sie grüßen

Es ist eine der größten Himmelsgaben,
So ein lieb Ding im Arm zu haben
sind Mephisto-Worte aus der Szene »Der Nachbarin Haus«.

Durch zweier Zeugen Mund
Wird allerwegs die Wahrheit kund.
Dieses Mephisto-Zitat aus der Szene »Der Nachbarin Haus« beruht auf 5. Mos. 19, 15: »Es soll kein einzelner Zeuge wider jemand auftreten ... sondern in dem Mund zweier oder dreier Zeugen soll die Sache bestehen« und auf Joh. 8, 17: »Auch steht in eurem Gesetz geschrieben, daß zweier Menschen Zeugnis wahr sei.«

Wer Recht behalten will und hat nur eine Zunge,
Behält's gewiß
sagt Faust in »Der Nachbarin Haus«.

Das ist des Landes nicht der Brauch
äußert Margarete in »Der Nachbarin Haus«.

Meine Ruh' ist hin,
Mein Herz ist schwer
zitieren wir nach Gretchens Ausspruch in der Szene »Gretchens Stube«.

Name ist Schall und Rauch,
Umnebelnd Himmelsglut

Es muß auch solche Käuze geben
(U.: Es ist ein Kauz, wie's mehr noch geben)

Du ahnungsvoller Engel du!

Du hast nun die Antipathie!

Goethe

Faust-Fragment

Du Spottgeburt von Dreck und Feuer!
sagt Faust in der Szene »Marthens Garten«.

Du hast kein Christentum

Es tut mir lang schon weh,
Daß ich dich in der Gesellschaft seh'

Ich habe schon so viel für dich getan,
Daß mir zu tun fast nichts mehr übrig bleibt
(U.: … für dich so viel … über bleibt.)
zitieren wir nach Margaretes Worten in der Szene »Marthens Garten« des Faust-Fragments.

Die Mädels sind doch sehr interessiert,
Ob einer fromm und schlicht nach altem Brauch.
Sie denken, duckt er da, folgt er uns eben auch.
und
Hab' ich doch meine Freude dran!
Diese Zitate stammen von Mephisto aus »Marthens Garten«.

So tauml' ich von Begierde zu Genuß,
Und im Genuß verschmacht' ich nach Begierde
sagt Faust in der Szene »Wald und Höhle«.

Nachbarin!
Euer Fläschchen!
ruft Gretchen in der »Dom«-Szene des Faust-Fragments.
Weitere Zitate aus Goethes Faust-Dichtungen, die hier nicht aufgeführt wurden, finden sich auf den Seiten 148–154 (aus »Faust I«) und 162–164 (aus »Faust II«).

Verschiedene Werke

Pfingsten, das liebliche Fest, war gekommen.
Mit diesen Worten beginnt Goethes »Reinecke Fuchs«, gedichtet 1793, ersch. 1794.

Wilhelm Meister

Lehrjahre und Wanderjahre
oder
Lehr- und Wanderjahre
Nach Goethes Roman »Wilhelm Meisters Lehrjahre« (1795 und 1796) und seiner Fortsetzung »Wilhelm Meisters Wanderjahre oder Die Entsagenden« (1821) sind die »Lehr- und Wanderjahre« zum geflügelten Wort geworden.

Ich singe, wie der Vogel singt,
und
O Trank der süßen Labe!
Im 11. Kap. des 2. Buches der »Lehrjahre« kommen in dem am Schluß stehenden Lied des Harfenspielers diese Zeilen vor. Das Lied erhielt später unter »Balladen« den Titel: »Der Sänger«. Hier ist der Wortlaut verändert in: »O Trank voll süßer Labe!« In »Wilhelm Meisters theatralischer Sendung«, der ersten, nur 6 Bücher enthaltenden Fassung von »Wilhelm Meisters Lehrjahren«, die 1909 von Gustav Billeter in Zürich entdeckt und von Harry Maync 1911 herausgegeben wurde, steht das wahrscheinlich 1783 gedichtete Lied am Schluß des 12. Kapitels des 4. Buches, S. 253 mit der Variante »O Trank von süßer Labe!«

Wer nie sein Brot mit Tränen aß,
Wer nie die kummervollen Nächte
Auf seinem Bette weinend saß,
Der kennt euch nicht, ihr himmlischen Mächte.
Diese Worte des Harfenspielers in den »Lehrjahren« 2, 13 (»Theatralische Sendung«, hrsg. von Maync 4, 13, S. 260) schrieb die Königin Luise während ihres Aufenthalts auf einem Landgut bei Ortelsburg, wo sie sich auf der Flucht nach Königsberg vom 23. Nov. bis 5. Dez. 1806 aufhielt, in ihr Taschenbuch. Goethe sprach sich in den »Sprüchen in Prosa« (Nr. 153. Hempel 19, 43) hierüber sehr bewegt aus.

Ihr führt ins Leben uns hinein,
Ihr laßt den Armen schuldig werden,
Dann überlaßt ihr ihn der Pein;
Denn alle Schuld rächt sich auf Erden.
So lautet die 2. Strophe des Liedes des Harfenspielers in den »Lehrjahren«.

Wer sich der Einsamkeit ergibt,
Ach! der ist bald allein!
Dieser Gesang des Harfenspielers steht in den »Lehrjahren«, gedichtet 1783 (»Theatralische Sendung« 4, 13, S. 262).

Das Land, wo die Zitronen blühn
leitet sich aus dem 1783 oder 1784 entstandenen Lied: »Kennst du das Land, wo die Zitronen blühn?« ab, das in den »Gedichten« den Titel »Mignon« erhielt (»Lehrjahre« 3, 1; »Theatralische Sendung« 4, Anfang des 1. Kap., S. 207).

Was hat man dir, du armes Kind, getan?
heißt es in der 2. Strophe desselben Liedes.

Das Maultier sucht im Nebel seinen Weg
pflegt auf unklare Menschen angewendet zu werden und ist ebenfalls im Lied »Kennst du das Land, wo die Zitronen blühn?« zu finden.

Wenn ich dich lieb habe, was geht's dich an!
Diese Worte Philines stehen in »Lehrjahre« 4, 9 (»Theatralische Sendung« 6, 4 am Schluß, S. 362). Goethe zitiert dieses Wort in »Wahrheit und Dichtung«, 14. Buch, so: »Jenes wunderliche Wort (Spinozas): ›Wer Gott recht liebt, muß nicht verlangen, daß Gott ihn wieder liebe‹, mit allen den Vordersätzen, worauf es ruht, mit allen den Folgen, die daraus entspringen, erfüllte mein ganzes Nachdenken. Uneigennützig zu sein in allem, am uneigennützigsten in Liebe und Freundschaft, war meine höchste Lust, meine Maxime, meine Ausübung, so daß jenes freche spätere Wort: ›Wenn ich dich liebe, was geht's dich an‹ mir recht aus dem Herzen gesprochen ist.« Das Wort Spinozas steht in seiner »Ethik«, pars V, propositio XIX in der Form: »Qui Deum amat, conari non potest, ut Deus ipsum contra amet.«

Nur wer die Sehnsucht kennt,
Weiß, was ich leide!
Mit diesen Worten beginnt und schließt Mignons und des Harfners Lied (gedichtet im Juni 1785, »Lehrjahre« 4, 11; »Theatralische Sendung« 6, 7 am Schluß, S. 372).

Bekenntnisse einer schönen Seele
Diese Überschrift des 6. Buches der »Lehrjahre« zitieren wir meist mit einem leisen ironischen Beigeschmack. Titel und Inhalt des Buches sind durch Susanna Katharina von Klettenberg (1723–1774) hervorgerufen, die fromme, den Herrnhutern zugetane Freundin der Mutter Goethes, die den Dichter pflegte, als er 1768 krank von Leipzig nach Frankfurt zurückkehrte. Der Ausdruck »schöne Seele« selbst aber, den wir hauptsächlich nach jener Überschrift zitieren, geht viel weiter zurück: Plato gebraucht zuerst die Ausdrücke »schöne Seele« (in: »Das Gastmahl«) und »Schönheit der Seele« (in: »Der Staat«). Er kommt aber für den Ursprung des späteren Gebrauchs dieses Wortes nicht in Betracht. Diesen finden wir, wie Freiherr von Waldberg in seinem Aufsatz »Zur Erkenntnisgeschichte der schönen Seele bei den spanischen Mystikern« (in den »Literarhistorischen Forschungen«, 41. Heft, Berlin 1910) nachgewiesen hat, zuerst in der spanischen religiös-lyrischen Literatur des 16. Jahrhunderts.

Denn wir können die Kinder nach unserem Sinne nicht formen;
So wie Gott sie uns gab, so muß man sie haben und lieben,
Sie erziehen aufs Beste und jeglichen lassen gewähren
zitieren wir aus dem III. Gesang, Thalia in Goethes »Hermann und Dorothea« (Okt. 1797 im »Taschenbuch für 1798«, Berlin, erschienen).

Dienen lerne beizeiten das Weib nach ihrer Bestimmung!
finden wir im VII. Gesang, Erato in Goethes »Hermann und Dorothea«.

Nicht dem Deutschen geziemt es, die fürchterliche Bewegung
fortzuleiten und auch zu wanken hierhin und dorthin.
»Dies ist unser!« so laß uns sagen und so es behaupten!
ist aus dem IX. Gesang, Urania in »Hermann und Dorothea« entnommen.

O, du Ausgeburt der Hölle
und
Die ich rief, die Geister,
Werd' ich nun nicht los
findet man in Goethes, dem »Lügenfreund« des Lukian entlehnter Ballade »Der Zauberlehrling« (gedichtet 1797 und zuerst in Schillers »Musenalmanach für 1798«, 32 gedruckt).

Arm am Beutel, krank am Herzen
und
Tages Arbeit! Abends Gäste!
Saure Wochen! Frohe Feste!
sind aus Goethes Ballade »Der Schatzgräber« entnommen.

In der Beschränkung zeigt sich erst der Meister
wird aus Goethes Sonett in »Was wir bringen« (Vorspiel bei der Eröffnung des neuen Schauspielhauses zu Lauchstädt, 26. Juni 1802; 19. Auftr.) zitiert. Es steht mit dem Titel »Natur und Kunst« auch in dem »Epigrammatisch« überschriebenen Abschnitt seiner Gedichte. Ähnlich bringt Goethe den Gedanken schon in Wielands »Merkur« 1788 zum Ausdruck, wo er über das »Material der bildenden Kunst« und über die Abhängigkeit des Künstlers von seinem Material spricht.

Mich ergreift, ich weiß nicht wie,
Himmlisches Behagen.
Dieses »Tischlied« Goethes zum 22. Februar 1802 steht im Wieland-Goetheschen »Taschenbuch auf das Jahr 1804«, 97.

Goethe

Hermann und Dorothea

Gedichte

Goethe

Gedichte

Ich bin heruntergekommen
Und weiß doch selber nicht wie.
Diese Zeilen, die wir oft im Sinne von »heruntergekommen« in übertragener, gesellschaftlicher Bedeutung zitieren, sind dem Wieland-Goetheschen »Taschenbuch auf das Jahr 1804«, S. 113, entnommen. Sie stammen aus dem Gedicht »Schäfers Klagelied«, das nach Zelters Briefwechsel mit Goethe schon 1802 bekannt war. Am Ende der zweiten Strophe sind die obenstehenden, das träumende Hinabwandeln des Schäfers vom Berg schildernden Zeilen zu finden.

Wie kommt's, daß du so traurig bist,
Da alles froh erscheint?
und
Die Sterne, die begehrt man nicht
sind Goethes Gedicht »Trost in Tränen«, S. 115 im »Taschenbuch auf das Jahr 1804« entnommen.

Mit Grazie in infinitum
wiederholt der Kuckuck seinen eigenen Namen in Goethes Gedicht »Frühlingsorakel«, S. 150 im »Taschenbuch auf das Jahr 1804«.

Denn er war unser! Mag das stolze Wort
Den lauten Schmerz gewaltig übertönen!
Und hinter ihm in wesenlosem Scheine
Lag, was uns alle bändigt, das Gemeine.
Aus dem zu Schillers Totenfeier am 10. August 1805 von der Lauchstädter Bühne erklungenen Goetheschen Epilog zu Schillers »Glocke« (zuerst im »Taschenbuch für Damen auf das Jahr 1806«, Tübingen) wurden diese Worte der vierten Strophe geflügelt.

Ich hab' mein' Sach' auf nichts gestellt.
Mit diesen Worten beginnt das zuerst in den »Werken« 1806, 1, 98 erschienene Gedicht Goethes »Vanitas! Vanitatum vanitas!« unter Anlehnung an Joh. Pappus' (1549–1610) Kirchenlied »Ich hab' mein' Sach' Gott heimgestellt.«

Faust I

Aus dem in Tübingen 1808 bei Cotta (8. Band von Goethes Werken) erschienenen »Faust. Eine Tragödie. Erster Teil« (im folgenden als »Faust I« zitiert) werden zahlreiche geflügelte Worte gebildet.

Ihr naht euch wieder, schwankende Gestalten
heißt es in der 1797 gedichteten Zueignung zu »Faust I«.

Zwar sind sie an das Beste nicht gewöhnt,
Allein sie haben schrecklich viel gelesen

Wer vieles bringt, wird manchem etwas bringen

Der Worte sind genug gewechselt,
Laßt mich auch endlich Taten sehn!
zitieren wir nach den Worten des Direktors im »Vorspiel auf dem Theater« aus »Faust I«. Schon Ovid (»Metamorphoses« XIII, 120) läßt Ajax zu Ulysses sagen: »Denique, quid verbis opus est? spectemur agendo!« (Schließlich, was bedarf es der Worte? Laßt uns durch die Tat zeigen, was wir können.)

Greift nur hinein ins volle Menschenleben!
Ein jeder lebt's, nicht vielen ist's bekannt,
Und wo ihr's packt, da ist's interessant

Wer fertig ist, dem ist nichts recht zu machen,
Ein Werdender wird immer dankbar sein
sagt die lustige Person in »Faust I« im »Vorspiel auf dem Theater«, das der Tragödie vorangestellt ist.

Was glänzt, ist für den Augenblick geboren;
Das Echte bleibt der Nachwelt unverloren
finden wir als Ausspruch des Dichters im »Vorspiel auf dem Theater«, »Faust I«.

Es irrt der Mensch, solang' er strebt

Ein guter Mensch in seinem dunklen Drange
Ist sich des rechten Weges wohl bewußt

Von allen Geistern, die verneinen,
Ist mir der Schalk am wenigsten zur Last
spricht Der Herr (»Prolog im Himmel«, »Faust I«) in seinem Streitgespräch mit Mephisto.

Von Zeit zu Zeit seh' ich den Alten gern
gesteht Mephisto im »Prolog im Himmel«, »Faust I« und meint damit den Herrn.

Was du ererbt von deinen Vätern hast,
Erwirb es, um es zu besitzen
sagt Faust in der Szene »Nacht« in »Faust I«. William A. Cooper macht es in seinem Aufsatz »Goethe's quotation from Hutten in Dichtung

und Wahrheit« (»Modern language notes«, April 1909, 101 ff.) wahrscheinlich, daß Goethe den Gedanken Ulrich von Huttens Brief vom 25. Okt. 1518 an Willibald Pirkheimer, den Nürnberger Patrizier und Humanisten, entlehnt hat. Goethe übersetzt diesen Brief in »Dichtung und Wahrheit«, 4. Teil, 17. Kap. am Ende, und gibt die entsprechende Stelle folgendermaßen wieder: »Aber, was auch deren Wert sei, ist nicht unser eigen, wenn wir es nicht durch Verdienste erst eigen machen.« Spricht Hutten vorher auch nur von Ahnenbildern und Stammbäumen, so sind diese doch symbolisch als der Väter Erbe aufzufassen. Goethe hat in der angeführten Stelle von »Dichtung und Wahrheit«, in der er von seiner ersten Bekanntschaft mit Huttens Werken spricht, die Zeit von 1775 im Auge. Möglicherweise aber hat ihm erst ein Aufsatz von Herder in der Juli-Nummer von Wielands »Deutschem Merkur« 1776 die Kenntnis des Huttenschen Briefes vermittelt. Wie aus den Einträgen in Goethes Tagebüchern vom 10. August 1824 und 24. Dezember 1830 (Weimarer Ausgabe, III. Abt., Bd. 9 und Bd. 12) hervorgeht, hat er sich in diesen Jahren wieder mit dem Huttenschen Brief beschäftigt und ihn im Dezember 1830 übersetzt.

Was man nicht nützt, ist eine schwere Last.

Ich grüße dich, du einzige Phiole!

Zu neuen Ufern lockt ein neuer Tag.

Die Botschaft hör' ich wohl, allein mir fehlt der Glaube;
Das Wunder ist des Glaubens liebstes Kind.

Die Träne quillt, die Erde hat mich wieder!
Obenstehende Zitate stammen aus den Worten Fausts in der Szene »Nacht«, »Faust I«.

Zwar weiß ich viel, doch möcht' ich alles wissen.
Dieser Ausspruch stammt von Wagner aus der Szene »Nacht«, »Faust I« und ist an Faust gerichtet.

Ein starkes Bier, ein beizender Tobak
Und eine Magd im Putz, das ist nun mein Geschmack
bekundet der Schüler in der Szene »Vor dem Tor«, »Faust I«.

Die Hand, die Samstags ihren Besen führt,
Wird Sonntags dich am besten karessieren
sagt der erste Schüler in der Szene »Vor dem Tor«, »Faust I«.

Nein, er gefällt mir nicht, der neue Burgemeister!
äußerst sich ein Bürger, Szene »Vor dem Tor«, »Faust I«.

Nichts Bessers weiß ich mir an Sonn- und Feiertagen,
Als ein Gespräch von Krieg und Kriegsgeschrei,
Wenn hinten, weit, in der Türkei
Die Völker aufeinander schlagen
sagt ein anderer Bürger in »Faust I«, Szene »Vor dem Tor«. Vgl. Matth. 24, 6: »Ihr werdet hören Kriege und Kriegsgeschrei« und Mark. 13, 7: »Wenn ihr aber hören werdet von Kriegen und Kriegsgeschrei ...«

Mit Euch, Herr Doktor, zu spazieren,
Ist ehrenvoll und ist Gewinn.

Und lispeln englisch, wenn sie lügen
Obige Zitate stammen von Wagner in »Faust I«, Szene »Vor dem Tor«.

Vom Eise befreit sind Strom und Bäche

Hier bin ich Mensch, hier darf ich's sein

Mein Vater war ein dunkler Ehrenmann
sagt Faust in der Szene »Vor dem Tor«. »Ein dunkler Ehrenmann« bezeichnet heute einen Mann, von dem es dunkel oder zweifelhaft erscheint, ob er ein Ehrenmann ist, während es bei Goethe bedeutet: »ein unberühmter, aber ehrlicher Mann«. »Dunkel« hat an dieser Stelle denselben Sinn wie das Wort »obscurus« ursprünglich in den »Epistolae obscurorum virorum«.

Was man nicht weiß, das eben brauchte man,
Und was man weiß, kann man nicht brauchen

Zwei Seelen wohnen, ach! in meiner Brust.
Die eine will sich von der andern trennen;
Die eine hält mit derber Liebeslust
Sich an die Welt mit klammernden Organen;
Die andre hebt gewaltsam sich vom Dust
Zu den Gefilden hoher Ahnen
sagt Faust in der Szene »Vor dem Tor« in »Faust I«. Schon Wieland läßt in dem lyrischen Drama »Die Wahl des Herkules« (1773) diesen zwischen Tugend und Begehrlichkeit schwankenden Halbgott ausrufen:
»Zwei Seelen – ach, ich fühl' es zu gewiß!
Bekämpfen sich in meiner Brust
Mit gleicher Kraft.«

Aus Schriftstellern deutscher Sprache

Goethe

Faust I

Bereits in den »Unterhaltungen deutscher Ausgewanderten« (1794–1795) läßt Goethe den »Alten« von »Ferdinand« sagen, er habe seiner Eltern grundverschiedene Gemütsarten in sich vereinigt, so daß »seine Freunde zu der Hypothese ihre Zuflucht nehmen mußten, daß der junge Mann wohl zwei Seelen haben mochte«; und weiterhin heißt es da: »Die gute Seele schien die Oberhand zu gewinnen.«

Du hast wohl recht: Ich finde nicht die Spur
Von einem Geist, und alles ist Dressur

sagt ebenfalls Faust in der Szene »Vor dem Tor«.

Knurre nicht, Pudel!

Mein geliebtes Deutsch

Das also war des Pudels Kern!

Der Kasus macht mich lachen

spricht Faust in der Szene »Studierzimmer (1)«, »Faust I«.

Wozu der Lärm? Was steht dem Herrn zu Diensten?

Ein Teil von jener Kraft,
Die stets das Böse will und stets das Gute schafft.

Der Geist, der stets verneint!

Alles, was entsteht,
Ist wert, daß es zugrunde geht.

Beisammen sind wir, fanget an!

Du bist noch nicht der Mann, den Teufel festzuhalten!

Obenstehende Zitate stammen von Mephisto aus der Szene »Studierzimmer (1)«, »Faust I«.

Ich bin zu alt, um nur zu spielen,
Zu jung, um ohne Wunsch zu sein

Entbehren sollst du, sollst entbehren!
Das ist der ewige Gesang,
Der jedem an die Ohren klingt,
Den unser ganzes Leben lang
Uns heiser jede Stunde singt

Was willst du armer Teufel geben?

Verweile doch! Du bist so schön!

Auch was Geschriebenes forderst du, Pedant?
zitieren wir nach Worten Fausts in der Szene »Studierzimmer (2)«. In der Sitzung des Reichstages vom 17. September 1878 sagte der Reichskanzler Otto von Bismarck: »Was kannst du armer Teufel geben?« Seitdem pflegt man das Wort in dieser Form zu zitieren. Zu »Verweile doch! Du bist so schön!« vgl. auch »Faust II«, Szene 5 »Großer Vorhof des Palastes«.

Allwissend bin ich nicht, doch viel ist mir bewußt.
und
Blut ist ein ganz besondrer Saft.
Beide Zitate werden von Mephisto im »Studierzimmer (2)«, »Faust I« gesprochen. Schon in Christian Heinrich Postels Singspiel »Die Groß-Müthige Thalestris oder Letzte Königin der Amazonen« von 1690 heißt es im »anderen Auftritt«:
»Blut ist der Safft vor allen Säfften,
Der tapfren Muth im Herzen kann ernähren.«

Ein stiller Geist ist Jahre lang geschäftig;
Die Zeit nur macht die feine Gärung kräftig
spricht Mephisto in der »Hexenküche« in »Faust I«.

Wir kochen breite Bettelsuppen
zitieren wir nach dem Ausspruch der Tiere in »Faust I«, Szene »Hexenküche«.

Nun soll es an ein Schädelspalten!
sagt Valentin in der zweiten Szene »Nacht«, »Faust I«.

Heraus mit Eurem Flederwisch!
fordert Mephisto in der zweiten Szene »Nacht« auf.

Süßer Pöbel

Die Müh' ist klein, der Spaß ist groß.

Du glaubst zu schieben, und du wirst geschoben.
Diese geflügelten Worte bilden wir nach Mephistos Worten in der Szene »Walpurgisnacht«, »Faust I«.

Sie ist die erste nicht.

Diese Worte Mephistos in der Szene »Feld«, »Faust I«, sind keine Erfindung Goethes, sondern einer alten sprichwörtlichen Redensart nachgebildet.

Mich faßt ein längst entwohnter Schauer, Der Menschheit ganzer Jammer faßt mich an.

Diese Worte stammen von Faust in der Szene »Kerker«. Im »Urfaust« von 1774/75 findet sich die Lesart: »Es faßt mich längst verwohnter Schauer. Inneres Grauen der Menschheit.«

Heinrich! Mir graut's vor dir

offenbart Margarete in der Szene »Kerker« in »Faust I«. Im »Urfaust« (1774/75) heißt es: »Mir graut's vor dir, Heinrich.«

Die Wahlverwandtschaften

Wahlverwandtschaften

Durch Goethes Romantitel »Die Wahlverwandtschaften« (1809 erschienen) ist die Bezeichnung der im 4. Kapitel des 1. Buches dargelegten Ursache chemischer Verbindungen der Elemente miteinander, die »Wahlverwandtschaften«, in übertragenem Sinn für Verhältnisse zwischen Personen üblich geworden. Nach Strehlkes Vorrede zu seiner Ausgabe der »Wahlverwandtschaften« hat Heinrich Tabor in seiner Übersetzung von »De attractionibus electivis« (1775) des schwedischen Chemikers Torbern Bergman das Wort 1782 in die deutsche Sprache eingeführt. Goethe selbst sagte in einem Gespräch mit Riemer (Bidermann 2, 270): »Die sittlichen Symbole in den Naturwissenschaften (z. B. das in der ›Wahlverwandtschaft‹ vom großen Bergman erfunden und gebraucht)«. Zum ersten Mal gebraucht er den Ausdruck in seinem Tagebuch am 11. 4. 1808: »An den kleinen Erzählungen schematisiert, besonders den Wahlverwandtschaften«, heißt es dort. Am 23. 10. 1799 hatte er bereits an Schiller »von der zarten chemischen Verwandtschaft« geschrieben, »wodurch sie (die Leidenschaften) sich anziehen und abstoßen, vereinigen, neutralisieren, sich wieder scheiden und herstellen«.

Der rote Faden

Dieses Bild erklärt Goethe in den »Wahlverwandtschaften« 2, 2 so: »Wir hören von einer besonderen Einrichtung bei der englischen Marine: sämtliche Tauwerke der königlichen Flotte, vom stärksten bis zum schwächsten, sind dergestalt gesponnen, daß ein roter Faden durch das Ganze durchgeht, den man nicht herauswinden kann, ohne alles aufzulösen, und woran auch die kleinsten Stücke kenntlich sind, daß sie der Krone gehören. Ebenso zieht sich durch Ottiliens Tagebuch ein Faden der Neigung und Anhänglichkeit, der alles verbindet und das Ganze bezeichnet.«

Goethe zitiert den »roten Faden« noch einmal in den »Wahlverwandtschaften« 2, 4 zur Einleitung einer Passage aus Ottiliens Tagebuch: »Manches Eigene von innigerem Bezug wird an dem roten Faden wohl zu erkennen sein.«

Es wandelt niemand ungestraft unter Palmen

(d. h. in der Region der Ideale), steht in Ottiliens Tagebuch (»Wahlverwandtschaften«) und wird oft vergeblich in Lessings »Nathan der Weise« gesucht. Dort sagt 1, 6 der Tempelherr zu Daja: »Weib, macht mir die Palmen nicht verhaßt, worunter ich so gern sonst wandle.«

Das eigentliche Studium der Menschheit ist der Mensch

schreibt Ottilie am Schluß ihres Tagebuchs (»Wahlverwandtschaften«). Das vollständige Zitat lautet: »Dem Einzelnen bleibe die Freiheit, sich mit dem zu beschäftigen, was ihn anzieht, … aber das eigentliche Studium der Menschheit ist der Mensch.« Schon in »Wilhelm Meisters Lehrjahren« (1795/96) drückt Goethe diesen Gedanken ähnlich aus: »Der Mensch ist dem Menschen das Interessanteste und sollte ihn vielleicht ganz allein interessieren.« Das Goethesche Wort geht zurück auf den Kanzelredner Pierre Charron (1541–1603), der am Anfang der Vorrede zum 1. Buch seines »Traité de la sagesse« (Bordeaux 1601) sagt: »La vraie science et le vrai étude de l'homme c'est l'homme.« Diesen Satz zitieren wir auch nach Pope, der ihn 1733 in seinem Lehrgedicht »Essay on Man« 2, 1 so wiedergab: »The proper study of mankind is man.«

Gedichte

Nur die Lumpe sind bescheiden,
Brave freuen sich der Tat

entlehnen wir Goethes zuerst 1810 als »Lied mit Chor, durchkomponiert von Zelter« gedrucktem Gedicht »Rechenschaft«. Goethe mag hierauf, wie Schopenhauer (»Parerga und Paralipomena« 2, 496, Leipzig 1877) bemerkte, durch Cervantes gekommen sein, welcher in den seiner »Reise auf den Parnaß« angehängten Verhaltungsregeln für Dichter auch diese gibt: »Jeder Dichter, den seine Verse lehrten, daß er einer sei, achte und schätze sich hoch, indem er sich an das Sprichwort halte, ein Lump sei, wer sich für einen Lump hält.«

Ergo bibamus!

lautet die Überschrift eines Goethe-Liedes aus dem Jahr 1810. Goethe dichtete das Lied, nachdem er Riemer durch seine Bemerkungen über Basedow zu einem ähnlichen angeregt hatte. In den Bemerkungen »Zur Farbenlehre« (Polemischer Teil, Tübingen 1810, § 391) sagt er: »Es fällt uns bei dieser Gelegenheit ein, daß Basedow, der ein starker Trinker war und in seinen besten Jahren in guter Gesellschaft einen sehr erfreulichen Humor zeigte, stets zu behaupten pflegte, die Conclusion ›Ergo bibamus‹ passe zu allen Prämissen. Es ist schön Wetter, ergo bibamus! Es ist ein häßlicher Tag, ergo bibamus! Wir sind unter Freunden, ergo bibamus! Es sind fatale Bursche in der Gesellschaft, ergo bibamus! So setzte auch Newton sein ergo zu den verschiedensten Prämissen.« Der Ausdruck, der in dem Lied selbst neunmal vorkommt, war bereits ein Lieblingswort des Papstes Martin IV. (1281–1285), der, nach Francesco da Butis (gest. 1406) Kommentar zu Dantes »Göttlicher Komödie« (Fegefeuer 24, 23. 24), wenn er aus dem Konsistorium kam, zu sagen pflegte: »Wieviel haben wir für die heilige Kirche Gottes gelitten! Ergo bibamus!« Auch ist »Ergo bibamus« der Anfang eines mittelalterlichen Kneipliedes.

Hier sind wir versammelt zu löblichem Tun
ist der erste Vers von Goethes am 26. März 1810 nach Berlin gesandtem und zuerst in den »Gesängen der Liedertafel«, 1811, Nr. 44, gedrucktem Lied: »Ergo bibamus!«

Verschiedene Werke

Dichtung und Wahrheit
Seiner 1811ff. erschienenen Lebensbeschreibung gab Goethe den Titel: »Aus meinem Leben. Dichtung und Wahrheit«. Wie R. Steig in einem Aufsatz »Goethes selbstbiographischer Nebentitel Dichtung und Wahrheit« in der Sonntagsbeilage Nr. 3 zur Vossischen Zeitung vom 16. Jan. 1910 nachweist, hat Goethe im Privatgebrauch seine Biographie lieber »Wahrheit und Dichtung« genannt, zum ersten Mal nachweisbar in der Überschrift des Gedichtes »Ein alter Freund erscheint maskiert«, mit dem er der Gräfin O'Donnel 1814 den 3. Teil seiner Lebensbeschreibung übersandte. So betitelten sie auch Riemer und Eckermann in der Ausgabe 1837, Goethes Sprachgebrauch folgend. Die Anregung zu dem Titel verdankt Goethe, wie Steig sehr wahrscheinlich macht, dem Buchhändler und Buchdrucker Friedrich Severin in Weißenfels. Dieser ließ sein seit 1788 unter dem Titel »Wahrheit und wahrscheinliche Dichtung« erscheinendes Wochenblatt, auf das bereits M. Morris in der 2. Auflage seiner »Goethe-Studien« II« (1902) S. 183/184 aufmerksam macht, seit 1791 unter dem Titel »Wahrheit und Dichtung« erscheinen. Die antithetische Anwendung der beiden Begriffe geht auf Plato zurück, der im »Timaeus« p. 26 E die »erdichtete Fabel« der »wahren Überlieferung« gegenüberstellt.

Shakespeare und kein Ende
Das häufige Verweisen auf Shakespeare bezeichnen wir mit dem gleichnamigen Titel eines im »Morgenblatt für gebildete Stände«, 1815, Nr. 113, am 12. Mai erschienenen Goethe-Aufsatzes, der häufig nachgeahmt wurde; bekannt ist Emil Du Bois-Reymonds Berliner Rektoratsrede (1882): »Goethe und kein Ende«.

***Märchen, noch so wunderbar,
Dichterkünste machen's wahr.***
Dieser Vorspruch Goethes zu der Abteilung »Balladen« steht zuerst in der Werkausgabe von 1815, 1, 161.

***Bilde, Künstler! Rede nicht!
Nur ein Hauch sei Dein Gedicht.***
Dieser Vorspruch Goethes zur Abteilung »Kunst«, Bd. II, 163 findet sich in der Ausgabe seiner Werke von 1815.

***Und seines Bellens lauter Schall
Beweist nur, daß wir reiten***
lautet der Schluß des Goethe-Gedichts »Kläffer« in Bd. II, 204 der Werk-Ausgabe von 1815.

***Zwischen heut und morgen
Liegt eine lange Frist;
Lerne schnell besorgen,
Da du noch munter bist.***
Diese Verse entstammen der Ausgabe von Goethes Werk, 1815, aus der Sammlung »Sprichwörtlich«, Nr. 12 (S. 221).

***Tu nur das Rechte in deinen Sachen;
Das andre wird sich von selber machen***
findet sich ebenfalls in der Sammlung »Sprichwörtlich«, Vers Nr. 16 (S. 221).

***Alles in der Welt läßt sich ertragen,
Nur nicht eine Reihe von schönen Tagen***
konstatiert Goethe in der Sammlung »Sprichwörtlich«, Nr. 56, S. 227 der Werkausgabe von 1815. Dieses Wort lautet bei Luther im »Trostbrief an die Christen zu Augsburg« (1523), Weimarer Ausgabe XII, 226, 18 ff.: »Seyntemal die Natur nit vermag eyttel freude und lust zu tragen die lenge, wie man spricht: ›der mensch kan alles erleiden on gutte Tage‹ und ›müssen starke beyne sein, die gutte tage ertragen sollen‹.« Auch in Luthers Tischreden kommt das Wort vor; in der 115ten (Erlanger Ausgabe 57, 128) steht: »Gute Tage können wir nicht ertragen« und in der 362ten lautet die Überschrift: »Die Welt kann gute Tage nicht ertragen.« Diese Rede beginnt mit den Worten: »Die Welt kann nichts weniger ertragen, denn gute Tage; sie kann gute Tage und Wohlfahrt nicht ertragen, sie hat zu schwache Beine dazu.« Seltsamerweise hat Wilhelm Müller diesen Spruch, wie es scheint unabhängig, ebenfalls und fast genau mit Goethe übereinstimmend erneuert (»Vermischte Schriften«, 1830, 2, 340):

Aus Schriftstellern deutscher Sprache

Goethe

Gedichte

»Nichts ist dem Menschen so schwer zu tragen
Als eine Last von guten Tagen.«

Der Mensch erfährt, er sei auch wer er mag,
Ein letztes Glück und einen letzten Tag.
In der Sammlung »Sprichwörtlich« steht auch dieser aus dem Epilog zum Trauerspiel »Essex« abgelöste, von Goethe am 18. Okt. 1813 gedichtete Vers (Nr. 86 S. 231).

Ich bin ein Narr auf eigne Hand.
Mit diesem Satz schließt Goethes Gedicht »Den Originalen« (unter »Epigrammatisch«, S. 274 der Sammlung »Sprichwörtlich«).

Begeistrung ist keine Heringsware,
Die man einpökelt auf einige Jahre
endet das Gedicht »Frisches Ei, gutes Ei«, S. 283 der Sammlung »Sprichwörtlich«.

Mann mit zugeknöpften Taschen,
Dir tut niemand was zu lieb;
Hand wird nur von Hand gewaschen;
Wenn du nehmen willst, so gib!
lautet das Gedicht »Wie du mir, so ich dir«, S. 290 in der Sammlung »Sprichwörtlich«. Vgl.: »Manus manum lavat.«

Wer will denn alles gleich ergründen!
Sobald der Schnee schmilzt, wird sich's finden.
Die Sammlung »Epigrammatisch« schließt mit diesen Worten aus dem Gedicht »Kommt Zeit, kommt Rat« (S. 292).

West-östlicher Divan

Stirb und werde!
zitieren wir aus Goethes Gedicht »Selige Sehnsucht«, gedichtet am 31. Juli 1814, zuerst gedruckt im »Taschenbuch für Damen«, 1817, unter dem Titel »Vollendung«, später abgedruckt im »West-östlichen Divan«, 1819 (Weimarer Ausgabe 6, 28).

Wandrer! – Gegen solche Not
Wolltest du dich sträuben?
Wirbelwind und trocknen Kot,
Laß sie drehn und stäuben.
Der »West-östliche Divan« bietet uns aus dem Gedicht »Wanderers Gemütsruhe« im »Buch des Unmuts« (»Weimarer Ausgabe« 6, 106) diese Zeilen.

West-östlicher Divan

Noch ist es Tag, da rühre sich der Mann!
Die Nacht tritt ein, wo niemand wirken kann.
Dieses nach Joh. 9, 4 gebildete Wort findet sich in späteren Ausgaben des »Buchs des Unmuts«. Es ist zuerst auf Bl. 4 der »Wanderjahre«, T. 1, 1821 gedruckt und in den »West-östlichen Divan« erst in der Ausgabe von 1827 (Ausgabe 1. Hd. 5, 117) aufgenommen.

Getretner Quark wird breit, nicht stark.
Diesen Ausspruch finden wir im »Buch der Sprüche« des »West-östlichen Divan«.

Volk und Knecht und Überwinder,
Sie gestehn zu jeder Zeit:
Höchstes Glück der Erdenkinder
Sei nur die Persönlichkeit
heißt es im »Buch Suleika« des »West-östlichen Divan«, S. 162.

Macht nicht so viel Federlesen!
Setzt auf meinen Leichenstein:
Dieser ist ein Mensch gewesen,
Und das heißt ein Kämpfer sein.
Dieser bekannte Spruch stammt aus dem Werk »West-östlicher Divan«. Eigentlich aber sagt dort im »Buch des Paradieses« in dem Gedicht »Einlaß« (S. 253, Str. 4) der Dichter zur Huri:
»Nicht so vieles Federlesen!
Laß mich immer nur herein:
Denn ich bin ein Mensch gewesen,
Und das heißt ein Kämpfer sein.«
Man hat wohl den Schlußreim des unter »Epigrammatisch« aufgenommenen Gedichtes »Grabschrift« (Werke 2, 1815, S. 287) beim Zitieren damit verschmolzen:
»Auf deinem Grabstein wird man lesen:
Das ist fürwahr ein Mensch gewesen.«

Verschiedene Werke

Wer das Dichten will verstehen,
Muß ins Land der Dichtung gehen;
Wer den Dichter will verstehen,
Muß in Dichters Lande gehen.
Dieses Motto tragen Goethes »Noten und Abhandlungen zu besserem Verständnis des West-östlichen Divans« (1819).

Von hier und heute geht eine neue Epoche der Weltgeschichte aus, und ihr könnt sagen, ihr seid dabeigewesen
findet sich in der 1820–1822 geschriebenen »Kampagne in Frankreich 1792« unter dem Datum 19. 9. 1792.

Aus Schriftstellern deutscher Sprache

Goethe

Xenien

Im Auslegen seid frisch und munter!
Legt ihr's nicht aus, so legt was unter
stammt aus dem 2. Buch der Goetheschen »Zahmen Xenien« von 1821 (Bd. 3 der Weimarer Ausgabe, 1890, S. 258).

Wär' nicht das Auge sonnenhaft,
Die Sonne könnt' es nie erblicken;
Läg' nicht in uns des Gottes eigne Kraft,
Wie könnt' uns Göttliches entzücken?
Diese Worte stammen aus dem 3. Buch der »Xenien« (Bd. 3 der Weimarer Ausgabe, 1890, S. 279). Die erste Fassung dieses Gedichts findet sich in der Abhandlung »Zur Farbenlehre«, Tübingen 1810, in der Einleitung S. XXXVIII und lautet:
»Wär' nicht das Auge sonnenhaft,
Wie könnten wir das Licht erblicken?
Lebt nicht in uns des Gottes eigne Kraft,
Wie könnt' uns Göttliches entzücken?«
Dieser Spruch beruht auf Plotins (gest. 270) »Enneaden« I, 6, 9, wo es heißt: »Nie hätte das Auge die Sonne gesehen, wäre es nicht selbst sonnenhafter Natur.« Plotin aber geht selbst wieder auf Plato zurück, der in seinem »Staat« VI, 19, p. 508 B das Auge das sonnenartigste unter allen Werkzeugen unserer Wahrnehmung nennt. Aber außer Plotin haben Goethe, wie besonders die 2. Hälfte des Gedichtes zeigt, die Verse aus des Manilius' (um 10 n. Chr.) »Astronomica« II, 115 f. beeinflußt, die er schon am 4. Sept. 1784 ins »Brockenbuch« geschrieben hatte:
»Quis caelum possit nisi caeli munere nosse?
Et reperire deum nisi qui pars ipse deorum est?«
(Wer erkännte den Himmel, verlieh' nicht der Himmel es selbst ihm?
Und wer fände den Gott, der nicht selbst ein Teil ist der Götter?)

Liegt dir Gestern klar und offen,
Wirkst du heute kräftig frei,
Kannst auch auf ein Morgen hoffen,
Das nicht minder glücklich sei
zitieren wir aus dem 4. Buch der »Xenien« (S. 312).

Sollen dich die Dohlen nicht umschrein,
Mußt nicht Knopf auf dem Kirchturm sein
wird aus dem 5. Buch der »Xenien« (S. 319) entnommen. In der Weimarer Ausgabe (1890) heißt es »Kirchenturm« statt »Kirchturm«.

Jeder solcher Lumpenhunde
Wird vom zweiten abgetan
findet sich im 5. Buch der »Xenien« auf S. 325.

Aus Schriftstellern deutscher Sprache

Goethe

Xenien

Wie fruchtbar ist der kleinste Kreis,
Wenn man ihn wohl zu pflegen weiß
heißt es im 6. Buch der »Xenien« auf S. 365.

Vom Vater hab' ich die Statur,
Des Lebens ernstes Führen,
Vom Mütterchen die Frohnatur
Und Lust zu fabulieren
und
Was ist denn an dem ganzen Wicht
Original zu nennen?
sind dem 6. Buch der »Xenien« (S. 368) entnommen. Wie wenig die Selbstcharakteristik Goethes im ersten Zitat wörtlich zu nehmen ist, weist Chamberlain in seiner Goethe-Biographie (München 1912, S. 22ff.) unter Hinweis auf den ursprünglichen Text Goethes (vgl. die Lesarten in der »Weimarer Ausgabe« 3, 447) nach.

Wer mit dem Leben spielt,
Kommt nie zurecht
stammt aus dem 8. Band der »Xenien« (Bd. 5, 1, 1893, 106; zuerst in Wendts »Musenalmanach für 1831«, 230).

Amerika, du hast es besser
finden wir im 9. Band der »Xenien« (S. 137; zuerst ebenfalls in Wendts »Musenalmanach für 1831«, S. 42, unter der Überschrift: »Den Vereinigten Staaten«).

Verschiedene Werke

Und so heb' ich alte Schätze,
Wunderlichst in diesem Falle
heißt es auf dem Vorsatzblatt zu Goethes »Wanderjahren« (1821).

Noch einmal wagst du, vielbeweinter Schatten,
Hervor dich an des Tages Licht.
So beginnt das am 25. März 1824 als Vorwort zu der Werther-Ausgabe von 1825 geschriebene Gedicht »An Werther« (in der Ausgabe 1. Hand 1827, 3, 19 ff. mit »Elegie« und »Aussöhnung« als »Trilogie der Leidenschaft« zusammengefaßt; in derselben Ausgabe heißt es in der zweiten Zeile: »an das Tageslicht«).

Orient und Occident
Sind nicht mehr zu trennen.
1826 geschrieben, aber erst 1833 in Bd. 7 der »Nachgelassenen Werke«, S. 81 gedruckt wurden diese Zeilen aus Goethes Spruch »Zum Divan«.

Verschiedene Werke

Die Nachtigall, sie war entfernt,
Der Frühling lockt sie wieder;
Was Neues hat sie nicht gelernt,
Singt alte, liebe Lieder.

In Band 3, S. 141 von Goethes Werk-Ausgabe von 1827 erschien das besonders durch Felix Mendelssohns Vertonung bekannt gewordene Gedicht »Ländlich«.

Weltliteratur

Dieses Wort geht auf Goethe zurück und stammt aus dem Jahr 1827. Am 31. Jan. sagte er zu Eckermann (Biederm. 6, 46): »Nationalliteratur will jetzt nicht viel sagen, die Epoche der Weltliteratur ist an der Zeit, und jeder muß jetzt dazu wirken, diese Epoche zu beschleunigen« und am 15. Juli (eb. 162): »Es ist sehr artig, daß wir jetzt, bei dem engen Verkehr zwischen Franzosen, Engländern und Deutschen, in den Fall kommen, uns einander zu korrigieren. Das ist der große Nutzen, der bei einer Weltliteratur herauskommt und der sich immer mehr zeigen wird«.

Faust II

Aus Goethes 1831 vollendetem, 1832 als 41. Band der Ausgabe 1. Hand erschienenem 2. Teil des »Faust« (der 1. Akt war schon 1828 in der Ausgabe 1. Hand 12, 249 ff. erschienen) werden zahlreiche geflügelte Worte gebildet. Im folgenden wird das Werk als »Faust II« bezeichnet.

Am farbigen Abglanz haben wir das Leben.

Dieser Ausspruch stammt von Faust, 1. Akt, »Anmutige Gegend«, »Faust II«.

Natur und Geist – so spricht man nicht zu Christen

äußert der Kanzler in »Faust II«, 1. Akt, Szene »Kaiserliche Pfalz«.

Daran erkenn' ich den gelehrten Herrn.
und
Wie sich Verdienst und Glück verketten,
Das fällt den Toren niemals ein;
Wenn sie den Stein der Weisen hätten,
Der Weise mangelte dem Stein.

Beide obenstehenden Zitate stammen von Mephisto, aus der Szene »Kaiserliche Pfalz«, 1. Akt, »Faust II«.

Der Vater bist du aller Hindernisse

sagt Faust zu Mephisto in der Szene »Finstere Galerie« im 1. Akt von »Faust II«.

Denn das Naturell der Frauen
Ist so nah mit Kunst verwandt
singen die Gärtnerinnen im 1. Akt des »Faust II« in der Szene »Weitläufiger Saal«.

Im Deutschen lügt man, wenn man höflich ist
behauptet der Baccalaureus im 2. Akt des »Faust II« in der Szene »Hochgewölbtes, enges gotisches Zimmer«.

Du weißt wohl nicht, mein Freund, wie grob du bist?

Original, fahr hin in deiner Pracht.

Wer kann was Dummes, wer was Kluges denken.
Das nicht die Vorwelt schon gedacht?

Wenn sich der Most auch ganz absurd gebärdet,
Es gibt zuletzt doch noch 'nen Wein.
Diese geflügelten Worte bilden wir nach Mephisto, 2. Akt »Faust II«, Szene »Hochgewölbtes, enges gotisches Zimmer«.

Bewundert viel und viel gescholten
Mit diesen Worten charakterisiert Helena sich selbst im 3. Akt, »Faust II«, Szene »Vor dem Palaste des Menelas zu Sparta«.

Das ist der Weisheit letzter Schluß:
Nur der verdient sich Freiheit wie das Leben,
Der täglich sie erobern muß

Zum Augenblicke dürft ich sagen:
Verweile doch, du bist so schön!

Es kann die Spur von meinen Erdetagen
Nicht in Aeonen untergehn
sagt Faust in der Szene »Großer Vorhof des Palastes«, 5. Akt, »Faust II«. »Erdetagen« wird meist zitiert als »Erdentagen«.

Ein großer Aufwand, schmählich! ist vertan
sagt Mephisto in der Szene »Grablegung«, »Faust II«, 5. Akt.

Wer immer strebend sich bemüht,
Den können wir erlösen
versichern die Engel in der Szene »Bergschluchten, Wald, Fels und Einöde«, 5. Akt, »Faust II«.

Aus Schriftstellern deutscher Sprache

Goethe

Faust II

Alles Vergängliche
Ist nur ein Gleichnis;
Das Unzulängliche,
Hier wird's Ereignis;
Das Unbeschreibliche,
Hier ist's getan;
Das Ewig-Weibliche
Zieht uns hinan

lauten die Schlußworte des »Chorus mysticus« am Ende des 5. Aktes, »Faust II«.

Maximen und Reflexionen

Alles Gescheite ist schon gedacht worden; man muß nur versuchen, es noch einmal zu denken

heißt es in den erst nach Goethes Tod in der Ausgabe 1. Hand vereinigten »Maximen und Reflexionen« (später »Sprüche in Prosa« genannt), Bd. 49, S. 21.

Was aber ist deine Pflicht? Die Forderung des Tages.

Diese Worte aus Goethes »Maximen und Reflexionen« zitierte der Reichskanzler Fürst Bülow am 19. Januar 1907 bei einem Bankett des kolonialpolitischen Aktionskomitees; sie wurden seitdem häufig in politischer Beziehung gebraucht.

Problematische Naturen

In Goethes »Maximen und Reflexionen« (zuerst in »Kunst und Altertum« 3, 1, 1821, 40) lesen wir: »Es gibt problematische Naturen, die keiner Lage gewachsen sind, in der sie sich befinden, und denen keine genug tut«. Hiernach gab Friedrich Spielhagen einem seiner Romane den Titel »Problematische Naturen« (1860). Goethe schrieb auch in der »Geschichte der Farbenlehre« (3. Abt., Bacon v. Verulam): »Man durchsuche Dictionnaire, Bibliotheken, Nekrologe, und selten wird sich finden, daß eine problematische Natur mit Gründlichkeit und Billigkeit dargestellt worden«, und er wandte das Wort noch einmal an, als er in Jena am 8. Okt. 1827 zu Eckermann (»Gespräche« 3, 143; Biedermann 6, 241) vom Kuckuck sagte: »Er ist eine höchst problematische Natur, ein offenbares Geheimnis, das aber nichtsdestoweniger schwer zu lösen, weil es so offenbar ist.«

• • •

18. Jahrhundert

Verschiedene Quellen

Ausgelitten hast du – ausgerungen

lautet der Anfang des Gedichts von Johann Heinrich von Reitzenstein »Lotte bey Werthers Grabe«, Wahlheim 1775, das im selben Jahr in Wielands »Teutschem Merkur« und im »Rheinischen Most«, Nr. 7,

erschien. Schiller mag hierdurch zu den Versen seines »Siegesfestes« angeregt worden sein:
»Ausgestritten, ausgerungen
Ist der lange, schwere Streit.«

Verschiedene Quellen

Sohn, da hast du meinen Speer!
beginnt Friedrich Leopold Graf zu Stolberg (1750–1819) sein »Lied eines alten schwäbischen Ritters an seinen Sohn«. Das Gedicht stand zuerst im »Wandsbecker Bothen«, 1774, Nr. 77 vom 14. Mai.

Süße, heilige Natur,
Laß mich gehn auf deiner Spur
lautet der Anfang von Stolbergs Gedicht »An die Natur« (zuerst »Deutsche Chronik«, hrsg. v. Christian Friedrich Daniel Schubart, 1775, 733).

Miller

Für mich ist Spiel und Tanz vorbei
stammt von Johann Martin Miller (1750–1814). Es handelt sich hier um den Anfangsvers der 2., in seinen »Gedichten« (Ulm 1783) fortgelassenen Strophe des zuerst im »Göttinger Musenalmanach auf 1773«, 35 ff. gedruckten, dort L. unterzeichneten »Klageliedes eines Bauern«, vertont von Frh. v. Seckendorff (?) und Chr. Dan. Schubart.

Was frag' ich viel nach Geld und Gut,
Wenn ich zufrieden bin?
und
Je mehr er hat, je mehr er will,
Nie schweigen seine Klagen still
(auch zitiert: Nie schweigen seine Wünsche still)
kommen aus Millers 1776 gedichtetem, zuerst im »Vossischen Musenalmanach für 1777«, 10 gedrucktem Lied »Zufriedenheit« (vertont von Mozart, erfolgreicher aber von Neefe). Es handelt sich um den Anfang sowie die letzten Verse der 2. Strophe.

Langhansen

Im Grab ist Ruh'
ist der Anfangs- und Schlußvers des im »Göttinger Musenalmanach für 1792«, S. 165 f. enthaltenen Gedichts »Die Ruhe im Grabe«, unterzeichnet »Ung.«. Nach Redlich: »Versuch eines Chiffernlexikons« (Hamburg 1875, 30) ist Christian Erhard Langhansen (1750–1816) der Verfasser. Heines »Buch der Lieder« (»Junge Leiden« 1817–1821, »Bergstimme«) verschaffte dem Wort die weiteste Verbreitung. Die Urstelle für das Wort ist Hiob 17, 16, freilich nicht in Luthers Übersetzung. Richtig lautet sie: »Zu den Pforten des Grabes wird alles (Hoffen) fahren, wenn anders im Grabe Ruhe ist.« Heine,

Verschiedene Quellen

der natürlich die Bibel im Urtext gelesen hat, wird den wahren Sinn der Stelle zweifellos gekannt haben.

Stirb, Ungeheuer!

Dies Bildnis ist bezaubernd schön.

Ich kann nichts tun, als dich beklagen,
Weil ich zu schwach zu helfen bin.

Bei Männern, welche Liebe fühlen,
Fehlt auch ein gutes Herze nicht.

Zur Liebe will ich dich nicht zwingen.

In diesen heil'gen Hallen
Kennt man die Rache nicht.

Das höchste der Gefühle
Gewöhnlich wird als Dichter des Textes von Mozarts am 30. Sept. 1791 im Theater auf der Wieden zu Wien zuerst aufgeführter »Zauberflöte«, aus dem diese Zitate entnommen sind, Emanuel Schikaneder (1751–1812) genannt. Es steht aber fest, daß das Hauptverdienst daran Karl Ludwig Giesecke gebührt. Dessen eigentlicher Name war C. F. Metzler; er wurde 1761 oder 1775 geboren und starb 1833 als Professor der Mineralogie zu Dublin. Schikaneder hat das Gieseckesche Buch nur an einigen Stellen verändert und erweitert.

Wie sie so sanft ruhn
Dieses Lied von August Cornelius Stockmann (1751–1821) steht im »Leipziger Musenalmanach auf das Jahr 1780«, 214 und ist »Der Gottesacker« betitelt. Der Komponist Friedrich Ludwig Beneken setzte es in Musik.

Voß

Auf die Postille gebückt, zur Seite des wärmenden Ofens
Johann Heinrich Voß (1751–1826) ist der Autor des in seinem »Musenalmanach von 1781«, 163 erschienenen Idylls »Der siebzigste Geburtstag«, dessen Anfang aber erst in den »Gedichten«, 1, Hamburg 1785, 163 wie oben zitiert lautet.

Seht den Himmel, wie heiter!
In seinem »Musenalmanach von 1782«, 43 steht das von Voß geschriebene und von Joh. Abraham Peter Schulz vertonte »Mailied eines Mädchens«, aus dem wir diese Zeile zitieren.

Voß

Willkommen im Grünen!

In seinem »Musenalmanach von 1782«, 142 findet sich das von Voß verfaßte, von Joh. Abraham Peter Schulz vertonte Gedicht »Im Grünen«, das mit diesen Worten beginnt. Doch sagt schon Bürger 1777, »Historie von der Prinzessin Europa«, Str. 43: »Willkommen hier ins Grün!«

Das Neue daran ist nicht gut, und das Gute daran ist nicht neu.

Im »Musenalmanach von 1792«, 71 finden wir mit der Unterschrift X. das von Voß stammende Distichon »Auf mehrere Bücher. Nach Lessing«:
»Dein redseliges Buch lehrt mancherlei Neues und Wahres,
Wäre das Wahre nur neu, wäre das Neue nur wahr!«
Darauf geht die oben zitierte Wendung zurück. Die Stelle, auf der das Distichon beruht, steht in den von Lessing u. a. herausgegebenen »Briefen, die neueste Literatur betreffend« (111. Brief, 1760, 12. Juni) und lautet: »Wenn es erlaubt ist, allen Worten einen andern Verstand zu geben, als sie in der üblichen Sprache der Weltweisen haben, so kann man leicht etwas Neues vorbringen. Nur muß man mir auch erlauben, dieses Neue nicht immer für wahr zu halten«.

Verschiedene Quellen

Geniestreich

Das mit den verwandten Bezeichnungen »genial« oder, wie man damals sagte, »genialisch« gegen Ende des 18. Jahrhunderts entstandene Wort »Geniestreich« läßt sich literarisch zum ersten Mal in dem Moderoman »Der Empfindsame« von Christian Friedrich Timme (1752–1788) nachweisen, der im ersten, 1781 in Erfurt erschienenen Band, S. 183 von den »Scheniestreichen und Narrheiten unseres empfindsamen Zeitalters« spricht. Am 1. Nov. 1790 schrieb Schiller in einem Brief an Körner über die bevorstehende Verheiratung Goethes mit »Mamsell Vulpius«, es könnte ihn doch verdrießen, wenn jener »mit einem solchen Geniestreich aufhörte«. Daß der Ausdruck 1793 schon gang und gäbe war, ist aus der in Berlin 1793 erschienenen Biographie Lessings, die sein Bruder K. G. Lessing herausgab, ersichtlich; dort heißt es im 1. Band S. 102: »Großer sogenannter Geniestreiche war er nicht fähig.« Auch Goethe nennt den Begriff »Geniestreich« in »Dichtung und Wahrheit« (erschienen 1811 ff.), wo es heißt: »Damals manifestierte sich's (nämlich das Genie) nur, indem es die vorhandenen Gesetze überschritt, die eingeführten Regeln umwarf und sich für grenzenlos erklärte … Wenn einer zu Fuße, ohne recht zu wissen warum und wohin, in die Welt lief, so hieß dies eine Geniereise, und wenn einer etwas Verkehrtes ohne Zweck und Nutzen unternahm, ein Geniestreich.«

Knigge

Knigge

Wenn wir einem ungehobelten Menschen den »Umgang mit Menschen« oder den »Knigge« empfehlen, so zitieren wir damit Adolf Frh. v. Knigges (1752–1796) zuerst in Hannover 1788 erschienenes Buch »Über den Umgang mit Menschen«. Dieser Titel wurde Veranlassung, dem Buch eine ganz andere Bedeutung unterzuschieben, als es in Wirklichkeit hat. Denn es enthält nicht, wie wohl gemeinhin angenommen wird, Anweisungen über Umgangsformen und Lebensart, sondern es gibt Lebensregeln und Ratschläge, wie man am besten durch das Leben kommt.

Tiedge

Geteilte Freude ist doppelte Freude, geteilter Schmerz ist halber Schmerz.

A. G. Eberhard (»Blicke in Tiedges und Elisas Leben«, Berlin 1844, 19) erzählt, er habe, als er im Manuskript von Christoph August Tiedges (1752–1841) »Urania« (ersch. 1801) auf eine Stelle stieß, die einen sehr ansprechenden Gedanken enthielt, geäußert, Tiedge könnte daraus ein wahres Kleinod für die Stammbuchsentenzen-Schreiberinnen herstellen, wenn er sich die Mühe gäbe, sie möglichst gedrängt und glatt in der äußeren Form und hierdurch mund- und gedächtnisgerecht zu machen. Tiedge habe sich sogleich an die Arbeit gemacht, und daraus sei dieser Vers entstanden:

»Sei hochbeseligt oder leide:
Das Herz bedarf ein zweites Herz,
Geteilte Freud' ist doppelt (zitiert: doppelte) Freude,
Geteilter Schmerz ist halber Schmerz.«

Der Gedanke selbst ist aber älteren Ursprungs. Schon Cicero, »Laelius« 6, 22, sagt: »Et secundas res splendidiores facit amicitia et adversas partiens communicansque leviores« (Freundschaft läßt das Glück heller strahlen und erleichtert das Unglück durch Teilnahme und Mitgefühl) und später dann Seneca, »Epistuale morales« I, 6, 3: »Nullius boni sine socio iucunda possessio est.« (Keines Glückes Besitz macht Freude ohne Genossen.)

Klinger

Sturm und Drang

Christoph Kaufmann (1753–1795), der herrnhutische Arzt und Apostel der Geniezeit, schlug Friedrich Maximilian von Klinger (1752–1831), der ihm 1776 in Gotha sein Drama »Wirrwarr« vorlas, dafür den Titel »Sturm und Drang« vor und gab damit der Literaturperiode vom Anfang der 70er bis in die Mitte der 80er Jahre des 18. Jahrhunderts ihren dauernden Namen. Klinger schrieb darüber an Goethe, daß ihm Kaufmann »den Titel Sturm und Drang aufdrang, an dem später mancher Halbkopf sich ergötzte«.

Overbeck

Komm, lieber Mai, und mache die Bäume wieder grün!
lautet der Anfangsvers des Liedes von Christian Adolf Overbeck (1755–1821) »Fritzchen an den Mai«, das zuerst im »Vossischen Musenalmanach vom Jahr 1776«, 49 steht und von Mozart vertont wurde.

Warum sind der Tränen Unterm Mond so viel?
Mit diesen Worten beginnt Overbecks Lied »Trost für mancherlei Tränen«, das im »Vossischen Musenalmanach vom Jahr 1781«, 77 erschien.

Schumacher

Heil dir im Siegerkranz!
Balthasar Gerhard Schumacher (1755–nach 1801) brachte in den »Berlin. Nachr. v. Staats- u. gelehrten Sachen« am 17. Dez. 1793 unter dem Titel »Berliner Volksgesang« dieses Lied mit obenstehenden Anfangsworten, das eine Umarbeitung des »Liedes für den dänischen Untertan an seines Königs Geburtstag zu singen in der Melodie des englischen Volksliedes: ›God save great George the King‹« ist. Die Dichtung ist von Heinrich Harries (1762–1802). Sie steht im »Flensburger Wochenblatt« vom 27. Jan. 1790 und beginnt:
»Heil dir, dem liebenden
Herrscher des Vaterlands!
Heil, Christian, dir!«

Langbein

***Sperr' oculos!
Sperr' die Augen auf!***
Aus August Friedrich Ernst Langbeins (1757–1835) Gedicht »Abenteuer des Pfarrers Schmolke und Schulmeisters Bakel« (»Gedichte«, Leipzig 1788, S. 100), Strophe 14, stammen diese Worte.

***Tadeln können zwar die Toren,
Aber klüger handeln nicht.***
Mit diesem sprichwörtlichen Gedanken endet August Friedrich Langbeins Gedicht »Die neue Eva«. Daraus machte der Volksmund:
»Tadeln können alle Toren,
Aber besser machen nicht.«

Ich und mein Fläschchen sind immer beisammen
lautet der Anfang des 1810 verfaßten, zuerst in »Minerva. Taschenbuch für das Jahr 1811«, S. 253 gedruckten Langbeinschen Gedichtes »Der Zecher«.

Langbein

Als der Großvater die Großmutter nahm
Altmodische, vergangene Zeiten bezeichnen wir mit dieser Anfangszeile eines 1813 in Beckers »Taschenbuch z. gesell. Vergnügen«, S. 332 erschienenen Langbeinschen Liedes. Dies Wort wählte Gustav Wustmann 1886 zum Titel einer Sammlung der beliebtesten Lieder des 19. Jahrhunderts (4. Aufl. Leipzig 1905).

Verschiedene Quellen

Das verschweigt (meist zitiert: Darüber schweigt)
des Sängers Höflichkeit
ist der Kehrreim eines Liedes, das mit den Worten beginnt:
»Als der liebe Gott die Welt erschaffen,
Schuf er Fische, Vögel, Löwen, Affen«
und dessen Verfasser unbekannt ist. Die 1804 gedichtete Erzählung Langbeins »Die Weissagung« (»Neuere Gedichte«, Tübingen 1812, 237) beginnt:
»In einem Städtlein, dessen Namen
Des Dichters Höflichkeit verschweigt«,
und in »Allerhand für Stadt und Land«, Jahrg. 1808, 8. St., Zittau, hrsg. von G. B. Flaschner, steht S. 117 ein Lied »Des Dichters Höflichkeit«, dessen Strophen mit dem Kehrreim »Das verschweigt des Sängers Höflichkeit« schließen.

Feinde ringsum!
Karl Gottlob Cramer (1758–1817), der Verfasser zahlreicher, einst vielgelesener Ritter- und Schauergeschichten, bietet uns in seinem Roman »Hermann von Nordenschild, gen. von Unstern«, Weißenfels 1792, Bd. 2, 146 das Soldatenlied mit obenstehendem Titel.

Ueltzen

Namen nennen dich nicht
ist der Anfang eines im »Göttinger Musenalmanach von 1786«, 127 erschienenen Liedes »Ihr« von Wilhelm Ueltzen (1759–1808). Ludwig Berger vertonte es (1812), und Goethe dichtete danach sein Lied »Gegenwart«, das beginnt: »Alles kündet dich an«, und das er am 16. Dezember 1812 dem Kanzler von Müller vorsingen ließ (vgl. Biedermann 3, 49).

Im Arm der Liebe ruht sich's wohl
beginnt »Das Liedchen von der Ruhe« von Wilhelm Ueltzen, das im »Göttinger Musenalmanach von 1788«, 68 erschien.

Schnoor

Vom hoh'n Olymp herab ward uns die Freude.
Heinrich Christian Schnoor (1762–1828) ist der Verfasser eines Liedes mit dieser Überschrift, das in dem ersten bekannten Druck (»Auswahl der vorzüglichsten Rund- und Freundschaftsgesänge«, Nürnberg 1795, 164) beginnt: »Vom hohen Göttersitz ward uns die Freude.«

In sieben Sprachen schweigen
Dieser Ausdruck rührt von Friedrich August Wolf (1759–1824) her, der in diesen Worten von seinem Schüler, dem Philologen Immanuel Bekker, sprach. Vgl. Wackernagel, »Deutsches Lesebuch« 4, 54: »Das ist auch das entschlossene Schweigen Uhlands, das ist das Schweigen Immanuel Bekkers, von welchem Friedrich August Wolf gesagt, er schweige in sieben Sprachen.«

Aus Schriftstellern deutscher Sprache

18. Jahrhundert

Wolf

●●●

Schiller

Die Räuber

Tintenklecksendes Säkulum
Friedrich von Schiller (1759–1805) erfand diesen Ausdruck in den »Räubern« (1781). Im Anfang der 2. Szene des 1. Aktes läßt er Karl Moor sagen: »Mir ekelt vor diesem tintenklecksenden Säkulum.«

Franz heißt die Canaille?
Dieses Wort zitieren wir nach der gleichlautenden Frage von Schweizer, 2. Szene, 1. Akt in den »Räubern«.

Dein Register hat ein Loch
zitieren wir nach Spiegelbergs Worten in den »Räubern«, 1. Akt, 2. Szene.

Ich kenne dich, Spiegelberg
(oft umgestellt in: Spiegelberg, ich kenne dich),
aber ich will nächstens unter euch treten und fürchterlich Musterung halten.
Diese Aussage von Karl Moor findet sich in der 3. Szene des 2. Akts.

Ich fühle eine Armee in meiner Faust
heißt es am Ende des 2. Akts.

Ein freies Leben führen wir
singen die Räuber zu Beginn der 5. Szene des 4. Akts.

Geh du linkwärts, laß mich rechtwärts gehn.
Diese Schlußworte von Moors Gesang über Brutus und Cäsar im 4. Akt, 5. Szene erinnern an 1. Mos. 13, 9: »Willst du zur Linken, so will ich zur Rechten, oder willst du zur Rechten, so will ich zur Linken.«

Bist du's, Hermann, mein Rabe?
fragt der alte Moor im 4. Akt, 5. Szene, in Gedanken an die Raben, die nach 1. Könige 17, 4–6 Elias Nahrung gaben.

Aus Schriftstellern deutscher Sprache

Schiller

Die Räuber

Hab' mich nie mit Kleinigkeiten abgegeben
heißt es in einem Gebet Franz Moors im 5. Akt, in der 1. Szene der »Räuber«.

Dem Mann kann geholfen werden.
Die letzten Worte des Schauspiels »Die Räuber«, aus dem Mund des Räubers Moor, sind eine sehr gängige Redensart geworden.

Und darum Räuber und Mörder!
steht nicht in der ersten Ausgabe der »Räuber« (Frankfurt und Leipzig 1781), sondern in der noch heute allen Bühnen-Aufführungen zugrunde liegenden Umarbeitung, die Schiller für das Mannheimer Theater auf Veranlassung des Intendanten Dalberg 1782 vornahm, im 4. Akt, Szene 17.

Gedichte

Horch – die Glocken weinen (später: hallen) ***dumpf zusammen***
stammt aus Schillers Gedicht »Kindsmörderin« (erschienen in der »Anthologie auf das Jahr 1782«).

Geknickte Lilie
Diese vielzitierten Worte sind eine Umbildung des vorletzten Verses des Gedichts »Kindsmörderin«: »Henker, kannst du keine Lilie knicken?«

Schwer und dumpfig,
Eine Wetterwolke
Mit diesen Zeilen beginnt das Gedicht »In einer Bataille. Von einem Offizier« (später »Die Schlacht« genannt).

Das wilde, eiserne Würfelspiel
In dem Gedicht »In einer Bataille. Von einem Offizier« findet man diese Umschreibung für Kampf und Krieg.

An die Rippen pocht das Männerherz.
Dieser Vers wird aus dem Gedicht »In der Bataille. Von einem Offizier« zitiert.

Zum Teufel ist der Spiritus,
Das Phlegma ist geblieben
stammt aus Schillers Gedicht »Kastraten und Männer«, in seiner späteren Umbildung »Männerwürde« genannt. Das Bild ist vom Destillationsprozeß hergeleitet, bei dem nach Herstellung des Spiritus eine wässerige, fade schmeckende Flüssigkeit zurückbleibt, die früher »Phlegma« hieß.

Meine Minna geht vorüber?
Meine Minna kennt mich nicht?
wird aus Schillers Gedicht »An Minna« zitiert.

Donner und Doria!
Schillers «Verschwörung des Fiesco zu Genua« (1783) bietet 1, 5 diesen Fluch Gianettino Dorias.

Über Zwirnsfäden stolpern
2, 5 sagt Fiesco vom Volke: »Der blinde, unbeholfene Koloß, der … Hohes und Niederes, Nahes und Fernes mit gähnendem Rachen zu verschlingen droht und zuletzt über Zwirnsfäden stolpert.« Danach wurde das geflügelte Wort gebildet.

Der Mohr hat seine Schuldigkeit getan; der Mohr kann gehen
pflegt man nach »Fiesco«, 3, 4 zu sagen. Dort heißt es allerdings »Arbeit«, nicht »Schuldigkeit«.

Fahre wohl, Doria, schöner Stern!
lautet eine Drohung Fiescos in 3, 5 der »Verschwörung des Fiesco«.

Verderben, gehe deinen Gang!
heißt es im »Fiesco« am Ende von 5, 1.

Wenn der Mantel fällt, muß der Herzog nach.
5, 16 spricht Fiesco: »Was zerrst du mich so am Mantel? – er fällt!« Verrina antwortet mit fürchterlichem Hohn: »Nun, wenn der Purpur fällt, muß auch der Herzog nach!« und stürzt ihn ins Meer. Hiernach wird obenstehendes Wort zitiert.

Ein konfiszierter widriger Kerl
nennt in Schillers »Kabale und Liebe« (1784) 1, 2 Musikus Miller den Sekretär Wurm. Im Personenverzeichnis zu »Fiesco« wird Muley Hassan, Mohr von Tunis, als »konfiszierter Mohrenkopf« bezeichnet. Der Ausdruck kommt aus dem Französischen. In Philibert Jos. Leroux' »Dictionnaire comique, satyrique, critique …« (Lyon, 1752) steht schon zu »confisquer«: »On dit au figuré un homme confisqué pour dire qu'il n'a plus de santé, de vigueur, qui est ruiné, perdu.« (Bildlich spricht man von einem konfiszierten Menschen, um zu sagen, daß er nicht mehr gesund sei, ohne Kraft, ruiniert, verloren.)

Du bist** (so) **blaß, Louise?
fragt Ferdinand in »Kabale und Liebe« 1, 4.

Kabale und Liebe

Legt's zu dem übrigen.
Diesen Ausspruch aus »Kabale und Liebe« 2, 2 gebrauchte Schiller später auch in »Maria Stuart« 1, 1.

Unglückseliges Flötenspiel
finden wir in »Kabale und Liebe« 5, 3.

Die Limonade ist matt wie deine Seele
heißt es in »Kabale und Liebe« 5, 7.

An die Freude

Freude, schöner Götterfunken
und
Alle Menschen werden Brüder
stammen aus Schillers Gedicht »An die Freude« (»Thalia«, Bd. 1, 1787, Heft 2), dem Beethoven im Finale seiner neunten Symphonie die musikalische Weihe gegeben hat. »Alle Menschen werden Brüder« heißt es aber erst im 2. Teil der »Gedichte« (Leipzig, 1803). In der früheren »Thalia« lautet diese Zeile: »Bettler werden Fürstenbrüder«.

Seid umschlungen, Millionen!

Überm Sternenzelt
Muß ein lieber Vater wohnen

Wem der große Wurf gelungen,
Eines Freundes Freund zu sein,
Wer ein holdes Weib errungen,
Mische seinen Jubel ein!
sind ebenfalls Zitate aus dem Schiller-Gedicht »An die Freude«. In Beethovens Oper »Fidelio«, deren heute üblicher Text von Friedrich Treitschke (1776–1842) herrührt, und die in der jetzt bekannten Form zuerst am 23. Mai 1814 aufgeführt wurde, lauten am Schluß der Oper die Schiller entlehnten Worte:
»Wer ein holdes (an zweiter Stelle: solches) Weib errungen,
Stimm in unsern Jubel ein.«

Unser Schuldbuch sei vernichtet!

Männerstolz vor Königsthronen!

Dem Verdienste seine Kronen,
Untergang der Lügenbrut.
Diese Worte stammen aus Schillers Gedicht »An die Freude«, zuerst 1787 erschienen in der »Thalia«.

Gedichte

Auch ich war in Arkadien geboren.
So lautet der Anfang des Schillerschen Gedichtes »Resignation« (»Thalia«, Bd. 1, Heft 2, S. 64 ff.). Vgl. »Et in Arcadia ego«.

Des Lebens Mai blüht einmal und nicht wieder.

Mit gleicher Liebe lieb' ich meine Kinder.

Die Weltgeschichte ist das Weltgericht.

Was man von der Minute ausgeschlagen,
Gibt keine Ewigkeit zurück.
Diese Zitate finden wir in Schillers Gedicht »Resignation« (»Thalia«, Bd. 1, Heft 2).

Don Carlos

Die schönen Tage in Aranjuez
Sind nun zu Ende

Brechen Sie
Dies rätselhafte Schweigen

O wer weiß,
Was in der Zeiten Hintergrunde schlummert?
zitieren wir aus Schillers 1787 geschriebenem Drama »Don Carlos«, 1. Akt, 1. Auftritt. »Die schönen Tage ...« wird meist falsch zitiert als »Die schönen Tage von Aranjuez sind nun vorüber.«

Wo alles liebt, kann Karl allein nicht hassen
sagt Domingo in »Don Carlos«, 1, 1.

Wer kommt? – Was seh' ich? – O, ihr guten Geister!
Mein Roderich!

Du sprichst von Zeiten, die vergangen sind

O der Einfall
War kindisch, aber göttlich schön

Sprich mir von allen Schrecken des Gewissens,
Von meinem Vater sprich mir nicht
bilden wir nach »Don Carlos« 1, 2. Statt »meinem Vater« wird beim letzten Zitat häufig auch der jeweilige Gegenstand des Entsetzens eingeschaltet.

Große Seelen dulden still
behauptet der Marquis von Posa in 1, 4, »Don Carlos«.

Ein Augenblick, gelebt im Paradiese,
Wird nicht zu teuer mit dem Tod gebüßt.
Dieses Zitat bilden wir nach Worten des Titelhelden in »Don Carlos« 1, 5.

Vergönn' ich Ihnen zehen Jahre Zeit,
Fern von Madrid darüber nachzudenken.

Die Sonne geht in meinem Staat nicht unter.

Hier ist die Stelle, wo ich sterblich bin.

Wenn ich einmal zu fürchten angefangen,
Hab ich zu fürchten aufgehört.

Der Knabe
Don Karl fängt an, mir fürchterlich zu werden.
Diese Worte finden wir in Schillers »Don Carlos« 1, 6.

In des Worts verwegenster Bedeutung
bilden wir nach dem gleichlautenden Ausspruch des Marquis Posa in »Don Carlos« 1, 9.

Arm in Arm mit dir,
So fordr' ich mein Jahrhundert in die Schranken
sind die Schlußworte des Titelhelden im 1. Akt von Schillers »Don Carlos«.

In seines Nichts durchbohrendem Gefühle
finden wir in 2, 1 von Schillers »Don Carlos«. Diese Worte des Carlos wiederholt Alba in Szene 5 in der Form: »In meines Nichts durchbohrendem Gefühle«.

Wer ist das?
Durch welchen Mißverstand hat dieser Fremdling
Zu Menschen sich verirrt?

Dreiundzwanzig Jahre!
Und nichts für die Unsterblichkeit getan.
Diese geflügelten Worte stehen in »Don Carlos« 2, 2.

Poesie! – Nichts weiter. – Mein Gehirn
Treibt öfters wunderbare Blasen auf,
Die schnell, wie sie entstanden sind, zerspringen

Die Liebe ist der Liebe Preis

Beim wunderbaren Gott – das Weib ist schön
bilden wir nach »Don Carlos« 2, 8.

Denn Unrecht leiden schmeichelt großen Seelen
sind Worte des Marquis Posa in »Don Carlos« 2, 15.

Stolz will ich
Den Spanier.

Ich mag es gerne leiden,
Wenn auch der Becher überschäumt.

Wenn solche Köpfe feiern, wieviel Verlust für meinen Staat!

Ich kann nicht Fürstendiener sein.

Die Ruhe des Kirchhofs

Geben Sie Gedankenfreiheit!

Sonderbarer Schwärmer!

Anders,
Begreif' ich wohl, als sonst in Menschenköpfen
Malt sich in diesem Kopf die Welt.
Diese Zitate finden sich in »Don Carlos« 3, 10. Der Ausdruck »Geben Sie Gedankenfreiheit!« wird gern erweitert zu: »Sire, geben Sie Gedankenfreiheit!«

Königin!
O Gott, das Leben ist doch schön!
Mit diesen Worten wirft sich der Marquis in »Don Carlos« 4, 21 vor der Königin nieder.

So sehen wir uns wieder
heißt es in der letzten Szene des letzten Aktes von Schillers »Don Carlos«. Die gleiche Formulierung taucht auch in der »Braut von Messina« auf, als Isabella ihre Tochter wiedersieht.

Kardinal, ich habe
Das Meinige getan. Tun Sie das Ihre
lauten die vom König gesprochenen Schlußworte des »Don Carlos«. »Ich habe das Meine getan« findet sich auch in den »Räubern«, 2, 3.

Gedichte

Der Menschheit Würde ist in eure Hand gegeben.
Schiller dichtete 1789 »Die Künstler«, zuerst veröffentlicht in einer Auswahl seiner Gedichte (Leipzig 1803). Darin findet sich dieser Ausspruch. Friedrich Karl von Moser hatte schon in seiner Schrift »Beherzigungen« (Frankfurt 1761) die »Menschheits-Rechte und Würde« gegen die Staatsgewalt verteidigt. 1789 schrieb Christian Friedrich Daniel Schubart in der »Vaterlandschronik«: »Lernet von den Franzosen, was Gefühl von Menschenwürde, was Freyheitsgeist sey!« Während der Revolution von 1848 forderte der Arbeiter Schlöffel »menschenwürdige Zustände« (»Berliner Revolutions-Chronik«, Berlin 1850). 1863 verlangte Ferdinand Lassalle, der Staat müsse »zu einem wahrhaft menschenwürdigen Dasein« verhelfen (Gesamtwerke, Leipzig 1899).

Nur dem Ernst, den keine Mühe bleichet,
Rauscht der Wahrheit tief versteckter Born.
In Schillers Monatsschrift »Die Horen« (Tübingen, Cotta 1795, 3, 9, 1) steht das Gedicht »Das Reich der Schatten«, später »Das Ideal und das Leben« betitelt. In dessen 11. Strophe befinden sich diese Worte.

Das verschleierte Bild zu Sais
Dieses Zitat, das häufig scherzhaft angewendet wird, finden wir in dem Gedicht »Das Reich der Schatten« (später »Das Ideal und das Leben«) in Schillers Monatszeitschrift »Die Horen«.

Sei mir gegrüßt, mein Berg, mit dem rötlich strahlenden Gipfel!
Aus der in Schillers Monatszeitschrift »Die Horen« enthaltenen »Elegie«, die später den Titel »Der Spaziergang« erhielt, wird diese Anfangszeile zitiert.

Der ruhende Pol in der Erscheinungen Flucht
sowie
Und die Sonne Homers, siehe! sie lächelt auch uns
findet man in Schillers Monatszeitschrift »Die Horen« in der Elegie »Der Spaziergang«.

Was tun? spricht Zeus.
Diese bekannte Redensart, die Unentschlossenheit und Ratlosigkeit ausdrückt, zitieren wir nach dem Schiller-Gedicht »Teilung der Erde« in den »Horen«.

Willst du in meinem Himmel mit mir leben,
So oft du kommst, er soll dir offen sein
bilden wir nach Schillers Gedicht »Teilung der Erde« (anonym erschienen in »Die Horen«).

Einstweilen, bis den Bau der Welt
Philosophie zusammenhält,
Erhält sie das Getriebe
Durch Hunger und durch Liebe.
Aus Schillers Gedicht »Die Taten der Philosophen« (später »Die Weltweisen« überschrieben) ist diese Schlußstrophe ein geflügeltes Wort geworden.

Zahlreiche geflügelte Worte sind Schillers Musenalmanachen für die Jahre 1796–1800 entnommen, die im folgenden als »MA 1796 ff.« bezeichnet werden.

Auf schwanker Leiter der Gefühle
wird aus dem Gedicht »Die Macht des Gesanges« (MA 1796, S. 1) zitiert.

Pegasus im Joche
So bezeichnen wir einen Dichter, der wegen harter, ihm aufgezwungener Arbeit seine Kreativität nicht frei entfalten kann. MA 1796, S. 62 hieß das Gedicht noch »Pegasus in der Dienstbarkeit«; es erhielt erst in der Ausgabe der Gedichte 1800–1803 seinen heute geläufigen Titel.

So willst du treulos von mir scheiden?
In dem Gedicht »Die Ideale« redet der Dichter die fliehende Zeit auf diese Weise an und rühmt als die beiden treuen und tröstenden Begleiterinnen durch die Enttäuschungen des Lebens die Freundschaft und die »Beschäftigung, die nie ermattet«.

Güter zu suchen,
Geht er, doch an sein Schiff knüpft das Gute sich an.
Mit diesen Worten bringt Schiller die ethische Bedeutung des Handels, der, »Güter« suchend, dem allgemeinen Fortschritt, d. h. dem Guten dient, in den Schlußworten seines im MA 1796, S. 144 erschienenen Gedichts »Der Kaufmann« zum Ausdruck.

Ehret die Frauen! sie flechten und weben
Himmlische Rosen ins irdische Leben
findet man in dem Gedicht »Würde der Frauen« (MA 1796, S. 186).

Aus Schriftstellern deutscher Sprache

Schiller

Gedichte

Doch eine Würde, eine Höhe
Entfernte die Vertraulichkeit
und
Und (sie) ***teilte jedem eine Gabe***
ist dem Gedicht »Das Mädchen aus der Fremde« (MA 1797) entnommen.

Welches Wunder begibt sich?
lauten die Anfangsworte von Schillers »Pompeji und Herkulanum« (MA 1797).

Distichen

In den Ozean schifft mit tausend Masten der Jüngling.
Still, auf gerettetem Boot, treibt in den Hafen der Greis
steht in Schillers Distichon mit der Überschrift »Erwartung und Erfüllung« (MA 1797).

Immer strebe zum Ganzen, und kannst du selber kein Ganzes werden, als dienendes Glied schließ an ein Ganzes dich an!
findet man in den »Tabulae votivae« im Distichon »Pflicht für jeden« (MA 1797).

Willst du dich selber erkennen, so sieh, wie die andern es treiben,
Willst du die andern verstehn, blick in dein eigenes Herz
heißt es in Schillers Distichon »Der Schlüssel« (MA 1797).

Kannst du nicht allen gefallen durch deine Tat und dein Kunstwerk,
Mach es wenigen recht, vielen gefallen ist schlimm
steht im Distichon »Wahl« (MA 1796).

Xenien

Eine große Epoche hat das Jahrhundert geboren;
Aber der große Moment findet ein kleines Geschlecht
finden wir in den »Xenien« (MA 1796) unter der Überschrift »Der Zeitpunkt«.

Wie doch ein einziger Reicher so viele Bettler in Nahrung setzt! Wenn die Könige baun, haben die Kärrner zu tun
heißt es in »Kant und seine Ausleger« (MA 1797, »Xenien«).

Einem ist sie die hohe, die himmlische Göttin, dem andern eine tüchtige Kuh, die ihn mit Butter versorgt
sagt Schiller im Epigramm »Wissenschaft« (MA 1797, »Xenien«), wobei meist für »tüchtige« nach altem Sprachgebrauch »melkende« eingesetzt wird.

Was sie gestern gelernt, das wollen sie heute schon lehren.
Ach! was haben die Herrn doch für ein kurzes Gedärm!
heißt es in Schillers Xenie »Geschwindschreiber« (MA 1797).

Das große gigantische Schicksal,
Welches den Menschen erhebt, wenn es den Menschen zermalmt
zitieren wir aus dem 18. der später unter der Überschrift »Shakespeares Schatten« zusammengefaßten 23 Distichen (»Gedichte«, 1, Leipzig 1800).

Noch am Grabe pflanzt er die Hoffnung auf.
sowie
Und was die inn're Stimme spricht,
Das täuscht die hoffende Seele nicht.
Diese Verse sind aus Schillers »Hoffnung« (»Horen« von 1797) bekannt.

Er stand auf seines Daches Zinnen,
Er schaute mit vergnügten Sinnen
Auf das beherrschte Samos hin
zitieren wir den Anfang von Schillers Ballade »Ring des Polykrates« (MA 1798).

Dies alles ist mir untertänig.

Mit fremden Schätzen reich beladen

Der Schiffe mastenreicher Wald

Mir grauet vor der Götter Neide
Des Lebens ungemischte Freude
Ward keinem Irdischen zuteil.

Noch keinen sah ich fröhlich enden,
Auf den mit immer vollen Händen
Die Götter ihre Gaben streun.

Hier wendet sich der Gast mit Grausen.

Mein Freund kannst du nicht weiter sein.
Obenstehende Zitate finden sich in der Ballade »Ring des Polykrates« in Schillers MA 1798. »Mein Freund ...« wird meist scherzhaft in der Frageform zitiert. Auch die Zitierweise »Mein Freund kannst du nicht länger sein« ist üblich.

Die Damen in schönem Kranz

Da speit das doppelt geöffnete Haus
Zwei Leoparden auf einmal aus.

Den Dank, Dame, begehr' ich nicht.
Diese geflügelten Worte werden nach der Ballade »Der Handschuh« in Schillers MA 1798 gebildet. »Da speit ...« wird auch oft als »Da speit das doppelt geöffnete Tor zwei Leoparden auf einmal hervor« zitiert.

Ritter, treue Schwesterliebe
und
Und so saß er eine Leiche
bietet uns der »Ritter Toggenburg« in Schillers MA 1798.

Wer wagt es, Rittersmann oder Knapp,
Zu tauchen in diesen Schlund?

Und es wallet und siedet und brauset und zischt,
Wie wenn Wasser mit Feuer sich mengt

Und will sich nimmer erschöpfen und leeren

Jetzt schnell, eh die Brandung wiederkehrt

Hochherziger Jüngling, fahre wohl!

Er lebt! er ist da! es behielt ihn nicht!

Da unten aber ist's fürchterlich,
Und der Mensch versuche die Götter nicht!

Unter Larven die einzige fühlende Brust

Laßt Vater, genug sein das grausame Spiel!
zitieren wir aus Schillers Ballade »Der Taucher« (MA 1798). »Laßt Vater ...« wird gewöhnlich in der Form »Laß, Vater, genug sein des grausamen Spiels!« zitiert.

Der Mensch ist frei geschaffen, ist frei,
Und würd' er in Ketten geboren.
Diese Redewendung ist in »Worte des Glaubens« am Anfang der zweiten Strophe (Schillers MA 1798) zu finden.

Und was kein Verstand der Verständigen sieht,
Das übet in Einfalt ein kindlich Gemüt
sagt Schiller am Schluß der dritten Strophe der »Worte des Glaubens« (MA 1798) mit Bezug auf die Worte: »Verstand der Verständigen« aus 1. Kor. 1, 19.

Mit dem Anstand, den er hatte
stammt aus der »Nadowessischen Totenklage«, zuerst erschienen in Schillers MA 1798.

Zum Kampf der Wagen und Gesänge

Und munter fördert er die Schritte.

Wie weit er auch die Stimme schickt,
Nichts Lebendes wird hier erblickt.

Und muß ich so dich wiederfinden?

Denn Bank an Bank gedränget sitzen

Wer zählt die Völker, nennt die Namen?

Es steigt das Riesenmaß der Leiber
Hoch über Menschliches hinaus.

Wohl dem, der frei von Schuld und Fehle
Bewahrt die kindlich reine Seele.

Wir heften uns an seine Sohlen.

Sieh da, sieh da, Timotheus,
Die Kraniche des Ibykus!

Die Szene wird zum Tribunal.
Diese Worte werden aus der Ballade »Die Kraniche des Ibykus« (MA 1798) zitiert.

Ergeben der Gebieterin

Red'st du von einem, der da lebet?

Des freut sich das entmenschte Paar

Der ist besorgt und aufgehoben,
Der Graf wird seine Diener loben

Herr, dunkel war der Rede Sinn

Dies Kind, kein Engel ist so rein
stammen aus Schillers »Gang nach dem Eisenhammer« (MA 1798).

Wallensteins Lager

Dem Mimen flicht die Nachwelt keine Kränze.

Denn wer den Besten seiner Zeit genug
Getan, der hat gelebt für alle Zeiten.

Im engen Kreis verengert sich der Sinn,
Es wächst der Mensch mit seinen größern Zwecken.

Von der Parteien Gunst und Haß verwirrt,
Schwankt sein Charakterbild in der Geschichte.

Ernst ist das Leben, heiter ist die Kunst.
Diese Worte schuf Schiller in seinem im Okt. 1798 bei Wiedereröffnung der Schaubühne in Weimar gesprochenen Prolog zu »Wallensteins Lager«.

Ei, das muß immer saufen und fressen
behauptet der Trompeter im 2. Auftritt von »Wallensteins Lager«.

Was? Der Blitz?
Das ist ja die Gustel aus Blasewitz
ruft der erste Jäger, als die Marketenderin kommt, im 5. Auftritt von »Wallensteins Lager«.

Der feine Griff und der rechte Ton
fehlt nach den Worten des Wachtmeisters einem der Jäger im 6. Auftritt von »Wallensteins Lager«.

Wie er räuspert und wie er spuckt,
Das habt ihr ihm glücklich abgeguckt
erwidert der Jäger auf die Beschuldigung des Wachtmeisters, er beherrsche den »rechten Ton« nicht. Dies ist aus Molières »Femmes savantes« 1, 1 entlehnt, wo Armande sagt:
»Wer sich nach andern bilden will und achten,
Hat ihren guten Sitten nachzutrachten.
Das heißt gewiß sein Vorbild nicht erreichen,
Im Räuspern nur und Spucken ihm zu gleichen.«

Moland sagt in seiner Molière-Ausgabe, Paris 1864, 7, 22: »Molière bringt hier nur eine sprichwörtliche Redensart, die zu seiner Zeit gebräuchlich war, in Verse.«

Leben und leben lassen
und
Was nicht verboten ist, ist erlaubt
sagt der erste Jäger im 6. Auftritt von »Wallensteins Lager«.

Trommeln und Pfeifen,
Kriegrischer Klang
singt der Rekrut im 7. Auftritt von »Wallensteins Lager«.

Und wer's zum Korporal erst hat gebracht,
Der steht auf der Leiter zur höchsten Macht
sagt der Wachtmeister in »Wallensteins Lager«, 7. Auftritt.

Heisa, juchheia! Dudeldumdei!
Das geht ja hoch her. Bin auch dabei!
lautet der Anfang der Kapuzinerpredigt, 8. Auftritt »Wallensteins Lager«.

Quid hic statis otiosi?
heißt es in »Wallensteins Lager«, Kapuzinerpredigt, 8. Auftritt. Vgl. Matth. 20, 6: »Quid hic statis tota die otiosi?« (Wie stehet ihr hier den ganzen Tag müßig?)

Am Himmel geschehen Zeichen und Wunder
predigt der Kapuziner in »Wallensteins Lager«, 8. Auftritt (vgl. 2. Mos. 7, 3).

Quid faciemus nos?
fragt der Kapuziner im 8. Auftritt von »Wallensteins Lager«. Vgl. Luk. 3, 14: »Interrogabant autem eum milites dicentes: quid faciemus et nos?« (Da fragten ihn auch die Kriegsleute und sprachen: was sollen denn wir tun?)

Kömmt doch das Ärgernis von oben
heißt es gegen Ende der Kapuzinerpredigt in »Wallensteins Lager« (8. Auftritt).

Der Bauer ist auch ein Mensch – so zu sagen
nimmt der erste Arkebusier im 10. Auftritt von »Wallensteins Lager« den Bauern in Schutz.

Aus Schriftstellern deutscher Sprache

Schiller

Wallensteins Lager

Tiefenbacher,
Gevatter Schneider und Handschuhmacher
So benennt der Erste Jäger die Arkebusiere in »Wallensteins Lager«, 10. Auftritt.

Aber das denkt wie ein Seifensieder
sagt der Erste Jäger von den Arkebusieren im 11. Auftritt von »Wallensteins Lager«.

Wohl auf, Kameraden, aufs Pferd, aufs Pferd!
und
Und setzet ihr nicht das Leben ein,
Nie wird euch das Leben gewonnen sein
wird zitiert aus dem von den Komponisten Körner, Zahn, Zelter und Zumsteeg vertonten Chorgesang im 11. Auftritt von »Wallensteins Lager«.

Gedichte

Der Kampf mit dem Drachen

Was rennt das Volk, was wälzt sich dort
Die langen Gassen brausend fort?

Mut zeiget auch der Mameluck,
Gehorsam ist des Christen Schmuck.
Diese Zitate stammen aus der Ballade »Der Kampf mit dem Drachen«, die zuerst veröffentlicht wurde in Schillers »Musenalmanach für das Jahr 1799« (im folgenden abgekürzt als MA 1799).

Die Bürgschaft

Möros (später: Damon)***, den Dolch im Gewande***

Was wolltest du mit dem Dolche? Sprich!

Das sollst du am Kreuze bereuen

Des Hauses redlicher Hüter

Zurück! du rettest den Freund nicht mehr

In den Armen liegen sich beide
Und weinen vor Schmerzen und Freude

Der fühlt ein menschliches Rühren

Und die Treue, sie ist doch kein leerer Wahn!

Die Bürgschaft

Ich sei, gewährt mir die Bitte,
In eurem Bunde der Dritte

stammen aus Schillers »Bürgschaft« (MA 1799). Aus dem geflügelten Wort »Ich sei, gewährt ...« wird losgelöst auch »der Dritte im Bunde« zitiert. Dieses Wort findet sich bereits in einer der Quellen der Erzählung, in Aristoxenus' (350 v. Chr.) »Leben des Pythagoras«, von dem ein Bruchstück in den gleichnamigen Werken des Porphyrius (223–304 n. Chr.) und des Iamblichus (gest. um 333 n. Chr.) erhalten ist. Danach hat der Tyrann von Syrakus, Dionys der Jüngere (367–343 v. Chr.), als er nach seiner Vertreibung in Korinth Schullehrer war, Aristoxenus sein Erlebnis mit den beiden befreundeten Pythagoreern Phintias (Hygin, aus dessen 257. Fabel Schiller schöpfte, nennt ihn Möros) und Damon erzählt. Er habe zum Schluß die beiden Getreuen umarmt und geküßt und sie gebeten, ihn für würdig zu halten, ihn »in ihren Freundschaftsbund als Dritten aufzunehmen«.

Gedichte

Ich habe genossen das irdische Glück,
Ich habe gelebt und geliebet

wird aus »Des Mädchens Klage« (MA 1799) zitiert. Dieses Gedicht findet sich, um zwei Strophen verkürzt, als »Theklas Lied« in »Die Piccolomini« 3, 7.

Der Schein soll nie die Wirklichkeit erreichen,
Und siegt Natur, so muß die Kunst entweichen.

Diese Schlußverse der 6. Strophe des Schiller-Gedichts »An Goethe, als er den ›Mahomet‹ von Voltaire auf die Bühne brachte« (1799, zuerst gedruckt in: »Gedichte«, 1, Leipzig 1800) erfuhren nach Schillers Tod eine bizarre Umgestaltung:
Die französische Sage, daß der Hund des Ritters Aubry durch sein feindseliges Betragen gegen dessen heimtückischen Mörder die Entdeckung desselben bewirkt habe, wurde von Pixérécourt zu einem Melodrama verarbeitet, in dem der Hauptdarsteller, ein dressierter Pudel, das Pariser Publikum in Begeisterung versetzte. 1816 gab sich die königliche Bühne in Berlin dazu her, den Pudel in dem von Castelli unter dem Namen »Hund des Aubri« übersetzten Sensationsstück auftreten zu lassen, was, wie Zelter Mitte Oktober 1816 (Brief 264) an Goethe schrieb, die Berliner zu dem Witz veranlaßte, daß »den Hund aufs Theater bringen« eigentlich »das Theater auf den Hund bringen« bedeute. Auch der Großherzog von Weimar, ein großer Hundeliebhaber, wünschte den vierbeinigen Schauspieler auf seiner Bühne zu sehen, stieß aber auf Widerstand bei Goethe, dem Intendanten. Dieser war schon am 21. März 1817 wegen anderer Differenzen in der Theaterleitung mit eigenmächtiger Urlaubserteilung nach Jena gegangen. Dort erreichte ihn die Mitteilung, daß der Schauspieler Karsten vom Theater an der Wien mit seinem abgerichteten

Pudel auch an der Hofbühne in Weimar auftreten werde. Dies geschah trotz Goethes Widerspruch am 12. April. Darauf reichte Goethe sein Entlassungsgesuch ein und erhielt am 13. April seinen Abschied. Die Tagesblätter veränderten die obigen Verse Schillers daraufhin also:

»Dem Hundestall soll nie die Bühne gleichen,
Und kommt der Pudel, muß der Dichter weichen.«

Will sich Hektor ewig von mir wenden?
und
Teures Weib, gebiete deinen Tränen!
wird aus »Hektors Abschied« (in der Gestalt von 1793 zuerst in »Gedichte« 1, Leipzig 1800; in der ursprünglichen Fassung von 1780 in den »Räubern« 2, 2 und 4, 4) zitiert.

Auch das Schöne muß sterben
lautet der Anfang von Schillers »Nänie«, gedichtet 1. Okt. 1799, gedruckt in »Gedichte« I, Leipzig 1800.

Klanglos zum Orkus hinab
Diese Schlußworte von Schillers Gedicht »Nänie« wendet man an, wenn ein Wesen oder Werk ruhmlos dahinschwindet.

Das Lied von der Glocke

Im »Musenalmanach für das Jahr 1800« erschien zum erstenmal Schillers berühmtes »Lied von der Glocke«. Daraus werden zahlreiche geflügelte Worte gebildet.

***Von der Stirne heiß
Rinnen muß der Schweiß.***

Doch der Segen kommt von oben.

***Zum Werke, das wir ernst bereiten,
Geziemt sich wohl ein ernstes Wort.
Wenn gute Reden sie begleiten,
Dann fließt die Arbeit munter fort.***

Nehmet Holz vom Fichtenstamme.

Die schwarzen und die heitern Lose

Die Jahre fliehen pfeilgeschwind.

Vom Mädchen reißt sich stolz der Knabe.

Errötend folgt er ihren Spuren.

Das Schönste sucht er auf den Fluren.

O! zarte Sehnsucht, süßes Hoffen,
Der ersten Liebe goldne Zeit,
Das Auge sieht den Himmel offen,
Es schwelgt das Herz in Seligkeit.

O! daß sie ewig grünen bliebe,
Die schöne Zeit der jungen Liebe.

Denn wo das Strenge mit dem Zarten,
Wo Starkes sich und Mildes paarten,
Da gibt es einen guten Klang.
Drum prüfe, wer sich ewig bindet,
Ob sich das Herz zum Herzen findet!
Der Wahn ist kurz, die Reu' ist lang.

Mit dem Gürtel, mit dem Schleier
Reißt der schöne Wahn entzwei.

Der Mann muß hinaus
Ins feindliche Leben.

Die Räume wachsen, es dehnt sich das Haus.

Doch mit des Geschickes Mächten
Ist kein ew'ger Bund zu flechten,
Und das Unglück schreitet schnell.

Wohl! nun kann der Guß beginnen.

Wohltätig ist des Feuers Macht,
Wenn sie der Mensch bezähmt, bewacht.

Wehe, wenn sie losgelassen!

Denn die Elemente hassen
Das Gebild der Menschenhand.

Kinder jammern, Mütter irren.

Alles rennet, rettet, flüchtet.

Schiller

Das Lied von der Glocke

Leergebrannt
Ist die Stätte.

In den öden Fensterhöhlen
Wohnt das Grauen.

Ein süßer Trost ist ihm geblieben,
Er zählt die Häupter seiner Lieben,
Und sieh! ihm fehlt kein teures Haupt.

Ach, die Gattin ist's, die teure.

Blökend ziehen heim die Schafe.
Und der Rinder
Breitgestirnte, glatte Scharen
Kommen brüllend
Die gewohnten Ställe füllend.

Denn das Auge des Gesetzes wacht.

Arbeit ist des Bürgers Zierde.

Wo rohe Kräfte sinnlos walten,
Da kann sich kein Gebild gestalten.

Wenn sich die Völker selbst befrein,
Da kann die Wohlfahrt nicht gedeihn.

Da werden Weiber zu Hyänen.

Es lösen
Sich alle Bande frommer Scheu.

Gefährlich ist's, den Leu zu wecken,
Verderblich ist des Tigers Zahn;
Jedoch der schrecklichste der Schrecken,
Das ist der Mensch in seinem Wahn.

Obenstehende Zitate sind alle Schillers Gedicht »Lied von der Glocke« entnommen. Das geflügelte Wort »Der Mann muß hinaus ins feindliche Leben« wird oft auch parodistisch zitiert. Gleiches gilt auch für das Zitat
»Ein süßer Trost ist ihm geblieben,
Er zählt die Häupter seiner Lieben ...«.
Dieses wird zusammenfassend »Und sieh! es sind statt sechse sieben« parodiert.

Spät kommt Ihr, doch Ihr kommt! Der weite Weg entschuldigt Euer Säumen
sagt Feldmarschall Illo zu Graf Isolani in Schillers Drama »Die Piccolomini« 1, 1. Schon in der »Odyssee« XXIII, 7 wird von Odysseus gesagt, er komme nach Hause, obwohl er spät komme.

Der Krieg ernährt den Krieg
sagt Graf Isolani in 1, 2, »Die Piccolomini«. Dieser Gedanke ist nicht neu. Schon bei Livius XXXIV, 9 sagt Cato: »Bellum se ipsum alet« (Der Krieg ernährt sich selbst).

Es ist der Krieg ein roh, gewaltsam Handwerk
sagt Illo zu Kriegsrat von Questenberg in »Die Piccolomini« 1, 2. Vgl. »Wilhelm Tell« 1, 2:
»O Weib! Ein furchtbar wütend Schrecknis ist
Der Krieg; die Herde schlägt er und den Hirten.«

Was ist der langen Rede kurzer Sinn?
fragt Kriegsrat von Questenberg in 1, 2 von Schillers »Die Piccolomini«.

Des Dienstes immer gleichgestellte Uhr
entnehmen wir der Aussage von Max Piccolomini 1, 4 in »Die Piccolomini«.

In deiner Brust sind deines Schicksals Sterne
sagt Illo zu Wallenstein in »Die Piccolomini« 2, 6.

Du redst, wie du's verstehst
sagt Wallenstein von Illo in »Die Piccolomini« 2, 6.

Wohl ausgesonnen, Pater Lamormain!
sagt Wallenstein in 2, 7 von Schillers »Die Piccolomini«.

Wär' der Gedank' nicht so verwünscht gescheit,
Man wär' versucht, ihn herzlich dumm zu nennen
äußert sich Wallenstein in 2, 7 in »Die Piccolomini«.

O, der ist aus dem Himmel schon gefallen
Der an der Stunden Wechsel denken muß!
Die Uhr schlägt keinem Glücklichen
zitieren wir nach Worten des Max Piccolomini in 3, 3 von Schillers »Die Piccolomini«. Dieser Ausspruch wird gewöhnlich auf die letzte Zeile reduziert und als »Dem Glücklichen schlägt keine Stunde« zitiert.

Die Piccolomini

Das Spiel des Lebens sieht sich heiter an,
Wenn man den sichern Schatz im Herzen trägt.
Diese Aussage macht Thekla in »Die Piccolomini« 3, 4.

Der Zug des Herzens ist des Schicksals Stimme
äußert sich Thekla in 3, 8 von Schillers »Die Piccolomini«.

Vor Tische las man's anders
zitiert man nach Tiefenbachs Worten in 4, 7 des Dramas »Die Piccolomini«.

Das eben ist der Fluch der bösen Tat,
Daß sie fortzeugend immer Böses muß gebären
sagt Octavio in 5, 1 von Schillers »Die Piccolomini«. Derselbe Gedanke wird schon im »Agamemnon« des Äschylus in Vers 758 formuliert: »Die gottlose Tat erzeugt mehrere, die ihrem Geschlecht gleichen.« In Vers 763 heißt es zudem: »Alte Schuld zeugt gern Schuld, die in den Sünden der Menschen neu aufblüht«, und bei Saxo Grammaticus (gest. 1204) steht in seiner Erzählung von Hamlet: »Das eben ist der Fluch der Schuld, daß sie immer wieder Reiz und Veranlassung zu neuer Schuld enthalten muß.«

Wallensteins Tod

Mars regiert die Stunde
sagt Wallenstein in 1, 1 von Schillers Trauerspiel »Wallensteins Tod« (1800).

Wär's möglich? könnt' ich nicht mehr, wie ich wollte?
befragt Wallenstein sich selbst in 1, 4, »Wallensteins Tod«.

Ernst ist der Anblick der Notwendigkeit

Denn aus Gemeinem ist der Mensch gemacht,
Und die Gewohnheit nennt er seine Amme

Sei im Besitze, und du wohnst im Recht
zitieren wir aus »Wallensteins Tod« 1, 4.

Ich hab' hier bloß ein Amt und keine Meinung
sagt Oberst Wrangel in 1, 5 von Schillers Drama »Wallensteins Tod«.

Und wenn es glückt, so ist es auch verziehen
spricht Gräfin Terzky in »Wallensteins Tod« 1, 7.

Schnell fertig ist die Jugend mit dem Wort
wird aus »Wallensteins Tod« 2, 2 entnommen.

Eng ist die Welt, und das Gehirn ist weit.

Leicht beieinander wohnen die Gedanken,
Doch hart im Raume stoßen sich die Sachen.
Obenstehende Zitate sind in »Wallensteins Tod« 2, 2 zu finden.

Es gibt im Menschenleben Augenblicke ...
und
Und Roß und Reiter sah ich niemals wieder.
Beide Zitate bilden wir nach Wallensteins Worten in »Wallensteins Tod« 2, 3.

Dank vom Haus Östreich
bemerkt Oberst Buttler bitter lachend in 2, 6 von »Wallensteins Tod«. Schon in den Briefen der Herzogin Elisabeth Charlotte von Orléans aus den Jahren 1716–1718 heißt es: »Daß ostereichsche hauß hatt daß, sie seindt nicht dankbar.«

Die Sterne lügen nicht
und
Das war kein Heldenstück, Octavio
finden wir in »Wallensteins Tod« 3, 9.

Nacht muß es sein, wo Friedlands Sterne strahlen
wurde nach Wallensteins Worten in 3, 10 geflügelt.

Du hast's erreicht, Octavio!
findet sich in einem Monolog Wallensteins in »Wallensteins Tod« 3, 13. Dieses geflügelte Wort wird häufig falsch in der Form: »Du hast's gewollt, Octavio!« zitiert.

Da steh' ich, ein entlaubter Stamm!
ist »Wallensteins Tod« 3, 13 entnommen. In Wielands »Oberon« (1780) heißt es in der 20. Strophe des 8. Gesanges: »Er steht ein einsamer, vom Sturm entlaubter Baum.«

Es ist der Geist, der sich den Körper baut
zitieren wir aus »Wallensteins Tod« 3, 13.

So ist's, mein Feldherr!
Dieses geflügelte Wort bilden wir nach »Wallensteins Tod« 3, 15.

Daran erkenn' ich meine Pappenheimer
heißt es in 3, 15 von Schillers Drama »Wallensteins Tod«. Es wird oft als »Ich kenne meine Pappenheimer« zitiert.

Wallensteins Tod

Max, bleibe bei mir! – Geh nicht von mir, Max
fleht Wallenstein Max Piccolomini in 3, 18 von »Wallensteins Tod« an.

Keines Überfalls gewärtig
und
Gekeilt in drangvoll fürchterliche Enge
zitieren wir nach den Worten des Hauptmanns in 4, 10 von »Wallensteins Tod«.

Was ist das Leben ohne Liebesglanz?
fragt Thekla in »Wallensteins Tod« 4, 12.

Das ist das Los des Schönen auf der Erde!
Mit diesen Worten schließt Theklas Monolog in 4, 12 in »Wallensteins Tod«.

Die Blume ist hinweg aus meinem Leben,
Und kalt und farblos seh ich's vor mir liegen.
Mit diesen Worten beklagt Wallenstein Max Piccolominis Tod im 5. Akt, 3. Szene.

Man soll den Tag nicht vor dem Abend loben
sagt Gordon in 5, 5 von Schillers »Wallensteins Tod«.

Ich denke einen langen Schlaf zu tun,
Denn dieser letzten Tage Qual war groß.
In Akt 5, Szene 5 von »Wallensteins Tod« findet sich diese Aussage Wallensteins.

Des Menschen Engel ist die Zeit
zitieren wir nach Octavio in 5, 11 von Schillers Drama »Wallensteins Tod«.

Maria Stuart

Wo das gesteckt hat, liegt noch mehr
zitieren wir nach Schillers Geschichtsdrama »Maria Stuart« (1801) 1, 1. Gewöhnlich wird das Wort in der Form »Wo das gesteckt hat, steckt noch mehr« benutzt.

Laß mich der neuen Freiheit genießen,
Laß mich ein Kind sein, sei es mit!
und
Eilende Wolken! Segler der Lüfte!
sagt die Titelheldin in »Maria Stuart« 3, 1.

Maria Stuart

Graf! Dieser Mortimer starb Euch sehr gelegen.
Diese Worte des Großschatzmeisters Baron von Burleigh in Schillers Drama »Maria Stuart« 4, 6 werden meist gekürzt zitiert als: »Der starb Euch sehr gelegen.«

Der Lord läßt sich
Entschuldigen; er ist zu Schiff nach Frankreich
lauten die von Kent gesprochenen Schlußverse des Schiller-Dramas »Maria Stuart«.

Gedichte

Freiheit ist nur in dem Reich der Träume,
Und das Schöne blüht nur im Gesang
heißt es in Schillers Gedicht »Der Antritt des neuen Jahrhunderts« (zuerst in: »Taschenbuch für Damen auf das Jahr 1802«).

Es liebt die Welt, das Strahlende zu schwärzen
Und das Erhabne in den Staub zu ziehn
zitieren wir aus dem Gedicht »Voltaires Pucelle und die Jungfrau von Orléans«, später »Das Mädchen von Orléans« genannt, das ebenfalls zuerst im »Taschenbuch für Damen auf das Jahr 1802« erschien.

Die Jungfrau von Orléans

Wie kommt mir solcher Glanz in meine Hütte
wird aus der zweiten Szene des Prologs zur »Jungfrau von Orléans«, die zuerst 1801 in Leipzig aufgeführt wurde, und deren erster Druck unter dem Titel: »Kalender auf das Jahr 1802. Die Jungfrau von Orléans« erschien, zitiert.

Mein ist der Helm, und mir gehört er zu.

Du fragst
Nach Dingen, Mädchen, die dir nicht geziemen.

Nichts von Verträgen! Nichts von Übergabe!

Ach! es geschehen keine Wunder mehr!
Obenstehende Worte zitieren wir aus der 3. Szene des Prologs zur »Jungfrau von Orléans«.

Lebt wohl ihr Berge, ihr geliebten Triften
und
Johanna geht, und nimmer kehrt sie wieder
zitieren wir aus dem Monolog der Johanna im Prolog zur »Jungfrau von Orléans«.

Drum soll der Sänger mit dem König gehen,
Sie beide wohnen auf der Menschheit Höhen!
lauten die Worte des Königs Karl VII. in 1, 2 des Schiller-Dramas »Die Jungfrau von Orléans«. Frei nach diesen Zeilen sagt Freiligrath in »Ein Glaubensbekenntnis« (1814):
»Mit dem Volke soll der Dichter gehen,
Also les' ich meinen Schiller heut!«

Kann ich Armeen aus der Erde stampfen?
und
Wächst mir ein Kornfeld in der flachen Hand?
Diese Stellen zitieren wir nach »Die Jungfrau von Orléans« 1, 3. Zu dem ersten Wort ist anzumerken, daß nach Plutarch Pompeius einst geprahlt hatte, es würden, sobald er auf Italiens Boden stampfe, Scharen von Fuß- und Reitervolk der Erde entsteigen.

Nichtswürdig ist die Nation, die nicht
Ihr Alles freudig setzt an ihre Ehre
sagt Graf Dunois in »Die Jungfrau von Orléans« 1, 5.

Ein Schlachten war's, nicht eine Schlacht zu nennen
zitieren wir nach Raouls Worten in 1, 9 der »Jungfrau von Orléans«.

Von wannen kommt dir diese Wissenschaft
fragt Karl Johanna am Anfang von 1, 10 der »Jungfrau von Orléans«. Mit der Formulierung »von wannen ...« ahmt Schiller hier seine eigene Übersetzung von Shakespeares »Macbeth« nach, wo es in 1, 5 heißt:
»Say from whence
You owe this strange intelligence?«
Schiller übersetzt diese Stelle:
»Sagt, von wannen kam euch
Die wunderbare Wissenschaft?«
Der Ursprung dieser Formulierung ist erstmals nachzuweisen in Matth. 13, 54: »Woher kommt diesem solche Weisheit und Taten?« Das Zitat aus der »Jungfrau« wurde wörtlich von Kleist in seine »Hermannsschlacht« (5, 4; gedichtet Ende 1808) übernommen.

Dein Schicksal ruht in deiner eignen Brust!
Diese Worte Johannas zitieren wir nach Schillers »Die Jungfrau von Orléans« 3, 4.

Unsinn, du siegst, und ich muß untergehn
sagt Talbot in Schillers »Die Jungfrau von Orléans« 3, 6. »Unsinn, du siegst!« steht schon in Friedrich Arndts Papieren aus dem Jahre 1795

(abgedruckt in E. M. Arndt: »Schriften für und an seine lieben Deutschen« 1, 12).

Aus Schriftstellern deutscher Sprache

Schiller

Die Jungfrau von Orléans

Mit der Dummheit kämpfen Götter selbst vergebens
hören wir von Talbot in der »Jungfrau von Orléans« 3, 6.

Die Waffen ruhn, des Krieges Stürme schweigen.

Weh! Weh mir! Welche Töne!

Ach, es war nicht meine Wahl!
Obenstehende Zitate stammen aus 4, 1 der »Jungfrau von Orléans«.

Wie wird mir? Leichte Wolken heben mich!
spricht Johanna in 5, 14 der »Jungfrau von Orléans«.

Kurz ist der Schmerz, und ewig ist die Freude!
lautet der Schlußvers des Schiller-Dramas »Die Jungfrau von Orléans«.

Turandot

Sieh her und bleibe deiner Sinne Meister!
Dieses Wort der Prinzessin zitieren wir aus Schillers Bearbeitung des Gozzischen Märchenspiels »Turandot« (2, 4, Tübingen 1802).

Gedichte

Lieben Freunde! Es gab schönre Zeiten
Als die unsern, das ist nicht zu streiten

Wir, wir leben! Unser sind die Stunden,
Und der Lebende hat Recht
findet man in Schillers Gedicht »An die Freunde« (»Taschenbuch für Damen auf das Jahr 1803«, Tübingen). Die Zeile »Und der Lebende ...« taucht auch bei Hoffmann von Fallersleben in seinem Lied »Unsre Väter sind gesessen« (Gedichte, Leipzig 1834) auf, wo es heißt:
»Leben war noch nie Verbrechen,
Und der Lebende hat recht.«

Die Bretter, die die Welt bedeuten
zitieren wir aus Schillers Gedicht »An die Freunde«.

Was sich nie und nirgends hat begeben,
Das allein veraltet nie
sind die Schlußverse von Schillers Gedicht »An die Freunde«.

Hoher Sinn liegt oft in kind'schem Spiel
ist der Endvers des Gedichts »Thekla. Eine Geisterstimme«.

Gedichte

Freude war in Trojas Hallen

Frommt's den Schleier aufzuheben?

Nur der Irrtum ist das Leben,
Und das Wissen ist der Tod
zitieren wir aus Schillers Gedicht »Kassandra«.

Die Braut von Messina

Die feindlichen Brüder
ist der Untertitel von Schillers Drama »Die Braut von Messina« (1803).

Der Not gehorchend, nicht dem eignen Trieb
lautet der Anfangsvers der »Braut von Messina«.

Der Siege göttlichster ist das Vergeben
finden wir in 1, 4 der »Braut von Messina«.

Ein jeder Wechsel schreckt den Glücklichen
ist aus 1, 7 von Schillers »Trauerspiel mit Chören« »Die Braut von Messina« entnommen.

Etwas fürchten und hoffen und sorgen
Muß der Mensch für den kommenden Morgen

Das ermüdende Gleichmaß der Tage

Schön ist der Friede! Ein lieblicher Knabe
Liegt er gelagert am ruhigen Bach
zitieren wir nach »Die Braut von Messina« 1, 8.

Die ist es oder keine sonst auf Erden
stammt aus Schillers »Die Braut von Messina« 2, 5.

Blendwerk der Hölle
entnehmen wir aus 3, 4 der »Braut von Messina«. Im »Fiesco« 5, 12 heißt es: »Spiegelfechterei der Hölle«.

Was sind Hoffnungen, was sind Entwürfe?
und
Ein andres Antlitz, eh' sie geschehen,
Ein anderes zeigt die vollbrachte Tat.
Beide Zitate finden wir in 3, 5 des Schiller-Dramas »Die Braut von Messina«.

Auch aus entwölkter Höhe
Kann der zündende Donner schlagen
und
Nicht an die Güter hänge dein Herz,
Die das Leben vergänglich zieren,
Wer besitzt, der lerne verlieren,
Wer im Glück ist, der lerne den Schmerz
bilden wir nach 4, 4 der »Braut von Messina«.

Auf den Bergen ist Freiheit
und
Die Welt ist vollkommen überall,
Wo der Mensch nicht hinkommt mit seiner Qual
heißt es in Schillers »Braut von Messina« 4, 7.

Das Leben ist der Güter höchstes nicht,
Der Übel größtes aber ist die Schuld
lautet der Schlußvers der »Braut von Messina«.

An der Quelle saß der Knabe
heißt der erste Vers aus Schillers Romanze »Der Jüngling am Bache«, die in dem am 12. Okt. 1803 in Weimar aufgeführten und 1806 erschienenen Stück »Der Parasit oder Die Kunst, sein Glück zu machen« 4, 4 eingeflochten ist. Der »Parasit« ist von Schiller aus Picards »Médiocre et Rampant ou Le moyen de parvenir« (1797) übertragen worden. Seine Romanze hat mit der Picards aber nur die Stimmung gemein, so daß obiges Zitat durchaus Schiller zugeschrieben werden kann.

Raum ist in der kleinsten Hütte
Für ein glücklich liebend Paar.
Diese Schlußverse des Schiller-Gedichts »Der Jüngling am Bache« verdanken ihre Entstehung wohl einer Reminiszenz. In Wielands »Musarion« (1768), Buch 1, stottert Fanias: »Gewiß sehr viele Ehre! Allein mein Haus ist klein«; worauf die Schöne versetzt: »Und wenn es kleiner wäre, für eine Freundin hat die kleinste Hütte Raum.« Und in J. A. Leisewitz' »Julius von Tarent« (1776), 2, 3 ruft Blanca: »Diese Hütte ist klein; Raum genug zu einer Umarmung. – Dies Feldchen ist enge – Raum genug für Küchenkräuter und zwei Gräber; und dann, Julius, die Ewigkeit; – Raum genug für die Liebe!«

Die kaiserlose, die schreckliche Zeit!
stammt aus Schillers Ballade »Der Graf von Habsburg« (»Taschenbuch für Damen auf das Jahr 1804«; Tübingen).

Ausgestritten, ausgerungen
Ist der lange, schwere Streit
ist Schillers Gedicht »Das Siegesfest« entnommen. (Vgl. Reitzenstein: »Ausgelitten hast du – ausgerungen.«)

Denn nicht alle kehren wieder
und
Ohne Wahl verteilt die Gaben,
Ohne Billigkeit das Glück,
Denn Patroklus liegt begraben,
Und Thersites kommt zurück!
entnehmen wir Schillers Gedicht »Das Siegesfest«.

Ja, der Krieg verschlingt die Besten!
Dieses Wort beruht auf Sophokles' »Philoctet«: »Nicht den schlechten Mann rafft gern der Krieg dahin, sondern immer die besten« und ist ebenfalls in »Das Siegesfest« zu finden.

Von des Lebens Gütern allen
Ist der Ruhm das höchste doch;
Wenn der Leib in Staub zerfallen,
Lebt der große Name noch.
Diese Zeilen zitieren wir nach dem Schiller-Gedicht »Das Siegesfest«. Denselben Gedanken drückt Cicero ähnlich aus in »Pro Milone«: »Ex omnibus praemiis virtutis … amplissimum esse praemium gloriam; esse hanc unam, quae brevitatem vitae posteritatis memoria consolaretur, quae efficeret, ut … mortui viveremus.« (Von allen Belohnungen der Tüchtigkeit sei der Ruhm die höchste; er sei die einzige, die durch die Erinnerung der Nachwelt über die Kürze des Daseins hinwegtröste, die es zustande bringe, daß wir nach dem Tode weiterleben.)

Der betränten Hekuba

Trink ihn aus, den Trank der Labe,
Und vergiß den großen Schmerz,
Wundervoll ist Bacchus' Gabe,
Balsam fürs zerrißne Herz.

Rauch ist alles ird'sche Wesen.

Morgen können wir's nicht mehr,
Darum laßt uns heute leben.
Obenstehende Zitate stammen aus dem Gedicht »Das Siegesfest«.

Raum für alle hat die Erde
lautet der vorletzte Vers des von Schiller 1804 verfaßten Gedichts »Der Alpenjäger«.

Der brave Mann denkt an sich selbst zuletzt
zitieren wir aus 1, 1 des Schiller-Dramas »Wilhelm Tell« (1804).

Vom sichern Port läßt sich's gemächlich raten
und
Da rast der See und will sein Opfer haben
spricht der Fischer Ruodi in 1, 1 von »Wilhelm Tell«.

Ich hab' getan, was ich nicht lassen konnte
spricht Tell zu einem Hirten in 1, 1 des Dramas »Wilhelm Tell«.

Wann wird der Retter kommen diesem Lande
lautet der von Ruodi gesprochene Schlußvers der ersten Szene des »Wilhelm Tell«.

So ernst, mein Freund? Ich kenne dich nicht mehr

Der kluge Mann baut vor

Dem Mutigen hilft Gott
zitieren wir nach Worten Gertruds in »Wilhelm Tell« 1, 2.

Der Starke ist am mächtigsten allein
erwidert Tell auf Stauffachers Drängen in 1, 3 des »Wilhelm Tell«.

Ich bin der letzte meines Stamms
findet man in 2, 1 des »Wilhelm Tell«. Bereits Friedr. Leop. Graf zu Stolberg dichtete in seiner »Romanze« (1774):
»Er, der letzte seines Stammes
Weinte seiner Söhne Fall.«

Ans Vaterland, ans teure, schließ dich an,
Das halte fest mit deinem ganzen Herzen,
Hier sind die starken Wurzeln deiner Kraft
und
Es lebt ein anders denkendes Geschlecht
zitieren wir aus 2, 1 des Schiller-Dramas »Wilhelm Tell«.

Wir sind ein Volk und einig woll'n wir handeln
findet sich in 2, 2 des »Wilhelm Tell«.

Wilhelm Tell

Wir wollen sein ein einzig Volk von Brüdern,
In keiner Not uns trennen und Gefahr
heißt es in 2, 2 des »Wilhelm Tell«.

Was da fleucht und kreucht
Diese Worte Walters entnehmen wir 3, 1 des »Wilhelm Tell«. Es wird gewöhnlich in der Form sämtlicher späteren Auflagen: »Was da kreucht und fleucht« zitiert. Diese Worte lehnen sich an 1. Mos. 7, 14 an. Schon Walther von der Vogelweide sagt 1198: »swaz kriuchet unde fliuget«. Vgl. auch Homers »Ilias« XVII und »Odyssee« XVIII: »Was auf der Erde atmet und kriecht«.

Früh übt sich, was ein Meister werden will

Die Axt im Haus erspart den Zimmermann

Wer gar zu viel bedenkt, wird wenig leisten
sind Worte des Titelhelden im »Wilhelm Tell« 3, 1.

Allzu straff gespannt zerspringt der Bogen.
Diese Worte des Rudenz sind in »Wilhelm Tell« 3, 3 enthalten. Bei Herodot sagt Amasis, König von Ägypten (570–526), vom Bogen: »Denn bliebe er alle Zeit gespannt, so würde er wohl zerbrechen.« Er entschuldigt damit seinen Hang, die Regierungsmühen mit Trinkgelagen abwechseln zu lassen. In Sophokles' »Antigone« rät Hämon, »den Bogen nicht zu sehr zu spannen«; Phädrus III, 4, 10 entleiht dem Aesop die Weisheit, der Geist brauche Spiel, um wieder denkfrisch zu werden, denn: »Cito rumpes arcum, semper si tensum habueris« (Du zerbrichst den Bogen schnell, wenn du ihn stets gespannt hältst). Grimmelshausens »Simplicissimus« (1669) 4, 1 bietet: »Wenn man den Bogen überspannet, so muß er endlich zerbrechen«, und, der zitierten Form am nächsten kommend, Valtentin Rathgeber, »Ohren vergnügendes, ergötzendes Tafel-Confect«, Cantus 1 (1732) in der Vorrede »An den geneigten Liebhaber«: »Arcus nimium intensus rumpitur« (Der Bogen, der zu hoch gespannt, wird bald zerbrechen).

Will ich dich führen lassen und verwahren
Wo weder Mond noch Sonne Dich bescheint
ist eine Drohung Geßlers in 3, 3 des »Wilhelm Tell«.

Das Alte stürzt, es ändert sich die Zeit
Und neues Leben blüht aus den Ruinen
und
Seid einig – einig – einig!
sind die letzten Worte des sterbenden Attinghausen in 4, 2.

Durch diese hohle Gasse muß er kommen,
Es führt kein andrer Weg nach Küßnacht. – Hier
Vollend' ich's – Die Gelegenheit ist günstig.
Dort der Holunderstrauch verbirgt mich ihm

Mach deine Rechnung mit dem Himmel, Vogt,
Fort mußt du, deine Uhr ist abgelaufen

In gärend Drachengift hast du
Die Milch der frommen Denkart mir verwandelt
zitieren wir aus dem Monolog des Tell in 4, 3. Bei der Formulierung der Worte »In gärend Drachengift ...« mag Schiller wohl 5. Mos. 32, 33: »Ihr Wein ist Drachengift« und Shakespeare, »Macbeth« 1, 5 vorgeschwebt haben, wo Lady Macbeth vom Gemüt ihres Mannes sagt, es sei »zu voll von Milch der Menschenliebe«.
Zu »Mach deine Rechnung ...« vgl. auch Schiller, »Maria Stuart« 1, 2: »Schließt eure Rechnung mit dem Himmel ab.«

Es lebt ein Gott zu strafen und zu rächen

Entränn' er jetzo kraftlos meinen Händen
Ich habe keinen zweiten zu versenden

Auf dieser Bank von Stein will ich mich setzen
bilden wir nach dem Monolog des Tell in 4, 3 des »Wilhelm Tell«. »Auf dieser Bank ...« wird unter anderem schon des auffallenden Kasus' wegen zitiert.

Es kann der Frömmste nicht im Frieden bleiben,
Wenn es dem bösen Nachbar nicht gefällt
sagt Tell zum Flurschützen Stüssi in 4, 3 des »Wilhelm Tell«. Es handelt sich dabei um die Abänderung eines älteren Sprichworts, das schon Kaspar Schatzgeyer (»Wider herr Hansen von Schwartzenbergs auszgangen püechlin von der Kirchen diener ...«, 1527, Anfang der Vorrede) anführt: »Es ist ein allt sprichwort, ainer hat von außen so lang frid, als lanng sein nachtper wil.«

Das ist Tells Geschoß!
ruft der getroffene Geßler in 4, 3 des »Wilhelm Tell«.

Rasch tritt der Tod den Menschen an,
Es ist ihm keine Frist gegeben
singen die barmherzigen Brüder am Schluß des vierten Aufzugs des »Wilhelm Tell«.

Aus Schriftstellern deutscher Sprache

Schiller

Gedichte

Kein Augustisch Alter blühte,
Keines Medicaeers Güte
Lächelte der deutschen Kunst

lautet der Anfang des 1800 entstandenen, in der 2. Auflage der »Gedichte«, Leipzig, Crusius, 1804/5 zuerst gedruckten Gedichts »Die deutsche Muse« von Schiller.

Demetrius

Mehrheit ist der Unsinn,
Verstand ist stets bei wen'gen nur gewesen.

Aus dem infolge von Schillers Tod (1805) unvollendet gebliebenen Drama »Demetrius« zitieren wir diese Worte Sapiehas.

Man soll die Stimmen wägen und nicht zählen

heißt es in Schillers unvollendetem Drama »Demetrius«. Bei Cicero, »De re publica« VI, 1 heißt es schon: »Et vero in dissensione civili, cum boni plus quam multi valent, expendendos cives, non numerandos« (Und vollends müssen bei einem Bürgerzwist, bei dem doch die Guten und nicht die vielen den Ausschlag geben, die einzelnen Bürger abgeschätzt und nicht gezählt werden) und »De officiis« II, 22, 79: »Non enim numero haec iudicantur, sed pondere« (Derartiges wird nicht nach der Zahl, sondern nach dem Gewicht der Stimmen beurteilt). Dagegen Plinius der Jüngere II, 12, 5: »Numerantur enim sententiae, non ponderantur« (Denn die Stimmen werden gezählt, nicht gewogen); Moses Mendelssohn (»Gesammelte Werke« 3, 370): »Stimmen … wollen gewogen und nicht gezählt sein«; Lichtenberg (1777) bedauert, »daß wir so oft die Stimmen nur zählen können. Wo man sie wägen kann, soll man es nie versäumen« und endlich Schiller selbst (1801, »Maria Stuart« 2, 3): »Nicht Stimmenmehrheit ist des Rechtes Probe.«

●●●

18. Jahrhundert

Urner

Goldne Abendsonne,
O wie bist du schön!

Anna Barbara Urner (1760–1803) schrieb 1788 ihr Gedicht »An die Abendsonne«; daraus wurden obenstehende Verse geflügelt.

Kotzebue

Die jüngsten Kinder meiner Laune

ist der Sammeltitel einiger Schriften August Friedrich Ferdinand von Kotzebues (1761–1819). Man zitiert ihn gewöhnlich in der Form: »Das jüngste Kind meiner Laune.« Das Kotzebuesche Wort wendet August Mahlmann (1771–1826) in seiner 1803 erschienenen Parodie auf Kotzebues »Hussiten vor Naumburg«, dem Schauspiel »Herodes vor Bethlehem«, an. Dort sagt Sara im 5. Auftritt des 2. Aufzugs mit Bezug auf ihre Töchter:

»Die jüngsten Kinder meiner Laune
Sind gar zu allerliebst und wunderschön,
Die laß ich nicht aus dem Hause gehn!«
Nach ihm wohl gebraucht Raimund in seinem »Verschwender« (1833) die Singular-Form. Mit den Worten: »Das jüngste Kind meiner Laune« stellt dort der Tischler Valentin seine Pepi vor.

Kotzebue

Es kann ja nicht immer so bleiben
Hier unter dem wechselnden Mond
zitieren wir die Anfangsverse des von Kotzebue auf den 6. Mai 1802 gedichteten, von Himmel 1803 vertonten Liedes »Trost beim Scheiden« (zuerst »Gesellschaftslied« genannt).

Wir sitzen so fröhlich beisammen
Und haben einander so lieb
lauten die Anfangsworte der vierten Strophe von Kotzebues Lied »Trost beim Scheiden«. Ursprünglich hieß es dort: »Es kann schon nicht alles so bleiben« und: »Wir haben uns alle so lieb.«

Ach, wenn es doch immer so bliebe
zitieren wir nach dem Schluß der vierten Strophe von Kotzebues Lied »Trost beim Scheiden«.

So knüpfen ans fröhliche Ende
Den fröhlichen Anfang wir an
wird nach Kotzebues Lied »Trost beim Scheiden« zitiert.

Vulpius

Rinaldo Rinaldini
wurde zur stehenden Bezeichnung für einen räuberhaften Gesellen durch den seinerzeit weitverbreiteten Schauerroman »Rinaldo Rinaldini, der Räuberhauptmann« (Leipzig 1797 ff.) von Christian August Vulpius (1762–1827), dem Schwager Goethes.

In des Waldes tiefsten Gründen
In seiner Zeitschrift »Janus« (1800) veröffentlichte Vulpius Romanzen und Lieder über Rinaldo Rinaldini. Die zweite Romanze (1, 371), die »In des Waldes düstern Gründen ...« beginnt, wurde zum Volkslied. Diesen Anfangsvers zitieren wir in obenstehender Form, wohl mit Anlehnung an Schiller, der in seiner »Kassandra« (1802) singt:
»In des Waldes tiefste Gründe
Flüchtete die Seherin.«

Wir kommen doch morgen so jung nicht zusammen.
Diese Zeilen kennen wir aus dem Lied »Dem Gott der Raben«, das Vulpius um 1790 verfaßte.

Salis-Seewis

Das arme Herz, hienieden
Von manchem Sturm bewegt,
Find't nirgends wahren Frieden,
Als wo es nicht mehr schlägt

lautet die letzte Strophe des 1783 von Joh. Gaudenz Gusert Graf von Salis-Seewis (1762–1834) verfaßten Gedichts »Das Grab« (»Göttinger Musenalmanach für 1788«, 118). Die letzten beiden Verse lauten in der von Fr. Matthisson besorgten Ausgabe der »Gedichte« (Zürich 1793) 36:
»Erlangt den wahren Frieden
Nur, wo es nicht mehr schlägt.«

●●●

19. Jahrhundert

Seume

Ein Kanadier, der noch Europens
Übertünchte Höflichkeit nicht kannte

Seht, wir Wilden sind doch beßre Menschen!

Und er schlug sich seitwärts in die Büsche.
Diese Worte finden wir in Johann Gottfried Seumes (1763–1810) Gedicht »Der Wilde« (»Gedichte«, Riga 1801).

Wo man singt, da laß dich ruhig nieder;
Böse Menschen haben keine Lieder.
In der »Zeitung für die elegante Welt«, 1804, Nr. 23 ließ Seume das Gedicht »Die Gesänge« erscheinen, dessen erste Strophe:
»Wo man singet, laß dich ruhig nieder,
Ohne Furcht, was man im Lande glaubt;
Wo man singet, wird kein Mensch beraubt;
Bösewichter haben keine Lieder«
im Volksmund in das obenstehende geflügelte Wort umgewandelt worden ist. Schon Luther sagt in seinem Gedicht »Frau Musica« (»Klugs Gesangbuch«, Wittenberg 1543):
»Hie kann nicht sein ein böser Mut,
Wo da singen Gesellen gut«
und Cervantes, »Don Quijote« 2, 34 (1615) gegen Ende:
»Señora, donde hay musica, no puede haber cosa mala.«
(Gnädige Frau, wo Musik ist, da kann nichts Böses sein.)
Die Parodie der Seumeschen Verse von David Kalisch:
»Wo man raucht, da kannst du ruhig harren,
Böse Menschen haben nie Zigarren«
steht im »Humoristisch-satirischen Volkskalender« des »Kladderadatsch« von 1850, S. 27.

Es würde alles besser gehen, wenn man mehr ginge.

In Seumes »Mein Sommer 1805«, geschrieben 1806, lesen wir: »Ich halte den Gang für das Ehrenvollste und Selbständigste in dem Manne und bin der Meinung, daß alles besser gehen würde, wenn man mehr ginge.« Danach wurde obenstehendes Zitat geflügelt.

Jean Paul

Krähwinkel

Jean Paul (Johann Paul Friedrich Richter, 1763–1825) machte dieses Landstädtchen zum Schauplatz seiner Satire »Das heimliche Klagelied der jetzigen Männer«, Bremen 1801), das dadurch, wie dann auch durch Kotzebues Lustspiel »Die deutschen Kleinstädter« (1803) die Bedeutung eines Klatschnestes erhielt. Kotzebue wiederholte den Ortsnamen in seiner Schrift »Des Esels Schatten oder Der Prozeß in Krähwinkel«, die im »Almanach dramatischer Spiele für 1810« in Riga erschien.

Flegeljahre

Nach Jean Pauls gleichnamigem Roman (1804 f.) wurde dieses Wort geflügelt, das Ladendorf in der »Zeitschrift für deutsche Wortforschung« 9, 1907, 280 schon bei Johann Timotheus Hermes, »Manch Hermäon« 2, 192 im Jahr 1788 nachweist, wo es heißt: »Daß sie jetzt in den Flegeljahren steht.« Von »Flegeltagen« spricht Jean Paul schon in seinem »Siebenkäs« (1795, II, 5).

Weltschmerz

Jean Paul ist wohl als Schöpfer dieses Wortes anzusehen. In seinem 1810 begonnenen Werk »Selina oder Über die Unsterblichkeit« (erschienen 1827) sagt er 2, 132 von Gott: »Nur sein Auge sah alle die tausend Qualen der Menschen bei ihren Untergängen. Diesen Weltschmerz kann er, so zu sagen, nur aushalten durch den Anblick der Seligkeit, die nachher vergütet.«

Hier also bedeutet das Wort entweder »Qualen aller Menschen« oder wahrscheinlicher »schmerzliches Gefühl Gottes für das Weltelend«. Heine jedoch verlegt den »Weltschmerz« in die empfindliche Menschenseele, wenn er in seiner Pariser Schrift »Aus der Gemälde-Ausstellung von 1831« bei der Besprechung des Bildes von Delaroche »Oliver Cromwell vor Karls I. Leiche« ausruft: »Welchen großen Weltschmerz hat der Maler hier mit wenigen Strichen ausgesprochen.«

Später dann wendet Heine das Wort in der Vorrede zu den »Geständnissen« (1854) ironisch an im Sinne des Mitleids für das Weltelend, das auch »Schufte von Gefühl« hegen. Wir aber gebrauchen heute den Ausdruck »Weltschmerz« im Sinne von »schmerzlichem oder eingebildetem Ekel an Welt und Leben«; dazu schlug abermals Heine die Brücke, obwohl er das Wort in »Weltqual« umformulierte, durch folgenden, 1840 geschriebenen Satz (»Sämtliche Werke«, hrsg. v. Strodtmann, 12, 230): »Wenn ich auch am Tage wohlbeleibt und lachend dahinwandle durch die funkelnden Gassen Babylons, glaubt mir's! sobald der Abend herabsinkt, erklingen die melancholischen Harfen in meinem Herzen, und gar die Nacht erschmettern darin alle Pauken und Cymbeln des Schmerzes, die ganze Janitscharenmusik der Weltqual, und es steigt empor der entsetzlich gellende Mummenschanz ...«

Freut euch des Lebens,
Weil noch das Lämpchen glüht;
Pflücket die Rose,
Eh sie verblüht!

Dieses 1793 von Johann Martin Usteri (1763–1827) verfaßte Lied erschien zuerst als Einzeldruck 1793 in Zürich und dann mit Hans Georg Nägelis Vertonung in Böheims »Freimaurer-Liedern mit Melodien« 3, Berlin 1795, 16.

Im kühlen Keller sitz' ich hier

Dieses von Karl Müchler (1763–1857) gedichtete Lied stammt aus seinem Wechselgesang »Der Kritikaster und der Trinker« und erschien zuerst in der Berliner Zeitschrift »Eunomia«, 1801, 370.

Wir Menschen sind ja alle Brüder

stammt aus dem zuerst im »Neuen Liederbuch für frohe Gesellschaften« (Hamburg, 1808, S. 91) erschienenen »Gesellschaftslied im Kreise froher, kluger Zecher, in Musik gesetzt fürs Piano-Forte von Karl Döbbelin«.
Das Lied ist unterzeichnet mit Ludwig, und man hat auf Johannes Ludwig, den Verfasser der »Lieder und Gedichte für Freunde der Natur und häuslichen Glückseligkeit« (Hildburghausen 1802) geschlossen. Später steht Zschokkes Name unter dem Lied. Nach dem »Nekrolog der Deutschen« 4, 281 aber ist Christian Gottlob Otto, Professor der Mathematik an der Fürstenschule zu Meißen (1763–1826), der Verfasser.

Ja, wir sind alle Brüder

heißt es in der letzten Strophe von Theodor Körners 1810 gedichtetem Trinklied »Kommt, Brüder, trinket froh mit mir«.

Sich freuen wie ein Stint

Der Prediger Friedrich Wilhelm August Schmidt zu Werneuchen (1764–1838) hat zu dieser Redensart Anlaß gegeben, seit es in seinem Gedicht »Der Mai« (1795, erschienen im »Neuen Berliner Musenalmanach für 1797«) heißt:
»O sieh! wie alles weit und breit,
Von lindem Schmeichelwind

Mit Wonneblüten überstreut
An warmer Sonne minnt!
Vom Storche bis zum Spatz sich freut,
Vom Karpfen bis zum Stint!«

Verschiedene Quellen

Marmorglatt und marmorkalt

So nannte Ludwig Ferdinand Huber (1764–1804) Goethes zuerst 1803 in Weimar aufgeführtes und in demselben Jahr im »Taschenbuch auf das Jahr 1804« erschienenes Trauerspiel »Die natürliche Tochter« in der Zeitung »Der Freimütige« (1803, Nr. 170, S. 678). Eine ähnliche Wendung gebrauchte Herzog Karl August, als er die 1776 als Hofsängerin nach Weimar berufene Corona Schröter »marmorschön und marmorkalt« nannte.

Perinet

Wer niemals einen Rausch hat g'habt, Der ist ein schlechter Mann

stammt aus Wenzel Müllers Singspiel »Das Neu-Sonntagskind« (zuerst 1793 aufgeführt, 1794 in Preßburg gedruckt), Text von Joachim Perinet (1765–1816), und wird in der Form:
»Wer niemals einen Rausch gehabt,
Der ist kein braver Mann«
zitiert. Die Worte sind den Versen nachgebildet, die in den von Keil herausgegebenen »Deutschen Studentenliedern des 17. und 18. Jahrhunderts« folgendermaßen lauten:
»Denn wer sich scheut, ein Rausch zu han,
Der will nicht, daß man ihn soll kennen,
Und ist gewiß kein Biedermann.«

Was ist des Lebens höchste Lust? Die Liebe und der Wein

stammt aus Perinets Singspiel »Die Schwestern von Prag«, Wien 1794. Es wurde nach dem Lustspiel Phil. Hafners »Die reisenden Comödianten« (Wien 1774) bearbeitet und von Wenzel Müller komponiert. Die zitierten Verse wurden später dem Studentenlied »Ich hab' den ganzen Vormittag auf meiner Kneip' studiert« als 2. Strophe einverleibt.

Verschiedene Quellen

Da, wo du nicht bist, ist das Glück!

Mit diesen Worten schließt des »Fremdlings Abendlied«, das Georg Philipp Schmidt von Lübeck (1766–1849) im »Taschenbuch zum gesellschaftlichen Vergnügen« 1808, 143 veröffentlichte. Zelter vertonte das Lied, später auch Schubert, der es aber veränderte und »Der Wanderer« betitelte. Der Schluß lautet bei ihm: »Dort, wo du nicht bist, dort ist das Glück!«

Verschiedene Quellen

Der Papst lebt herrlich auf der Welt
bilden wir nach Christian Ludw. Noacks (1767–1821) Lied »Papst und Sultan«. Es steht zuerst gedruckt in »Lektüre beim Kaffee. Ein Modebüchlein« (Leipzig 1789, 143) und ist durch Lessings Gedicht »Die Türken« angeregt.

Im Wald und auf der Heide,
Da such ich meine Freude
beginnt das von Johann Wilhelm Jakob Bornemann (1767–1851) in »Hartigs Forst- und Jagd-Archiv von und für Preußen« (Berlin 1816) veröffentlichte »Jägerlied«.

Kind

Zwischen Lipp' und Kelchesrand
Schwebt der finstern Mächte Hand.
Diese Verse stammen aus Friedrich Kinds (1768–1843) Gedicht »König Ankäos« (verfaßt 1802; in: »Gedichte«, Leipzig 1808).

Komm doch näher, liebe Kleine
stammt aus Kinds Gedicht »Der Christabend« (verfaßt 1810; in: »Gedichte«, 2. Aufl., Leipzig 1817).

Durch die Wälder, durch die Auen
und
Hilf Samiel! oder: ***Samiel, hilf!***
zitieren wir aus Friedrich Kinds Text zu Karl Maria von Webers zuerst am 18. Juni 1821 in Berlin aufgeführter Oper »Der Freischütz«. »Samiel« oder richtiger »Samael« spielt in der talmudischen und besonders in der mittelalterlichen kabbalistischen Literatur eine große Rolle als Fürst der Dämonen oder als Prinzip des Bösen. Der Name wird als »Gift Gottes« gedeutet.

Glaubst du, dieser Adler sei dir geschenkt?

Kommt ein schlanker Bursch gegangen

Leise, leise, frome Weise

Wir winden dir den Jungfernkranz.

Was gleicht wohl auf Erden
Dem Jägervergnügen?

Er war von je ein Bösewicht,
Ihn traf des Himmels Strafgericht!

Stürzt das Scheusal in die Wolfsschlucht!

Sei mir gegrüßt, Gesegneter des Herrn!
Obenstehende Zitate bilden wir nach Kinds Text zu Karl Maria von Webers »Freischütz«.

Kind

Nachtlager von Granada
Zu der gleichnamigen Oper von Konradin Kreutzer (1834) schrieb Friedrich Kind das Textbuch. Den Titel der Oper zitieren wir in übertragenem Sinne meist abschätzig.

Verschiedene Quellen

Da bleibt kein Auge trocken
heißt es in dem Gedicht »Paul. Eine Handzeichnung« von Johann Daniel Falk (1768–1826), erschienen im »Taschenbuch für Freunde des Scherzes und der Satire«, 1799. Die vollständige Strophe, nach der wir zitieren, lautet:
»In schwarzen Trauerflören wallt
Beim Grabgeläut der Glocken
Zu unserm Kirchhof jung und alt:
Da bleibt kein Auge trocken.«

Der Peter in der Fremde
heißt ein zuerst 1811 gedrucktes Gedicht von August Gottlob Eberhard (1769–1845).

Arndt

Der Gott, der Eisen wachsen ließ,
Der wollte keine Knechte.
Ernst Moritz Arndt (1769–1860) bietet uns in seinem »Vaterlandslied« (1812; zuerst erschienen in seinen »Liedern für Teutsche«, 1813) diese markigen Worte.

Was ist des Deutschen Vaterland?
Mit dieser Frage beginnt Ernst Moritz Arndt sein Lied »Des Deutschen Vaterland«, das Ostern 1813 in »Deutsche Wehrlieder für das Kgl. preuß. Frei-Corps«, 1. Samml., erschien und 1825 von Gustav Reichardt vertont wurde.

Sein Vaterland muß größer sein
ist der Kehrreim der ersten fünf Strophen des Liedes von Ernst Moritz Arndt »Des Deutschen Vaterland«.

Soweit die deutsche Zunge klingt
Und Gott im Himmel Lieder singt
findet sich in der 6. Strophe des Liedes »Des Deutschen Vaterland« von Ernst Moritz Arndt.

Der Rhein Deutschlands Strom, nicht Deutschlands Grenze
In dieser Form zitieren wir den Titel von Arndts Schrift »Der Rhein, Teutschlands Strom, aber nicht Teutschlands Gränze« (Leipzig 1813). So lautet auch die Inschrift auf dem Arndt-Denkmal in Bonn.

Verschiedene Quellen

Noch einmal, Robert, eh' wir scheiden,
Komm an Elisas klopfend Herz.
Mit diesen Worten beginnt Friedrich Voigt (1770–1814) sein Lied »Elisas Abschied«, erschienen in »Lieder für das Herz; zur Beförderung eines edlen Genusses in der Einsamkeit« (Leipzig 1799). Ursprünglich hieß es ›Heinrich‹ statt ›Robert‹ (»Deutsche Monatsschrift«, August 1798).

Hölderlin

Still und bewegt
stammt aus Joh. Christian Friedrich Hölderlins (1770–1843) Roman »Hyperion« (Tübingen 1797 ff., Buch 2, Brief 2): »Wie der Sternenhimmel, bin ich still und bewegt.«

Hegel

Alles, was ist, ist vernünftig
ist eine Umformung der Worte Georg Wilhelm Friedrich Hegels (1770–1831) in seinen »Grundlinien der Philosophie des Rechtes« (1821): »Was vernünftig ist, das ist wirklich; und was wirklich ist, das ist vernünftig.«

Verschiedene Quellen

Morgen, Kinder, wird's was geben,
Morgen werden wir uns freun ...
Dieses Weihnachtslied steht in C. F. Splittegarbs »Liedern zur Bildung des Herzens« (2. Aufl., Berlin 1795). Der Verfasser soll der Schulvorsteher Martin Friedrich Philipp Bartsch in Berlin (1770–1833) gewesen sein.
Johann Philipp Kirnbergers schon vor 1783 entstandene Melodie ist vermutlich zu dem Lied »Fritzchens Weihnachtsfreude« mit der Anfangszeile »Morgen, morgen wird's was geben!« komponiert worden. Dieses Lied findet sich in Campes »Kinderbibliothek« (Hamburg 1780).

Hans Dampf in allen Gassen
ist der Titel einer Erzählung von Heinrich Zschokke (1771–1848) (»Gesammelte Schriften«, 2. Auflage 1856–59).

Der König rief, und alle, alle kamen
ist der Anfang eines von Heinrich Clauren (Karl Heun, 1771–1854) gedichteten Liedes, dessen erster Druck das Datum »Gnadenfrei, den 24. Juni 1813« trägt.

Weg mit den Grillen und Sorgen!
lautet der Anfang von August Mahlmanns (1771–1826) Lied »Aufmunterung zur Freude«. Es wurde zuerst abgedruckt in »Beckers Taschenbuch z. gesell. Vergnügen«, 1798, 247.

Noch sind die Tage der Rosen
heißt es in August Mahlmanns Lied »Aufmunterung zur Freude«.

Ich denk' an euch, ihr himmlisch schönen Tage
Der seligen Vergangenheit.
Mit diesen Worten beginnt Mahlmanns Lied »Sehnsucht«.

Mein Lebenslauf ist Lieb' und Lust
und
Herein, herein, du lieber Gast
zitieren wir aus Mahlmanns »Weinlied« (»Zeitung für die elegante Welt 1808«). Später trägt das Lied die Überschrift »Das Reich der Freude«.

F. v. Schlegel

Der Historiker ist ein rückwärts gekehrter Prophet
ist ein Wort Friedrich von Schlegels (1772–1829). Es steht in dem von seinem Bruder August Wilhelm und ihm selbst herausgegebenen «Athenaeum« 1, Berlin 1798, 2, 20 unter »Fragmente«.

Göttliche Grobheit
ist aus Friedrich von Schlegels Roman »Lucinde«, Berlin 1799, entwickelt, in dem es heißt, in der Natur des Mannes liege »ein gewisser tölpelhafter Enthusiasmus, der gern mit allem Zarten und Heiligen herausplatzt, nicht selten über seinen eigenen treuherzigen Eifer hinstürzt und mit einem Wort leicht bis zur Grobheit göttlich ist«.

Revolution von oben
Schlegel hat dieses Wort in seiner Zeitschrift »Concordia«, Wien, 1820–1823, geprägt und verbreitet. Er bezeichnet es als einen eigenen Kunstausdruck »der Anhänger der aus der Revolution hervorgegangenen neuen Despotie« und versteht selbst darunter »jene so viele alte Institute vernichtende Zerstückelung und Verschleuderung des Reichs von 1803, die in jedem der nachfolgenden unseligen Friedensschlüsse weiter fortgesetzt und immer anders modifiziert ward, ohne doch je zu einem konsequenten Abschluß zu gelangen«. Im weiteren Verlauf des Artikels stellt er der »Revolution von unten« und der »von oben« die »Revolution aus der Mitte heraus« entgegen, womit er die »plötzliche Staatsauflösung und Anarchie« seit 1820 bezeichnet.

Novalis

Wenn ich ihn nur habe,
Wenn er mein nur ist
und
Wenn alle untreu werden,
So bleib' ich dir doch treu

zitieren wir die Anfänge der im Schlegel-Tieckschen »Musenalmanach für 1802« mitgeteilten Gedichte von Novalis (Friedrich Freiherr von Hardenberg, 1772–1801). Max von Schenkendorf (»Gedichte«, Stuttgart und Tübingen 1815, »Erneuter Schwur, Junius 1814. An Friedrich Ludwig Jahn«) wiederholt diese Verse, allerdings setzt er »euch« statt »dir«.

Die blaue Blume

Diese Blume, die in Novalis' unvollendet gebliebenem Roman »Heinrich von Ofterdingen« (1802) die Sehnsucht des Titelhelden erfüllt, wurde zum Losungswort der Romantik. Novalis fand die »blaue Blume« in einer deutschen Sage vor. J. Grimm sagt darüber in der »Deutschen Mythologie« (3. Aufl., Göttingen 1854): »Die ungenannte blaue Wunderblume, die dem Hirten, wenn er sie unversehens aufgesteckt hat, plötzlich seine Augen öffnet und den bisher verborgenen Eingang zum Schatz entdeckt, erscheint desto geheimnisvoller, weil sie gar nicht angegeben werden kann. Der Name Vergißmeinnicht, den sie sich gleichfalls selbst beilegt, soll bloß ihre Bedeutsamkeit ausdrücken und mag erst im Verlauf der Zeit auf Myosotis angewandt worden sein.«

L. Tieck

Waldeinsamkeit

Nach R. Köpke: »Ludwig Tieck, Erinnerungen aus dem Leben des Dichters« ist Ludwig Tieck (1774–1853) der Schöpfer dieses Wortes. Es heißt dort: »Als Tieck sein Märchen ›Der blonde Eckbert‹ (1797) im Kreise der Freunde aus dem Korrekturbogen vorlas, erfuhr das Wort, welches im Mittelpunkt desselben stand, Waldeinsamkeit, eine scharfe Kritik. Wackenroder erklärte, es sei unerhört und undeutsch, wenigstens müßte es heißen: ›Waldeseinsamkeit‹. Die übrigen stimmten bei. Umsonst suchte Tieck sein Wort durch ähnliche Zusammensetzungen zu verteidigen. Er mußte endlich schweigen, ohne überzeugt zu sein, strich es aber nicht aus und gewann ihm das ›Bürgerrecht in der Literatur‹.« Auch Tieck selbst erzählt dies in seiner 1841 in der »Urania« erschienenen Novelle »Waldeinsamkeit«, verlegt die Geschichte jedoch in das Jahr 1796.

Romantisch

Als literarischer Parteiname erlangte das Wort »romantisch«, das 1734 im Bernischen »Spectateur« neben dem bis dahin üblichen »romanisch« zuerst vorkommt, seine allgemeine Bedeutung, nachdem Tieck

L. Tieck

1800 seine Gesamtgedichte unter dem mit vollster Unbefangenheit gewählten Titel »Romantische Dichtungen« herausgegeben hatte. Erst A. W. Schlegel stellte in »Charakteristiken und Kritiken«, Königsberg 1801, die klassische Poesie des Altertums und die romantische des Mittelalters und der Neuzeit als auf ganz verschiedene Weise entstanden gegenüber.

Mondbeglänzte Zaubernacht

Nach dem Thema:
»Mondbeglänzte Zaubernacht,
Die den Sinn gefangen hält,
Wundervolle Märchenwelt,
Steig auf in der alten Pracht!«,
das Tieck im Prolog und am Schluß seines »Kaiser Octavianus« (1804) und nach ihm Uhland in seiner Glosse »Der Romantiker und der Rezensent« (1814) aufgreift, war »Mondbeglänzte Zaubernacht« sein Losungswort für und zugleich gegen die Romantik.

Verschiedene Quellen

Erkläret mir, Graf Oerindur,
Diesen Zwiespalt der Natur.

Amadeus Gottfried Adolf Müllners (1774–1829) Worte in dem Drama »Die Schuld« (aufgeführt 1813, erschienen 1816) 2, 5:
»Und erklärt mir, Oerindur,
Diesen Zwiespalt der Natur!
Bald möcht' ich in Blut sein Leben
Schwinden sehn, bald – ihm vergeben«
hat der Volksmund in obenstehende Verse umgestaltet.

Blühender Unsinn

ist die Überschrift eines Gedichtes von Johann Georg Friedrich Messerschmidt (1776–1831), Professor am Gymnasium zu Altenburg.

Fouqué

Frisch auf, zum fröhlichen Jagen

Mit diesem Vers beginnt Friedrich de la Motte Fouqués (1777–1843) »Kriegslied für die Freiwilligen Jäger«, das, im Jahre 1813 gedichtet, in demselben Jahr zuerst als Zweiblattdruck erschien und dann in den 2. Band seiner »Gedichte« (Stuttgart und Tübingen 1817) aufgenommen wurde. Fouqué hat es nach einem älteren Jägerliede gedichtet, dessen Anfangsverse lauten:
»Auf, auf zu fröhlichem Jagen,
Auf in die grüne Heid.«
Dieses Lied schrieb 1724 der schlesische Jurist Gottfried Benjamin Hancke (gest. um 1750) für das Hubertusfest, das der Graf von Sporck auf seinen böhmischen Gütern für den polnischen König August den Starken ausrichtete.

Wenn alles eben käme,
Wie du gewollt es hast
beginnt Fouqués Gedicht »Trost« (in: »Frauentaschenbuch für 1816«).

Kleist

In Staub mit allen Feinden Brandenburgs
ist der Schluß von Heinrich von Kleists (1777–1811) Drama »Prinz von Homburg« (verfaßt 1809–10).

Mein hoher Herr
Aus Kleists Ritterspiel »Das Käthchen von Heilbronn« (1810) zitieren wir diese Worte, mit denen Käthchen den Ritter vom Strahl anredet (I, 2 ff.).

Verschiedene Quellen

O Tannenbaum, o Tannenbaum,
Wie treu sind deine Blätter!
So lautet die von August Zarnack (1777–1827) herrührende Umdichtung (zuerst gedruckt in seinen »Deutschen Volksliedern mit Volksweisen« 2, Berlin 1820, 29) des aus dem 16. Jahrhundert stammenden Volksliedes »Es hing ein Stallknecht seinen Zaum/Gar hoch an einen Tannenbaum« (um 1550; Uhland, Volkslieder« Nr. 151), wo es in Strophe 9.10 heißt:
»O Tanne! du bist ein edler Zweig,
Du grünest Winter und die liebe Sommerzeit.«
In dem »Bergliederbüchlein« von ca. 1740 lautet es:
»Ach Tannenbaum, ach Tannenbaum,
Du bist ein edler Zweig!
Du grünest uns den Winter,
Die liebe Sommerzeit.«
Die zweite Zeile lautet heute meist: »... wie grün sind deine Blätter!«

Volkstum
ist eine Wortschöpfung Friedrich Ludwig Jahns (1778–1852). Er gab »Das deutsche Volkstum« 1810 zu Lübeck heraus. In der bereits 1808 geschriebenen, dem Buch vorangehenden »Erklärung« erwähnt er, daß er schon früher eine Schrift »Volkstum« verfaßt habe, die verlorengegangen sei, und in der Subskriptionsanzeige (im »Berliner Freimütigen« von 1809) rechtfertigt er die Neuprägungen »Volkstum, volkstümlich, Volkstümlichkeit«.

C. Brentano

Gute Leute und schlechte Musikanten
In Clemens Brentanos (1778–1842) Lustspiel »Ponce de Leon« (1804) 5, 2, sagt der Haushofmeister Valerio zu einem Schulmeister mit Bezug auf eine erwartete Musikantenschar: »Diese schlechten Musikanten und guten Leute aber werden sich unter Eurer

Anführung im Walde versammeln.« Hieraus entstand durch E. T. A. Hoffmann (»Seltsame Leiden eines Theater-Direktors«, anonym, Berlin 1819, und »Kater Murr«, 1820) und Heine (»Ideen. Das Buch Le Grand«, 1826) das zitierte Wort.

Robert

Das Publikum, das ist ein Mann, der alles weiß und gar nichts kann
beginnt das Gedicht »Das Publikum« von Ludwig Robert (1778–1832), das nach dem Nekrolog von Willibald Alexis für Robert (in der Zeitung »Der Freimütige«, Juli 1832) »von Mund zu Munde« ging. Er entlehnt den Vers dem »Silbernen ABC« des Matthias Claudius in dessen »Asmus omnia sua secum portans oder Sämmtliche Werke des Wandsbecker Bothen«, Bd. VI, Hamburg 1798, wo es unter N heißt:
»Nichts ist so elend als ein Mann,
Der alles weiß und der nichts kann.«
Ernst von Wildenbruch läßt in seinem »Christoph Marlow« (1884) Ben Jonson sagen (Akt 3, Szene 5): »Ein Rezensent, siehst du, das ist ein Mann, der alles weiß und gar nichts kann.«

Die Macht der Verhältnisse
ist der Titel eines in Stuttgart 1819 erschienenen Trauerspiels von Ludwig Robert.

Hof-Demagoge
und
Salontiroler
In Ludwig Roberts Gedicht »An L. Tieck. Promenaden eines Berliners in seiner Vaterstadt« (1824) heißt es: »So nämlich nenn' ich keinen Berliner! Hof-Demagogen sind Männchen, die allem Volke den Hof machen und bei jeder Gelegenheit für mäßigen Preis, was preußisch ist, preisen.« »Hofdemagoge« wurde der Spitzname für Friedrich Förster und Alexander von Humboldt, »der weimarische Hofdemagoge« für Heinrich Luden. Später nannte ein Kritiker der »Nachträge zu den Reisebildern« (1831) im »Konversationsblatt« Heinrich Heine einen »Salondemagogen« (»Gesammelte Werke«, 1876) und Varnhagen (»Denkw. u. verm. Schriften«, 2. Aufl., Leipzig 1843) einen »Salonrevolutionär«. Daraus entsprang dann, über die Zwischenglieder »Salonredner« (»Grenzbote« 1847), »Salonromantiker« (Gutzkow, »Die Ritter vom Geiste«, 2. Aufl., Leipzig 1852), »Salonquäker«, das harmlosere Witzwort »Salontiroler«, das Berthold Auerbach in seinem Roman »Auf der Höhe« (1865) gebraucht, und das von Defregger zum Titel und Inhalt eines Gemäldes (1882, Berliner Nationalgalerie) auserkoren wurde, nur daß hier nicht der Naturbursche im Salon, sondern der Salonmensch als Karikatur der Tiroler die komische Figur spielt.

Streckfuß

Im Glück nicht stolz sein und im Leid nicht zagen,
Das Unvermeidliche mit Würde tragen,
Das Rechte tun, am Schönen sich erfreuen,
Das Leben lieben und den Tod nicht scheuen,
Und fest an Gott und beßre Zukunft glauben,
Heißt leben, heißt dem Tod sein Bittres rauben.

Dieser Denkspruch stammt von Karl Streckfuß (1779–1844; zuerst ersch. 1809, dann in: »Gedichte«, Neue Aufl., Leipzig 1823).

Gerhard

Landgraf, werde hart!

stammt aus Wilhelm Gerhards (1780–1858) Gedicht »Der Edelacker« (»Gedichte«, Leipzig 1826, zuerst in der von Hell und Kind herausgegegebenen »Abendzeitung« 1817, Nr. 115 unter dem Titel: »Der Acker der Edlen«). Das Gedicht behandelt die von Joh. Rothe (»Düringische Chronik«, 1421, hrsg. v. Liliencron 1859) berichtete Sage, nach der der Landgraf Ludwig der Eiserne von Thüringen (1140–1172) am Anfang seiner Regierung so mild gewesen sei, daß der Übermut der Mächtigen zunahm und das Volk unterdrückt wurde. Einst aber, als er sich auf der Jagd verirrte, habe er beim Schmied von Ruhla, der ihn nicht kannte, Unterkunft gefunden. Die ganze Nacht hindurch habe der Schmied emsig gearbeitet, und wenn er mit dem Hammer auf das Eisen schlug, so habe er dabei auf den Landgrafen und seine Lässigkeit fluchend gerufen: »Nun werde hart!«, was einen so tiefen Eindruck auf den Fürsten machte, daß er von da an härter durchgriff und die Ordnung im Lande wieder herstellte.

Auf, Matrosen, die Anker gelichtet!

und

Liebchen, ade, Scheiden tut weh

stammt aus dem Gedicht »Matrosenlied« von Wilhelm Gerhard (1817).

Chamisso

Der Zopf, der hängt ihm hinten

entnehmen wir Adalbert von Chamissos (1781–1838) »Tragischer Geschichte« (1822; zuerst in »Moosrosen auf das Jahr 1826«, hrsg. von Wolfgang Menzel).

Das ist die Zeit der schweren Not

ist ein Wort Adalbert von Chamissos, das zuerst in einem im Juni 1813 von ihm an J. Hitzig aus Kunersdorf geschriebenen Brief vorkommt (J. Hitzig, »Leben und Briefe von Ad. von Chamisso«, Leipzig 1839), wo es heißt:
»Gott verzeihe mir meine Sünden!
Thema.

Chamisso

Das ist die schwere Zeit der Not,
Das ist die Not der schweren Zeit,
Das ist die schwere Not der Zeit,
Das ist die Zeit der schweren Not.«
Gedruckt erschienen diese vier Zeilen zuerst im »Berliner Musenalmanach für 1830«, 326 unter dem Titel »Kanon«.

Hört, ihr Herrn, so soll es werden:
Gott im Himmel, wir auf Erden,
Und der König absolut,
Wenn er unsern Willen tut.
Lobt die Jesuiten!
lautet die dritte Strophe in Chamissos »Nachtwächterlied« (1826; zuerst in »Peter Schlemihls wundersamer Geschichte«, 2. Ausg., Nürnberg 1827).

Er, der herrlichste von allen
und
Ich kann's nicht fassen, nicht glauben
wird aus Chamissos »Frauen-Liebe und -Leben« (zuerst in Wendts »Musenalmanach für das Jahr 1831«) zitiert.

Der Bauer ist kein Spielzeug
heißt es in Chamissos Gedicht »Das Riesen-Spielzeug« (1831; zuerst im »Deutschen Musenalmanach für 1835«, hrsg. von Chamisso u. Schwab).

Hückstädt

Froh bin ich und überall zu Hause,
Und so bin ich überall bekannt
beginnt ein Lied Friedrich Hückstädts (1781–1823; »Gedichte«, Rostock 1806). Es wird heute in der Form:
»Überall bin ich zu Hause,
Überall bin ich bekannt«
gesungen.

Wolff

Herrlich! Etwas dunkler zwar –
Aber 's klingt recht wunderbar.
und
Leb wohl, Madrid! Nie wende sich dein Glück!
Das von Pius Alexander Wolff (1782–1828) nach Cervantes' Novelle »La gitanilla de Madrid« gedichtete Drama »Preciosa« (schon am 24. Nov. 1811 an Iffland eingereicht, aber abgelehnt, und erst am 14. März 1821 in Berlin aufgeführt; gedruckt in den »Dramatischen Spielen«, Berlin 1823) enthält 1, 5 obenstehende Worte.

Wolff

Wird man wo gut aufgenommen,
Muß man ja nicht zweimal kommen

heißt es in 2, 1 des Dramas »Preciosa« von Pius Alexander Wolff. Dieses Zitat wird oft in der Form:
»Wird man wo gut aufgenommen,
Muß man nicht gleich wiederkommen«
benutzt.

Einsam bin ich, nicht alleine

bilden wir nach dem Gesang des Titelhelden in Wolffs »Preciosa« 2, 2. Dieses Wort wandte Goethe ins Elegische, indem er seinen Harfner (»Wilhelm Meister« 2, 13; »Theatral. Sendung« 4, 13) singen läßt:
»Ja! laßt mich meiner Qual!
Und kann ich nur einmal
Recht einsam sein,
Dann bin ich nicht allein.«

Donnerwetter Parapluie

zitieren wir nach Pedros Worten in Wolffs »Preciosa« 3, 3 und 3, 8. Pedro spricht gern in wälschen, von ihm mißverstandenen Wörtern, und so wird jenes »Parapluie« von ihm aus »parbleu« verzerrt, das seinerseits aus »par Dieu« entstand, wie »Potzdonnerwetter« aus »Gottsdonnerwetter«.

Auf denn – nach Valencia!

Die vielzitierten Worte aus Wolffs »Preciosa« 4, 12 beruhen auf Herders »Cid«, 51. Gesang:
»Auf ins Feld! Es geht zum Siege,
Krieger, gen Valencia!«

Chézy

Ach, wie ist's möglich dann,
Daß ich dich lassen kann

ist dem sogenannten »Thüringer Volkslied« entnommen. Dieses ist die von Helmina von Chézy (1783–1856) herrührende Umdichtung des Liedes »Wie ist's möglich dann«, das zuerst in der Liederhandschrift der Straßburger Universitätsbibliothek »Weltliche Lieder, nach Belieben im Register aufzusuchen, 1769« vorkommt. Helmina von Chézy dichtete es 1812 für eine Neuaufführung ihres 1811 verfaßten Schauspiels »Eginhart und Emma«. Gedruckt erschien es zuerst mit diesem Schauspiel in der »Urania. Taschenbuch für Damen auf das Jahr 1817«.

Schenkendorf

Für die Freiheit eine Gasse!

sagt Max von Schenkendorf (1783–1817) in der drittletzten Strophe des Gedichtes »Schill. Eine Geisterstimme« (1809; »Gedichte«, Stuttgart und Tübingen 1815). Theodor Körner entlehnt von ihm in seinem Aufruf von 1813 »Frisch auf, mein Volk! Die Flammenzeichen rauchen« im vorletzten Vers der ersten Strophe: »Der Freiheit eine Gasse!« Mit den gleichen Worten, die darin auch den Kehrreim bilden, überschrieb Georg Herwegh ein 1841 entstandenes Gedicht.

Schenkendorf

Freiheit, die ich meine
zitieren wir nach dem Anfangsvers von Schenkendorfs Lied »Freiheit« (1813).

Muttersprache, Mutterlaut
ist Max von Schenkendorfs Lied »Muttersprache« (1814) entnommen.

Verschiedene Quellen

Was vergangen, kehrt nicht wieder;
Aber ging es leuchtend nieder,
Leuchtet's lange noch zurück
bildet in den »Gedichten« Karl Försters (1784–1841) den Anfang des Gedichts »Erinnerung und Hoffnung«.

Das Glück war niemals mit den Hohenstaufen
läßt Ernst Benjamin Salomon Raupach (1784–1852) den König Enzio in seinem gleichnamigen Trauerspiel (1831) zweimal sagen.

Ja nur ein' Kaiserstadt, ja nur ein Wien
ist der Kehrreim von Adolf Bäuerles (1786–1859) Lied »Was macht denn der Prater?« aus seinem Libretto zur Oper »Aline« (komponiert von Wenzel Müller und aufgeführt in Wien am 9. Okt. 1822). Dieses Lied wurde in K. v. Holteis »Die Wiener in Berlin« (4. »Jahrbuch der Bühne für 1825«) eingeschoben, und man zitiert es im Wiener Dialekt: »'s gibt nur a Kaiserstadt, 's gibt nur a Wien!« »Es gibt nur a Wien« steht schon in einer 1781 in Wien erschienenen anonymen Schrift »Schwachheiten der Wiener«.

Börne

Völkerfrühling
ist von Ludwig Börne (1786–1837) geprägt worden. In der Ankündigung der von ihm begründeten Zeitschrift »Die Wage«, 1818 (»Gesammelte Schriften« 3, Hamburg 1829) heißt es: »Wie weit entfernt von dem heiligen Zorne des Wissens ist noch jetzt die europäische Menschheit, und wie lau und sanft ist all ihr Wollen und Tun. Darum sei man unbesorgt, froh des heranbrechenden Völkerfrühlings, und fürchte nicht die Bewegung im Freien!«
Die erste Spur des Wortes aber finden wir schon 1790 in Joachim Heinrich Campes »Briefen aus Paris«, wo er von dem »Frühlinge des allgemeinen Völkerwohls« spricht. 1797 sagt dann Friedrich Hölder-

lin im »Hyperion« 1, 54: »O Begeisterung! Du wirst den Frühling der Völker uns wiederbringen.«

Börne

Minister fallen wie Butterbrote: gewöhnlich auf die gute Seite.
Ein altes jüdisches Sprichwort: »Butterbrot fällt ufs Ponim« (d. h. aufs Gesicht, vom hebräischen »panim«) hat Börne zu diesem Wort verarbeitet (»Gesammelte Schriften« 6, Hamburg 1829, 1).

Nichts ist dauernd als der Wechsel
sagt Börne in seiner »Denkrede auf Jean Paul«, gehalten in Frankfurt am Main am 2. Dez. 1825 (»Gesammelte Schriften« 4, Hamburg 1829). Heine verwendet diese Redewendung im Motto seiner »Harzreise« (ersch. 1826).

Revolutionäre in Schlafrock und Pantoffeln
In den »Briefen aus Paris« schreibt Börne unter dem Datum 4. Nov. 1831 (»Gesammelte Schriften« 11, Paris 1833): »Salvandy ist einer von den bequemen Carlisten, die in Pantoffeln und im Schlafrock die Rückkehr Heinrichs V. abwarten.« Dieses Wort verwandte der preußische Minister des Auswärtigen Frhr. von Manteuffel, als er am 8. Jan. 1851 in der ersten Kammer über eine etwaige Beamtenrevolution sagte: »Ja, meine Herren, ich erkenne eine solche Revolution für sehr gefährlich, gerade weil man sich dabei in Schlafrock und Pantoffeln beteiligen kann, während der Barrikadenkämpfer wenigstens den Mut haben muß, seine Person zu exponieren.« Daher stammt der Ausdruck: »Revolutionäre in Schlafrock und Pantoffeln«.

Kerner

Wohlauf noch getrunken
Den funkelnden Wein!
Mit diesen Worten beginnt Justinus Kerner (1786–1862) sein »Wanderlied« in seinem »Poetischen Almanach für 1812«.

Preisend mit viel schönen Reden
ist der Anfang des Kerner-Gedichts »Der reichste Fürst« (erschienen im »Morgenblatt für gebildete Stände«, 28. Dez. 1820).

»Herrlich«, sprach der Fürst von Sachsen
ist Justinus Kerners Gedicht »Der reichste Fürst« entnommen.

Stark am Geist, am Leibe schwach
zitieren wir aus Kerners »Kaiser Rudolfs Ritt zum Grabe« (ersch. im »Morgenblatt für gebildete Stände«, 28. Dez. 1820, Stuttgart und Tübingen), scherzweise auch die Worte »Geist« und »Leib« gegeneinander vertauschend.

Lami

Der Karnickel hat angefangen
steht in der von dem Reimer und Kupferstecher Heinrich Lami (1787–1849) in Verse gebrachten Geschichte »Eigennützige Dienstfertigkeit« (»Mixpickel und Mengemus, eingemacht von H. Lami«, Magdeburg 1828): Der Pudel eines über den Markt wandelnden Herrn zerreißt ein lebendiges Kaninchen, das einer Hökerin gehört. Obwohl der Herr ihr zehnfachen Ersatz bietet, besteht die Verkäuferin darauf, daß er mit ihr »auf die Obrigkeit« gehen soll. Ein Schusterjunge, der dem Streit zugehört hat, nimmt Partei für den Herrn und verspricht, gegen ein Trinkgeld zu bezeugen, »det der Karnickel hat angefangen«.

Uhland

Das ist der Tag des Herrn
und
Ich bin allein auf weiter Flur
wird aus Ludwig Uhlands (1787–1862) »Schäfers Sonntagslied« (1805; zuerst gedruckt in Seckendorfs »Musenalmanach für 1807«) zitiert.

Ich hatt' einen Kameraden,
Einen bessern findst du nit

Die Trommel schlug zum Streite

Er ging an meiner Seite
in gleichem Schritt und Tritt
findet sich in Uhlands 1809 gedichteten und zuerst im »Poetischen Almanach für das Jahr 1812« gedruckten Lied: »Der gute Kamerad«, 1. Strophe.

Er liegt mir vor den Füßen,
Als wär's ein Stück von mir
heißt es in der 2. Strophe von Ludwig Uhlands Lied »Der gute Kamerad«.

Bei einem Wirte wundermild
zitieren wir aus Uhlands »Wanderliedern« (8, »Einkehr« vom 20. Nov. 1811).

Nun muß sich alles, alles wenden
und
Die Welt wird schöner mit jedem Tag,
Man weiß nicht, was noch werden mag
ist Uhlands »Frühlingsglauben« (»Frühlingslieder«, 2; 21. März 1812) entnommen.

Uhland

Singe, wem Gesang gegeben,
In dem deutschen Dichterwald!
stammt aus Uhlands »Freier Kunst«, zuerst gedruckt im »Deutschen Dichterwald«. Chamisso wählte diese Worte 1831 zum Motto des Abschnitts »Lieder und episch-lyrische Gedichte« in der Ausgabe seiner »Gedichte«.

Wir sind nicht mehr am ersten Glas
ist Uhlands »Trinklied« (1812) entnommen.

Denn was er sinnt, ist Schrecken, und was er blickt, ist Wut,
Und was er spricht, ist Geißel, und was er schreibt, ist Blut

Nimm alle Kraft zusammen, die Lust und auch den Schmerz

Noch eine hohe Säule zeugt von verschwundner Pracht

Versunken und vergessen
bilden wir nach dem Uhland-Gedicht »Des Sängers Fluch« (1814; in: »Gedichte«, Stuttgart und Tübingen 1815).

Der wackre Schwabe forcht sich nit
ist in Uhlands »Schwäbischer Kunde« (1814) zu finden.

Wenn heut' ein Geist herniederstiege,
Zugleich ein Sänger und ein Held!

Untröstlich ist's noch allerwärts
finden wir in Uhlands Gedicht »Am 18. Oktober 1816« (»Vaterländische Gedichte«, Tübingen 1817).

Deines Geistes
Hab' ich einen Hauch verspürt
findet sich in Ludwig Uhlands Ballade »Bertran de Born« (»Morgenblatt«, 1829, Nr. 283 vom 6. November).

Angely

Positus, ich setz' den Fall
zitieren wir die Worte des Maurerpoliers Kluck aus Louis Angelys (1788–1835) »Fest der Handwerker« (»Vaudevilles und Lustspiele« Bd. 2, Berlin 1830). Die Redensart ist allerdings bedeutend älter und kommt z. B. in Joh. Gottwerth Müllers zu seiner Zeit vielgelesenem Roman »Die Herren von Waldheim« (Göttingen 1784) in der Form: »Posito, ich setz' den Fall« vor.

Angely

Darum keine Feindschaft nicht!

Willem, du bist vons Gerüste gefallen

Leute vom Bau

Allemal derjenige, welcher

Nie ohne dieses
zitieren wir aus Louis Angelys »Fest der Handwerker«. »Darum keine …« heißt ursprünglich: »Dadrum keene Feindschaft nich«.

Mehr braucht man nich, um glücklich zu sein,
Und das wird den Hals ja nich kosten
ist der Kehrreim des Liedes in Angelys »Fest der Handwerker«, in dem die Liebhaberin Lenchen die zu einer Einrichtung nötigen Dinge aufzählt.

Schopenhauer

Zeitungsdeutsch
Arthur Schopenhauer (1788–1860) gebraucht dieses Wort in seinen 1856–1860 geschriebenen »Materialien zu einer Abhandlung über den argen Unfug, der in jetziger Zeit mit der deutschen Sprache getrieben wird« (»Handschriftlicher Nachlaß«, Leipzig 1864).

Eichendorff

Wem Gott will rechte Gunst erweisen,
Den schickt er in die weite Welt
ist der Anfang von Joseph Frh. von Eichendorffs (1788–1857) Gedicht »Der frohe Wandersmann« (1822, zuerst gedruckt in der Novelle »Aus dem Leben eines Taugenichts«, Berlin 1826).

Aus einem kühlen Grunde
wird scherzhaft aus dem ersten Vers von Eichendorffs Gedicht »Das zerbrochene Ringlein« (aus dem Roman »Ahnung und Gegenwart«) umgebildet, der ursprünglich lautet: »In einem kühlen Grunde«.

Rückert

Es ging ein Mann im Syrerland,
Führt' ein Kamel am Halfterband.
Aus Friedrich Rückerts (1788–1866) »Parabel«, zuerst erschienen im »Frauentaschenbuch für das Jahr 1823«, wurden diese Anfangsverse geflügelt. Die Parabel beruht auf einer Nachdichtung eines lyrischen Gedichts aus dem zweiten Diwan des persischen Dichters Dschelâleddîn Rûmî (1207–1273). Dort heißt es nach der Übersetzung von Jos. von Hammer-Purgstall:
»Hast du gehört, daß man im Syrerland
Einst führte ein Kamel am Halfterband?«

Rückert

Aus der Jugendzeit
ist der Titel eines Gedichts von Friedrich Rückert, das zuerst in Wendts »Musenalmanach für 1831« veröffentlicht wurde.

Möge jeder still beglückt
Seiner Freuden warten!
Wenn die Rose selbst sich schmückt,
Schmückt sie auch den Garten
wird aus Rückerts Gedicht »Welt und Ich« (zuerst im »Deutschen Musenalmanach von Chamisso und Schwab«, 1834) zitiert.

Sieh! keinen Tropfen Wasser schluckt das Huhn,
Ohn' einen Blick zum Himmel auf zu tun
sind die Anfangsverse von Rückerts Gedicht »Gottesdienst« (1837). Sie werden gewöhnlich in der Form:
»Keinen Tropfen trinkt das Huhn,
Ohne einen Blick zum Himmel auf zu tun.«
zitiert. Diese Verse gehen auf den persischen Dichter Amir-i-Chosru (gest. 1315) zurück, bei dem sie folgendermaßen lauten:
»Und keinen Tropfen Wasser schluckt das Huhn,
Wo es zum Himmel nicht erhebt das Aug'.«

Alter Freund und Kupferstecher
So redete Rückert seinen Freund Carl Barth, Kupferstecher am Bibliographischen Institut in Hildburghausen, in einem Gedicht (»Poetische Werke«, Frankfurt 1867–69, Bd. 7) an. Danach wurde dieser Ausspruch zum geflügelten Wort.

Hey

Weißt du, wieviel Sterne stehen

Gott der Herr hat sie gezählet,
Daß ihm auch nicht eines fehlet

Alle Jahre wieder
finden sich in der zweiten Fabelsammlung des Superintendenten Wilhelm Hey (1789–1854) »Noch fünfzig Fabeln für Kinder« (Hamburg 1837) mit vielen volkstümlichen Gedichten, Kinder- und Weihnachtsliedern. Die Verse »Gott der Herr ...« stammen aus dem erstgenannten Gute-Nacht-Lied.

Raimund

Ich bin dein Vater Zephises
Und habe dir nichts zu sagen als dieses
wird aus Ferdinand Raimunds (1790–1836) Zauberspiel »Der Diamant des Geisterkönigs« (1824) zitiert.

Raimund

Brüderlein fein, Brüderlein fein,
Mußt mir ja nicht böse sein!
und
Scheint die Sonne noch so schön,
Einmal muß sie untergehn
singt die Jugend in Raimunds romantischem Zaubermärchen »Das Mädchen aus der Feenwelt oder Der Bauer als Millionär« (1826) 2, 6. »Scheint die Sonne ...« wurde auch durch Heines Umformung (»Buch der Lieder«, Vorrede zur 2. Aufl. 1837):
»Und scheint die Sonne noch so schön,
Am Ende muß sie untergehn«
zum geflügelten Wort.

So leb denn wohl, du stilles Haus.
Wir ziehn betrübt von dir hinaus
stammt aus Raimunds romantisch-komischem Märchen »Der Alpenkönig und der Menschenfeind« (1828, 1, 20 f.).

Da streiten sich die Leut' herum
Oft um den Wert des Glücks
und
Das Schicksal setzt den Hobel an
Und hobelt alles gleich
wird nach Valentins »Hobellied« aus dem Zaubermärchen »Der Verschwender« (1833) von Ferdinand Raimund zitiert.

Grillparzer

Fallen seh ich Zweig auf Zweige
und
Den Jüngling ziert Bescheidenheit
ist dem 1. Aufzug von Franz Grillparzers (1791–1872) »Ahnfrau« (1816) entnommen. Dort finden sich die Worte »Den Jüngling ...« in der Umstellung:
»Ziert Bescheidenheit den Jüngling,
Nicht verkenn' er seinen Wert.«
(Ende 1. Aufzug). Dieser Vers hat wohl auch die bekannte Travestie hervorgerufen:
»Bescheidenheit ist eine Zier,
Doch weiter kommt man ohne ihr.«

Ja, ich bin's, du Unglücksel'ge,
Bin der Räuber Jaromir
finden wir im 3. Aufzug der »Ahnfrau«. Die beiden Verse des Zitats wurden im Sprachgebrauch aus einer längeren Passage heraus zusammengezogen.

Grillparzer

Das eben ist der Liebe Zaubermacht
steht in 1, 5 von Grillparzers »Sappho« (geschrieben 1817, uraufgeführt 1818, gedruckt 1819).

Weh dem, der lügt
lautet der Titel eines Lustspiels von Grillparzer (1838 uraufgeführt, 1840 gedruckt).

Capua der Geister
wird die Stadt Wien in Grillparzers »Abschied von Wien« (1842) genannt, weil Capua bei den Römern wegen seines üppigen Reichtums berühmt war (vgl. Livius XXIII, 18, 10–13).

In deinem Lager ist Österreich
sagt Grillparzer in dem Gedicht »Feldmarschall Radetzky« (Juni 1848).

Der Weg der neueren Bildung geht
Von Humanität
Durch Nationalität
Zur Bestialität
schrieb Grillparzer 1849 in »Einfälle und Inschriften«.

Körner

Die Pferde sind gesattelt, gnäd'ger Herr
zitieren wir aus Theodor Körners (1791–1813) Drama »Hedwig« 2, 10 als Beispiel für eine unbedeutende Rolle, da es die einzigen Worte sind, die ein auftretender Diener in jenem Stück zu sprechen hat.

Nur über meine Leiche geht der Weg!
Diese Worte aus Theodor Körners »Hedwig« 3, 10 sind wohl eine Reminiszenz an Herders Gedicht »Der Gastfreund«: »Nur über meinen Leichnam geht der Weg« oder aus Schillers Drama »Wallensteins Tod« 5, 7: »Erst über meinen Leichnam sollst du hingehn.«

Das höchste Heil, das letzte, liegt im Schwerte
und
Vergiß die treuen Toten nicht!
stammen aus Körners Gedicht »Aufruf« (1813).

Das ist Lützows wilde verwegene Jagd
zitieren wir aus Körners Gedicht »Lützows wilde Jagd« (1813), das an Bürgers: »Das ist des wilden Heeres Jagd« am Anfang der letzten Strophe seines »Wilden Jägers« (1785) und an Schillers: »Wir heißen des Friedländers wilde Jagd« im 6. Auftritt von »Wallensteins Lager« (1798) anklingt.

Körner

Das Volk steht auf, der Sturm bricht los.
Mit diesen Worten beginnt Körners Gedicht »Männer und Buben«, das am 7. August 1813 entstand und in »Leyer und Schwert«, Berlin 1814, abgedruckt wurde.

Du Schwert an meiner Linken
entnehmen wir aus Theodor Körners Gedicht »Schwertlied« (gedruckt 1813).

Verschiedene Quellen

Was man nicht deklinieren kann,
Das sieht man als ein Neutrum an
zitieren wir, wenn wir uns um die schwierige Definition eines unklaren Begriffes herumdrücken wollen. Diese und andere schöne Genusregeln stammen aus Karl Gottlob Zumpts (1792–1849) »Lateinischer Grammatik« (Berlin 1818).

Urahne, Großmutter, Mutter und Kind
In dumpfer Stube beisammen sind
ist Gustav Schwabs (1792–1850) Gedicht »Das Gewitter« (1828/29) entnommen.

Links müßt ihr steuern! hallt ein Schrei.
Dieser vielgebrauchte Ausruf stammt aus dem letzten Teil von Ludwig Giesebrechts (1792–1873) Gedicht »Der Normann« (»Gedichte«, Leipzig 1836), der unter dem Titel »Der Lotse« in viele Anthologien Eingang gefunden hat.

Binzer

Frei ist der Bursch!
ist der Kehrreim des Liedes »Stoßt an! Eisenach lebe!« von August Binzer (1793–1868; zuerst gedruckt in Methfessels »Allgemeinem Commers- und Liederbuch 1818«).

Wer die Wahrheit kennet und spricht sie nicht,
Der bleibt fürwahr ein erbärmlicher Wicht
ist in Binzers Lied »Stoßt an! Eisenach lebe!« enthalten.

Wir hatten gebauet ein stattliches Haus.
Im Postwagen von Weimar nach Jena schrieb August Binzer dieses am 29. November 1819 bei der Auflösung der Burschenschaft in Jena gesungene und zuerst 1821 im »Kieler Kommersbuch« abgedruckte Lied.

Rüthling

Ich liebe dir, ich liebe dich!
Wie's richtig is, ich weeß es nich
Un's is mich ooch Pomade

Ich lieb' nich uf den dritten Fall,
Ich lieb' nich uf den vierten Fall,
Ich lieb' uf alle Fälle.
und

Rüthling

Komm her, mein Kind, setz dir bei mir,
Dir stehn zu sehn, das jammert mir.

Dem Gedicht »Mir und mich« (»Museum komischer Vorträge«, Nr. 1, 15. Aufl., Berlin 1886) des Hofschauspielers Johann Ferdinand Rüthling (1793–1849) entstammen obenstehende, noch heute (und wohl nicht nur in Berlin) vielzitierten Verse.

Was is mich das, mein Kind, mit dich?
Du ißt mich nich, du trinkst mich nich,
Du stippst mich in den Kaffee nich,
Du bist mich doch nicht krank?

fragt die um den Zustand der verliebten Tochter besorgte Mutter in Rüthlings Gedicht »Mir und mich«.

Drum nimm dich was und stipp dich ein,
Dann wird es dich bald besser sein

rät die Mutter ihrer liebeskranken Tochter in Rüthlings Gedicht »Mir und mich«.

W. Müller

Des Wandern ist des Müllers Lust

ist der Titel eines Liedes von Wilhelm Müller (1794–1827).

Der Mai ist gekommen

ist im 1823 erschienenen Liederzyklus »Die schöne Müllerin« von Wilhelm Müller zu finden. Emanuel Geibel verwendet diesen Vers in seinem Lied »Wanderschaft« (1835–1841 gedichtet).

Wohlbrück

's wird besser gehn, 's wird besser gehn,
Die Welt ist rund und muß sich drehn

ist bekannt aus Wilhelm August Wohlbrücks (1794 oder 1796–1848) Text zu der von Heinrich Marschner komponierten Oper »Der Templer und die Jüdin« (zuerst aufgeführt in Leipzig am 22. Dez. 1829).

Verschiedene Quellen

Ich bin ein Preuße, kennt ihr meine Farben?

schrieb Johann Bernhard Thiersch (1794–1855) zum Geburtstag Friedrich Wilhelms III. im »Lied zur Feier des 3. August für die Harmoniegesellschaft in Halberstadt gedichtet im Jahre 1831«.

Höherer Blödsinn

Dieser Ausdruck scheint Anfang der fünfziger Jahre des 19. Jahrhunderts üblich geworden zu sein. Er findet sich in einem Artikel der

»Jahrbücher für Wissenschaft und Kunst« (Leipzig 1854) gegen »die Gesellschafts-Schwindel im lieben deutschen Vaterland: temporäre Gefühlsausschwitzungen en gros; Geblütswallungen, die bis zu gelinder Raserei gehen, wenigstens auf dem Niveau des höheren Blödsinns stehen«. Der Verfasser ist wohl der Herausgeber der Jahrbücher, Otto Wigand (1795–1870).

Platen

Allzufrüh und fern der Heimat
sagt August Graf von Platen (1796–1835) in seiner Ballade aus dem Jahre 1820 »Das Grab im Busento«.

J. Meyer

Bildung macht frei!
war der Wahlspruch, unter dem der Buchhändler Joseph Meyer (1796–1856), der Begründer des Bibliographischen Instituts, zahlreiche Unternehmungen ins Leben rief.

Kamps

Alles neu
Macht der Mai
heißt es in Hermann Adam von Kamps (1796–1867) Lied »Der Mai«, das zuerst in seinen »Lautenklängen« (Krefeld 1829) erschien.

Holteis

Schier dreißig Jahre bist du alt,
Hast manchen Sturm erlebt
lautet der Anfang des 1827 geschriebenen »Mantelliedes« aus Karl von Holteis (1798–1880) vaterländischem Schauspiel »Lenore« (zum ersten Mal aufgeführt am 12. Juni 1828).

Heine

Was schert mich Weib, was schert mich Kind?
Ich trage weit beßres Verlangen,
Laß sie betteln gehn, wenn sie hungrig sind
zitieren wir aus Heinrich Heines (1797–1856) 1819 verfaßter Romanze »Die Grenadiere« (zuerst gedruckt in »Gedichte«, Berlin 1822).

Die Mitternacht zog näher schon
ist der Anfang von Heinrich Heines Gedicht »Belsazer«, das ebenfalls 1822 erschien.

Anfangs wollt' ich fast verzagen,
Und ich glaubt', ich trüg es nie;
Und ich hab' es doch getragen, –
Aber fragt mich nur nicht: wie?
zitieren wir nach Heinrich Heines Gedicht mit der Überschrift »An Karl von U(echtritz). Ins Stammbuch«.

Im wunderschönen Monat Mai,
Als alle Knospen sprangen,
Da ist in meinem Herzen
Die Liebe aufgegangen
ist aus Heines »Lyrischem Intermezzo« (in Berlin 1823 mit den »Tragödien« erschienen; zweiter Druck im »Buch der Lieder«, Hamburg 1827) entnommen.

Auf Flügeln des Gesanges
stammt aus Heines »Lyrischem Intermezzo«.

Ich grolle nicht, und wenn das Herz auch bricht
finden wir im »Lyrischen Intermezzo« von Heinrich Heine.

Es ist eine alte Geschichte,
Doch bleibt sie immer neu;
Und wem sie just passieret,
Dem bricht das Herz entzwei!
sind Verse aus dem zuerst im »Berliner Gesellschafter« vom 9. Okt. 1822 gedruckten Gedicht »Ein Jüngling liebt ein Mädchen« von Heinrich Heine.

Die Tränen und die Seufzer,
Die kamen hintennach
ist der Schluß des Heine-Gedichts »Wenn zwei voneinander scheiden« (gedichtet 1822 und in demselben Jahr erschienen im »Berliner Gesellschafter« vom 9. Okt.).

Ich weiß nicht, was soll es bedeuten,
Daß lch so traurlg bln;
Ein Märchen aus alten Zeiten,
Das kommt mir nicht aus dem Sinn
und
Und das hat mit ihrem Singen
Die Lore-Ley getan
zitieren wir nach Heinrich Heines Gedicht »Die Heimkehr« (zuerst abgedruckt im »Berliner Gesellschafter« vom 26. März 1824). Das »Märchen aus alten Zeiten« ist übrigens durchaus nicht alt, sondern erst 1799 von Clemens Brentano frei erfunden. Er hat seine Ballade »Lore-Ley, die Zauberin« dem Roman »Godwi« (1801 f.) eingefügt. Daraus machte Nikolaus Vogt eine ganz neue »Volkssage«, die verschiedentlich dichterisch bearbeitet wurde, aber erst durch Heines Gedicht und Silchers Lied-Vertonung wirklich eine volkstümliche geworden ist.

Die Tore jedoch, die ließen,
Mein Liebchen entwischen gar still;
Ein Tor ist immer willig,
Wenn eine Törin will
zitieren wir den Schluß des Heine-Gedichts »Sei mir gegrüßt, du große, geheimnisvolle Stadt.«

Ich bin ein deutscher Dichter
Bekannt im deutschen Land;
Nennt man die besten Namen,
So wird auch der meine genannt
zitieren wir die 3. Strophe des Heine-Gedichts »Wenn ich an deinem Hause«.

Was will die einsame Träne?
und
Blamier mich nicht, mein schönes Kind,
Und grüß mich nicht unter den Linden;
Wenn wir nachher zu Hause sind,
Wird sich schon alles finden
steht zuerst im »Berliner Gesellschafter« vom 31. März 1824. Es wurde später in Heines Gedichtsammlung »Zur Heimkehr« aufgenommen.

Mensch, bezahle deine Schulden
und
Ein Mann in seinen besten Jahren
zitieren wir aus dem zuerst in den »Rheinblüten, Taschenbuch auf das Jahr 1825« gedruckten Gedicht »Mensch, verspotte nicht den Teufel« von Heinrich Heine.

Du bist wie eine Blume
ist der Anfang eines zuerst in der »Rheinischen Flora« erschienenen Liedes von Heinrich Heine.

Mein Liebchen, was willst du noch mehr?
lautet der Kehrreim des Heine-Gedichts »Du hast Diamanten und Perlen« in Anlehnung an den Kehrreim in Goethes »Nachtgesang«: »Schlafe, was willst du mehr?«

Die Leutnants und die Fähnderichs,
Das sind die klügsten Leute
steht im Gedicht »Mir träumt, ich bin der liebe Gott« von Heine (zuerst in Rousseaus »Westdeutschem Musenalmanach für 1823«).

Doktor, sind Sie des Teufels?
Aus dem 10. Gedicht des 1. Zyklus von Heines Gedichtsammlung »Nordsee« (»Reisebilder« 1, Hamburg 1826), »Seegespenst«, wird dieser Schlußvers zitiert.

Thalatta! Thalatta!
Durch das in seinem Gedicht »Meergruß« (»Nordsee«, 2. Zyklus, Nr. 1; »Reisebilder« 2, 1827) viermal vorkommende »Thalatta! Thalatta!« machte Heine den Freudenruf »Das Meer! Das Meer!« in weiten Kreisen zum geläufigen Wort. Mit diesem Ausruf begrüßten die nach der Schlacht bei Kunaxa (401 v. Chr.) nach Griechenland zurückkehrenden Griechen das so lange nicht mehr gesehene und die Nähe der Heimat kündende Schwarze Meer (Xenophon, »Anabasis« IV).

Und ein Narr wartet auf Antwort
wird der Schlußvers aus Heines Gedicht »Fragen« (»Nordsee«, 2. Zyklus, Nr. 7; »Reisebilder« 2) zitiert.

Europamüde
In den »Englischen Fragmenten« (zuerst in den »Neuen allgemeinen politischen Annalen«, Bd. 26/27, 1828) nennt sich Heine »so recht europamüde«. Ernst Willkomm schrieb 1838 einen Roman »Die Europamüden«, und Immermann zitierte das Wort dann im »Münchhausen« (Düsseldorf 1838), verspottete es aber zugleich mit »afrikamüde«. Im Vorwort zu A. Weills »Sittengemälde aus dem elsässischen Volksleben« (1847, »Gesammelte Werke« 14) und im »Romanzero« (1846–51, »Gesammelte Werke« 18) gebraucht Heine selbst das Wort noch mehrmals.

Es fiel ein Reif in der Frühlingsnacht
und
Sie haben gehabt weder Glück noch Stern,
Sie sind verdorben, gestorben
zitieren wir aus Heines »Rheinischem Volksliede« (zuerst gedruckt im »Taschenbuch für Damen«, Stuttgart 1829).

Unser Sommer ist nur ein grün angestrichener Winter
sagt Heine im 3. Teil der »Reisebilder« (Hamburg 1830) in der »Reise von München nach Genua« (zuerst gedruckt im »Morgenblatt« 1828, Nr. 286 ff.).

Wenn du eine Rose schaust,
Sag, ich laß' sie grüßen
stammt aus Heines »Neuem Frühling« (1831), Nr. 6.

Aus der Tiefe seines Gemüts

In dem Bericht vom 7. Mai 1843 über die Pariser Gemäldeausstellung sagt Heine (»Werke«, Hamburg 1867, 11, 126): »Dem Kamele, welches sich auf dem Gemälde des Horace Vernet befindet, sieht man es wohl an, daß der Maler es unmittelbar nach der Natur kopiert und nicht, wie ein deutscher Maler, aus der Tiefe seines Gemüts geschöpft hat.«

Kein Talent, doch ein Charakter

ist aus Kap. 24 von Heines »Atta Troll« (Kap. 1–24, erschienen 1843 in der »Zeitung für die elegante Welt«) entnommen.

Denk ich an Deutschland in der Nacht,
Dann bin ich um den Schlaf gebracht

lautet der Anfang von Heines Gedicht »Nachtgedanken« (verfaßt 1843, zuerst erschienen in der »Zeitung für die elegante Welt«, 8. Aug. 1843).

Blöde Jugendeselei

zitiert man aus Heines »Neuen Gedichten« (1844, »Yolante und Marie«).

Krapülinski und Waschlapski,
Polen aus der Polackei

zitieren wir aus dem Gedicht »Zwei Ritter« in Heines Gedichtsammlung »Romanzero« (1846–51).

Speisten in derselben Kneipe,
Und da keiner wollte leiden,
Daß der andre für ihn zahle,
Zahlte keiner von den Beiden

heißt es von zwei Polen in Heines Gedicht »Zwei Ritter«.

Vorschußlorbeeren

Dieses häufig zitierte Wort geht wohl auf das in der Sammlung »Romanzero« aufgenommene Gedicht »Plateniden« zurück, wo es von den Dichterfürsten »Schiller, Goethe, Lessing, Wieland« heißt:

»Wollten keine Ovationen
Von dem Publiko auf Pump,
Keine Vorschuß-Lorbeerkronen,
Rühmten sich nicht keck und plump.«

Das Glück ist eine leichte Dirne

kennen wir aus dem Motto zum 2. Buch des »Romanzero«.

Heine

Des Weibes Leib ist ein Gedicht,
Das Gott der Herr geschrieben
Ins große Stammbuch der Natur,
Als ihn der Geist getrieben

lautet der Anfang von Heines Gedicht »Das Hohelied« (»Deutscher Musenalmanach 4«, 1854).

Hensel

Müde bin ich, geh' zur Ruh

zitieren wir nach Luise Hensels (1798–1876) »Abendgebet«. Das Gedicht ist zuerst anonym in Diepenbrooks »Geistlichem Blumenstrauß« (Sulzbach 1829) gedruckt worden.

Hoffmann von Fallersleben

Du siehst mich an und kennst mich nicht

ist einem Lied von August Heinrich Hoffmann von Fallersleben (1798–1874) entnommen. Das 1822 gedichtete Lied erschien zuerst in seinen »Frühlingsliedern für Arlikona« (in: »Westdeutscher Musenalmanach auf das Jahr 1823«, hrsg. v. J. B. Rousseau).

Deutschland, Deutschland über alles,
über alles in der Welt

zitieren wir nach dem 1841 auf Helgoland gedichteten »Lied an die Deutschen« von Hoffmann von Fallersleben, erschienen zuerst als Einzeldruck am 1. September 1841 bei Hoffmann & Campe in Hamburg, und zwar mit Haydns Melodie zu »Gott erhalte Franz den Kaiser«. R. F. Arnold weist in der »Zeitschrift für deutsche Wortforschung« 4, 1903 nach, daß diese Formulierung, »welche ein begeistertes Lob des Vaterlandes nicht sowohl versichert, als an eine bestimmte Bedingung knüpft« (bei Hoffmann: »Wenn es stets zu Schutz und Trutze brüderlich zusammenhält«), bis in das 17. Jahrhundert zurückgeht. 1684 erschien anonym die staatswirtschaftliche Schrift von Philipp Wilhelm von Hornick (auch Hörnigk, gest. um 1712) »Österreich über alles, wenn es nur will«. Außer den von Arnold angeführten Belegen zeugt für die frühere Verbreitung des Wortes, daß Christian Friedrich Daniel Schubart sich in seiner Vaterlandschronik zweimal gegen diesen Gedanken und Ausdruck wehrt. In Heinrich Jos. Collins »Liedern österreichischer Wehrmänner 1« (1809) beginnt ein Lied mit der Überschrift »Österreich über alles«:
»Wenn es nur will,
Ist immer Östreich über alles!«
1813 erschien dieses Lied, von C. F. G. Schwenke vertont, in Hamburg bei Bohne und in Mainz bei Schott, und zwar mit der deutlich zu Hoffmanns Gedicht hinüberleitenden Abänderung der ersten Zeilen:
»Wenn es nur will,
Ist immer Teutschland über alles!«

In einem Prospekt zu den »Freimütigen Blättern für Deutsche« (1815) von Friedrich von Cölln heißt es: »Deutschland über alles, wenn es einig ist und sein will.«

Hoffmann von Fallersleben

Einigkeit und Recht und Freiheit
heißt es zweimal in der dritten Strophe des »Liedes an die Deutschen«, dem Text der deutschen Nationalhymne.

Der größte Lump im ganzen Land,
Das ist und bleibt der Denunziant
lesen wir in den »Politischen Gedichten« von Hoffmann von Fallersleben (Leipzig 1843).

Alexis

Adieu, Louise, wisch ab dein Gesicht,
Eine jede Kugel, die trifft ja nicht
und
Und manche Kugel geht manchem vorbei
wird aus dem mehrfach, u. a. auch von Löwe vertonten Lied »Fridericus Rex, unser König und Herr« von Willibald Alexis (Pseud. für Georg Wilhelm Heinrich Häring; 1798–1871) zitiert. Das Gedicht findet sich zuerst gedruckt in seinem Roman »Cabanis« (Berlin 1832).

Kopisch

Ach lieber Herr,
Das Wasser schmeckt mir gar nit sehr,
Dieweil darin ersäufet sind
All sündhaft Vieh und Menschenkind
läßt August Kopisch (1799–1853) in seinem Lied »Historie von Noah« (1824; Text und Musik zuerst in »Zwei Duetten für Baß« von Reißiger, Berlin 1827) den biblischen Noah klagen.

Schlippenbach

Nun leb wohl, du kleine Gasse
Albert Graf Schlippenbach (1800–1886) ist der Verfasser dieses bekannten Studentenliedes, das zuerst wohl im »Liederbuch für Deutsche Künstler« von Kugler und Reinick, Berlin 1833, mit der Melodie »So viel Stern' am Himmel stehn« gedruckt wurde.

Andre Städtchen, andre Mädchen
zitieren wir aus Schlippenbachs Studentenlied »Nun leb wohl, du kleine Gasse«.

Rellstab

Leise flehen meine Lieder
Durch die Nacht zu Dir.
Mit diesen Worten beginnt Ludwig Rellstabs (1799–1860) »Ständchen« (»Gesammelte Schriften«, Bd. 12: »Gedichte«, Leipzig 1844), das Franz Schubert vertonte.

Scherz, Satire, Ironie und tiefere Bedeutung
ist der Titel von Dietrich Christian Grabbes (1801–1836) 1822 verfaßten, 1827 in Frankfurt gedruckten und erst 1876 uraufgeführten Lustspiels.

Lortzing

O, ich bin klug und weise,
Und mich betrügt man nicht

Heil sei dem Tag, an welchem du bei uns erschienen

Das begreife ein andrer als ich!

Es ist schon lange her –
Das freut uns um so mehr

O selig, o selig, ein Kind noch zu sein
zitieren wir aus Albert Lortzings (1801–1851) zuerst am 22. Dez. 1837 in Leipzig aufgeführter Oper »Zar und Zimmermann«. Der letztgenannte Vers bildet den Kehrreim im Zarenlied: »Sonst spielt ich mit Zepter«, das von Lortzings Freund Salomon Reger (1804–1857) verfaßt wurde. Der Kehrreim selbst aber stammt von Lortzing, der im übrigen alle seine Operntexte dichtete.

So hat mich nicht getäuscht
Die Stimme der Natur
stammt aus Lortzings Oper »Der Wildschütz«, zuerst aufgeführt am 31. Dez. 1842 in Leipzig.

Das war mir, ich muß gestehn,
Gar kein freudig Wiedersehn
singt Veit in Lortzings Oper »Undine«, zuerst aufgeführt im Stadttheater in Hamburg am 25. April 1845. Oft wird diese Stelle auch in der positiven Umkehrung: »Das war mir … ein gar freudig Wiedersehn« zitiert.

Das muß dir aber nicht unangenehm sein

Das kommt davon, wenn man auf Reisen geht

Auch ich war ein Jüngling mit lockigem Haar

Das war eine köstliche Zeit!
wird aus Lortzings Oper »Der Waffenschmied«, zuerst aufgeführt am 30. Mai 1846 im Theater an der Wien, zitiert.

Nestroy

Lumpazivagabundus und
Das liederliche Kleeblatt
zitieren wir nach der 1833 erschienenen Zauberposse »Der böse Geist Lumpazivagabundus oder Das liederliche Kleeblatt« von Johann Nepomuk Nestroy (1801–1862).

Einen Jux will er sich machen
ist der Titel einer 1844 erschienenen Posse Nestroys.

Es muß ja nicht gleich sein,
– es hat ja noch Zeit
zitieren wir aus einem Couplet von Nestroy in Friedrich Kaisers Posse »Verrechnet« (1851).

Hauff

Morgenrot,
Leuchtest mir zum frühen Tod?
und
Gestern noch auf stolzen Rossen,
Heute durch die Brust geschossen,
Morgen in das kühle Grab
sowie
Ach, wie bald
Schwindet Schönheit und Gestalt
zitieren wir aus Wilhelm Hauffs (1802–1827) »Reiters Morgenlied«. Das Lied ist gedichtet nach dem Volkslied »Gut gedacht, /Aller Freud' ein End' gemacht«, das selbst wieder auf ein Gedicht von Joh. Chr. Günther (1695–1723) zurückgeht. Es wurde zuerst gedruckt in den anonym herausgegebenen »Kriegs- und Volksliedern«, Stuttgart 1824. Die zweite Strophe wird von Hauff im »Lichtenstein« I, 5 wiederholt.

Lenau

Lieblich war die Maiennacht
wird aus Nikolaus Lenaus (eigentlich: Nikolaus Niembsch Edler von Strehlenau; 1802–1850) Lied »Der Postillon« (»Reiseblätter« I, 1834) zitiert.

Wienbarg

Das junge Deutschland
Ludolf Wienbarg (1802–1872) versah sein Buch »Ästhetische Feldzüge« (April 1834) auf Vorschlag seines Verlegers Julius Wilh. Campe mit einer Widmung an »das junge Deutschland«. Dadurch hat diese Bezeichnung für die politisch-literarische Bewegung der dreißiger Jahre des 19. Jahrhunderts erst die weiteste Verbreitung gefunden. Aber der Ausdruck findet sich schon früher, nachweislich zum ersten Mal bei Gutzkow in einem Brief vom 2. Nov. 1833 an Georg von Cotta, allerdings in der französischen Form »La jeune Allemagne« mit Anlehnung an »La jeune France«, womit nach der Julirevolution von

1830 die jungfranzösische Dichterschule und ihre Anhänger bezeichnet wurden, und an »La giovine Italia«, den von Mazzini 1831 gegründeten Geheimbund.

Simrock

An den Rhein, an den Rhein, zieh' nicht an den Rhein,
Mein Sohn, ich rate dir gut

lautet der Anfang der ersten Strophe von Karl Simrocks (1802–1876) bekanntem Lied »Warnung vor dem Rhein«, zuerst gedruckt im »Rheinischen Jahrbuch für Kunst und Poesie«, Köln 1840.

Mein Herz war wie ein Bienenhaus

zitieren wir ebenfalls nach einem Lied Simrocks. Der »Weisel« überschriebene Vierzeiler steht in Simrocks »Gedichten, Neue Auswahl«, Stuttgart 1863, und ist später verändert und erweitert worden. Unter der Bezeichnung »Volkslied« wurde er vielfach vertont.

Merckel

Gegen Demokraten
Helfen nur Soldaten

ist der Schluß von Wilhelm von Merckels (1803–1861) Gedicht »Die fünfte Zunft«, das als fliegendes Blatt im August oder September 1848 erschien und in seinen »Zwanzig Gedichten«, Berlin 1850, wieder abgedruckt wurde.

Liebig

Die Kultur eines Volkes richtet sich nach dem Verbrauch von Seife.

Justus Frh. von Liebig (1803–1873) sagt in den »Chemischen Briefen« (1844): »Die Seife ist ein Maßstab für den Wohlstand und die Kultur der Staaten.« Danach wird gewöhnlich in obenstehender Form zitiert.

Mosen

Ade, mein Land Tirol

ist das Abschiedswort Andreas Hofers (gest. 20. Febr. 1810) an sein Heimatland aus Julius Mosens (1803–1867) bekanntem Gedicht »Sandwirt Hofer«. Es erschien zuerst im »Deutschen Musenalmanach für 1833«, Leipzig.

W. Friedrich

Großer Sänger, Mädchenfänger

Aus Wilhelm Friedrichs (Wilh. Friedr. Riese, 1804–1879) Text zu der von Friedrich von Flotow komponierten, 1844 zuerst in Hamburg aufgeführten Oper »Stradella« werden diese Worte des Banditenduetts zitiert.

Martha, Martha, du entschwandest!
Und mein Glück nahmst du mit dir

zitieren wir aus dem von Wilhelm Friedrich verfaßten Text zu Flotows 1847 in Wien uraufgeführter Oper »Martha«.

Der Konfusionsrat
ist der Titel einer Posse von Wilhelm Friedrich, erschienen in »Dramatisches Allerlei«, Berlin 1846.

Feuerbach

Der Mensch ist, was er ißt.
Ludwig Feuerbach (1804–1872) schrieb in seiner Anzeige von Moleschotts »Lehre der Nahrungsmittel für das Volk«, Erlangen 1850, dieses geflügelt gewordene Wort. Vielleicht hat Feuerbach dabei Anthelme Brillat-Savarin (1756–1826) vorgeschwebt, der im Anfang seiner »Physiologie du goût« (1825) sagt: »Dis-moi ce que tu manges, je te dirai ce que tu es.« (Sage mir, was du ißt, und ich sage dir, was du bist.) Da Feuerbachs Satz von seinen Gegnern mißverstanden wurde, gab er zu dessen Erläuterung die Schrift »Das Geheimnis des Opfers oder Der Mensch ist, was er ißt« (»Gesammelte Werke«, Leipzig 1864–1866, Bd. 10) heraus. Darin heißt es: »Gott ist, was er ißt; er ißt Ambrosia, d. h. also Unsterblichkeit oder unsterbliche Speise, also ist er ein Unsterblicher, ein Gott; der Mensch dagegen ißt Brot, ißt Früchte der Erde, also Irdisches, Nicht-Ambrosisches, Sterbliches, also ist er ein Mensch, ein Sterblicher.« Und weiterhin fragt er: »Sind die Juden nicht auch deswegen von den Heiden so verspottet und gehaßt worden, weil sie die Speisen verschmähten, welche diese liebten? … Liegt aber diesem Hasse nicht der Gedanke zugrunde: Wer nicht ißt, was wir essen, der ist auch nicht, was wir sind?«

Haffner

Brüderlein fein, Brüderlein fein,
Einmal muß geschieden sein
singt die Titelheldin im letzten Akt von Karl Haffners (eigentlich Karl Schlachter, 1804–1876) Volksstück »Therese Krones« (1862). In Haffners Vorbild, Raimunds »Bauer als Millionär«, heißt es: »Drum … muß es jetzt geschieden sein« und: »Zärtlich muß geschieden sein.«

O je, o je, wie rührt mich dies.

Glücklich ist,
Wer vergißt,
Was nicht mehr zu ändern ist.

's ist mal bei mir so Sitte,
Chacun à son goût.

Ein fideles Gefängnis
Diese Worte werden aus dem Libretto zur Operette »Die Fledermaus« (1874) von Johann Strauß (1825–1899) zitiert, das von K. Haffner und R. Genée unter Zugrundelegung des Lustspiels »Le Réveillon« (H. Meilbac/L. Halévy; 1872) bearbeitet wurde.

Mörike

Schweig stille, mein Herze!
wird aus Eduard Mörikes (1804–1875) am 31. März 1838 »morgens im Bette« gedichtetem Lied »Schön Rohtraut« (»Gedichte«, Stuttgart und Tübingen 1838) zitiert.

Frühling läßt sein blaues Band
Wieder flattern durch die Lüfte
zitieren wir aus Mörikes Gedicht »Er ist's«.

Verschiedene Quellen

Ungeheure Heiterkeit
Ist meines Lebens Regel
stammt aus Louis Schneiders (1805–1878) Schwank »Der reisende Student oder Das Donnerwetter« (in: »Jocosus. Repertoir für das deutsche Liederspiel«, Berlin 1838).

Ach, wenn du wärst mein eigen
ist der Anfang des von Ida Gräfin Hahn-Hahn (1805–1880) verfaßten Liedes »Wenn du wärst mein eigen« (»Gedichte«, Leipzig 1835). Ein Volkslied aus dem 16. Jahrhundert soll den gleichen Anfang haben.

Das Salz der Ehe
ist der Titel eines »Dramatischen Scherzes« von Karl August Görner (1806–1884), erschienen in seinem »Almanach dramatischer Bühnenspiele«, Breslau 1851.

Zwei Seelen und ein Gedanke,
Zwei Herzen und ein Schlag!
ist der Schluß des 2. Aktes von Friedrich Halms (Eligius Franz Joseph Frh. von Münch-Bellinghausen, 1806–1871) Drama »Der Sohn der Wildnis« (1842).

Feuchtersleben

Es ist bestimmt in Gottes Rat,
Daß man, was man am liebsten hat,
Muß meiden.
Mit diesen Worten beginnt Ernst Frh. von Feuchterslebens (1806–1849) vor 1826 entstandenes, von Mendelssohn-Bartholdy vertontes Gedicht »Nach altdeutscher Weise« (zuerst in Vogls »Frauenlob, Taschenbuch für das Jahr 1835«, später in »Gedichte«, Stuttgart, Tübingen 1836). Wir zitieren die Verse auch in der Form, in der Felix Mendelssohn-Bartholdy dieses Lied vertonte:
»Es ist bestimmt in Gottes Rat,
Daß man vom Liebsten, was man hat,
Muß scheiden.«

Wenn Menschen auseinandergehn,
So sagen sie: auf Wiedersehn!
Ja Wiedersehn!
schließt das Lied »Nach altdeutscher Weise« von Ernst Frh. von Feuchtersleben.

Pocci

Staatshämorrhoidarius
Dieses Wort erfand Franz Graf Pocci (1807–1876) für die Münchener »Fliegenden Blätter«. Der »Staatshämorrhoidarius« Poccis gelangte in dieser Zeitschrift in elf Nummern aus den Jahren 1844–47 zum Abdruck.

Vischer

Die Tücke des Objekts
und
Das Moralische versteht sich immer von selbst
entnehmen wir Friedrich Theodor Vischers (1807–1887) Roman »Auch einer« (Stuttgart 1879).

Verschiedene Quellen

An der Saale hellem Strande
ist der Anfang von Franz Kuglers (1808–1858) 1826 gedichtetem Lied »Rudelsburg« (zuerst erschienen in seinem »Skizzenbuch«, Berlin 1830).

Romantiker auf dem Thron
David Friedrich Strauß (1808–1874) gab 1847 in Mannheim die Schrift »Der Romantiker auf dem Thron der Caesaren oder Julian der Abtrünnige« heraus, in der er die Auffrischung des Heidentums durch Julianus Apostata mit der der protestantischen Orthodoxie durch Friedrich Wilhelm IV. verglich.

O alte Burschenherrlichkeit
ist der Anfang des zuerst im Berliner »Freimütigen« vom 9. Aug. 1825 anonym gedruckten Liedes »Rückblicke eines alten Burschen«. Auf dem Kommers bei der Marburger Zentenarfeier im Juli 1877 erklärte der als Sanitätsrat in Eschwege verstorbene Dr. Eugen Höfling (1808–1880), es gedichtet zu haben.

Hoffmann/ »Struwwelpeter«

Struwwelpeter
»Struwwelpeter oder Lustige Geschichten und drollige Bilder für Kinder von 3–6 Jahren« ist der Titel einer 1845 in Frankfurt am Main erschienenen Kinderschrift von Dr. Heinrich Hoffmann (1809–1894), aus der viele Worte geflügelt wurden.
In der Form »Strubbelpeter« kommt das Wort schon früher vor. Als Goethe 1765–1768 in Leipzig studierte, nannte ihn die Frau des Kup-

Hoffmann/ »Struwwelpeter«

ferstechers Stock »den Frankfurter Strubbelpeter« und zwang ihn, sich das Haar auskämmen zu lassen (s. »Kunst und Leben aus Försters Nachlaß«, hrsg. v. H. Kletke, 1873).

Sieh einmal, hier steht er,
Pfui! der Struwwelpeter!
An den Händen beiden
Ließ er sich nicht schneiden
Seine Nägel fast ein Jahr;
Kämmen ließ er nicht sein Haar,
Pfui! ruft da ein jeder:
Garst'ger Struwwelpeter!

lautet nach dem Weihnachtsvorspruch der Anfang von Hoffmanns »Struwwelpeter«.

Der Friederich, der Friederich,
Das war ein arger Wüterich

beginnt »Die Geschichte vom bösen Friederich« aus Hoffmanns Kinderschrift »Struwwelpeter«.

Paulinchen war allein zu Haus,
Die Eltern waren beide aus
...
(Paulinchen spielt mit dem Feuerzeug.)
Doch Minz und Maunz, die Katzen,
Erheben ihre Tatzen.
Sie drohen mit den Pfoten:
Die Mutter hat's verboten!
...
(Paulinchen verbrennt, die Katzen weinen.)
Und ihre Tränen fließen
Wie's Bächlein auf der Wiesen

heißt es in »Die gar traurige Geschichte mit dem Feuerzeug« aus Hoffmanns berühmter Kinderschrift.

Es ging spazieren vor dem Tor
Ein kohlpechrabenschwarzer Mohr.
Die Sonne schien ihm aufs Gehirn,
Da nahm er seinen Sonnenschirm

ist der Anfang der »Geschichte von den schwarzen Buben« in Hoffmanns »Struwwelpeter«.

Konrad! sprach die Frau Mama,
Ich geh' aus und du bleibst da

wird der Anfang der »Geschichte vom Daumenlutscher« zitiert.

Hoffmann/ »Struwwelpeter«

Suppenkaspar
ist nach der »Geschichte vom Suppenkaspar« ein geflügeltes Wort geworden.

Ich esse keine Suppe! Nein!
Ich esse meine Suppe nicht!
Nein, meine Suppe ess' ich nicht!
schreit der Suppenkaspar in Hoffmanns Geschichten-Sammlung »Der Struwwelpeter«.

Zappel-Philipp
nennen wir nach der »Geschichte vom Zappel-Philipp« jemand, der bei Tisch nicht still sitzt.

Und die Mutter blickte stumm
Auf dem ganzen Tisch herum
heißt es in der »Geschichte vom Zappel-Philipp«.

Hans Guck-in-die-Luft
Aus der gleichnamigen Geschichte der »Struwwelpeter-Sammlung« ist ebenfalls ein geflügeltes Wort geworden.

Becker

Sie sollen ihn nicht haben,
Den freien deutschen Rhein
ist der Anfang des 1840 von Nikolaus Becker (1809–1845) gedichteten Liedes »Der deutsche Rhein«, das zuerst in der »Trierer Zeitung« vom 18. Sept. 1840 stand.

Schnezler

Gold und Silber lieb' ich sehr,
kann's auch gut gebrauchen
ist der Anfang von August Schnezlers (1809–1853) 1828 geschriebenem Gedicht »Gold und Silber«, das im »Liederbuch des deutschen Volkes« (Leipzig 1843) abgedruckt wurde.

Glaßbrenner

Rrrr! ein ander Bild!
sind die Worte eines Guckkastenmannes in Adolf Glaßbrenners (1810–1876, Pseudonym: Brennglas) volkstümlichen Heften »Berlin, wie es ist und – trinkt« (Leipzig 1832–50).

Auch eine schöne Gegend!
ist Adolf Glaßbrenners »Berlin, wie es ist und – trinkt« entnommen. Dort heißt es eigentlich »Ooch 'ne scheene Jejend«. Heinrich Heine sorgte für die weitere Verbreitung dieses Wortes durch seine Wiederholung im »Tannhäuser« (1836), im »Ex-Nachtwächter« und in »Himmelfahrt« (»Letzte Gedichte«, 1853–55).

Glaßbrenner

Es ist die höchste Eisenbahn.

Diese Redensart stammt aus Glaßbrenners humoristisch-dramatischer Szene »Ein Heiratsantrag in der Niederwallstraße« (in: »Berliner Volksleben« 2, Leipzig 1847), in der der zerstreute und in seiner Zerstreutheit stets zwei Begriffe miteinander vertauschende Briefträger Bornike, an die mit der Leipziger Post eingegangenen Briefe denkend, plötzlich mit den Worten aufbricht: »Es ist die allerhöchste Eisenbahn, die Zeit is schon vor drei Stunden anjekommen.«

Raeder

Weiter hat es keinen Zweck

ist in Gustav Raeders (1810–1868) Posse »Robert und Bertram oder Die lustigen Vagabonden« (1859) zu finden.

Meine Mittel erlauben mir das

zitieren wir nach der Zauberposse »Der artesische Brunnen« (ersch. 1860) von Gustav Raeder.

Freiligrath

O lieb, so lang du lieben kannst

ist der Anfang von Ferdinand Freiligraths (1810–1876) Gedicht »Der Liebe Dauer« (1830 verfaßt, zuerst im »Morgenblatt« 1841, Nr. 271).

Ich kann den Blick nicht von euch wenden,
Ich muß euch anschaun immerdar

ist der Anfang von Freiligraths Gedicht »Die Auswanderer« (1832; »Gedichte«, Stuttgart und Tübingen 1838).

Der Blumen Rache

ist ein vielfach angewendeter Gedichttitel Freiligraths.

Der Dichter steht auf einer höhern Warte
Als auf den Zinnen der Partei.

In den »Noten und Abhandlungen zu besserem Verständnis des West-östlichen Divans« (1819) sagt Goethe unter »Eingeschaltetes«: »Der Dichter steht viel zu hoch, als daß er Partei machen sollte.« In Freiligraths Umformulierung in dem Gedicht »Aus Spanien« wurde der Ausspruch zum geflügelten Wort.

F. Reuter

Wer't mag, de mag't!
Un wer't nich mag,
De mag't jo woll nich mägen.

(Wer's mag, der mag's!
Und wer's nicht mag,
Der mag ja wohl nicht mögen.)

Dieses Motto zitieren wir aus Fritz Reuters (1810–1874) Sammlung mit plattdeutschen Gedichten »Läuschen un Rimels« (1853).

Wenn einer dauhn deiht, wat hei deiht,
Denn kann hei nich mihr dauhn, as hei deiht
(Wenn einer tut, was er tut,
Dann kann er nicht mehr tun, als er tut)
heißt es in der Neuen Folge von »Läuschen un Rimels« aus dem Jahr 1858. Die Überschrift des 16. Läuschens heißt dort: »Wenn einer deiht, wat hei deiht ...«.

Olle Kamellen
ist der Titel von Reuters autobiographischer Romantrilogie, Wismar 1859–64.

Daß du die Nas' ins Gesicht behältst
sind in Reuters Roman »Ut mine Stromtid« die Lieblingsworte Inspektor Bräsigs. Nach Gaedertz, »Aus Fritz Reuters jungen und alten Tagen« war diese Redensart eine aufmunternde Lieblingswendung des Pastors Joh. Gottfried Dittrich Augustin (1794–1862) in Rittermannshagen.

Mutting, schenk doch Bräsigen in!
heißt es in »Ut mine Stromtid«.

Ich bin die Nächste dazu
sagt die Frau Pastorin in Fritz Reuters Roman »Ut mine Stromtid«, was wohl auf die Bibelstelle Jer. 32, 7, 8 zurückgeht: »... du hast das nächste Freundrecht dazu, ... denn du hast Erbrecht dazu und du bist der Nächste.«

In der Fixigkeit war ich dir über, aber in der Richtigkeit warst du mir über
sagt Bräsig zu Hawermann in »Ut mine Stromtid«. Diese Worte werden abgekürzt als »Darin bin ich dir über« zitiert.

Rindfleisch mit Pflaumen ist ein schönes Gericht, wir kriegen es nur nicht.
In Kapitel 38 von »Ut mine Stromtid« sagt Bräsig: »Mit die Tagelöhner-Elemente (Emolumente) ist es gerademang so als mit Rindfleisch und Plummen: sie smecken sehr gut, aber wir kriegen sie man nich«, was gewöhnlich in obenstehender Form zitiert wird.

Fritz Triddelfitz
ist eine viel benutzte Bezeichnung für einen seinen Beruf zu leicht nehmenden, dabei aber gutmütigen, stutzerhaften Bauern aus Reuters Roman »Ut mine Stromtid«.

F. Reuter

Druwappel
steht für ein junges, blondes, rotwangiges Schwesternpaar in der Art der Nüßlerschen Töchter Lining und Mining in »Ut mine Stromtid«. »Druwappel« bedeutet eigentlich Traubapfel. Der Traubapfel ist ein kleiner, rotbäckiger, am Zweig gewöhnlich paarweise oder in mehreren Exemplaren vorkommender Apfel.

Pomuchelskopp
heißt in Reuters »Stromtid« ein aufgeblasener, selbstsüchtiger und hartherziger Emporkömmling.

Entfamter Jesuwiter!
ruft Bräsig, als er, im Kirschbaum sitzend, die seltsame Werbung des frömmelnden Kandidaten Gottlieb um Lining anhören muß (Kap. 18, »Ut mine Stromtid«).

Freystadt

Königsberg, die Stadt der reinen Vernunft
sagt Dr. Moritz Samuel Freystadt (um 1810–1879) in seiner Schrift: »Immanuel Kant. Ein Denkmal seiner unsterblichen Philosophie, dem deutschen Volke geweiht«. In einer Anmerkung fügte er hinzu: »Schreiber dieses war der erste, der Königsberg den gedachten Ehrentitel gab in einem Korrespondenzartikel für die ›Leipziger Allgemeine Zeitung‹ während der vierziger Jahre dieses Säkulums.« Jahrgang und Nummer gibt er nicht an.

Benedix

Die zärtlichen Verwandten
ist der Titel eines 1866 erschienenen Lustspiels von Roderich Benedix (1811–1873).

Gutzkow

Alles schon dagewesen
pflegt Rabbi Ben Akiba in Karl Gutzkows (1811–1878) »Uriel Acosta« (1847) in den verschiedensten Formen zu wiederholen. Vgl. Prediger Salomo 1, 9.

Ritter vom Geist
wurde uns durch Gutzkows Roman »Die Ritter vom Geiste« (1850–52) geläufig. Die Bezeichnung geht zurück auf Heine, der sich am Schluß eines Gedichts in der »Harzreise« einen »Ritter von dem heil'gen Geist« nennt (1824; »Reisebilder« 1, 1826).

Pistorius

Was kraucht dort in dem Busch herum?
heißt es im volkstümlichen »Kutschkelied« des Feldpredigers, später Präpositus zu Basedow in Mecklenburg, Hermann Alexander Pistorius (1811–1877). Es ist aufgebaut auf dem bereits 1813 gesungenen Zweizeiler:

»Was kriecht denn da im Busch herum?
Ich glaub', es ist Napoleum.«

Verschiedene Quellen

Wie einst im Mai
ist der Kehrreim des Gedichts »Stell auf den Tisch die duftenden Reseden« (1844) des Tiroler Dichters Hermann von Gilm (1812–1864), zuerst in seinen »Gedichten«, Wien 1864/65, erschienen.

Wer will unter die Soldaten,
Der muß haben ein Gewehr
stammt von dem Kinderliederdichter Friedrich Güll (1812–1879). Es stand in der Sammlung »Kinderheimath in Bildern und Liedern«, Stuttgart 1837.

Wagner

Zukunftsmusik
Um die musikalische Richtung Richard Wagners (1813–1883) und seiner Anhänger ironisch zu bezeichnen, sprachen seine Zeitgenossen aufgrund seiner Schrift »Das Kunstwerk der Zukunft« (Leipzig 1850) von »Zukunftsmusik«. Der Ausdruck hat sich allmählich herausgebildet. Schon in Robert Schumanns »Gesammelten Schriften« findet man die Bemerkung aus dem Jahr 1833: »Eine Zeitschrift für zukünftige Musik fehlt noch!«, und Karl Gaillard (»Berliner musikalische Zeitung« 1847) sagt: »Schafft sich Herr Berlioz ein eigenes Orchester an, so mag er dirigieren, soviel es ihm beliebt, und seinen musikalischen Hokuspokus, genannt ›die neue Musik‹ oder ›die Musik der Zukunft‹, treiben.« 1853 wird in den »Grenzboten« spöttisch ein »neues Lehrbuch für Zukunftsmusiker« empfohlen. Das Wort »Zukunftsmusik« selbst findet sich nachweislich zum ersten Mal in einem Brief des Komponisten und Violinvirtuosen Ludwig Spohr (1784–1859), eines Hauptvertreters der romantischen Oper. 1854 schreibt er an den Gutsbesitzer Hitschler, der in Landau einen Musikverein begründet hatte: »Ihre Zuschrift in einer Zeit, die uns ältere Künstler wahrhaft mit Schrecken erfüllt, hat mir ganz besondere Freude gewährt, weil sie mir beweist, daß es doch noch Kunstfreunde gibt, die an dem, was uns während der ersten Hälfte des Jahrhunderts in der Kunst erfreute und begeisterte, festhalten und nicht erst von der Zukunftsmusik das Heil erwarten.« (Vgl. »Münch. Neueste Nachrichten«, 1909, Nr. 495.) Da Spohr Wagner und seine bis dahin erschienenen Werke hochschätzte, kann er mit diesen Worten seine Kunst nicht gemeint haben. Zwei Jahre später aber polemisierte Grillparzer deutlich gegen Wagner:
»Ein Tor, wer der Torheit entgegenstrebt,
Man muß es der Zeit übergeben;
Habe die Hegelsche Philosophie überlebt,
Werd' auch die Zukunftsmusik überleben.«

Auch auf Liszt wird das Wort schon 1856 angewandt. Wagner irrt also, wenn er im Februar 1860 an Hector Berlioz schreibt: »Erfahren Sie daher, daß nicht ich der Erfinder der ›musique de l'avenir‹ bin, sondern ein deutscher Musik-Rezensent, Herr Professor Bischoff in Köln ... Veranlassung aber zur Erfindung jenes tollen Wortes scheint ihm ein ebenso blödes als böswilliges Mißverständnis einer schriftstellerischen Arbeit gegeben zu haben, die ich vor zehn Jahren unter dem Titel ›Das Kunstwerk der Zukunft‹ veröffentlichte.« In der »Niederrheinischen Musikzeitung« 1859, Nr. 41, hatte Ludwig Bischoff geschrieben: »All' die Ungegorenheit, der Schwindel, all' die Eitelkeit, all' die Selbstbespiegelung, all' die Trägheit, der Zukunft zuzuschieben, was man selbst leisten müßte, all' die Hohlheit und Salbaderei der ästhetischen Schwätzer – wie schön faßt sich das alles in dem einen Worte ›Zukunftsmusik‹ zusammen.« Übrigens übernahm Wagner später das Spottwort, indem er 1861 eine Schrift: »Zukunftsmusik. Brief an einen französischen Freund« herausgab.

Musikdrama

Auch gegen das Wort »Musikdrama« polemisiert Richard Wagner. Er nennt es (»Gesammelte Schriften« 9) eines der »völlig unsinnigen Worte« der Zeitungsschreiber, von dem er nicht weiß, was er sich darunter vorstellen soll. Wagner meint, das Wort sei zur Bezeichnung seiner Schöpfungen geprägt worden; aber es ist viel älter und schon von Theodor Mundt gebildet, der (»Krit. Wälder«, 1833) sagt: »Es gab freilich auch von jeher eine Gattung von musikalischem Drama, in welchem die Musik nur als Intermezzo mitspielt, und das sich also von der Oper als dem in der Einheit von Dichtkunst und Tonkunst gegründeten Musikdrama wesentlich unterschied.«

Sag an, wo weiltest du so lang?

Wolfram von Eschenbach, beginne!

Blick' ich umher in diesem edlen Kreise

O du mein holder Abendstern

finden wir in Wagners Oper »Tannhäuser und der Sängerkrieg auf der Wartburg«, zuerst aufgeführt am 19. Okt. 1845 in Dresden.

Nun sei bedankt, mein lieber Schwan

und

Nie sollst du mich befragen

wird aus Wagners 1847 geschriebener, am 28. Aug. 1850 in Weimar zuerst aufgeführter Oper »Lohengrin« zitiert.

Verachtet mir die Meister nicht
singt Hans Sachs in der Schlußszene der »Meistersinger von Nürnberg« (uraufgeführt 1868 in München).

Winterstürme wichen dem Wonnemond

Walkürenritt

Feuerzauber
stammen aus Wagners »Walküre«, dem zweiten Teil des Bühnenfestspiels »Der Ring des Nibelungen«. Die Dichtung zu dem »Ring« erschien 1863, die erste Gesamtaufführung erlebte er im August 1876 zu Bayreuth.

Götterdämmerung
Das Wort »Götterdämmerung«, der Titel des letzten Teils des »Rings«, ist als Synonym für Untergang in unseren Sprachschatz übergegangen.

Deutsch sein heißt, eine Sache um ihrer selbst willen tun.
Dieser Ausspruch geht auf Richard Wagner zurück. Im 11. Kapitel seiner Schrift »Deutsche Kunst und deutsche Politik«, zuerst erschienen Okt. 1867 in der »Niederdeutschen Presse«, 1868 als selbständiges Buch (»Sämtliche Werke«, 6. Aufl., Band 8), sagt er, einen Gedanken Carl Maria von Webers aufgreifend und das Verhältnis der Schule, besonders der humanistischen Schule, zum Theater behandelnd: »Hier kam es zum Bewußtsein und erhielt seinen bestimmten Ausdruck, was deutsch sei, nämlich: Die Sache, die man treibt, um ihrer selbst und der Freude an ihr willen treiben, wogegen das Nützlichkeitswesen ... sich als undeutsch herausstellte.«

Wenn Sie eine Kunst haben wollen, so haben Sie eine.
Am 18. August, nach der Aufführung des letzten Teils des »Rings«, der »Götterdämmerung«, sprach Wagner zum Publikum: »Sie haben jetzt gesehen, was wir können; wollen Sie jetzt! – Und wenn Sie wollen, werden wir eine Kunst haben.« So zitiert Paul Lindau Wagners Worte in seinen »Nüchternen Briefen aus Bayreuth«, 1876. Gewöhnlich wird dies in obenstehender Form zitiert.

Der reine Tor
stammt aus dem 1. Aufzug von Wagners Bühnenweihfestspiel »Parsifal«, zuerst aufgeführt in Bayreuth am 26. Juli 1882. Die Form dieses Titels verdankt Wagner einer falschen Herleitung und Schreibweise des Namens »Parsifal« statt »Parzival«, die ihm J. Görres in seiner Einleitung zu »Lohengrin, ein altdeutsches Gedicht nach der Abschr. d.

Vatican. Mus. von Ferd. Gloekle« (Heidelberg 1813) vermittelte. Dort heißt es: »Wir wissen nicht, ob es allein ein Spiel des Zufalls ist, daß selbst der Name des Helden Parcival auf ganz ungezwungene Weise sich aus dem Arabischen ableiten läßt. Parsi oder Parseh Fal d. i. der reine oder arme dumme oder thumbe in der Sprache des Gedichts.«

Büchner

Die Revolution ist wie Saturn, sie frißt ihre eigenen Kinder
heißt es in 1, 5 in Georg Büchners (1813–1837) 1835 geschriebenem Drama »Dantons Tod« (veröffentlicht in seinen nachgelassenen Schriften, Frankfurt 1850), das erst 1902 in Berlin uraufgeführt wurde.

Friede den Hütten! Krieg den Palästen!
Aus der revolutionären Flugschrift Büchners »Der Hessische Landbote«, 1834 verfaßt und von Karl Preller in Offenbach am Main heimlich gedruckt, ist diese Losung zu einem geflügelten Wort geworden.

Chemnitz

Schleswig-Holstein, meerumschlungen
ist der Anfang eines Liedes von Matthäus Friedrich Chemnitz (1815–1870), das 1844 gedichtet und am 24. Juli desselben Jahres zum ersten Mal in der Vertonung von Karl Gottlieb Bellmann von der Schleswiger Liedertafel gesungen wurde.

Kinkel

Sein Schicksal schafft sich selbst der Mann
ist der Schlußvers von Gottfried Kinkels (1815–1882) rheinischer Geschichte »Otto der Schütz« (zuerst in den »Gedichten«, Stuttgart 1843).

Geibel

Fern im Süd das schöne Spanien
Mit diesen Worten beginnt Emanuel Geibels (1815–1884) Lied »Der Zigeunerbube im Norden« (gedichtet 1834, zuerst in Büchners »Deutschem Taschenbuch auf das Jahr 1837«, Berlin).

O rühret, rühret nicht daran
wird aus Geibels Lied »Wo still ein Herz von Liebe glüht« (»Gedichte«, Berlin 1840) zitiert.

Es muß doch Frühling werden
heißt es in Geibels Gedicht »Hoffnung« (»Zeitstimmen«, Lübeck 1841).

Der Mai ist gekommen
findet sich in Geibels 1835 in Bonn begonnenem, 1841 in Lübeck vollendetem und von Justus W. Lyra vertontem Lied »Wanderschaft«

(Kletkes »Berliner Taschenbuch für 1843«). Schon 1823 sagt Wilhelm Müller in Nr. 18 des Liederzyklus' »Die schöne Müllerin«: »Der Mai ist kommen, der Winter ist aus.«

Geibel

Mein Herz ist wie 'ne Lerche
heißt es in Geibels Lied »Wanderschaft«.

Wer recht in Freuden wandern will,
Der geh der Sonn' entgegen
zitieren wir aus »Morgenwanderung« von Emanuel Geibel.

Gelobet seist du jederzeit, Frau Musika
und
Eine Musikantenkehle, die ist als wie ein Loch
heißt es in Emanuel Geibels »Lob der edlen Musika« (gedichtet 1840, zuerst abgedruckt in Finks »Musikalischem Hausschatz der Deutschen«, Leipzig 1843).

Und es mag am deutschen Wesen
Einmal noch die Welt genesen
finden wir in Geibels in Stuttgart 1871 erschienenen »Heroldsrufen« in dem Gedicht »Deutschlands Beruf« (1861). Der Dichter, der von Macht und Freiheit, Recht und Sitte, klarem Geist und Zügelung der Selbstsucht sprach – und so das deutsche Wesen bezeichnete, das sich durchsetzen möge, meinte wohl das eigene Land oder die Umwelt, die aber nicht ins Versmaß paßten. Kaiser Wilhelm II. und andere mißverstanden das Wort des Dichters und mißbrauchten es.

Gerok

Der Pöbel kürzt die Zeit mit blut'gen Witzen
heißt es in Karl Geroks (1815–1890) Gedicht »Ave Caesar, morituri te salutant« (1859; »Palmblätter«, 25. Aufl., Stuttgart 1877). Während aber hier das Wort noch eine tiefernste Bedeutung hatte, hat jetzt die Redensart »Blutige Witze« den Sinn von »fürchterlichen Kalauern« angenommen.

Königswinter

Sie hat ihr Herz entdeckt
ist der Titel eines Lustspiels (1865) von Wolfgang Müller von Königswinter (1816–1873).

Keil

Die Gartenlaube
1853 gründete Ernst Keil (1816–1878) in Leipzig die illustrierte Wochenschrift »Die Gartenlaube«, deren Name sprichwörtlich für Kitsch und Sentiment geworden ist.

Herwegh

Ich bin ein freier Mann und singe
und
Mein ganzer Reichtum ist mein Lied
finden wir in Georg Herweghs (1817–1875) »Gedichten eines Lebendigen« (Zürich und Winterthur 1841) in »Leicht Gepäck«.

Mann der Arbeit, aufgewacht!
Und erkenne deine Macht!
Alle Räder stehen still,
Wenn dein starker Arm es will.

1863 dichtete Herwegh das Bundeslied für den Allgemeinen deutschen Arbeiterverein, das als Sonderdruck erschien und von Hans von Bülow (unter dem Pseudonym W. Solinger) vertont wurde. Hier finden wir obenstehende Verse.

Beck

An der schönen blauen Donau
Karl Becks (1817–1879) Gedicht »An der Donau« (»Stille Lieder, Gedichte«, Berlin 1844) wurde in Josef Weyls (1821–1895) Umdichtung von Johann Strauß d. J. (1825–1899) seinem ersten Gesangswalzer (op. 314) zugrunde gelegt. Er wurde am 13. Febr. 1867 vom Wiener Männergesangverein zum ersten Mal gesungen und hat den Kehrreim des Beckschen Gedichts »An der schönen blauen Donau« zum Titel.

Reichert

So pünktlich zur Sekunde
ist ein Trinklied von Otto von Reichert (1817–1895), das zuerst in den »Fliegenden Blättern« 3, 1846 erschien.

Storm

Goldene Rücksichtslosigkeit
wurde von Theodor Storm (1817–1888) geprägt. Er wendet diesen Begriff zum ersten Mal in einem Brief an Mörike vom 20. Nov. 1850 an (»Mörike-Storm-Briefwechsel«, hrsg. von Jak. Bächtold, 1891). Dort spricht er Mörike seine Freude über dessen Gedicht »An Longus« aus. Darin charakterisiert der Dichter einen selbstgefälligen Gecken und nennt ihn mit einer von einem seiner Freunde herrührenden Bezeichnung »einen Sehrmann«. Daran anknüpfend sagt Storm: »Wie oft haben auch wir zu unserm eignen Schaden die goldne Rücksichtslosigkeit gegen dies verruchte Geschlecht in den unnützen Kampf geführt!« Wir zitieren das Wort auch aus der zweiten Strophe seines Gedichts: »Für meine Söhne« (»Gedichte«, 2. Aufl., Berlin 1856), die lautet:

»Blüte edelsten Gemütes
Ist die Rücksicht; doch zu Zeiten
Sind erfrischend wie Gewitter
Goldne Rücksichtslosigkeiten.«

Kaiserwahnsinn* und *Cäsarenwahnsinn

Scherr

Johannes Scherr (1817–1886) gab dem 1. Kapitel im 8. Buch seines Werks »Blücher und seine Zeit« (Leipzig 1862 f.) diese auf den französischen Kaiser Napoleon I. bezügliche Überschrift. Im 1. Kapitel des 9. Buches spricht er vom »deutschen Kaiserwahnsinn«. Danach rühmt dann 1864 in der »Verlorenen Handschrift« Gustav Freytags Professor Werner die Meisterschaft, mit der Tacitus die eigentümlichen Symptome und den Verlauf des »Cäsarenwahnsinns« schilderte.

Schmock

Freytag

ist eine Figur aus Gustav Freytags (1816–1895) »Journalisten« (1853), die zum Synonym für den Typus eines skrupellosen Zeitungsschreibers geworden ist.

Er kann schreiben rechts, er kann schreiben links.

Der Journalist Schmock empfiehlt sich im 2. Akt des 2. Aufzugs der »Journalisten« mit den Worten: »Ich habe geschrieben links und wieder rechts. Ich kann schreiben nach jeder Richtung.« Danach sagen wir von einem Journalisten, der seine Meinung der jeweils besten Verdienstmöglichkeit anpaßt, er schreibe rechts wie links.

Entfremdung

Marx

ist ein zentraler Begriff der Gedanken- und Ideenwelt von Karl Marx (1818–1883). Das Wort »Entfremdung« ist schon im 18. Jahrhundert vorhanden, spielt bei Hegel eine wichtige Rolle, fand aber erst bei Marx die endgültige Definition als gesellschaftliches Verhältnis, in der die Beziehungen zwischen Menschen als Verhältnisse zwischen Dingen erklärt werden; bis in die moderne Philosophie spielt der Begriff der Entfremdung eine große Rolle. Er wird im gesamten Werk von Marx verwendet, zum ersten Mal in den »Ökonomisch-philosophischen Manuskripten« (1844): »Die Verwirklichung der Arbeit ist ihre Vergegenständlichung. Diese Verwirklichung der Arbeit erscheint in dem nationalökonomischen Zustand als Entwirklichung des Arbeiters, die Vergegenständlichung als Verlust und Knechtschaft des Gegenstandes, die Aneignung als Entfremdung, als Entäußerung.« (Karl Marx, Friedrich Engels, »Werke«, künftig als MEW bezeichnet, Berlin, Bd. 40).

Religion ist Opium für das Volk.

Richtig zitiert hätte dieses Wort einen anderen Sinn. Marx sagt in der Einleitung »Zur Kritik der Hegelschen Rechtsphilosophie« (geschrieben Ende 1843 bis Jan. 1844, veröffentl. in »Deutsch-Französische Jahrbücher«, Paris 1844; MEW 1): »Die Religion ist der Seufzer der bedrängten Kreatur, das Gemüt einer herzlosen Welt, wie sie der Geist geistloser Zustände ist. Sie ist das Opium des Volkes.«

Die Philosophen haben die Welt nur verschieden interpretiert, es kömmt darauf an, sie zu verändern.

So lautet die berühmte 11. »These über Feuerbach« (geschrieben 1845, MEW 3).

Ein Gespenst geht um in Europa – das Gespenst des Kommunismus.

Das ist der erste Satz (MEW 4) der Einleitung zum »Manifest der Kommunistischen Partei«, kurz auch »Kommunistisches Manifest« genannt. Karl Marx hat es zusammen mit seinem Freund und Kampfgefährten Friedrich Engels (1820–1895) von Dez. 1847 bis Jan. 1848 verfaßt. Es erschien im Febr./März 1848 in London.

Proletarier aller Länder vereinigt euch

lautet das Motto, das dem »Kommunistischen Manifest« auf der Titelseite vorangestellt ist.

Die Geschichte aller bisherigen Gesellschaft ist die Geschichte von Klassenkämpfen

heißt es zu Beginn des 1. Abschnitts des »Kommunistischen Manifests«, wobei in späteren Ausgaben hinzugefügt ist: »Das heißt, genau gesprochen, die schriftlich überlieferte Geschichte …« (MEW 4)

Die Arbeiter haben kein Vaterland

finden wir bei der Schilderung des Proletarierlebens im »Kommunistischen Manifest«.

Die Proletarier haben nichts in ihr zu verlieren als ihre Ketten. Sie haben eine Welt zu gewinnen. Proletarier aller Länder, vereinigt euch

heißt es zum Schluß des »Manifests« von einer kommunistischen Revolution (MEW 4).

Diktatur des Proletariats

ist ein berühmter und berüchtigter Begriff. Er ist zuerst bei Louis Auguste Blanqui (1805–1881) zu finden und wird an verschiedenen Stellen bei Marx benutzt und erklärt, z. B. in »Die Klassenkämpfe in Frankreich 1848 bis 1850« (»Neue Rheinische Zeitung«, »Politisch-ökonomische Revue«, März 1850; MEW 7). Dort heißt es: »Dieser Sozialismus ist die Permanenzerklärung der Revolution, die Klassendiktatur des Proletariats als notwendiger Durchgangspunkt zur Abschaffung der Klassenunterschiede überhaupt …« Im ersten Artikel der »Weltgesellschaft der revolutionären Kommunisten«, einem internationalen Zusammenschluß politischer Persönlichkeiten, heißt es: »Diktatur der Proletarier« (April 1850; MEW 7). In Marx' Rede auf der Feier zum siebten »Jahrestag der Internationalen Arbeiterasso-

Marx

ziation« am 25. Sept. 1871 in London benutzte er ebenfalls diesen Terminus. Und in der »Kritik des Gothaer Programms« der deutschen Sozialdemokraten von 1875 spricht Marx von einer politischen Übergangsperiode, »deren Staat nichts andres sein kann als die revolutionäre Diktatur des Proletariats« (MEW 19), wobei Marx immer die Diktatur der Mehrheit über die Minderheit der Ausbeuter meint.

Mehrwert
ist ein viel benützter Begriff, der auf Marx zurückgeht. Zum ersten Mal wurde er in den »Grundrissen der Kritik der politischen Ökonomie« verwandt und erklärt. Die »Grundrisse« sind als »Rohentwurf« 1857–58 verfaßt, aber erst in Moskau 1939 (in deutscher Sprache) veröffentlicht worden; ein fotomechanischer Nachdruck erschien in Berlin 1953. In der Schrift »Lohn, Preis und Profit« aus dem Jahr 1865, also noch vor dem Erscheinen des ersten Bandes des »Kapitals«, worin er mathematisch den Mehrwert erläutert, sagt Marx im 9. Abschnitt, überschrieben mit »Der Wert der Arbeit«: »Obgleich nur ein Teil des Tagewerks des Arbeiters aus bezahlter, der andre dagegen aus unbezahlter Arbeit besteht und gerade diese unbezahlte oder Mehrarbeit den Fonds konstituiert, woraus der Mehrwert oder Profit sich bildet, hat es den Anschein, als ob die ganze Arbeit aus bezahlter Arbeit bestünde.« (MEW 16)

Es ist nicht das Bewußtsein der Menschen, das ihr Sein, sondern umgekehrt ihr gesellschaftliches Sein, das ihr Bewußtsein bestimmt.
Dieser Satz aus dem Vorwort »Zur Kritik der politischen Ökonomie« (geschrieben Aug. 1858 bis Jan. 1859, veröffentlicht 1859 in Berlin; MEW 13) faßt die Materialismus-Auffassung von Marx zusammen.

Schneckenburger

Es braust ein Ruf wie Donnerhall
und
Lieb Vaterland, magst ruhig sein!
stammt aus der »Wacht am Rhein«, die auf Anregung von Ad. Spiess, dem eifrigen Förderer der Turnkunst, 1840 von Max Schneckenburger (1819–1849) gedichtet und im »Tuttlinger Grenzboten« vom 18. Dez. 1840 gedruckt wurde.

Bodenstedt

Das Paradies der Erde
Liegt auf dem Rücken der Pferde,
In der Gesundheit des Leibes
Und am Herzen des Weibes
ist der 34. Spruch der »Lieder des Mirza-Schaffy« von Friedrich von Bodenstedt (1819–1892).

Keller

Kleider machen Leute
ist der Titel einer Novelle von Gottfried Keller (1819–1890), die er Ende der 60er Jahre in Zürich geschrieben hat (zum ersten Mal veröffentlicht in der 2. Aufl. der »Leute von Seldwyla«, Stuttgart 1874).

Trinkt, o Augen, was die Wimper hält,
Von dem goldnen Überfluß der Welt
schließt Kellers »Abendlied« (»Gesammelte Werke«, 16. Aufl., Bd. 9, Stuttgart und Berlin 1902).

Das Fähnlein der sieben Aufrechten
ist der Titel einer Erzählung Kellers (veröffentlicht in Auerbachs »Deutschem Volkskalender aus dem Jahr 1861«, Leipzig).

Achte jedes Mannes Vaterland, aber das deinige liebe
ist der Wahrspruch aus der Rede Karl Hedigers in Kellers Erzählung »Das Fähnlein der sieben Aufrechten«.

Fontane

Ich hab es getragen sieben Jahr,
Und ich kann es nicht tragen mehr!
Wo immer die Welt am schönsten war,
Da war sie öd und leer.
Diese Verse finden wir in Theodor Fontanes (1819–1898) Ballade »Archibald Douglas« (zum ersten Mal veröffentlicht in »Argo, Album für Kunst und Wissenschaft«, Breslau 1857).

Irrungen Wirrungen
ist der Titel eines in Berlin 1888 erschienenen Romans von Theodor Fontane. Vielleicht ist Fontane in der Wahl dieses Titels beeinflußt worden durch die Worte, die in Goethes »Maskenzug bei Allerh. Anwesenh. I. M. d. Kaiserin-Mutter Maria Feodorowna in Weimar, d. 18. Dez. 1818« die Ilme spricht (Hempel 11, 1):
»Weltverwirrung zu betrachten,
Herzensirrung zu beachten,
Dazu war der Freund berufen.«

Es ist ein weites Feld.
Diese Redewendung legt Fontane dem Vater der Effi in seinem 1895 erschienenen Roman »Effi Briest« sehr häufig in den Mund. Mit den Worten Briests: »Das ist ein zu weites Feld« schließt der Roman.

Kalisch

Berlin bei Nacht
ist der Titel einer Posse (1850) von David Kalisch (1820–1872), der zum geflügelten Wort geworden ist.

's Geschäft bringt's mal so mit sich
ist der 1850 entstandenen Posse »Berlin bei Nacht« von David Kalisch entnommen.

Darin bin ich komisch
und
So'n bißchen Französisch
Das ist doch ganz wunderschön
zitieren wir aus Kalischs Posse »Der gebildete Hausknecht«. Die zweite Redensart geht ursprünglich auf Chr. Friedr. Henrici (Pseudonym: Picander, 1700–1764) zurück, der in seinem Lustspiel »Der Ertzt-Säuffer« (Berlin und Hamburg, 1726) das die französischen Worte verunstaltende Stubenmädchen Ließgen sagen läßt: »Ein bißchen Französisch ziert doch allemahl den Menschen.«

Berlin, wie es weint und lacht
ist der Titel einer Kalisch-Posse, der zum geflügelten Wort wurde. Er ist vor allem auch abgewandelt als »Mainz, wie es singt und lacht« einem breiten Publikum bekanntgeworden.

Was ich mir dafür kaufe!
und
Alles muß verrungeniert werden
sind der Posse »Berlin, wie es weint und lacht« entnommen. Kalisch mag die zweiten Worte dem Kehrreim »Alles muß verruinieret sein« in Scheffels Lied »König Krok« verdanken. Dieses wurde schon um die Mitte der fünfziger Jahre in Studentenkreisen gesungen, aber erst im »Magdeburg-Leipziger Kommersbuch von 1859« gedruckt. Wenn es hingegen schon im »Lahrer Kommersbuch« von 1859 (die erste Ausgabe von 1858 hat das Lied noch nicht) heißt: »Verrungeniert muß alles sein«, so geht diese Form mit ihrem Berolinismus zweifellos wieder auf Kalischs Posse zurück, die zuerst 1858 im alten Wallnertheater aufgeführt, also doch wohl schon 1857 geschrieben worden ist, und deren Schlagworte sich bald verbreiteten.

Denn ich bin ja der Oberbürgermeister,
Bin der Tyrann, ja der Tyrann von Mottenburg
ist der Kehrreim des Bürgermeister-Couplets in Kalischs und August Weirauchs Posse »Die Mottenburger« (1868).

Karlchen Mießnick
Kalisch ist der Schöpfer der typisch gewordenen Gestalt im »Kladderadatsch« (‚der politisch-satirischen Zeitschrift, die von 1848–1944 erschien), des ewigen Quartaners »Karlchen Mießnick«.

Mosenthal

Wie freu' ich mich, wie freu' ich mich,
Wie treibt mich das Verlangen

wird aus der zuerst 1849 in Berlin aufgeführten Oper Otto Nicolais »Die lustigen Weiber von Windsor«, deren Text von Salomon Hermann Mosenthal (1821–1877) verfaßt wurde, zitiert.

Je nun, man trägt, was man nicht ändern kann

stammt aus dem Mosenthal-Text zu Ignaz Brülls Oper »Das goldene Kreuz« (zuerst aufgeführt in Berlin 1875).

Verschiedene Quellen

Werturteil

Dieser Begriff ist, seit der Theologe Albrecht Ritschl (1822–1889) sein Werk »Rechtfertigung und Versöhnung« (3 Bde., Bonn 1870–74) veröffentlichte und darum eine Diskussion entstand, ein geflügeltes Wort geworden. Ritschl will damit zum Ausdruck bringen, daß es sich bei der Religion »um selbständige Werturteile« handle.

Und wenn sich der Schwarm verlaufen hat

und

Die Ritter von der Gemütlichkeit

finden wir in Adolf Krummachers (1824–1884) Lied »Die Gemütlichkeitsritter« (zuerst in Serigs »Auswahl deutscher Lieder«, 1850).

Der Goldonkel

ist der Titel einer Posse (1862) von Emil Pohl (1824–1901).

So laßt ihm doch das kindliche Vergnügen

stammt aus der 1864 gedichteten Posse »Namenlos« von Emil Pohl und David Kalisch.

C. F. Meyer

Ich bin kein ausgeklügelt Buch,
Ich bin ein Mensch mit seinem Widerspruch

wird der Schluß des 17. Gedichts in der epischen Dichtung »Huttens letzte Tage« (Leipzig 1872) von Conrad Ferdinand Meyer (1825–1898) zitiert.

Genug ist nicht genug!

Mit diesem Ruf beginnt Meyer jede Strophe seines Gedichts »Fülle« (»Gedichte«, 1882, erweitert 1892). Und in der dritten Strophe endet das Gedicht mit dem Vers »Genug kann nie und nimmer genügen!« Der Liedermacher Konstantin Wecker singt seit den 70er Jahren den Titel »Genug ist nicht genug!«

Die Füße im Feuer

ist der Titel einer Ballade von Conrad Ferdinand Meyer.

Moser

Krieg im Frieden
ist der Titel eines Lustspiels von Gustav von Moser (1825–1903) und Franz von Schönthan (1849–1905) aus dem Jahr 1881. Der Gedanke einer Verbindung der beiden antithetischen Wörter ist schon alt. Christoph Heinr. Amthor betitelt in seinem »Versuch einiger Teutschen Gedichte und Übersetzungen« (Flensburg 1717) ein Gedicht: »Der Krieg im Frieden bei Beerdigung der Frauen Obrist Leutn. Clarelien Rantzauen«, 1708.

Unter Kameraden ist das ja ganz egal
zitieren wir Leutnant von Reif-Reiflingens Wort aus »Krieg im Frieden« von Gustav von Moser.

Scheffel

Alt Heidelberg, du feine!

Kater Hiddigeigei

Warum küssen sich die Menschen?

Das ist im Leben häßlich eingerichtet

Zum Abschiednehmen just das rechte Wetter
zitieren wir aus Joseph Victor von Scheffels (1826–1886) »Trompeter von Säckingen, ein Sang vom Oberrhein« (1854).

Behüt dich Gott! es wär' zu schön gewesen,
Behüt dich Gott! es hat nicht sollen sein!
ist in Scheffels »Trompeter von Säckingen« zu finden. Häufig werden auch nur die beiden Versschlüsse zitiert:
»Es wär' so schön gewesen,
Es hat nicht sollen sein!«

Liebe und Trompetenblasen
Nützen zu viel guten Dingen
heißt es im 16. Stück des »Trompeters von Säckingen« von Joseph Victor von Scheffel.

Der Genius Loci Heidelbergs ist feucht
zitieren wir aus der Widmung von Scheffels »Gaudeamus. Lieder aus dem Engeren und Weiteren« (Stuttgart 1867).

Es rauscht in den Schachtelhalmen
ist dem »Ichthyosaurus« aus der Liedsammlung »Gaudeamus« von Joseph Victor von Scheffel entnommen.

Sie kamen zu tief in die Kreide,
Da war es natürlich vorbei
zitieren wir aus »Ichthyosaurus« in Scheffels »Gaudeamus. Lieder aus dem Engeren und Weiteren«.

Der Hausknecht aus Nubierland
zitieren wir nach »Altassyrisch« aus Scheffels »Gaudeamus«.

Ich wollt', mir wüchsen Flügel!
und
Doch wer bei schöner Schnittrin steht,
Dem mag man lange winken
ist Scheffels »Lied fahrender Schüler« in: (»Gaudeamus«) entnommen.

Wohlauf, die Luft geht frisch und rein,
Wer lange sitzt, muß rosten
und
Ich will zu guter Sommerzeit
Ins Land der Franken fahren
kennen wir aus dem »Wanderlied« von Scheffel.

Als die Römer frech geworden
ist der Anfangsvers von Scheffels »Teutoburger Schlacht«, zuerst gedruckt in den »Fliegenden Blättern« (1849).

Feuchtfröhlich
wird aus Scheffels »Lied auf Perkeo«, den »an Durste riesengroßen« Zwerg im Heidelberger Schloß zitiert.

Verschiedene Quellen

Biedermeier
Die Bezeichnung »Biedermeier« hat sich aus dem Wort »Biedermann« entwickelt, das um die Wende des 18. Jahrhunderts noch im Sinne des ehrbaren, achtungswerten Mannes gebraucht wurde. Allmählich bekam das Wort einen ironisierenden Sinn, der durch die Wandlung in »Biedermeier« und »Biedermaier« seinen Ausdruck fand. Nachweislich findet sich die erste Form zuerst in dem Gedicht von Ludwig Pfau »Herr Biedermeier. Miedglied der besitzenden und gebildeten Klasse« (»Gedichte«, Frankfurt 1846). Hier bedeutet es einen »falschen Biedermann«. Der Biedermaier mit »ai« im Sinne des philiströsen Dichterlings taucht zum ersten Mal in den unter Mitwirkung von Adolf Kußmaul (1822–1902) von Ludwig Eichrodt (1827–1892) zuerst in den »Fliegenden Blättern« von 1855–1857 veröffentlichten »Biedermaiergedichten« auf. Diese druckte Eichrodt in seinen »Lyrischen Karikaturen«, Lahr 1869, als »Das Buch Biedermaier. Weiland Gottlieb Biedermaiers, Schulmeisters in Schwaben, auserlesene

Gedichte« wieder ab. Das Urbild des »Biedermaier« aber, dessen Gedichte Eichrodt – und zwar zum Teil verunstaltet – herausgegeben hat, war der badische Dorfschulmeister Samuel Friedrich Sauter (1766–1846). Seine von schlichter Naivität und unfreiwilligem Humor erfüllten »Sämtlichen Gedichte« erschienen 1845 in Karlsruhe. Um die Mitte der achtziger Jahre des vorigen Jahrhunderts begann man das Wort und seine Zusammensetzungen »Biedermeierpoesie«, »Biedermeierzeit«, »Biedermeierstil« zur Charakterisierung der Stilgattungen anzuwenden, die zur Zeit, »als der Großvater die Großmutter nahm«, in Geltung waren.

Verschiedene Quellen

Wenn du noch eine Mutter hast,
So danke Gott und sei zufrieden

ist der Anfang eines Gedichts von Friedrich Wilhelm Kaulisch (1827–1881), das 1851 entstanden ist. Abgedruckt ist es u. a. in der »Auswahl von Gedichten und volkstümlichen Liedern für höhere Mädchenschulen« (Hannover 1907) und in »Muttersprache. Sächsisches Lesebuch für Volksschulen«.

Zell/Genée

Schwamm drüber!

und

Ach, ich hab sie ja nur auf die Schulter geküßt

stammt aus dem von F. Zell (d. i. Camillo Walzel, 1829–1895) und Richard Genée (1824–1895) verfaßten Text zu Karl Millröckers Operette »Der Bettelstudent« (1882).

Hab' ich nur deine Liebe,
Die Treue brauch' ich nicht.

Zell und Genée schrieben das Libretto für die Operette »Boccaccio« (1879) von Franz von Suppé (1820–1895), aus der wir diesen Liedanfang zitieren.

Volkmann

Träumereien an französischen Kaminen

ist der Titel einer Märchensammlung von Richard Volkmann (1830–1889), einem preußischem Generalarzt und dem Begründer der modernen Orthopädie, der unter dem Pseudonym Richard Leander (später wurde sein Name oft als Volkmann-Leander genannt) veröffentlichte.

Heyse

Dummheit ist Gottesgabe

heißt es in der 1868 gedichteten poetischen Novelle »Das Feenkind« von Paul Heyse (1830–1914), »Gesammelte Novellen in Versen«, 2. Aufl. 1870.

Hansen

In der großen Seestadt Leipzig
und
Auf dem Dache sitzt ein Greis,
Der sich nicht zu helfen weiß
sind Verse aus dem Gedicht »Die Wassernot in Leipzig«. Der Dichter, der mit »G. H.« unterzeichnete, ist der damalige Kieler Jura-Student und spätere Landrat in Tondern Gustav Julius Friedrich Hansen (1831–1904). Das Gedicht steht bereits in Göpels »Deutschem Lieder- und Commers-Buch« (Stuttgart 1847).

Stettenheim

Wippchen
Julius Stettenheims (1831–1917) ergötzlicher Lügenberichterstatter und Verdreher geflügelter Worte »Wippchen« ist zur typischen Figur geworden.

Verzeihen Sie das harte Wort
ist ein oft wiederkehrender Ausspruch des Lügenberichterstatters »Wippchen« von Julius Stettenheim (vgl. »Wippchens sämtliche Berichte«, 1878 ff.). »Verzeiht ein hartes Wort von mir« sagt in Herders »Cid« 1, 21 Doña Uraca zu ihrem Vater.

Wichert

Ein Schritt vom Wege
ist der Titel eines 1873 erschienenen Lustspiels von Ernst Wichert (1831–1902).

Busch

Hat ihm schon
finden wir in der Bildergeschichte Nr. 278 »Die Maus« von Wilhelm Busch (1832–1908), der seine ersten Verse und Zeichnungen seit 1859 in den »Münchener Bilderbogen« erscheinen ließ.

Zwei Knaben jung und heiter
heißt es in Wilhelm Buschs Bildergeschichte Nr. 308 »Das Rabennest«.

Drei Wochen war der Frosch so krank,
Jetzt raucht er wieder, Gott sei Dank!
zitieren wir nach Wilhelm Buschs Geschichte Nr. 325 »Die beiden Enten und der Frosch«.

Die bösen Buben von Korinth
und
Diogenes der Weise aber kroch ins Faß
Und sprach: ja, ja, das kommt von das!
findet sich in »Diogenes und die bösen Buben von Korinth« (Nr. 350) von Wilhelm Busch.

Die Lerche in die Lüfte steigt,
Der Löwe brüllt, wenn er nicht schweigt
und
Die Zwiebel ist der Juden Speise,
Das Zebra trifft man stellenweise
sind Verse des »Naturgeschichtlichen Alphabets für größere Kinder und solche, die es werden wollen« (Nr. 405 und 406), erschienen zuerst in den »Fliegenden Blättern« von 1860.

Der Sultan winkt – Zuleima schweigt
Und zeigt sich gänzlich abgeneigt
steht in Buschs »Die Entführung aus dem Serail« (Nr. 439).

Max und Moritz
sind die Titelhelden der »Bubengeschichte in sieben Streichen« (1865). Sie sind die typischen Vertreter eines Paares ungezogener und vorwitziger Burschen.

Einesteils der Eier wegen

Seht, da ist die Witwe Bolte,
Die das auch nicht gerne wollte

Meines Lebens schönster Traum
Hängt an diesem Apfelbaum

Dieses war der erste Streich,
Doch der zweite folgt sogleich

Wofür (für den Kohl) ***sie besonders schwärmt,***
Wenn er wieder aufgewärmt

Denn das ist sein Lebenszweck

Max und Moritz ihrerseits
Fanden darin keinen Reiz
finden wir in Buschs Lausbubengeschichte »Max und Moritz«.

Hans Huckebein, der Unglücksrabe
ist der Titel einer lustigen Geschichte von Busch, die zuerst in »Über Land und Meer« 9, 1867 gedruckt wurde. Der Name des Titelhelden ist zum Synonym für einen Pechvogel geworden. Oskar Blumenthal und Gustav Kadelburg haben den Unglücksraben in diesem Sinne zum Titel eines Lustspiels (1897) gemacht.

Und die Moral von der Geschicht':
Bad' zwei in einer Wanne nicht
ist der belehrende Schluß der lustigen Geschichte »Das Bad am Samstagabend« von Wilhelm Busch, zuerst erschienen in »Über Land und Meer« 11, 1869.

Helene! sprach der Onkel Nolte,
Was ich schon immer sagen wollte

Teils dieserhalb, teils außerdem

Doch jeder Jüngling hat wohl mal
'n Hang für's Küchenpersonal

Der Mensch wird schließlich mangelhaft,
Die Locke wird hinweggerafft

Es ist ein Brauch von alters her:
Wer Sorgen hat, hat auch Likör

Das Gute – dieser Satz steht fest –
Ist stets das Böse, was man läßt
bietet uns die Geschichte »Die fromme Helene« (1872) von Wilhelm Busch.

Ach man will auch hier schon wieder
Nicht so wie die Geistlichkeit
heißt es in Buschs »Pater Filucius« (1873).

Der Vogel, scheint mir, hat Humor
entnehmen wir aus Buschs »Kritik des Herzens« (1874).

Musik wird oft nicht schön gefunden,
Weil sie stets mit Geräusch verbunden
stammt aus »Dideldum« (1874) von Wilhelm Busch.

Rotwein ist für alte Knaben
Eine von den besten Gaben

Gehabte Schmerzen,
Die hab ich gern

Mit Verlaub, ich bin so frei
steht in den »Abenteuern eines Junggesellen« (1875).

Busch

Vater werden ist nicht schwer,
Vater sein dagegen sehr
und
Einszweidrei! Im Sauseschritt
Läuft die Zeit; wir laufen mit
wird aus Buschs »Julchen« (1877) zitiert.

Enthaltsamkeit ist das Vergnügen
An Sachen, welche wir nicht kriegen
ist eine Definition aus Buschs »Die Haarbeutel« (1878).

Aber hier, wie überhaupt,
Kommt es anders, als man glaubt
heißt es in »Plisch und Plum« (1882) von Wilhelm Busch.

Verschiedene Quellen

Man muß die Feste feiern, wie sie fallen
zitieren wir aus dem Berliner Schwank »Graupenmüller« (1870) von Hermann Salingré (d. i. Salinger; 1833–1879).

O diese Männer!
lautet der Titel eines 1876 als Manuskript gedruckten Lustspiels von Julius Rosen (eigentlich Nikolaus Duffek; 1833–1892). Schon in William Shakespeares Drama »Othello« 4, 3 finden wir: »O these men, these men!«

Brustton der tiefsten Überzeugung
Diesen Ausdruck gebrauchte Heinrich von Treitschke (1834–1896) in dem Aufsatz »Fichte und die nationale Idee« (»Historische und politische Aufsätze«, Leipzig 1870).

Am grünen Strand der Spree
findet sich als Kehrreim eines Couplets in Heinrich Wilkens (1835–1886) Volksstück »Der große Wohltäter« (als Manuskript gedruckt, Berlin 1874). Der Berliner Hans Scholz (geb. 1911) nannte in Anlehnung an Wilken seinen 1955 geschriebenen Roman »Am grünen Strand der Spree« (auch als Fernsehserie verfilmt).

Haber

Doch ich will nicht vorgreifen,
Ich kann es nicht anders leugnen
und
Dies will ich ungelogen sein lassen
sind scherzhafte Redewendungen der Figur »Paula Erbswurst«, die Siegmund Haber (1835–1895) im Witzblatt »Ulk« (gegründet 1873) geschaffen hat.

Lindau

Bei Zigarren darf man ja den Preis sagen.
Diese Redensart stammt aus Paul Lindaus (1839–1919) zuerst am 19. Oktober 1872 im Wiener Stadttheater aufgeführten Lustspiel »Maria und Magdalena« 1, 3.

Der Zug nach dem Westen
ist der Titel des 1886 erschienenen ersten Romans aus einem Berliner Romanzyklus von Paul Lindau.

Hertslet

Treppenwitz der Weltgeschichte
ist der Titel eines Buchs von William Lewis Hertslet (1839–1898), in dessen Einleitung er zur Erklärung dieses Namens sagt: »Der Geschichte fällt, gerade wie dem von der Audienz die Treppe herunterkommenden Bittsteller, ein pikantes, gerade passendes Wort fast immer erst hinterdrein ein.« Das Wort »Treppenwitz« selbst, franz.: »esprit d'escalier«, ist älteren Ursprungs. (Vgl. auch Bettelheims »Biogr. Jahrb.« 4, Berlin 1902, 315.)

Bismarck

Einen Witz der Geschichte
nannte Bismarck die Tatsache, »daß derselbe Mann (Eduard Simson), der im Jahr 1849 vergeblich vor seinem Könige gestanden hatte, um ihn zur Annahme einer Kaiserkrone zu bewegen, vor dessen Bruder diesen Versuch mit glücklicherem Erfolge wiederholen durfte«. Simson überreichte am 18. Dezember 1870 König Wilhelm in Versailles das Schreiben, das ihm die Kaiserwürde antrug.

Schnitzer

Mein idealer Lebenszweck
Ist Borstenvieh, ist Schweinespeck
stammt aus Johann Strauß' (1825–1899) »Zigeunerbaron« (1, 5), der am 24. Oktober 1885 in Wien zum ersten Mal aufgeführt wurde. Den Text hat Ignatz Schnitzer (1839–1899) nach einer Erzählung von Maurus Jókai verfaßt.

Küssen ist keine Sünd'
stammt aus der Operette »Bruder Straubinger« von Edmund Eysler (1874–1949), uraufgeführt 1903 in Wien; den Text schrieben Schnitzer und Moritz West (d. i. Moritz Nitzelberger; 1840–1904).

Baumbach

Keinen Tropfen im Becher mehr
und
Unter der blühenden Linde
zitieren wir aus Rudolf Baumbachs (1840–1905) Lied »Die Lindenwirtin«, zuerst abgedruckt in seinen »Liedern eines fahrenden Gesellen«, Leipzig 1874.

Verschiedene Quellen

'rin in die Kartoffeln, 'raus aus die Kartoffeln

Diese zur Kennzeichnung hin und her schwankender Maßnahmen häufig zitierte Wendung steht in dem »Militärischen Scherz« »Vom Manöver«, dessen Verfasser Friedrich Wülfing (1842–1899) ist (in: Nr. 1885 der »Fliegenden Blätter«, Nov. 1881).

Leberecht Hühnchen

Diese von Heinrich Seidel (1842–1906) geschaffene Figur ist zum Typus eines in behaglicher Genügsamkeit lebenden Menschen geworden. Die erste Schilderung dieser im Mittelpunkt einer Novellenfolge stehenden Person erschien im »Deutschen Familienblatt« (1880, Heft 7) unter obigem Titel.

May

Durchs wilde Kurdistan
und
In den Schluchten des Balkan

sind zwei Romantitel Karl Mays (1842–1912), die zu geflügelten Worten wurden.

Durch die Wüste

zitieren wir nach dem Romantitel »Durch Wüste und Harem« (1892) von Karl May. Dieser wurde in späteren Bearbeitungen zu »Durch die Wüste« verkürzt.

Greenhorn

ist ein Wort, das durch Karl May Eingang in die deutsche Sprache fand. In »Winnetou, der Rote Gentleman«, Band I (Freiburg 1893) lesen wir zu Anfang des 1. Kapitels: »Lieber Leser, weißt du, was das Wort Greenhorn bedeutet? – eine höchst ärgerliche und despektierliche Bezeichnung für denjenigen, auf welchen sie angewendet wird. Green heißt grün, und unter horn ist Fühlhorn gemeint. Ein Greenhorn ist demnach ein Mensch, welcher noch grün, also neu und unerfahren im Lande ist und seine Fühlhörner behutsam ausstrecken muß, wenn er sich nicht der Gefahr aussetzen will, ausgelacht zu werden. Ein Greenhorn ist ein Mensch, welcher nicht von seinem Stuhle aufsteht, wenn eine Lady sich auf denselben setzen will …«

Der wilde Westen

Die ewigen Jagdgründe

Feuerwasser

sind Ausdrücke, die an vielen Stellen im Werk Karl Mays zu finden sind und daraus populär wurden.

Howgh, ich habe gesprochen!
sagen wir wie ein Indianer aus Karl Mays Romanen, wenn wir eine Aussage bekräftigen wollen.

Suttner

Die Waffen nieder!
heißt die »Lebensgeschichte« (Dresden 1889) der Baronin Bertha von Suttner (1843–1914).

Nietzsche

Der Wille zur Tat
ist Friedrich Nietzsches (1844–1900) Schrift »Richard Wagner in Bayreuth« (»Unzeitgemäße Betrachtungen«, 4. Stück, 1876) entnommen. Die Prägung dieses Ausdrucks ist durch Schopenhauers »Die Welt als Wille und Vorstellung« (1819) beeinflußt worden.

Menschliches, Allzumenschliches
ist der vielzitierte Titel einer 1878 erschienenen Schrift Nietzsches.

**Im echten Manne ist ein Kind versteckt: das will spielen.
Auf, ihr Frauen, so entdeckt mir doch
das Kind im Manne!**
findet sich im Kapitel »Von alten und jungen Weiblein« in Nietzsches »Also sprach Zarathustra« (Leipzig 1883; »Werke« 6).

Du gehst zu Frauen? Vergiß die Peitsche nicht!
Diese Worte sind wahrscheinlich durch Nietzsches Schwester Elisabeth Förster in dieser Formulierung in den »Zarathustra« gekommen. Auf einem Photo, das zeigt, wie Nietzsche mit Paul Rée einen Handwagen zieht, in dem Lou Salomé mit einer Peitsche in der Hand steht, soll (von Nietzsche?) der Satz geschrieben stehen: »Wenn du zum Weibe gehst, vergiß die Peitsche nicht.«

Gelobt sei, was hart macht!
ist eine Bemerkung in »Der Wanderer«, dem 3. Teil des »Also sprach Zarathustra«, die jedoch, wie viele Worte des Philosophen, mißverständlich und mißbrauchbar ist.

Jenseits von Gut und Böse
ist der Titel eines Nietzsche-Werks (Leipzig 1886).

Herren-Moral und Sklaven-Moral
und
Moral ist heute in Europa Herdentier-Moral
sind Worte aus Nietzsches »Jenseits von Gut und Böse«. Dort spricht er zudem von »Herden-Mensch«, »Herden-Denkweise« und »Herden-Maximen«.

Der Wille zur Macht, Versuch einer Umwertung aller Werte
ist der Titel eines 1886 begonnenen, nicht vollendeten Werks von Nietzsche (1895 erschien der 1. Teil in den »Werken«). Der erste Ausdruck ist ebenso wie Nietzsches »Wille zur Tat« durch Schopenhauer beeinflußt.

Ruer

An einem Sommerabend,
Im Schatten des heiligen Hains,
Da lagen auf Bärenhäuten
Zu beiden Ufern des Rheins
Verschiedene alte Germanen
heißt es in Wilhelm Ruers (geb. 1848) Lied »Tacitus und die alten Deutschen«, das er für die »Bierzeitung« der Leipziger Burschenschaft »Dresdensia« dichtete.

Sie liegen auf Bärenhäuten
Und trinken immer noch eins
heißt es in der Schlußstrophe von Ruers Lied »Tacitus und die alten Deutschen«. Gedruckt wurde das Lied zuerst in den »Fliegenden Blättern« 56, 1872.

Mauthner

Nach berühmten Mustern
ist der Titel parodistischer Studien von Fritz Mauthner (1849–1923), die 1878 in Stuttgart herausgegeben wurden.

Nordau

Konventionelle Lüge
ist ein Schlagwort, das durch Max Nordaus (d. i. Max Südfeld; 1849–1932) 1883 erschienenes und damals vielgelesenes Buch »Die konventionellen Lügen der Kulturmenschheit« geflügelt wurde. Die Wendung ist schon älter. Schon J. Scherr: »Blücher« (1862) sagt: »Mittelst seiner Nouvelle Héloise emanzipierte der geniale Genfer das Gefühl von dem hölzernen Joch der konventionellen Lüge.«

Verschiedene Quellen

Ein jedes Thierchen hat sein Pläsirchen
ist der Titel der Sammlung lustiger Gedichte »Zoologischer Lieder-Garten« (München 1887) der Dichter Edwin Bormann (1851–1912) und Adolf Oberländer (1845–1923).

Führende Geister
war der Titel einer Sammlung von Biographien von Anton Bettelheim (1851–1930), der später in »Geisteshelden« abgeändert wurde.

Großstadtluft
nannte Oskar Blumenthal (1852–1917) einen Schwank, den er 1891 zusammen mit Gustav Kadelburg (1851–1925) verfaßte.

Verschiedene Quellen

Kraftmeier
Ernst Ludwig Frh. von Wolzogen (1855–1934) schrieb einen »Humoristischen Musikanten-Roman, dem Andenken Franz Liszts gewidmet« (1897). Nach dem kraftvollen Pianisten Florian Mayr, der Hauptperson, hat er das Buch »Der Kraft-Mayr« genannt. Daraus wurde »der Kraftmeier« zum geflügelten Wort.

Das Glück im Winkel
ist ein Schauspiel Hermann Sudermanns (1857–1928), das 1896 erschien.

Lockspitzel
In Nr. 28 der »Züricher Post« vom 2. Februar 1888 steht ein satirisches Lied von Karl Henckell (1864–1929), das den Titel »Lockspitzellied« führt. Davon stammt das Wort »Lockspitzel« als Verdeutschung des französischen »agent provocateur« ab. (Vgl. »Lockvogel« bei Jer. 5, 27). Die Bezeichnung »Spitzel« für Spion entstammt der österreichischen Volkssprache.

Jugend von heute
ist der Titel eines 1899 in Hamburg erschienenen Lustspiels von Otto Ernst (Pseudonym für O. E. Schmidt, 1862–1926). Er wird vielfach zur Bezeichnung der dem modernen Zeitgeist huldigenden, unreifen oder überreifen Jugend angewendet.

Flaischlen

Hab Sonne im Herzen
steht in der Gedichtsammlung »Aus den Lehr- und Wanderjahren des Lebens« (1899) von Caesar Flaischlen (1864–1920). Dieser Vers dient auch als Titel eines deutschen Films von 1953.

Bern

Die zehnte Muse
Maximilian Bern (1849–1923) gab seiner Anthologie »Dichtungen fürs Brettl und vom Brettl, aus vergangenen Jahrhunderten und aus unseren Tagen gesammelt« (Berlin 1902) diesen Titel.

Zille

Mein Milljöh
hieß eine Bilderserie, die Heinrich Zille (1858–1929) 1914 in Berlin veröffentlichte. Der Maler und Zeichner, auch »Pinselheinrich« geheißen, arbeitete im Milieu der Proletarier und des Lumpenproletariats. Es war »Zille sein Milljöh«, wie auch eine Veröffentlichung von Werner Schumann heißt (Hannover 1952).

O. Ernst

Beim heiligen Bureaukrazius! oder ***Heiliger Bureaukrazius!***
In Otto Ernsts Komödie »Flachsmann als Erzieher« (Leipzig 1901) sagt der Lehrer Flemming: »Bei dem heiligen Bureaukrazius ist nichts

unmöglich!« was der Schulrat an späterer Stelle wiederholt. Diese vollständige Redensart wird meist abgekürzt zu obenstehendem komischen Ausruf.

●●●

20. Jahrhundert

Hauptmann

Narr in Christo
ist eine Bezeichnung, die dem Roman »Der Narr in Christo Emanuel Quint« (Berlin 1910) von Gerhart Hauptmann (1862–1946) entstammt. Der Titel beruht auf 1. Kor. 4, 10: »Wir sind Narren um Christi willen.«

Und wenn der ganze Schnee verbrennt
(vom Volksmund hinzugefügt: »Die Asche bleibt uns doch«) ist aus Hauptmanns sozialem Drama »Die Weber. Schauspiel aus den vierziger Jahren.« Es wurde 1893 in Berlin uraufgeführt; der zitierte Ausspruch fällt gegen Ende des 5. Aktes.

Der deutschen Zwietracht mitten ins Herz!
In Hauptmanns »Florian Geyer. Die Tragödie des Bauernkrieges in fünf Akten, mit einem Vorspiel« (1896 in Berlin uraufgeführt) stößt der Magister Sartorius in der Schlußszene des 1. Aktes sein Messer in eine Tür und ruft: »Der deutschen Zwietracht mitten ins Herz!«

A. Günther

Die Heilige und ihr Narr
ist nach dem Titel eines Bestsellers , der erst nach dem Tode der Autorin Agnes Günther (1863–1911) in Stuttgart 1913 erschien, geflügelt worden.

Wedekind

Frühlings Erwachen
heißt eine »Kindertragödie« von Frank Wedekind (1864–1918), die 1890/91 in München geschrieben und 1906 in Berlin uraufgeführt wurde.

Bierbaum

Der Himmel ist blau, das Wetter ist schön,
Madame, wir wollen spazieren gehn!
reimt Otto Julius Bierbaum (1865–1910) in seinen »Studenten-Beichten« (München 1893). Das Gedicht, aus dem diese Verse entnommen sind, ist »an Josefine« gerichtet.

Irrgarten der Liebe
ist der Name einer Gedichtsammlung (1901) von Otto Julius Bierbaum, die unter dem Titel »Der neubestellte Irrgarten der Liebe« (Leipzig 1906) fortgeführt wurde.

Bierbaum

Ringelringelrosenkranz,
Ich tanz mit meiner Frau.

Diese Verse finden sich in »Der neubestellte Irrgarten der Liebe« von Otto Julius Bierbaum.

Humor ist, wenn man trotzdem lacht

lautet das Motto von Bierbaums »Yankeedoodle-Fahrt und andere Reisegeschichten« (München 1909).

Löns

Ja grün ist die Heide, die Heide ist grün,
Aber rot sind die Rosen, wenn sie da blühn

ist der Kehrreim des Liedes »Geheimnis« des Heidedichters Hermann Löns (1866–1914). Das Gedicht erschien in der Sammlung »Der kleine Rosengarten« (Jena 1911).

Rosemarie, Rosemarie,
Sieben Jahre mein Herz nach dir schrie

beginnen jeweils die erste und letzte Strophe des »Abendliedes« von Hermann Löns.

Binding

Der Opfergang

ist der Titel einer Novelle von Rudolf Georg Binding (1867–1938) aus dem Jahr 1912.

Keuschheitslegende

ist der Titel einer Veröffentlichung Bindings (Darmstadt 1919).

Moselfahrt aus Liebeskummer

ist der Titel eines Binding-Stückes (Frankfurt 1932), der oft Anlaß zu vielerlei Abwandlungen bot.

Verschiedene Quellen

Hauptmann von Köpenick
und
Köpenickiade

Über den »Hauptmann von Köpenick« lacht seit dem 16. Okt. 1906 die ganze Welt. Damals ging der Schuhmacher Wilhelm Voigt (1849–1922) aus Verzweiflung darüber, daß er keinen Paß erhielt, weil er keine Arbeitsstelle hatte, die er nicht erhalten konnte, weil er keinen Paß hatte, als Gardehauptmann verkleidet ins Rathaus des Berliner Vororts Köpenick, wo ihm die Gemeindekasse ausgehändigt wurde. Schon bald nach seiner Begnadigung 1908 wurde in Kiel eine Posse aufgeführt: »Der Hauptmann von Köpenick«. Wilhelm Schäfer (1868–1952) benannte eine biographische Erzählung »Der Hauptmann von Köpenick« (München 1930). Und Carl Zuckmayer schrieb 1930 sein »Deutsches Märchen in drei Akten« »Der Hauptmann von

Köpenick«, das 1931 in Berlin uraufgeführt wurde. »Der Hauptmann von Köpenick« wurde mehrmals verfilmt.

O. Reutter

In fünfzig Jahren ist alles vorbei

Nehm'n Sie 'nen Alten

Ei, wer kommt denn da

Alles weg'n de Leut
zitieren wir aus Otto Reutters (eigentlich Otto Pfützenreutter; 1870–1931) Couplets, die unter dem Titel »Die Unsterblichen Reutter-Vorträge« 1938 als Sammelband erschienen.

Lincke

Das macht die Berliner Luft, Luft, Luft,
So mit ihrem holden Duft, Duft, Duft
wird in Paul Linckes (1866–1946) Operette »Frau Luna« (uraufgeführt 1898 in Berlin) gesungen. Den Text dazu hat Heinrich Bolten-Baecker (1871–1938) geschrieben.

Schlösser, die im Monde liegen,
Sind wohl herrlich, lieber Schatz,
Doch um sich im Glück zu wiegen,
Baut das Herz den schönsten Platz
heißt es in der Schlußszene der Lincke-Oper »Frau Luna«.

Thoma

Lausbubengeschichten
nannte Ludwig Thoma (1867–1921) seine Erzählungen »Aus meiner Jugendzeit« (München 1905).

Filserbriefe
heißen Thomas Briefe eines bayerischen Parlamentariers, die gesammelt unter dem Titel »Briefwechsel eines bayerischen Landtagsabgeordneten« (München 1909) erschienen (zuerst abgedruckt in der satirischen Zeitschrift »Simplicissimus«). Die Fortsetzung hatte den Titel »Josef Filsers Briefwexel« (München 1912).

Morgenstern

Dem Kinde im Manne
widmete Christian Morgenstern (1871–1914), Nietzsche zitierend, seine »Galgenlieder« (Berlin 1905).

Die Möwen sehen alle aus,
Als ob sie Emma hießen
lautet der Anfang des »Möwenliedes« von Christian Morgenstern.

Weil, so schließt er messerscharf,
Nicht sein kann, was nicht sein darf
ist der Schluß des Morgenstern-Gedichts »Die unmögliche Tatsache«.

H. Mann

Professor Unrat
zitieren wir nach dem gesellschaftskritischen Roman Heinrich Manns (1871–1950) »Professor Unrat oder Das Ende eines Tyrannen« (München 1905). Noch bekannter wurde die Verfilmung des Romans von 1930 unter dem Titel »Der blaue Engel« (vgl. den Abschnitt »Aus Kino und Fernsehen«).

Ein Zeitalter wird besichtigt
ist der Titel von Heinrich Manns Autobiographie (1946).

P. Keller

Ferien vom Ich
nannte Paul Keller (1873–1932) einen Roman (Breslau 1915).

Wassermann

Die Trägheit des Herzens
heißt der Untertitel des Romans »Caspar Hauser« (Stuttgart 1908) von Jakob Wassermann (1873–1934).

Kraus

Die letzten Tage der Menschheit
ist eine Tragödie in fünf Akten mit Vorspiel und Epilog von Karl Kraus (1874–1936); eine erste Fassung erschien 1918/1919 in Kraus' Zeitschrift »Die Fackel« in Wien, eine Buchausgabe 1922 in Wien und Leipzig; der Epilog wurde 1923, eine Kurzfassung 1964 in Wien uraufgeführt. Die 220 Szenen, in denen über 500 Personen auftreten, spiegeln das Grauen des Weltkriegs. Kraus sagte zu seinem Stück: »Leute, die unter der Menschheit gelebt und sie überlebt haben, sind als Täter und Sprecher einer Gegenwart, die nicht Fleisch, doch Blut, nicht Blut, doch Tinte hat, zu Schatten und Marionetten abgezogen und auf die Formel ihrer tätigen Wesenlosigkeit gebracht.«

Rilke

Herr: es ist Zeit. Der Sommer war sehr groß.
Leg deinen Schatten auf die Sonnenuhren,
und auf den Fluren laß die Winde los.
Befiehl den letzten Früchten voll zu sein;
gib ihnen noch zwei südlichere Tage,
dränge sie zur Vollendung hin und jage
die letzte Süße in den schweren Wein.
Wer jetzt kein Haus hat, baut sich keines mehr.
Wer jetzt allein ist, wird es lange bleiben,
wird wachen, lesen, lange Briefe schreiben
und wird in den Alleen hin und her
unruhig wandern, wenn die Blätter treiben.

Rilke

Rainer Maria Rilke (1875–1926) schrieb 1902 in Paris sein Gedicht »Herbsttag«. Fast das ganze Gedicht ist ein einziges geflügeltes Wort geworden. Es erschien im »Buch der Bilder« (erweiterte Ausgabe Berlin 1906).

Denn Armut ist ein großer Glanz aus Innen ...

Diesen Rilke-Vers kennen wir aus den Gedichten »Von der Armut und vom Tode« in »Das Stundenbuch« (Leipzig 1905).

T. Mann

Unordnung und frühes Leid

Aus dem so umfangreichen Werk von Thomas Mann (1875–1955) ist bis heute merkwürdigerweise nur dieser Titel einer Erzählung geflügelt, die zuerst in der Zeitschrift »Die neue Rundschau« (Berlin 1925) erschien.

H. Grimm

Volk ohne Raum

ist der Titel eines völkischen und antisemitischen Romans von Hans Grimm (1875–1959), erschienen 1926 in München. Sein Titel wurde zum geopolitischen Schlagwort und sollte die Eroberung fremder Länder durch Deutschland rechtfertigen.

Hesse

Steppenwolf

zitieren wir nach einem Romantitel Herman Hesses (1877–1962). Der Roman stellt die »Krankheit der Zeit« dar (Berlin 1927) und wurde zu einem Kultbuch, wie auch der Autor in den 60er Jahren zum Kultautor der westlichen Jugend wurde. Eine amerikanische Rockband nannte sich nach dem Romantitel »Steppenwolf«.

Vaterlandsloser Geselle

Diese Bezeichnung findet sich wiederholt in Hesses Roman »Der Steppenwolf«. Sie diente im deutschen Kaiserreich als Vorwurf gegen die international gesinnte Sozialdemokratie (vgl. Marx' Bemerkung, daß die Arbeiter kein Vaterland hätten) und wurde auch gegen Emigranten gerichtet, die Nazi-Deutschland verließen oder verlassen mußten. Adam Scharrer (1889–1948) nannte einen Roman »Vaterlandslose Gesellen« (Berlin 1930).

Das Glasperlenspiel

ist der Titel eines Hesse-Romans, der in Zürich 1943 erschien.

Hinrichs

Krach um Jolanthe

ist der hochdeutsche Manuskripttitel des ursprünglich in Oldenburger Platt verfaßten Stückes »Swienskomödie« von August Hinrichs (1879–1956). Dort trägt ein Schwein den Namen »Jolanthe«.

Seefahrt ist not
lautet der Titel eines 1913 in Hamburg veröffentlichten Romans von Gorch Fock (d. i. Johannes [Hans] Kinau; 1880–1916). Der Titel ist die griffige deutsche Version des lateinischen Wortes »Navigare necesse est«.

Musil

Der Mann ohne Eigenschaften
heißt ein unvollendeter Roman (Buch 1: Berlin 1930; Buch 2: Berlin 1933; Buch 3: Lausanne 1943) von Robert Musil (1880–1942).

S. Zweig

Sternstunden der Menschheit
überschrieb Stefan Zweig (1881–1942) »Fünf historische Miniaturen« (Leipzig 1927); 1945 erschien in Stockholm eine erweiterte Ausgabe mit 12 Miniaturen. (Vgl. Schiller, »Piccolomini« 2, 6: »Du wirst auf die Sternenstunde warten, bis dir die irdische entflieht.«)

Verwirrung der Gefühle
heißt eine Novelle Stefan Zweigs mit dem Untertitel »Private Aufzeichnungen des Geheimrates R. v. D.« (Leipzig 1927).

Ungeduld des Herzens
ist der Titel eines psychologischen Romans von Stefan Zweig (Stockholm 1938).

Valentin

Ja, so warn's, die alten Rittersleut'
sang Karl Valentin (1882–1948).

Buchbinder Wanninger
ist eine sprichwörtlich gewordene Figur Karl Valentins. Wanninger, der die von ihm gebundenen Bücher abliefern möchte, ruft bei der Firma, seinem Auftraggeber, vorher an und wird dort endlos hin- und herverbunden. (»Gesammelte Werke«, München 1961).

Ringelnatz

Kuttel-Daddeldu
ist die Titelfigur einer Gedichtsammlung (München 1923) von Joachim Ringelnatz (d. i. Hans Bötticher; 1883–1934).

Drüben am Walde
Kängt ein Guruh –
Warte nur balde
Kängurst auch du.
Diese Persiflage auf Goethes »Über allen Gipfeln ist Ruh … Warte nur, balde ruhest du auch« lesen wir bei Ringelnatz in »Abendgebet einer erkälteten Negerin«.

Links, wo das Herz ist
ist der Titel eines autobiographischen Romans (München 1952) von Leonhard Frank (1883–1961).

Clewing

Alle Tage ist kein Sonntag
heißt ein Volksstück von Carl Clewing (1883–1954).

Hartlaub

Neue Sachlichkeit
war ein Rundschreiben von Gustav Friedrich Hartlaub (1884–1963), Direktor der Mannheimer Kunsthalle, überschrieben, das er an Künstler sandte, um sie zu einer geplanten Ausstellung einzuladen. »Es liegt mir daran, repräsentative Werke derjenigen Künstler zu vereinigen, die in den letzten Jahren weder impressionistisch aufgelöst, noch expressionistisch abstrakt, weder rein sinnenhaft äußerlich, noch rein konstruktiv innerlich gewesen sind.« Die Ausstellung »Neue Sachlichkeit« fand 1925 in Mannheim statt.

Kisch

Der rasende Reporter
heißen die »Gesammelten Reportagen« (Berlin 1925) von Egon Erwin Kisch (1885–1948), dem Prager Journalisten, der die Weltgeltung des deutschen Journalismus begründete.

Bloch

Das Prinzip Hoffnung
nennt sich das umfangreiche philosophische Hauptwerk von Ernst Bloch (1885–1959), das 1938–1947 entstand, 1953 und 1959 überarbeitet wurde.

Verschiedene Quellen

Das Ende der Neuzeit
heißt ein Buch (Würzburg 1950) des Theologen und Philosophen Romano Guardini (1885–1968).

Das Wunschkind
ist der Titel eines Romans (Stuttgart u. Berlin 1930) von Ina Seidel (1885–1974).

Menschheitsdämmerung
nannte sich die »Symphonie jüngster Dichtung«, eine Sammlung expressionistischer Lyrik, 1920 in Berlin herausgegeben von Kurt Pinthus (1886–1975).

Aufgestanden ist er, welcher lange schlief
lautet der erste Vers des Gedichts »Der Krieg« von Georg Heym (1887–1912), veröffentlicht postum (Leipzig 1912) in der Sammlung »Umbra vitae«.

Aus Schriftstellern deutscher Sprache

20. Jahrhundert

Verschiedene Quellen

Der Wanderer zwischen beiden Welten
nannte Walter Flex (1887–1917) sein Werk »Kriegserlebnis« (München 1917).

Das einfache Leben
ist der Titel eines Romans (München 1939) aus der sogenannten »Inneren Emigration«. Ernst Wiechert (1887–1950) schrieb ihn nach seiner Entlassung aus dem Konzentrationslager, 1939.

Wenn wir alle Engel wären
lautet der Titel eines heiteren Romans von Heinrich Spoerl (1887–1956), der 1936 erschienen ist und im gleichen Jahr verfilmt wurde.

Grenzsituation
ist ein Begriff, den wir dem Philosophen Karl Jaspers (1887–1969) verdanken. In seinem grundlegenden Werk »Psychologie der Weltanschauungen« (Berlin 1919) schreibt er über Kampf und Tod, Zufall, Leiden und Schuld: »Diese Situationen, die an der Grenze unseres Daseins überall gefühlt, erfahren, gedacht werden, nennen wir darum ›Grenzsituationen‹.«

Baum

Menschen im Hotel
nannte Vicki Baum (1888–1960) ihren 1929 in Berlin erschienenen Roman. Die Geschichte, die den Untertitel »Ein Kolportageroman mit Hintergründen« trägt, wurde auch verfilmt.

Lersch

Deutschland muß leben, und wenn wir sterben müssen!
So schließen die fünf Strophen des Gedichts »Soldatenabschied« (in der Sammlung von Kriegsgedichten: »Die heilige Not«, Mönchengladbach 1915) von Heinrich Lersch (1889–1936); dieser Vers wurde von den Nazis auch als Losung gebraucht.

Tucholsky

Alles mit deine Hände
ist jeweils der Schlußvers der 3 Strophen von Kurt Tucholskys (1890–1935) Gedicht »Mutterns Hände« (»Arbeiter Illustrierte Zeitung«, Berlin 1929, 30/8).

Lerne lachen, ohne zu weinen
ist der Titel einer Gedichtsammlung Tucholskys von 1931. Dieser geht auf die Bibel zurück, Sprüche 14, 13: »Auch beim Lachen kann das Herz trauern.« Auch ein Roman von Johannes Mario Simmel nimmt im Titel darauf Bezug: »Auch wenn ich lache, muß ich weinen« (München 1993).

Tucholsky

Du bist doch Mutterns Beste,
du, die Berlinerin!
Als Theobald Tiger, eines seiner Pseudonyme, schrieb Tucholsky 1922 sein Gedicht »An die Berlinerin« (veröffentlicht in »Die Weltbühne«; enthalten in »Mit 5 PS«, 1928). Daraus sind obenstehende Worte.

Bis sie ihn dir weggenommen haben.
Für den Graben, Mutter, für den Graben
und
Reicht die Bruderhand als schönste aller Gaben
übern Graben, Leute, übern Graben –!
wird aus Tucholskys unter dem Pseudonym Theobald Tiger verfaßten Gedicht »Der Graben« (zuerst in: »Das Andere Deutschland«, dann in: »Das Lächeln der Mona Lisa«) zitiert.

Werfel

Nicht der Mörder, der Ermordete ist schuldig
heißt eine Novelle (München und Leipzig 1920) von Franz Werfel (1890–1945).

Der veruntreute Himmel
ist ein Roman Werfels mit dem Untertitel »Die Geschichte einer Magd« (Stockholm 1939).

Verschiedene Quellen

Im Prater blühn wieder die Rosen
oder
Im Prater blühn wieder die Veilchen
zitieren wir nach einem »Wienerlied« von Robert Stolz (1880–1975), zu dem Kurt Robitschek (1890–1950) den Text schrieb.

Tiere sehen dich an
ist der Titel eines Photobuchs (Berlin 1928) von Paul Eipper (1891–1964). Daraus sind viele geflügelte Wortverbindungen entstanden (»Kinder, Frauen ... sehen dich an«).

Das Kunstwerk im Zeitalter seiner technischen Reproduzierbarkeit
heißt ein Essay von Walter Benjamin (1892–1940), in dem er untersucht, wie die modernen Reproduktionstechniken das Wesen der Kunst verändert haben (erste, unvollständige Fassung in französischer Übersetzung Frankfurt 1936; erste deutsche Ausgabe, Frankfurt 1961; erste deutsche ungekürzte Ausgabe Frankfurt 1963).

Krach im Hinterhaus
heißt ein Theaterstück von Maximilian Böttcher (1892–1946), uraufgeführt 1934 in Berlin. Als Roman umgearbeitet erschien es 1936.

Der Kaiser ging, die Generäle blieben
heißt »Ein deutscher Roman« (Berlin 1932) von Theodor Plivier (nach 1933 Plievier; 1892–1955), der die Revolution von 1918 zum Thema hat.

Bergengruen

Heile Welt
Dieser Begriff rührt wohl von Werner Bergengruen (1892–1964) her. Eine Sammlung seiner Gedichte heißt »Die heile Welt« (Zürich 1950).

Toller

Masse – Mensch
heißt ein 1920 in Nürnberg uraufgeführtes Drama (»Ein Stück aus der sozialen Revolution des zwanzigsten Jahrhunderts«) von Ernst Toller (1893–1939), das 1927 in Potsdam gedruckt wurde.

Hoppla, wir leben!
nannte Ernst Toller sein Drama, das 1927 in Hamburg uraufgeführt wurde (gedruckt Potsdam 1927).

Fallada

Kleiner Mann – was nun?
heißt der »Kleinbürgerroman« (Berlin 1932) von Hans Fallada (d. i. Rudolf Ditzen; 1893–1947) um das Arbeitslosenelend im Deutschland der Wirtschaftskrise.

Wer einmal aus dem Blechnapf frißt
ist der Titel von Falladas Roman um einen Strafgefangenen, der in der Gesellschaft wieder straffällig werden muß (Berlin 1934).

Jahnn

Jeden ereilt es
lautet der Titel eines »Fragments aus dem Nachlaß« (Frankfurt 1968) von Hans Henny Jahnn (1894–1959).

Verschiedene Quellen

Lore-Roman
ist zum Begriff, ja zum Synonym für den trivialen Heftroman geworden. Der erste »Lore-Roman« erschien 1949 im Hans Müller Verlag, Hamburg. Der erfolgreichste Autor der Lore-Romane war Fritz Mardicke (1895–1966), der unter dem Pseudonym Wolfgang Marken berühmt wurde.

Bambi
heißen Rehkitze, seit Felix Salten (d. i. Siegmund Salzmann; 1869–1947) seine »Lebensgeschichte aus dem Walde« (Berlin 1923) veröffentlichte. Diese wurde berühmt durch die Verfilmung von Walt Disney (USA 1942).

Ein Mord, den jeder begeht
ist der Titel eines Romans (München 1938) von Heimito von Doderer (1896–1966).

Sedlmayr

Verlust der Mitte
heißt ein kulturkritisches, rückwärtsgewandtes Buch (Salzburg 1948) von Hans Sedlmayr (1896–1984).

Zuckmayer

Der fröhliche Weinberg
ist der Titel eines Lustspiels von Carl Zuckmayer (1896–1977), uraufgeführt 1925 in Berlin (veröffentlicht Berlin 1926).

Des Teufels General
Dieses Drama Zuckmayers wurde 1946 in Zürich uraufgeführt (veröffentlicht Stockholm 1946) und schildert unter Nachbildung des Fliegergenerals Udet in der Figur des Harras einen Menschen, der sich aus Begeisterung für die Fliegerei dem Teufel Hitler verschreibt, die Nazis eigentlich verabscheut, sich dem Widerstand gegen sie aber nicht anschließen kann.

Als wär's ein Stück von mir
heißen Zuckmayers »Erinnerungen« (Frankfurt 1966).

Neumann

Mit fremden Federn
nannte Robert Neumann (1897–1975) seine kunstvollen Parodien, die ihn berühmt machten. Die erste Sammlung (Stuttgart 1927) landete wie die anderen Parodien und Werke des Autors auf den Scheiterhaufen der Bücherverbrennungen 1933.

Brecht

Trommeln in der Nacht
ist eine Komödie Bertolt Brechts (1858–1956), für die er den Kleist-Preis erhielt. Sie wurde 1919 in München uraufgeführt (gedruckt München 1923).

Glotzt nicht so romantisch
zitieren wir aus Bertolt Brechts Komödie »Trommeln in der Nacht«.

Im Dickicht der Städte
heißt Brechts Stück mit dem Untertitel »Der Kampf zweier Männer in der Großstadt Chicago«, uraufgeführt (in der ersten Fassung) 1923 in München (gedruckt – in der zweiten Fassung – Berlin 1927).

Mann ist Mann
von Brecht wurde 1926 in Darmstadt uraufgeführt (gedruckt Berlin 1927) und ist »Die Verwandlung des Packers Galy Gay in den Militär-

Brecht

baracken von Kilkoa im Jahre neunzehnhundertfünfundzwanzig. Lustspiel in 11 Bildern und mit einem Zwischenspiel für das Foyer, ›Das Elefantenkalb‹« untertitelt.

Die Dreigroschenoper
schrieb Brecht 1928 nach der »Beggar's Opera« von John Gay (1728). Die Musik komponierte Kurt Weill (1900–1950). Die Uraufführung erfolgte 1928 in Berlin (vollständige Veröffentlichung Berlin 1931).

Und der Haifisch, der hat Zähne
Und die trägt er im Gesicht
Und Macheath, der hat ein Messer
Doch das Messer sieht man nicht

heißt es im Vorspiel der »Dreigroschenoper« in der »Moritat von Mackie Messer«.

Und ein Mensch geht um die Ecke,
Den man Mackie Messer nennt

zitieren wir nach der »Moritat von Mackie Messer« in der »Dreigroschenoper«.

Denn ein Haifisch ist kein Haifisch
wenn man's nicht beweisen kann

stammt aus zwei Strophen der »Moritat von Mackie Messer«, die Brecht 1948 nachträglich einfügte.

Nur wer im Wohlstand lebt, lebt angenehm!
Mit diesen Worten enden die drei Strophen der »Ballade vom angenehmen Leben« (»Dreigroschenoper« 2, 6).

Erst kommt das Fressen, dann kommt die Moral
singt Mac im Finale des 2. Aktes der »Dreigroschenoper«.

Denn die einen sind im Dunkeln
Und die andern sind im Licht.
Und man siehet die im Lichte
Die im Dunkeln sieht man nicht.

Mit diesen Worten schließt der »Dreigroschenfilm« von 1930.

Vorwärts und nicht vergessen
Worin unsre Stärke besteht!
Beim Hungern und beim Essen
Vorwärts, nie vergessen
Die Solidarität

heißt es in Brechts »Solidaritätslied« von 1931.

Brecht

Und weil der Mensch ein Mensch ist
Drum will er was zu essen, bitte sehr!
Mit diesen Versen beginnt das »Einheitsfrontlied« (1934) von Bertolt Brecht.

Drum links, zwei, drei!
Drum links, zwei, drei!
Wo dein Platz, Genosse, ist!
Reih dich ein in die Arbeitereinheitsfront
Weil du auch ein Arbeiter bist
lautet der Refrain des 1934 von Bertolt Brecht gedichteten »Einheitsfrontliedes«.

Mutter Courage und ihre Kinder
betitelte Brecht seine »Chronik aus dem Dreißigjährigen Krieg« (Uraufführung 1941 in Zürich, veröffentlicht in Berlin und Frankfurt 1949). Die Figur der »Mutter Courage« geht auf Grimmelshausen zurück (vgl. dort).

Der gute Mensch von Sezuan
ist ein »Parabelstück« Brechts, an dem er zwischen 1930 und 1942 arbeitete. Es wurde uraufgeführt 1943 in Zürich (veröffentlicht in Berlin 1953). »Der gute Mensch von …« ist in mancherlei Zusammensetzung geflügelt.

Verehrtes Publikum, los, such dir selbst den Schluß!
Es muß ein guter da sein, muß, muß, muß!
heißt es im Epilog zu Brechts Parabelstück »Der gute Mensch von Sezuan«.

Remarque

Im Westen nichts Neues
ist der Titel eines Antikriegs-Romans (Berlin 1929) von Erich Maria Remarque (d. i. E. Paul Remark; 1898–1970), der unter dem gleichen Titel auch erfolgreich verfilmt wurde.

F. Andreas

Einer zuviel an Bord
heißt ein Roman (Berlin 1935) von Fred Andreas.

Erich Kästner

Einst haben die Kerls auf den Bäumen gehockt,
behaart und mit böser Visage.
Dann hat man sie aus dem Urwald gelockt …
kennen wir aus dem Gedicht von Erich Kästner (1899–1974) »Die Entwicklung der Menschheit« (in »Gesang zwischen den Stühlen«, Stuttgart 1932).

Erich Kästner

Was auch immer geschieht:
Nie dürft ihr so tief sinken,
von dem Kakao, durch den man euch zieht,
auch noch zu trinken!
findet man in Kästners Gedichtsammlung »Gesang zwischen den Stühlen«.

Das fliegende Klassenzimmer
und
Das doppelte Lottchen
kennen wir als Titel zweier Kinderbücher von Erich Kästner.

Es gibt nichts Gutes
außer: Man tut es
steht in Kästners Epigramm »Moral« aus der Sammlung »Kurz und bündig«.

Raymond

Ich hab' mein Herz in Heidelberg verloren
wird in dem gleichnamigen Singspiel von Fred Raymond (d. i. Friedrich Vesely; 1900–1954) mit dem Text von Günther Schwenn (d. i. Franzke; geb. 1908) gesungen.

Verschiedene Quellen

Nackt unter Wölfen
heißt ein Tatsachen-Roman (Halle 1958) von Bruno Apitz (1900–1979), in dem erzählt wird, wie KZ-Häftlinge einen Jungen bis zur Befreiung im Lager verstecken und ihn so vor dem Tod retten. Dieses Buch erschien in 29 Sprachen.

So weit die Füße tragen
nannte Josef Martin Bauer (1901–1970) seinen Bericht eines Sibirienflüchtlings (München 1955).

Wir Wunderkinder
Diesen Titel gab Hugo Hartung (1902–1972) seinem Roman (Düsseldorf 1957) in Anspielung auf das »Wirtschaftswunder«.

Aus dem Wörterbuch des Unmenschen
heißt ein sprachkritisches Werk (Hamburg 1957) von Dolf Sternberger (geb. 1907), Gerhard Storz (geb. 1898) und Wilhelm Emanuel Süskind (1901–1970).

Kleiner Mann ganz groß
ist ein Theaterstück von Edgar Kahn (1903–1955) und Ludwig Bender (geb. 1908).

Keun

Kein Platz für wilde Tiere
heißt ein Tierbuch (München 1954) von Bernhard Grzimek (1909–1987).

Das kunstseidene Mädchen
lautet der Titel eines Romans (Berlin 1932) von Irmgard Keun (1910–1982).

Frisch

Nun singen sie wieder
ist der Titel eines Stücks von Max Frisch (1911–1991) mit dem Untertitel »Versuch eines Requiems«, uraufgeführt 1945 in Zürich (veröffentlicht Basel 1946).

Biedermann und die Brandstifter
heißt ein Schauspiel Max Frischs, das er ein »Lehrstück ohne Lehre« nannte. Als Hörspiel wurde es vom Bayerischen Rundfunk unter dem Titel »Herr Biedermann und die Brandstifter« 1953 gesendet; auf dem Theater uraufgeführt 1958 in Zürich, erschienen in Hamburg 1955.

Mein Name sei Gantenbein
ist der Titel eines Romans von Max Frisch (Frankfurt 1964), der Anlaß für viele Abwandlungen gab.

Nicklisch

Vater, unser bestes Stück
heißt ein Roman (Berlin 1955) von Hans Nicklisch (geb. 1912).

Verschiedene Quellen

Der unbehauste Mensch
ist der Titel eines Essays (München 1951) von Hans Egon Holthusen (geb. 1913).

Die Zukunft hat schon begonnen
nannte Robert Jungk (d. i. Robert Baum; geb. 1913) sein kulturkritisches Werk mit dem Untertitel »Amerikas Allmacht und Ohnmacht« (Stuttgart 1952).

Es zittern die morschen Knochen
fängt ein berüchtigtes Lied an, das Hans Baumann (geb. 1914) während der Nazizeit schrieb.

Wir werden weiter marschieren,
wenn alles in Scherben fällt,
denn heute da hört uns Deutschland
und morgen die ganze Welt
lautet der Kehrreim eines Liedes von Hans Baumann (»SS-Liederbuch«, München). Oft wurde der dritte Vers abgewandelt zu: »denn

Verschiedene Quellen

heute gehört uns Deutschland«. Baumann hat sich nach 1945 nicht nur vom Faschismus losgesagt, sondern auch seine Fehler, wozu auch dieses Lied gehört, sehr bedauert.
Der unverbesserliche Nazi-Autor Erich Ebermayer (1900–1970) nannte den ersten Teil seiner Tagebücher: »Denn heute gehört uns Deutschland« (Hamburg und Berlin 1959), den zweiten: »... und morgen die ganze Welt« (Bayreuth 1966).

Götter, Gräber und Gelehrte
ist der stabreimende Titel eines Bestsellers von C. W. Ceram (d. i. Kurt Wilhelm Marek; 1915–1972), einem »Roman der Archäologie« (Reinbek 1949).

... und kein bißchen weise
nannte der Schauspieler Curd Jürgens (1915–1982) seinen autobiographischen Roman (Locarno 1976), der zu seinem 70. Geburtstag erschien.

Böll

Wo warst du, Adam?

Und sagte kein einziges Wort

Haus ohne Hüter

Das Brot der frühen Jahre

Billard um halb zehn

Ansichten eines Clowns

Ende einer Dienstfahrt

Gruppenbild mit Dame
sind Titel von Romanen und Erzählungen von Heinrich Böll (1917–1985).

Gesammeltes Schweigen
bilden wir nach Bölls Satirensammlung »Doktor Murkes gesammeltes Schweigen«.

Celan

Schwarze Milch der Frühe
beginnt das Gedicht »Todesfuge« von Paul Celan (d. i. das Anagramm von Paul Ancel bzw. Paul Antschel; 1920–1970), der in seinen Gedichten Verfolgung und Völkermord in Worte faßt.

Der Tod ist ein Meister aus Deutschland
zitieren wir nach Paul Celans Gedicht »Todesfuge« (in: »Mohn und Gedächtnis«, Stuttgart 1952). »Der Tod ist ein Meister aus Deutschland« nannten Lea Rosh (geb. 1936) und Eberhard Jäckel (geb. 1929) ihre Untersuchung über »Deportation und Ermordung der Juden, Kollaboration und Verweigerung in Europa« (Hamburg 1990).

Borchert

Draußen vor der Tür
betitelte Wolfgang Borchert (1921–1947) »Ein Stück, das kein Theater spielen und kein Publikum sehen will«. Dieses Antikriegsstück wurde am 13. Febr. 1947 vom Nordwestdeutschen Rundfunk zum ersten Mal gesendet, Uraufführung einen Tag nach dem Tod des Autors in Hamburg am 21. Nov. 1947.

Dürrenmatt

Der Besuch der alten Dame
ist seit der »Tragischen Komödie« von Friedrich Dürrenmatt (1921–1990) sprichwörtlich; uraufgeführt 1955 in Zürich (veröffentlicht Zürich 1956).

Brückner

Wenn du geredet hättest, Desdemona
heißt die Sammlung »Ungehaltene Reden ungehaltener Frauen« (Hamburg 1983) von Christine Brückner (geb. 1921).

Simmel

Mich wundert, daß ich so fröhlich bin
zitieren wir nach einem Roman von Johannes Mario Simmel (geb. 1924). Simmel bezieht sich in seinen Titeln meist auf literarische Vorlagen. Ein Gedicht des Malers Hans Thoma (1839–1924) war hier titelgebend (»Aus achtzig Lebensjahren. Ein Lebensbild aus Briefen und Tagebüchern«, Leipzig 1929). Dessen 1. Strophe endet mit dem Vers: »Mich wunderts, daß ich fröhlich bin.« Dies wiederum ist die Abwandlung eines Verses aus einem weit verbreiteten volkstümlichen Gedicht von Martinus von Biberach aus dem Jahr 1498, wo es heißt: »Mich wundert, das ich frölich bin.«

Es muß nicht immer Kaviar sein
ist der Titel eines Simmel-Romans (München 1960), der selbst wieder vielfältig abgewandelt wird.

Der Stoff, aus dem die Träume sind
Dieser Simmel-Roman (München 1971) bezieht sich auf eine Passage in Shakespeares »Der Sturm« 4, 1. »We are such stuff, /As dreams are made on« benutzte Ludwig Berger (d. i. Ludwig Bamberger; 1892–1969) für seine Autobiographie »Wir sind vom gleichen Stoff, aus dem die Träume sind« (Tübingen 1954).

Simmel

Die Antwort kennt nur der Wind
heißt ein Simmel-Roman (München 1963), dessen Titel sich auf den Song »Blowin' in the Wind« von Bob Dylan (1962) bezieht. Der Refrain lautet »The answer is blowin' in the wind«; im Deutschen: »Die Antwort weiß nur allein der Wind.« Das Lied beginnt mit dem Vers »Sag mir, wo die Blumen sind« und wurde unter anderem auch von Marlene Dietrich interpretiert.

Niemand ist eine Insel
ist der Titel eines Simmel-Romans (Locarno 1975), der auf John Donne (1572–1631) und seine »Devotions Upon Emergent Occasions« (1624) zurückgeht, wo die Stelle zu finden ist: »No man is an island…«, was öfter benutzt und abgewandelt wurde.

Auch wenn ich lache, muß ich weinen
ist der Titel eines Romans von Simmel (München 1993), der sich auf die Bibel bezieht, Sprüche 14, 13: »Auch beim Lachen kann das Herz weinen«, was Tucholsky abgewandelt hat zu: »Lerne lachen, ohne zu weinen.«

Grass

Die Blechtrommel
war der erste Roman (Darmstadt 1959) von Günter Grass (geb. 1927), dessen Titel bald nach Erscheinen geflügelt wurde. Der Roman wurde auch erfolgreich verfilmt.

Die Plebejer proben den Aufstand
heißt »Ein deutsches Trauerspiel« (Neuwied 1966), uraufgeführt 1966 in Berlin, von Günter Grass.

Kolle

Deine Frau – das unbekannte Wesen

Dein Mann – das unbekannte Wesen

Dein Kind – das unbekannte Wesen
waren Titel von Zeitschriften-Serien (»Neue Revue«, München), Büchern und Filmen in den 60er Jahren. Autor war Oswalt Kolle (geb. 1928), »der Aufklärer der Nation«.
Die Kolle-Titel erinnern an das Buch des Nobelpreisträgers für Medizin des Jahres 1912, des französischen Wissenschaftlers Alexis Carrel (1873–1944) »L'homme cet inconnu« (Paris 1935), das in der deutschen Übersetzung von W. E. Süskind den Titel »Der Mensch, das unbekannte Wesen« trägt. Der Autor entpuppt sich, anders als Kolle, als ein übler Verfechter der Prügelstrafe, der Euthanasie und faschistischer Rassentheorien.

Die unendliche Geschichte
ist ein Bestseller als Buch (Stuttgart 1979) und als Film (1984) von Michael Ende (geb. 1929).

Der geteilte Himmel — Wolf
ist ein Roman (Halle 1963) von Christa Wolf (geb. 1929), der Menschenschicksale im damals geteilten Deutschland behandelt.

Spiel nicht mit den Schmuddelkindern, sing nicht ihre Lieder — Degenhardt
wird in dem gleichnamigen Lied von Franz Josef Degenhardt (geb. 1931) mehrmals gesungen; der Vers »Spiel nicht mit den Schmuddelkindern« gab auch Degenhardts Buch (Hamburg 1967) den Titel.

Das hältste ja im Kopf nicht aus — Ludwig/Michel
heißt ein Stück für Kinder des »Berliner Grips-Theaters« von Volker Ludwig (geb. 1937) und Detlef Michel (geb. 1944), uraufgeführt 1975 in Berlin (gedruckt 1977 München u. Frankfurt).

Die Angst des Tormanns beim Elfmeter — Handke
ist der Titel einer Erzählung (Frankfurt 1970) von Peter Handke (geb. 1942), die sprichwörtlich wurde.

Publikumsbeschimpfung
nannte Peter Handke ein »Sprechstück« (Frankfurt 1966), das in Frankfurt am Main 1966 uraufgeführt wurde.

Aus nordischen Schriftstellern

Holberg

Kannegießer

Durch Ludvig Freiherrn von Holbergs (1684–1754) derb-realistische Komödie »Den politiske Kandestøber« (Kopenhagen 1723), zu deutsch: »Der politische Kanngießer« (Leipzig 1742), die er für die dänische Nationalschaubühne schrieb, hat das Wort »Kannegießer« die Bedeutung eines politischen Schwätzers bekommen, und wir leiten selbst Wörter davon ab wie »Kannegießern«, »Kannegießerei«. »Einige politische Kannengießer« findet sich bereits in einem Brief Gottlieb Wilhelm Rabeners an den Warschauer Kabinettssekretär Ferber vom 16. Aug. 1760 (»Sämmtliche Schriften«, Th. 6., Leipzig 1777), und Goethe schreibt am 5. Mai 1780 in einem Brief an Frau v. Stein: »Wir haben gekanngießert« (Weimarer Ausgabe, IV, 4).

Oehlenschläger

Die Götter des Nordens

ist ein Epos (1819) des dänischen Dichters deutscher Herkunft Adam Gottlob Oehlenschläger (1779–1850) betitelt, in dem er altnordische Sagenstoffe verarbeitete.

Andersen

Der standhafte Zinnsoldat

Diese wackere und tapfere Figur des gleichnamigen Märchens kennen wir aus Hans Christian Andersens (1805–1875) berühmter Sammlung »Märchen, für Kinder erzählt« (Kopenhagen 1835–48; dt. »Märchen«, Braunschweig 1839, Jena 1909).

Des Kaisers neue Kleider

ist uns aus Andersens Märchensammlung als Geschichte über die Dummheit und Angst der Untertanen bekannt.

Das häßliche junge Entlein

Das von allen geschnittene Enten-Junge, das sich zu einem wunderschönen Schwan auswächst, ist die Hauptfigur des gleichnamigen Andersen-Märchens.

Die Prinzessin auf der Erbse

aus Andersens gleichnamigem Märchen steht für einen übertrieben empfindlichen und empfindsamen Menschen.

Kierkegaard

Die Krankheit zum Tode

heißt ein 1849 veröffentlichtes Werk des dänischen Schriftstellers, Theologen und Philosophen Søren Kierkegaard (1813–1855).

Ibsen

Die Stützen der Gesellschaft

ist der deutsche Titel (Berlin 1878) von Henrik Ibsens (1828–1906) Schauspiel »Samfundets Støtter« (Kopenhagen 1877), mit dem er die neue Dramenform des »Gesellschaftsstücks« einführte. Die Redewendung wird in wörtlichem Sinn vielfältig gebraucht und auf verschiedene Bereiche der Gesellschaft angewendet.

Dreieckiges Verhältnis

Diese Worte entnehmen wir aus Ibsens Schauspiel »Hedda Gabler« (Kopenhagen 1890; dt. Berlin 1891). Aller Wahrscheinlichkeit nach beruht der Ausdruck auf einer alten italienischen Metapher, die dem norwegischen Dichter vielleicht Lichtenberg vermittelt hat. Dieser sagt: »Triangolo equilatero heißt in Italien das häusliche Glückseligkeitssystem aus Mann, Frau und Amant. Denn dort wird die Stelle des Letzteren nicht durch den Mann versehen wie bei uns und in England« (in einer Anmerkung in seiner »Ausführlichen Erklärung der Hogarthischen Kupferstiche«, Göttingen 1799, V, 83).

In Schönheit sterben

ist ein geflügelter Ausdruck aus Ibsens Schauspiel »Hedda Gabler«, 5. Akt, letzte Szene.

Lie

Wenn der Vorhang fällt

betitelte der norwegische Schriftsteller Jonas Lie (1833–1908) einen 1902 erschienenen Roman.

Key

Jahrhundert des Kindes

Nach dem Titel »Barnets århundrade« (Stockholm 1900; dt. Berlin 1902) der Schwedin Ellen Key (1849–1926) nennt man das zwanzigste Jahrhundert wegen der in ihm stark zutage tretenden sozialen Fürsorge für die heranwachsende Jugend auch das »Jahrhundert des Kindes«.

Hamsun

Segen der Erde

ist der deutsche Titel des Romans »Markens Grøde« (Kristiania 1917) von Knut Hamsun (d. i. Knut Pedersen; 1859–1952). Der norwegische Schriftsteller Hamsun erhielt für diesen Roman 1920 den Nobelpreis für Literatur.

Michaelis

Das gefährliche Alter

Von der dänischen Schriftstellerin Karin Michaelis (1872–1950) erschien 1950 ein vielgelesenes Buch: »Den farlige alder« (Kopenhagen 1910), dessen deutscher Titel »Das gefährliche Alter« häufig zitiert wird.

Aus nordischen Schriftstellern

Gulbranssen

Und ewig singen die Wälder
heißt der dritte Teil einer Romantrilogie (erschienen 1933–35) über ein norwegisches Bauerngeschlecht von Trygve Gulbranssen (1894–1962). Der zweite und dritte Teil trägt den Titel »Das Erbe von Björndal«. Die Romantrilogie wurde (u. a. mit Gert Fröbe) erfolgreich verfilmt.

Laxness

Das wiedergefundene Paradies
ist der Titel eines Romans (1960) des isländischen Schriftstellers Halldór Kiljan Laxness (geb. 1902). Der Titel erinnert an die Epen John Miltons »Paradise lost« (1667/74; dt. »Das verlorene Paradies«) und »Paradise regained« (1671; dt. »Das wiedererlangte Paradies«).

Lindgren

Pippi Langstrumpf
heißt die Titelfigur einer Kinderbuch-Serie (1945–48) der schwedischen Schriftstellerin Astrid Lindgren (geb. 1907). Die rothaarige, sommersprossige und schrill angezogene Mädchen-Figur steht allgemein für ein respektloses, selbständig denkendes und gegen Äußerlichkeiten und Konventionen rebellierendes Kind.

Aus französischen Schriftstellern

14.–16. Jahrhundert

Buridan

Buridans Esel

Mit »Buridans Esel« vergleichen wir einen Menschen, dem die Wahl zwischen zwei ihm gleichwertigen Gegenständen schwer wird. Um zu beweisen, daß keine Handlung ohne einen bestimmenden Willen stattfinden könne, soll sich Johannes Buridan (vor 1300– nach 1358), ein französischer Philosoph des 14. Jahrhunderts, des Bildes eines Esels bedient haben, der in gleichem Abstand von zwei Bündeln Heu, gleichmäßig von beiden angezogen, notwendigerweise verhungern müsse. Buridan mag dies mündlich getan haben; in seinen Werken ist der entsprechenden Stelle vergeblich nachgespürt worden.

Roye

Chronique scandaleuse (Klatschgeschichte)

ist das die Ereignisse unter der Regierungszeit Ludwigs XI. (reg. 1461–1483) aufzeichnende Tagebuch des Sekretärs Johanns II., Herzogs von Bourbon, Jean de Roye (geb. 1425). Es erschien zuerst unter dem Titel »Les croniques du tres chrestien et tres victorieux Loys de Valoys, feu roy de France ..., unziesme de ce nom« (Lyon um 1490). Die Bezeichnung »Chronique scandaleuse«, die das Buch seinem Inhalt nach eigentlich nicht verdient, erscheint zuerst im Titel der Ausgabe von 1611, doch war sie schon gegen Ende des 16. Jahrhunderts geläufig.

Rabelais

Der Appetit kommt beim Essen (L'appétit vient en mangeant)

steht in François Rabelais' (1494–1553) »Gargantua« (1535) 1, 5. Dort heißt es weiter: »... disoit Angest on Mans [woraus später ›Angeston, mais‹ geworden ist], la soif s'en va en beuvant« (... der Durst schwindet beim Trinken). Dieser »Angest« ist der durch seine heftige Polemik gegen die Protestanten bekannte Theologe und General-Vikar des Kardinals von Bourbon, Bischofs von Le Mans, Jérôme de Hangest (gest. 1538).

Marot

Sonst der beste Kerl von der Welt (Au demeurant le meilleur fils du monde)

Clément Marot (1495–1544) schildert 1531 in einer poetischen Epistel an den König (»Au Roy«), wie ihn sein Diener bestohlen habe, »ein Fresser, Trunkbold, ein unverschämter Lügner, ein falscher Spieler, Spitzbube, Flucher, Lästerer, dem man auf hundert Schritte anriecht, er werde an den Galgen kommen«. Sonst sei dieser aber der beste Kerl der Welt.

Aus französischen Schriftstellern

17. Jahrhundert

Lingendes

Wenn es ein Verbrechen ist, sie zu lieben,
so darf man billigerweise nur ihre Schönheit anklagen
(Si c'est un crime de l'aimer,
On n'en doit justement blâmer
Que les beautés qui sont en elle)

lautet der Anfang von Jean de Lingendes' (1580–1616) Gedicht »Recueil des plus belles pièces des poètes français« (Paris 1692). Die Form, in der wir den Gedanken zitieren, geht auf ein anonymes, schon 1810 bekanntes Lied zurück, das beginnt: »Ist denn Lieben ein Verbrechen?«

Corneille

Und endlich schwieg der Kampf, da es an Kämpfern fehlte
(Et le combat cessa faute de combattants)

heißt es in der Tragikomödie »Cid« (1636) 4, 3 von Pierre Corneille (1606–1684).

Seien wir Freunde, Cinna!
(Soyons amis, Cinna!)

stammt aus Pierre Corneilles Tragödie »Cinna« (1640) 5, 3. Nach Seneca, »De clementia« I, 9 schenkte der römische Kaiser Augustus auf den Rat seiner Gattin Livia dem Verschwörer Lucius Cornelius Cinna das Leben und sprach dabei die edlen Worte: »Cinna, ex hodierno die inter nos amicitia incipiatur.« (Cinna, der heutige Tag sei der Anfang unserer Freundschaft.)

Ein Lügner muß ein gutes Gedächtnis haben
(Il faut bonne mémoire après qu'on a menti)

zitieren wir aus »Le Menteur« (»Der Lügner«) 4, 5 von Corneille (1644).

Jeder Augenblick im Leben ist ein Schritt zum Tode hin
(Chaque instant de la vie est un pas vers la mort)

stammt aus Corneilles Tragödie »Tite et Bérénice« (»Titus und Berenice«) 5, 1 von 1670.

La Fontaine

Die Kastanien aus dem Feuer holen
(Tirer les Marrons du feu)

entlehnen wir der Fabel Jean de La Fontaines (1621–1695) »Der Affe und die Katze«. Der Affe Bertrand bewegt darin die Katze Raton dazu, geröstete Kastanien aus dem Feuer zu holen, die er sofort verspeist, bis eine Magd dazukommt, worauf beide Tiere fliehen. Die Fabel wurde schon im 16. Jahrhundert von Sim. Majoli in »Dies caniculae« lateinisch erzählt. Vgl. Fabel 17 in der Fabelsammlung des Armeniers Vartan (gest. 1271).

Um ihrer schönen Augen willen
(Pour leurs beaux yeux)
In Molières (Jean Baptiste Poquelin; 1622–1673) »Précieuses ridicules« (»Die lächerlichen Preziosen«) von 1659 entlarven die verschmähten Liebhaber ihre Diener, die sich als Marquis und Vicomte ausgegeben hatten; wenigstens sollten sie sich nicht mehr ihrer geborgten prächtigen Kleider bedienen, um den Damen in die Augen zu stechen: »Et si vous [d. h. die Damen] les voulez aimer, ce sera, ma foi, pour leurs beaux yeux.« (Und wenn ihr sie lieben wollt, so soll's wahrlich nur um ihrer schönen Augen willen geschehen.)

Wer aller Menschen Freund, der ist der meine nicht.
(L'ami du genre humain n'est point du tout mon fait.)
Diese Worte sind aus 1, 1 des 1666 erschienenen »Misanthrope« (»Der Menschenfeind«) von Molière bekannt. Lessing sagt später im »Freigeist« (I, 1): »Mein Freund muß kein Freund der ganzen Welt sein.«

Tartuffe
ist die Hauptperson in Molières Komödie »Le Tartuffe« (1667). Sein Name ist allgemein ein Ausdruck für »Scheinheiliger« geworden. Tartufo kommt als Bezeichnung eines bösartigen Menschen in Lippis »Malmantile« vor, der handschriftlich in Frankreich vor dem »Tartuffe« in Umlauf war.

Die Neider sterben wohl, doch nimmermehr der Neid
(Les envieux mourront, mais non jamais l'envie)
ist ein älteres, von Molière in die Literatur eingeführtes Wort, das in »Le Tartuffe« 5, 3 zu finden ist.

Keiner soll Geist haben als wir und unsere Freunde!
(Nul n'aura de l'esprit, hors nous et nos amis!)
sagt Armande in Molières »Les Femmes savantes« (»Die gelehrten Frauen«) 3, 2 (1672).

Der eingebildete Kranke
(Malade imaginaire)
nennen wir nach Molières gleichnamiger Komödie (1673) einen Menschen, der sich einbildet, krank zu sein.

Ach, es gibt keine Kinder mehr!
(Ah, il n'y a plus d'enfants!)
seufzt Argan in 2, 11 von Molières Komödie »Le Malade imaginaire« (dt. »Der eingebildete Kranke«).

Aus französischen Schriftstellern

17. Jahrhundert

Pascal

Juste milieu
(Richtige Mitte)
kommt zuerst in Blaise Pascals (1623–1662) »Pensées sur la religion« vor (Paris 1670). Der französische König Louis Philippe wandte das Wort auf seine Innenpolitik an: »Nous chercherons à nous tenir dans un juste milieu également éloigné des excès du pouvoir populaire et des abus du pourvoir royal« (»Moniteur universel« vom 31. Januar 1831) und gab damit seinem Regierungssystem den bleibenden Namen.

Verschiedene Quellen

Schön ist das Wahre nur; das Wahre nur ist liebenswert
(Rien n'est beau que le vrai; le vrai seul est aimable)
steht am Anfang von Nicolas Boileau-Despréaux' (1636–1711) 9. »Epistel«.

Ein Dummkopf findet immer einen noch Dümmeren, der ihn bewundert
(Un sot trouve toujours un plus sot qui l'admire)
lautet der Schlußvers des zweiten Gesangs von Boileaus »Art poétique«.

Ans Herz drück' ich den Feind, doch um ihn zu ersticken
(J'embrasse mon rival, mais c'est pour l'étouffer)
sagt Nero in der Tragödie »Britannicus« (1669) 4, 3 von Jean Racine (1639–1699).

Ganz wie bei uns
(Tout comme chez nous)
In Nolant de Fatouvilles »Arlequin, empereur dans la lune« (uraufgeführt 1684; erschienen in: Ghérardi, »Le Théâtre italien«, Amsterdam 1695–98) gibt Harlekin, der sich für den Kaiser auf dem Mond ausgegeben hat, dem Doktor, dessen Tochter er heiraten will, eine Beschreibung der Mondbewohner. Bei jedem Zug dieser Beschreibung bemerken die Umstehenden: »C'est tout comme ici«, und zwar neunmal. Daraus entstand obenstehende Redensart.

•••

18. Jahrhundert

Pitaval

Ein Aufsehen erregender Prozeß
(Cause célèbre)
entstammt dem Titel der berühmten Sammlung François Gayot de Pitavals (1673–1743): »Causes célèbres et intéressantes avec les jugements de cours souveraines qui les ont décidées« (Paris 1743 ff.). Danach bezeichnet man eine Sammlung von Kriminalfällen auch als »Pitaval«.

Destouches

Abwesende sind immer im Unrecht
(Les absents ont toujours tort)
sagt Philippe Néricault Destouches (1680–1754) in seinem Stück »L'Obstacle imprévu« (»Das unvorhergesehene Hindernis«), Paris 1718, in 1, 6.

Die Kritik ist leicht, und die Kunst ist schwer
(La critique est aisée, et l'art est difficile)
heißt es in Destouches' Komödie »Le Glorieux« (»Der Ruhmredige«, zuerst aufgeführt am 18. Jan. 1732) 2, 5.

Vertreibt das Natürliche, es kommt sofort zurück.
(Chassez le naturel, il revient au galop.)
In 3, 5 der Destouches-Komödie »Le Glorieux« finden wir diesen dem Horaz (»Epistulae« I: »Naturam expellas ...«) nachgebildeten Vers.

Hénault

Laien, die mögen hier lernen, und Kenner sich freun der Erinn'rung.
(Indocti discant, et ament meminisse periti.)
Charles Jean François Hénault (1685–1770) setzt diesen Vers als Motto seinem Buch »Nouvel Abrégé chronologique de l'histoire de France« (1744) voran. In der 3. Auflage dieses Abrisses (1749) teilt er mit, daß er den Vers Popes »Essay on Criticism« (1711) entnommen habe. Dort heißt es:
»Content, if hence th' unlearn'd their wants may view,
The learn'd reflect on what before they knew.«
(Froh, wenn hiernach den Laien des Wissens Mangel kränkt,
Und abermals der Kenner sein Wissen überdenkt.)

Montesquieu

Sturm im Wasserglas
als Bild für eine unnötig große Erregung aus nichtigem Anlaß verdanken wir Charles de Secondat, Baron de Montesquieu (1689 bis 1755), der (nach Honoré de Balzac: »Le curé de Tours«, in: »Œuvres compl.«, Paris 1869) die Wirren in der Zwergrepublik San Marino »une tempête dans un verre d'eau« nannte. In ähnlichem Sinne war schon zur Zeit Ciceros (vgl. sein »De legibus« III, 16) »excitare fluctus in simpulo« (einen Sturm im Schöpflöffel erregen) als Redensart gebräuchlich.

Voltaire

Oft glänzt im zweiten Rang, wer ganz verlischt im ersten
(Tel brille au second rang qui s'éclipse au premier)
zitieren wir von François Marie Arouet de Voltaire (1694–1778) aus der »Henriade« (»La ligue ou Henri le Grand«, »Die Liga oder Heinrich der Große«, 1728) 1, 31.

Mein Leben ist ein Kampf
(Ma vie est un combat)
zitieren wir aus der Tragödie »Le fanatisme, ou Mahomet le Prophète« (»Die Schwärmerei oder Mahomet der Prophet«, 1736; erschienen zuerst 1743) von Voltaire. Der Gedanke war allerdings nicht neu und kehrt häufig schon in der älteren Literatur wieder. Nach der Vulgata lautet Hiob 7, 1: »Militia est vita hominis.« (Des Menschen Leben ist ein Kampf.) Euripides, »Suppl.« 550 sagt: »Unser Leben ist ein Kampf«, und Seneca schreibt im 96. Brief: »Vivere militare est.« (Das Leben heißt kämpfen.)

Alle Arten von Kunst sind gut, außer der Kunst, die langweilt
(Tous les genres sont bons, hors le genre ennuyeux)
stammt aus der Vorrede zum »Enfant prodigue« (1738; dt. »Der verlorene Sohn«) von Voltaire.

Der Salomon des Nordens
(Le Salomon du Nord)
wird Friedrich der Große von Voltaire zum ersten Mal in einem Brief genannt, den dieser im Mai 1737 an den Kronprinzen richtete (vgl. R. Koser und H. Droysen, »Briefwechsel Friedrichs des Großen mit Voltaire«, Leipzig 1908).
Voltaire schrieb am 22. Dez. 1766 an die Kaiserin Elisabeth von Rußland: »... vous êtes assurément l'astre le plus brillant du Nord« (Ihr seid sicherlich der leuchtendste Nordstern). Am 27. Febr. 1767 schrieb er ihr: »Un temps viendra, madame, ... où toute la lumière nous viendra du Nord.« (Eine Zeit wird kommen, Madame, wo alles Licht kommen wird aus dem Norden.) In seiner »Epître à l'Impératrice de Russie Catharine II« schrieb er im Jahr 1771: »C'est du Nord aujourd'hui que nous vient la lumière.« (Aus dem Norden kommt uns heute das Licht.)

Thron und Altar
Diese Wortverbindung findet sich nachweislich zuerst in Voltaires »Mahomet« (1741) 1, 4, wo es heißt:
»J'associai ma vie à ses travaux immenses:
Des trônes, des autels en sont les récompenses.«
(Ich weihe mein Leben unermeßlichen Arbeiten:
Throne und Altäre sind der Lohn.)

Trotz aller Sorgen um Thron und Altar
(Malgré les soins de l'autel et du trône)
sagt die Titelfigur Mahomet in 2, 3 von Voltaires gleichnamigem Stück.

Voltaire

Alles ist aufs beste bestellt in der besten der möglichen Welten (Tout est pour le mieux dans le meilleur des mondes possibles)
leitet sich aus dem satirischen Roman »Candide, ou l'optimisme« (»Candide oder Der Optimismus«; 1759) her. Doch kommt das Wort in dieser Form nicht darin vor. In Kapitel 1 beweist der Erzieher und Philosoph Dr. Pangloss, daß »dans ce meilleur des mondes possibles« (in dieser besten der möglichen Welten) alles zu einem Zweck und notwendigerweise zu dem besten Zweck erschaffen sei. Der Roman Voltaires ist eine Verspottung des von Leibniz in der »Theodicee«, 1710, 1, 8 ausgesprochenen Gedankens: »Nisi inter omnes possibiles mundos optimus esset, Deus nullum produxisset.« (Gott hätte die Welt nicht geschaffen, wenn sie nicht unter allen möglichen die beste wäre.)

Écrasez l'infâme (Nieder mit dem abscheulichen [Aberglauben])
Dieses Wort Voltaires findet sich in seinem Briefwechsel mit einigen ihm befreundeten Freigeistern im Zeitraum von 1759 bis 1768.

Und das ist just die Art, wie man Geschichte schreibt (Et voilà justement comme on écrit l'histoire)
heißt es in Voltaires Komödie »Charlot ou la Comtesse de Givry« (1767) 1, 7, während er ein Jahr früher, am 24. Sept. 1766, an Madame Du Deffant in Prosa geschrieben hatte: »Et voilà comme on écrit l'histoire.«

Und gäb' es keinen Gott, man müßte ihn erfinden (Si Dieu n'existait pas, il faudrait l'inventer)
schöpfte Voltaire 1769 aus der 93. Predigt des Erzbischofs von Canterbury, John Tillotston (1630–1694). Dieser sagt (»Works«, London 1712): »The Being of God is so comfortable, so convenient, so necessary to the felicity of Mankind, that (as Tully admirably says) Dii immortales ad usum hominum fabricati paene videantur, if God were not a necessary Being of himself, he might almost seem to be made on purpose for the use and benefit of Men.« (Gottes Existenz ist ... so notwendig für das Glück der Menschheit, daß ..., wäre er nicht ein an und für sich notwendiges Wesen, es fast scheinen könnte, daß er eigens zu Nutz und Frommen der Menschen geschaffen sei.)

Buffon

Wie der Stil, so der Mensch (Le style c'est l'homme)
ist eine Umänderung der Worte des Grafen George Louis Leclerc de Buffon (1707–1788) in seiner Antrittsrede in der Académie française 1753: »Le style est l'homme même«.

Aus französischen Schriftstellern
18. Jahrhundert

Rousseau

Öffentliche Meinung
(Opinion publique)
Diese Bezeichnung findet sich erstmals bei Jean Jacques Rousseau (1712–1788) in »Julie ou la Nouvelle Héloise« (»Briefe zweier Liebender aus einer kleinen Stadt«; 1761) im 24. Brief des 1. Bandes.

Der Mensch ist frei geboren und liegt doch überall in Ketten.
(L'homme est né libre, et partout il est dans les fers.)
So beginnt Rousseaus »Contrat social« (»Gesellschaftsvertrag«) von 1762.

Zurück zur Natur!
(Retour à la nature!)
Diese Aufforderung findet sich in dieser Form nicht bei Rousseau, sondern ist eine sinngemäße Kurzform seiner Gedanken, wie sie vor allem in »Emile, ou de l'éducation« (»Emile oder Über die Erziehung«; 1762) zum Ausdruck kommt.

Beaumarchais

Wen täuscht man hier?
(Qui trompe-t-on ici?)
Dieses oft zitierte Wort ist aus Baziles Worten in Pierre Augustin Caron de Beaumarchais' (1732–1799) zuerst am 23. Febr. 1775 aufgeführtem Lustspiel »Le barbier de Séville« (»Der Barbier von Sevilla«) 3, 11: »Qui diable est-ce donc qu'on trompe ici?« entwickelt worden. Häufig sagt man auch: »Wer betrügt hier wen?«

Mercier

Die Extreme berühren sich
(Les extrêmes se touchent)
ist in Louis Sébastien Merciers (1740–1814) »Tableau de Paris« (Amsterdam 1782–88) die Überschrift vom 348. Kapitel des vierten Bandes. Der Gedanke ist alt und hat sich erst allmählich zu der aphoristischen Form zugespitzt. In Aristoteles' »Eudemischer Ethik« III, 7 steht: »Die Mitte ist den Enden entgegengesetzter als jene einander, weil sie mit keinem der beiden Enden zusammentrifft, diese aber häufig miteinander.«

Maistre

Jedes Volk hat die Regierung, die es verdient.
(Toute nation a le gouvernement qu'elle mérite.)
In einem Brief vom 15./27. Aug. 1811 (»Lettres et Opuscules« 1, Paris 1851) schreibt der damalige sardinische Gesandte in St. Petersburg, Graf Joseph de Maistre (1754–1821), im Hinblick auf die neuen Gesetze Alexanders I. obenstehendes Wort. Bei aller Anerkennung für die edlen Absichten Alexanders hegte er schwere Befürchtungen, ob sie für das russische Volk von Segen seien, denn »jedes Gesetz, so vor-

trefflich es an sich sein mag, ist unnütz und selbst verhängnisvoll, wenn das Volk seiner nicht wert und nicht dafür geschaffen ist«.

Unmöglich ist ein Wort, das ich nie ausspreche (Impossible est un mot que je ne dis jamais)

ist eine stolze Redensart in Jean François Collin d'Harlevilles (1755–1806) »Malice pour malice« (1793), 1, 8. Sie mochte Kaiser Napoléon I. vorgeschwebt haben, als er aus Dresden am 9. Juli 1813 (»Correspondance« 25, Paris 1868) an den Kommandanten von Magdeburg, den Grafen Lemarois, schrieb: »'Ce n'est pas possible', m'écrivez-vous: cela n'est pas français.« Hieraus entsprang das geflügelte Wort: »Impossible n'est pas un mot français.« (»Unmöglich« ist kein Wort der französischen Sprache.)

Ja, wenn das Berliner Kammergericht nicht wäre

Dieses ganz unverbürgte Wort des Müllers von Sanssouci an Friedrich den Großen findet sich in französischer Form zum ersten Mal in der anonymen Schrift »Vie de Frédéric II, roi de Prusse« (Straßburg, Paris, Genf 1787). Dort lautet die Antwort des Müllers: »Oui, n'était la chambre de justice de Berlin.« 1797 dichtete François Guillaume Jean Stanislas Andrieux (1759–1833) seine poetische Erzählung »Le Meunier Sans-Souci«, die zuerst in den »Mémoires de l'Institut National des sciences et arts pour l'an IV de la République« gedruckt ist. Darin heißt es: »Oui, si nous n'avions pas de juges à Berlin!« (Ja, wenn wir nicht Richter in Berlin hätten!) Danach wird sowohl französisch: »Il y a des juges à Berlin«, als auch deutsch: »Es gibt noch Richter in Berlin« zitiert.

Allons, enfants de la patrie! (Auf, Kinder des Vaterlands!)

ist der Anfang der in der Nacht vom 24. zum 25. April 1792 in Straßburg von dem Ingenieuroffizier Joseph Rouget de Lisle (1760–1836) gedichteten und komponierten »Marseillaise«. Am 25. April trug er das Lied beim Maire Dietrich vor und schickte es am selben Tag mit Widmung an den Oberbefehlshaber der Rheinarmee, Marschall Luckner. Ende Mai oder Anfang Juni erschien es mit der Melodie anonym auf zwei Quart-Blättern unter dem Titel: »Chant de guerre pour l'armée du Rhin, dédié au maréchal Luckner. A Strasbourg, de l'imprimerie de Ph. J. Dannbach, imprimerie de la Municipalité.«

●●●

Collin d'Harleville

Verschiedene Quellen

Rouget de Lisle

Noblesse oblige
(Adel verpflichtet)
findet sich in den »Maximes et réflexions sur différents sujets de morale et de politique« (Paris 1808) von Pierre Marc Gaston Duc de Lévis (1764–1830).

Chénier

Durch seine Abwesenheit glänzen
(Briller par son absence)
Tacitus erzählt (»Annalen« III), Iunia, die Frau des Cassius und Schwester des Brutus, sei, als sie unter der Regierung des Tiberius starb, mit allen Ehren bestattet worden. Nach römischer Sitte wurden dem Leichenzug die Bilder der Verwandten vorangetragen, »aber Cassius und Brutus leuchteten gerade dadurch hervor, daß man ihre Bildnisse nicht sah« (»sed praefulgebant bantur«). Es war nämlich verboten worden, bei öffentlichen Aufzügen die Bilder der Mörder Cäsars zu zeigen. Auf dieser Quelle fußend sagte Marie Joseph de Chénier (1764–1811) in der Tragödie »Tibère« (erschienen 1819) 1, 1: »Brutus et Cassius brillaient par leur absence.« (Brutus und Cassius glänzten durch ihre Abwesenheit.)

Staël

Alles verstehen, heißt alles verzeihen.
(Tout comprendre c'est tout pardonner.)
Anne Louise Germaine Baronne de Staël-Holstein (1766–1817) sagt in ihrem Buch »Corinne, ou l'Italie« (»Corinna oder Italien«; 1807): »Überlegenheit von Geist und Seele fürchtet man mit Unrecht; diese Überlegenheit ist vielmehr höchst sittlicher Natur; denn alles richtig verstehen macht sehr nachsichtig« (»tout comprendre rend très indulgent«). Hieraus scheint der obenstehende, stets auf Mme. de Staël zurückgeführte Satz gebildet zu sein. Goethe sagt schon im »Tasso« (1790) II, 1: »Was wir verstehen, das können wir nicht tadeln« und nach Mme. de Staël im »Westöstlichen Divan«, »Derb und Tüchtig« (gedichtet 1814):
»Denn wer einmal uns versteht,
Wird uns auch verzeihen.«

Chateaubriand

Les dieux s'en vont.
(Die Götter gehen fort.)
François Auguste Vicomte de Chateaubriand (1768–1848) schildert am Schluß seines Buches »Les Martyrs ou le triomphe de la religion chrétienne« (»Die Märtyrer oder Der Triumph der christlichen Religion«; 1809), wie alles in Rom donnert und kracht, als ein edles Märtyrerpaar den Tigern in der Arena preisgegeben wird. Die Götterbilder wanken, und man hört, wie einst in Jerusalem, eine Stimme rufen: »Die Götter gehen fort.« Dieses Wort brachte dann Heine bei uns auf, der 1833 in der »Romantischen Schule« schrieb: »Les dieux s'en vont,

Chateaubriand

Goethe ist tot.« Chateaubriand schöpfte wohl ebenso wie Schiller (in den Gedichten »Kassandra«, 1803: »Alle Götter fliehn davon« und »Die Zerstörung von Troja«, 1800: »Gewichen sind … die Götter, welche Troja schützen«) aus Vergil. Dieser überliefert in der »Aenaeis«, daß die Schutzgötter die Städte verließen, die von den Feinden erobert waren oder erobert werden sollten.

Der König ist tot: Es lebe der König!
(Le roi est mort: Vive le roi!)
war der traditionelle Ruf des Herolds vom Schloß herab beim Tod eines Königs und der Thronbesteigung eines neuen Königs. Der Schriftsteller und Politiker Chateaubriand gab einem Flugblatt nach dem Tod des französischen Königs Ludwig XVIII. am 17. September 1824 diesen Titel.

Verschiedene Quellen

Ich war (ein) Jüngling noch an Jahren
zitieren wir nach der Übersetzung eines Unbekannten aus Méhuls zuerst 1807 in Paris und 1809 in Deutschland aufgeführter Oper »Joseph in Ägypten«, deren französischer Text von Alexandre Duval (1767–1842) stammt.

Nach der Vaterschaft zu forschen ist untersagt
(La recherche de la paternité est interdite)
lautet der Artikel 340 des sogenannten »Code Napoléon«, der von Napoleon I. eingeführten Gesetzessammlung, vom 20. März 1804.

Welche Lust gewährt das Reisen!
(Quel plaisir d'être en voyage!)
stammt aus dem Text von Baron Godard d'Aucour de Saint-Just (1770–1826) zu der 1812 uraufgeführten Oper Boieldieus »Johann von Paris« (Übersetzung von Johann von Seyfried).

Man kehrt immer zu seiner ersten Liebe zurück
(On revient toujours
A ses premiers amours)
bietet uns eine Romanze aus der zuerst 1814 in Paris aufgeführten Oper Isouards »Joconde«, 3. Aufzug, Nr. 1, Text von Charles Guillaume Étienne (1778–1845).

Scribe

Ach welche Lust, Soldat zu sein!
(Ah, quel plaisir d'être soldat!)
Aus dem Text von Augustin Eugène Scribe (1791–1861) zu Boieldieus zuerst 1825 aufgeführter Oper »Die weiße Dame«, Akt 2 stammt dieses Zitat.

Scribe

In der Tat, mein Wuchs ist nicht übel,
Und ich bin eine Magd doch nur
(Oui, voilà pour une servante
Une taille qui n'est pas mal)
stammt aus Scribes von Karl Blum übersetztem Text zu Aubers Oper »Fra Diavolo«, uraufgeführt in Paris 1830.

Ja, das Gold ist nur Chimäre
(Oui, l'or est une chimère)
ist Scribes und Germain Delavignes (1790–1868) von Hermann Mendel übersetztem Text zu Meyerbeers »Robert der Teufel«, zuerst aufgeführt in Paris 1831, entnommen.

Revanche für Pavia
(La Revanche de Pavie)
ist der Nebentitel des Lustspiels »Die Erzählungen der Königin von Navarra« (1850) von Scribe und Ernest Legouvé (1807–1903). Daher rührt nach der Schlacht von Königgrätz (im Englischen und im Französischen nach der tschechischen Ortsbezeichnung Sadová) am 3. Juli 1866 der Ruf: »Revanche de Sadowa« (Rache für Sadowa). Hier kommt auch der Begriff »Revanchismus« her.

Cousin

L'art pour l'art
(Die Kunst für die Kunst)
Bei Victor Cousin (1792–1867) finden wir, wie Alfred Michiels (»Histoire des idées littéraires en France au XIXe siècle«, Paris 1863) bezeugt, zum erstenmal das umstrittene Schlagwort »L'art pour l'art«, das späterhin noch zu der Formel »L'art pour les artistes« (Die Kunst für die Künstler) zugespitzt worden ist. Das Wort »L'art pour l'art«, die Forderung, daß der Zweck der Kunst in nichts anderem bestehe als in ihr selbst, daß sie keinen anderen Absichten – seien es lehrhafte, moralische, patriotische, soziale oder sonst welche – dienstbar zu machen sei, als der des Schönen, wurde bald heftig bekämpft.

Balzac

La comédie humaine
(Die menschliche Komödie)
Diesen Titel gab Honoré de Balzac (1799–1850) seinen Werken seit der ersten Gesamtausgabe (Paris 1842–48). Er beanspruchte, in ihnen eine zusammenfassende Darstellung des menschlichen Lebens seiner Zeit in allen seinen Beziehungen zu liefern.

Die Frau von dreißig Jahren
(La femme de trente ans)
ist nach dem gleichnamigen Roman von Balzac geflügelt (1831–34; dt. Quedlinburg 1845).

Verschiedene Quellen

Les enfants terribles

Dieser Ausdruck ist wohl dadurch besonders verbreitet worden, daß ihn der Satirenzeichner Paul Gavarni (Sulpice Guillaume Chevalier, 1801–1866) für eine seiner komischen Bilderfolgen zum Titel nahm. Die Bezeichnung ist aber viel älter. 1809 berichtet Minna Körner, daß Goethe in Erinnerung an seine Leipziger Studentenzeit sie und ihre Schwester Dorothea »les enfants terribles« genannt hat (vgl. »Kunst und Leben.« Aus Friedrich Försters Nachlaß hrsg. von H. Kletke, Berlin 1873).

Le roi s'amuse
(Der König amüsiert sich)

ist der Titel eines Dramas (Paris 1832; dt. Frankfurt 1835) von Victor Hugo (1802–1885).

Dumas d. Ä.

Cherchez la femme!
(Sucht die Frau!)

kommt in dieser Form zuerst in des älteren Alexandre Dumas' (1802–1870) Drama »Les Mohicans de Paris« (1864), 2, 16 vor, und zwar als Aufforderungsruf eines Pariser Polizeibeamten, der eine gesuchte Frau verfolgen läßt.

Die drei Musketiere
(Les trois mousquetaires)

sind nach Alexandre Dumas' d. Ä. Roman (entstanden in Zusammenarbeit mit Adrien Maquet, Paris 1844; dt.: Augsburg 1845) sprichwörtlich geworden.

Charlet/Cogniard

Chauvinist

Dieses Wort dient allgemein zur Bezeichnung eines Mannes, der sich durch krankhaft übertriebenen Patriotismus und leidenschaftliche Feindseligkeit gegen andere Völker, auch durch seinen frauenfeindlichen Männlichkeitswahn, durch »Chauvinismus« hervortut. Chauvin ist der Name eines Rekruten in dem am 19. März 1831 im Theater Folies dramatiques unter großem Beifall aufgeführten Lustspiel »La cocarde tricolore« der Gebrüder Cogniard (Théodore, 1806–1872, und Hippolyte, 1807–1882).
Doch ist der Name Chauvin schon vor 1831 die Bezeichnung junger Soldaten auf den lithographischen Darstellungen, die Nicolas Toussaint Charlet (1792–1845) von dem französischen Soldatenleben gegeben hat. In einem Artikel eines alten Parisers aus dem »Figaro« (1882, Nr. 41) behauptet dieser, er habe das Urbild des Chauvin der Gebrüder Cogniard, einen alten napoleonischen Soldaten, persönlich gekannt.

Proudhon

Eigentum ist Diebstahl
(La propriété c'est le vol)

sagt Pierre Joseph Proudhon (1809–1865) in: »Qu'est-ce que c'est que la propriété? ou: Recherches sur le principe du droit et du gouvernement«, Paris 1840 (»Was ist das Eigentum?«, Bern 1844). Wenn Proudhon selbst in seinem »Avertissement aux propriétaires«, Paris 1868, das Wort ohne jede nähere Angabe Diderot zuweist, so liegt wohl ein Irrtum vor. Die ausführlichen Abhandlungen über jedes der oben angeführten Worte, vor allem über »la propriété« in der von Diderot und d'Alembert herausgegebenen »Encyclopédie ou dictionnaire raisonné des sciences, des arts et des métiers«, Paris 1751 f., lassen in keiner Weise den Schluß zu, daß Diderot Proudhons Auffassung teilte. Bereits 1780 führte Jacques Pierre Brissot de Warville in seinen »Recherches philosophiques sur le droit de propriété et sur le vol considérés dans la nature« den Gedanken aus, daß der Besitz aus dem Bedürfnis entstanden, also nur soweit gerechtfertigt sei, als das Bedürfnis vorhanden ist; mehr Geld als zum Leben nötig sei Diebstahl. Übrigens sagen schon im 13. Jahrhundert die Weisheitssprüche hinter »Jehuda Ibn Tibbons Ermahnungsschreiben«, daß Eigentum, d. h. Geld, Diebstahl ist. Noch viel früher findet sich in des heiligen Basilius' (329–379) »Constitutiones monasticae« in bezug auf das Privateigentum der Mönche das Wort: »denn eigener Besitz ist Diebstahl«.

Baudelaire

Die Blumen des Bösen
(Les fleurs du mal)

nennt sich ein Gedichtzyklus von Charles Baudelaire (1821–1867), dessen Titel sprichwörtlich geworden ist (Paris 1857 ff.; von den verschiedenen deutschen Übersetzungen ist die erste von Stefan George, 1891).

Murger

Bohème

Henri Murger (1822-1861) hatte seit 1845 Szenen aus dem Künstlerleben in der Zeitschrift »Corsair« veröffentlicht, 1849 brachte er das daraus entstandene Stück »Vie de Bohème« auf die Bühne und arbeitete es als Roman (Paris 1851) um: »Scènes de la Bohème« (verschiedene deutsche Ausgaben; »Pariser Zigeunerleben. Bilder aus dem französischen Literaten- und Künstlerleben«, Grimma 1851; »Die Bohème. Scenen aus dem pariser Literaten- und Künstlerleben«, Leipzig 1906).

Verne

Reise um die Welt in 80 Tagen
(Le tour du monde en quatre-vingts jours)

Dieser Titel ist von den vielen, zum Teil phantastischen Romanen Jules Vernes (1828–1905) sprichwörtlich geworden. Er erschien zuerst als Fortsetzungsroman in »Le Temps« 1872, dann als Buch (Paris 1873; dt. Wien, Leipzig, Pest 1875) und wurde schließlich mehrmals verfilmt.

Dumas d. J.

Le Demi-monde
(Halbwelt)
ist der Titel eines Lustspiels (Paris 1855; dt. »Demi-monde«, Wien 1855; »Die Halbwelt«, Leipzig 1875) von Alexandre Dumas dem Jüngeren (1824–1895). Dumas hat dieses Wort durchaus nicht in dem jetzt allgemein geltenden Sinn gebraucht. Er selbst verwahrt sich dagegen (»Théâtre complet avec préfaces inédites«, Paris 1890) und definiert den »demi-monde« als »la classe des déclassées«, die Klasse der aus ihrer Klasse Ausgeschlossenen.

Verschiedene Quellen

Auf in den Kampf, Torero!
(Toréador, en garde!)
Henry Meilhac (1832–1897) und Ludovic Halévy (d. i. Henry Aaron Levy; 1834–1908) verfaßten nach einer Novelle von Prosper Mérimée den Text zu der Bizetschen Oper »Carmen« (Paris 1875). Daraus wird das obenstehende Motiv zitiert.

Die Liebe vom Zigeuner stammt
lautet die deutsche Nachdichtung des Verses »L'amour est enfant de Bohème« (eigentlich: »Die Liebe ist ein Kind Böhmens«, der angenommenen Heimat der Bohémiens, der Zigeuner) aus der Oper »Carmen« von Georges Bizet.

Pottier

Die Internationale
wurde im Juni 1871 von Eugène Pottier gedichtet, die Melodie wurde von Pierre Chrétien Degeyter komponiert. Die deutsche Nachdichtung stammt von Emil Luckhardt. Das Lied beginnt:
»Debout, les damnés de la terre,
Debout, les forçats de la faim.«
(Wacht auf, Verdammte dieser Erde,
Die stets man doch zum Hungern zwingt.)
Der Refrain der drei Strophen lautet:
»C'est la lutte finale,
Groupons-nous et demain
L'internationale
Sera le genre humain.«
(Völker, hört die Signale!
Auf zum letzten Gefecht!
Die Internationale
Erkämpft das Menschenrecht.)

Zola

Ein Kunstwerk ist ein durch die Brille eines Temperaments gesehenes Stück Schöpfung
(Une œuvre d'art est un coin de la création vu à travers un tempérament)
finden wir in Émile Zolas (1840–1902) Buch »Mes haines«, Paris 1866. Diese berühmte Definition steht dort in einem Aufsatz über Taine.

Der Bauch von Paris
(Le ventre de Paris)
heißt ein Roman Zolas (Paris 1873; dritter Roman der »Les Rougon-Macquart. Histoire naturelle et sociale d'une famille sous le second empire«; dt. Großenhain 1882). Der Titel diente als Bezeichnung für die Pariser Markthallen, in denen die Romanhandlung spielt.

Die Bestie im Menschen
(La bête humaine)
zitieren wir den Titel des 17. Bandes des großen Romanzyklus »Les Rougon-Macquart« von Émile Zola (dt. Budapest 1890).

J'accuse!
(Ich klage an!)
Durch einen in Form eines offenen Briefes an den Präsidenten der französischen Republik (in der »Aurore« vom 13. Jan. 1898) veröffentlichten Artikel mit der sensationellen Überschrift »J'accuse« griff Zola in den Dreyfus-Prozeß ein, indem er das Kriegsgericht beschuldigte, ein falsches Urteil aufgrund antisemitischer Vorurteile gegen Alfred Dreyfus gefällt zu haben. Der Titel seines offenen Briefes wurde zum geflügelten Wort und findet seitdem häufig in Streitschriften Anwendung.

Die Wahrheit marschiert.
(La vérité est en marche.)
Diese Aussage finden wir in Émile Zolas offenem Brief an den damaligen Präsidenten der französischen Republik, mit dem Titel »J'accuse« (Ich klage an).

Maupassant

Bel ami
heißt der Roman (Paris 1855; dt.: »Der schöne Georg«, Berlin 1892; »Der schöne Freund«, München 1923; erst Wiesbaden 1947 als »Bel ami«), in dem Guy de Maupassant (1850–1893) die Geschichte eines erfolgreichen Abenteurers und Verführers erzählt. Ein Film von 1939 bringt das Lied mit der Musik von Theo Mackeben: »Du hast Glück bei den Frau'n, Bel ami.«

19. Jahrhundert

Verschiedene Quellen

Endlich allein!
(Enfin seuls!)

1880 wurde im Pariser Salon das bekannte Bild »Enfin seuls!« des Malers Émile Toffano ausgestellt. Es wurde im Jahr darauf von der Pariser Kunsthandlung Manzi, Soyant et Cie. vervielfältigt und verbreitet. Danach gab Richard Matthes seinem Schwank (Leipzig 1907) den Titel »Endlich allein!«. So heißt auch eine Operette von Franz Lehár (1914).

Fin-de-siècle
(Ende des Jahrhunderts)

lautet der Titel eines Lustspiels (1888) von F. de Jouvenot und H. Micard. Das Wort, das die Verfasser wohl zuerst gebraucht haben, bezeichnet die in den letzten Jahrzehnten des 19. Jahrhunderts auf allen Gebieten nervöse oder dekadente Spannung. Das Schlagwort wurde in Deutschland durch einen mit »Fin-de-siècle« betitelten Novellenband (1891) des Schriftstellers Hermann Bahr (1863–1934) eingeführt.

●●●

20. Jahrhundert

Proust

A la recherche du temps perdu
(Auf der Suche nach der verlorenen Zeit)

ist der Titel eines siebenteiligen Romanzyklus' (Paris 1913–27; dt. Berlin 1926 f., unvollständig; Frankfurt u. Zürich 1953–57) von Marcel Proust (1871–1922).

Bernanos

Die begnadete Angst

heißt die deutsche Übersetzung (von E. Peterich, Köln 1951) des einzigen Bühnenstücks von Georges Bernanos (1888–1948): »Dialogues des Carmélites« (Paris 1948). Bernanos übernahm darin zum Teil den Stoff der Novelle »Die Letzte am Schafott« von Gertrud von Le Fort (1876–1971).

Saint-Exupéry

Wind, Sand und Sterne

ist der deutsche Titel des romanhaften Erlebnisberichts von Antoine de Saint-Exupéry (1900–1944) in der Übersetzung von H. Becker (Dessau 1939), der im französischen Original »Terre des hommes« (Paris 1939) heißt.

Der kleine Prinz

ist der deutsche Titel von Saint-Exupérys Märchen »Le petit prince« (New York 1943, Paris 1945) nach der Übersetzung von G. u. J. Leitgeb (Düsseldorf 1950).

Aus französischen Schriftstellern

20. Jahrhundert

Man sieht nur mit dem Herzen gut. Das Wesentliche ist für die Augen unsichtbar
(On ne voit bien qu'avec le cœur. L'essentiel est invisible pour les yeux)
finden wir in »Le petit prince« von Antoine de Saint-Exupéry.

Sartre

Die Hölle, das sind die andern.
(L'enfer, c'est les autres.)
Das sagt der Mann in dem Drama »Huis clos« von Jean-Paul Sartre (1905–1980), uraufgeführt 1944 und veröffentlicht 1945 in Paris (dt. Erstaufführung 1949 in Hamburg unter dem Titel »Geschlossene Gesellschaft«; veröffentlicht 1949 als »Bei geschlossenen Türen«).

Morgen werden die schwarzen Vögel kommen.
(Demain viendront les oiseaux noirs.)
Mit diesen Worten schließt Sartres unvollendete Romantetralogie »Les chemins de la liberté«, Paris 1945–49 (dt. von H. G. Brenner: »Die Wege der Freiheit«, 1949–51).

Schmutzige Hände
ist der deutsche Titel (1948/49) des existentialistischen Sartre-Dramas »Les mains sales« (Paris 1948).

Beckett

Warten auf Godot
lautet der deutsche Titel (übers. von E. Tophoven, Frankfurt 1953) des Dramas von Samuel Beckett (1906–1989), einem irischen Autor, der in Frankreich in französischer Sprache schrieb. Der Originaltitel heißt »En attendat Godot« (Paris 1952; uraufgeführt 1953 in Paris; dt. Erstaufführung Berlin 1953). Der deutsche Titel wird gern in vielerlei Abwandlungen benutzt.

Beauvoir

Le Deuxième sexe
(Das andere Geschlecht)
von Simone de Beauvoir (1908–1986) ist ein Standardwerk der feministischen Literatur (Paris 1949; dt. mit dem Untertitel »Sitte und Sexus der Frau«, Hamburg 1951).

Goscinny

Die spinnen, die Römer!
Diese Feststellung (die gerne abgewandelt und auf viele Personenkreise angewendet wird) stammt aus »Asterix«, einer der erfolgreichsten Comic-Serien. Text: René Goscinny (1926–1977), Zeichnungen: Albert Uderzo (geb. 1925). »Astérix le Gaulois« erschien erstmals in der ersten Nummer der Comic-Zeitschrift »Pilote«, 1959; erste Buchausgabe Paris 1961; »Asterix der Gallier« erscheint in Deutschland nach einem mißglückten Start in Rastatt seit 1967 in Stuttgart.

Aus Schriftstellern englischer Sprache

Ritter der Tafelrunde

König Artus oder Arthur, der in der Schlacht am Camlann 537 fiel, wird in der »Historia regum Britannia« des Geoffrey von Monmouth (um 1135) zum glanzvollen Herrscher weltgeschichtlicher Bedeutung. In Camelot versammelte Artus die sogenannten »Ritter der Tafelrunde«, unter ihnen Parsival, Lanzelot, Gawain und Tristan. Verschiedene Sagen und Mythen um diese Ritter mischten sich dann zu Epen und Romanen. Um 1135 entstand der Versroman »Perceval le Gallois ou Le conte du Graal« des Chrétien de Troyes; auf ihn und andere Bearbeitungen stützte sich Sir Thomas Malory, der zwischen 1451 und 1470 im Gefängnis seine 21 Bücher um Geburt, Leben und Tod König Arthurs schrieb, die der Drucker mit dem Titel »Le morte Darthur« versah. Neben einer jüdischen Version des Stoffes gibt es die berühmten deutschen Dichtungen zum Artuskreis von Hartmann von Aue (um 1165–1215), Gottfried von Straßburg (um 1200) und Wolfram von Eschenbach (1170–1230). König Artus und die Ritter der Tafelrunde sind seither zum festen Bestandteil der europäischen Geschichtsüberlieferung geworden.
Des Artusstoffs bemächtigten sich viele Schriftsteller und Filmschaffende, seit 1937 erscheinen die Geschichten um König Artus und die Ritter der Tafelrunde auch als Fortsetzungs-Comic: Harold R. Foster schuf »Prince Valiant«, der weltweit den Ruhm König Artus' mehrte. In Deutschland gibt es seit 1951 die deutschen Ausgaben als »Prinz Eisenherz« in millionenfacher Verbreitung – bis hin zu den Erzählversionen von Cristiane de Troye und Eberhard Urban (1983 ff.).

Robin Hood

ist der sagenhafte Rächer der Enterbten, der König der Diebe, der mit einer Schar von Getreuen, die im Sherwood Forest ein abenteuerliches Leben führen, dem Adel und Klerus nimmt, um den Armen zu geben. Er ist Inbegriff des edlen Räubers geworden, der möglicherweise im Earl of Huntingdon einen historischen Ursprung hat. Zuerst mündlich überliefert, ist das erste schriftliche Gedicht, das diese Erzählungen zum Thema hat, um 1362–70 nachzuweisen. Es gibt unzählige Versionen und Bearbeitungen des abenteuerlichen Stoffs bis in unsere Zeit, Romane, mehrere Opern und seit 1912 immer wieder auch Filmbearbeitungen.

●●●

Morus

Utopia oder ***Utopien***
(d. h. Nirgendreich) nennen wir ein von der Phantasie geschaffenes, ideales, unmögliches Land. Dieses Wort wurde nach der von Thomas Morus (T. Moore, 1478–1535) 1516 verfaßten Schrift »De optimo rei publicae statu deque nova isnula Utopia« (»Über den besten Zustand des Staates und über die neue Insel Utopien«) geprägt. Einen als unausführbar geltenden Zukunftsplan nennen wir danach eine »Utopie«.

Sidney

Meine bessere Hälfte
(My better half)
steht im 3. Buch von Sir Philip Sidneys (1554–1586) Roman »The Countesse of Pembroke's Arcadia«, London 1590. In John Miltons Epos »Paradise lost« (1667) 5, 95 sagt Adam zu Eva: »Best image of myself and dearer half.«

Coke

My house is my castle
(Mein Haus ist meine Burg)
ist die Umformung eines Rechtsspruches von Sir Edward Coke (1551–1633). In seinen »Institutes«, Abschnitt »Gegen das Bewaffnetgehen« begründet er den Satz: »Es darf jemand Freunde und Nachbarn versammeln, um sein Haus gegen diejenigen zu verteidigen, welche ihn berauben oder töten oder ihm darin Gewalt antun wollen« mit den Worten: »... for a man's house is his castle« (... denn eines Mannes Haus ist seine Feste.) Wir zitieren diese Stelle meist in der englischen Form, obwohl es eine sinngemäße deutschsprachige Entsprechung gibt. Der erwähnte Rechtsspruch findet sich nämlich schon im »Haimburger Stadtrecht« von 1244 und lautet: »Wier wellen auch, daz einem iegleichen purger sein haus sein veste sei« (»Archiv für Kunde österreichischer Geschichtsquellen« 10, 142).

Bacon

Denn Wissen selbst ist Macht
(For knowledge itself is power)
zitieren wir nach einer Textstelle in der zweiten Abteilung von Francis Bacons (1561–1626) »Essayes«, erschienen in der 1. Ausgabe von 1597 in lateinischer Sprache als »Meditationes sacrae«. In deren 11. Artikel »De Haeresibus« heißt es: »Nam et ipsa scientia potestas est.« (Denn die Wissenschaft selbst ist Macht.) Wir zitieren gewöhnlich die englische Übersetzung dieser Stelle aus der 2. Ausgabe von 1598. Bacon selbst begründet diese Aussage im »Novum Organum« 1, 3 so: »Scientia et potentia humana in idem coincidunt, quia ignoratio causae destituit effectum.« (Der Menschen Wissen und Macht fällt in Eins zusammen, weil Unkenntnis der Ursache den Erfolg vereitelt.)

●●●

Es folgen etliche geflügelte Worte aus dem großen Werk William Shakespeares (1564–1616), die hier nach der Schlegel-Tieckschen Übersetzung zitiert werden.

Mit einem heitern, einem nassen Aug'
(With one auspicious and one dropping eye)

O schmölze doch dies allzu feste Fleisch!
(O! that this too too solid flesh would melt!)

Schwachheit, dein Nam' ist Weib!
(Frailty, thy name is woman!)

Er war ein Mann, nehmt alles nur in allem,
Ich werde nimmer seinesgleichen sehn
(He was a man, take him for all in all
I shall not look upon his like again)
zitieren wir nach Shakespeares »Hamlet« 1, 2. »This was a man!« (Dies war ein Mann!) sagt auch Antonius von Brutus in Shakespeares »Julius Cäsar« 5, 5.

Du kommst in so fragwürdiger Gestalt
(Thou com'st in such a questionable shape)
und
Etwas ist faul im Staate Dänemark
(Something is rotten in the state of Denmark)
steht in »Hamlet« 1, 4.

O mein prophetisches Gemüt!
(O my prophetic soul!)

Doch still! mich dünkt, ich wittre Morgenluft
(But soft! methinks, I scent the morning air)

O schaudervoll! o schaudervoll! höchst schaudervoll!
(O, horrible! O, horrible! most horrible!)

Es gibt mehr Ding' im Himmel und auf Erden,
Als eure Schulweisheit sich träumt, Horatio
(There are more things in heaven and earth, Horatio,
Than are dreamt of in your philosophy)

Die Zeit ist aus den Fugen
(The time is out of joint)
wird nach Shakespeare, »Hamlet« 1, 5 zitiert.

Aus Schriftstellern englischer Sprache

Shakespeare

Hamlet

Weil Kürze denn des Witzes Seele ist, ...
Faß' ich mich kurz
(Therefore, since brevity is the soul of wit, ...
I will be brief)

finden wir in »Hamlet« 2, 2. Dieses wird gewöhnlich zitiert als »Kürze ist des Witzes Würze« oder auch zu »In der Kürze liegt die Würze« verallgemeinert.

Mehr Inhalt, wen'ger Kunst
(More matter, with less art)

Zweifle an der Sonne Klarheit,
Zweifle an der Sterne Licht,
Zweifl', ob lügen kann die Wahrheit,
Nur an meiner Liebe nicht
(Doubt thou, the stars are fire,
Doubt, that the sun doth move,
Doubt truth to be a liar,
But never doubt, I love)

Words, words, words
(Worte, Worte, Worte)

heißt es in Shakespeares Drama »Hamlet« 2, 2. In »Troilus und Cressida« 5, 3, ebenfalls von William Shakespeare, taucht die gleiche Reihung in der Form »Words, words, mere words« (Worte, Worte, nichts als Worte) auf.

Ist dies schon Tollheit, hat es doch Methode
(Though this be madness, yet there 's method in't)

und

Kaviar für das Volk
(Caviare to the general)

bilden wir nach Shakespeares »Hamlet« 2, 2.

Was ist ihm Hekuba, was ist er ihr,
Daß er um sie soll weinen?
(What's Hecuba to him, or he to Hecuba,
That he should weep for her?)

ist »Hamlet« 2, 2 entnommen. In Homers »Ilias« VI sagt Hektor zu Andromache, ihn bekümmere der Troer, des Priamus und selbst seiner Mutter Hekuba Leid weniger als das ihre. Die weiteste Verbreitung fand das Wort »Was ist ihm Hekuba?« durch Bismarck, der es in seiner Reichstagsrede vom 11. 1. 1887 auf Deutschlands Verhältnis zu Bulgarien anwandte.

To be, or not to be, that is the question
(Sein oder Nichtsein, das ist hier die Frage)

Das ist die Rücksicht,
Die Elend läßt zu hohen Jahren kommen
(There's the respect
That makes calamity of so long life)

Das unentdeckte Land, von des Bezirk
Kein Wandrer wiederkehrt
(The undiscover'd country, from whose bourn
No traveller returns)
zitieren wir aus dem Monolog des Titelhelden in Shakespeares »Hamlet« 3, 1. Zu dem Zitat »Das unentdeckte Land ...« vgl. auch Hiob 16, 22: »... und ich gehe hin des Weges, den ich nicht wiederkommen werde« und den griechischen Elegiker Philetas (um 300 v. Chr.): der »Weg nach dem Hades, den nie ein Wanderer wieder zurückging« (Fragmente, hrsg. von Kayer, Göttingen 1793).

Geh in ein Kloster.
(Get thee to a nunnery.)
Dieser Ausspruch Hamlets in 3, 1 wird auch in der Form »Geh ins Kloster« zitiert. Er findet sich auch bei Heinrich Heine in den beiden »Romanzero«-Gedichten »Die alte Rose« und »Der Ex-Nachtwächter«.

O welch' ein edler Geist ist hier zerstört!
(O what a noble mind is here o'erthrown!)
zitieren wir Worte Ophelias in »Hamlet« 3, 1.

Alas, poor Yorick!
(Ach, armer Yorick!)
ist ein Ausruf Hamlets in 5, 1. Laurence Sterne veröffentlichte seine »Predigten« (London 1760 und 1766) unter dem Namen Yorick, womit er sich nicht wenig schmeichelte, da Hamlet Yorick, den Spaßmacher des Königs, 5, 1 einen »Burschen von unendlichem Humor, voll von den herrlichsten Einfällen« nennt. Auch Sternes »Empfindsame Reise« erschien nach seinem Tod (1768) unter dem Namen Yorick.

In Bereitschaft sein ist alles
(The readiness is all)
entnehmen wir Shakespeares »Hamlet« 5, 2. Vgl. auch die ähnliche Formulierung in Shakespeares »König Lear« 5, 2: »Ripeness is all.« (Reif sein ist alles.)

Aus Schriftstellern englischer Sprache

Shakespeare

Der Rest ist Schweigen
(The rest is silence)
sind die letzten Worte des Titelhelden in Shakespeares Drama »Hamlet«.

Richard II.

Das bittre Brot der Verbannung essen
(Eating the bitter bread of banishment)
ist eine Wendung aus Shakespeares »Richard II.«, 3, 2, dessen Prägung in anderer Form auf Dante zurückgeht. Im 17. Gesang des »Paradieses« weissagt Dantes Urahn Cacciaguida ihm die Verbannung mit den Worten:

»Verlassen wirst du, was du wertgeschätzt,
Und dieser Pfeil wird dann zuerst dir zeigen,
Wie schwer der Bogen des Exils verletzt.
Dann wirst du spüren, nach wie salz'gen Teigen
Das fremde Brot schmeckt und wie hart es ist,
Die fremden Treppen auf und ab zu steigen.«

Heinrich IV.

Heißsporn
(Hotspur)
findet sich im 1. Teil von Shakespeares »Heinrich IV.« als Beiname Heinrich Percys. Dieser Begriff wird dort auf einen heißblütigen, ritterlichen Jüngling angewendet.

Falstaff
ist der Name des wohlbeleibten, prahlerischen und feigen Taugenichts in »Heinrich IV.«. Der Falstaff wurde besonders populär durch die Oper »Die lustigen Weiber von Windsor« von Otto Nicolai (1810 bis 1849); Verdi komponierte eine Oper um den »Falstaff«-Stoff.

Anon, Sir, anon!
(Gleich, Herr, gleich!)
sind die Worte des Kellners Franz in Szene 2, 4 von Shakespeares »Heinrich IV.«.

So lag ich und so führt(e) ich meine Klinge
(Here I lay, and thus I bore my point)
und
Wenn Gründe so gemein wären wie Brombeeren
(If reasons were as plenty as blackberries)
hören wir von Falstaff in »Heinrich IV.« 2, 4.

Sekt
Falstaff fordert in 2, 4 des »Heinrich IV.« mehrfach »a cup of sack«, ein Glas Sekt. Das Wort Sekt ist von ital. »vino secco« (trockener

Wein) hergeleitet. »Trocken« bezieht sich hier auf die Trockenbeeren, aus denen der Wein gemacht wurde, nicht auf die Geschmacksrichtung. Etwa um 1830 erfuhr das Wort dann eine Bedeutungswandlung. Sie soll auf den Schauspieler Ludwig Devrient zurückgehen, der, die Rolle des Falstaff weiterspielend, in der Weinstube von »Lutter und Wegener« in Berlin sein Lieblingsgetränk Champagner mit den Worten »a cup of sack« bestellt haben soll.

Heinrich IV.

Futter für Pulver oder ***Kanonenfutter***
(Food for powder)
ist eine Formulierung Falstaffs in 4, 2 des »Heinrich IV.«. Wieland, Eschenburg, Schlegel-Tieck übersetzten: »Futter für Pulver«. So wurde diese Stelle auch zuerst in der Literatur zitiert. »Kanonenfutter« hat etwa seit 1840 als Übersetzung Geltung errungen.

Welt in Waffen
(World in arms)
zitieren wir von Prinz Heinrich in 5, 1.

Ich könnte besser einen Bessern missen
(I could have better spared a better man)
sagt Prinz Heinrich in 5, 4, als er den sich tot stellenden Falstaff unter den Gefallenen auf dem Schlachtfeld erblickt.

Das bessere Teil der Tapferkeit ist Vorsicht
(The better part of valour is discretion)
äußert sich Falstaff auf dem Schlachtfeld in Shakespeares »Heinrich IV.« 5, 4. Schon bei Euripides, »Suppl.« 510 heißt es: »Die Vorsicht ist die beste Tapferkeit.«

Dein Wunsch war des Gedankens Vater, Heinrich
(Thy wish was father, Harry, to that thougt)
sind Worte des Königs im 2. Teil von Shakespeares »Heinrich IV.« 4, 4. Der Gedanke scheint schon im Altertum geläufig gewesen zu sein. Demosthenes sagt: »Was er wünscht, das glaubt auch ein jeder«, und ebenso heißt es bei Cäsar »De Bello Gallico«, III: »Gewöhnlich glauben die Menschen gern das, was sie wollen« und »De Bello Civili« II: »Was wir wollen, glauben wir gern.«

Julius Cäsar

Laßt wohlbeleibte Männer um mich sein
(Let me have men about me that are fat)
sagt Cäsar in Shakespeares »Julius Cäsar« 1, 2. Das Wort beruht auf Plutarch, »Caesar«: »Ich fürchte nicht so sehr die Fetten und Gelockten, sondern mehr jene Bleichen und Hageren.«

Aus Schriftstellern englischer Sprache

Shakespeare

Er denkt zuviel, solche Leute sind gefährlich
(He thinks too much; such men are dangerous)
ist nach einem Ausspruch Cäsars in 1, 2 geflügelt geworden.

Julius Cäsar

Denn Brutus ist ein ehrenwerter Mann
(For Brutus is an honourable man)
und
Unheil, du bist im Zuge,
Nimm, welchen Lauf du willst!
(Mischief, thou art afoot
Take thou what course thou wilt!)
finden wir in »Julius Cäsar« 3, 2.

Bei Philippi sehen wir uns wieder
lautet die Umwandlung einer aus Plutarchs »Cäsar« entlehnten Stelle (»Bei Philippi wirst du mich sehen«) in Shakespeares »Julius Cäsar« 4, 3. Dort sagt Brutus zu dem Geist wörtlich: »Nun, zu Philippi will ich denn dich sehn.«

Heinrich V.

Das ist der Humor davon
(Ther' is the humour of it)
sagt Nym in Shakespeares »Heinrich V.« 2, 1 und in den »Lustigen Weibern von Windsor« 2, 1. Dieser Ausspruch findet sich in derselben Szene viermal in der Form: »That is the humour of it.«

Heinrich VI.

Ich höre, doch ich sage wenig, denke desto mehr
(I hear, yet say not much, but think the more)
steht in Shakespeares »Heinrich VI.« 3, 4.
und

Richard III.

Weh einem Lande, das ein Kind regiert
(Woe to that land that's govern'd by a child)

Ein Pferd! ein Pferd! ein Königreich für'n Pferd!
(A horse! a horse! my kingdom for a horse!)
sind Worte aus 5, 4 von Shakespeares »Richard III.«. Beim Zitieren wird dieses Wort häufig so travestiert, daß statt »ein Pferd« der Gegenstand des jedesmaligen Wunsches gesetzt wird.

Heinrich VIII.

Der Menschen Sünden leben fort in Erz;
Ihr edles Wirken schreiben wir ins Wasser
(Men's evil manners live in brass; their virtues
We write in water)
stammt aus Shakespeares »Heinrich VIII.« 4, 2. Shakespeare hat hier offenbar Thomas Morus' »History of Richard III.« (1557) benutzt: »Men use, if they have an evil turne, to write it in marble, and whose

doth us a good turne, we write it in duste.« (Hat man ein Ungemach erfahren, so pflegt man es in Marmor zu schreiben, und jede uns erwiesene Wohltat schreiben wir in den Staub.) Ähnlich sagt Shakespeare, »Julius Cäsar« 3, 2:

»The evil that men do lives after them,
The good is oft interred with their bones.«
(Was Menschen Übles tun, das überlebt sie,
Das Gute wird mit ihnen oft begraben.)

Des Dichters Aug', in schönem Wahnsinn rollend
(The poet's eye, in a fine frenzy rolling)
entnehmen wir aus Shakespeares »A Midsummer Night's Dream« (»Ein Sommernachtstraum«) 5, 1.

Ein Sommernachtstraum

Das ist der Anfang vom Ende
(That is the true beginning of our end)
zitieren wir nach Shakespeares »Ein Sommernachtstraum« 5, 1. Dieser Ausspruch wird auch gern französisch als »C'est le commencement de la fin« zitiert, was in den »Hunderttagen«, der Zeit von Napoleons Rückkehr von Elba bis zu seiner Abdankung, 20. März–22. Juni 1815, Talleyrand gesagt haben soll.

Gut gebrüllt, Löwe!
(Well roared, lion!)
entnehmen wir Shakespeares »Sommernachtstraum« 5, 1.

Gott schuf ihn, also laßt ihn für einen Menschen gelten
(God made him, and therefore let him pass for a man)
bietet Shakespeares »Kaufmann von Venedig« 1, 2.

Der Kaufmann von Venedig

Das ist ein weiser Vater, der sein eigen Kind kennt
(It is a wise father, that knows his own child)
heißt es im »Kaufmann von Venedig« 2, 2.

Ich steh' hier auf meinen Schein
(I stay here on my bond)
zitieren wir aus dem »Kaufmann von Venedig« 4, 1.

Caliban
ist eine Bezeichnung aus Shakespeares »Sturm«, die sprichwörtlich für einen ungefügen, plumpen Gesellen steht.

Der Sturm

Die Not bringt einen zu seltsamen Schlafgesellen
(Misery acquaints a man with strange bedfellows)
kommt in 2, 2 von Shakespeares »Sturm« vor.

Aus Schriftstellern englischer Sprache

Shakespeare

Romeo und Julia

Der Narben lacht, wer Wunden nie gefühlt
(He jests at scars, that never felt a wound)
und
Was ist ein Name? Was uns Rose heißt,
Wie es auch hieße, würde lieblich duften
(What's in a name? that which we call a rose,
By any other name would smell as sweet)
wird nach Shakespeares »Romeo und Julia« 2, 2 gebildet.

Es war die Nachtigall und nicht die Lerche
(It was the nightingale and not the lark)
heißt es in 3, 5 von »Romeo und Julia«. Wir zitieren hier nicht die Schlegel-Tiecksche Übersetzung. Dort heißt es: »Die Lerche war's, die Tagverkünderin.« Gewöhnlich sagen wir: »Die Lerche war's und nicht die Nachtigall«, womit wir uns wahrscheinlich an den Anfangsvers des Gedichtes »Morgenruf« von Georg Herwegh anlehnen, der lautet: »Die Lerche war's, nicht die Nachtigall.« Vgl. Herwegh, »Gedichte eines Lebendigen« (Zürich und Winterthur 1845).

Macbeth

Komme, was kommen mag,
Die Stunde rinnt auch durch den rauhsten Tag
(Come what come may,
Time and the hour runs through the roughest day)
heißt es in Shakespeares »Macbeth« 1, 3. Dieses Wort zitieren wir aus Schillers Übersetzung.

Zu voll von Milch der Menschenliebe
(Too full of the milk of human kindness)
steht in »Macbeth« 1, 5. Diese Stelle mag Schiller zu seiner Formulierung »die Milch der frommen Denkart« in »Wilhelm Tell« 4, 3 angeregt haben.

Alle Wohlgerüche Arabiens
(All the perfumes of Arabia)
wird aus »Macbeth« 5, 1 zitiert.

Maß für Maß

Zahn der Zeit
(Tooth of time)
Der aus Shakespeares »Measure for Measure« (»Maß für Maß«) 5, 1 stammende Ausdruck »Zahn der Zeit« ist eine im 18. Jahrhundert sehr beliebte Metapher, die uns zuerst bei Gottsched in dem Gedicht »An den Generalleutnant v. Schulenburg bei dem Antritt des 1725. Jahres« (»Gedichte«, Leipzig 1736) begegnet. »Scharfzahnige Zeit« findet sich bereits bei Simonides aus Keos (gest. 468 v. Chr.).

Aus Schriftstellern englischer Sprache

Shakespeare

Verschiedene Dramen

Verlorne Liebesmüh'
(Love's labour's lost)
ist der Titel eines Lustspiels von Shakespeare. Bei Tieck heißt es »Liebes-Leid und Lust«.

Comedy of errors
(Eine Komödie der Irrungen)
ist ein Shakespeare-Lustspiel, dessen Titel zum geflügelten Wort wurde.

Viel Lärm um nichts
bilden wir nach dem Lustspiel-Titel »Much ado about nothing« von Shakespeare.

Was Ihr wollt
zitieren wir verkürzt nach Shakespeares Lustspiel »Twelfth-Night or What You Will«.

Wie es euch gefällt

Wie es euch gefällt
(As you like it)
wird nach Shakespeares gleichnamigem Lustspiel gebildet.

Voll weiser Sprüch' und neuester Exempel
(Full of wise saws and modern instances)
heißt es in 2, 7 von »Wie es euch gefällt« von einem Richter, während wir dieses Wort meist auf Bücher anwenden.

Die ganze Welt ist ein Theater
(All the world's a stage)
findet sich in »Wie es euch gefällt« 2, 7.

Othello

Die Sach will's, die Sache will's, mein Herz!
(It is the cause, it is the cause, my soul!)
und
Hast du zur Nacht gebetet, Desdemona?
(Have you prayed to-night, Desdemona?)
kennen wir aus Shakespeares »Othello« 5, 2.

König Lear

Du jüngste, nicht geringste
(Although the last, not least)
sagt Lear zu Cordelia in »König Lear« 1, 1. Dieses Wort fand Shakespeare bereits in Edmund Spensers (1553–1599) »Colin Court«. Es ist uns geläufiger als das ähnliche Wort des Antonius in »Julius Cäsar« 3, 1: »Tho' last, not least in love«. (Zuletzt, doch nicht der letzte meinem Herzen.)

Aus Schriftstellern englischer Sprache

Shakespeare

König Lear

Kundiger Thebaner
(Learned Theban)
ist »König Lear« 3, 4 entnommen. Der Ausdruck ist ein Oxymoron, eine Zusammensetzung einander widersprechender Begriffe, denn die Thebaner und die Böotier überhaupt galten nach einem Vorurteil in Griechenland für dumm.

Ja, jeder Zoll ein König!
(Ay, every inch a king!)
und
Narr des Glücks
(Fool of fortune)
sind dem »König Lear« 4, 6 entnommen. »Fool of fortune« kommt auch in »Timon von Athen« 3, 6 und in der Form »fortune's fool« in »Romeo und Julia« 3, 1 vor.

●●●

17. Jahrhundert

Verschiedene Quellen

Nicht seiner Zeit nur, allen Zeiten lebt' er
(He was not of an age, but for all time)
steht in Ben Jonsons (1573–1637) Gedicht »Dem Gedächtnisse des Autors, meines geliebten William Shakespeare«.

Süßer Schwan vom Avon
(Sweet swan of Avon)
ist ein Beiname des in Stratford-upon-Avon geborenen William Shakespeare. Der Vergleich des Dichters mit dem Schwan, der dem Apollo heilig war, ist schon in der Antike geläufig.

Schade, daß sie eine Hure ist
('Tis pitty shees a Whore)
ist als Titel einer Tragödie (uraufgeführt in London 1633; im selben Jahr anonym veröffentlicht) von John Ford (1586–1640?) geflügelt. Die erste deutsche Übersetzung erschien 1860 als »Giovanni und Anabella« nach den Namen der beiden Hauptpersonen, zweier in inzestuöser Liebe verstrickter Geschwister.

Milton

The Paradise lost
(Das verlorene Paradies)
ist der Titel einer berühmten Dichtung von John Milton (1608–1674), entstanden 1658–65, aber erst 1667 erschienen.

More

Vierte Dimension
Henry More (1614–1687) behauptet im »Encheiridion metaphysicum« (1671), die Körper hätten bloß drei Dimensionen, die Geister

aber vier. Danach ist der Begriff »die vierte Dimension« geläufig geworden. Durch Friedrich Zöllners (1834–1882) Buch »Die transcendentale Physik und die sogenannte Philosophie« (Leipzig 1879) wurde dieser Ausdruck besonders bekannt.

Bunyan

Jahrmarkt der Eitelkeit (Vanity Fair)

John Bunyan (1628–1688) läßt in »The Pilgrim's Progress« (London 1678–84) den Pilger nach dem himmlischen Jerusalem durch eine Stadt kommen, von der er, mit Anlehnung an Pred. Sal. 1; 2, 11; 2, 17 und Jes. 40, 17, sagt: »The name of that town is Vanity; and at the town there is a fair kept, called ›Vanity Fair‹.« (Der Name dieser Stadt ist Eitelkeit; und in dieser Stadt gibt es einen Markt, der heißt Jahrmarkt der Eitelkeit.) »Vanity Fair« hat William Makepeace Thackeray (1811–1863) zum Titel eines satirischen Romans (1847) gewählt.

• • •

18. Jahrhundert

Defoe

Robinson

wird für gewöhnlich ein Mensch genannt, der allein auf einer einsamen Insel lebt. Diesen geflügelten Namen verdanken wir dem Buch Daniel Defoes (eigentl. Foe; 1660–1731) »The Life and Strange Surprizing Adventures of Robinson Crusoe ...« (London 1719–1720), das mittelbar über Woodes Rogers' »Cruizing Voyages round the World« (1712) auf das Erleben des Seemannes Alexander Selkirk zurückgeht, der viereinhalb Jahre auf der Pazifikinsel Juan Fernandez zubrachte und von Kapitän Rogers gerettet wurde. Dieser erste moderne englische Roman, den Defoe als Tatsachenbericht (»just history of fact«) bezeichnete, fand weltweite Verbreitung und viele Bearbeitungen und Nachahmungen, die gemeinhin als »Robinsonaden« bezeichnet werden.

Swift

Lilliput

ist in Jonathan Swifts (1667–1745) utopisch-satirischem Roman »Travels into several remote Nations of the World. By Lemuel Gulliver, First a Surgeon, and then a Captain of several ships« (London 1765; dt. »Des Capitains Lemuel Gulliver Reisen in unterschiedliche, entfernte und unbekannte Laender«, Hamburg 1727–1728) der Name des Märchenlandes der daumengroßen »Lilliputaner«.

Arbuthnot

John Bull

als Bezeichnung für das englische Volk stammt aus John Arbuthnots (1667–1735) politischer Satire »History of John Bull« (Edinburgh 1712; dt. Leipzig 1799). Der Hoforganist John Bull gilt als Komponist des Volksliedes »God save the king«. Weil dieser Tondichter viele volkstümliche Werke schuf, mag Arbuthnot darauf verfallen sein, dessen Namen auf das englische Volk im ganzen anzuwenden.

Pope

Irren ist menschlich, vergeben göttlich
(To err is human, to forgive divine)
stammt aus einem Lehrgedicht von Alexander Pope (1688–1744), das zuerst anonym erschien (London 1711; dt. »Versuch von der Kritik«, Straßburg 1778).

Richardson

Sentimental
Dieses Wort wurde durch Samuel Richardson (1689–1761) geprägt. »Sentimental« wird in seinem Roman »The history of Sir Charles Grandison« (London 1754; dt. »Die Geschichte Herrn Carl Grandison«, Leipzig 1754–55) durch kursive Schrift als neu und ungewöhnlich bezeichnet und im Index angeführt. Fünfzehn Jahre später erschien Laurence Sternes Buch »Yorick's sentimental journey«, dessen Übersetzer J. J. Ch. Bode 1768, wie er in der Vorrede mitteilt, den Titel auf Lessings Rat mit »Yoricks empfindsame Reise« wiedergab.

Macklin

Der Mann von Welt
(The Man of the World)
heißt eine Komödie von Charles Macklin (um 1697–1797), die in London 1781 uraufgeführt wurde. Das erfolgreiche Stück machte den »Mann von Welt« zum Begriff.

Thomson

Rule, Britannia, rule the waves,
Britons never shall be slaves!
(Herrsche, Britannien, über die Wogen,
Briten sollen niemals Sklaven sein!)
ist der Kehrreim des Liedes »Rule Britannia!« von James Thomson (1700–1748), das für die Aufführung vor dem Prinzen und der Prinzessin von Wales (1740) in das Drama »Alfred« eingefügt wurde.

Franklin

Early to bed and early to rise
Makes a man healthy, wealthy and wise
(Früh schlafen gehn und früh aufstehn
Schafft Reichtum, Weisheit, Wohlergehn)
ist ein Ausdruck, den Benjamin Franklin (1706–1790) wörtlich in seine »Maxims prefixed to Poor Richard's Almanack« für 1735 übernahm.

Dreimal umziehen ist so gut wie einmal abbrennen
(Three removes are as bad as a fire)
stammt aus Benjamin Franklins »The way to wealth« (Philadelphia 1758; dt. Wien 1811).

Johnson

Die Hölle ist mit guten Vorsätzen gepflastert.
(Hell is paved with good intentions.)

Das von Samuel Johnson (1709–1784) 1775 gebrauchte und von seinem Biographen Boswell in seinem »The Life of Samuel Johnson« (London 1791) mitgeteilte Wort führt Walter Scott in seinem Roman »The bride of Lammermoor« (1819; »Die Braut von Lammermoor«, 1828) auf einen englischen Theologen zurück. Wahrscheinlich meint er George Herbert (gest. 1632), der in »Iacula prudentum« (Ausg. v. 1651, 11) denselben Gedanken in der Form ausspricht: »Hell is full of good meanings and wishings.« Wir sagen auch: »Der Weg zur Hölle ist mit guten Vorsätzen gepflastert.«

Goldsmith

Measures, not men
(Maßregeln, nicht Menschen)

Oliver Goldsmith (1728–1774) konnte nicht ahnen, daß diese im zweiten Akt seiner Komödie »The good-natured man« (1760) vorkommenden Worte Loftys ein mit Erbitterung angewendetes politisches Schlagwort werden würden. So sagt der Verfasser der »Juniusbriefe« (1768–72): »Maßregeln und nicht Menschen ist der gewöhnliche Ruf angeblicher Mäßigung. Das ist eine elende Heuchelei, von Schurken aufgebracht und von Narren in Umlauf gesetzt« und E. Burke in seinen »Gedanken über die Gründe der jetzigen Unzufriedenheit« (1773): »Von diesem Kaliber ist die heuchlerische Phrase: Maßregeln nicht Menschen, eine Art Zauberformel, wodurch manche sich jede Ehrenpflicht abschütteln.«

Weltbürger
(Citizen of the World)

»Weltbürger oder Briefe eines in London weilenden chinesischen Philosophen an seine Freunde im Osten« ist der deutsche Titel eines Essays von Oliver Goldsmith (London 1760; dt. Leipzig 1781).

Hienieden braucht der Mensch nicht viel,
Noch braucht er's lange Zeit
(Man wants but little here below,
Nor wants that litte long)

wird aus Goldsmiths Gedicht »The Hermit« (1765) zitiert. Schon Edward Young (1683–1765) sagt in »Night Thoughts« (1741): »Man wants but little, nor that little long.«

Sheridan

Die Lästerschule
(The school for scandal)

Richard Brinsley Sheridan (1751–1816) liefert uns den auf viele gesellige Vereinigungen angewendeten Titel einer Komödie (uraufgeführt London 1727, veröffentlicht Dublin 1780, dt. Berlin 1782).

Aus Schriftstellern englischer Sprache

18. Jahrhundert

Burns

Trotz alledem und alledem
(For a' that and a' that)
Dieser Vers kommt bei Robert Burns (1759–1796) in dem Gedicht »Is there for honest poverty« vor. Die deutsche Übersetzung stammt von Ferdinand Freiligrath (1810–1876). »Trotz alledem und alledem« wurde danach zu einem Lieblingswort Freiligraths, mit dem er eines seiner revolutionären Gedichte überschrieb und das sein Siegel als Wahlspruch trug.

●●●

19. Jahrhundert

Wordsworth

Das Kind ist des Mannes Vater.
(The child is father of the man.)
Diese Aussage finden wir bei William Wordsworth (1770–1850) in »My heart leaps up«. Seine Worte dienten G. H. Lewes als Motto des ersten Buches von »Goethes Leben« (Berlin 1855). Schon Milton sagt in »Paradise regained«:
»The childhood shows the man
As morning shows the day.«
(Die Kindheit kündet den Mann wie der Morgen den Tag.)

Campbell

Große Ereignisse werfen ihre Schatten voraus
zitieren wir nach Thomas Campbells (1777–1844) »Lochiel's Warning«. Dort ist das von Byron als Motto für »The prophecy of Dante« (1819) gewählte
»'t is the sunset of life gives me mystical lore,
And coming events cast their shadows before«
(Der Abend des Lebens gibt mir geheimnisvolle Weisheit,
Und künftige Ereignisse werfen ihre Schatten voraus)
zu finden, das wir verkürzt in obenstehender Form zitieren.

Moore

't is the last rose of summer
(Es ist die letzte Rose des Sommers)
heißt es in Thomas Moores (1779–1852) schwermütigem Lied aus seinen »Irish Melodies« (1807–34, dt. »Irische Melodien«), dessen Vertonung in Flotows Oper »Martha« sehr verbreitet wurde.

Irving

The almighty dollar
(Der allmächtige Dollar)
Washington Irving (1783–1859) veröffentlichte in der von Henry Wm. Herbert herausgegebenen Zeitschrift »The Magnolia« (New York 1836) eine Skizze »The Creole Village«, in der er den Wunsch ausspricht, es möge unter den unschuldigen Bewohnern dieses Dorfes »der allmächtige Dollar« immer verachtet bleiben. In seinen »Chronicles of Wolfert's Roost and other Papers« (New York 1855)

bringt er dann die kleine Erzählung ein zweites Mal und sagt in einer Anmerkung, jener Ausdruck sei zuerst von ihm gebraucht und inzwischen landläufig geworden.

de Quincey

Der Mord als schöne Kunst betrachtet
(On Murder considered as one of the Fine Arts)
ist der Titel eines Essays (Edinburgh 1827; dt. Minden 1913) von Thomas de Quincey (1785–1859). Raymond Chandler schrieb 1950 sein Essay »The simple Art of Murder« (»Die simple Kunst des Mordes«, Zürich 1974).

Byron

Ich erwachte eines Morgens und fand, ich war berühmt!
(I awoke one morning and found myself famous!)
Thomas Moore berichtet in seinen 1830 in London erschienenen »Letters and journals of Lord Byron with notices of his life« über den glänzenden Erfolg der beiden ersten Gesänge von »Childe Harold« (1812) von George Gordon Lord Byron (1788–1824): »His fame had not to wait for any of the ordinary gradations, but seemed to spring up, like the palace of a fairy tale, in a night. As he himself briefly described it in his Memoranda: ›I awoke one morning and found myself famous!‹« Diese Memoiren, die Moore noch gelesen hat, sind nach Byrons Tod am 17. Mai 1824 verbrannt.

Lebe wohl, und wenn für immer,
Dann für immer, lebe wohl!
(Fare thee well, and if for ever,
Then for ever, fare thee well!)
werden die Anfangsworte aus Byrons Abschiedsgedicht an seine Gattin (17. März 1816) zitiert.

Cooper

Der letzte (der) ***Mohikaner***
(The last of the Mohicans)
und
Der Pfadfinder
(The Path-Finder)
sind Romantitel des amerikanischen Schriftstellers James Fenimore Cooper (1789–1851).

Den Kriegspfad beschreiten,
Das Kriegsbeil begraben,
Die Friedenspfeife rauchen
Diese Redensarten sind uns aus den weitverbreiteten Übersetzungen von Coopers »Lederstrumpferzählungen« (nach dem Spitznamen von Natty Bumppo: »Leather-Stocking«, dt. »Lederstrumpf«) vertraut.

Diese sind eine Zusammenfassung der Romane »Die Pioniere«, »Der letzte Mohikaner«, »Die Prärie«, »Der Pfadfinder« und »Der Wildtöter«.

Carlyle

Arbeiten und nicht verzweifeln
(Work and despair not)
Thomas Carlyle (1795-1881) schloß seine Antrittsrede als Rektor der Universität Edinburgh am 2. April 1866 mit einer freien Übertragung von Goethes Logengedicht »Symbolum«. Die letzte Zeile des Gedichts: »Wir heißen Euch hoffen« ersetzte Carlyle durch die Worte: »Work and despair not.« Die Übersetzung der Schlußworte Carlyles nahm K. R. Langewiesche zum Titel einer in seinem Verlag 1902 in Düsseldorf erschienenen Auswahl aus Carlyles Werken. Durch dieses Buch hat der Spruch Carlyles weitere Verbreitung gefunden.

Industrie-Kapitäne
(Captains of Industry)
Diesen Begriff prägte Thomas Carlyle in »Past and Present« (erschienen London 1843).

Planché

Ozean, du Ungeheuer
und
Mein Hüon, mein Gatte!
wird aus Karl Maria von Webers Oper »Oberon«, deren englischer, von Th. Hell (eig. Gottlieb Theodor Winkler) verdeutschter Text von James Robinson Planché (1796–1880) herrührt, und die zum ersten Mal am 12. April 1826 in London aufgeführt wurde, zitiert. Der Ausspruch »Mein Hüon, mein Gatte« wird oftmals scherzhaft erweitert um den Vers »Im Schlafrock von Watte« nach dem musikalischen Quodlibet »Fröhlich« von Louis Schneider, das in den 30er Jahren des 19. Jahrhunderts in Berlin gegeben wurde, und in dessen 1. Akt der »Oberon«-Text so parodiert wird:
»Alexander, mein Gatte,
Im Schlafrock von Watte!«

Bayly

Lang', lang' ist's her
(Long, long ago)
finden wir in Thomas Haynes Baylys (1797–1839) Gedicht »Tell me the tales that to me were so dear« (»Cramer's Vocal Gems«, Nr. 1).

Shelley

Frankenstein
ist der Name des Wissenschaftlers, der einer Fiktion nach in Ingolstadt einen Menschen unter Verwendung von Leichenteilen neu erschuf. Die vielen Verfilmungen des romantischen Romans »Frankenstein, or

The Modern Prometheus« (London 1818; dt. »Frankenstein oder Der moderne Prometheus«, Leipzig 1912) von Mary Wollstonecraft Shelley (1797–1851) übertrugen oft den Namen des Schöpfers auf sein Geschöpf.

Die letzten Tage von Pompeji (The Last Days of Pompeii)

Bulwer-Lytton

heißt ein Roman (London 1834; dt. Leipzig 1834) von Edward George Bulwer-Lytton (1803–1873). Anhand dieses Bestsellers, dessen Titel gern abgewandelt wird und der mehrmals verfilmt wurde, haben Generationen ihr Bild vom antiken Rom und vom Untergang Pompejis bezogen.

Die oberen Zehntausend (The upper ten thousand)

Willis

In einem Leitartikel der New Yorker Zeitung »Evening Mirror« vom 11. Nov. 1844, überschrieben: »Necessity for a promenade drive«, und wieder abgedruckt in seinen »Ephemera« (New York 1854), sagt Nathaniel Parker Willis (1806–1867): »At present there is no distinction among the upper ten thousand of the city.« (Zur Zeit ist kein Unterschied unter den oberen Zehntausend der Stadt [d. h. New Yorks].) Er wählte die Zahl 10 000, weil dies zu seiner Zeit die Anzahl der gesellschaftsfähigen New Yorker war. In England sagt man meist nur »The upper ten«, in Amerika inzwischen »The four hundred«, seit der Advokat Samuel Ward Mac Allister (gest. 1895) 1888 in einem Interview erklärte: »There are only about four hundred people in New York society« und die Veröffentlichung dieses apodiktischen Ausspruchs durch den Interviewer Charles H. Crandall in der »New York Daily Tribune« das größte Aufsehen hervorrief.
Die auch gebräuchliche, aus dem Französischen stammende Bezeichnung für »die oberen Zehntausend«, die »Creme der Gesellschaft«, scheint seit 1842 üblich geworden zu sein (in den »Grenzboten« heißt es 1842: »Crème de la Crème«), die »Elite der Gesellschaft« schon früher. Lavater spricht 1768 von der »Elite des ganzen Menschengeschlechts«; Herwegh gebraucht 1839/40: »Elite der Intelligenz«.

Kampf ums Dasein (Struggle for life)

Darwin

Aus dem Titel von Charles Darwins (1809–1882) berühmtem Werk »On the origin of species by means of natural selection, or the preservation of favoured races in the struggle for life« (London 1859; dt. »Über die Entstehung der Arten in Thier- u. Pflanzenreich durch natürliche Züchtung, oder Erhaltung der vervollkommneten Rassen im Kampf ums Daseyn«, Stuttgart 1860) ist der »Kampf ums Dasein« in die Alltagssprache übergegangen. Angeregt zu diesem Schlagwort wurde Darwin durch das in den Parteikämpfen viel gebrauchte Wort »struggle for existence«, das Thomas Robert Malthus bereits in seinem »Essay on the principles of population« (London 1798), wenn auch in anderem Sinne, gebraucht hatte.

Thackeray

Snob und ***Snobismus***

sind seit William Makepeace Thackeray (1811–1863), dem Autor von »Vanity Fair« (1847; »Jahrmarkt der Eitelkeit«), geflügelt. »The Snobs of England, by One of Themselves« hießen die satirischen Skizzen, die Thackeray im »Punch« (London 1846–47) veröffentlichte. Eine Überarbeitung erschien als »The Book of Snobs« (1849; dt. »Die Snobs. Humoristische Bilder aus Alt-England«, Grimma/Leipzig 1851). Für Thackeray ist ein Snob »he who meanly admires mean things« (einer, der in niedriger Art Niedriges bewundert) im Gegensatz zum Gentleman, der »ehrbar, edelmütig, tapfer, klug« ist. Woher das Wort kommt, ist nicht geklärt. Vielleicht kann es »Schuster« bedeutet haben, der Adel und Bourgeoisie nachahmt; oder es kommt von der Abkürzung »s(ine) nob(ilitate)«, dem Zusatz für nichtadelige Studenten in den Listen von Oxford und Cambridge; oder es ist eine Verballhornung von »snoop«: neugierig, schnüffelig, das Verhalten von Emporkömmlingen charakterisierend.

Beecher-Stowe

Onkel Toms Hütte (Uncle Tom's Cabin)

Eine sentimentale, aber wirkungsvolle Anklage gegen die Sklaverei in den USA war »Uncle Tom's Cabin or Life among the Lowly« von Harriet Beecher-Stowe (1811–1896), seit 1851 in »National Era« in Fortsetzungen erschienen (Buchausgabe: Boston 1852). Die deutsche Übersetzung »Onkel Toms Hütte oder Negerleben in den Sklavenstaaten des freien Nordamerika« (Leipzig 1852) fand auf Anhieb eine große Schar begeisterter Leser, von denen sich daraufhin viele für die Schwarzen engagierten.

Dickens

Unser gemeinschaftlicher Freund (Our mutual friend)

ist der Titel eines seit 1864 in Fortsetzungen erschienenen Romans von Charles Dickens (1812–1870). Diesen Titel entnahm er der englischen Geschäftssprache in humoristischer Übertragung (dt. Berlin 1867 als »Unser gemeinsamer Freund«).

Melville

Moby Dick oder Der weiße Wal (Moby Dick; or, The Whale)

So wie »Bambi« der Name für junge Rehe geworden ist, ist die Hauptfigur des Romans (London, New York 1851; Berlin 1927) von Herman Melville (1819–1891) zur Bezeichnung für Wale geworden.

19. Jahrhundert

Carroll

Alice im Wunderland
(Alice's Adventures in Wonderland)
ist eine Geschichte voll übersprudelnder Phantasie, die Lewis Carroll (d. i. Charles Lutwidge Dogson; 1832–1898) geschrieben hat und die wohl alle Kinder der Welt kennen (zuerst der kleinen Alice Liddell und deren Schwestern erzählt; veröffentlicht London 1865; dt. Leipzig 1869).

Stoker

Dracula
ist der berühmteste aller Vampire und Untoten nach dem Roman (London 1897; dt. Leipzig 1908) von Bram Stoker (d. i. Abraham Stoker; 1847–1912). Der Romanstoff wurde oft verfilmt.

Stevenson

Die Schatzinsel
(Treasure Island)
ist nicht nur ein geflügelter Titel, sondern beflügelt auch die Phantasie junger wie alter Leser (und Kinogänger) seit 1881. Robert Louis Stevenson (1850–1894) schrieb diesen Roman als Serie für die Zeitschrift »Young Folks« (London 1881–82) unter dem Pseudonym Captain G. North (endgültige Buchfassung London 1883; dt. Freiburg i. Br. 1897).

Der seltsame Fall des Dr. Jekyll und Mr. Hyde
(The Strange Case of Dr. Jekyll and Mr. Hyde)
steht nach dem »schauerlichen Roman« (London 1886; dt. Breslau 1889) von Stevenson für das Zwiespältige im Menschen. Das Buch ist zugleich eine Satire auf die Ehrbarkeit des Bürgers, hinter der die Unmoral zum Vorschein kommt.

Doyle

Sherlock Holmes
Von den vielen Helden in der englischen Literatur, deren Geschichten häufig in Büchern mit dem Titel »The Adventures of ...« erschienen, ist das bekannteste wohl »The Adventures of Sherlock Holmes«. Sein Name steht gleichsam für den Typus des findigen Detektivs. Zum ersten Mal trat Holmes in »A Study in Scarlet« (1887) auf. Diese und andere Geschichten von Arthur Conan Doyle (1859–1930) wurden später zusammengefaßt (London 1892; die erste dt. Ausgabe: »Die Abenteuer des Dr. Holmes«, Stuttgart 1895).

● ● ●

20. Jahrhundert

Synge

Der Held der westlichen Welt
(The Playboy of the Western World)
heißt ein tragikomisches Stück von John Millington Synge (1871–1909), uraufgeführt und veröffentlicht in Dublin 1907. Es

gibt verschiedene deutsche Übersetzungen (z. B. »Der Held des Westerlands«, München 1912; Annemarie und Heinrich Böll haben »Ein wahrer Held«, Frankfurt 1960, daraus gemacht). Die Übersetzung von A. E. Wiede u. Peter Hacks (Leipzig 1961) heißt: »Der Held der westlichen Welt«.

Wallace

Es ist unmöglich, von Edgar Wallace nicht gefesselt zu sein!

Dieser Werbespruch für den ersten deutschen Krimi des englischen Autors Richard Horatio Edgar Wallace (1875–1932) stammte vom Autor selbst (»It's impossible not to be thrilled by Edgar Wallace!«) und wurde von seinem deutschen Verleger Wilhelm Goldmann (1897–1974) übersetzt. Die Umschläge von »Die Bande des Schreckens« und aller künftigen Wallace-Krimis seit 1926 trugen diesen Spruch, der oft abgewandelt wird.

Burroughs

Tarzan

Wenn früher für einen athletischen und hübschen jungen Mann eine Bezeichnung zutreffend war, lautete sie »Siegfried«. Nach dem weltweiten Erfolg der Romane, Comics und Filme nennt man seit geraumer Zeit einen solchen Kerl »Tarzan« nach der Figur eines weißen Jungen, der in Afrika von Affen großgezogen wird, allen guten Tieren und Menschen hilft, alle Eigenschaften von Robinson mit den romantischen Qualitäten der guten Wilden und aller Helden in sich vereinigt. Sein Schöpfer ist Edgar Rice Burroughs (1875–1950); das erste Buch hieß »Tarzan of the Apes. A Romance of the Jungle« (»All-Story Magazine«, 1912; dt. »Tarzan bei den Affen. Erlebnisse eines von Menschenaffen Geraubten«, Stuttgart 1924).

London

Ruf der Wildnis
(The Call of the Wild)

heißt ein Roman (New York, London 1903) von Jack London (d. i. John Griffith; 1876–1916). Die deutsche Übersetzung hieß »Wenn die Natur ruft« (Berlin 1929), später »Ruf der Wildnis«.

Lewis

Babbitt

heißt die Hauptfigur des gleichnamigen Romans (New York 1922; dt. München 1925) von Sinclair Lewis (1885–1951), in dem er den amerikanischen Konformisten verspottet. Babbitt wurde zum Synonym für Spießer.

Lawrence

Lady Chatterly

ist zum Begriff einer Vertreterin der freien Sexualität jenseits der Klassenschranken geworden. Der Roman von David Herbert Lawrence (1885–1930) erschien erstmals in Florenz 1928 als Privatdruck, mehrmals überarbeitet in Paris 1929 (dt. Wien 1930).

Trauer muß Elektra tragen
heißt die deutsche Version (Frankfurt 1957) der Tragödie »Mourning becomes Electra« (uraufgeführt und veröffentlicht in New York 1931) des amerikanischen Dichters Eugene O'Neill (1888–1953).

Chandler

Gefahr ist mein Geschäft
(Trouble is my business)
und
Der lange Abschied
(The long Goodbye)
sind die Titel einer Erzählung und eines Romans von Raymond (Thornton) Chandler (1888–1959), die sprichwörtlich geworden sind.

Cain

Wenn der Postmann zweimal klingelt
(The Postman always rings twice)
ist der Titel eines Romans (New York 1934; dt. zuerst als »Die Rechnung ohne den Wirt«, Frankfurt 1957) von James Mallahan Cain (1892–1977). Der Roman wurde mehrmals verfilmt, zuletzt mit Jessica Lange und Jack Nicholson in den Hauptrollen.

Huxley

Brave New World
(Schöne neue Welt)
lautet der Titel eines Romans (London 1932; dt. zuerst als »Welt – wohin?«, Leipzig 1932, als »Wackere neue Welt«, Zürich 1950, als »Schöne neue Welt«, Frankfurt 1953) von Aldous Huxley (1894 bis 1963), in dem eine »vollkommene« Welt im »7. Jahrhundert nach Ford« geschildert wird.

Fitzgerald

Tender is the Night
(Zärtlich ist die Nacht)
nannte Francis Scott Fitzgerald (1896–1940) einen Roman (New York 1934; dt. Berlin 1952) nach einem Vers in der »Ode to a Nightingale« (»Ode an eine Nachtigall«) des englischen Dichters John Keats (1795–1821).

Wilder

Dem Himmel bin ich auserkoren
(Heaven's my Destination)
ist der Titel eines Werks (London 1934) des amerikanischen Autors Thornton Wilder (1897–1975), der in der deutschen Übersetzung (Leipzig 1935) geflügelt wurde.

Unsere kleine Stadt
ist der deutsche Titel des Schauspiels »Our Town« (New York 1938; dt. Zürich 1944) von Thornton Wilder.

Wir sind noch einmal davongekommen
wird nach dem Schauspiel »The Skin of our Teeth« (New York 1942; dt. Zürich, New York 1944) von Thornton Wilder zitiert.

Burnett

Asphalt-Dschungel
nannte William Riley Burnett einen Roman (»The Asphalt-Jungle«, New York 1949; dt. München 1963), dessen Titel mit einem Schlagwort die Gefahren in einer Großstadt charakterisierte.

Hemingway

In einem andern Land
(A Farewell to Arms)
lautet ein Romantitel Ernest Hemingways (1899–1961), der sowohl im amerikanischen Original (New York, London 1929) als auch in der deutschen Übersetzung (Berlin 1930) geflügelt ist.

Wem die Stunde schlägt
(For whom the Bell tolls)
zitieren wir nach Hemingways gleichnamigem Roman (New York 1940; dt. Stockholm 1941) aus dem spanischen Bürgerkrieg.

Über den Fluß und in die Wälder
(Across the River and into the Trees)
Dieser Titel eines Hemingway-Romans (New York 1950; dt. Hamburg 1951) zitiert einen General aus dem Zweiten Weltkrieg, der sich über den Fluß bringen ließ und in einem Wald an Herzversagen starb; im Roman erlebt ein alternder Jäger ein ähnliches Schicksal.

Der alte Mann und das Meer
(The Old Man and the Sea)
ist ein Romantitel (New York; dt. Hamburg 1952) von Hemingway.

Nabokov

Lolita
Diese Titelfigur aus dem gleichnamigen Roman (Paris 1955; dt. Hamburg 1955) des amerikanischen Exilrussen Vladimir Nabokov (1899–1977) wurde weltweit zu einem Begriff für eine Nymphe.

Wolfe

Schau heimwärts, Engel! Eine Geschichte vom begrabnen Leben
ist der deutsche Titel (Berlin 1932) von Thomas Wolfes (1900–1938) Roman »Look Homeward, Angel. A Story of the Buried Life« (New York 1929).

Es führt kein Weg zurück
(You can't go home again)
heißt Wolfes letzter Roman, aus dem Nachlaß von E. C. Aswell zusammengestellt (New York, London 1940; dt. Bern 1942).

Vom Winde verweht
(Gone with the Wind)
nannte Margaret Mitchell (1900–1949) in Anlehnung an Bibelzitate ihren verfilmten Bestseller, der im amerikanischen Bürgerkrieg spielt (New York 1936; dt. Hamburg 1937).

Disney

Mickey Mouse bzw. ***Micky Maus***
ist ein Geschöpf Walt Disneys (eigentlich Walter Elias Disney; 1901–1966). Der erste Zeichentrickfilm von Disney kam 1928 in die Kinos, den ersten Auftritt als Comicfigur hatte Micky Maus 1930. Im deutschsprachigen Raum wurde sie nach ihrem ersten Auftreten in der »Micky Maus Zeitung« (Zürich 1937) richtig populär nach dem Krieg. Ihre deutsche Sprache und die ihrer Kumpane stammt von der Übersetzerin Erika Fuchs (Stuttgart 1951 ff.).

Entenhausen
wurde als Ort, in dem zahlreiche Disney-Figuren wie Dagobert und Donald Duck usw. wohnen, bekannt.

Siegel/Shuster

Superman
ist die Übersetzung von »Übermensch« und die populärste Comicfigur mit übermenschlichen Fähigkeiten, die Generationen von Supermännern und Superfrauen im Gefolge hat. Durch die Comics um »Superman« von Jerry Siegel und Joe Shuster, die ab 1938 in »Action Comics«, seit 1950 auch in deutscher Version erscheinen, hat dieses Wort Eingang in den deutschen Sprachschatz gefunden.

Steinbeck

Die Früchte des Zorns
(The Grapes of Wrath)
heißt – nach dem Text der Offenbarung des Johannes, 14–16 – ein Roman (New York 1939; dt. Zürich 1940) von John Steinbeck (1902–1968), in dem er das Schicksal der amerikanischen Farmarbeiter während der Wirtschaftskrise der 30er Jahre schildert.

Jenseits von Eden
(East of Eden)
ist der Titel eines Romans (New York 1952; dt. Konstanz, Zürich, Stuttgart 1953), in dem Steinbeck den Kain-und-Abel-Stoff bearbeitet; 1955 mit James Dean in der Hauptrolle verfilmt.

Orwell

Alle Tiere sind gleich, aber einige Tiere sind gleicher als andere.
(All animals are equal, but some animals are more equal than others.)
Aus dem antirevolutionären Roman von George Orwell (d. i. Eric Blair; 1903–1950) »Animal Farm« (London 1945), zuerst dt. »Repu-

blik der Tiere« (Wien 1951), dann »Farm der Tiere« (Frankfurt 1958) wird gern diese Losung zitiert, nachdem es nach der Machtergreifung der Tiere zuerst hieß: »Alle Tiere sind gleich.«

Orwell

Big Brother is watching you!
(Der große Bruder sieht dich an!)
ist eine Mahnung aus George Orwells 1948 geschriebenem Roman »1984« (ersch. London 1949; dt. Stuttgart 1950), der die Lebensumstände in einem totalitären Staat schildert.

Greene

Der dritte Mann
(The Third Man)
nennt sich ein Roman (New York 1949; dt. Zürich 1951), der nach dem Ende des 2. Weltkriegs in Wien spielt. Der englische Autor Graham Greene (1904–1991) wollte damit »das Rohmaterial für einen Film« liefern; verfilmt 1949 von Carol Reed.

Fry

Die Dame ist nicht fürs Feuer
(The Lady's not for Burning)
lautet der geflügelt gewordene Titel einer Verskomödie (uraufgeführt London 1948, veröffentlicht London 1949; dt. Frankfurt 1950) von Christopher Fry (geb. 1907).

Das Dunkel ist Licht genug
(The Dark is Light enough)
heißt ein Theaterstück Christopher Frys. Diese »Winterkomödie« wurde uraufgeführt und veröffentlicht in London 1954 (dt. Frankfurt 1955).

Verschiedene Quellen

Gesellschaft im Überfluß
(The Affluent Society)
nennt Kenneth Galbraith (geb. 1908) seine sozio-ökonomische Studie (Boston 1958; dt. München u. Zürich 1959), woraus verkürzt das Wort »Überflußgesellschaft« entstand.

Morgens um sieben ist die Welt noch in Ordnung
ist der deutsche Titel (Reinbek 1967) des Romans »Morning's at seven« (London 1965) von Eric Malpass (geb. 1910).

Williams

Endstation Sehnsucht
(A Streetcar named Desire)
lautet der Titel eines Stücks von Tennessee Williams (d. i. Thomas Lanier Williams; 1911–1983), uraufgeführt und veröffentlicht in New York 1947); der übersetzte Titel wurde im Deutschen geflügelt.

Die Katze auf dem heißen Blechdach
(Cat on a Hot Tin Roof)
zitieren wir nach dem Titel eines Theaterstücks von Tennessee Williams. Es wurde uraufgeführt und veröffentlicht in New York 1955.

Verschiedene Quellen

Das Herz ist ein einsamer Jäger
(The Heart is a Lonely Hunter)
heißt ein Roman (Boston 1940; dt. Berlin 1950) von Carson McCullers (1917–1967).

Parkinsons Gesetz und andere Untersuchungen über die Verwaltung
(Parkinson's Law or The Pursuit of Progress)
nannte Cyril Northcote Parkinson (1919–1993) eine Sammlung satirischer, sich wissenschaftlich gebender Essays, deren Titel in den allgemeinen Sprachschatz übernommen wurde (Boston 1957; dt. Düsseldorf 1958).

Verdammt in alle Ewigkeit
(From here to eternity)
ist der deutsche Titel eines Kriegsromans von James Jones (1921–1977), der 1951 in New York erschien (dt. Frankfurt 1951).

Kerouac

On the Road
(Unterwegs)
ist der Titel eines Romans (New York 1957; dt. Hamburg 1959), der das Lebensgefühl der »Beat-Generation« entscheidend prägte, geschrieben von Jack (eigentlich John) Kerouac (geb. 1922).

Mailer

Die Nackten und die Toten
(The Naked and the Dead)
heißt der erste Roman (New York, Toronto 1948; dt. Berlin 1950) von Norman Mailer (geb. 1923), der während des Zweiten Weltkriegs im Pazifik, den der Autor aus eigener Erfahrung kannte, spielt.

Albee

Who's Afraid of Virginia Woolf?
(Wer hat Angst vor Virginia Woolf?)
stand an der Wand einer Bar in New York, den Kinderreim »Wer hat Angst vor'm bösen Wolf?« parodierend. Edward Albee (geb. 1928) las den Spruch und nannte danach sein Ehedrama (uraufgeführt und veröffentlicht New York 1962; dt. Frankfurt 1963) unter Anspielung auf die Frauenemanzipation und die englische Schriftstellerin Virginia Woolf.

Die Einsamkeit des Langstreckenläufers
(The Loneliness of the Long-Distance Runner)
heißt eine Erzählung (London 1959; dt. Zürich 1967) von Alan Sillitoe (geb. 1928).

Osborne

Blick zurück im Zorn
(Look back in Anger)
ist ein Schauspiel von John Osborne (geb. 1929), uraufgeführt in London 1956 (veröffentlicht London 1957; dt. Frankfurt 1958), in dem die »angry young men« (die zornigen jungen Männer; so genannt nach Leslie Allen Pauls Autobiographie »Angry young Man«, London 1951) in der Figur des Jimmy Porter zu Wort kommen.

Le Carré

Der Spion, der aus der Kälte kam
(The Spy who came in from the Cold)
ist der sprichwörtlich gewordene Titel eines Spionageromans (London 1963; dt. Wien 1964) von John Le Carré (d. i. David John Moore Cornwell; geb. 1931).

Aus italienischen Schriftstellern

Dante

Mittwegs auf unsres Lebens Reise
(Nel mezzo del cammin di nostra vita)
zitieren wir aus der »Hölle« 1, 1 von Dantes Epos »La Commedia«. Dante Alighieri (1265–1321) schrieb sein großes episches Gedicht um 1307–21. Spätere Bewunderer ergänzten den Titel zu »La Divina Commedia« (»Die Göttliche Komödie«). Nach vielen Handschriften, die im Mittelalter angefertigt wurden, erschien die erste gedruckte Ausgabe (Foligno 1472; dt. Leipzig 1767–69). Die drei Teile des berühmten Werkes heißen »Inferno« (Die Hölle), »Purgatorio« (Das Fegefeuer), »Paradiso« (Das Paradies).

O du mein Führer, Herr und Meister mein
(Tu duca, tu signore e tu maestro)
finden wir als Anrede Dantes an Vergil im Kapitel »Die Hölle« 2 der »Göttlichen Komödie«.

Laßt, die ihr eingeht, alle Hoffnung fahren!
(Lasciate ogni speranza, voi ch' entrate!)
lautet der letzte Vers der Inschrift über der Höllenpforte (»Göttliche Komödie«, »Hölle« 3, 9).

Keinem, ach, wird herbres Leid,
Als wem beglückter Tage Bild erscheinet
Im Elend
(Nessun maggior dolore
Che ricordarsi del tempo felice
Nella miseria)
spricht Francesca in Dantes »Göttlicher Komödie« (»Die Hölle« 5). Ähnlich findet sich der Gedanke bereits bei Plautus: »Miserum istuc verbum et pessumumst: habuisse et nihil habere« (Elend ist das Wort und gräßlich: gehabt haben und jetzt nichts haben), bei Cicero: »Nihil est enim tam miserabile quam ex beato miser« (Denn niemand ist so beklagenswert als ein Elender, der früher glücklich war) und endlich in der von Dante gelesenen Schrift des Boëthius (gest. 524 n. Chr.) »Tröstung der Philosophie« II, 4: »In omni adversitate fortunae infelicissimum genus infortunii est fuisse felicem« (Bei aller Unbill des Schicksals ist glücklich gewesen zu sein die unseligste Unglücksart).

Boccaccio

Dekameron
nennen wir nach dem Novellenzyklus »Il Decamerone« (Venedig 1470; dt. erstmals Ulm um 1471) eine Geschichtensammlung meist sinnenfrohen Inhalts. Giovanni Boccaccio (1313–1375) leitete den

Titel aus dem Griechischen ab: »deka« heißt zehn, »hemera« heißt Tag; im »Dekameron« erzählen sich zehn junge Leute an zehn Tagen jeweils zehn Geschichten.

Correggio

Auch ich bin Maler!
(Anch' io sono pittore!)
soll der Maler Correggio (eigentl. Antonio Allegri; um 1498–1534) trotzig ausgerufen haben, als er Raffaels Bild der heiligen Cäcilia zum erstenmal sah.

Machiavelli

Machiavellist und ***Machiavellismus***
sind Bezeichnungen für Macht- und Gewaltpolitik und deren Befürworter geworden. Sie beziehen sich auf das politische Buch des Niccolò Machiavelli (1469–1527) »Il principe« (Rom 1532; dt. »Der Fürst«, zuerst Köln 1714 als »Lebens- und Regierungs-Maximen eines Fürsten«), in dem er die Bedingungen erfolgreicher Politik untersucht und darstellt.

Ariosto

Rodomontade
ist eine Bezeichnung für Prahlerei und Aufschneiderei, die man von Rodomonte ableitet, dem Namen eines heidnischen Helden in Lodovico Ariostos (1474–1533) »Orlando Furioso« (Ferrara 1516), dt. »Der rasende Roland« (Leipzig, 1631–36). Er ist dem des Rodamonte (»Bergfortwälzer«) in Bojardos »Verliebtem Roland« (1495) sinnzerstörend nachgebildet.
In der späteren Literatur begegnet uns das Wort »Rodomontade« zuerst in »La Rodomontade de Pierre Baillony«, Lyon 1589. Seine große Verbreitung hat es aber wohl erst durch Tabarin, einen Hanswurst und Gaukler (gest. 1634) erhalten, dessen witzige Einfälle 1622 als »Recueil général des recontres … tabariniques« in Paris erschienen. Der 6. Ausgabe von 1625 wurden »Les adventures et amours du capitaine Rodomont« als »Rodomontades« zugefügt.

Bruno

Wenn es nicht wahr ist, ist es sehr gut erfunden
(Se non è vero, è molto ben trovato)
steht in Giordano Brunos (1548–1600) »De gl'heroici furori«, Paris 1585 (dt. »Heroische Leidenschaften«, Leipzig 1898).

Casanova

Casanova
nennen wir einen Frauenhelden und Verführer nach dem italienischen Abenteurer, der zugleich auch Philosoph war. Giacomo Girolamo Casanova (1725–1798), der sich selbst zu »Chevalier de Seingalt« adelte, verfaßte umfangreiche Memoiren, aus denen oft nur die abenteuerlichen und erotischen Szenen veröffentlicht wurden. Die erste deutschsprachige Ausgabe, eine Übersetzung aus dem Französischen,

trägt den Titel »Aus den Memoiren des Venetianers J. C. de S., oder sein Leben, wie er es zu Dux in Böhmen niederschrieb« (Leipzig 1822–28).

da Ponte

Will der Herr Graf den Tanz mit mir wagen,
Mag er's nur sagen, ich spiel' ihm auf.

Ihr, die ihr Triebe des Herzens kennt,
Sprecht, ist es Liebe, was hier so brennt?

Das Weitre verschweig ich,
Doch weiß es die Welt.

Endlich naht sich die Stunde.
Nach Beaumarchais' Lustspiel »Le mariage de Figaro« schrieb Lorenzo da Ponte (d. i. Emanuele Conegliano; 1749–1838) den Text zu Mozarts Oper »Figaros Hochzeit«, die zuerst in italienischer Sprache (»Le nozze di Figaro«) am 1. Mai 1786 in Wien aufgeführt wurde. Von den verschiedenen deutschen Übersetzungen haben sich die von Adolf Frh. von Knigge (1791) für die Gesangtexte und C. A. Vulpius (1794) für die Rezitative eingebürgert. Danach zitieren wir obenstehende Worte.

Don Juan oder ***Don Giovanni***
aus der Mozart-Oper »Don Giovanni« (1787) ist zum Typus des verführerischen Wüstlings geworden. Zu dieser Oper (zuerst in italienischer Sprache aufgeführt am 29. Okt. 1787 in Prag, in deutscher Sprache zuerst am 23. Mai 1789 in Mainz) hat Lorenzo da Ponte den Text verfaßt, und zwar nach dem spanischen Drama »El burlador de Sevilla y convidado de piedra« von Lope de Vega, dessen erster bekannter Druck in den »Doce comedias nuevas de Lope de Vega Carpio y otros autores« (Barcelona 1630; vgl. »Aus Schriftstellern spanischer Sprache«) vorliegt.

Der steinerne Gast
Dieser Ausdruck bezieht sich auf die steinerne Bildsäule des von Don Giovanni erstochenen Komturs, die, von jenem höhnisch zum Abendessen eingeladen, auch wirklich erscheint und den Sünder der Hölle überliefert (aus der Mozart-Oper »Don Giovanni« mit dem Text von da Ponte).
Wir zitieren den »steinernen Gast« meist im Sinne einer Passage in Schillers Drama »Die Piccolomini«, wo 4, 6 Isolani den vor sich hinbrütenden Max Piccolomini einen »steinernen Gast, der uns den ganzen Abend nichts getaugt«, schilt.

Aus italienischen Schriftstellern

da Ponte

Keine Ruh' bei Tag und Nacht
sagen wir nach 1, 1 der deutschen Übersetzung des »Don Giovanni« von Joh. Friedr. Rochlitz (1801). (Vgl. Offenb. 4, 8 und 14, 11: »und hatten keine Ruhe Tag und Nacht«.)

Das ertrage, wem's gefällt

Reich mir die Hand, mein Leben!

Treibt der Champagner das Blut erst im Kreise

Weiter hast du keine Schmerzen?
sind geflügelte Worte, die wir Mozarts Oper »Don Giovanni« entnehmen. »Weiter hast du ...« wird auch in der Form »Hast du sonst noch Schmerzen?« zitiert.

Leporello
sagen wir zu einem harmonikaartig gefalteten Schreiben oder Druckwerk in bezug auf das »kleine Register« der Opfer Don Giovannis, das dessen Diener Leporello der Donna Elvira vorführt.

Così fan tutte
(So machen's alle)
ist der Titel einer zuerst 1790 in Wien aufgeführten komischen Oper von Wolfgang Amadeus Mozart deren Text ebenfalls von Lorenzo da Ponte stammt.

Paisiello

Mich fliehen alle Freuden
ist der Anfang eines Liedes aus dem komischen Singspiel »Die schöne Müllerin« (»La Molinara«) von Giovanni Paisiello (1741–1816), das vermutlich Christian Gottlob Neefe (1748–1798) ins Deutsche übersetzt hat. Das italienische Lied beginnt:
»Nel cor più non mi sento
Brillar la gioventù.«
(In meinem Herzen fühle ich nicht
mehr das Feuer der Jugend.)

Cammarano

Zittre, Byzanz!
(Trema, Bisanzio!)
Diese Warnung wird aus Gaetano Donizettis (1797–1848) zuerst 1836 in Neapel aufgeführter Oper »Belisar«, deren italienischer Text nach Eduard von Schenks gleichnamigem Trauerspiel von Salvatore Cammarano (1801–1852) gedichtet und von J. Hähnel verdeutscht wurde, zitiert.

Cammarano

Schon naht die Todesstunde
stammt aus der von Heinrich Proch (1809–1878) herrührenden Übersetzung von Cammaranos Text zu Verdis Oper »Der Troubadour«, zuerst aufgeführt in Rom 1853. Das Originalzitat lautet:
»Ah, che la morte ognora
É tarda a venir!«

Piave

Die Macht des Schicksals
ist der deutsche Titel der Oper »La forza del destino« (1862 in St. Petersburg uraufgeführt) von Giuseppe Verdi zu der Francesco Maria Piave (1810–1901) den Text schrieb. Seine Vorlage war »Don Álvaro o La fuerza del sino« (vgl. »Aus Schriftstellern spanischer Sprache«) des Duque de Rivas (Madrid 1835).

Papini

Ein erledigter Mensch
(Un uomo finito)
heißt ein Roman (Florenz 1912; dt. München 1925 als »Ein fertiger Mensch«; München 1962 unter dem geläufigen Titel) von Giovanni Papini (1881–1956).

Eco

Der Name der Rose
(Il nome della rosa)
Der italienische Linguist und Schriftsteller Umberto Eco (geb. 1932) erinnert mit diesem rätselhaften Titel eines Romans (Mailand 1980; dt. München 1982), der voller literarischer und politischer Anspielungen streckt, an Shakespeares »Romeo und Julia« 2, 2:
»Was ist ein Name? Was uns Rosen heißt,
Wie es auch hieße, würde lieblich duften.«

Aus Schriftstellern spanischer Sprache

Cervantes

Don Quijote
nennen wir einen närrischen Verfechter veralteter Anschauungen nach dem Titelhelden des Romans (Madrid 1605 u. 1615; dt. Köthen 1621) von Miguel de Cervantes Saavedra (1547–1616): »El ingenioso hidalgo Don Quixote de la Mancha«.

Rosinante
nennen wir nach dem »Kampfroß« des Don Quijote einen alten Gaul (spanisch: »Rocinante«, zusammengesetzt aus »rocin«, Klepper und »antes«, früher). Don Quijote gab dem Pferd diesen Namen, um dadurch auszudrücken, daß sein »edles Streitroß« früher ein bloßer Reitklepper gewesen sei.

Dulcinea
So bezeichnen wir nach der Erkorenen Don Quijotes ironisch eine Geliebte.

Mit Windmühlen kämpfen
(Acometer molinos de viento)
lassen wir nach dem Beispiel Don Quijotes (1, 8) verblendete Draufgänger, die »Windmühlen für Riesen halten«.

Ritter von der traurigen Gestalt
(Caballero de la triste figura)
So nennt Sancho Pansa in Cervantes' »Don Quijote« seinen von Schlägen zerbeulten Herrn. Danach bezeichnen wir heute noch eine lächerliche Figur als einen »Ritter von der traurigen Gestalt«.

Die Habenden und die Habenichtse
(El tenir y el no tenir)
In diese zwei Klassen lassen sich nach Auffassung der Großmutter in »Don Quijote« die Menschen einteilen (2, 20).

O Eifersucht, Eifersucht,
Du Leidenschaft,
Die mit Eifer sucht,
Was Leiden schafft.
In Cervantes' Zwischenspiel »La guarda cuydadosa« (»Der wachsame Posten«), erschienen in einer Sammelausgabe von acht Komödien und acht Zwischenspielen (Madrid 1615), ruft in der 7. Szene ein Soldat aus:

»O zelos, zelos! Quan mejor os llamaran duelos, duelos!«
Nach der deutschen Übersetzung dieses Ausspruchs sind obenstehende Worte zur Lebensweisheit geworden.

Tirso de Molina

Don Juan

In dem Schauspiel »El burlador de Sevilla y convidado de piedra« (in: »Doce comedias de Lope de Vega y otros autores, segunda parte«, Barcelona 1630; dt. »Don Juan, der Wüstling« 1805) von Tirso de Molina (d. i. Fray Gabriel Téllez; um 1583–1648) findet man diese Figur eines Wüstlings, der sich über göttliche Ordnung und menschlichen Anstand hinwegsetzt, erstmals literarisch gestaltet. Vorgebildet ist dieser Typus in der Volksliteratur.

Calderón

Ein öffentliches Geheimnis
(El secreto á voces)

ist der Titel eines Lustspiels von Pedro Calderón de la Barca (1600–1681). Danach verfaßte Carlo Gozzi 1769 sein Stück »Il pubblico secreto«, das zuerst (1781) F. W. Gotter unter dem Titel: »Das öffentliche Geheimnis« bearbeitete. Schon Schiller zitiert in einem Brief an Körner (4. September 1794): »Was man in einer Zeitung und auf dem Katheder sagt, ist immer ein öffentliches Geheimnis.«

Das Leben ein Traum

zitieren wir den Titel der deutschen Übersetzung von Calderóns Lustspiel »La vida es sueño« (Madrid 1636; dt. Wien 1816), dessen Widerspiel Grillparzer mit seinem 1834 im Wiener Burgtheater aufgeführten dramatischen Märchen »Der Traum ein Leben« gab. Den Stoff dazu entnahm er aber nicht Calderón, sondern nach seiner eigenen Angabe Voltaires Erzählung »Le Blanc et le Noir« (»Das Weiße und das Schwarze«).
Der wohl sprichwörtliche Vergleich des Lebens mit einem Traum läßt sich literarisch zuerst bei Maximus Tyrius (2. Jahrhundert n. Chr.) in seinen »Vorlesungen« 16, 1 (Paris 1840) nachweisen. Dort heißt es: »Das irdische Leben gleicht einem langen Traume von vielen Jahren.«

Das große Welttheater
(El gran teatro del mundo)

heißt das Fronleichnamsspiel Calderóns, das erstmals 1645 aufgeführt wurde (veröffentlicht Sevilla 1675; dt. in »Geistliche Spiele«, Stuttgart 1846).

Rivas

Die Macht des Schicksals

Angel de Saavedra y Ramirez de Baquedano, Duque de Rivas (1791–1865) ist der Autor des Dramas »Don Álvaro o La fuerza del sino«, uraufgeführt und veröffentlicht in Madrid 1835 (dt. »Don

Alvaro oder Die Macht des Schicksals«). Danach zitieren wir die deutsche Übersetzung des Titels. Piave schrieb nach dieser Vorlage den Text zu Verdis gleichnamiger Oper (vgl. »Aus italienischen Schriftstellern«).

Ortega y Gasset

Der Aufstand der Massen
(La rebelión de las masas)

heißt ein konservatives kulturpolitisches und kulturphilosophisches Essay (ab 1926 in einer Madrider Zeitung; als Buch Madrid 1930; dt. Stuttgart 1931) von José Ortega y Gasset (1883–1955).

Casona

Bäume sterben aufrecht
(Los árboles mueren de pie)

ist ein Drama des spanischen Schriftstellers Alejandro Casona (d. i. A. Rodríguez Álvarez; 1903–1965) im Exil (uraufgeführt Buenos Aires 1949; veröffentlicht Buenos Aires 1950; erste Ausgabe in Spanien Madrid 1959; dt. 1950).

García Márquez

Hundert Jahre Einsamkeit
(Cien años de soledad)

ist als Titel eines Romans (Barcelona 1967; dt. Köln 1970) des kolumbianischen Schriftstellers Gabriel García Márquez (geb. 1928) geflügelt geworden.

Aus Schriftstellern slawischer Sprachen

Tote Seelen
(Mjortwye duschi) — Gogol
ist der Titel eines großen satirischen Romans (Moskau 1842; dt. Leipzig 1846) des Russen Nikolaj Wassiljewitsch Gogol (1809–1852).

Oblomow — Gontscharow
heißt die Titelfigur eines Romans (Petersburg 1859; dt. »Oblomow. Ein russisches Lebensbild«, Leipzig 1859) von Iwan Alexandrowitsch Gontscharow (1812–1891). Oblomow wurde zum Sinnbild des gutwilligen und gutmeinenden, sich aber nicht von seinem Ruhelager aufraffen könnenden Menschen.

Ein Held unserer Zeit
(Geroj naschego wremeni) — Lermontow
heißt ein Roman (Petersburg 1840; dt. zuerst als »Petschorin oder Ein Duell im Kaukasus«, Frankfurt 1845; »Der Held unserer Zeit« Berlin 1852; »Ein Held unserer Zeit« seit der Ausgabe Leipzig 1878) von Michail Jurjewitsch Lermontow (1814–1841).

Der faule Westen — Aksakow
als Ausdruck für die geringschätzige Beurteilung der westeuropäischen Kultur stammt von Konstantin Sergejewitsch Aksakow (1817–1861), dem Führer der von ihm und seinem Bruder Iwan Sergejewitsch Aksakow (1823–1886) gegründeten Slawophilen Partei. Im 5. Kapitel seines Romans »Dym« (»Rauch«, 1867) zitiert Turgenjew dieses Wort als ein längst bekanntes.

Nihilist — Turgenjew
Iwan Turgenjew (1818–1883) schreibt in seinen »Literatur- und Lebenserinnerungen« über den Helden seines Romans »Väter und Söhne« (»Otcy i djeti«, 1862): »Die Figur des Basarow ist das Ebenbild eines jungen Arztes, den ich kennengelernt hatte, und in dem mir das verkörpert zu sein schien, was man später Nihilismus nannte.« Und ferner: »Das von mir erfundene Wort Nihilist wurde von vielen angegriffen, die nur auf eine Gelegenheit, einen Vorwand warteten, die Bewegung, die sich der russischen Gesellschaft bemächtigt hatte, aufzuhalten. Nicht im Sinne eines Vorwurfs, einer Kränkung hatte ich dieses Wort gebraucht, vielmehr als einzigen richtigen Ausdruck für ein historisches Faktum; es wurde aber zu einem Werkzeuge falscher Anklagen – ja beinahe zu einem Brandmal der Schande gemacht.«

Dostojewski

Die Erniedrigten und die Beleidigten
(Unischjonnye i oskorbljonnye)
Von den Romanen und Erzählungen des russischen Schriftstellers Fjodor Michajlowitsch Dostojewski (1821–1881) ist dieser Romantitel (Petersburg 1861; dt. Stuttgart 1885) geflügelt geworden.

Tschernyschewski

Was tun?
(Schto djelat?)
Seine »Erzählungen von neuen Menschen« mit dem obenstehenden Titel (Petersburg 1863; dt. Leipzig 1883) schrieb der russische Schriftsteller Nikolaj Gawrilowitsch Tschernyschewski (1828–1889) als Gefangener in der Peter-Paul-Festung vor Petersburg. In Anspielung auf diese Erzählungen, deren Titel bald geflügelt wurde, veröffentlichte Lenin seine Schrift »Schto djelat? Nabolewschie woprosy naschego dwischenija« (»Was tun? Brennende Fragen unserer Bewegung«, russ. Stuttgart 1902; dt. Berlin u. Wien 1928).

Tolstoj

Wieviel Erde braucht der Mensch?
(Mnogo li tschelowjeku zemli nado?)
ist der Titel einer Erzählung Graf Lew Nikolajewitsch Tolstojs (1828–1910) aus dem Jahr 1886 (in: »Narodnye rasskazy« Moskau 1886; dt. »Volkserzählungen« Berlin 1920).

Der lebende Leichnam
(Schiwoj trup)
nannte Tolstoj sein 1900 geschriebenes Drama, das 1911 in Moskau uraufgeführt wurde (veröffentlicht in »Russkoje slowo«, Petersburg 1911; dt. Leipzig 1911).

Sienkiewicz

Quo vadis?
(Wohin gehst Du?)
ist der Titel eines 1895 in Krakau erschienenen Romans (dt. Lindau i. B. 1899) des Polen Henryk Sienkiewicz (1846–1916). Der Ursprung des Wortes ist in der Petruslegende zu suchen. Als Petrus zur Zeit der Christenverfolgung Neros 67 oder 68 n. Chr., um dem Märtyrertod zu entgehen, aus Rom floh, erschien ihm vor der Stadt Christus. Petrus fragte ihn: »Domine, quo vadis?« (»Herr, wohin gehst Du?«) Als Christus ihm antwortete, er gehe hin, um sich noch einmal kreuzigen zu lassen, sagte Petrus beschämt: »Herr, ich werde zurückkehren und Dir folgen.« Darauf fuhr Christus wieder gen Himmel auf. Der Ort dieser Begegnung wird an die Via Appia verlegt, wo der englische Kardinal Reginald Pohle 1536 anstelle eines älteren Baues eine Rundkapelle errichten ließ, die »Domine, quo vadis« benannt wurde.

Lenin

Der Imperialismus als höchstes Stadium des Kapitalismus
(Imperializm kak noweischij etap kapitalizma)
wurde nach den Schriften Wladimir Iljitsch Lenins (d. i. W. J. Uljanow; 1870–1924) zum politischen Schlagwort.

Radik

Brüder, zur Sonne, zur Freiheit,
Brüder, zum Lichte empor!
Hell aus dem dunklen Vergangnen
leuchtet die Zukunft hervor
ist die Verdeutschung eines Gedichts, das der Revolutionär Leonid Petrowitsch Radik 1897 in einem Kerker in Moskau geschrieben hat. Die deutsche Fassung verdanken wir dem Dirigenten Hermann Scherchen (1891–1966). Zu der Melodie eines russischen Volkslieds wurde es zum ersten Mal 1920 in Berlin gesungen.

Hašek

Schwejk
ist ein Mensch, der sich mit gespielter Naivität und entwaffnender Einfältigkeit gegen Bürokratie und vor allem gegen das Militär durchsetzt. Schwejk ist die Titelfigur eines Romans des tschechischen Autors Jaroslav Hašek (1883–1923) »Osudy dobrého vojáka Švejka za světové války« (mit dem Schluß nach Hašeks Tod von Karel Vaněk, Prag 1921–23; dt. »Die Abenteuer des braven Soldaten Schwejk während des Weltkriegs«, Prag 1926–27). Bert Brecht schrieb 1941–44 das Stück »Schwejk im Zweiten Weltkrieg« (uraufgeführt Warschau 1957; veröffentlicht Berlin 1956).

Inber

Der Platz an der Sonne
(Mjesto pod solncem)
hat seinen Ursprung wohl in den »Pensées« (»Gedanken«) von Blaise Pascal (1623–1662), wurde in Deutschland aber populär durch den gleichnamigen Roman (Moskau 1928; dt. Berlin 1929) der Wera Michajlowna Inber.

Ehrenburg

Tauwetter
(Ottepel)
heißt der Roman (Moskau 1954 u. 1956; dt. Berlin 1957), in dem Ilja Grigorjewitsch Ehrenburg (1891–1967) die politischen und gesellschaftlichen Veränderungen im früheren Ostblock seit Stalins Tod darstellte; »Tauwetter« steht allgemein für Veränderungen zum Besseren.

Ostrowskij

Wie der Stahl gehärtet wurde
(Kak zakaljalas stal)
ist als ein Klassiker des sowjetischen Romans (Moskau 1932–34; dt. Kiew 1937, Berlin 1947) ein Begriff. Sein Autor Nikolaj Alekseje-

witsch Ostrowskij (1904–1936) verarbeitete darin eigene Erlebnisse, Eindrücke und Erfahrungen aus Revolution und Bürgerkrieg in Rußland zu Beginn des 20. Jahrhunderts.

Lec

Unfrisierte Gedanken
(Myśli nieuczesane)

heißt eine satirische Aphorismensammlung (Krakau 1957; dt. München 1959) des polnischen Schriftstellers Stanisław Jerzy Lec (1909–1966).

Aus orientalischen Schriftstellern

Wenn der Berg nicht zum Propheten kommen will, muß der Prophet zum Berge gehen.

Verschiedene Quellen

Die Quelle dieses Wortes findet René Basset (vgl. die Einleitung zu »Les fourberies de Si Djeh' a. Contes Kabyles«, rec. et trad. p. Aug. Mouliéras, Paris 1892, S. 72) in der zu Bulak o. J. erschienenen und wahrscheinlich im Jahre 1044 der Hedschra (d. i. 1631 n. Chr. unserer Zeitrechnung) abgefaßten arabischen Rezension der Anekdoten des Chodja Nas'reddin Dschocha, des »Eulenspiegels« der Mohammedaner. Dort heißt es T. 43: »Wenn der Palmenbaum nicht zu Dschocha kommt, wird Dschocha zum Palmenbaum gehen.« Diese Rezension ist aus einer türkischen übersetzt, die aber selbst wieder auf eine ältere arabische Sammlung zurückgeht (Basset, S. 3ff.; vgl. auch D. Simonsen in: »Zeitschrift für Bücherfreunde«, 7, 1903/04, Beiblatt S. 2). Häufig wird das Wort auch auf Mohammed zurückgeführt, so z. B. von Bacon in seinem »Essay of Boldnesse«. Der Herausgeber der Ausgabe von 1863 (London) W. A. Wright führt auch das spanische Sprichwort »Se no va el otero a Mahoma, vaya Mahoma al otero« und aus einem Brief von Antonio Perez an den Grafen Essex die umgekehrte Lesart an: »Weil der Prophet nicht zum Berge konnte, kam der Berg zum Propheten.« Nach Aloys Sprenger, »Leben und Lehre des Mohammad«, Berlin 1861, 1, 545 beruht die Erzählung auf einer nicht erfüllten Prophezeihung im Koran, 52, 10. Den Anstoß dazu hat wohl die Bibelstelle 1. Kor. 13, 2: »Der Glaube versetzt Berge« gegeben.

Aus griechischen Schriftstellern

Homer

Geflügelte Worte

Diesen Ausdruck verdanken wir Homer. In der »Ilias« kommt er 46mal, in der »Odyssee« 58mal vor. Dort meint die Bezeichnung noch tatsächlich von Göttern oder Menschen gesprochene Worte, die das Ohr des Empfängers gewissermaßen »auf Flügeln« erreichen. Er wird seit dem Erscheinen des ersten »Büchmann«, also seit 1864, allgemein auf den in ihm behandelten Stoff angewendet, so daß Georg Büchmann als Urheber der wissenschaftlichen Bedeutung dieses Wortes zu nennen ist. Die Bezeichnung drang auch in die holländische, dänische, schwedische, russische und französische Sprache ein. Im Englischen gebrauchte Carlyle in seinem 1838 geschriebenen Essay über Walter Scott den Ausdruck »winged words« schon im Sinne der »zitierbaren Sentenzen«.

Vor F. L. Stolberg in seiner Übersetzung der »Ilias« (Flensburg und Leipzig, 1778) und vor Voß (Joh. Heinrich Voß gab seit 1777 einzelne Stücke der »Odyssee« heraus, dann 1781 die ganze »Odyssee« und 1793 die »Ilias«), also wohl zum ersten Mal in einer selbständigen, nicht aus einer fremden Sprache in das Deutsche übersetzten Dichtung, gebraucht Klopstock den Ausdruck »Geflügelte Worte« (»Messias« 1755). Im Büchmannschen Sinne spricht 1868 Bismarck von einem »fliegenden Wort«. (Vgl. L. Türkheim, »Auf Büchmanns Spuren. Schnitzel und Späne«, Nürnberg, 1913.)

Das schwarze Herz

finden wir schon in der »Ilias« I, 103, wo von dem zürnenden Agamemnon gesagt wird: »Von gewaltigem Zorn wurde sein schwarzes Herz erfüllt.«

Nestor

Der laut Homer älteste und weiseste Grieche (»Ilias« I, 247 ff.; »Odyssee« I, 284) hat bedeutenden älteren Vertretern eines Fachgebiets den Namen gegeben.

Honigsüße Rede

zitieren wir in bezug auf die Reden Nestors in der »Ilias« I, 249. Dort heißt es von ihm: »Dem von der Zunge die Rede noch süßer als Honig daherfloß.« Psalm 119, 103 lesen wir: »Dein Wort ist meinem Munde süßer denn Honig.« Vgl. dazu auch Heinrich Heine in seinen nachgelassenen Aphorismen (Hamburg, Berlin 1925): »Mel in ore, verba lactis/Fel in corde – fraus in factis.« (Honig im Munde, Worte wie Milch/Galle im Herzen – Trug im Handeln.)

Myrmidonen

Das kriegerische Volk, das in Homers »Ilias« dem Achill untertänig ist, gab uns für jede mit dem Schwert, der Feder oder der Zunge kampfbereite Gefolgschaft den Namen »Myrmidonen«.

Unauslöschliches Gelächter

steht in »Ilias« I, 599 und »Odyssee« VIII, 326; XX, 346. Aus diesem Wort haben wir »Homerisches Gelächter« gemacht, was sich zuerst wohl als »rire homérique« in Frankreich findet. In den aus den achtziger Jahren des 18. Jahrhunderts stammenden »Mémoires de la Baronne d'Oberkirch« (Paris 1853) heißt es: »On partit d'un éclat de rire homérique.« Schon Voltaire sagt in seinem »Micromégas« (1752): »En étouffant de ce rire inextinguible qui selon Homère est le partage des dieux.«

Niemals frommt Vielherrschaft im Volk; nur Einer sei Herrscher, Einer König allein

steht in der »Ilias« II, 204 f.

Thersites

»Ilias« II, 212–277 schildert uns das Urbild eines boshaften Schwätzers, den »häßlichsten Mann vor Ilion«, Thersites, wie er zeternd den Agamemnon verleumdet und von Odysseus unter dem heiteren Beifall der Achäer mit Worten und Schlägen zum Schweigen gebracht wird.

Rufer im Streit

lautet die Voßsche Übersetzung des Ausdrucks »im Schlachtruf tüchtig«, den wir in der »Ilias« II, 408 u. a. finden.

Einst wird kommen der Tag, da die heilige Ilios hinsinkt

finden wir in »Ilias« IV und VI.

Gehege der Zähne

In der »Ilias«, IV, 530 und in der »Odyssee«, I, 64 steht der Vers: »Welche Rede, mein Kind, ist deinen Lippen entflohen?« So lautet die vollständige Übersetzung von Voß. Wir zitieren aber meist nur den Schluß des Verses in der wörtlichen und sehr anschaulichen Übersetzung: »Gehege der Zähne«.

Stentorstimme

So nennen wir nach der »eherner Stimme« Stentors, der so laut schreien konnte wie fünfzig andere (»Ilias« V, 785), eine ungewöhnlich laute Stimme.

Aus griechischen Schriftstellern

Homer

Immer der erste zu sein und vorzustreben den andern
ermahnt Hippolochos seinen Sohn Glaukos in »Ilias« VI, 208.

Schwerhinwandelndes oder ***schwerwandelndes Hornvieh***
Diesen Ausdruck bilden wir nach »Ilias« VI, 424 und vielen anderen Stellen der »Ilias« und »Odyssee«.

Unter Tränen lächelnd
nimmt Andromache in der »Ilias« VI, 484 ihr Söhnchen dem scheidenden Hektor ab.

Und sie erhoben die Hände zum lecker bereiteten Mahle
findet man in »Ilias« XI, 91 und »Odyssee« I, 149.

Es steht auf des Messers Schneide.
Diese Redensart geht auf »Ilias« X, 173: »Es steht auf der Schärfe des Messers« zurück.

Ein Wahrzeichen nur gilt: das Vaterland zu erretten!
ist »Ilias« XII, 243 entnommen.

Das liegt (oder: ruht) ***im Schoße der Götter***
entnehmen wir »Ilias« XVII, 514 und anderen Stellen der homerischen Dichtung. Für diese Aussage hat sich auch die gebräuchlichere Formulierung »Das wissen die Götter« eingebürgert. »(Das) stehet bey den göttern, wie die teutsche comedien alß pflegen zu sagen« finden wir in den Briefen (1719) der Herzogin Elisabeth Charlotte von Orléans.

Auch Patroklus ist gestorben
Und war mehr als du
zitieren wir aus Homers »Ilias« XXI, 107, nach einer Schiller-Übersetzung, die im »Fiesco« 3, 5 zu finden ist.

So verderb' auch ein andrer, wer immer derartiges frevelt!
lesen wir in der »Odyssee« I, 47.

Wer und woher bist du? Wo sind dir Heimat und Eltern?
zitieren wir die Frage an den Fremdling in »Odyssee« I, 170.

Penelopearbeit
nennen wir nach der »Odyssee« II, 94–109, eine stets von vorn beginnende, nie fortschreitende Arbeit. Die Gattin des Odysseus hatte ihren Bewerbern Gehör versprochen, sobald sie für ihren Schwieger-

vater Laërtes ein Totengewand fertiggewebt haben würde, vernichtete aber bei Nacht, was sie den Tag über geschaffen hatte. Schon Plato (»Phaedon«) zitiert diese »Arbeit ohne Ende«.

Mentor

Der als Vormund des Telemach aus der »Odyssee« und wohl noch mehr aus Fénelons »Aventures de Télémaque« (1699) bekannte Mentor, in dessen Gestalt Athene den Telemach nach Pylos und Sparta begleitet (»Odyssee« II, 267 ff.), wurde zur Bezeichnung für einen Erzieher und Ratgeber.

Meergreis

ist eine Bezeichnung für Proteus aus der »Odyssee« IV, 349, die wir heute oft in scherzhafter Bedeutung gebrauchen.

So gering die Gabe auch ist, so willkommen ist sie doch

steht in »Odyssee« VI, 208 und XIV, 58. Vgl. auch »Ilias« I, 167 f.: »Mit nur geringer, mich aber doch erfreuender Beute kehre ich heim.«

Sisyphusarbeit

nennen wir nach der Erzählung von der Hadesstrafe des Sisyphus (»Odyssee« XI, 593–600) eine vergebliche, nie erfolgreich endende Tätigkeit oder Bemühung. Sisyphus scheitert immer wieder daran, einen Felsen bergauf zu wälzen: »Wieder entrollte darauf in die Ebne der schändliche Felsblock« (XI, 598). Voß (»Musenalmanach für 1778«) gab nach Popes Vorbild:
»The huge round stone, resulting with a bound,
Thunders impetuous down and smokes along the ground«
die Tonmalerei des bei Homer in lauter Daktylen dahinstürzenden Hexameters so wieder:
»Hurtig mit Donnergepolter entrollte der tückische Marmor.«

Gleich und gleich gesellt sich gern

hat seinen Ursprung in der »Odyssee«, XVII, 218:
»Ein Taugenichts führet den andern,
Wie doch stets den Gleichen ein Gott gesellet zum Gleichen!«
Hieraus mag das von Plato (»Symposion«) überlieferte Sprichwort entsprungen sein, das von Cicero (»Cato Maior« 3, 7) mit »pares cum paribus facillime congregantur« und von Macrobius (»Saturnalium conviviorum libri septum« 7, 7) mit »similia similibus gaudent« wiedergegeben wird.

Dulde nur still, mein Herz! Schon Schnöderes hast du erduldet!

lautet ein Trostwort aus der »Odyssee« XX, 18.

Homer

Sardonisches Lachen
wird irrtümlich auf »Odyssee« XX, 301 f.: »Er lächelte so recht ingrimmig in sich hinein« zurückgeführt. Die homerische Formulierung stammt vielmehr von dem griechischen Wort für »fletschen, grinsen« ab. Der Ausdruck »Sardonisches Lachen« geht dagegen auf ein in Sardinien wachsendes, giftiges Kraut (»Sardonia« oder »Sardoa herba«) zurück, dessen Genuß das Gesicht zu schmerzhaftem Lachen verzerrte. Sallust hat zuerst im 2. Buch seiner uns nur fragmentarisch überlieferten »Historien« die Wirkung dieses Krautes geschildert. Die Verwechslung des homerischen mit dem sardonischen, das Lachen verursachenden Kraut geht auf Pausanias zurück.

Hesiod

Die Hälfte ist mehr als das Ganze
sagt Hesiod (9. Jh. v. Chr.) in »Werke und Tage«, Vers 40. Hesiod und sein Bruder Perses hatten das väterliche Erbe unter sich geteilt; die ungerechten Richter, die den armen Poeten nötigten, die Hälfte seines Eigentums dem Perses zu überlassen, nennt er in jenem Vers: »Toren! Sie wissen nicht, um wieviel die Hälfte mehr ist als das Ganze!« Denn Hesiod verwaltete den Rest seiner Habe so weise, daß er nichts eingebüßt zu haben schien, während sich das Vermögen des Bruders durch dessen Trägheit mehr und mehr verringerte.

Vor die Tugend setzten den Schweiß die unsterblichen Götter;
Lang und steil ist der Pfad, der uns zu dem Gipfel hinanführt
ist ein Gedanke, den wir bei Hesiod, »Werke und Tage«, Vers 289 f. finden. Nach dieser Vorlage sagen wir auch: »Der steile Pfad zur Tugend«.

Arbeit schändet nicht
entnehmen wir Hesiod, »Werke und Tage«, V. 309.

Volkes Stimme ist Gottes Stimme
beruht auf Hesiods Worten in »Werke und Tage«, Vers 763 f.: »Nie wird ganz ein Gerücht sich verlieren, das vielerlei Volk hat häufig im Munde geführt; denn ein Gott ist auch das Gerücht selbst.« Die älteste Quelle für die lateinische Version dieses Wortes (»Vox populi vox Dei«) findet sich bei Seneca (»Rhetorum Controversiae« I, 1): »Crede mihi, sacra populi lingua est.« (Glaube mir, heilig ist die Rede des Volkes.) Den ersten wörtlichen Beleg für das Zitat bietet der Theologe und Staatsmann Petrus von Blois (Petrus Blesensis, ca. 1130 bis 1200): »Scriptum est, quia vox populi, vox Dei.«

Alkaeus

Der Klaue nach den Löwen malen
d. h., aus einem Glied auf die ganze Gestalt schließen, wird von Plutarch, »De defectu oraculorum« auf Alkaeus (um 610 v. Chr.) und von

Lukian, »Hermotimus« auf Phidias (geb. um 500 v. Chr.) zurückgeführt. Es findet sich sprichwörtlich schon bei dem Mimendichter Sophron aus Syrakus (5. Jh. v. Chr.).

Alkaeus

Im Wein liegt Wahrheit.
(In vino veritas.)
Die früheste Quelle für dieses Wort ist ein Ausspruch des Alkaeus. Denn er sagt zuerst: »Denn der Wein ist ein Spiegel für die Menschen«, und: »Wein, liebes Kind, (ist) auch Wahrheit [d. h. sie sind dasselbe, sie decken sich].« Wir zitieren das Wort häufig in der lateinischen (nicht antiken) Form »In vino veritas«, deren direktes Vorbild ein Sprichwort bei Zenobius ist.

Solon

Älter werde ich stets, nimmer doch lerne ich aus.
Dieser Vers stammt aus Solons (um 640–559 v. Chr.) »Elegien«.

Ungeschriebenes Gesetz
In einem von Andokides (»De mysteriis«) überlieferten solonischen Gesetz kommt zum ersten Mal dieser Ausdruck vor. Der Begriff, besonders auch im Gegensatz zu dem »geschriebenen Gesetz«, ist in der klassischen Literatur sehr geläufig. Bei Sophokles beruft sich Antigone Kreon gegenüber auf die »ungeschriebenen und unwandelbaren Gesetze der Götter«.

Verschiedene Quellen

Erkenne dich selbst
lautet die Inschrift des Apollo-Tempels in Delphi. Sie wird einem der sogenannten »Sieben Weisen«, mal dem Thales (um 620–543 v. Chr.), mal dem Chilon, mal anderen zugeschrieben. Heraklit sagt (»Die Fragmente der Vorsokratiker«, 1903): »Allen Menschen ist es gegeben, sich selbst zu erkennen und klug zu sein.«

Nichts im Übermaß
Auch dieses von Terenz, »Andria« mit »Ne quid nimis« (Nichts ist zuviel) übersetzte, im allgemeinen auf die »Sieben Weisen« zurückgeführte Wort, soll nach Plato, »Hipparch«, eine Inschrift des Apollo-Tempels in Delphi gewesen sein.

Über die Toten soll man nur Gutes sprechen
(De mortuis nil nisi bene)
ist wahrscheinlich eine Übersetzung des von Diogenes Laërtius überlieferten Wortes des Chilon: »Man soll von dem Toten nichts Böses reden.« Doch führt Demosthenes in der »Rede gegen Leptines«, 104 und nach ihm Plutarch, »Solon«, den Spruch in etwas anderer Form auf Solon zurück. In gleichem Sinne zitiert Cicero, »Ad Atticum«, den Vers aus Homers »Odyssee« XXII, 412 (Voß-Übersetzung): »Über

Verschiedene Quellen

erschlagene Menschen zu jauchzen ist grausam und Sünde.« Mit diesen Worten verwehrt Odysseus Eurykleia den lauten Ausdruck ihrer Freude beim Anblick der getöteten Freier. Cicero zitiert nur die ersten drei Worte und setzt fälschlich »gestorbene« für getötete. Wie aus dem Zusammenhang hervorgeht, gibt er den Worten Homers den Sinn: Es ist nicht recht, von den Toten schlecht zu sprechen. Ebenfalls auf Homer wird das Wort des Lyrikers Archilochus (um 650 v. Chr.), das sehr an die Quelle anklingt, zurückgeführt: »Mit gefallenen Männern seinen Spott zu treiben, ist nicht recht.«

Äsop

Der Ursprung der meisten griechischen Fabeln, aus denen sich zahlreiche geflügelte Worte ableiten, wird zusammenfassend dem Fabelerzähler Äsop (um 550 v. Chr.) zugeschrieben. Im folgenden wird aus der Halmschen Ausgabe, Leipzig 1852, zitiert.

Nach jemandes Pfeife tanzen

In Äsops Fabel 27 »Der flöteblasende Fischer« versucht ein Fischer, erst vergeblich, durch Flötenspiel die Fische an sich zu locken, dann greift er zum Netz und spricht, als sie nun vor ihm auf dem Strand hüpfen: »O ihr schlechtes Getier, als ich flötete, wolltet ihr nicht tanzen, nun ich aber aufgehört habe, tut ihr's!« Die Nutzanwendung dieser Fabel durch Cyrus berichtet Herodot I, 141. Der Evangelist Matthäus (11, 17; vgl. auch Lukas 7, 32) kürzt das äsopische Wort, was Luther mit »Wir haben euch gepfiffen und ihr wolltet nicht tanzen« übersetzt. Aus dessen Umkehrung ist dann obenstehende Redensart entstanden.

Die Trauben sind sauer

sagen wir in übertragenem Sinn wie der Fuchs in Äsops Fabeln 33 und 33b »Der Fuchs und die Trauben«, wenn sie für uns zu hoch hängen.

Eine Schlange am Busen nähren

entlehnen wir aus Äsops Fabel 97 »Der Bauer und die Schlange« und 97b »Der Wanderer und die Natter«. Im griechischen Originaltext heißt es: »Er nahm die Schlange und legte sie unter den Bausch seines Gewandes.«

Herkules am Scheidewege

Zu den äsopischen Fabeln wird auch (158) eine Erzählung des Sophisten Prodicus (um 430 v. Chr.) in seinen »Horen« gerechnet, die wir in Xenophons »Denkwürdigkeiten« durch Worte des Sokrates erfahren. Danach sah Herkules als Jüngling in der Einöde zwei Wege vor sich, den zur Wollust und den zur Tugend, und schwankte lange, welchen er einschlagen sollte (vgl. Cicero, »De officiis« I, 32, 118). Wir zitieren danach obenstehende Worte.

Sich mit fremden Federn schmücken
stammt aus Äsops Fabeln 200 »Die Dohle und die Eule« und 200b »Die Dohle und die Vögel«.

Hic Rhodus, hic salta.
In Äsops Fabel 203 »Der Prahler« und 203b »Der prahlerische Fünfkämpfer« rühmt sich jemand, er habe in Rhodus einst einen gewaltigen Sprung getan, und beruft sich auf die Zeugen, die es dort mitangesehen hätten. Einer der Umstehenden antwortet ihm: »Freund, wenn's wahr ist, brauchst du keine Zeugen. Hier ist Rhodus, hier springe«, was wir heute nach einer lateinischen Übersetzung der äsopischen Fabel in der Form »Hic Rhodus, hic salta« zitieren. Diese Übersetzung hat in lateinische Übungsbücher Eingang gefunden und wurde dadurch weit verbreitet. Wörtlich heißt es aber bei Äsop: »Sieh, hier ist Rhodus, hier ist auch der Sprung«, oder 203b: »Dies ist Rhodus und der Sprung«, bei Gregorius Cyprius (»Corpus paraemeogr. Graec.«, hrsg. von Leutsch und Schneidewin): »Hier ist Rhodus, hier der Sprung.« Daher sagt auch Erasmus (»Adagia«, Paris 1572): »Hic Rhodus, hic saltus.« Goethe gibt die heute übliche Form in den »Zahmen Xenien« III, 2 mit den Worten wieder: »Hier ist Rhodus! Tanze, du Wicht.«

Leiden sind Lehren
wird verkürzt aus dem Epimythion (der »Moral« der Fabel) zu Äsops Fabel 232 »Der Hund und der Koch« entnommen. Die Moral lautet vollständig: »Die Fabel lehrt, daß den Menschen Leiden oft zu Lehren werden.« Schon Äschylus, »Agamemnon« 187 stellt »durch Leid Lehre« als Satzung des Zeus hin. Vgl. Hebräer 5, 8: »Er lernte an dem, was er litt, Gehorsam.«

Trost für jeden im Leid ist, Leidensgefährten zu haben.
Die Fabel 237b »Die Hasen und die Frösche« schließt: »Die Fabel lehrt, daß die Unglücklichen aus den schlimmeren Leiden anderer Trost schöpfen.« Mit einer leichten Veränderung des Sinnes wurde hieraus im Mittelalter ein Hexameter gebildet, den wir bei Dominicus de Gravina, »Chronica de rebus in Apulia gestis ab anno 1333–50« so zitiert finden: »Luxta illud verbum poeticum: gaudium est miseris socios habuisse poenarum.« (Nach jenem Dichterwort: Freude für jeden im Leid ist, Leidensgefährten zu haben.) Dann bietet 1588 Marlowes »Faustus«: »Solamen miseris socios habuisse doloris« (Trost für jeden im Leid ist, Schmerzensgefährten zu haben), während die heute übliche, schon von Spinoza, »Ethik«, 1677 als sprichwörtlich bezeichnete Form lautet: »Solamen miseris socios habuisse malorum.« (Trost für jeden im Leid ist, Leidensgefährten zu haben.) Hierzu bietet Wegeler, »Philosophia patrum«, Koblenz 1877 die Variante: »Solamen

miserum ...« (Ein elender Trost ist's ...; oder, faßt man miserum als Genitiv für miserorum: Ein Trost der Elenden ist's ...).

Nur eins, aber einen Löwen.
Aus Äsops Fabel 240 »Die Löwin und der Fuchs« (vgl. 240b) stammt diese schlagfertige Erwiderung der Löwin auf den Spott des Fuchses, daß sie nur ein Junges geboren habe.

Die Spuren schrecken ab.
(Vestigia terrent.)
In der 246. Fabel des Äsop antwortet der Fuchs dem in der Höhle krank liegenden Löwen auf dessen Frage, warum er nicht nähertrete: »Ich träte schon ein, wenn ich nicht sähe, daß viele Spuren hinein-, keine aber hinausführt.« Schon Plato, »Alkibiades«, zitiert diese Stelle, und Horaz, »Epistulae« I, 1, 74, überträgt sie: »Quia me vestigia terrent omnia te adversum spectantia, nulla retrorsum«, woraus sich verkürzt »Vestigia terrent« entwickelte. Mit den gleichen Worten antwortete der Römische König Rudolf I. (1218–1291) auf die Frage, ob er nicht nach Rom reisen wolle, um dort die Salbung vom Papst zu empfangen.

Sich in die Höhle des Löwen wagen
wird nach der Umkehrung der 246. Fabel Äsops gebildet, in der ein Fuchs sich nicht in die Höhle des Löwen locken läßt, da zwar viele Spuren hinein-, keine aber hinausführen.

Löwenanteil
entlehnen wir aus Äsops Fabel 258 »Der Löwe und der wilde Esel« und 260 »Der Löwe, der Esel und der Fuchs«. »Löwenanteil« bedeutet einen unverschämt großen Anteil an etwas, den sich der Stärkere kraft des »Rechts des Stärkeren« zuspricht. Aufgrund dieser Fabel nannte (nach Ulpian, »Digest.« XVII, 2) der Richter L. Cassius Longinus einen Vertrag, wonach der eine Teilnehmer allen Nutzen zieht, der andere allen Nachteil trägt (»in qua alter ex duobus lucrum tantum, alter damnum sentiret«), eine »societas leonina« (eine Vereinbarung nach dem Muster des Löwen).

Eine Schwalbe macht noch keinen Sommer
bilden wir nach Äsops Fabel 304 »Der verschwenderische Jüngling und die Schwalbe«. Dieser verkauft zunächst seine gesamte Habe bis auf einen Mantel. Als er die erste Schwalbe heimkehren sieht, verkauft er auch diesen, weil er glaubt, es sei nun schon Sommer. Danach aber friert es noch so, daß die Schwalbe stirbt, und der frierende Verschwender ruft ihr Worte des Zorns über die Täuschung nach. Hieraus stammt wohl das von Aristoteles, »Nikomachische Ethik« I, 6

überlieferte Wort: »Eine Schwalbe macht keinen Frühling«, das wir, auf Äsop zurückgreifend, als »Eine Schwalbe macht noch keinen Sommer« zitieren.

Bias

Omnia mea mecum porto
(Alles Meinige trage ich bei mir)

zitieren wir in der lateinischen Form ein von Cicero, »Paradoxa« I, 1 beglaubigtes Wort des ohne Habe aus seinem Vaterland fliehenden griechischen Philosophen Bias (um 570 v. Chr.). Cicero stellt die Worte so: »Omnia mecum porto mea.« Matthias Claudius nahm sie zum Motto der Ausgabe seiner gesammelten Werke, die in den Jahren 1775–1812 teils in Hamburg, teils in Breslau unter dem Titel: »Asmus omnia sua secum portans oder: Sämmtliche Werke des Wandsbecker Bothen« erschien. Seneca legt einen fast wörtlich, dem Sinn nach ganz gleichen Ausspruch dem Philosophen Stilpon (um 300 v. Chr.) bei. Phaedrus führt den Ausdruck auf den Dichter Simonides von Keos (556–469 v. Chr.) zurück.

Simonides

Den Mutigen hilft das Glück.
(Fortes fortuna adiuvat.)

Diesen Ausspruch verdanken wir nach Claudian, »Ep.« 4, 9 dem Dichter Simonides von Keos (556–469 v. Chr.). Er findet sich zuerst bei Terenz, »Phormio« I, 4 und dann auch bei Cicero, »Tusculanae Disputationes« II, 4. Ähnlich zitierte ihn (nach den »Epistulae« VI, 16 seines Neffen, des jüngeren Plinius) der ältere Plinius bei der Erforschung des Vesuvausbruchs.

Die Malerei eine stumme Poesie
und die Poesie eine redende Malerei

ist ein Ausspruch des Simonides. Lessing bemerkt dazu in der Vorrede seines »Laokoon«, die »blendende Antithese des griechischen Voltaire ... stand wohl in keinem Lehrbuch. Es war ein Einfall, wie Simonides mehrere hatte, dessen wahrer Teil so einleuchtend ist, daß man das Unbestimmte und Falsche, welches er mit sich führt, übersehen zu müssen glaubt.« Schon Plutarch gab die Erläuterung, beide Künste seien »in den Gegenständen wie in der Art der Nachahmung« verschieden.

Verschiedene Quellen

Alter ego
(Das zweite Ich)

Die Bezeichnung eines engen Freundes als ein »zweites Ich« wenden wir in lateinischer und deutscher Form an. Nach Porphyrius' »Leben des Pythagoras« ist dieser der Schöpfer des Wortes. Denn »er sagte zuerst, der Freund sei ein anderes Ich«. Diogenes Laërtius schreibt die Prägung des Wortes dem Stoiker Zeno (um 331–264 v. Chr.) zu. Aber

Verschiedene Quellen

schon vor diesem finden wir ähnlich bei Aristoteles (384–322 v. Chr.) in der »Nikomachischen Ethik«: »Denn der Freund ist ein anderes Selbst.« In der pseudoaristotelischen Schrift »Magna Moralia«, die auf der »Ethik« des Aristoteles beruht, heißt es der lateinischen Prägung gleichkommend: »Das andere Ich«. Die letzte Form findet sich auch bei Plutarch, »Über die Menge der Freunde«. Bei Cicero lesen wir »me alterum« in »Ad Atticum« und »alterum me« in »Ad familiares«. Die von uns zitierte Prägung bietet nachweislich zum ersten Mal Seneca, »De moribus«: »Servandus ergo est omni diligentia raro inventus amicus; est enim alter ego.«

Geschehene Dinge lassen sich nicht ungeschehen machen.
und
Geschehenes ungeschehen machen wollen
Diesen geflügelten Worten liegt ursprünglich der Spruch:
»Aber was einmal geschah, das ist unmöglich zu ändern;
Aber für das, was da kommt, sorge mit wachsamem Sinn!«
des Dichters Theognis (um 540 v. Chr.) zugrunde. Daraus bildete Plautus in seiner Komödie »Aulularia« (IV, 10, 11) die Worte: »Factum illud; fieri infectum non potest.« (Geschehen ist's; ungeschehen kann's nicht gemacht werden) und in »Truculentus« (IV, 2, 21): »Stultus es, qui facta infecta facere verbis postules.« (Ein Tor bist du, weil du Geschehenes durch Worte ungeschehen machen willst.) Wir bilden danach die obenstehende, heute geläufige Form.

Äschylus

Schwanengesang
Mit dem Klagelaut des sterbenden Singschwans vergleicht Äschylus (525–456 v. Chr.) eines Menschen bedeutungsvolle Worte vor dem Tode, indem er (»Agamemnon«, 1445) Klytämnestra von Kassandra sagen läßt:
»... die nach Art des Schwans
Zu singen anhub letzten Todesklaggesang.«
Cicero wendet in »De oratore« III, 2, 6 denselben Vergleich auf L. Crassus an, der starb, kurz nachdem er eine Rede gehalten hatte: »Illa tanquam cycnea fuit divini hominis vox.« (Das war gleichsam die Schwanenrede des göttlichen Mannes.) So nennen wir heute die letzte Schöpfung eines Dichters oder Künstlers vor seinem Tod seinen »Schwanengesang«.

Pindar

Das Beste ist das Wasser
findet sich in den »Olympischen Siegesliedern« 1, 1 des thebanischen Dichters Pindar (521–441 v. Chr.).

Eines Schattens Traum (sind) ***die Menschen***
ist den »Pythischen Siegesliedern« 8, 136 des Pindar entnommen.

Pindar

Non plus ultra.
(Bis hierher und nicht weiter.)

In Pindars 3. nemeischen Ode heißt es: »Nicht weiter über die Säulen des Herkules hinaus kann man das unwegsame Meer leicht befahren.« An diese Stelle anknüpfend erzählt Augustin de Horozco in seiner 1598 verfaßten »Historia de la ciudad de Cádiz« (Cádiz 1845), Herkules habe sich, als er nach des Geryones Tod Spanien in Besitz genommen hatte, in Cádiz niedergelassen und dort die gewöhnlich als Säulen bezeichneten Denkmäler mit einer Inschrift errichtet. Er fährt dann fort: »Dies sind die Grenzsteine des Herkules und jene so berühmte Inschrift ›Non plus ultra‹, durch die er zu verstehen gab, daß dort die Grenze der Welt sei.« Hier finden wir die ohne Frage schon vor Horozco bekannte lateinische Übersetzung der Pindarschen Worte zum erstenmal.
Die Erzählung Horozcos beruht auf dem Bestreben der Lokalhistoriker seit dem ausgehenden Mittelalter, die Gründung ihrer Vaterstadt möglichst einem Heros zuzuschreiben. Für die südspanischen Städte kam man durch jene Pindarstelle häufiger auf Herkules, und so teilen mit Cádiz u. a. Gibraltar und Badajoz Gründungssage und Wappen, nämlich zwei Säulen mit der Inschrift »Non plus ultra«. Wir gebrauchen das Wort heute meistens, um den unübertrefflichen Grad einer Eigenschaft, einer Leistung oder eines Gegenstands zu bezeichnen, seltener in lokaler Bedeutung.

Das Gesetz ist der König über alle.

Aus einem verlorenen Gesang Pindars hat sich ein Bruchstück erhalten (fr. 48 der Ausgabe von Tycho Mommsen; bei Plato, »Gorgias«), in dem es mit Bezug auf die Tötung und Beraubung des Geryones durch Herkules heißt, das Gesetz sei der König über alle. Pindar versteht hier unter Gesetz das »Gesetz der Natur«. Herodot zitiert die Pindarstelle, gibt dem »Gesetz« aber einmal die Bedeutung von »Sitte und Herkommen«, während er an anderer Stelle (»über ihnen steht als Herr das Gesetz, zu siegen oder zu sterben«) das politische Gesetz meint. Daraus hat sich in Verbindung mit anderen Stellen das Wort »Usus tyrannus« (Der Brauch ist Tyrann) entwickelt. Gewöhnlich wird es im Hinblick auf Horaz, »Ars poetica«: »Usus quem penes arbitrium est et ius et norma loquendi« (Der Gebrauch, der über den Ausdruck entscheidet und ihm Recht und Regel gibt) auf Sprachliches bezogen, wie denn auch Luther sagt: »Die natürliche Sprache ist Frau Kaiserin.«

Heraklit

Alles fließt.

Auf Heraklit (535–475 v. Chr.) wird nach Simplicius, »Comm. in Aristotelis Physicorum libros IV posterios« der bekannte Satz zurückgeführt, daß alles ewig wechsle: »Alles fließt«, während er nach Plato,

»Cratylos« gesagt haben soll: »Alles bewegt sich fort.« Wir zitieren häufig auch die griechische Form »panta rhei«.

Heraklit

Der Krieg ist der Vater aller Dinge, aller Dinge König
ist ein Wort Heraklits. Vom Krieg sagt er weiter: »Die einen macht er zu Göttern, die andern zu Menschen, die einen zu Sklaven, die andern zu Freien.« (»Fragmente der Vorsokratiker«, hrsg. v. Diels, 1903).

Tretet ein, denn auch hier sind Götter!
(Introite, nam et hic dii sunt!)
Aristoteles überliefert in »De partib. animal.« I, 5, daß Heraklit, als er sich in einem Backofen wärmte, seine Besucher getrost eintreten hieß, denn auch hier seien Götter. Lessing nahm die lateinischen Worte mit dem Zusatz »apud Gellium« zum Motto für seinen »Nathan«. Man hatte sie nämlich willkürlich in eine Lücke der Vorrede des Aulus Gellius zu seinen »Attischen Nächten« eingeschoben, und Lessing folgte noch dieser alten Lesart. An ihre Stelle setzte nach dem »Codex regius« der französische Gelehrte Claudius Salmasius (1588–1653) das wirkliche griechische Zitat des Gellius aus Heraklit: »Vielwisserei lehrt nicht Denken.«

Epicharmos

Eine Hand wäscht die andere.
»Die Hand wäscht die Hand; gib etwas und nimm etwas« ist die verkürzte Schreibweise eines Verses des Dichters und pythagoreischen Philosophen Epicharmos (um 500 v. Chr.), der sich im pseudoplatonischen »Axiochus« und in den »Dialogen« des Aeschines III, 6 findet. Liest man den Schluß mit C. Fr. Hermann »Geschichte der platonischen Philosophie«, S. 306: »… so magst du auch etwas kriegen«, ergibt sich der gute Sinn des Goetheschen Verses: »Wenn du nehmen willst, so gib!« Wir zitieren das Wort meist nach Senecas »Apokolokyntosis« 9, 5 und Petronius Arbiter lateinisch in der Form: »Manus manum lavat.« (Eine Hand wäscht die andere.)

Sophokles

Vieles Gewaltige lebt, und nichts ist gewaltiger als der Mensch
und
Nicht mitzuhassen, mitzulieben bin ich da
zitieren wir aus Sophokles' (496–406 v. Chr.) »Antigone«.

Die, welche Gott verderben will, verblendet er vorher
(Quos Deus perdere vult, dementat prius)
sagen wir nach den in dem »Scholion« (gelehrte Anmerkungen) zu Sophokles' »Antigone« angeführten Versen eines unbekannten griechischen Tragikers: »Will der Gott einem Menschen Übles bereiten, so schädigt er zuerst den Verstand dessen, dem er das Unglück zugedacht hat.« Dem »Scholion« ähnlich lautet ein Fragment bei Lykurg

(um 396–325 v. Chr.): »Wenn der Zorn der Himmlischen einen Menschen schädigen will, so nimmt er ihm zuerst den klaren Sinn aus dem Hirn.« Auch dieses Fragment kann die lateinische Form beeinflußt haben, die uns bei Publilius Syrus (um 43 v. Chr.) in einem dem obigen sehr ähnlichen Wortlaut vorliegt: »Stultum facit Fortuna quem vult perdere.«

Sophokles

Des Glückes Kind oder *Glückskind*

»Des Glückes Kind« nennt sich Ödipus in Sophokles' Drama »König Ödipus« (vor 425 v. Chr.), Vers 1080, was Horaz, »Satiren« II, 6, 49 mit »fortunae filius« wiedergibt.

Empedokles

Die vier Elemente

(»Feuer, Wasser und Erd' und der Luft unermeßliche Höhe«) finden wir bei Empedokles (um 492–432 v. Chr.) in seinem Lehrgedicht »Über die Natur« (»Fragmente der Vorsokratiker«, hrsg. v. Diels, 1903). Nach älterer Textgestalt werden sie dort als die »vier Wurzeln aller Dinge« bezeichnet. Das lateinische Wort »elementum« findet sich zuerst bei Lukrez, auf die »vier Elemente« angewendet zuerst bei Cicero (»Academica« I, 7: »Ergo illa initia et, ut e Graeco vertam, elementa dicuntur«). Vgl. H. Diels, »Elementum. Eine Vorarbeit zum griechischen und lateinischen Thesaurus«, Leipzig 1899. Schillers »Punschlied« (1803) beginnt mit den Worten:

»Vier Elemente,
Innig gesellt,
Bilden das Leben
Bauen die Welt.«

Herodot

Ich erzähle Erzähltes. (Relata refero.)

Diese Redensart führen wir auf Herodot (484–428 v. Chr.) zurück. Er sagt: »Mir obliegt zu erzählen, was erzählt wird, aber mir obliegt nicht immer, es zu glauben; und dies Wort soll mir bei allem gelten, was ich erzähle.«

Euripides

In allem ist Abwechslung angenehm

sagt Elektra zu ihrem kranken Bruder in Euripides' (480–406 v. Chr.) Tragödie »Orestes«, was schon den Griechen zum geflügelten Wort wurde. Aristoteles, »Nikomachische Ethik« VII, 15 zitiert: »In allem ist Abwechslung sehr angenehm, wie der Dichter sagt.« Als Übersetzung dieses Wortes läßt sich aus der römischen Literatur (unter anderem bei Cicero, Varro, Phaedrus und Iustinus) »Varietas delectat« herleiten; wir aber zitieren: »Variatio delectat« (Abwechslung ergötzt), dessen erste Prägung sich nicht nachweisen läßt.

Überall und nirgends

In Euripides' Drama »Iphigenie in Tauris«, Vers 568 sagt Orest, er lebe unglücklich »nirgendwo und überall«. Seneca schreibt, »Epistulae« I, 2: »Nusquam est qui ubique est« (Nirgends lebt, wer überall lebt) und Martial: »Quisquis ubique habitat, ... nusquam habitat.« (Wer überall haust, haust nirgends.) Wir gebrauchen danach verkürzt »überall und nirgends«.

Elend der Arme! Glücklich die Besitzenden!

heißt es in einem Fragment aus Euripides' »Danaë« (»Tragicorum Graecorum Fragmenta«, ed. Nauck). Die wörtliche lateinische Übersetzung der letzten Worte ist der Rechtsgrundsatz »Beati possidentes«, dessen erstes Vorkommen noch nicht festgestellt werden konnte, und der zum Ausdruck bringen will, daß der Besitz als solcher rechtlich geschützt wird und derjenige, der eine Sache zunächst einmal im Besitz hat, selbst vor dem sie nicht besitzenden Eigentümer im Vorteil ist. Vgl. auch Hillebrand, »Deutsche Rechtssprichwörter«, 1858, Nr. 57 und Schiller: »Sei im Besitze, und du wohnst im Recht.« Die dem Euripides gegengesetzte Auffassung finden wir bei Horaz, »Oden« IV, 9: »Non possidentem multa vocaveris recte beatum.« (Nicht den, der viel besitzt, wirst du mit Recht glücklich nennen.)

Alles Natürliche ist keine Schande.
(Naturalia non sunt turpia.)

Ein Fragment aus Euripides' »Hypsipyle« (»Tragicorum Graecorum Fragmenta«, ed. Nauck) kann in der bei Stobaeus, »Florilegium« 29, 56 überlieferten Fassung: »Nicht schimpflich ist, was nötig ist den Sterblichen« als Quelle für das obenstehende Wort angesehen werden. Möglicherweise hat aber auch der Grammatiker Servius Honoratus (gegen Ende des 4. Jahrhunderts n. Chr.) in seinem Kommentar zu den »Georgica« des im Mittelalter viel gelesenen Vergil die Veranlassung zur Prägung des Gedankens gegeben. Nach ihm sollen die Worte Vergils: »Nec turpi ignosce senectae« entweder bedeuten: »Und gib dem häßlichen Greisenalter nicht nach« oder: »Gib dem nicht häßlichen Greisenalter nach, das nichts Häßliches an sich hat, weil es naturgemäß kommt.« Die letzten Worte enthalten dem Sinn und Ausdruck nach die Grundelemente des obigen Gedankens.

Zeig mir deine Freunde, und ich sage dir, wer du bist.

Ein vom jüngeren Plinius in den »Epistolae« zitiertes Fragment aus Euripides' »Phoenix« (»Tragicorum Graecorum Fragmenta«, ed. Nauck) lautet: »Der Mensch ist wie der Umgang, den er gerne pflegt.« Dieses ist wohl die älteste Gestalt des von Goethe in die »Sprüche in Prosa« aufgenommenen und in vielen Kultursprachen vorkommenden Sprichworts:

Euripides

»Sage mir, mit wem du umgehst, so sage ich dir, wer du bist; weiß ich, womit du dich beschäftigst, so weiß ich, was aus dir werden kann«, das wir in obenstehender Form zitieren. Vgl. »Zahme Xenien« in der »Weimarer Ausgabe« 5, 98:

»Sage mir, mit wem zu sprechen
Dir genehm, gemütlich ist;
Ohne mir den Kopf zu brechen,
Weiß ich deutlich, wer du bist.«

Sokrates

Wir leben nicht, um zu essen, wir essen, um zu leben
zitieren wir nach Sokrates' (469–399 v. Chr.) überliefertem Wort, daß »andere Leute lebten, um zu essen; er aber esse, um zu leben«. Ähnliche Formulierungen zitieren auch Quintilian, Aulus Gellius und Diogenes Laërtius.

Hippokrates

Hippokratisches Gesicht
Hippokrates (um 460–377 oder 359 v. Chr.) hat im Anfang der Schrift »Prognostikon« ein Gesicht, auf dem sich die Kennzeichen des nahenden Todes einstellen, so zutreffend und genau geschildert, daß man noch heute ein solches Gesicht ein »hippokratisches Gesicht« (facies hippocratia) nennt. Nachweislich findet sich dieser Ausdruck zuerst bei Victor Trincavellius (1496–1568), »Consilia medicinalia«, Venedig 1586, doch ist er wohl älter, da er hier schon als bekannt auftritt. Ebenso geläufig, besonders in übertragenem Sinn, ist der »hippokratische Zug«. Vgl. Gombert, »Zeitschrift für die deutsche Wortforschung« 3, 1902.

Der hippokratische Eid
Diese vielzitierte Schwurformel geht auf Hippokrates zurück. Überliefert ist in der hippokratischen Schriftensammlung der sogenannte »Ärzte-Eid«. Diese Sammlung ist unter dem Namen »Corpus hippocraticum« bekannt und stammt aus der Mitte des 5. Jahrhunderts vor Christus. Vgl. P. Diepgen, »Geschichte der Medizin« I, Berlin 1949.

Das Leben ist kurz, die Kunst ist lang.
(Vita brevis, ars longa.)
Den Anfang der Aphorismen des Hippokrates zitieren wir nach Seneca, »De brevitale vitae«, auch in der lateinischen Form: »Vita brevis, ars longa.«
Goethe übersetzt den Spruch im ersten Teil des »Faust«, Studierzimmer (2) mit »Die Zeit ist kurz, die Kunst ist lang« und gibt ihm schon vorher (Szene »Nacht«) die Fassung:
»Ach Gott! die Kunst ist lang,
Und kurz ist unser Leben.«

Aus griechischen Schriftstellern

Hippokrates

Was Arzneien nicht heilen, heilt das Messer; was das Messer nicht heilt, heilt Brennen; was aber Brennen nicht heilt, muß als unheilbar angesehen werden.

Dieser Schluß der Aphorismen des Hippokrates wurde bei uns auch in der lateinischen Übersetzung geflügelt, die Schiller als Motto seinem Drama »Die Räuber« voranstellte:

»Quae medicamenta non sanant, ferrum sanat,
quae ferrum non sanat, ignis sanat,
quae vero ignis non sanat, insanabilia reputari oportet.«

Die letzte Zeile taucht in dem Motto nicht mehr auf, wurde aber ebenfalls geflügelt.

Thukydides

Ein Besitztum auf immer

ist uns aus dem Werk des Thukydides (um 454–396 v. Chr.) auch als »ein unvergänglicher Besitz« bekannt.

Die beste Frau ist die, von der man am wenigsten spricht.

Thukydides läßt Perikles in dessen berühmter Leichenrede zu den Witwen der gefallenen Athener folgendes sprechen: »Ihr werdet großen Ruhm ernten, wenn ihr euch nicht schwächer erweist, als die Natur euch schuf, und groß ist schon der Ruhm der Frau, von der unter den Männern im guten oder im schlimmen Sinn möglichst wenig Gerede gemacht wird!« Daraus wurde obenstehendes Wort gebildet. Vgl. Schiller, »Der beste Staat«: »Woran erkenn' ich den besten Staat? – Woran du die beste Frau kennst – daran, mein Freund, daß man von beiden nicht spricht.«

Aristophanes

Eulen nach Athen tragen

entnehmen wir der Komödie »Die Vögel« von Aristophanes (um 444–380 v. Chr.). Als dort unter einem Schwarm anderer Vögel auch eine Eule fliegt, fragt (Vers 301) Euelpides: »Wer hat die Eule nach Athen gebracht?« und meint damit, daß es dort schon so viele gäbe (»… wo schon so viele sind«). Denn die Eule war nicht nur ein in Athen häufig vorkommender Vogel, sondern, weil sie auch im Dunkeln sieht, als Sinnbild der Klugheit auch Attribut der Athene, der Schutzgöttin der Stadt. Außerdem prangte die Eule auf den in reichlicher Zahl vorhandenen athenischen Münzen, die (vgl. V. 1106: »An Eulen wird es euch nie mangeln«) schlicht »Eulen« hießen. So wurde »Eulen nach Athen tragen« im Sinne von »etwas Überflüssiges tun« schon im antiken Griechenland zum geflügelten Wort.

Wolkenkuckucksheim

ist ein Ausdruck, den wir in Aristophanes' »Die Vögel« (V. 821 u. ö.) finden. So wird dort eine von den Vögeln in die Luft gebaute Stadt genannt. Der Ausdruck wird inzwischen gleichbedeutend mit »Phantasiegebilde« oder »Utopie« gebraucht. Das deutsche Wort finden wir auch als Titel eines 1859 in Frankfurt erschienenen Büchleins von Hermann Presber: »Wolkenkukuksheim. Humoristisches Genrebild«. Von den Übersetzern des Aristophanes hat zuerst Minckwitz in der 2. Aufl. von 1880 das Wort »Wolkenheim« geprägt. Alle anderen Übersetzer vor ihm wählten Worte wie z.B. »Wolkengukguksburg« (Wieland 1805) oder »Kukukswolkenheim« (Voß 1821).

Aristophanes

Ubi bene, ibi patria.

In Aristophanes' »Plutos« steht (V. 1151): »Ein Vaterland ist jedes (Land), wo es einem gutgeht.« Dieses lautet bei Cicero, der es vermutlich von dem Tragödiendichter Pacuvius (gest. 130 v. Chr.) entlehnt hat, »Tusculanae disputiones« V, 37: »Patria est, ubicumque est bene.« (Das Vaterland ist allenthalben, wo es gut ist.) Hierin sehen wir die Quelle des als Kehrreim des Liedes »Froh bin ich und überall zu Hause« bekannten Wortes: »Ubi bene, ibi patria.« (Wo es mir gutgeht, da ist mein Vaterland.) Schiller faßt den Gedanken in der »Huldigung der Künste« (1804) mit den Worten: »Wo man beglückt, ist man im Vaterlande.«

Platon

Platon ist mir lieb, aber die Wahrheit ist mir noch lieber.

Platon (427–347 v. Chr.) läßt im »Phaedon« den Sokrates sagen: »Wenn ihr mir folgen wollt, so nehmt wenig Rücksicht auf Sokrates, sondern vielmehr auf die Wahrheit.« Auf dieser Stelle fußend sagt Aristoteles in der »Nikomachischen Ethik« I, 4, man müsse, selbst wenn es sich um von unseren Freunden vorgetragene Ideen handelt, unter allen Umständen der Wahrheit den Vorzug geben und die persönlichen Rücksichten zurückstellen: »Denn, wenn uns auch beide nahestehen, ist es dennoch unsere Pflicht, der Wahrheit den Vorzug zu geben.« Dieses Wort wird uns in der dem Ammonius zugeschriebenen Biographie des Aristoteles in der zugespitzten Form überliefert: »Sokrates ist mir lieb, lieber aber ist mir die Wahrheit.« Wir zitieren das Wort häufig auch in lateinischer Sprache und setzen für »Sokrates« »Platon«: »Amicus Plato, sed magis amica veritas.« In dieser Form findet es sich auch in Cervantes' »Don Quijote«, während Luther, »De servo arbitrio«, schreibt: »Amicus Plato, amicus Socrates, sed praehonoranda veritas.« (Freund Plato, Freund Sokrates hin und her, zuerst kommt die Wahrheit.)

Post festum

Aus Platons »Gorgias« zitieren wir diesen schon in der Antike sprichwörtlichen Ausdruck (stets in der lateinischen, aber nicht antiken Form). »Post festum« (Nach dem Fest), bedeutet »zu spät, wenn alles, weswegen man kommt, vorüber ist«.

Aus griechischen Schriftstellern

Platon

Platonische Liebe

nennt man nach Platons »Gastmahl« die Liebe dessen, der sich zu der geliebten Person nicht körperlich hingezogen fühlt, sondern durch die Schönheit der Seele und des Charakters.

Deus ex machina

beruht auf Platon, der in »Kratylus« den Sokrates über die Entstehung der Sprache sagen läßt: »Wir müßten uns denn auch unsererseits mit der Sache so abfinden wie die Tragödiendichter, die ihre Zuflucht zu den Maschinen nehmen, wenn sie in Verlegenheit sind und die Götter herbeischweben lassen, indem wir sagten, die ursprünglichen Wörter hätten die Götter eingeführt und deshalb wären sie richtig.« Als sprichwörtliche Wendung erscheint »gleichsam wie bei den Theatermaschinen der Gott« zuerst im pseudo-platonischen »Clitophon«. Die lateinische Form stammt wohl aus Marsilius Ficinus' (gest. 1499) Übersetzung der »Clitophon«-Stelle in der verbesserten Ausgabe des Simon Grynaeus (Basel 1539): »veluti e machina tragica deus«.

Lakonische Kürze

Diesen Ausdruck gebraucht Sokrates in Platons »Protagoras«. Wenn die Wendung auch darauf schließen läßt, daß das Wort den Griechen schon vor Sokrates und Platon geläufig war, so mag es dennoch unter dieser ersten uns bekannten Belegstelle angeführt werden.

Von mehreren Übeln das kleinste wählen

In Platons »Protagoras« sagt Sokrates: »Von zwei Übeln wird niemand das größere wählen, wenn er das kleinere wählen kann.« Vgl. auch Aristoteles, »Nikomachische Ethik« V, 3, 16 und Thomas a Kempis, »Nachfolge Christi« III: »De duobus malis minus (est eligendum).« Bei Cicero »De officiis« III heißt es allgemeiner: »Ex malis eligere minima« (Von mehreren Übeln das kleinste wählen). Daraus wurde sprichwörtlich: »minima de malis«.

Liebe macht blind.

In seinem Werk »Gesetze« V, 4 sagt Platon: »Denn der Liebende wird blind in bezug auf den Gegenstand seiner Liebe.« Daraus entwickelte sich unser Wort »Liebe macht blind.«

Aristoteles

Von Natur ein geselliges Wesen

Aristoteles (384–322 v. Chr.) sagt in seinem Werk »Über die Staatskunst«, der Mensch sei von Natur ein »politisches Geschöpf, geselliges Wesen, geselliges Tier«, was Seneca in »De beneficiis« VII und »De clementia« I mit »sociale animal« wiedergibt. »Der Mensch ein gesellicht Thier« ist die Überschrift eines Epigramms von Friedrich von Logau, »Sinngedichte«, Breslau 1654.

Der springende Punkt

Aristoteles spricht in seiner »Geschichte der Tierwelt« VI, 3, davon, daß sich im Weißen des Eies das Herz des werdenden Vogels »als ein Blutfleck« anzeige; »dieser Punkt hüpft und springt wie ein Lebewesen«. Theodorus Gaza (gest. 1478) übertrug die letzten Worte so: »quod punctum salit iam et movetur ut animal«. 1573 zitiert Volcher Coiter (1534–1576) dieses »punctum salit« in »Exercitationen anatomicae«. Aldovrandi (in »Ornithologia«, 1610) und W. Harvey (»Exercitationes de generatione animalium«, London 1651) sprechen dann von dem »hüpfenden Punkt«, der sich (s. Schiller, »Der Genius«, 1795) »verborgen im Ei reget«, als »punctum saliens«. Dieser »springende Punkt«, »der Lebenspunkt, der Punkt, auf den alles ankommt«, wird von uns meistens in übertragenem Sinne auf das in geistiger Beziehung als Hauptsache Hervorspringende angewendet.

Was gibt es Neues aus Afrika? *(Quid novi ex Africa?)*

beruht auf dem von Aristoteles, »Geschichte der Tierwelt« VIII überlieferten Sprichwort: »Immer bringt Afrika etwas Neues.« Vollständig lautet das Wort bei Zenobius: »Immer bringt Afrika etwas neues Schlimmes hervor«, nämlich gefährliche wilde Tiere.

Ein unbeschriebenes Blatt

Aristoteles, »De anima« III, 4 sagt: »... wie auf einer Tafel, auf der in Wirklichkeit nichts geschrieben ist«, und Alexander aus Aphrodisias (um 200 v. Chr.), »De anima«: »die Vernunft, einer unbeschriebenen Tafel gleichend«. Plutarch, »Aussprache der Philosophen« 4, 11 setzt »Blatt« für »Tafel« und schreibt das Wort den Stoikern zu. Danach sagen wir »ein unbeschriebenes Blatt«.

Tabula rasa

Bisweilen wird dieser Ausdruck ebenfalls auf Aristoteles, »De anima« III, 4 zurückgeführt und diesem Wort dann derselbe Sinn unterlegt, den die obengenannte Aristotelesstelle hat. Richtiger zitieren wir es im Sinne von »reinen Tisch machen« nach den »tabellae rasae« bei Ovid, »Ars amandi« I, 437. Ohne Beziehung auf Geistiges meint der Ausdruck die wieder glatt geschabten wächsernen Schreibtafeln. Hier sowohl wie bei der bildlichen Anwendung des Wortes liegt die Anschauung zugrunde, daß man etwas Störendes entfernt und glatte Bahn geschaffen hat.

Nachzuweisen ist der Ausdruck »Tabula rasa« erstmals bei Albertus Magnus (1193–1280) in seiner Abhandlung »De anima« (»Über die Seele«), III, 2. Dort schreibt er von der menschlichen Seele als einer »tabula rasa et plana et polita« (einer glatten, ebenen, sauberen Tafel).

Aus griechischen Schriftstellern

Theophrast

Zeit ist Geld.
oder
Time is money.
Theophrast (um 372–287 v. Chr.) pflegte nach Diogenes Laërtius zu sagen: »Zeit ist eine kostbare Ausgabe.« Goethe schreibt am 26. April 1797 an Fritz von Stein (»Weimarer Ausgabe« IV): »... ob ich gleich gestehe, daß mir mein altes Symbol immer wichtiger wird: tempus divitae, tempus ager meus«, was er im »Westöstlichen Divan. Buch der Sprüche«, Nr. 12 mit »Die Zeit ist mein Besitz, mein Acker ist die Zeit« übersetzt. Vermutlich beruht auf diesem sich gedanklich an Theophrast anlehnenden lateinischen Spruch unser »Zeit ist Geld«, was wir auch englisch ausdrücken: »Time is money.« Der englische Ausdruck kommt bereits in Benjamin Franklins »Advice to a young tradesman written anno 1748« (London, 1793) vor: »Remember that time is money.« In Bacons »Essayes« (1620) heißt es noch: »Time is the measure of business, as money is of wares; and business is bought at a deare hand, where there is small dispatch.« (Zeit ist der Arbeitsmesser, wie Geld der Warenmesser ist; und Arbeit wird teuer, wenn man nicht sehr eilt.)

Menander

Ein notwendiges Übel
(Malum necessarium)
und
Die Zeit heilt alle Wunden.
Bei Stobaios, »Florilegium« finden wir Menanders (342–291 v. Chr.) Verse:
»Heiraten ist, wenn man's bei Licht besieht,
Ein Übel, aber ein notwendiges Übel.«
Der Ausdruck kehrt wieder in dem ebenfalls in Stobaios' »Florilegium« erhaltenen Fragment Menanders, wo wir in dem Wort »Der Arzt aller notwendigen Übel ist die Zeit« auch den ältesten uns bisher bekannten Beleg für unser vielzitiertes Sprichwort »Die Zeit heilt alle Wunden« finden.

Wen die Götter liebhaben, der stirbt jung.
Plutarch überliefert uns in der »Trostrede an Apollonius«, dessen Sohn gestorben war, den Vers des Menander, den Plautus, »Bacchides« IV mit »Quem di diligunt, adolescens moritur« übersetzt und der bei uns in der deutschen Übersetzung als »Wen die Götter liebhaben, der stirbt jung« geläufig geworden ist.

Wer nicht geschunden wird, wird nicht erzogen.
Diesen Ausspruch aus den »Monostichen« des Menander stellte Goethe 1811 als Motto dem 1. Teil von »Dichtung und Wahrheit« voran.

Verschiedene Quellen

Stoische Ruhe

In den sogenannten »bunten Hallen« in Athen, errichtet 450 v. Chr., gründete Zenon von Kition eine Bewegung, die vor allen Dingen Gelassenheit zum Ideal erhob. Nach der Lehre der Stoiker, die ihren Namen von den »bunten Hallen« ableiteten, wurde das geflügelte Wort »stoische Ruhe« gebildet.

Euklid

Was zu beweisen war
(Quod erat demonstrandum)

heißt es am Schluß jeder Beweisführung des Mathematikers Euklid (um 300 v. Chr.).

Krantor

Nervus rerum
(Nerv der Unternehmungen)

Nach Sextus Empirikus, »Adversus Ethicos« läßt der Philosoph Krantor (um 290 v. Chr.) den personifizierten Reichtum sagen: »Im Frieden verschaffe ich Freuden, im Kriege werde ich zum Lebensnerv der Unternehmungen.« Krantor hat damit zuerst in bezug auf »Geld« ein Wort gebraucht, das wir heute lateinisch als »nervus rerum« zitieren. Plutarch hat die Krantor-Stelle im Sinn, wenn er in »Neomenes« sagt: »Der erste, der das Geld ›Nerv der Unternehmungen‹ nannte, scheint es besonders im Hinblick auf den Krieg so genannt zu haben.« Die lateinische Form des Wortes geht auf Cicero zurück, der die Steuern »nervos rei publicae« (»De imperio Cn. Pompeii«) und das Geld »nervos belli« (»Philippica«) nennt. Etwas erweitert finden wir die lateinische Prägung als Ausspruch Kaiser Heinrichs V. (reg. 1106–1125), der, stolz auf seine Reichtümer deutend, zu einem polnischen Gesandten gesagt haben soll: »Dieser nervus rerum agendarum soll euch schon zu Paaren treiben.«

Josephus

Glück im Unglück

finden wir erstmals bei Flavius Josephus (37 bis nach 95 n. Chr.) in seiner »Geschichte des jüdischen Krieges« V, 1.

Volk in Waffen

Diesen Ausdruck prägt Josephus in seiner Selbstbiographie »Vita«. »Die Stadt in Waffen« steht schon bei Euripides, »Herakliden« 399. Nach Georg Webers »Weltgeschichte« sagte der Minister Fürst von Kaunitz (1711–1794) zu Kaiser Joseph II.: »Ein ganzes Volk in Waffen ist an Majestät dem Kaiser ebenbürtig.«

Epiktet

Leide und meide

lautet ein Spruch des stoischen Philosophen Epiktet (etwa 60–133 n. Chr.), den wir bei Aulus Gellius in »Noctes Atticae« (»Attische Nächte«), XVII, 19 finden. Die lateinische Form »Sustine et abstine«

findet sich im »Breviarium Politicorum secundum rubricas Mazarinicas«, Frankfurt/Main 1724.

Plutarch

(Nicht) wissen, wo einen der Schuh drückt

Plutarch (um 46 bis nach 120 n. Chr.) erzählt in »Coniugalia praecepta«, ein Römer habe auf die Vorwürfe seiner Freunde, daß er sich von seiner keuschen, reichen und schönen Frau habe scheiden lassen, seinen Schuh vorgestreckt und gesagt: »Auch dieser (Schuh) ist schön anzusehen und neu, aber niemand weiß, wo er mich drückt.« Hier findet sich das bekannte Bild zum erstenmal.

Verschiedene Quellen

In diesem Zeichen wirst du siegen.

Als Kaiser Konstantin 312 n. Chr. gegen seinen Widersacher Maxentius zur Entscheidungsschlacht zog, erschien ihm in den ersten Nachmittagsstunden ein Kreuz über der Sonne und die Worte »Damit siege!«, wie Eusebius Pamphili (gest. um 340) in seinem »Leben Konstantins« I, 28 berichtet. Wir zitieren diese Verheißung auch lateinisch in der Form: »(In) hoc signo vinces.«

Eunapius

Ein wandelndes Konversationslexikon

Eunapius (geb. um 345 n. Chr.) sagt in seiner »Vita Porphyrii« über Longinus (213–273 n. Chr.), den Lehrer des Porphyrius, er sei in jener Zeit »eine lebende Bibliothek und ein wandelndes Museum« gewesen. In Anlehnung daran nennt E. T. A. Hoffmann in der »Brautwahl« (zuerst im »Berlinischen Taschen-Kalender auf das Schalt-Jahr 1820«, erschienen Herbst 1819, dann im 3. Band der »Serapions-Brüder«, Berlin 1820) den Sekretär Tusmann »ein lebendiges Konversations-Lexikon, das man aufschlug, wenn es auf irgend eine historische oder wissenschaftliche Notiz ankam«. Danach wurde obenstehende Bezeichnung zum geflügelten Wort.

Aus Schriften lateinischer Sprache

Jeder ist seines Glückes Schmied. A. Claudius

Nach der dem Sallust zugeschriebenen Schrift »De re publica ordinanda«, wo es heißt: »quod in carminibus Appius ait, fabrum esse suae quemque fortunae«, ist dieses Wort auf Appius Claudius (römischer Konsul 307 v. Chr.) zurückzuführen. Plautus (»Trinummus« II: »sapiens ipse fingit fortunam sibi«) schreibt diese Fähigkeit nur dem Weisen zu, während ein von Cornelius Nepos, »Atticus« mitgeteilter Vers eines Unbekannten wiederum sagt: »Sui cuique mores fingunt fortunam hominibus.« (Der Charakter schmiedet jedes Menschen Glück.)

Wie gewonnen, so zerronnen Naevius

zitieren wir nach Paulus Diaconus aus dem Werk des Gnaeus Naevius (gest. um 199), wo es ursprünglich heißt: »Male parta male dilabuntur.« (Übel gewonnen, übel zerronnen.) Vgl. dasselbe bei Cicero, »Philippica« II und bei Plautus, »Poenulus« IV: »Male partum male disperit.« Im Deutschen sagen wir auch, aus den Sprüchen Salomonis 10, 2 schöpfend: »Unrecht Gut gedeiht nicht.«

Lupus (est) homo homini Plautus
(Der Mensch ist dem Menschen ein Wolf)

stammt aus »Asinaria« II des Titus M. Plautus (um 254–184 v. Chr.).

Nomen est omen
(Name und zugleich Vorbedeutung)

zitieren wir nach dem Plautus-Werk »Persa«. Das lateinische Originalzitat lautet dort: »Nomen atque omen.«

Sapienti sat est!
(Dem Verständigen genügt's!)

finden wir in Plautus' »Persa« und erstmals zitiert bereits im »Phormio« von Terenz.

Miles gloriosus
(Der ruhmredige Kriegsmann)

ist nach der gleichnamigen Komödie von Plautus bekannt geworden. Eine frühere Fassung dieses Stückes stammte von einem uns unbekannten griechischen Dichter und hieß übersetzt: »Der Marktschreier, Aufschneider«, wie Plautus selbst bezeugt.

Summa summarum
(Alles in allem)

finden wir zuerst bei Plautus, »Truculentus«.

Aus Schriften lateinischer Sprache

Plautus

Das Hemd ist näher als der Rock
(Tunica propior palliost)
heißt es im »Trinummus« des Plautus.

O, schon genug!
(Ohe iam satis!)
kommt bei Plautus in »Stichus« (V, 4) und »Casina« (II, 3) vor und findet sich auch bei Horaz, »Satiren« (I, 5) und Martial.

Ennius

Den sicheren Freund erkennt man in der Not.
(Amicus certus in re incerta cernitur.)
Dieser Vers wird in Ciceros »Laelius« (17, 64) aus Ennius' Drama »Hecuba« zitiert. In dessen Vorbild, Euripides' »Hecuba«, heißt es: »Denn im Unglück werden die guten Freunde am besten erkannt.«

Terenz

Hinc illae lacrimae!
(Daher jene Tränen!)
In der »Andria« des Terenz (185–155 v. Chr.) erzählt Simo, er habe sich bei dem Begräbnis einer Nachbarin zuerst über die Tränen seines Sohnes Pamphilus gefreut, weil er in ihnen den Ausdruck allgemein menschlicher Teilnahme vermutete. Da aber habe er plötzlich die hübsche Schwester der Verstorbenen in dem Leichenzuge bemerkt und das »Hinc illae lacrimae« (urspr. lacrumae) ausgerufen. Dies Wort wird bereits von Cicero, »Pro Caelio« und von Horaz, »Epistulae« (I, 19) zitiert.

Davus bin ich, nicht Ödipus
(Davus sum, non Oedipus)
zitieren wir eine Antwort des Davus aus »Andria« von Terenz mit der Bedeutung: »Ich verstehe dich nicht, denn ich kann nicht so geschickt Rätsel lösen wie Ödipus.«

Amantes amentes
(Verliebt verdreht)
Dieses Wortspiel leitet sich aus der »Andria« von Terenz her, wo es heißt: »Inceptio est amentium, haud amantium.« (Ein Beginnen von Verdrehten ist's, nicht von Verliebten.)
Es kommt wohl zuerst in dem Titel des 1609 erschienenen Lustspiels »Amantes amentes« von Gabriel Rollenhagen vor. »Amens amansque« (verdreht und verliebt) findet sich übrigens schon bei Plautus im Prolog des »Mercator«.

Wärst du an meiner Stelle, du würdest anders denken
(Tu si hic sis, aliter sentias)
stammt aus der »Andria« (II, 1, 10) von Terenz.

Der Liebenden Streit die Liebe erneut
(Amantium irae amoris integratio est)
ist eine Verschönerung des menandrischen Spruches »Nicht lange währt der Zorn der Liebenden« und findet sich in der »Andria« des Terenz (III, 3, 23).

Jeder ist sich selbst der Nächste.
(Proximus sum egomet mihi.)
Dieser Satz aus der »Andria« (IV, 1, 12) wird korrekt eigentlich übersetzt mit: »Ich bin mir selbst der Nächste«, geflügelt wurde er in erster Linie in obenstehender Form.

Es gibt kein Wort mehr, das nicht schon früher gesagt ist
(Nullum est iam dictum, quod non sit dictum prius)
stammt aus dem Prolog des »Eunuchen« von Terenz und wird lateinisch gewöhnlich in der von Hieronymus, »Commentarius in Ecclesiasten« zitierten Form: »Nihil est dictum …« angewendet.
Vgl. Goethe: »Alles Gescheite ist schon gedacht worden …« und den köstlichen Vergleich, den Wilhelm Busch (»Zu guter Letzt«, München 1904) mit der Tatsache anstellt, daß »aus des Vaters Fracke kriegt Fritzchen eine neue Jacke«:
»Grad so behilft sich der Poet.
Du liebe Zeit, was soll er machen?
Gebraucht sind die Gedankensachen
Schon alle, seit die Welt besteht.«

Ich bin ein Mensch; drum ist nichts Menschliches mir fremd
(Homo sum; humani nil a me allenum puto)
heißt es in »Heautontimorumenos« von Terenz. Für die Beliebtheit dieses Verses schon bei den Römern spricht die Mitteilung des Augustinus in den »Epistolae«, daß er im Theater immer lauten Beifall gefunden habe, wenn er von einem Schauspieler auf der Bühne gesprochen worden sei.

Lupus in fabula!
(Wie der Wolf in der Fabel!)
zitieren wir aus Terenz' »Adelphi« den erschreckten Ruf des Syrus, als er plötzlich einen Mann erblickt, über den er gerade spricht.
Schon Cicero (in »Ad Atticum«) gebraucht dieses Wort, das bei Plautus, »Stichus« in der Form: »Ecce tibi lupum in sermone« vorkommt. Zu übersetzen wäre »lupus in fabula«: »Wenn man vom Wolf spricht, ist er nicht weit«; andere Ausleger dieses Wortes machen einen antiken Volksglauben geltend, nach dem derjenige seine Sprache verliert, der zuerst von einem Wolf gesehen wird, bevor er ihn selber gesehen hat.

Terenz

Wenn zwei dasselbe tun, so ist es nicht dasselbe
(Duo cum faciunt idem, non est idem)
ist eine Verkürzung aus »Adelphi« (V, 3, 37): »Duo cum idem faciunt, … hoc licet impune facere huic, illi non licet.« (Wenn zwei dasselbe tun, … so darf der eine es ungestraft tun, der andere nicht.) Vgl. »Heautontimorumenos« (IV, 5, 49): »Allis si licet, tibi non licet.« (Wenn es anderen erlaubt ist, so ist es darum noch nicht dir erlaubt.)

Berge Goldes (goldene Berge) versprechen
(Montes auri pollicens)
stammt aus Terenz' »Phormio«. In Plautus' »Miles gloriosus« kommen schon »Berge von Silber« vor, und im »Stichus« heißt es: »Und er möchte sich die Perserberge nicht erwerben, die von Gold sein sollen.« Vgl. Aristophanes, »Archarnes«, wo es vom Perserkönig heißt, er sitze »auf goldenen Bergen«. Auch Varro soll von diesen Perserbergen gesprochen haben:
»Weder die Berge der Perser, noch Hallen des prunkenden Crassus
Können die Herzen befreien von Angst und von nagenden Skrupeln.«
Es scheint auch, als deute das Gudrun-Epos (vor 1200) mit seinem »und wære ein berc golt, den næme ich niht dar umbe« auf eine gemeinsame indogermanische Quelle.

Du hast es eingerührt; du mußt es auch ganz ausessen
(Tute hoc intristi; tibi omne est exedendum)
und
So viel Leute, so viel Ansichten
(Quot homines, tot sententiae)
findet sich in dem Terenz-Werk »Phormio«. Die Redensart »Quot homines…« zitiert schon Cicero in »De finibus bonorum et malorum«.

Accius

Mögen sie hassen, wenn sie nur fürchten
(Oderint, dum metuant)
aus der Tragödie »Atreus« von Lucius Accius (170–104 v. Chr.) zitierten bereits Cicero (in »Philippika«, »Portestio«, »De officiis«) und Seneca (»De ira«, »De clementia«). Nach Sueton war es ein Lieblingswort des Kaisers Caligula.

Lucilius

Nicht alles können wir alle
(Non omnia possumus omnes)
stammt nach A. T. Macrobius, »Saturnalium conviviorum libri« von dem Satirendichter Gaius Lucilius. Vergil verwandte die Worte, und ähnlich sagt bei Livius Maharbal nach der Schlacht bei Cannae zu Hannibal: »Non omnia nimirum eidem di dedere.«

Varro

Du weißt nicht, was der späte Abend bringt
(Nescis, quid vesper serus vehat)

zitieren wir nach Gellius den Titel einer Varronischen Schrift im Sinne des Sprichworts »Man soll den Tag nicht vor dem Abend loben.« Ähnlich findet sich der Gedanke bei Demosthenes in der »Kranzrede«: »Wenn jemand auch glaubt, es gehe ihm sehr gut und er genieße das größte Glück, so weiß er doch nicht, ob dieses bis zum Abend Bestand haben wird.«

Cicero

Nomina sunt odiosa.
(Namen sind verpönt.)

Marcus Tullius Cicero (106–43 v. Chr.) sagt in seiner Rede »Pro Roscio Amerino«: »Homines notos sumere odiosum est, cum et illud incertum sit, velintne hi sese nominari.« (Angesehene Leute nennen ist eine heikle Sache, da es auch zweifelhaft ist, ob sie selbst genannt werden wollen.) Danach wenden wir verkürzt die obenstehende Redensart an, wenn es besser ist, keine Namen zu nennen.

Halsabschneider und Güterschlächter
(Sectores collorum et bonorum)

nennt Cicero in »Pro Roscio Amerino« die Verbrecher, die zu Sullas Zeiten Gutsbesitzer ermordeten und dann deren Güter betrügerisch an sich zu bringen und vorteilhaft zu verschachern wußten.

Cui bono?
(Wem zum Vorteil?)

In Ciceros Reden »Pro Roscio Amerino« und »Pro Milone« wird diese Redensart als ein Wort des L. Cassius Longinus Ravilla (römischer Konsul 127 v. Chr.) bezeichnet. Aus den zuerst angeführten Stellen ersehen wir, daß Cassius, ein Mann von äußerster Strenge, bei Kriminalfällen den Richtern einschärfte, nachzuforschen, »cui bono« – »wem zum Nutzen« die Tat geschah.

O tempora! O mores!
(O diese Zeiten! O diese Sitten!)

steht in Ciceros 2. »Actio in Verrem« (70 v. Chr.) und verschiedenen weiteren Werken des römischen Staatsmanns, Redners und Philosophen. Friedrich der Große zitierte die Worte unter anderem in einem Brief an Voltaire vom 6. Juli 1737 (R. Koser u. H. Droysen, »Briefwechsel mit Voltaire« I, 72). In der Sammlung »Ohren-vergnügendes und Gemüth-ergötzendes Tafel-Confekt« von Valentin Rathgeber, Augsburg 1746, kommen sie nachweislich zum ersten Mal in der deutschen Literatur vor und fanden später als Kehrreim von Geibels »Lob der edlen Musika« die weiteste Verbreitung.

Civis Romanus sum.
(Ich bin ein römischer Bürger.)

In Ciceros 2. »Actio in Verrem« finden wir das stolze Wort des Römers, den Ausdruck der Unantastbarkeit und der Ausnahme von aller fremden Gerichtsbarkeit, das, wie Cicero hinzufügt, »oft vielen an den äußersten Grenzen des Reiches unter Barbaren Heil und Rettung brachte«. Entrüstet klagt er in der »Actio« Verres wegen der Verletzung dieses Schutzrechts an (vgl. »De imperio Cn. Pompeii« 5, 11). Noch der Apostel Paulus beruft sich mit Erfolg auf sein römisches Bürgerrecht (Apg. 16, 37ff. und 22, 25ff.).

Non liquet
(Nicht spruchreif)

Diese altrömische Formel eines Richters oder Geschworenen, der bei einem unklaren Tatbestand kein Urteil fällen konnte, zitieren wir aus Cicero, »Pro Cluentio« (66. v. Chr.): »Deinde homines sapientes et ex vetere illa disciplina iudiciorum, qui neque absolvere hominem nocentissimum possent, neque eum, de quo esset orta suspicio, pecunia oppugnatum, re illa incognita primo condemnare vellent, non liquere dixerunt.« (Darauf gaben einsichtige Männer von der alten Schule der Geschworenengerichte, die weder solchen Verbrecher freisprechen konnten, noch ihn, gegen den, wie man munkelte, mit Bestechung der Richter vorgegangen war, ohne [genaue] Untersuchung dieser Sache verurteilen wollten, folgenden Spruch ab: »Es ist nicht spruchreif.«)

In integrum restituere
(In den früheren Rechtszustand wiedereinsetzen)

findet sich zuerst in Ciceros Rede »Pro Cluentio« 36, 98, dann in Gaius Julius Caesars »Bellum civile« III, 1 und später im »Corpus iuris« II, 49.

Curriculum vitae
(Lebenslauf)

sagen wir nach Cicero, »Pro C. Rabirio« (63 v. Chr.), 30, wo es heißt: »Etenim, Quirites, exiguum nobis vitae curriculum natura circumscripsit, immensum gloriae.« Allerdings hat »vitae curriculum« bei Cicero noch nicht die erst später dem Wort beigelegte Bedeutung des persönlichen Werdegangs.

Quousque tandem?
(Wie lange noch?)

Diese ungeduldige Frage finden wir im Anfang von Ciceros erster Rede »In Catilinam« (63 v. Chr.). Sie kommt später auch bei Sallust (»Catilina« 20, 9) und bei Livius vor.

Die Konsuln mögen dafür sorgen, daß die Republik keinen Schaden leide.
(Videant consules, ne quid res publica detrimenti capiat.)
Dieses Wort bildete, als man in Rom vom 6. Jahrhundert v. Chr. an die Diktatur nicht mehr anwenden wollte, das sogenannte »senatus consultum ultimum«, das die Konsulargewalt zu einer diktatorischen machte. Es findet sich unter anderem in der Cicero-Rede »In Catilinam« und daneben auch bei Caesar, Livius, Sallust und Plutarch.

Gerade ihr Schweigen ist laute Anklage
(Cum tacent clamant)
ist ein Satz aus Ciceros Rede »In Catilinam«, nach dem wir auch das Wort »beredtes Schweigen« bilden.

Er ist gegangen, er hat sich aus dem Staube gemacht, er ist davongestürmt, er ist ausgebrochen (wie ein wildes Tier aus dem Käfig)
(Abiit, excessit, evasit, erupit)
wird nach Ciceros zweiter Rede »In Catilinam« zitiert.

Pro domo
(Für das eigene Haus)
Der Titel der Rede Ciceros »De domo sua ad pontifices« (57 v. Chr.) ist in der älteren Lesart »Pro domo« zum allgemeinen Ausdruck für jede Tätigkeit geworden, die auf Erhaltung der eigenen Habe abzielt. Wir nennen danach eine der Selbstverteidigung oder dem eigenen Vorteil dienende Rede auch eine »oratio pro domo«.

Aura popularis
(Hauch der Volksgunst)
Aus Ciceros Redewendung in »De haruspicum responsis« (56 v. Chr.): »Resistentem longius quam voluit popularis aura provexit« (Die Volksgunst trieb den Widerstrebenden weiter als er wollte) stammt dieses Wort, das später auch von Vergil, Horaz, Livius und Quintilian ähnlich angewandt wird.

Otium cum dignitate
(Muße mit Würde)
rührt von Ciceros Rede »Pro Sestio« (56 v. Chr.) her. Doch steht dort: »cum dignitate otium«. »Otium« bedeutet dem Römer im Gegensatz zu »negotium«, der politischen Tätigkeit, die Zurückgezogenheit vom politischen Leben. Diese galt ihm an sich als etwas Unwürdiges. Diesen Makel hebt der Zusatz »cum dignitate« auf, so daß der ursprüngliche Sinn der Wortverbindung ist: »zurückgezogen von der öffentlichen Tätigkeit leben, aber doch dabei Ansehen genießen«. Bei der heutigen Anwendung des Wortes fällt der Gegensatz fort. Für uns ist

ein »otium cum dignitate« das beschauliche Leben eines von seiner amtlichen Tätigkeit oder Berufsarbeit zurückgetretenen, allgemein geachteten Mannes.

Wie du gesäet, so wirst du ernten
(Ut sementem feceris, ita metes)
steht bei Cicero, »De oratore« (55 v. Chr.) und wird dort als Wort des M. Pinarius Rufus ausgewiesen. Ihm mochte dabei der Satz von Aristoteles vorgeschwebt haben: »Was du hier böse gesäet, das hast du schlimm geerntet.« Vgl. in der Vulgata, Hiob 4, 8: »Et seminant dolores et metunt eos« (nach Luther: Die da Mühe pflügten und Unglück säeten, ernteten sie auch ein); Galater 6, 8: »Quae enim seminaverit homo, haec et metet« (nach Luther: Denn was der Mensch säet, das wird er ernten).

Im Waffenlärm schweigen die Gesetze
(Silent leges inter arma)
ist aus Ciceros Rede »Pro Milone« (52 v. Chr.) bekannt. Der Gedanke wird von Valerius Maximus schon dem Gaius Marius zugesprochen, der gesagt haben soll: »Inter armorum strepitum verba se iuris civilis exaudire non potuisse.« (Im Lärm der Waffen habe ich kein Wort bürgerlicher Rechtsprechung gehört.) Lucanus, »Pharsalia« I, 277 ahmt diese Worte so nach: »Leges bello siluere coactae.« (Der Krieg zwingt die Gesetze zum Schweigen.)

Die Gewohnheit ist wie eine zweite Natur.
(Consuetudo est altera natura.)
Aus Ciceros Worten in »De finibus leonorum et malorum«: »Consuetudine quasi alteram quandam naturam effici« (Durch die Gewohnheit werde gleichsam eine zweite Natur geschaffen) stammt dieses leicht abgewandelte Zitat. Schon in Aristoteles' »Rhetorik« I, 11 heißt es: »Die Gewohnheit wird gleichsam zur Natur«, und bei Galenus, »De motu musculorum« II, 7: »Treffend wird die Gewohnheit eine angeeignete Natur genannt.«

Lieber will ich mit Plato irren, als mit jenen (den Pythagoreern) ***das Wahre denken***
(Errare ... malo cum Platone, ... quam cum istis vera sentire)
sagt Cicero in den »Tusculanae Disputationes« (44 v. Chr.). Vgl. Goethe, »Sprichwörtlich« 10 (»Werke«, Bd. 2, 1815, 220):
»Willst du dir aber das Beste tun,
So bleib nicht auf dir selber ruhn,
Sondern folg' eines Meisters Sinn,
Mit ihm zu irren ist dir Gewinn.«

Di minorum gentium

(wörtlich übersetzt: »die Götter aus den geringeren Geschlechtern«) nennen wir die weniger bedeutenden oder nicht berühmten Menschen mit Beziehung auf die »maiorum gentium di« (die oberen Götter) bei Cicero, »Tusculanae Disputationes« I, 13, 29. Diese Bezeichnungen erklären sich daraus, daß Tarquinius außer den von Romulus berufenen »patres maiorum gentium« (Senatoren aus den hervorragenden Geschlechtern) auch »patres minorum gentium« (Senatoren geringerer Herkunft) berief.

Semper idem
(Immer derselbe)

Nach Cicero, »Tusculanae Disputationes« III, 15, 31 hat Xanthippe an Sokrates gerühmt, sein Gesichtsausdruck sei beim Ausgehen und beim Wiederkommen »immer derselbe« gewesen, und der Erzähler fügt hinzu: »Iure erat semper idem vultus, cum mentis, a qua is fingitur, nulla fieret mutatio.« (Mit Recht war der Ausdruck immer derselbe, weil der Geist, durch den er gebildet wird, unverändert blieb.) Uns wurde das aus dem Satzgefüge gelöste »semper idem« zum Wahlspruch der Beständigkeit.

Damoklesschwert

Nach Ciceros »Tusculanae Disputationes« V, 21, 6 wurde uns das Schwert, das der Tyrann von Syrakus Dionys der Ältere (405–367 v. Chr.) an einem Pferdehaar über dem Haupt des die Freuden der Königstafel genießenden Damokles aufhängen ließ, als »Damoklesschwert« zum Sinnbild drohender Gefahr.

Philippika

Nach Cicero, der seine »Reden gegen Antonius« (44/43 v. Chr.) in Anlehnung an die gewaltigen Reden des Demosthenes gegen Philipp von Makedonien »Philippische« nannte, gebrauchte zuerst Hieronymus diese Bezeichnung für eine Strafrede (»Epistolae« 57, 13: »Philippicas tibi scribere«), und so nennt man noch heute jede leidenschaftliche Strafrede eine »Philippika«.

Hannibal ad portas.
(Hannibal steht vor den Toren.)

Aus Ciceros erster »Philippica« 5, 11 und zugleich aus »De finibus bonorum et malorium« IV, 9, 22 stammt diese eine, unmittelbar drohende Gefahr bezeichnende Wendung. Häufig wird fälschlicherweise auch lateinisch: »Hannibal ante portas« zitiert. In Ciceros Text aber findet sich die oben angeführte Version.

Summum ius summa iniuria.
(Das strengste Recht ist das größte Unrecht.)
Diese von Cicero in »De officiis« (44 v. Chr.) als »abgedroschenes Sprichwort« zitierte Formulierung, die besagt, daß das Recht, auf die Spitze getrieben, zum vollsten Unrecht wird, scheint eine spätere Fassung des Sprichwortes in Terenz' »Heautontimorumenos« zu sein: »Dicunt: ius summum saepe summa est malitia.« (Man pflegt zu sagen: Das strengste Recht ist oft die größte Ungerechtigkeit.) So zitiert auch Hieronymus, »Epistulae« 1, 14. Luther schreibt: »Wie der Heide Terentus sagt: ›Das strengste Recht ist das allergroßest Unrecht.‹« An späterer Stelle führt Luther das Wort allerdings auf Scipio zurück.

Ab igne ignem
(Vom Feuer Feuer)
Aus Ciceros »De officiis« I, 16, 52, wo es sich um allgemeine Gefälligkeiten gegen jedermann handelt, wie z. B. daß wir es jedem gestatten müssen, sich an unserem Feuer das seinige anzuzünden, zitieren rauchende Gelehrte, um Feuer bittend: »Ab igne ignem«, worauf dann wohl die Antwort aus Plautus' »Trinummus« III, 2, 53 erfolgen mag: »Dabitur ignis, tametsi ab inimico petas.« (Feuer sollst du bekommen, auch wenn du einen Feind darum bittest.)

Homo novus
In Ciceros »De officiis« finden wir diese Bezeichnung für einen Emporkömmling, d. h. einen Mann, der als erster aus einer Familie in die hohen Ehrenstellen (Ädilität, Prätur, Konsulat) gelangte. Heute gebrauchen wir den Ausdruck von jemandem, der zu einem Amt berufen wird, ohne daß man vorher etwas von ihm gehört hat.

Hic haeret aqua
(Hier stockt [hapert] es, hier bin ich in Verlegenheit)
ist eine Verkürzung der beiden Cicero-Sätze »Sed aqua haeret, ut aiunt« (aus »De officiis«) und »In hac causa mihi aqua haeret« (aus »Ad Quintum fratrem«). Otto, »Sprichwörter der Römer« sagt zu der Redensart: »Nach der gewöhnlichen Annahme wäre an die Wasseruhr zu denken, doch könnte auch das auf den Feldern stehende Wasser, das nicht ablaufen will, die Quelle der Redensart gewesen sein.«

Papier ist geduldig.
So wenden wir gewöhnlich das ursprüngliche Zitat: »Epistola non erubescit« (Ein Brief errötet nicht) aus Ciceros Briefen »Ad familiares« an. Es wird häufig auch verändert in: »Litterae non erubescunt« oder »Charta non erubescit.«

In Fleisch und Blut (übergehen)
(In sucum et sanguinem)
In Ciceros Brief »Ad Atticum« IV finden wir diese Verbindung von »sucus« und »sanguis«, eigentlich zu übersetzen mit »Saft und Blut«.

Caesar

Neuerungssüchtig
(Novarum rerum cupidus)
nennt Gaius Julius Caesar (100–44 v. Chr.) den Aeduer Dumnorix in »De bello Gallico« I, 18, 3.

Lukrez

Aus nichts wird nichts
(De nihilo nihil)
wird aus Titus Lucretius' (Lukrez, 98–55 v. Chr.) »De rerum natura« I, 149. 205 zitiert und von Persius in den »Satiren« 3, 84 wiederholt. Lukrez hatte diese Ansicht aus Epikur entlehnt, der nach Diogenes Laërtius an die Spitze seiner Physik den Grundsatz stellte: »Nichts wird aus dem Nichtseienden.« Vor Epikur hatte schon Melissus gesagt, daß aus Nichtseiendem nichts werden kann, wie auch Empedokles die Ansicht bekämpft, daß etwas, was vorher nicht war, entstehen könne. Aristoteles (»Physik« 1, 4) sagt, Anaxagoras habe die übliche Ansicht der Philosophen für wahr gehalten, daß »aus dem Nichtseienden nichts entstünde«. In Marc Aurels (121–180 n. Chr.) »Selbstbetrachtungen« IV, 4 heißt es: »Denn von nichts kommt nichts, so wenig als etwas in das Nichts übergeht.«

Sallust

Durch Eintracht wächst das Kleine,
durch Zwietracht zerfällt das Größte
(Concordia parvae res crescunt, discordia maximae dilabuntur)
findet sich in Sallusts (86–35 v. Chr.) »Jugurtha« 10, 6.

Publilius Syrus

Ein Tag lehrt den andern.
(Dies diem docet.)
Dieses Wort hat sich aus dem 123. Spruch des Publilius Syrus (um 50 v. Chr.): »Discipulus est prioris posterior dies« (Der folgende Tag ist der Schüler des vorhergehenden) entwickelt.

Lachende Erben
ist vermutlich aus dem 221. Spruch des Publilius Syrus: »Heredis fletus sub persona risus est« (Das Weinen des Erben ist ein maskiertes Lachen) oder aus den sogenannten »Varronischen Sentenzen« 12: »Sic flet heres, ut puella nupta viro; utriusque fletus non apparens risus« (Ein Erbe weint wie eine Braut; beider Weinen ist heimliches Lachen) hervorgegangen (vgl. auch Horaz, »Satiren« II, 5, 100–104). Schon 1622 kommt in Baden ein »Lacherbengeld« vor (vgl. Rau, »Grundsätze der Finanzwissenschaft«, 5. Ausgabe 1864, 237), und

Aus Schriften lateinischer Sprache

Publilius Syrus

Friedrich von Logau schreibt (»Sinn-Getichte«, 1654, 2. Zugabe zum 3. Tausend, Nr. 78 u. 79):
»Lachende Erben.
Wann Erben reicher Leute die Augen wäßrig machen,
Sind solcher Leute Tränen nur Tränen von dem Lachen.«
1664 heißt es in Othos »Evangelischem Krankentrost«: »Freu dich liebes Mütlein, traure, schwarzes Hütlein, heißt's bei lachenden Erben.«

Dem Armen gibt eine doppelte Wohltat, wer schnell gibt.
(Inopi beneficium bis dat, qui dat celeriter.)
Diese 235. Sentenz des Publilius Syrus wird lateinisch auch verkürzt zitiert als: »Bis dat qui cito dat.« Vgl. Goethe, »Sprichwörtlich« (»Werke« 2, 1815, 238):
»Doppelt gibt, wer gleich gibt,
Hundertfach, der gleich gibt,
Was man wünscht und liebt.«
Die kurze lateinische Form des Gedankens beruht wahrscheinlich auf Erasmus von Rotterdam (1469–1536) der in seinem Werk »Adagia« I, 8, 91 sagt: »Memini, nisi fallor, apud Senecam alicubi legere: bis dat qui cito dat.« Bei Seneca, wie Erasmus vermutet, findet sich der Spruch jedoch nicht.

Glück und Glas, wie bald bricht das
geht wahrscheinlich auf die Sentenz »Fortuna vitres est, tum quum splendet, fransiter« von Publilius Syrus zurück.

Vergil

Ein Gott hat uns diese Muße geschaffen.
(Deus nobis haec otia fecit.)
Publius Vergilius Maro (Vergil, 70–19 v. Chr.) bietet in den »Eclogen« 1, 6 diese manchmal auch als Hausinschrift verwendeten Worte des behaglich gelagerten Hirten Tityrus.

Jeder läßt sich von seiner Neigung leiten
(Trahit sua quemque voluptas)
sagt der Hirt Corydon in Vergils »Eclogen« 2, 65 von seiner Liebe.

Von Jupiter anfangend singt, ihr Musen.
(Ab Iove principium, Musae.)
In den »Eclogen« 3, 60 beginnt der Hirt Damoetas den Wettgesang mit Menalkas mit den obenstehenden Worten. Die Römer entnahmen das Wort aus Aratus' (um 250 v. Chr.) Lehrgedicht »Phaenomena«: »Von Zeus laßt uns beginnen.« Danach sagt Germanicus (15 v. bis 19 n. Chr.) in seiner Übersetzung der »Phaenomena«: »Ab Iove principium magno deduxit Aratus.« Ebenso wie Aratus beginnt sein Freund Theokrit seine 17. Idylle. Vgl. Cicero, »De legibus« II, 3, 7

und Quintilian X, 1, 46. Schon bei dem Lyriker Alkman (um 610 v. Chr.) beginnt eine Sängerin ihren Vortrag mit den Worten: »Ich will singen, von Zeus anhebend.«

Amor (oder: **die Liebe) besiegt alles**
(Omnia vincit Amor)
steht in Vergils »Eclogen« 10, 69. Über deutsche Lieder mit dem Kehrreim oder Anfang »Amor vincit omnia« s. A. Kopp, »Deutsches Volks- und Studentenlied« (Berlin 1899) S. 134 und »Euphorion« 8, 1901, 355 f.

Ultima Thule
(Das äußerste Thule)
ist Vergils Bezeichnung einer weit entfernten Insel in »Georgica« I, 30. Die Ballade vom »König von Thule« läßt Goethe in »Faust« 1, Vers 2759 sein Gretchen singen.

Die unablässige Arbeit besiegt alles.
(Labor omnia vincit improbus.)

Glücklich, wer zu erkennen vermocht der Welt Ursachen!
(Felix, qui potuit rerum cognoscere causas!)

Doch unterdessen entflieht die Zeit, flieht unwiederbringlich.
(Sed fugit interea, fugit irreparabile tempus.)
Diese Textstellen finden sich in »Georgica« von Vergil.

Wenn man Kleines mit Großem vergleichen darf
(Si parva licet componere magnis)
Mit diesem Zusatz vergleicht Vergil in »Georgica« IV, 176 die Arbeit der Bienen mit der der blitzeschmiedenden Zyklopen. Das Wort geht wohl auf Herodot zurück, der sagt, das Land zwischen den Gebirgen nördlich von Memphis sei einst ein Meerbusen gewesen, gerade wie das Gebiet um Ilion usw., »wenn es erlaubt ist, so Kleines mit Großem zu vergleichen«. Dieselbe entschuldigende Wendung gebraucht er, wenn er die Küste Skythiens mit der Attikas vergleicht.

So heftiger Zorn in der Seele der Götter!
(Tantaene animis caelestibus irae!)
ruft Vergil in der »Aeneis« I, 11 aus. Die gleichen Worte ruft Gloster dem Kardinal Beaufort in Shakespeares »Heinrich VI.« zu.

Solcher Mühe bedurft' es, das römische Volk zu begründen
(Tantae molis erat Romanam condere gentem)
heißt es in Vergils »Aeneis« I, 33. Diesen Satz stellte Herder dem vier-

ten Teil seiner »Ideen zur Philosophie der Geschichte der Menschheit« (Riga und Leipzig 1791) in der Form: »Tantae molis erat Germanas condere gentes« als Motto voran.

Quos ego!
(Euch werd' ich!)

Mit diesen Worten beschwichtigt Neptun die Winde in der »Aeneis« I, 135 von Vergil.

Fidus Achates
(Der getreue Achates)

ist als Begleiter des Aeneas (»Aeneis« I, 188) zum Inbegriff eines treuen Freundes geworden. Unter dem Titel: »Fidus Achates oder Getreuer Reisegefert ...« erschien 1651 in Ulm im Verlag von Georg Wildeisen das erste deutsche Reisehandbuch von Martin Zeiller (1589–1661).

Vielleicht wird es uns dereinst freuen, daran zurückzudenken.
(Forsan et haec olim meminisse iuvabit.)

Dieses Aeneas-Wort an seine Gefährten (»Aeneis« I, 203) wird häufig zitiert. Es ist eine Wiedergabe der Trostworte des Odysseus an seine Ruderer, die vor der Scylla erschrecken (Homer, »Odyssee« XII, 212): »Und ich hoffe, wir werden uns einst auch dieser (der Gefahren) erinnern.«

Zwischen Furcht und Hoffnung schwebend
(Spemque metumque inter dubii)

bietet Vergils »Aeneis« I, 218.

Danaergeschenk

Berühmt ist der Warnungsruf des Laokoon (Vergils »Aeneis« II, 49), als er das hölzerne Riesenpferd vor Trojas Mauern sah, das die griechischen Krieger barg: »Quidquid id est, timeo Danaos et dona ferentes.« (Was es auch sei, ich fürchte die Danaer, selbst wenn sie schenken.) Die, denen das »Geschenk« zugedacht sein sollte, waren die Götter; denn die Griechen (nach Homer teils Danaer, teils Achäer) hatten das Gerücht verbreitet, sie hätten jenen das Pferd für den Fall der glücklichen Heimkehr gelobt. Gewöhnlich aber werden unter den Beschenkten die Trojaner verstanden, und so hat uns dieser Vers für eine verdächtige Gabe, die Vorteil verspricht und Nachteil in sich birgt, den Ausdruck »Danaergeschenk« zugeführt, wohl nach Senecas Ausdruck (»Agamemnon« 624): »Danaum fatale munus« (ein fatales Danaergeschenk). Unserer Auffassung entspricht das griechische Sprichwort, das Sophokles (»Ajax« 665) überliefert: »Was uns ein Feind schenkt, kein Geschenk ist's, kein Gewinn.«

Kassandrarufe

Nach der Schilderung vom Hineinbringen des hölzernen Rosses in die Stadt Troja heißt es in Vergils »Aeneis« II, 247:

»Tunc etiam fatis aperit Cassandra futuris
Ora Dei iussu non unquam credita Teucris.«
(Da nun tut auch Kassandra den Mund auf, Unheil verkündend,
Die auf Apollos Geheiß nie Glauben gefunden in Troja.)

Danach nennen wir Warnungen vor drohendem Unheil auch »Kassandrarufe«.

Wie anders gegen den Hektor von damals!
(Quantum mutatus ab illo Hectore!)

Mit diesem Ausruf (»Aeneis« II, 274) erinnert Vergil an den vormals siegreichen Hektor im Hinblick auf den nun verwundeten.

Troer sind wir gewesen
(Fuimus Troes)

heißt es nach dem Brand von Troja in der »Aeneis« II, 325.

Ein Heil bleibt den Besiegten allein, kein Heil mehr zu hoffen
(Una salus victis nullam sperare salutem)

findet sich nach der Niederlage Trojas in der »Aeneis« II, 354.

Ich war starr, und mir sträubt' sich das Haar, und die Stimme versagte.
(Obstipui steteruntque comae et vox faucibus haesit.)

So schildert Aeneas sein Entsetzen über den Anblick der Schatten seiner Crëusa und des Polydorus (»Aeneis« II, 774 und III, 4).

O fluchwürdiger Hunger nach Gold!
(Auri sacra fames!)

bietet die »Aeneis« III, 57.

Das Gerücht wächst, indem es sich verbreitet
(Fama crescit eundo oder nur: **_Crescit eundo)_**

wird gebildet nach der »Aeneis« IV, 175, wo es ursprünglich heißt: »Viresque acquirit eundo.« (Und Kräfte bekommt sie [die Fama] durchs Gehen.)

Ein Weib ist ein immer wechselndes und veränderliches Wesen.
(Varium et mutabile semper femina.)

So lautet eine Textstelle in Vergils »Aeneis« IV, 569. Nach Giuseppe Verdis Oper »Rigoletto« (Text von F. M. Piave, 1851), zitieren wir dieses Wort auch italienisch: »La donna è mobile, qual piuma al vento.« (Leicht beweglich ist die Frau, wie eine Feder im Wind.) Noch häufiger wird die freie Wiedergabe des deutschen Übersetzers der Oper, J. C. Grünbaum, zitiert: »O wie (so) trügerisch sind Weiberherzen.« Das Vorbild für diesen Einfall liefert Victor Hugos Lied in »Le roi s'amuse« (1832):

»Souvent femme varie,
Bien fol qui s'y fie!
Une femme souvent
N'est qu'une plume au vent.«
(Wankelmütig ist oft die Frau,
töricht, der ihr vertraut.
Eine Frau ist oft nichts
wie eine Feder im Wind.)

Angeblich ist König Heinrich IV. von Frankreich (reg. 1589–1610), der auf diesem Gebiet eine anerkannte Erfahrung besessen haben soll, der Schöpfer des Wortes, das Victor Hugo später aufgenommen hat. Er soll auf Schloß Chambord an der Loire bei Blois in einer nachdenklichen Stunde die Verse mit einem Brillantring in die Fensterscheibe geritzt haben. Diese Scheibe allerdings existiert nicht mehr.

Mag ein Rächer erstehen dereinst aus meinen Gebeinen!
(Exoriare aliquis nostris ex ossibus ultor!)

lesen wir in der »Aeneis« IV, 625.
Aeschylus läßt in seinem »Agamemnon«, 1280 Kassandra ausrufen:
»Denn wieder wird ein Rächer uns erscheinen einst,
Der muttermordende Sproß, der Vatermord vergilt.«
Der Große Kurfürst, sagt man fälschlich, zitierte Vergils Worte, als er, vom Kaiser fallengelassen, am 29. Juni 1679 den Frieden von St. Germain-en-Laye unterzeichnen mußte. Auf den Rächer, der dem Großen Kurfürsten erstand, wendet Grumbkow, ungenau zitierend, den Vers Vergils an, indem er an den Kronprinzen Friedrich (Oktober 1737) schreibt: »J'espère qu'il viendra un temps où on pourra dire avec Virgile: ›Orietur ultor ex ossibus meis‹, lequel fera sentir à la maison de Bourbon et d'Autriche ..., qu'on offense pas impunément une puissance comme celle du roi de Prusse.« Nach L. v. Rankes »Historisch-biographischen Studien« hat auch Filippo Strozzi (gest. 18. Dez. 1538), nachdem sein Versuch, die Republik in Florenz wiederherzustellen, gescheitert war, die Vergil-Worte nach der Lektüre von Plutarchs Schrift: »Über die, welche die Strafe der Gottheit spät erfahren« in einem an Don Johann von Luna, den Kommandanten des Kastells in Florenz, gerichteten Brief angewandt. Und der spanische General Diego Leon rief sie bei seiner Exekution (1841) den auf ihn feuernden Soldaten Esparteros entgegen, was Freiligrath zu seinem Gedicht »Aus Spanien« inspirierte, dessen Motto und Kehrreim jener Spruch bildet.

Longo sed proximus intervallo
(Aber erst nach weitem Abstand als der Nächste)
heißt es in der »Aeneis« V, 320 bei Gelegenheit eines dort geschilderten Wettlaufspiels, das Nisus gewann und bei dem ihm Salius als Nächster, »aber erst nach weitem Abstand als der Nächste« folgte. Wir zitieren das Wort fraglos nach Vergil. Aber schon Macrobius (»Satirae« VI, 2) weist darauf hin, daß Vergil es dem Cicero entlehnt habe. Dieser sagt (»Brutus«, 46 v. Chr.) vom Redner Philippus im Vergleich mit den Rednern Crassus und Antonius: »proximus ..., sed longo intervallo tamen proximus«. Plinius der Jüngere wendet dann das Wort auf den Wert seines eigenen literarischen Werkes im Vergleich zu dem des Tacitus an.

Ein Haupt wird für viele geopfert werden.
(Unum pro multis dabitur caput.)
Mit diesen Worten verheißt Neptun in der »Aeneis« V, 814, Aeneas und die Seinen würden das Land sicher erreichen bis auf einen. Und wirklich: Palinurus, der Steuermann, wird als Sühne von dem Gott in die Fluten geworfen, während die anderen gerettet werden. Daher rührt unser »Einer für viele« (Unus pro multis), was wir aber im Sinne eines Sichopferns, eines öffentlichen Eintretens für Gesinnungsgenossen, zu gebrauchen pflegen.

Weiche dem Unheil nicht, nein, mutiger geh ihm entgegen!
(Tu ne cede malis, sed contra audentior ito!)
stammt aus der »Aeneis« VI, 95.

Lernet, gewarnt, recht tun und nicht mißachten die Götter
(Discite iustitiam moniti et non temnere divos)
aus Vergils »Aeneis« VI, 620 wird auch häufig gekürzt zitiert als:
»Discite moniti!«
(Lernt, ihr Gewarnten!)

Der Geist bewegt die Materie
(Mens agitat molem)

Die Unterworfenen schonen, die Übermütigen besiegen
(Parcere subiectis et debellare superbos)

Wenn mich der Himmel nicht hört, dann ruf' ich die Hölle zu Hilfe
(Flectere si nequeo superos, Acheronta movebo)

O, wenn Zeus mir gäbe zurück die vergangenen Jahre!
(O mihi praeteritos referat si Iuppiter annos!)
sind Zitate aus der »Aeneis« von Vergil.

Quadrupedante putrem sonitu quatit ungula campum.
(Dröhnend erschüttert das lockere Feld vierfüßiger Hufschall.)
Diese Tonmalerei aus der »Aeneis« VII, 596 wandelt Vergil selber in der »Aeneis« XI, 875 um, indem er »cursu« statt »sonitu« (»Lauf« statt »Schall«) und »quadrupedumque« statt »quadrupedante« setzt.

Sic itur ad astra!
(So steigt man zu den Sternen!)
Diese Worte Apollos an Iulus nach dessen glorreicher Waffentat (»Aeneis« IX, 641) dienen häufig als Motto.

Tiefes Schweigen
(Altum silentium)
ist aus »Aeneis« X, 63: »Quid me alta silentia cogis rumpere?« (Warum zwingst Du mich, das tiefe Schweigen zu brechen?) entnommen.

Jedem ist sein Tag bestimmt!
(Stat sua cuique dies!)
findet sich in der »Aeneis« X, 467.

Glaubt es dem, der es selbst erfuhr!
(Experto credite!)
steht in Vergils »Aeneis« XI, 283. Schon Cicero sagt (»Topica« 19, 74): »Plerumque enim creditur eis, qui experti sunt.« Vergils Wort ist auch in Ovids »Ars amandi« III, 511 zu finden. »Crede experto!« (Glaube dem Fachmann!) steht bei Silius Italicus (gest. 101 n. Chr.), »Punica« VII, 395, die Umstellung »Experto crede« zuerst in Serenus Sammonicus' (um 220 n. Chr.) »Liber medicinalis«, Vers 367.

Von euch, aber nicht für euch
(Sic vos non vobis)
Dieses Wort Vergils ist uns vom jüngeren Donatus im »Leben des Vergil« überliefert: Vergil habe einst an das Tor des Augustus ein für den Kaiser schmeichelhaftes Distichon anonym angeschrieben. Bathyll, ein schlechter Dichter, habe sich für den Verfasser ausgegeben und sei deshalb von Augustus mit Ehren und Geschenken bedacht worden. Um die Blöße des unverschämten Poeten aufzudecken, schrieb Vergil darauf den obigen Halbvers viermal untereinander an das Tor. Augustus forderte die Ergänzung dieses Versanfangs. Vergebens versuchten sich einige daran. Dann kam endlich Vergil, und nachdem er unter das erwähnte Distichon die Worte gesetzt hatte: »Hos ego versiculos feci, tulit alter honores« (Ich schrieb diese Verschen, die Ehren erntete ein andrer), ergänzte er die Anfänge so:
»Sic vos non vobis nidificatis aves,
Sic vos non vobis vellera fertis oves,

Vergil

Sic vos non vobis mellificatis apes,
Sic vos non vobis fertis aratra boves.«
(So baut ihr Nester, o Vögel, nicht für euch,
So tragt ihr Wolle, o Schafe, nicht für euch,
So macht ihr Honig, o Bienen, nicht für euch,
So zieht ihr Pflüge, o Rinder, nicht für euch.)

Maecenas

Mäzen

Nachdem Gaius Cilnius Maecenas (gest. 8. v. Chr.) bekannte und unbekannte römische Schriftsteller in seinem Palast um sich versammelte und sie hilfreich unterstützte, nennen wir einen Förderer der Kunst und der Künstler einen »Mäzen«.

Horaz

Die Schar der wankelmütigen Quiriten (Bürger)
(Mobilium turba Quiritium)

Quintus Horatius Flaccus (Horaz, 65–8 v. Chr.) gab 24 oder 23 v. Chr. die drei ersten Bücher seiner »Oden« heraus. Daraus ist uns dieser Ausdruck geläufig geworden. Vgl. Claudian, »De IV. consulatu Honorii«, V. 302: »Mobile mutatur semper cum principe vulgus« (Mit dem Fürsten verändert sich stets der schwankende Pöbel), woraus das englische »mob« (im 17. Jahrhundert noch in der vollen Form »mobile« gebräuchlich), zu deutsch »Pöbel«, entstanden ist.

Des Lebens kurze Spanne verbietet uns,
fernliegende Hoffnungen zu hegen
(Vitae summa brevis spem nos vetat incohare longam)
und
Mit Wein vertreibt jetzt die Sorgen
(Nunc vino pellite curas)
finden wir in den »Oden« des Horaz.

Was morgen sein wird, frage nicht
(Quid sit futurum cras, fuge quaerere)

steht in Horaz' »Oden« I, 9. Vgl. Matthäus 6, 34: »Darum sorget nicht für den andern Morgen.«

Nutze den Tag
(Carpe diem)

O schöner Mutter schönere Tochter du
(O matre pulchra filia pulchrior)

Bändige deine Leidenschaft
(Compesce mentem)

Aus Schriften lateinischer Sprache

Horaz

Wer im Wandel rein und frei von Schuld ist
(Integer vitae scelerisque purus)

Die nackte Wahrheit
(Nuda veritas)

Von vielen Guten beweint starb er hin
(Multis ille bonis flebilis occidit)

Unser aller harrt dieselbe (Todes-)Nacht
(Omnes una manet nox)

Man ruft uns
(Poscimur)

Jetzt laßt uns trinken, jetzt mit freiem Fuß
Die Erde stampfen
(Nunc est bibendum, nunc pede libero
Pulsanda tellus)
steht in den »Oden« (I, 11–37) des Horaz.

Bedacht sei, dir in Tagen des Ungemachs
Gleichmut zu bewahren
(Aequam memento rebus in arduis
Servare mentem)
und
An gleicher Stätte (im Orcus) ***werden wir alle vereinigt***
(Omnes eodem cogimur)
finden wir in den »Oden« II, 3.

Goldene Mitte
(Aurea mediocritas)
Diesen Ausdruck bieten die »Oden« II, 10 nicht etwa im Sinne philisterhafter Mittelmäßigkeit und selbstgefälliger Durchschnittsleistung – eine solche Auffassung schließt der Sinn des Gedichtes völlig aus –, sondern in der Bedeutung, die schon Cicero dem Begriff gibt. Er dient ihm nach »De officiis« I, 25 nämlich zur durchaus positiven Bezeichnung eines Zustandes »quae est inter nimium et parum« (der zwischen zu viel und zu wenig liegt).

O weh, im Flug, Postumus, Postumus,
Eilt Jahr um Jahr
(Eheu fugaces, Postume, Postume,
Labuntur anni)
und

Es gibt kein vollkommenes Glück
(Nihil est ab omni parte beatum)
findet sich in den »Oden« des Horaz, II, 14 und 16.

Ich mag den gemeinen Pöbel nicht und halte ihn mir fern
(Odi profanum vulgus et arceo)
wird aus den »Oden« III, 1 zitiert.

Schweiget in Andacht!
(Favete linguis!)
steht in den »Oden« III, 1 von Horaz. Aus Cicero, »De divinatione« I, 45 ergibt sich, daß dieser Ruf von alters her bei öffentlichen Religionshandlungen in Rom üblich war. Vgl. Ovid, »Fasten« I, 71: »Linguis animisque favete.«

Hinter dem Reiter sitzt die schwarze Sorge
(Post equitem sedet atra Cura)
heißt es in den »Oden« III, 1.

Süß und ehrenvoll ist es, für das Vaterland zu sterben
(Dulce et decorum est pro patria mori)
findet sich in den »Oden« III, 2. Schon Homer sagt in der »Ilias« XV, 496: »Nicht unrühmlich ist's, für des Vaterland's Rettung zu sterben.«

Den echten Mann, der seinen Vorsätzen treu bleibt
(Iustum et tenacem propositi virum)
und
Selbst, wenn der Weltbau krachend einstürzt,
Treffen die Trümmer noch ein Herz, das furchtlos ist
(Si fractus illabatur orbis,
Impavidum ferient ruinae)
steht in den »Oden« III, 3 des Horaz.

Sinnlos waltende Riesenkraft vernichtet sich selbst, auch ihre eigene, plumpe Körperlast
(Vis consili expers mole ruit sua)
heißt es in den »Oden« III, 4. Der Gedanke findet sich zum ersten Mal bei Euripides: »Kraft ohne Einsicht bringt häufig Schaden.« Vgl. dazu auch Schillers »Lied von der Glocke«: »Wo rohe Kräfte sinnlos walten ...«

Dem wachsenden Reichtum folgt die Sorge
(Crescentum sequitur cura pecuniam)
zitieren wir aus den »Oden« III, 16.

Aus Schriften lateinischer Sprache

Horaz

Die furchtbare Notwendigkeit
(Dira necessitas)

Ich hülle mich in meine Tugend ein
(Mea virtute me involvo)

Ein Denkmal habe ich mir gesetzt, dauernder als Erz
(Exegi monumentum aere perennius)

Nicht ganz werde ich vergehen
(Non omnis moriar)
stammt aus den »Oden« III, 16–30 von Horaz.

Ich bin nicht mehr, der ich war
(Non sum qualis eram)
steht in den »Oden« IV, 1.

Kraft erzeugt Kraft
(Fortes creantur fortibus)
und
Staub und Schatten sind wir
(Puivis et umbra sumus)
sagen wir nach den »Oden« IV, 4 und 7 von Horaz.

Süß ist's, tollen zu rechter Zeit
(Dulce est desipere in loco)
finden wir in den »Oden« IV, 12. Goethe, »Epigramme« Nr. 55 sagt:
»Tolle Zeiten hab' ich erlebt und hab' nicht ermangelt,
Selbst auch töricht zu sein, wie es die Zeit mir gebot.«

(Ewig) anders und doch der gleiche
(Alius et idem)
beschreibt Horaz den Sonnengott im »Carmen Saeculare« V, 10.

Glücklich jener, der allen Pflichten fern,
Wie einst unsere Väter,
Mit eignen Rindern sein geerbtes Gut bepflügt,
Ohne Schulden zu haben
(Beatus ille, qui procul negotiis,
Ut prisca gens mortalium,
Paterna rura bobus exercet suis,
Solutus omni fenore)
ist aus den »Epoden« (um 30 v. Chr.) des Horaz bekannt. Sein »Wanderlied der Prager Studenten« (»Aus dem Leben eines Taugenichts«, 1826, Kap. 9) schließt Eichendorff:

»Beatus ille homo,
Qui sedet in sua domo,
Et sedet post fornacem
Et habet bonam pacem.«
(in freier Übersetzung etwa:
Glückselig ist ein Mann,
der häuslich bleiben kann,
recht warm an seinem Herde,
und macht ihm nichts Beschwerde.)

Scherzend die Wahrheit sagen
(Ridendo dicere verum)
ist die gebräuchliche Kürzung eines Zitats aus den »Satiren« (I, 24) des Horaz:
»Quanquam ridentem dicere verum
Quid vetat?«
(Doch scherzend die Wahrheit sagen, was hindert daran?)

Die Geschichte handelt von dir, nur der Name ist geändert
(Mutato nomine de te fabula narratur)
und
Es ist Maß und Ziel in den Dingen,
es gibt schließlich bestimmte Grenzen
(Est modus in rebus, sunt certi denique fines)
steht in den »Satiren« I, 1 von Horaz.

Vom Ei bis zu den Äpfeln
(Ab ovo usque ad mala)
(d. h. vom Anfang des Mahles, wo Eier gereicht wurden, bis zu dessen Ende, wo man Früchte auftrug), findet sich in den »Satiren« I, 3 des Horaz und bedeutet im übertragenen Sinn: »vom Anfang bis zum Ende, ohne Unterlaß, ohne Unterbrechung«.

Disiecta membra poetae.
In den »Satiren« I, 4 sagt Horaz, nachdem er ein klangvolles Fragment des Ennius angeführt hat: »Invenias etiam disiecti membran poetae.« (Auch die aus dem Rhythmus gerissenen einzelnen Glieder verraten noch den echten Dichter.) Wir pflegen das Wort im Sinne Wielands aufzufassen, der übersetzt: »Ihr werdet auch in den zerstückten Gliedern den Dichter wiederfinden.«

Das glaube der Jude Apella
(Credat Iudaeus Apella)
lautet eine Redensart aus den »Satiren« I, 5 des Horaz, die soviel besagt wie: »Glaube es, wer will; ich glaube es nicht.«

Horaz

Das Leben gab dem Sterblichen nichts ohne große Arbeit
(Nil sine magno vita labore dedit mortalibus)
steht in den »Satiren« I, 9.

Einer von den Vielen
(Unus multorum)
findet sich in den »Satiren« I, 9 und meint dort nicht einen »Dutzendmenschen«, wie es meist aufgefaßt wird, sondern »einen von den Bornierten, Rückständigen«. Denn Aristius Fuscus bezeichnet sich hier ironisch und humoristisch als einen, der nicht so aufgeklärt ist, daß er sich über alle frommen Bedenken hinwegsetzen kann.

So hat mich Apollo gerettet.
(Sic me servavit Apollo.)
Diese Stelle aus den »Satiren« I, 9 klingt an das homerische (»Ilias« XX, 443): »Doch schnell entrückt' ihn Apollo« (nämlich den von Achill bedrängten Hektor) an.

Oft wende den Griffel
(Saepe stilum vertas)
heißt es in Horaz' »Satiren« I, 10 und meint: »Feile den Ausdruck« (indem man mit dem oberen breiteren Ende des Griffels verwischte, was man mit dem unteren spitzen in die Wachstafel eingeritzt hatte).

So viel Köpfe, so viel Sinne
(Quot capita, tot sensus)
wird aus dem Horaz-Zitat aus den »Satiren« II, 1: »Quot capitum vivunt, totidem studiorum milia« (So viele Köpfe es gibt, so viele Tausende von Bestrebungen) mit Anlehnung an die Formulierung des Terenz (»Phormio« II, 4): »Quot homines, tot sententiae« gebildet.

Bellender (oder: ***knurrender***) ***Magen***
bilden wir nach »Satiren« II, 2: »Cum sale panis Latrantem stomachum bene leniet.« (Brot mit Salz wird den bellenden Magen gut besänftigen.)

Ein edles Brüderpaar
(Par nobile fratrum)
nennt Horaz in den »Satiren« II, 3 die Söhne eines Reichen, die das teuerste Essen, Nachtigallen, in Massen zu verspeisen schätzten. Danach sagen wir höhnisch auch: »... ein paar nette Burschen!«

Dies gehörte zu meinen Wünschen!
(Hoc erat in votis!)
ist ein Zitat aus den »Satiren« II, 6.

Glatt und rund
(Teres atque rotundus)
findet sich in den »Satiren« II, 7.

Auf des Meisters Worte schwören
(Iurare in verba magistri)
bieten die »Episteln« I, 1 des Horaz. Der Ausdruck wurde mit witzigem Doppelsinn von dem Nachsprechen der vom »magister« eines »ludus gladiatorius« vorgesprochenen Eidesformel auf das Nachsprechen der vom Lehrer vorgetragenen Lehrsätze übertragen.
Vgl. Goethe:
»Am besten ist's auch hier, wenn ihr nur Einen hört
Und auf des Meisters Worte schwört.«

Bürger, o Bürger, ihr müsset zunächst Reichtümer erstreben; Tugend erst nach dem Gelde
(O cives, cives, quaerenda pecunia primum est; Virtus post nummos)
stammt aus den »Satiren« I, 1. Horaz geht hier auf den griechischen Dichter Phokylides zurück (um 550 v. Chr.): »Suche Mittel fürs Leben zu erwerben, Tugend erst dann, wenn du bereits Mittel besitzest.«

Ein vielköpfiges Ungeheuer
(Belua multorum capitum)
nennt Horaz das römische Volk in den »Satiren« I, 1. Wir sagen auch: »eine vielköpfige Bestie«. Horaz' Vorbild für diese Formulierung war der Stoiker Ariston von Chios (um 260 v. Chr.), von dem es in »Gnomologia Vatic.« 121 heißt: »Ein vielköpfiges Tier nannte er jedes Volk.«

Wir sind Nullen, geboren allein zum Essen der Feldfrucht
(Nos numerus sumus et fruges consumere nati)
finden wir in den »Satiren« I, 2 des Horaz. Der zweite Teil des Verses gibt Homers Worte wieder (»Ilias« VI, 142): »Die, welche die Feldfrucht essen«, womit der griechische Dichter aber noch ohne verächtlichen Nebensinn die Menschen allgemein bezeichnet.

Frisch gewagt, ist halb gewonnen!
Diese Redensart stammt aus den »Satiren« I, 2: »Dimidium facti qui coepit, habet« (eigentlich übersetzt mit: Wer nur begann, der hat schon halb vollendet). Vgl. Ausonius »Epigr.« 81, 1: »Dimidium est facti coepisse.« Das Zitat ist dem griechischen Sprichwort: »Der Anfang ist die Hälfte des Ganzen« nachgebildet, das bei Platon, »Gesetze« VI und bei Aristoteles, »Nikomachische Ethik« 1, 7 erwähnt wird.

Sapere aude!
(Wage es, weise zu sein!)
Mit dieser Aufforderung schließt der vorstehende Horaz-Vers in den »Satiren« I, 2. Immanuel Kant übersetzt die Worte in seinem Aufsatz: »Beantwortung der Frage: Was ist Aufklärung?« (zuerst in: »Berlinische Monatsschrift« 1784) mit den Worten: »Habe Mut, dich deines eigenen Verstandes zu bedienen« und bezeichnet sie als Wahlspruch der Aufklärung. Schiller macht den horazischen Ausspruch zum Thema seines 8. »Briefes über die ästhetische Erziehung des Menschen« (1794) und übersetzt ihn dort mit: »Erkühne dich, weise zu sein.«

Der Zorn ist eine kurze Raserei
(Ira furor brevis est)
heißt es in den horazischen »Satiren« I, 2.

Nichts anstaunen
(Nil admirari)
empfiehlt Horaz in den »Satiren« I, 6. Diesen Rat preist schon Cicero, »Tusculanae disputationes« III, 14, als »praestans et divina sapientia«. Das Wort ist die Wiedergabe des Grundsatzes: »Nichts bewundern«, der sich nach Plutarch, »Über das Hören«, dem Pythagoras als Endzweck des philosophischen Studiums ergeben hat. In der deutschen Ausgabe von 1828 erläutert der Herausgeber der »Episteln« des Horaz den Sinn dieses Wortes so: »Nichts leidenschaftlich anstaunen, nichts, durch solche Bewunderung verleitet, leidenschaftlich begehren, war ein Hauptgrundsatz der aristippischen Philosophie, welche die Glückseligkeit des Menschen in der Unabhängigkeit der Seele von dem Einflusse der Außenwelt suchte. Dasselbe empfehlen fast alle Philosophen des Altertums und weichen nur im Namen voneinander ab.«
Goethe sagt in »Faust«, 2. Teil, 1. Akt, »Finstere Galerie«:
»Doch im Erstarren such' ich nicht mein Heil,
Das Schaudern ist der Menschheit bestes Teil«
und zu Eckermann am 18. Februar 1829: »Das Höchste, wozu der Mensch gelangen kann, ist das Erstaunen.«

Geschäftiger Müßiggang
Diese Redensart ist wohl aus »Satiren« I, 11: »strenua … inertia« entstanden. Seneca, »Über die Ruhe der Seele«, spricht ähnlich von einer »inquieta inertia«, einem ruhelosen Faulenzen. Dem Sinne nach ähnlich, aber mit Umstellung der Worte, spricht Aristophanes in seinen »Fröschen« von »fauler Tätigkeit« und Seneca in der Schrift: »Über die Kürze des Lebens« von »desidiosa occupatio« (müßige Beschäftigung) und »iners negotium« (untätige Tätigkeit). Johann Elias Schlegels

Lustspiel »Der geschäftige Müßiggänger« (»Gottscheds Deutsche Schaubühne«, Bd. 4, Leipzig 1743) machte das Wort in Deutschland geläufig.

Zwieträchtige Eintracht
(Concordia discors)
findet sich in den »Satiren« I, 12 von Horaz. Bei Ovid, »Metamorphosen« I, 433 steht: »Discors concordia«.

Wer den vorzüglichsten Männern gefiel, des Ruhm ist gering nicht
(Principibus placuisse viris non ultima laus est)
ist eine Sentenz aus den horazischen »Satiren« I, 17. Danach schrieb Marcellinus in seinem »Leben des Thukydides«, 35: »Wer von den Besten gelobt wurde und begründetes Ansehen genoß, des Ruhm wird ewig unvergänglich sein« und Schiller 1798 im Prolog zu »Wallensteins Lager«:
»Denn wer den Besten seiner Zeit genug
Getan, der hat gelebt für alle Zeiten.«

Und, einmal entsandt, fliegt unwiderruflich das Wort hin
(Et semel emissum volat irrevocabile verbum)
heißt es in den »Satiren« I, 18 von Horaz und ähnlich in der »Kunst zu dichten« 390: »Nescit vox missa reverti.« (Einmal entsandt, kann das Wort nicht zurückkehren.)

Brennet des Nachbars Wand, so bist du selber gefährdet
(Nam tua res agitur, paries cum proximus ardet)
ist eine Redensart aus den »Satiren« I, 18.

Das reizbare Geschlecht der Dichter
(Genus irritabile vatum)
Diese Bezeichnung findet sich im zweiten Buch der »Episteln«, das in den letzten Lebensjahren des Horaz erschien.

Würdet ihr, Freunde, euch da des Lachens erwehren?
(Risum teneatis, amici?)
findet sich im 5. Vers der »Ars poetica« des Horaz.

Diese Vergünstigung fordern wir selbst und gewähren sie andern
(Hanc veniam petimusque damusque vicissim)
wird aus der »Ars poetica« (Vers 11) zitiert und ganz allgemein im Zusammenhang von gegenseitigen Diensten gebraucht; Horaz bezieht es auf die dichterischen Freiheiten, die er anderen Poeten gestatten und auch für sich in Anspruch nehmen will.

Das war hier nicht am Platze
(Non erat his locus)
und
Überleget euch lang', was die Schultern verweigern,
Was sie zu tragen vermögen
(Versate diu, quid ferre recusent,
Quid valeant humeri)
lauten die Verse 19 und 39 f. aus der »Ars poetica« von Horaz.

Darüber sind sich die Gelehrten noch nicht einig.
Dieses Scherzwort leitet sich vermutlich aus Vers 78 der »Ars poetica«: »Grammatici certant, et adhuc sub iudice fis est« (Da sind die Forscher nicht eins, und der Streit hängt noch vor dem Richter) ab.

Ellenlange Wörter
(Sesquipedalia verba)
stammt aus Vers 97 der horazischen »Ars poetica«.

Der Berg kreißte und gebar eine Maus
sagen wir nach einem Spottvers (139) aus der »Ars poetica«: »Parturiunt montes, nascetur ridiculus mus.« (Wie das Gebirg auch kreißt, es kommt nur 'ne schnurrige Maus raus.) Nach Athenaeus (vgl. auch Plutarch, »Agesilaos« 36, ohne den Zusatz über Zeus) sagte der Ägypterkönig Tachos zum Spartanerkönig Agesilaos: »Der Berg kreißte, Zeus schwebte in Angst, der Berg aber gebar eine Maus.« Vgl. Phaedrus, »Fabeln« IV, 22. Die erste Anwendung dieses wohl ursprünglich aesopischen Wortes im Deutschen scheint am Ende des 12. Jahrhunderts in Hartmanns von Aue »Erec« (Vers 9048 ff.) vorzukommen, wo zwei Berge sich verbinden, um ein ihnen an Größe entsprechendes Kind zur Welt zu bringen; Gott aber ließ sie zum Gespött der Menschen werden »und gebären eine veltmûs«. In anderer Gestalt findet sich das horazische Wort in einem Volkslied von 1632, »Tilly-Schwedisches Concert und Contrapunct« (Soltau: »Ein Hundert Deutsche Historische Volkslieder«, Leipzig 1836):
»Da wird ein Berg schwanger und dick
Und ist doch all verlohren,
Wenn man's beym Liecht und recht besicht,
So wird ein Mauß gebohren.«

In medias res
(Mitten in die Dinge hinein)
In »Ars poetica«, Vers 147 rühmt Horaz von Homer, daß er den trojanischen Krieg nicht »ab ovo« (vom Ei der Leda, aus dem Helena hervorging, an), d. h. »vom ersten, entlegensten Anfang an« zu erzählen beginne, sondern den Zuhörer sofort »in medias res« führe.

Lobredner der Vergangenheit
(Laudator temporis acti)
nennt Horaz einen Greis in Vers 173 der »Ars poetica« und bezeichnet damit jemanden, der immer nur die alten Zeiten lobt.

Thespiskarren
ist aus Vers 276 der »Ars poetica«: »Dicitur et plaustris vexisse poemata Thespis« (Man sagt, daß Thespis seine Dramen auf Wagen umhergefahren habe) entlehnt und diente Horaz zur Bezeichnung wandelnder Bühnen. Doch irrt sich Horaz in seiner Angabe, da der »Wagen« der ältesten griechischen Komödie angehört, während Thespis der älteste attische Tragödiendichter war.

Die Dichter wollen entweder nützen oder unterhalten
(Aut prodesse volunt aut delectare poetae)
steht in der »Ars poetica«, Vers 333.
Diesen Vers stellte Goethe 1774 seinem Prolog »Neueröffnetes moralisch-politisches Puppenspiel« als Motto voran, allerdings mit der Variante »Et… et« (sowohl … als auch) statt »Aut … aut« (entweder … oder).

Das Angenehme mit dem Nützlichen verbinden
Diese Redensart stammt ab von Vers 343: »Omne tulit punctum, qui miscuit utile dulci« (Jeglichen Beifall errang, wer Lust und Nutzen vereinte) aus der horazischen »Ars poetica«.
Horaz scheint diese Worte von Polybius entlehnt zu haben, der sagt, man könne »aus der Geschichte zugleich Nutzen und Vergnügen schöpfen«. Vgl. auch Plutarch: »Quomodo adulescens poetas audire debeat« (in dem Angenehmen das Nützliche suchen).

Ich ärgere mich, wenn der vortreffliche Homer auch einmal schläft
(Indignor, quandoque bonus dormitat Homerus)
stammt aus Vers 359 der horazischen »Ars poetica« und bezieht sich auf gelegentliche Schwächen im Ausdruck des griechischen Dichters. Als Entschuldigung für Fehler sagen wir auch: »Quandoque bonus dormitat Homerus.« (Zuweilen schläft selbst der vortreffliche Homer.)

Wie die Malerei, so die Dichtkunst
(Ut pictura poesis)
aus Vers 361 der »Ars poetica« wird häufig herausgerissen zitiert, als bedeute es: »Malerei und Poesie haben die gleichen Gesetze.« Horaz vergleicht hier aber vielmehr die Wirkung eines Gedichtes auf den Leser mit der eines Gemäldes auf den Betrachter: »… das eine gefällt uns nur einmal, das andere noch, wenn wir es selbst schon zehnmal wieder vorgenommen haben.«

Horaz

Ein gutes Kunstwerk wird auch beim zehnten Mal noch gefallen. (Decies repetita placebit.)

Dieses berühmte Wort aus Vers 388 der »Ars poetica« wird ergänzt durch den Gedanken: »Nonumque prematur in annum« (Und bis ins neunte Jahr soll es zurückgehalten werden), nämlich um unter Umständen noch vor der Veröffentlichung vernichtet werden zu können, denn »nescit vox missa reverti«. Diese Mahnung des Horaz geht auf Catull (84–54 v. Chr.), »Carmina« zurück, der von seinem Zeitgenossen Cinna, dem Dichter des Epos »Zmyrna«, sagt:

»Zmyrna mei Cinnae nonam post denique messem
Quam coepta est nonamque edita post hiemem.«

Daß Cinna neun Jahre lang an seinem wenig umfangreichen Epos feilte, hatte allerdings weniger seinen Grund in der Sorgfalt des Dichters als in seinem poetischen Unvermögen und in seiner Pedanterie. Schon der Scholiast Philargyrius zu Vergils »Eclogen« weist auf den Zusammenhang zwischen Catull und Horaz hin.

Viel hat, in Hitze und Frost, schon als Kind er getan und gelitten (Multa tulit fecitque puer, sudavit et alsit)

sagen wir mit Vers 413 der »Ars poetica« von einem, der eine harte Jugend gehabt und sich als Mann bewährt hat. Nach dem Anfang dieses Verses nannte sich der holländische Schriftsteller Eduard Douwes Dekker »Multatuli«.

Livius

Lieber spät als niemals (Potius sero quam nunquam)

zitieren wir nach Titus Livius (59 v.–17. n. Chr.), »Ab urbe condita« IV, 2 auch französisch: »Mieux vaut tard que jamais« oder englisch: »Better late than never.«

Nun mußten die Triarier heran. (Res ad triarios rediit.)

In »Ab urbe condita« VIII, 8 beschreibt Livius die römische Schlachtordnung: Hinter der ersten Reihe der »hastati« (Speerträger) und der zweiten der »principes« (ursprünglich die ersten) knieten in der dritten Reihe die »triarii«, die erprobtesten Soldaten; wankten die beiden ersten Reihen, so erhoben sich die »triarii« und nahmen die Schlacht auf: »Inde rem ad triarios redisse, cum laboratur, proverbio increbuit.« Daraus wurde »Res ad triarios rediit« (d. h. es war Not am Mann) bei Gefahren sprichwörtlich.

Gefahr im Verzug (Periculum in mora)

Bei Livius, »Ab urbe condita« XXXVIII, 25 steht: »Cum iam plus in mora periculi quam in ordinibus conservandis praesidii esset, omnes passim in fugam effusi sunt.« (Als schon mehr Gefahr im Verzug als Hilfe im Aufrechterhalten der Heeresordnung lag, flohen alle in planloser Flucht auseinander.) Hieraus bildete sich die obenstehende Redensart.

Livius

Es ist noch nicht aller Tage Abend
ist eine Verkürzung aus Livius' »Ab urbe condita« XXXIX, 26: »Nondum omnium dierum solem occidisse.« (Noch sei die Sonne aller Tage nicht untergegangen.)

Tibull

Die ewige Stadt
(Urbs aeterna)
nennen wir Rom nach den »Elegien« II, 5 von Albius Tibullus (Tibull, 54–19 v. Chr.).

Properz

Wenn auch die Kräfte versagen, so wird doch das kühne Beginnen
Rühmlich sein: Es genügt, hat man ein Großes gewollt
(Quod si deficiant vires, audacia certe
Laus erit: in magnis et voluisse sat est)
bietet Sextus Propertius (Properz, um 49–15 v. Chr.) in seinen »Elegien« III, 1. Ähnlich sagt Tibull: »Est nobis voluisse satis.« (Uns genügt's, gewollt zu haben.)

Ovid

Anderen lasse den Krieg, du, glückliches Österreich, heirate!
Mars mehrt andern das Reich, Venus vergrößert es dir!
(Bella gerant alii! tu, felix Austria, nube!
Nam quae Mars aliis, dat tibi regna Venus!)
ist offenbar aus dem Pentameter von Publius Ovidius Naso (Ovid, 43 v.–17 n. Chr.) in »Heroides« 13, 84: »Bella gerant alii! Protesilaus amet« entstanden. »Felix Austria« findet sich schon auf einem Siegel Herzog Rudolfs IV. aus dem Jahr 1363. Daß Matthias Corvinus der Urheber des geflügelten Wortes sei, widerlegte Béla von Tóth, »Sjájrul szájra« (»Von Munde zu Munde«), Budapest 1895.

Einen langen Arm haben
oder: »am längeren Hebel sitzen« sagen wir nach: »An nescis longas regibus esse manus?« (Weißt du nicht, daß die Könige lange Hände haben?) aus den »Heroides« 16, 166. Die Anschauung ist ursprünglich wohl eine persische. Bei Herodot heißt es von Xerxes: »Denn übermenschlich ist die Macht des Königs und seine Hand über die Maßen lang.« Der Beiname »Langhand«, den der persische König Artaxerxes I. führte, hatte zweifellos eine symbolische Bedeutung, die dann von den Griechen (lat. »longimanus«) körperlich aufgefaßt wurde. Noch neupersisch bezeichnet das Wort »dirazdast« (langhändig) einen Inhaber der Gewalt.

Ovid

Nach dem Verbotenen streben wir stets und begehren Versagtes
(Nitimur in vetitum semper cupimusque negata)
stammt aus Ovids »Amores« III, 4. Ein Altdorfer Stammbuch von 1722 (Gebr. Keil, »Deutsche Stammbücher«, 1893, 912) übersetzt diese Redensart so:
»Unser Tichten, Trachten, Ringen
Geht nur nach verbotnen Dingen.«

Die Einkünfte geben die Ehren
(Dat census honores)
und
Harre nur aus in Geduld; der Schmerz wird einst dir noch nützen
(Perfer et obdura; dolor hic tibi proderit olim)
stammt aus den »Amores« 8 und 11 von Ovid.

Sie kommen, um zu sehen, und kommen auch,
um selbst gesehen zu werden.
(Spectatum veniunt, veniunt spectentur ut ipsae.)
Dieses Wort über die Frauen ist aus der »Ars amandi« I, 99 von Ovid bekannt geworden.

Erworbenes zu bewahren ist kein
geringeres Verdienst als Erwerben
(Nec minor est virtus, quam quaerere, parta tueri)
wird aus »Ars amandi« II, 13 zitiert und ist wohl eine Reminiszenz an Demosthenes: »Oft scheint es schwerer zu sein, Schätze zu bewahren als sie zu erwerben.«

Im Anfang mußt du widerstehen. Wenn du erst Heilmittel suchst,
dann ist es zu spät
(Principiis obsta, sero medicina paratur)
lautet der 91. Vers von Ovids »Remedia amoris«. Oft wird »Principiis obsta« aus dem Zusammenhang gerissen und »Wehre dich gegen Prinzipien!« darunter verstanden.

Nicht gleich sind alle von Antlitz,
Und doch auch nicht verschieden, so wie sich's gehöret
bei Schwestern.
(Facies non omnibus una,
Nec diversa tamen, qualem decet esse sororum.)
Ovids »Metamorphosen« II, 13 f. bringt diese Schilderung der Nereiden. Vgl. Goethes »Trilogie der Leidenschaft«, darin das Gedicht »Elegie« (1823):
»Die Stunden glichen sich in zartem Wandern,
Wie Schwestern zwar, doch keine ganz den andern.«

In der Mitte wirst du am sichersten gehen
(Medio tutissimus ibis)
steht in den »Metamorphosen« II, 137 von Ovid. Die nachweislich älteste Prägung des Gedankens finden wir in den »Tragicorum Graecorum Fragmenta« unter den Adespota Nr. 547, 6: »Die Mitte ist in allen Dingen das Sicherere.« Theognis (zwischen 540–500 v. Chr.) sagt: »Von allem ist die Mitte das Beste.«

Recht ist's, auch vom Feinde zu lernen
(Fas est et ab hoste doceri)
heißt es in den »Metamorphosen« IV, 428. Schon Aristophanes sagt (»Die Vögel«, Vers 376): »Aber von den Feinden wahrlich lernen weise Menschen viel.«

Obwohl sie unter Wasser sind,
versuchen sie unter Wasser noch zu schmähen.
(Quamvis sint sub aqua, sub aqua maledicere tentant.)
Diese das Quaken der Frösche imitierende Lautmalerei im Lateinischen bieten die »Metamorphosen« IV, 376.

Wohl seh' ich das Beßre und lob' es,
Aber ich folge dem Schlechtern.
(Video meliora proboque;
Deteriora sequor.)
Ovids »Metamorphosen« VII, 20 f. bieten diese Worte Medeas, als sie überrascht ihre aufkeimende Liebe zu Iason entdeckt. Vgl. Euripides, »Medea« Vers 1078 f.

Frommer Betrug
(Pia fraus)
stammt aus den »Metamorphosen« IX, 711.

Die Zeit zernagt die Dinge
(Tempus edax rerum)
steht in den »Metamorphosen« XV, 234. »Tempus edax« schreibt Ovid auch in den »Epistolae ex Ponto« IV, 10.

Ein Armer hat überall einen schweren Stand
(Pauper ubique iacet)
wird aus Ovids »Fasti« I, 218 zitiert.

Glücklich gelebt heißt in glücklicher Verborgenheit gelebt.
(Bene qui latuit, bene vixit.)
Dieser Spruch aus Ovids »Tristia« III, 4 wird oft auch in der Form zitiert: »Bene vixit, qui bene latuit.« In negativer Form drückt Horaz

Ovid

diesen Gedanken in den »Epistulae« I, 17 aus: »Nec vixit male, qui natus moriensque fefellit.« (Nicht übel hat der gelebt, dessen Geburt ebenso unbekannt blieb wie sein Tod.)

Im Weinen liegt eine gewisse Wonne
(Est quaedam fiere voluptas)
heißt es in »Tristia« IV, 3.

Ein Barbar bin ich hier zu Land, da mich keiner verstehen kann
(Barbarus hic ego sum, quia non intellegor ulli)
klagt der verbannte Ovid in »Tristia« V, 10.

Besser sein als sein Ruf
Diese Redensart stammt aus Ovids »Epistolae ex Ponto« I, 2, wo es von Claudia heißt, sie sei »ipsa sua melior fama«. Gemeint ist Claudia Quinta, wahrscheinlich eine Enkelin des Appius Claudius Caecus. Als die Römer im Jahr 204 das Bild der Göttermutter (Mater Idaea, Rhea, Kybele), einen großen Stein, aus Pessinus im Lande des Attalos von Pergamon nach Rom holten, gingen die Matronen der Stadt dem Bild entgegen, um es in Empfang zu nehmen. Die Teilnahme der früher übel beleumdeten Claudia an diesem Gottesdienst stellte ihren guten Ruf wieder her.
In Beaumarchais' »Hochzeit des Figaro« (1784) erwidert Figaro auf Graf Almavivas Vorwurf, er stehe in abscheulichem Rufe (réputation): »Et si je vaux mieux qu'elle?« (Und wenn ich nun besser bin als mein Ruf?) Und in Schillers »Maria Stuart« (1801) heißt es: »Ich bin besser als mein Ruf.« Auch Goethe verwendet das Wort gegen Ende des 7. Buches von »Dichtung und Wahrheit«.

Wenn auch die Kräfte fehlen, so ist doch der Wille zu loben
(Ut desint vires, tamen est laudanda voluntas)
steht in Ovids »Epistolae ex Ponto« III, 4.

Steter Tropfen höhlt den Stein.
(Gutta cavat lapidem.)
Die bekannte Redensart findet sich in den »Epistolae ex Ponto« IV, 10. Vgl. auch den Artikel S. 428.

Manilius

Erst entriß er dem Himmel den Blitz,
dann den Herrschern die Zepter.
(Eripuit coelo fulmen, mox sceptra tyrannis.)
Der französische Minister Turgot (gest. 1781) bildete (nach Condorcet, »Œuvres complètes«, Paris 1803) diesen Vers für die von Houdon geschaffene Büste von Benjamin Franklin, dem Streiter für die Unabhängigkeit Amerikas und Erfinder des Blitzableiters. Der Gedanke

taucht zum ersten Mal in der »Astronomica« von Marcus Manilius (verfaßt um 12 v. Chr.) auf, wo es in Vers 104 von der menschlichen Vernunft heißt: »Eripuitque Iovi fulmen viresque tonandi.« (Und selbst dem Zeus entriß sie den Blitz und die Donnergewalten.) Eine Umgestaltung dieses Verses richtete der französische Kardinal Polignac (»Anti-Lucretius«, 1745) gegen Epikur, der mit seiner Lehre vom persönlichen Glück den Griechen ihre Götter geraubt habe: »Eripuit fulmenque Iovi Phoeboque sagittas.« (Zeus entriß er den Blitz, und dem Phoebus entriß er die Pfeile.)

Manilius

Klassischer Zeuge

Verrius Flaccus

Diese Bezeichnung beruht auf folgendem Satz des Verrius Flaccus (um Chr. Geb.) im Auszug bei Paulus Diaconus: »Classici testes dicebantur qui signandis testamentis adhibebantur.« (Klassische Zeugen pflegte man die zur Testamentsunterzeichnung hinzugezogenen zu nennen.) Wir gebrauchen das Wort heute allgemeiner für: »sicherer Bürge«.

Lang ist der Weg durch Lehren,
kurz und erfolgreich durch Beispiele
(Longum iter est per praecepta, breve et efficax per exempla)

Seneca d. J.

heißt es in den »Epistulae morales« 6, 5 von Lucius A. Seneca (dem Jüngeren, 4–65 n. Chr.). Vgl. Phaedrus II, 2: »Exemplis discimus.« (An Beispielen lernen wir.)

Durch Lehren lernen wir.
(Docendo discimus.)

Dieses Wort beruht auf Senecas »Epistulae morales« 7, 8: »Homines, dum docent, discunt.« (Vgl. Sergius, »Expl. in Donatum« IV, 186: »Cum enim docemus, discimus.«)

Lerne, dich zu freuen ...
Glaube mir, wahre Freude ist eine ernste Sache
(Disce gaudere ...
Mihi crede, res severa est verum gaudium)

heißt es in Senecas »Epistulae morales« 23, 3 und 4.
Durch ihre Anbringung im Konzertsaal des alten Gewandhauses in Leipzig wurden die Worte zum ersten Mal in Beziehung zur Kunst gesetzt. In der Form: »Res severa varum gaudium« standen sie dann am Giebel des 1884 neu errichteten und 1943 zerstörten Gewandhauses.

Leben heißt kämpfen
(Vivere ... militare est)

wird aus den »Epistulae morales« 96, 5 zitiert.

Seneca d. J.

Nicht für die Schule, sondern für das Leben lernen wir
(Non scholae, sed vitae discimus)
lautet die Umstellung der vorwurfsvollen Worte aus den »Epistulae morales« 106: »Non vitae, sed scholae discimus.« (Nicht für das Leben, sondern für die Schule lernen wir.)

Den Willigen führt das Geschick, den Störrischen schleift es mit
(Ducunt volentem fata, nolentem trahunt)
schreibt Seneca d. J. in den »Epistulae morales« mit Anlehnung an Verse des Stoikers Kleanthes (4. Jahrh. v. Chr.).

Es hat keinen großen Geist ohne Beimischung von Wahnsinn gegeben
(Nullum magnum ingenium sine mixtura dementiae fuit)
stammt aus Senecas »De tranquilitate animi« 17, 10. Milder drückt sich Aristoteles aus (»Problemata« 30, 1), wenn er sagt: »Woher kommt es, daß all die Leute, die sich in der Philosophie oder in der Politik oder in der Poesie oder in den Künsten auszeichnen, offenbar Melancholiker waren?« Darauf bezieht sich schon Cicero in den »Tusculanae disputationes« I, 33: »Omnes ingeniosos melancholicos esse.«

Dichterische Freiheit
(Licentia poetica)
ist entlehnt aus Senecas »Quaestiones naturales« II, 44, wo es heißt: »Poeticam istud licentiam decet.« (Das ist etwas, was zu den poetischen Freiheiten gehört.) Vgl. Cicero, »De oratore« III, 38 (»poetarum licentiae«) und Phaedrus IV, 25 (»poetae more … et licentia«). Lukian nennt im Gespräch mit Hesiod »die Freiheit im dichterischen Schaffen«.

Gestrenge Herren regieren nicht lange.
Die Quelle dieses Sprichworts ist wohl Senecas »Medea«, Vers 196: »Iniqua nunquam regna perpetuo manent.« (Unbillige Herrschaft hat niemals Bestand.)

Per aspera ad astra
(Über rauhe Pfade zu den Sternen)
ist wohl ebenfalls aus Seneca geschöpft, in dessen »Rasendem Herkules« Vers 437 lautet: »Non est ad astra mollis e terris via.« (Rauh ist der Weg, der von der Erde zu den Sternen führt.) In einem ähnlichen Gedanken jedoch kommt die Formel »per aspera« bereits bei Cornelius Severus, einem Epiker aus dem Freundeskreis Ovids, vor: »Ardua virtuti longoque per aspera nisu eluctanda via est.« (Steil ist der Weg für die Tugend und nur mit steter Anstrengung über rauhe Pfade zu bewältigen.)

Kein Wässerchen trüben können

beruht auf Phaedrus' (etwa 30 n. Chr.) »Fabulae« I, 1, wo in Vers 5f. der am oberen Lauf eines Baches stehende Wolf dem weiter unten stehenden Lamm frech zuruft:

»Cur (inquit) turbulentam fecisti mihi
Aquam bibenti?«
(Warum hast du mir, der ich trinke,
Das Wasser trübe gemacht?)

Wer einmal lügt, dem glaubt man nicht, Und wenn er auch die Wahrheit spricht.

Dieses bekannte Sprichwort wird nach den Versen aus den »Fabulae« I, 10 von Phaedrus gebildet:

»Quicumque turpi fraude semel innotuit,
Etiamsi verum dicit, amittit fidem.«

Andreas Tscherning gibt sie in seiner Fabel »Lügen Lohn« (»Deutscher Getichte Drüling«, Breslau 1642) so wieder:

»Daß einem hier die Welt, der einmal Lügen liebt,
Auch wann er Wahrheit redt, nicht leichtlich Glauben gibt.«

und L. H. von Nicolay (1737–1820) in seinem Gedicht »Der Lügner« folgendermaßen:

»Man glaubet ihm selbst dann noch nicht,
Wenn er einmal die Wahrheit spricht.«

Eselstritt

Phaedrus erzählt in den »Fabulae« I, 21 von einem Esel, der sah, daß der Eber und der Stier einen sterbenden Löwen ungestraft mißhandelten. Da versetzte er dem Löwen selbst noch einen Huftritt an die Stirn. Danach sprechen wir von einem »Eselstritt«, wenn ein Schwächerer einen wehrlos gewordenen Stärkeren obendrein besonders schlecht zu behandeln pflegt.

Ein aufgeblasener Mensch und *Vor Neid bersten*

In Phaedrus' »Fabulae« I, 24: »Rana rupta et bos« (»Der geplatzte Frosch und der Ochse«) heißt es vom Frosch, er habe sich, vom Neid über dessen Größe erregt (»tacta invidia tantae magnitudinis«), so lange aufgebläht (»inflavit pellem«), um ihr gleichzukommen, bis er mit geplatztem Leibe dalag (»rupto iacuit corpore«). Danach sagen wir von einem dünkelhaften Menschen, er sei »aufgeblasen« oder auch ein »aufgeblasener Frosch«. Daher stammt auch Martials in sechs Distichen zwölfmal vorkommendes, gegen einen Neider seines Ruhmes gerichtetes »rumpitur invidia« und unser: »Vor Neid bersten« oder »platzen«.

Valerius Maximus

Meine Wenigkeit
(Mea parvitas)

sagt Valerius Maximus (um 30 n. Chr.) in den im Mittelalter vielgelesenen »Factorum et dictorum memorabilium libri IX« (»Neue Bücher denkwürdiger Taten und Aussprüche«) in einer vorausgeschickten Widmung an Kaiser Tiberius selbstbescheiden von sich. Aulus Gellius (um 125–175 n. Chr.) gebraucht danach von sich selbst den synonymen Ausdruck: »Mea tenuitas«. Beide sind vielleicht nicht unbeeinflußt von dem »tenues grandia« (für so Großes zu schwach) des Horaz, »Oden« I, 6. In die Zeit zwischen Valerius Maximus und Gellius fällt die Entstehung des Lukas-Evangeliums, in dem es 1, 48 heißt: »Denn er hat die Niedrigkeit seiner Magd angesehen.« Wenn diese Stelle auch ganz andere Bedeutung hat, so mag sie doch die griechische Prägung für »mea parvitas« veranlaßt haben, wie wir sie im »Leben des heiligen Johannes des Barmherzigen, Erzbischofs von Alexandria« (611–619) des Bischofs Leontios von Neapolis auf Zypern (ungef. 590–668) finden. Wie sich die Bescheidenheitsfloskel, die dem Geist der christlichen Demut ein willkommener Ausdruck war, in den ersten christlichen Jahrhunderten verschieden gestaltet und entwickelt hat, führt Götze in der »Zeitschrift für deutsche Wortforschung« IX, 1907, S. 87 ff. aus. Der vorherrschende Ausdruck bleibt »mea parvitas«, daneben finden sich: »mediocritas«, »vilitas«, »humilitas«, »exiguitas«, »tenuitas« u. a.
Den Übergang des Wortes in das Althochdeutsche vermittelt Otfrid, der Verfasser der Evangelienharmonie »Der Krist« (Ende d. 9. Jahrhunderts). Mit Anlehnung an die Variante »humilitas« wählt er die Ausdrücke: »unsu smahu nidir« (unsere geringe Niedrigkeit) in einer Widmung an König Ludwig, Vers 26 und »smahi min« (meine Kleinheit) im 5. Buch, XXV, Vers 89. Dem humanistischen Zeitalter bleibt der Ausdruck der Bescheidenheit fremd. Im Neuhochdeutschen begegnet uns die Wendung zum ersten Mal bei Opitz im Buch von der »Teutschen Poeterey« (Brieg 1624), Kapitel 5, wo es heißt: »weil mir meine wenigkeit und unvermögen wol bewust ist«. Hier kennzeichnet der Ausdruck nicht die niedrige, bescheidene Stellung des Sprechenden im Gegensatz zum Angeredeten, sondern das schwache Können, die geringe Fähigkeit. Die erstangeführte Bedeutung des Wortes finden wir im Deutschen zuerst in dem Roman »Adriatische Rosemund« (Amsterdam 1645) von Philipp von Zesen. Dort heißt es: »Was aber meine Wenigkeit betrüft, so versicher' ich meine Herren mit wahren worten, daß si mich, solche gunst und ehrenbezeugung zu erwidern, zu ihren dihnsten allezeit bereit und wülfärtig befünden wärden.« Über die weitere Entwicklung des Wortes in der deutschen Literatur handelt Götze a. a. O. ausführlich.

Plinius d. Ä.

In nuce
(Im Kern, kurz und bündig)
In des älteren Gaius Plinius Secundus' (Plinius, 23–79 n. Chr.) »Naturalis historia« VII, 21 heißt es: »In nuce inclusam Iliadem Homeri carmen in membrana scriptum tradit Cicero.« (Cicero berichtet von einer Pergamenthandschrift der homerischen Ilias, die in einer Nußschale Platz gehabt.) Aus dieser Stelle ist die Redensart »in nuce« in unsere Sprache übergegangen.

Leuchte der Wissenschaft
stammt aus Plinius' »Naturalis historia« XVII, 5. Dort nennt er Cicero nächst dem Homer, aber »lux doctrinarum altera« (die zweite Leuchte der Wissenschaft).

Cum grano salis
ist eine Umgestaltung von: »addito salis grano« (unter Hinzufügung eines Salzkörnchens) aus einem Gegengiftrezept in Plinius' »Naturalis historia« XVII, 5. Wir gebrauchen das Wort in dem einschränkenden Sinne: »richtig verstanden«. Man soll eine Behauptung nicht wörtlich, nicht unbedingt als gültig hinnehmen, sondern richtig abwägen; Ausnahmen sind von vornherein zugestanden.

Basiliskenblick und ***Ein vernichtender Blick***
In »Naturalis historia« XXIX, 19 berichtet Plinius, es werde überliefert, der Basilisk töte den Menschen, wenn er ihn nur ansehe (»hominem si aspiciat tantum, dicitur interimere«). Daher rührt obenstehender Ausdruck.

Kein Buch ist so schlecht, daß es nicht in irgendeiner Beziehung nützen könnte.
(Nullus est liber tam malus, ut non aliqua parte prosit.)
Dieses Wort, das schon Plinius der Ältere häufig gebrauchte, wird vom jüngeren Plinius in »Epistolae« III, 5 mitgeteilt.

Persius Flaccus

Quis leget haec?
Wer wird das (Zeug) lesen?
heißt es in den »Satirae« 1, 2 von Persius Flaccus (34–62 n. Chr.) von zu vielen unnützen Büchern.

Schön ist's doch, wenn man auf dich zeigt und der Ruf ertönt: Der ist's!
(At pulchrum est digito monstrari et dicier: hic est!)
meint Persius Flaccus in »Satirae« 1, 28. Vgl. Horaz, »Oden« IV, 3: »monstror digito praetereuntium«. Daneben wurde »digito mon-

strare« schon im antiken Rom ebenso wie bei uns im negativen Sinn: »mit dem Finger auf jemanden zeigen« gebraucht.

Persius Flaccus

Ein seltener Vogel
(Rara avis)
findet sich bei Persius Flaccus, »Satirae« 1, 46 und steht, wie auch bei uns geläufig, für »ein seltenes Wesen«, während Horaz, »Satiren« II, 2 die Worte zwar auch schon anwendet, aber noch in wörtlicher Bedeutung. Vgl. auch Juvenal, »Satirae« 6, 164. Die älteste deutsche Prägung findet sich bei Luther, »Von weltlicher Obrigkeit«: »Und solt wissen, das von anbegynn der wellt gar eyn seltzam vogel ist umb eyn klugen fursten, noch viel seltzamer umb eyn frumen fursten.«

Quintilian

Lucus a non lucendo.
Marcus Fabius Quintilian (um 35–95 n. Chr.) fragt in »De institutione oratoria« I, 6: »Etiamne a contrariis aliqua sinemus trahi, ut ›lucus‹, quia umbra opacus parum luceat?« (Wollen wir denn einräumen, daß einige Worte sogar von ihren Gegensätzen abgeleitet werden, wie z. B. lucus [Wald], weil er, durch Schatten verdunkelt, eben nicht licht ist?) Daher stammt das schwer zu übersetzende Wortspiel: »Lucus a non lucendo« (Wald wird »lucus« genannt, weil es darin nicht licht [lucere: hell sein] ist). Seine Verbreitung hat das Wort wohl durch die »Scholien« des Servius (4. Jahrhundert n. Chr.) zu dem besonders im Mittelalter viel gelesenen Vergil gefunden. Zu »Aeneis« I, 22 heißt es darin: »Et dictae sunt Parcae, quod nulli parcant, sicut lucus a non lucendo, bellum a nulla re bella.«

Das Herz macht beredt und die Kraft des Geistes
(Pectus est enim quod disertos facit et vis mentis)
stammt aus »De institutione oratoria« X, 7 von Quintilian.
Vgl. Goethe, »Faust I«, Szene »Nacht«: »Wenn ihr's nicht fühlt, ihr werdet's nicht erjagen …« und:
»Doch werdet ihr nie Herz zu Herzen schaffen,
Wenn es euch nicht von Herzen geht«
sowie Tiedge, »Elegien« (Halle, 1814) 1, 8:
»Alle Kunst der Suada redet
Kraftlos, wenn das Herz nicht glaubt.«

Lucanus

Er steht da, der Schatten eines großen Namens
(Stat magni nominis umbra)
sagt Marcus Annaeus Lucanus (39–65 n. Chr.) in »Pharsalia« I, 135 von dem geschlagenen Pompejus. Die verkürzte Wendung »Stat nominis umbra« (Eines Namens Schatten steht da) diente als Motto der politischen »Juniusbriefe«, erschienen im »Public Advertiser«, London, vom 21. Januar 1769–12. Mai 1772.

Lucanus

Furor teutonicus
(Teutonisches Wüten)
findet sich in »Pharsalia« I, 255 f. Über die Entstehung und Verbreitung dieses Ausdrucks und die Übertragung des ursprünglichen Stammnamens »Teutoni« auf die Deutschen insgesamt vgl. E. Dümmler: »Über den furor teutonicus« (1897). Nach ihm tritt das Wort als landläufiger Ausdruck zuerst, und zwar in tadelndem Sinn, auf bei dem Chronisten Ekkehard von Aura (gest. nach 1125). In der Canzone »O aspettata in ciel beata e bella«, Vers 53 spricht auch Petrarca (1304–1374) vom »tedesco furor«.

Petronius Arbiter

Fische wollen schwimmen
(Pisces natare oportet)
und
Den Sack schlägt man, den Esel meint man
(Qui asinum non potest, stratum caedit)
bietet Petronius Arbiter (gest. 66 n. Chr.) in »Satiricon«, 39 und 45.

Wie der Herr, so's Gescherr
zitieren wir in sprichwörtlicher Form nach Petronius Arbiter, »Satiricon«, 58: »Qualis dominus, talis et servus.« (Wie der Herr, so der Knecht.) In gleicher oder etwas veränderter Form kehrt der Gedanke in vielen Sprachen wieder. Eine sehr beliebte Variante ist die im Altertum nicht beglaubigte Wendung: »Qualis rex, talis grex«.

Du kannst dir dein Lehrgeld wiedergeben lassen
wird nach Petronius Arbiter, »Satiricon« 58: »Iam scies, patrem tuum mercedes perdidisse« (Du wirst bald merken, daß dein Vater das Lehrgeld umsonst ausgegeben hat) zitiert.

Wer gut schmert, der gut fährt
wird nach Petronius Arbiter, »Satiricon« 137: »Quisquis habet nummos, scura navigat aura« (Wer Geld hat, schifft unter sicherem Winde) gebildet.

Martial

Cedo maiori
(Vor dem Größeren trete ich zurück)
ist aus Marcus Valerius Martialis' (Martial, um 40–102 n. Chr.) » Epigrammata« (dt. »Martials Sinngedichte«, München 1939) entlehnt: »Cedere maiori virtutis fama secunda est, illa gravis palma est, quam minor hostis habet.« (Wer dem Stärkeren weicht, hat Teil am Ruhme des Siegers, der Sieg schmerzt jedoch, den sich der Schwäch're erringt.) Das Wort ist vielleicht durch die im Mittelalter vielgelesene Spruchsammlung des Dionysius Cato (3.–4. Jahrh. n. Chr.) geläufig geworden, der im Prolog 10: »Maiori concede« zitiert.

Aus Schriften lateinischer Sprache

Martial

Die Arbeit an und für sich macht schon Vergnügen
(Iuvat ipse labor)
bietet Martial in den »Epigrammen« I, 107.

Wenn's Mäcene nur gibt, mein Flaccus, dann gibt's auch Vergile
(Sint Maecenates, non deerunt, Flacce, Marones)
steht in den »Epigrammen« VIII, 56 von Martial. Der Name des »Maecen(as)« war durch die Gedichte von Vergil, Horaz und Properz zur typischen Bezeichnung eines Gönners der Künste geworden und ist es geblieben.

Ein guter Mensch bleibt immer ein Anfänger
(Semper homo bonus tiro est)
heißt es in den »Epigrammen« XII, 51 und besagt, daß ein guter Mensch oft getäuscht wird, weil er immer unbefangen bleibt wie ein Kind. Das Wort wird auch zitiert: »Bonus vir semper tiro.« So schrieb Goethe es in seinen »Maximen und Reflexionen« (zuerst in: »Kunst und Altertum«, 1826).

Juvenal

Es ist schwer, keine Satire zu schreiben
(Difficile est satiram non scribere)

Rechtschaffenheit wird gepriesen und friert dabei
(Probitas laudatur et alget)

Wenn das Talent versagt, so schmiedet Entrüstung die Verse
(Si natura negat, facit indignatio versum)
wird aus den »Satiren« von Decimus Iunius Iuvenalis (Juvenal, um 60–140 n. Chr.) zitiert.

Daher Zorn und Tränen
(Inde irae et lacrumae)
heißt es in Juvenals »Satiren« 1, 168, was mit Anlehnung an Terenz, »Andria« I, 1: »Hinc illae lacrumae!« umgeformt wird zu: »Inde illae irae« oder »Hinc illae irae« (Daher jener Zorn).

Alles verzeihen die Kritiker den Raben und peinigen die Tauben!
(Dat veniam corvis, vexat censura columbas!)
stammt aus »Satiren« 2, 63 von Juvenal und meint dort: Die Sittenrichter sind milde gegen die Männer und streng gegen die Frauen.

Sein Leben der Wahrheit weihen
(Vitam impendere vero)
Dieser Wahlspruch J. J. Rousseaus findet sich in Juvenals »Satiren« 4, 91.

Ich will's; also befehl' ich's; statt Grundes genüge der Wille.
(Hoc volo, sic iubeo; sit pro ratione voluntas.)

In Juvenal, »Satiren« 6, 223 höhnt ein herrisches Weib ihren Mann, der sich sträubt, einen Sklaven ohne Schuldbeweis zu kreuzigen, daß er einen Sklaven für einen Menschen halte, und schließt kategorisch mit den obenstehenden Worten.

Oft wird »Sic volo ...« zitiert. Die Zusammenstellung der Worte »volo« und »jubeo« beruht auf der in den Centuriatcomitien bei den Abstimmungen über Gesetze von dem die Verhandlung leitenden Magistrat an das Volk zu richtenden Frage (lex rogata): »Velitis, iubeatis, uti ... vos, quirites, rogo?«

Aufgewärmter Kohl

Dieser Ausdruck für »langweiliges Geschwätz« entstand aus Juvenals »Satiren« 7, 154, wo wir von Lehrern lesen, die den Schülern bis zum Überdruß immer wieder denselben Lehrstoff einpauken müssen. Eine andere Ansicht leitet das Wort und seine Anwendung im übertragenen Sinn allerdings aus der Gaunersprache her. Das Wort des Juvenal enthält eine Anspielung auf das schon ältere griechische Sprichwort »Zweimal hintereinander Kohl ist der Tod.«

Ein weißer Rabe
(Corvus albus)

als Bezeichnung für einen Menschen, der unter seinesgleichen eine Ausnahmestellung einnimmt und von der allgemeinen Meinung abweichende Ansichten hat und äußert, liefert Juvenal in den »Satiren« 7, 202.

Panem et circenses
(Brot und Zirkusspiele)

In den »Satiren« 10, 81 heißt es, das römische Volk verlangte in der Kaiserzeit unentwegt »Brot und Spiele«, ohne sich noch um das Gemeinwohl und die Staatsinteressen zu kümmern. Nach Friedländer, »Sittengeschichte Roms von August bis zum Ausgang der Antonine« wurde ähnliches schon früher von der Bevölkerung Alexandriens gesagt. Auf Rom wendet den Ausspruch zuerst Kaiser Trajan (96–117 n. Chr.) an, der sagte: »Populum Romanum duabus praecipue rebus, annona et spectaculis, teneri.« (Das römische Volk kann in der Hauptsache nur durch zwei Dinge in Zaum gehalten werden: durch genügend Essen und aufregende Schauspiele.)

Mens sana in corpore sano
(Gesunder Geist in gesundem Körper)

findet sich in Juvenals »Satiren« 10, 356. Doch hat dieses Wort durchaus nicht die ihm heute meist beigelegte Bedeutung: »Nur in einem

Juvenal

gesunden Körper kann ein gesunder Geist wohnen«, sondern: Man muß bei der Geburt eines Knaben die Götter bitten, es möge in einem gesunden Körper auch eine gesunde Seele wohnen, d. h. ein starker Geist, der jedwede Mühe zu ertragen weiß und der den Tod nicht fürchtet.

Tacitus

Imperium et libertas (Herrschaft und Freiheit)

Publius Cornelius Tacitus (ca. 55–120 n. Chr.) rühmt in »De vita et moribus Cn. Julii Agricolae« (»Leben und Charakter des Agricola«, verfaßt 98 n. Chr.), Kapitel 3 von Nerva, er habe im Anfang seiner Regierung früher unvereinbare Dinge, »principatum ac libertatem« (Herrschergewalt und Freiheit) oder, wie es Mommsen, »Römische Geschichte« (1869) als Caesars Ideal bezeichnet, »die Vereinigung freier Volksentwicklung und absoluter Herrschaft« gepaart. Dafür schrieb Bacon in »The twoo bookes of the proficience and advancement of learning divine and humane« (London, 1605): »imperium et libertatem« (»government and liberty«). Hierauf fußend hat Lord Beaconsfield in einer Rede beim Lord-Mayors-Mahle am 10. November 1879 das Wort: »Imperium et libertas« (Herrschaft und Freiheit) angewendet und so geflügelt gemacht.
Vgl. auch Schiller, »Wallensteins Lager«, Prolog: »… wo um der Menschheit große Gegenstände, um Herrschaft und um Freiheit, wird gerungen«.

Sine fra et studio (Keinem zu Lieb' und keinem zu Leide)

zu schreiben, nahm sich Tacitus in den »Annales ab excessu divi Augusti« (115–117) I, 1 vor. »Sine fra et studio« heißt wörtlich übersetzt eigentlich: »ohne Zorn und ohne Vorliebe«, d. h. ohne Parteilichkeit, vorurteilsfrei.

Sie stürzen sich in die Knechtschaft (Ruere in servitium)

heißt es in Tacitus' »Annales ab excessu divi Augusti« I, 7. Das Wort geht auf Livius zurück, der die Plebejer »avide ruendo ad libertatem in servitutem elapsos« (die bei ihrem Wettrennen nach Freiheit in die Knechtschaft gestürzt waren) nennt.

Landesmutter

Diesen geflügelt gewordenen Ausdruck entnehmen wir Tacitus' »Annales ab excessu divi Augusti« I, 14. Die Senatoren wollten die Livia, die Gattin des Augustus, durch Verleihung des Titels »mater patriae« (Mutter des Vaterlandes) ehren, ihr Sohn Tiberius aber lehnte die Ehrung ab.

Aus Schriften lateinischer Sprache

Plinius d. J.

Wenn es erlaubt ist, zu sagen
(Sit venia verbo)

Diese Redewendung wird wohl in Anlehnung an Plinius d. J. (Gaius Plinius Caecilius Secundus, 62–113 n. Chr.), »Epistolae«, Vers 6: »venia sit dicto« gebildet.

Multum, non multa
(Viel, nicht vielerlei)

d. h. in die Tiefe, nicht in die Breite, hat seinen Ursprung in den »Epistolae« VII, 9 von Plinius d. J.: »Aiunt multum legendum esse non multa.« Lessing zitiert diese Stelle in »Emilia Galotti« 1, 5: »non multa, sed multum« und übersetzt mit: »nicht vieles, sondern viel«. Plinius bezieht sich wahrscheinlich auf die Stelle bei Quintilian: »Multa magis quam multorum lectione formanda mens« (Der Geist ist mehr durch gründliche als durch vielerlei Lektüre zu bilden), denn: »Vielwisserei bildet nicht den Verstand.«

Il dolce far niente
(Das süße Nichtstun)

Plinius' d. J. »Epistolae« VIII, 9 bietet: »illud iners quidem, iucundum tamen nil agere« (das zwar unersprießliche, aber angenehme Nichtstun), was wir, ohne den Ursprung dieser Wortprägung nachweisen zu können, in italienischer Form »il dolce far niente« zitieren. Schon Cicero sagt in »De oratore« II, 6, 24: »Mihi enim liber esse non videtur qui non aliquando nihil agit ... meque, cum huc veni, hoc ipsum nihil agere et plane cessare delectat.« (Denn mir scheint der nicht frei zu sein, der nicht bisweilen nichts treibt ... und mir macht, seitdem ich hierhergekommen bin, gerade dieses Nichtstun und völlige Ausspannen Freude.) Auch Tacitus spricht »Agricola« 3 von der »inertiae dulcedo«, der »Süßigkeit der Trägheit«.

Verschiedene Quellen

Drei machen ein Kollegium aus
(Tres faciunt collegium)

ist ein in den »Digesten«, einem Teil des römischen Gesetzbuchs, in der Form: »Neratius Priscus tres facere existimat collegium« (Neratius Priscus meint, daß drei ein Kollegium ausmachen) vorkommender Rechtsspruch. Er hat die Bedeutung, daß wenigstens drei Personen da sein müssen, um die Grundlage einer Art der juristischen Person, einen Verein, zu bilden. Der römische Rechtsgelehrte Priscus lebte um 100 n. Chr.

Im studentischen Leben besagt der Spruch, daß wenigstens drei Studenten im Auditorium sein müssen, wenn der Professor lesen soll. Vgl. auch das Studentenlied von Elias Salomon (1834): »Es hatten drei Gesellen ein fein Kollegium«, wo das Wort sich auf ein Trinkgelage im Verbindungsleben bezieht.

Über sein Können hinaus ist niemand verpflichtet (Ultra posse nemo obligatur)

ist die Umformung des Rechtssatzes von P. Iuventius Celsus d. J. (um 100 n. Chr.): »Impossibilium nulla obligatio est.« Schon bei Herodot heißt es: »Denn nie war der Zwang stärker als das Unvermögen.«

Gellius

Klassischer Schriftsteller

stammt von Aulus Gellius (um 125–175 n. Chr.): »classicus assiduusque scriptor, non proletarius« ab. Nach dem üblichen altrömischen Sprachgebrauch würde dies geheißen haben: »ein zur ersten Vermögensklasse gehörender und zur höchsten Steuer verpflichteter Schriftsteller, kein Proletarier«, hier aber steht der Ausdruck zum ersten Mal in der übertragenen Bedeutung von: »ein vornehmer Autor ersten Ranges, kein untergeordneter«, d. h. ein mustergültiger Schriftsteller.

Tertullian

Ich glaube es, weil es widersinnig ist (Credo, quia absurdum)

hat sich aus dem Satz des Q. Septimius Tertullian (um 145–220), »Über das Fleisch Christi« 5: »Et mortuus est Dei Filius; prorsus credibile, quia ineptum est« (Und gestorben ist Gottes Sohn; das kann man nur glauben, weil es [an sich] ungereimt ist) entwickelt. Diese Worte stehen nicht bei Augustinus, wie oft behauptet wird. Die sich auf ihn berufen, haben wohl »Confessiones« VI, 5 im Sinn, wo er sagt: »Sentiebam ... tam multa fabulosissima et absurdissima, quia demonstrari non poterant, credenda imperari.« Doch spricht er hier von den Manichäern, die erst durch dreistes Verheißen der Wissenschaft die Leichtgläubigkeit zum besten haben und später dann »befehlen, vieles ganz Fabelhafte und Absurde zu glauben, weil sie es nicht beweisen können«, während die Kirche bescheidener und ohne allen Hinterhalt (»minime fallaciter«) von vornherein verlange zu glauben, was nicht bewiesen würde. Augustinus zum Vater dieses Wortes zu machen, ist man vielleicht auch durch seinen häufig, z. B. im Johannes-Evangelium 40, 9 ausgesprochenen Grundsatz: »Credimus ut cognoscamus, non cognoscimus ut credamus« verleitet worden. Seinen Gedanken, Grundlage und Voraussetzung des Erkennens sei der Glaube, nicht umgekehrt, gab auch Anselmus von Canterbury (1033–1109) in der Form wieder: »Neque enim quaero intellegere, ut credam, sed credo, ut intellegam. Nam et hoc credo, quia nisi credidero, non intellegam.«

Ulpian

Dem, der es so haben will, geschieht kein Unrecht. (Volenti non fit iniuria.)

Domitius Ulpianus (Ulpian, um 170–228) schuf den Rechtssatz: »Ein unseren Kindern zugefügtes Unrecht berührt unsere eigene Ehre so sehr, daß einem Vater die Klage wegen erlittenen Unrechts auf seinen

Ulpian

Namen zusteht, wenn ihm einer den Sohn, selbst mit dessen Einwilligung, verkaufte; dem Sohn aber steht sie nicht zu, weil das kein Unrecht ist, was einem geschieht, der es so haben will« (»Quia nulla est iniuria, quae in volentem fiat«). Aus diesen Schlußworten entwickelte sich das verkürzte: »Volenti non fit iniuria.« Derselbe Gedanke findet sich bei Aristoteles, »Nikomachische Ethik« V, 15: »Er duldet freiwillig; wenn jemand selbst es so will, so geschieht ihm kein Unrecht.« Dem attischen Rechtsverfahren ist der Satz aber nicht entlehnt.

Gedanken sind zollfrei

ist eine Umwandlung aus Ulpians »Ad edictum«: »Cogitationis poenam nemo patitur« (Für seinen Gedanken wird niemand bestraft), was Luther in seiner Schrift »Von weltlicher Obrigkeit, wie man ihr Gehorsam schuldig sei« (1523) als Sprichwort anführt. Die Worte »Liberae sunt nostrae cogitationes« bei Cicero »Pro Mil.« 29, 79 haben einen ganz andern Sinn. Sie bedeuten: »Unsere Gedanken (oder unsere Phantasie) sind durch nichts eingeschränkt, so daß wir uns alles mögliche vorstellen können, was in Wirklichkeit nicht existiert.« In diesem Sinn sagt auch Dietmar von Eist (gest. 1170), »Minnesangs Frühling« 34, 19: »Gedanke die sint ledic fri.«

Callistratus

Um Kleinigkeiten kümmert sich der Prätor nicht. (Minima non curat praetor.)

Dieses vielzitierte Wort geht der Sache nach auf Sophista Callistratus (um 200 n. Chr.) zurück, von dem es in den »Digesten« IV, 1 heißt: »Callistratus libro primo edicti moritorii: Scio illud a quibusdam observatum, ne propter satis minimam rem vel summam, si maiori rei vel summae praeiudicetur, audiatur is qui in integrum restitui postulat.« (Es solle der, der die Restitution fordert, wegen einer sehr geringen Sache oder Summe [vom Prätor] nicht berücksichtigt werden, wenn dadurch die Entscheidung für eine größere Sache oder Summe vorweggenommen wird.) Es handelt sich hier um die »restitutio in integrum«, die Wiedereinsetzung in den vorigen Stand, d. i. »die Beseitigung einer bei Ausübung des Rechtes herbeigeführten Verletzung durch besondere Hilfe des Magistrats aus Gründen der Billigkeit«. Solche Restitutionsgründe waren Zwang, Irrtum, Betrug, Minderjährigkeit u. a. Die Restitution soll in der Regel nicht erteilt werden – das besagt der obige Satz des Callistratus –, wenn der Schaden gering ist und wenn er nur mit unverhältnismäßigem Nachteil geheilt werden kann. Inhaltlich läßt sich das obenstehende Zitat auf die genannte »Digesten«-Stelle zurückführen. Wer allerdings die feste Form des Satzes geprägt hat, war bisher nicht festzustellen; möglich aber ist, daß die Worte Ciceros, »De natura deorum« III, 35: »nec reges omnia minima curant« darauf eingewirkt haben.

Aus Schriften lateinischer Sprache

Terentianus Maurus

Ganz wie der Leser sie aufnimmt, so haben die Bücher ihr Schicksal (Pro captu lectoris habent sua fata libelli)

lautet Vers 258 in des Terentianus Maurus' (Ende des 3. Jh.) »Carmen heroicum«, einem Teil seines Gedichts »De litteris, syllabis et metris«. Goethe übersetzt in den »Sprüchen in Prosa. Ethisches« II, Nr. 153: »Auch Bücher haben ihr Erlebtes.«

Laktanz

Damit es (wenigstens) ***den Anschein habe, als ob etwas*** (in der Sache) ***geschehe*** (oder geschehen sei)
(Ut aliquid fecisse videamur oder: ***Ut aliquid fieri videatur)***

Caecilius Firmianus Lactantius (Laktanz, gest. um 330) sagt in »Institutiones divinae« VII, 4: »Wer ein Gefäß bildet, tut es nicht deshalb, daß es nur den Anschein hat, er habe etwas getan (›ut tantum fecisse videatur‹), sondern damit das fertige Glas etwas in sich aufnimmt.« Hierauf geht die obenstehende Redensart zurück.

Hieronymus

Aus der Not eine Tugend machen

Eusebius Hieronymus Sophronius (Hieronymus, 331–420) bietet in »Apologia adversus libras Rufini« 3, 2: »Facis de necessitate virtutem« und »Epistolae« 54, 6: »Fac de necessitate virtutem« die Quellen für diese Redensart.

Einem geschenkten Gaul sieht man nicht ins Maul.

Für dieses Sprichwort bietet Hieronymus die älteste Quelle, der in der Einführung seines Kommentars zum Epheserbrief sagt: »Noli equi dentes inspicere donati.« Er bezeichnet dieses Wort freilich selbst schon als »vulgare proverbium«, doch ist es früher bisher nicht nachzuweisen.

Wer sich entschuldigt, klagt sich an.
(Qui s'excuse, s'accuse.)

Dieses Wort, das oft auch in französischer Form zitiert wird, geht auf Hieronymus zurück, der »Epistulae 4 ad virginem in exilium missam« sagt: »Dum excusare credis, accusas.« (Während du dich entschuldigst, klagst du dich an.) Denselben Gedanken finden wir schon bei Terenz »Heautontimorumenos« IV, 1: »Nescio quid peccati portat haec purgatio.« (Diese Entschuldigung birgt eine gewisse Schuld in sich.)

Errare humanum est
(Irren ist menschlich)

stammt direkt von der Formulierung des Hieronymus: »errasse humanum est« (»Epistolae« 57, 12) ab. Der Gedanke freilich ist alt. Schon Theognis (um 540 v. Chr.) bietet Vers 327f.: »Fehltritte haften den sterblichen Menschen an.« Sophokles, »Antigone« 1023 f. und Euripides, »Hippolytos« 615 sagen dasselbe mit ähnlichen Worten, während es in dem Epigramm auf die bei Chäronea Gefallenen (Vers 9 bei Demosthenes, »De corona«) heißt: »In nichts irren ist eine Eigenschaft der Götter.« Dann bietet Cicero, »Philippika« XII, 2: »Cuiusvis hominis est errare, nullius nisi insipientis in errore perseverare« (Jeder Mensch kann irren, nur der Tor im Irrtum verharren), was Rückert in »Vierzeilen« ausdrückt:

»Das sind die Weisen,
Die durch Irrtum zur Wahrheit reisen.
Die bei dem Irrtum verharren,
Das sind die Narren.«

Hieronymus

Wie der Anfang, so das Ende
(Quale principium, talis et clausula)

bietet Hieronymus in »Epistolae« 69, 9.

Augustinus

Luftschlösser bauen

Diese Redensart, die sich entsprechend auch im Englischen, Italienischen und Spanischen findet, geht auf Aurelius Augustinus' (354–430) Worte in »Sermones« 2, 6: »Subtracto fundamento in aëre aedificare« zurück.

Woher aber stammen in dieser Redensart die »Schlösser«? Ältere deutsche Ausdrücke des 13. Jahrhunderts: »auf den Regenbogen zimmern« (aus Freidanks »Bescheidenheit«) und »auf eine Wolke bauen« (Hugo von Langenstein, »Martina«) geben keine Hinweise darauf. Vermutlich gehen sie auf eine ältere Quelle zurück und sind den »châteaux en Espagne« entlehnt, die bereits in Guillaume de Lorris' und Jean de Meungs »Roman de la Rose« (13. Jahrhundert), Vers 2454 vorkommen. Dieser Ausdruck stammt »aus der Zeit, wo die Mauren Herren von Spanien waren und deshalb Landgüter und Schlösser für einen Franzosen dort keinen Wert hatten«.

Rom hat gesprochen, die Sache ist zu Ende
(Roma locuta est, causa finita est)

ist zurückzuführen auf Augustinus' »Sermones« 131, 10: »Iam enim de hac causa (Pelagiana) duo concilia missa sunt ad Sedem Apostolicam. Inde etiam rescripta venerunt: causa finita est; utinam aliquando finiatur error.« (Denn es sind schon in Sachen des Pelagius die Beschlüsse zweier Konzilien an den päpstlichen Stuhl gesandt worden. Auch kamen von da die Reskripte: die Sache ist zu Ende. Wenn doch einmal der Irrtum ein Ende nähme!)

Die Synoden zu Karthago und Mileve (416) untersuchten den Gnadenbegriff des Pelagius. Infolgedessen wurden Pelagius und Caelestius bis zum Widerruf exkommuniziert. Papst Innocenz I. bestätigte den

Synodalbeschluß, den Augustinus mit den angeführten Worten am 23. September 417 seiner Gemeinde mitteilte. Die Reskripte des Papstes vom Jahr 417 stehen bei Augustinus, »Epistolae« 181 und 182. In der oben zitierten Verbindung sollen die Worte zuerst in der lateinischen Übersetzung des Gedichtes »Philotanus« von Jean Bapt. Jos. Villart de Grécourt (1683–1734) stehen, das er gegen die Bulle Unigenitus (1713) richtete. Es heißt dort, Vers 784: »Rome a parlé, l'affaire est terminée.«

Mit der Muttermilch eingesogen

In »Confessionum libri XIII« III, 4 sagt Augustinus: »Nomen Salvatoris in ipso adhuc lacte matris cor meum praebiberat.« (Den Namen des Heilandes hatte mein Herz mit der Muttermilch eingesogen.)

Wo das Wissen aufhört, fängt der Glaube an

verdanken wir den »Sermones« 247 von Augustinus.

Nolens volens
(Man mag wollen oder nicht)

In »Retractiones« I, 13 sagt Augustinus: »Ille qui concupiscente adversus spiritum carne non ea quae vult facit, concupiscit quidem nolens et in eo non facit quod vult; sed si vincitur, concupiscentiae consentit volens et in eo non facit nisi quod vult.« (Der Mensch, der dem Verlangen des Fleisches nicht nachgibt, wenn es wider den Geist aufbegehrt, hat wohl ein Verlangen, aber er will ihm nicht folgen, und in diesem Entschluß [»in eo«] unterdrückt er seine Wünsche. Unterliegt er aber, so widerstrebt er seiner Begierde nicht und will auch nicht widerstreben; in dieser Schwäche tut er nur das, was er will.) Der Sinn der Worte ist: Für die Begehrlichkeit des Fleisches ist man nicht verantwortlich, wohl aber dafür, daß man ihr nachgibt. Aus dieser Stelle scheint sich die Redensart »nolens volens« entwickelt zu haben.
Die klassische Form dieses Wortes ist »velim nolim« (mag ich wollen oder nicht) bei Cicero, »De natura deorum« I, 7 und »velis nolis« bei Martial VIII, 44. Der lateinischen Verbindung entsprechend bietet Shakespeare, »Hamlet« 5, 1: »will he nill he« und in »Der Widerspenstigen Zähmung« 2, 1: »will you nill you«.

Vegetius

Wenn du Frieden haben willst, mußt du zum Kriege rüsten
(Si vis pacem, para bellum)

ist wohl den Worten des F. Vegetius Renatus (Vegetius, Ende des 4. Jahrhunderts), »Epitome institutorum rei militar« entlehnt: »Qui desiderat pacem, praeparet bellum.« (Wer den Frieden will, bereite den Krieg vor.) Vgl. den ähnlichen Gedanken bei Dio Chrysostomus (geb. um 50 n. Chr.) in seiner Rede »De regno«: »Wer am meisten zum Kriege gerüstet ist, darf am ehesten in Frieden leben.«

Aufgeschoben ist nicht aufgehoben.

Die diesem Wort am nächsten kommende Form bietet Arnobius d. J. (um 450) in »Commentarias«, 36: »Quod differtur, non aufertur.«

Cassiodor

Es gilt dem Vaterland, wenn wir auch nur zu spielen scheinen (Pro patria est, dum ludere videmur)

geht auf den König der Ostgoten Theoderich den Großen (454–526) zurück. Es wird uns von seinem Geheimschreiber Cassiodor (etwa 487 bis etwa 583) berichtet und steht in der »Variae« betitelten Sammlung der von ihm in seiner amtlichen Stellung verfaßten Schriftstücke, Erlasse und sonstigen Urkunden der Herrscher, unter denen er gewirkt hat. Theoderich schreibt 507 an den Staatsmann und Philosophen Boëthius: »Spernanda non sunt, quae a vicinis regibus praesumptionis gratia postulantur, dum plerumque res parvae plus praevalent praestare quam magnae possunt optinere divitiae. Frequenter enim, quod arma explere nequeunt, oblectamenta suavitatis imponunt. Sit ergo pro re publica, et cum ludere videmur. Nam ideo voluptuosa quaerimus, ut per ipsa seria compleamus.« (Nicht zu verachten ist das, was Könige unserer Nachbarschaft im Interesse eines frühen Lebensgenusses [ihrer Untertanen] fordern. Denn kleine Zugeständnisse haben oft größeren Erfolg als später alle Reichtümer [ergänze: die sie auf ihre Untertanen häufen] schaffen können. Was Gewalt nicht durchzusetzen vermag, bringt angenehmer Zeitvertreib zustande. Also dürfte es dem Vaterlande frommen, auch wenn wir zu spielen scheinen.)

Boëthius

Wenn du geschwiegen hättest, wärest du ein Philosoph geblieben (Si tacuisses, philosophus mansisses)

erklärt sich aus des A. Manlius Severinus Boëthius' (um 480–524) »Philosophiae consolationes libri V« II, 7: »Als jemand einen Mann, der den falschen Namen eines Philosophen nicht zur Übung wahrer Tugend, sondern aus hochmütiger Eitelkeit führte, mit Schmähungen angegriffen und hinzugefügt hatte, er werde bald wissen, ob jener ein Philosoph sei (wenn er nämlich die zugefügten Beleidigungen sanft und geduldig hinnähme), da trug der Angegriffene einige Zeit lang Geduld zur Schau. Dann aber fragte er, gleichsam über die erlittene Schmähung höhnend: ›Merkst du nun endlich, daß ich ein Philosoph bin?‹ Darauf sagte der erste recht beißend: ›Ich hätt's gemerkt, wenn du geschwiegen hättest‹ (›Intellexeram, si tacuisses‹).« Wir wenden »Si tacuisses ...« heute an, wenn wir sagen wollen: »Zerstöre nicht mit bloßstellenden Worten die gute Meinung, die ich von dir habe.«
Die Stelle ist möglicherweise biblischen Ursprungs. Vgl. hierzu Hiob 13, 5: »Wollte Gott, ihr schwieget: so würdet ihr weise« und »Sprüche Salomos« 17, 28: »Ein Narr, wenn er schwiege, würde auch weise gerechnet und verständig, wenn er das Maul hielte.«

Aus Schriften lateinischer Sprache

Tribonian

Auf frischer Tat ertappt
(In flagranti crimine comprehensi)

stammt aus dem von Gaius Tribonianus (Tribonian, gest. 545) und neun weiteren Juristen 529 n. Chr. herausgegebenen »Codex Justinianus«, einem Teil des »Corpus iuris«. Dort steht: »In ipsa rapina et adhuc flagrante crimine comprehensi.« (Sie sind bei dem Raub und dem Verbrechen ertappt worden.)

Gariopontus

Steter Tropfen höhlt den Stein.

Gariopontus (auch Guarimpotus, Warimbotus usw.), der älteste Schriftsteller der salernitanischen Schule, (gest. vor 1056) führt in seinem Werk »Passionarius« 1, 17 den Zahnschmerz darauf zurück, daß die kalte Feuchtigkeit des Kopfes in die Zähne herniedersteigt und diese durch stetes Einfließen verdirbt, ebenso wie man auch sage: »Gutta cavat lapidem, non vi, sed saepe cadendo.« (Der Tropfen höhlt den Stein, nicht durch Gewalt, sondern durch häufiges Niederfallen.) Dies ist die älteste Stelle, in der der zitierte Vers in dieser Form vorkommt und aus der er in die spätere Literatur übergegangen ist. Gariopontus schrieb den »Escolapius« aus, ein von einem christlichen Arzt des 7. Jahrhunderts herrührendes Lehrbuch, das zusammen mit dem sogenannten »Aurelius« ein Auszug aus Caelius Aurelianus, »De passionibus acutis« (4./5. Jahrhundert) ist. Im 10. Kapitel des »Escolapius« heißt es: »Stillicidia guttando petram excavant assiduo lapsu: sic humida gutta non pondere, sed saepe cadendo disrumpit.« Denselben Wortlaut finden wir bereits bei Vindicianus, einem Zeitgenossen Augustins, in seinen »Gynaecia«, nach einer Pariser Handschrift sogar in einer der jetzigen ganz nahekommenden Form. Irrtümlich aber schreibt er den Vers dem Vergil zu. Tatsächlich stammt wenigstens der erste Halbvers aus Ovid, »Ex Ponto« IV, 10, der Schluß lautet dort: »consumitur anulus usu« (der Ring wird durch den Gebrauch abgenutzt). Der Gedanke selbst, daß steter Tropfen den Stein höhle, ist alt; wir finden ihn schon bei Hiob 14, 19 (Vulgata): »Lapides excavant aquae.« (Nach Luther: Wasser wäschet Steine weg.) Deutsch finden wir den Vers bei Thomasin von Zerklaere, »Der Welsche Gast« (1215/6), Vers 1921f.:

»Den stein der trophe dürkel (durchlöchert) macht
dicke (oft) vallent, niht mit kraft.«

Alanus ab Insulis

Auf Regen folgt Sonnenschein.

Die Verse in des Alanus ab Insulis' (ca. 1114–1202) »Doctrinale altum seu liber parabolarum«:

»Gratior est solito post maxima nubila Phoebus,
Post inimicitias clarior est et amor«
(Lieblicher scheinet, als sonst, nach mächtigen Wolken die Sonne,
Heller strahlet nach Streit wieder die Liebe hervor)

enthalten das bekannte, schon in Sebastian Francks »Sprichwörter« (1541), 2, 104a aufgenommene: »post nubila Phoebus« (nach Wolken die Sonne) oder sprichwörtlich: »Auf Regen folgt Sonnenschein.« Vielleicht beruht das Wort auf Tobias 3, 23: »Nach dem Ungewitter lässest du die Sonne wieder scheinen.«

Gualterus ab Insulis

Aus der Skylla in die Charybdis geraten

Aus der um 1178–82 verfaßten »Alexandreis« des Gualterus ab Insulis (Walter von Lille oder auch Philipp Gaultier von Châtillon; ca. 1135–1201) 5, 301 stammt: »Incidis in Scyllam, cupiens vitare Charybdin.« (Während du wünschst, der Charybdis zu entgehen, verfällst du der Skylla.) Der Vers ist einem griechischen Sprichwort bei Apostolius nachgebildet, das sich aus Homers »Odyssee« XII, 85–110 entwickelte, wo die Gefahren der beiden Meeresstrudel Skylla und Charybdis zuerst geschildert werden. Richtiger als Walter sagen wir: »Aus der Skylla in die Charybdis geraten«, denn Homer schildert die Skylla zuerst.

Verschiedene Quellen

Wer schweigt, erweckt den Anschein, als stimme er zu.
(Qui tacet, consentire videtur.)

Das kanonische Recht enthält im 6. Buch der »Decretalen« diesen Grundsatz Bonifatius' VIII. (1220–1303). Er erinnert an Sophokles' Worte, »Trachinierinnen« 814: »Begreifst du nicht, daß du durch dein Schweigen dem Ankläger beipflichtest?« Vgl. unter anderem auch Euripides, »Iphigenie in Aulis« 1142; Plato, »Apologie« 15 C; Cicero, »Pro Sestio« 18, 40; besonders aber Seneca, »Rhetor. controv.« X, 2: »Sed silentium videtur confessio.« (Aber Stillschweigen scheint Bekenntnis.)

Mater dolorosa
(Schmerzensreiche Mutter)

stammt aus der höchstwahrscheinlich von Fra Jacopone da Todi (ca. 1230–1306) gedichteten und vertonten Sequenz »Stabat mater dolorosa« und bezieht sich auf Maria, die Mutter Jesu.

In dulci iubilo
(In süßem Jubel)

beginnt ein Weihnachtslied, das aus einer die Lebensbeschreibung des Mystikers Suso enthaltenden Handschrift des 14. Jahrhunderts stammt und somit nicht, wie oft behauptet wurde, von dem 1440 gestorbenen Petrus Dresdensis herrührt. Das Wort findet sich später in Studentenliedern und trägt dort die Bedeutung: »in Saus und Braus«. Vgl. Hoffmann von Fallersleben, »In dulci jubilo« (Hannover 1854).

Pico della Mirandola

Über alles Wißbare und einiges andere (De omni re scibili et quibusdam aliis)

wird auf Giovanni Pico, Graf von Mirandola (1463–1494) zurückgeführt, der 1486 in Rom 900 Thesen bekanntmachte und sich erbot, sie öffentlich zu verteidigen. Darin rühmt er sich, mit Hilfe der Zahlen zur Entdeckung und zum Verständnis von allem zu gelangen, was man erfahren könne (»ad omnis scibilis investigationem et intellectionem«). Zitiert wird auch: »De omnibus rebus et quibusdam aliis.«

Loyola

Kadavergehorsam

beruht auf VI, 1 der »Constitutiones Societatis Jesu«, wo der Stifter des Jesuitenordens Ignatius von Loyola (eigentlich Inigo Lopez de Recalde, 1491–1556) den Glaubensbrüdern vorschreibt, sich von der göttlichen Vorsehung durch die Oberen tragen und leiten zu lassen, »perinde ac si cadaver essent, quod quoquo versus ferri et quacunque ratione tractari se sinit« (als wären sie ein Leichnam, der sich überallhin tragen und auf jede Weise behandeln läßt). Doch hat Loyola selbst diesen Gehorsam auf die Fälle beschränkt, »in denen nichts Sündhaftes erblickt werde« (»ubi peccatum non cerneretur«, III, 1) und auf die Dinge, »auf die er sich ohne Beeinträchtigung der göttlichen Liebe erstrecken könne« (»omnibus in rebus, ad quas potest cum charitate se obedientia extendere«, VI, 1). Loyolas Quellen liegen weit zurück. Schon Johannes Climacus (gest. um 600) nennt in »De scala paradisi gradus« 4 den Gehorsam »die vollständige Aufhebung der eigenen Seele, die Ertötung der Sinne in der lebendigen Seele, den freiwilligen Tod, das Begräbnis des Willens«. Ähnlich äußert sich auch Franz von Assisi (1182–1226).

Aquaviva

Stark in der Sache, milde in der Form (Fortiter in re, suaviter in modo)

ist zurückzuführen auf den vierten Jesuitengeneral Claudio Aquaviva (1543–1615), der in »Industriae ad curandos animae morbos« (Venedig 1606) sagt: »Daß die Art der Regierung stark und mild sein muß, lehrt nicht allein die sich gleich bleibende Autorität der heiligen Väter, sondern das lehren auch in reichem Maße unsere Satzungen«, und seine Erörterung schließt: »Es wird nicht schwer sein zu sehen, wie Nachdruck mit Milde verbunden sein muß, daß wir stark seien in der Erreichung des Ziels und milde in der Art, es zu erreichen« (»ut et fortes in fine consequendo et suaves in modo ac ratione assequendi simus«).
Der Wortlaut scheint aus der »Weisheit Salomonis« zu stammen, wo von der Weisheit geschrieben steht (8, 1; nach der Vulgata): »Attingit ergo a fine usque ad finem fortiter et disponit omnia suaviter.« (Sie reichet von einem Ende zum andern gewaltiglich und regieret alles milde.)

Corpus delicti
stammt aus Prosper Farinacius' (1544–1615) »Variae Quaestiones« (Frankfurt 1670/1676) und bezeichnet einen »Tatbestand«, »Tatgegenstand«.

Et in Arcadia ego
(Auch ich war in Arkadien)
setzt erstmals der italienische Maler Giovanni Francesco Barbieri (gen. Il Guercino, 1591–1666) auf einem Gemälde von 1621/23 unter einen Totenkopf, den zwei junge Hirten ergriffen betrachten. Etwas später verwendet Nicolas Poussin (1593–1665) das Wort in seinem Gemälde »Die Hirten in Arkadien« als Inschrift auf einem Grabhügel. Dieses Bild wurde durch Kupferstiche im 18. Jahrhundert weithin bekannt, die Inschrift kehrt dann in der deutschen Literatur dieser Zeit häufig wieder.
Die älteste deutsche Übersetzung des Wortes ist wohl die in J. G. Jacobis, »Winterreise« (1769): »Wenn ich auf schönen Fluren einen Leichenstein antreffe mit der Überschrift: ›Auch ich war in Arkadien‹, so zeig' ich den Leichenstein meinen Freunden, wir bleiben stehen, drücken uns die Hand und gehen weiter.« In Wielands »Pervonte« (1778) heißt es:
»Und auch nicht eine dieser Schönen
Schien nach der Grabschrift sich zu sehnen:
Auch ich lebt' in Arkadia!«
Herder schreibt 1785 (»Ideen«, Buch 7, 1): »Auch ich war in Arkadien ist die Grabschrift aller Lebendigen in der sich immer wieder verwandelnden, wiedergebärenden Schöpfung.« Schiller beginnt sein Gedicht »Resignation. Eine Phantasie« (1786): »Auch ich war in Arkadien«, und Goethe wählt »Auch ich in Arkadien« zum Motto der beiden 1816 und 1817 erschienenen Bände seiner »Italienischen Reise«. Scherzhaft überschreibt schließlich E. T. A. Hoffmann den 2. Abschnitt seiner »Lebensansichten des Katers Murr« mit: »Lebenserfahrungen des Jünglings. Auch ich war in Arkadien« (1820).
Der deutsch-amerikanische Kunsthistoriker Erwin Panofsky übersetzt die Inschrift in seinem Aufsatz »Et in Arcadia ego. Poussin und die Tradition des Elegischen« (1933, dt. 1955) mit: »Auch mich gibt es in Arkadien« (nämlich den Tod).

Verleumde nur kühn! Etwas bleibt immer haften.
(Calumniare audacter, semper aliquid haeret.)
Ein gewisser Medius (um 330 v. Chr.) tritt bei Plutarch, »De adulatore et amigo« als Chorführer der Schmeichler im Gefolge Alexanders des Großen auf und erteilt den Rat, »kühn mit Verleumdungen zu packen und zu beißen, da, wenn auch der Gebissene seine Wunde heile [d. h. die Nichtigkeit der Verleumdung nachweise], doch die

Narbe der Verleumdung bleibe«. Hieraus ist das obenstehende Wort entlehnt, das schon bei Francis Bacon (1561–1626), »De dignitate et augmentis scientiarum« (1605) als sprichwörtlich bezeichnet wird. Auch wird (z. B. von Goethe, »Dichtung und Wahrheit«, 10. Buch) allein angeführt: »Immer bleibt etwas hängen!«, ebenso lateinisch: »Semper aliquid haeret.«

Fournier

Die Natur macht keinen Sprung
(Natura non facit saltum)

findet sich zuerst 1613 in der längeren Form: »Natura in operationibus suis non facit saltum« bei E. Fournier, »Variétés histor. et littér.« IX, 247. Ähnlich sagt der berühmte Pädagoge Amos Comenius (1592–1671) in seinem Büchlein »De sermonis latini studio«, Breslau 1638: »Natura et ars nusquam saltum faciunt.« Der Gedanke ist schon älter und geht auf Aristoteles zurück, der in seiner »Historia de animalibus« sagt: »Die Natur schreitet so allmählich von den unbeseelten Dingen zu den belebten Wesen fort, daß man bei dem stetigen Zusammenhange nicht gewahr wird, wo die Grenze der beiden Arten liegt.« Und weiter: »Der Übergang von den Pflanzen zu den Tieren ist ein stetiger.« Das Bild vom Sprung begegnet uns zuerst bei dem Platoniker und Rhetor Maximus Tyrius (2. Hälfte des 2. Jahrhunderts n. Chr.): »Auch hier [zwischen Göttern und Menschen] macht die Natur nicht auf einmal einen Sprung«, d. h. sie schuf als Mittelglied zwischen Göttern und Menschen die Dämonen. Im Deutschen finden wir den Gedanken zuerst bei Meister Eckhart (um 1260–1327): »Diu nâtûre übertritet niht [tritt nicht vorbei, d. h. läßt keine Stufe aus]; si hebet iemer an ze würkende an dem nideristen unde würket alsô ûf in daz hoehste.« Die lateinische Form »natura non facit saltus« (»Sprünge«) finden wir dann wieder in Karl von Linnés (1707–1778) »Philosophia botanica«, Stockholm 1751, Nr. 77. In demselben Sinne äußerte Goethe am 19. März 1807: »Die Natur kann zu allem, was sie machen will, nur in einer Folge gelangen. Sie macht keine Sprünge. Sie könnte z. B. kein Pferd machen, wenn nicht alle übrigen Tiere voraufgingen, auf denen sie wie auf einer Leiter bis zur Struktur des Pferdes heransteigt.«

Castelli

Was die Barbaren nicht getan, taten die Barberini.
(Quod non fecerunt barbari, fecerunt Barbarini.)

Dieser boshafte Spottvers stammt nach Gaet. Bossi, »La pasquinata Quod non …« (Rom 1898) von dem Kanonikus und apostolischen Protonotar Carlo Castelli (1565–1639), der von 1612 bis zu seinem Tod Geschäftsträger des Herzogs von Mantua in Rom war. Der Spott richtet sich nicht, wie vielfach angenommen wird, gegen die Zerstörung antiker Bauten zugunsten moderner durch die Familie Barberini, sondern nur gegen Maffeo Barberini, der als Papst Urban VIII.

(1623–1644) die Bronze, mit der die Balken im Portikus des Pantheons bekleidet waren, abnehmen und daraus Kanonen für die Engelsburg und das große Tabernakel über dem Hauptaltar der Peterskirche gießen ließ.

H. Hugo

Pia desideria
(Fromme Wünsche)

ist der Titel einer in Antwerpen 1627 erschienenen Schrift des belgischen Jesuiten Hermann Hugo (1588–1639). Andreas Presson übertrug sie unter dem Titel: »Das Klagen der büßenden Seel oder die so genante Pia Desideria« (Bamberg 1672) und Joh. Georg Albinus unter dem Titel: »Himmel-flammende Seelen-Lust« ins Deutsche. Der lateinische Titel wurde 1675 von Philipp Jakob Spener für seine in der Geschichte der Religion bedeutende Schrift gewählt, in der er, der Verinnerlichung des Glaubens das Wort redend, der starren Orthodoxie gegenübertrat. Von da rührt der Widerhall her, den das Wort bekam. Heute wird es lateinisch und deutsch meist in der Bedeutung »unerfüllbare Wünsche« gebraucht.

Verschiedene Quellen

In notwendigen Dingen Einheit, in zweifelhaften Freiheit, in allen aber werktätige Liebe
(In necessariis unitas, in dubiis libertas, in omnibus autem caritas)

ist allem Anschein nach zwölf Jahrhunderte jünger als Augustinus, dem dieser Spruch vereinzelt zugeschrieben wird. So von Hoffmann von Fallersleben, der den zur Einweihung einer katholischen Kirche in Neuwied am 4. November 1852 gedichteten Spruch »Die christliche Liebe« mit den Worten beginnt:

»Der heil'ge Augustinus sagt:
In necessariis unitas ...«

Zum ersten Mal begegnet uns der Spruch in der »Paraenesis votiva pro pace ecclesiae« des Rupertus Meldenius, die 1626 in Rothenburg ob der Tauber gedruckt wurde. Er lautet dort: »Si nos servaremus in necessariis unitatem, in non necessariis libertatem, in utrisque charitatem, optimo certe loco essent res nostrae.« Meldenius ist ein Pseudonym für Petrus Meuderlinus, der von 1612–50 Ephorus des Kollegiums bei St. Anna in Augsburg war und energisch gegen die theologischen Streitigkeiten seiner Zeit auftrat. Die Hauptverbreitung hat das Wort wohl durch Johann Amos Comenius' Schrift »Unum necessarium« (Amsterdam 1668) gefunden, in der es in Kapitel 8, 6 heißt: »Summa autem concordiae Christianorum lex est trina: servare in omnibus necessariis unitatem, in minus necessariis (quae adiaphora vocant) libertatem, in omnibus erga omnes charitatem.« (Das höchste Gesetz christlicher Harmonie ist dreifach: in allem Wichtigen die Einheit, in weniger Wichtigem die Freiheit, in allem gegenüber allen die Liebe bewahren.)

Krieg aller gegen alle (Bellum omnium contra omnes)

Thomas Hobbes (1588–1679) sagt in seinem Werk »Elementa philosophiae de cive« (erschienen Amsterdam 1647) in der »Praefatio ad lectores«, S. 12/13: »Ich zeige zunächst, daß der Zustand der Menschen außerhalb der bürgerlichen Gesellschaft ... kein andrer war als bellum omnium contra omnes.« Hobbes geht damit auf Platon zurück, der in »Gesetze« I rügt, daß die meisten es nicht einsehen, »daß sie ihr Leben lang, alle mit allen Städten, in beständigem Kriege seien« und »daß naturgemäß stets alle Städte mit allen Städten in unversöhnlichem Kriege seien«, und nicht nur diese, sondern daß auch »Dorf gegen Dorf, Haus gegen Haus, Mensch gegen Mensch, ein Jeder gegen sich selbst Krieg führe«, ja, »daß alle mit allen auf Kriegsfuß seien«. Hiernach heißt es vielleicht auch bei Lucilius: »Insidias facere, ut si hostes sint omnibus omnes.« (Sie legen Fallen, als wären alle allen feind.)

Vollständiger aber deckt sich mit Hobbes' Worten, wenn auch in anderem Zusammenhang, ein Ausdruck des griechischen Wanderredners Dio Chrysostomus (1. Jahrhundert n. Chr.) in seiner Rede »Vom Mißtrauen«: »Denn der Krieg der Schlechtigkeit ist ein beständiger Krieg aller gegen alle, ohne Frieden und Versöhnung.«

Der Zweck heiligt die Mittel.

Hobbes sagt in »De cive« 1, 8: »Quoniam autem ius ad finem frustra habet, cui ius ad media necessaria denegatur, consequens est, cum unusquisque se conservandi ius habeat, ut unusquisque ius etiam habeat utendi omnibus mediis et agendi omnem actionem, sine qua conservare se non potest.« (Weil dem das Recht, zu einem Zweck zu streben, nichts hilft, dem man das Recht versagt, die nötigen Mittel anzuwenden, so folgt daraus, daß, da jeder das Selbsterhaltungsrecht hat, auch jeder berechtigt ist, alle Mittel anzuwenden und jede Handlung vorzunehmen, ohne die er sich selbst nicht erhalten kann.) Hieraus scheint die obenstehende Redensart entnommen zu sein, die gemeinhin als Quintessenz der Jesuitenmoral gilt. Der Jesuitenpater Hermann Busenbaum schreibt allerdings in seiner »Medulla theologiae moralis« (»Kern der Moraltheologie«, 1650): »Cum finis est licitus, etiam media sunt licita.« (Wenn der Zweck erlaubt ist, sind auch die Mittel erlaubt.) Hierbei schließt er aber ausdrücklich verwerfliche Mittel aus und empfiehlt nur solche, die zur Erreichung des Zweckes zulässig sind. Der französische Philosoph Blaise Pascal (1623–1662) scheint als erster seine Worte aus dem Zusammenhang gerissen zu haben und deutet sie so, als habe Busenbaum gemeint, man dürfe sich zur Erreichung eines guten Zweckes schlechter Mittel bedienen, weil diese dadurch geheiligt würden. In »Les provinciales, ou lettres escri-

Hobbes

tes par Louis de Montalte à un provincial de ses amis« (1656), 7. Brief läßt Pascal einen Jesuiten sagen: »Nous corrigeons le vice du moyen par la pureté de la fin.« (Wir verbessern die Schlechtigkeit des Mittels durch die Reinheit des Zwecks.)
Schon der italienische Schriftsteller Niccolò Machiavelli (1469–1527) spricht in seinen »Discorsi sopra la prima deca di Tito Livio« (verfaßt nach 1512, gedruckt zuerst Rom und Florenz 1531) 1, 9 mit Bezug auf Romulus, den sagenhaften Gründer der Stadt Rom, den Gedanken aus: »Ein kluger Begründer eines Staates, der die Absicht hat, nicht sich selber zu nützen, sondern dem gemeinsamen Vorteil, ... muß danach streben, die Gewalt ganz allein zu besitzen; und ein weiser Mann wird niemals jemanden tadeln wegen einer ungewöhnlichen Tat, wenn sie dazu dient, ein Reich in Ordnung zu bringen oder eine Republik zu gründen. Wenn ihn auch die Tat anklagt, so muß ihn der Erfolg doch entschuldigen (›Conviene bene, che, accusandolo il fatto, lo effetto lo scusi‹), und wenn er gut ist, wie bei Romulus, wird er ihn stets entschuldigen.«

Pascal

Reservatio mentalis
(Der Gedankenvorbehalt)

Blaise Pascal stellt im 9. Brief seiner »Lettres provinciales« die jesuitische »doctrine des restrictions mentales« an den Pranger. Diese »restrictio mentalis«, oder, wie wir heute sagen, der »Gedankenvorbehalt des Eidleistenden«, findet sich zuerst bei dem Jesuiten Hermann Busenbaum (1600–1668) in der »Medulla theologiae moralis«, nachdem schon der Jesuit Sanchez (»Opus morale«, Köln 1614) gesagt hatte: »Si quis ... iuret se non fecisse aliquid, quod re vera fecit, vel aliam diem ab ea, in qua fecit, vel quodvis aliud additum verum, re vera non mentitur nec est periurus.« (Schwört einer, er habe etwas nicht getan, was er doch getan hat, indem er einen anderen Tag als den der Tat oder irgend etwas anderes Wahrheitsgemäßes hinzufügt, so ist er tatsächlich kein Lügner oder Meineidiger.)
Ciceros Wiedergabe einer Stelle bei Euripides, »Hippolytas«: »Iuravi lingua, mentem injuratam gero« (etwa: Ich schwöre mit der Zunge, mein Geist bleibt unvereidigt), hat zu der falschen Annahme geführt, als liege schon hier ein Gedankenvorbehalt vor. Bei Euripides hatte Hippolyt der Amme der Phaedra versprochen, zu schweigen, wenn ihre Mitteilung ehrenhaft wäre. Als er aber von der unsittlichen Liebe seiner Schwiegermutter hörte, hielt er sich mit Recht durch den nur bedingungsweise geleisteten Eid nicht mehr an sein Versprechen gebunden. Aus dem Zusammenhang gerissen und als allgemeine Sentenz gefaßt hat der Vers schon im Altertum Anlaß zu moralischen Einwendungen geboten.

Aus Schriften lateinischer Sprache

Descartes

Cogito, ergo sum.
(Ich denke, also bin ich.)
Diesen Satz bezeichnet der französische Philosoph René Descartes (1596–1650) in seinem Werk »Principia Philosophiae« (Amsterdam 1644) als die erste und sicherste Erkenntnis des Philosophen.

Spinoza

Ich habe mich eifrig bemüht, des Menschen Tun weder zu belachen noch zu beweinen noch zu verabscheuen, sondern es zu begreifen
(Sedulo curavi, humanas actiones non ridere, non lugere, neque detestari, sed intelligere)
sagt der niederländische Philosoph Baruch (Benedictus) de Spinoza (1632–1677) im »Tractatus politicus« (1677), 1, 4.

Sub specie aeternitatis
(Unter dem Gesichtspunkt der Ewigkeit)
Wenn wir von einem Philosophen sagen, er betrachte die Dinge »sub specie aeternitatis«, zitieren wir Spinoza, der in seiner »Ethik« (1677) 5, 29–31 den Satz aufstellt, der Geist sei ewig, »quatenus res sub aeternitatis specie concipit« (insofern er die Dinge unter der Form der Ewigkeit begreife).

Aler

Aufstieg zum Parnaß
(Gradus ad Parnassum)
Dieser Titel einer Anleitung zur Dichtkunst in lexikalischer Form (Köln 1687) des Jesuiten Paul Aler (1656–1727) wird häufig nachgeahmt.

Verschiedene Quellen

Das arme steuerzahlende Volk
(Misera contribuens plebs)
Im »Corpus Iuris Hungarici« (1751), 2, 424 findet sich im Decretum II die Wendung: »… miseram … contribuentem plebem gravantes exactiones« (die das arme zahlende Volk bedrückenden Steuern). Diese Worte (»misera« nennt die »plebs« übrigens schon Horaz, »Satiren« I, 8) gelten als Quelle für das obenstehende Wort.

Das antike Griechenland

Verschiedene Quellen

Drakonische Strenge und **Drakonische Gesetze**
sind in der sogenannten 39. Olympiade (624–621 v. Chr.) sprichwörtlich geworden. Da die Gesetze des Drakon in vielen Fällen die Todesstrafe androhten, galten sie als mit Blut geschrieben. Den ältesten Beleg für diese Auffassung finden wir bei Plutarch, »Solon« 17, wo Demades sagt: »... weil Drakon seine Gesetze mit Blut und nicht mit Tinte schrieb«. Auf ihre Härte weist auch Aristoteles in seiner »Politik« II hin, wo er sagt, daß außer ihrer Strenge nichts Bemerkenswertes an ihnen gewesen sei.

Heilige Kriege
nannten die Griechen die zum Schutz des delphischen Heiligtums geführten Kriege. Den ersten, der Sage nach zehnjährigen, führten die Amphiktyonen, die um den Mittelpunkt des delphischen Orakels vereinigte Festgenossenschaft unter thessalischer Leitung gegen die alte Stadt Krisa, die den zum Heiligtum wandernden Pilgern zu hohe Steuern auferlegt und sich auch sonst am Tempelgut bereichert hatte. Er endete 590 v. Chr. mit der Zerstörung von Krisa. Der zweite, den Thukydides schon als »den sogenannten heiligen Krieg« bezeichnete, wurde 448 v. Chr. von Sparta gegen Phokis unternommen. Der bedeutendste war der dritte, 355–346 v. Chr., den die Thebaner ebenfalls gegen Phokis führten, und der Philipp von Makedonien Veranlassung gab, in die griechischen Verhältnisse einzugreifen. Im vierten, 339–338 v. Chr., wurde Philipp von den Amphiktyonen selbst beauftragt, die Lokrer von Amphissa wegen Verletzung des Tempelguts zu bestrafen.
Seit jener Zeit werden häufig Kriege, die wegen Religionsstreitigkeiten oder auch aus innerstem Bedürfnis und aus zwingender Not geführt werden, »heilige Kriege« genannt. So sagt Theodor Körner in seinem 1813 gedichteten Aufruf in »Leyer und Schwert« (Berlin 1814):
»Es ist kein Krieg, von dem die Kronen wissen;
Es ist ein Kreuzzug, 's ist ein heil'ger Krieg!«

Philon von Byzanz

Die Sieben Weltwunder
erwähnt Philon von Byzanz (6. Jahrhundert v. Chr.) in seiner Schrift »Über die sieben Weltwunder«; es sind nach Auffassung der Griechen: die ägyptischen Pyramiden, die hängenden Gärten der Semiramis in Babylon, der Artemistempel in Ephesus, die Statue des Zeus von Phidias, das Grabmal des Maussolos in Halikarnassos, der Koloß von Rhodos und der Leuchtturm auf der Insel Pharus.

Sphärenmusik

werden die Töne genannt, die die Gestirne bei ihren Bewegungen erzeugen. Das meinten die Pythagoreer nach Pythagoras aus Samos (6. Jahrhundert v. Chr.). Die Bezeichnung wurde von den frühen Christen übernommen, die damit die Musik der Engel bezeichneten.

Nemo ante mortem beatus
(Niemand ist vor seinem Ende glücklich zu preisen)

ist die lateinische Verkürzung der Worte Solons (gest. 559 v. Chr.) zu dem lydischen König Krösus: »Ehe er (nämlich der anscheinend Glückliche) gestorben, soll man sich hüten, ihn glücklich zu nennen, sondern nur von ihm sagen, es gehe ihm gut.«

Krösus

heißt ein lydischer König, dessen Name uns nach Herodot zur Bezeichnung eines reichen Menschen dient. Sprichwörtlich tritt der Name zuerst auf bei Theokrit.

Scherbengericht

Von einem »Scherbengericht« sprechen wir, wenn über einen Menschen von einer Mehrheit der Stab gebrochen wird. Auf Tonscherben wurde der Name desjenigen geschrieben, der zur Verbannung verurteilt wurde. Ausführlich spricht darüber Aristoteles, »Politik« III, 13.

Xanthippe

lautet der Name der Frau des Sokrates (um 469–399 v. Chr.), der zur Bezeichnung einer ihren Ehemann durch Gezänk plagenden Frau und überhaupt eines zänkischen Weibes geworden ist. Der Volksmund machte daraus »Zanktippe«.

Diogeneslaterne

Nach dem Bericht des Diogenes Laërtius (»Leben, Meinungen und Aussprüche berühmter Philosophen« VI, 2) zündete sich der Zyniker Diogenes (412–323 v. Chr.) am Tag eine Laterne an, ging umher und sagte: »Ich suche einen Menschen.« Obwohl Phaedrus diese Geschichte dem Aesop zuschreibt, sprechen wir stets von der »Diogeneslaterne« und sagen danach auch: »mit der Laterne suchen«.

Ne bis in idem
(Nicht zweimal über dasselbe)

Der in diesen kurzen, in der lateinischen Form allerdings nicht überlieferten Worten zum Ausdruck kommende Rechtssatz, daß über dieselbe Streitsache nicht zweimal gestritten werden solle, gehört sowohl dem attischen wie dem römischen Recht an. Die älteste Belegstelle findet sich bei Demosthenes in der »Rede gegen Leptines« 147: »Die

Gesetze gestatten nicht, daß zweimal gegen denselben (Beklagten) über dasselbe (Streitobjekt) … ein Prozeß … stattfinde.«

Verschiedene Quellen

Man soll auch die andere Partei hören.
(Audiatur et altera pars.)

Der Richtereid in Athen enthielt den Satz (s. Demosthenes, »Timocratem« 149–151 und »De corona« 2): »Ich will den Kläger und den Verklagten, beide in gleicher Weise, anhören.« Seneca, »Medea« 199 f. gab dem Gedanken folgenden Ausdruck:
»Qui statuit aliquid, parte inaudita altera,
Aequum licet statuerit, haud aequus fuit.«
(Wer etwas beschließt, ohne die andere Partei gehört zu haben, handelt nicht billig, selbst wenn er Billiges beschlossen haben sollte.)
Dies scheint die Quelle des obenstehenden Wortes zu sein.

Alexander der Große

Wenn ich nicht Alexander wäre, möchte ich wohl Diogenes sein.

Dieser Ausspruch Alexanders des Großen (reg. 336–323 v. Chr.) geht auf Diogenes Laërtius zurück. Plutarch führt ihn an vielen Stellen seines Werks, z. B. »Alexander« 14 und »Über das Glück Alexanders des Großen« I, 10, stets in der Form an: »Wenn ich nicht Alexander wäre, so würde ich Diogenes sein.«

Ein gordischer Knoten

Curtius Rufus, »Historiarum Alexandri Magni« III, 1, berichtet von dem ungemein kunstvoll verschlungenen und unentwirrbaren Knoten am Wagen des Königs Gordius im Jupitertempel der Stadt Gordium in Phrygien und von dem Orakel, daß, wer den Knoten zu lösen verstände, die Herrschaft über Asien erlangen würde. Alexander habe nun (333 v. Chr.) mit den Worten: »Es kommt nicht darauf an, wie er gelöst werde« den Knoten mit dem Schwert durchhauen und so das Orakel verspottet und zugleich erfüllt. Danach nennen wir eine schier unlösbare Schwierigkeit einen »gordischen Knoten« und gebrauchen für die gewaltsame Lösung eines großen Problems die Redensart »den gordischen Knoten durchhauen«.

Apelles

Schuster, bleib bei deinem Leisten!

Plinius der Ältere bietet uns in »Naturalis historia« den Zornruf des Apelles (gest. 308 v. Chr.), des Hofmalers Alexanders des Großen: »Ne sutor supra crepidam!«, was wir mit »Schuster, bleib bei deinem Leisten!« frei übersetzen. Apelles pflegte die von ihm vollendeten Gemälde für die Vorübergehenden so auszustellen, daß er dahinter versteckt ihre Urteile hören konnte. Ein Schuhmacher tadelte nun einmal, daß die dargestellten Schuhe auf einem Bild eine Öse zu wenig hätten, und Apelles brachte sie noch nachträglich an. Als dann aber der Tadler, stolz auf diesen Erfolg, auch den Schenkel kritisierte, rief der unwillige Maler hinter dem Bild hervor: »Was über den Schuh hinausgeht, muß der Schuster nicht beurteilen.«

Das antike Griechenland

Archimedes

Heureka! (Ich hab's gefunden!)

rief nach dem römischen Baumeister Vitruvius, »De architectura« IX, 3 Archimedes aus, als er bei der Untersuchung des Goldgehaltes einer für König Hiero II. von Syrakus (reg. 269–215 v. Chr.) angefertigten Krone das Gesetz des spezifischen Gewichts entdeckte.

Die Welt aus den Angeln heben

geht nach dem Philosophen Simplikios auf einen Ausspruch des griechischen Mathematikers Archimedes zurück. Schon früher schreibt Pappus den Satz: »Gib mir einen Punkt, wo ich hintreten kann, und ich bewege die Erde!«

Störe meine Kreise nicht. (Noli turbare circulos meos.)

Mit diesen Worten wies Archimedes einen römischen Soldaten zurück, der in seinen Garten eingedrungen war und ihn bei mathematischen Betrachtungen über die in den Sand gemalten Kreise störte.

Pyrrhus

Pyrrhussieg

nennt man einen zu teuer erkauften Erfolg, seit Pyrrhus, König von Epirus, nach der gewonnenen Schlacht bei Asculum (279 v. Chr.) angesichts der eigenen hohen Verluste ausrief: »Noch einen solchen Sieg über die Römer, und wir sind verloren!« (Plutarch, »Leben des Pyrrhus«, c. 21).

●●●

Das antike Rom

Verschiedene Quellen

Sezession

Die Spaltung einer politischen oder künstlerischen Vereinigung bezeichnen wir als »Sezession« nach dem Vorbild der von Livius (»Ab urbe condita« II, 32) berichteten »secessio in Sacrum montem« oder »secessio in Aventinum«, der durch die Bedrückung von seiten der Patrizier veranlaßten Auswanderung der Plebejer auf den Heiligen Berg beziehungsweise auf den Aventin.

Der Name »Sezessionisten« kam nach 1861 als Bezeichnung für die Anhänger der von der nordamerikanischen Union abgefallenen Südstaaten in Umlauf. In Karl Biedermanns Selbstbiographie »Mein Leben …« (1886) werden schon die Radikalen des Frankfurter Vorparlaments als »Sezessionisten« bezeichnet, weil sie sich den Verhandlungen und Sitzungen fernhielten. Möglicherweise ist das Wort also schon 1848 angewendet worden.

Brennus

Sein Schwert in die Wagschale werfen
Livius (»Ab urbe condita« V, 48), Julius Florus und Festus Rufus überliefern, der Gallierkönig Brennus habe nach der Schlacht an der Allia (390 v. Chr.), als die besiegten Römer sich weigerten, die auferlegten 1000 Pfund Kriegskontribution in Gold nach den manipulierten Gewichten der Feinde abzuwiegen, höhnend auch noch sein Schwert in die Wagschale geworfen und dabei ausgerufen: »Wehe den Besiegten!« Danach bilden wir heute noch obenstehenden Ausdruck, der häufig auch abgewandelt wird.

Vae vicitis!
(Wehe den Besiegten!)
rief höhnisch drohend der Gallierkönig Brennus den besiegten Römern entgegen, als diese sich weigerten, die zu hohe Kriegskontribution zu zahlen. Vgl. Plautus, »Pseudolus« V, 2.

Verschiedene Quellen

Ein caudinisches Joch
Im zweiten Samniterkrieg wurde das römische Heer durch eine List des samnitischen Feldherrn Pontius in den »Furculae Caudinae«, zwei engen Gebirgspässen in der Nähe der Stadt Caudium, rettungslos eingeschlossen (321 v. Chr.) und mußte die Schmach über sich ergehen lassen, ohne Waffen Mann für Mann unter dem Joch, d. h. zwischen zwei, durch einen dritten oben verbundenen Spießen hindurchzugehen. (Vgl. Livius, »Ab urbe condita« IX, 2 ff.) Danach nennen wir eine Zwangslage, aus der wir uns nur mit der größten Demütigung befreien können, ein »caudinisches Joch«.

Cunctator
Dieser dem römischen Diktator Q. Fabius Maximus (217 v. Chr.) gegebene Beiname (Livius, »Ab urbe condita« XXX, 26) dient uns auch heute noch als Bezeichnung für einen Zauderer.

Maharbal

Zu siegen verstehst du, Hannibal, den Sieg zu nutzen, verstehst du nicht.
(Vincere scis, Hannibal, victoria uti nescis.)
Livius berichtet in »Ab urbe condita« XXII, 51 von diesem Wort des karthagischen Reiterführers Maharbal, als Hannibal nach der vernichtenden Niederlage der Römer bei Cannae (216 v. Chr.) darauf verzichtete, den Sieg durch einen sofortigen Angriff auf Rom auszunutzen.

Cato

Jedem das Seine
(Suum cuique)
schreibt Gellius in den »Noctes Atticae« XIII, 24 dem älteren Cato (234–149 v. Chr.) zu. Danach soll dieser gesagt haben: »Suum cuique

Cato

per me uti atque frui licet.« (Soweit es an mir liegt, soll jeder das Seine nutzen und genießen dürfen.) Friedrich I. von Preußen nahm das »Suum cuique« zu seinem persönlichen Wahlspruch. Schon 1677 ließ er es als Kronprinz auf einer Schaumünze prägen. Dann wurde es die Devise des am 17. Januar 1701 gestifteten Ordens vom Schwarzen Adler, seitdem wurde es zugleich der Wahlspruch des preußischen Staates. Die Nationalsozialisten brachten den Spruch am Tor des Konzentrationslagers Buchenwald an.

Übrigens bin ich der Meinung ... (Ceterum censeo ...)

Dieser Ausdruck, der eine hartnäckig vertretene Ansicht und Forderung einleitet, ist eine Verkürzung des Ausspruchs: »Ceterum censeo Carthaginem esse delendam« (Übrigens bin ich der Meinung, daß Karthago zerstört werden muß), mit dem der ältere Cato alle seine Senatsreden geschlossen haben soll und mit dem er die Vernichtung des größten Handelskonkurrenten Roms forderte.

Augurenlächeln

Catos Wort über die weissagenden römischen Priester: »Ein Haruspex muß das Lachen bezwingen, wenn er einen anderen sieht« wurde durch Cicero, »De divinatione« II, 24 überliefert. Statt »Haruspex« wird oft »Augur« (ein Haruspex orakelte aus Tiereingeweiden, ein Augur aus dem Vogelflug) zitiert und daher von einem »Augurenlächeln« gesprochen, um ein oft überhebliches Augenzwinkern unter Eingeweihten zu bezeichnen.

Lucullus

Lukullisch

Nach Lucullus (117–57 v. Chr.), der ungeheure Reichtümer erworben hatte und sein Lebensende in verschwenderischer Üppigkeit verbrachte, nennen wir ein ausgesucht feines und üppiges Essen »lukullisch«, beziehungsweise »ein lukullisches Mahl«.

Pompejus

Navigare necesse est.

Von Pompejus (106–48 v. Chr.) berichtet Plutarch (»Pompejus« 50), daß er, im Jahr 57 zum Aufseher über das Getreidewesen bestellt, im April 56 nach Sizilien, Sardinien und Afrika gefahren sei, um Rom mit Getreide zu versorgen. Bei der Rückkehr aber habe sich ein so schwerer Sturm erhoben, daß die Seeleute nicht abfahren wollten. Da sei er als erster auf das Schiff gesprungen und habe mit den Worten: »Navigare necesse est, vivere non est necesse« (In See stechen ist nötig, leben ist nicht nötig) den Befehl zum Ablegen gegeben. Die lateinische Fassung dieses Wortes schmückt als Inschrift das Portal des Hauses Seefahrt in Bremen. (Vgl. »Aus deutschen Schriftstellern«, Gorch Fock: »Seefahrt ist not!«)

Tusculum

Nach Tusculum (dem heutigen Frascati), einer der ersten Villenstädte des alten Roms, wohin sich die römischen Reichen zurückzuziehen pflegten, nennen wir den ruhigen Landsitz eines Großstädters sein »Tusculum«.

Caesar

Ich liebe den Verrat, hasse aber den Verräter.

Dieses Wort Gaius Julius Caesars wurde durch Plutarch, »Romulus« 17, 7 überliefert.

Den Rubicon überschreiten

sagt man von einer folgenschweren strategischen Entscheidung nach dem Übergang Caesars über den Rubicon (Januar 49 v. Chr.), nachdem dadurch der römische Bürgerkrieg entfesselt wurde.

Der Würfel ist gefallen!
(Iacta alea est!)

Als Caesar nach längerem Schwanken den Entschluß gefaßt hatte, über den Rubicon zu gehen, zitierte er Menanders Wort: »Der Würfel falle« (eigentlich »sei in die Höhe geworfen«, nämlich aus dem Becher). In der Biographie des Pompejus und in den »Aussprüchen von Königen und Feldherrn« sagt Plutarch, Caesar habe den Ausspruch in griechischer Sprache getan. Sueton, »Caesar« 32, gibt obenstehende nicht ganz wörtliche Übersetzung, die häufig auch als »Alea iacta est!« zitiert wird. Im Deutschen sagen wir auch im Plural: »Die Würfel sind gefallen!«

Du trägst den Caesar und sein Glück.
(Caesarem vehis ciusque fortunam.)

Dieses Wort Caesars an seinen auf stürmischer See verzagenden Bootsmann an Illyriens Küste (48 v. Chr.) teilt uns Plutarch, »Caesar« 38 mit.

Ich möchte lieber der Erste hier als der Zweite in Rom sein.

Plutarch, »Caesar« 11 und »Aussprüche von Königen und Feldherren« hat dieses Wort festgehalten, das Caesar beim Anblick eines kleinen Alpenstädtchens seinen Begleitern zurief.

Veni, vidi, vici
(Ich kam, ich sah, ich siegte)

lautet ein Ausspruch Caesars, mit dem er seinen bei Zela (2. August 47 v. Chr.) schnell errungenen Sieg brieflich seinem Freund Amintius in Rom anzeigte; überliefert bei Plutarch in seinen »Aussprüchen von Königen und Feldherren«.

Caesar

Auch du, mein Brutus!

Es ist nicht eindeutig verbürgt, daß Caesar bei seiner Ermordung (44 v. Chr.) mit diesem Ausruf zu Boden gesunken sei, mit dem Shakespeare, »Julius Cäsar« 3, 1 ihn sterben läßt und der auch in Schillers »Räubern« 4, 5 im »Römergesang«, Strophe 4 auftaucht. Sueton, »Caesar« 82 teilt mit, daß er bei dem ersten Messerstich ein einziges Mal gestöhnt, aber kein Wort geäußert habe. Er fügt jedoch hinzu, daß einige erzählten, Caesar habe dem auf ihn eindringenden Brutus auf griechisch zugerufen: »Auch du gehörst zu jenen? Auch du, mein Kind?«

Augustus

Ad Calendas graecas
(An den griechischen Kalenden)

Sueton, »Augustus« 87 erzählt, daß Kaiser Augustus (reg. 31 v.–14 n. Chr.) im Alltag bestimmte Worte oft wiederholte und z. B. von säumigen Schuldnern häufig gesagt habe, sie würden »ad Calendas graecas« (an den griechischen Kalenden), d. h. am »St. Nimmerleinstag«, bezahlen. »Calendae« hieß nach dem römischen Kalender der erste Tag jeden Monats, der ein Zahlungstermin der Römer war, während die Griechen diese Bezeichnung nicht hatten.

Eile mit Weile
(Festina lente)

lautet eine von Augustus häufig verwendete Redensart (vgl. Sueton, »Augustus« 25).

Varus, gib mir meine Legionen wieder!

wird der Verzweiflungsruf des Augustus, den er bei der Nachricht von der vernichtenden Niederlage der Römer im Teutoburger Wald (9 n. Chr.) ausstieß, zitiert. Sueton, »Augustus« 23 schreibt wörtlich: »Quinctili Vare, legiones redde!«

Verschiedene Quellen

Morituri te salutant
(Die dem Tode Geweihten begrüßen dich)

ist ein Wort, das uns Sueton in seinem Werk »Claudius« 21 überliefert. Als Kaiser Claudius (reg. 41–54) zur Feier der Vollendung des Abzugskanals aus dem Fucinersee ein blutiges Seegefecht darstellen ließ, begrüßten ihn die Schwertkämpfer mit den Worten: »Ave, Imperator, morituri te salutant.«

Vespasian

Geld stinkt nicht.
(Non olet.)

Sueton, »Vespasian« 23 und Cassius Dio überliefern die Entstehung eines in verschiedenen Fassungen, auch in der Form »Non olet« bekannten Ausspruchs des Kaisers Vespasian (reg. 69–79), ohne diese

Worte selbst anzuführen. Als ihn sein Sohn Titus wegen einer auf Bedürfnisanstalten (daher im Französischen: Vespasiennes) gelegten Steuer getadelt hatte, hielt er ihm das erste aus dieser Steuer eingenommene Geld vor die Nase und fragte ihn, ob es röche. Und als dieser die Frage verneinte, sagte er: »Und dennoch ist es aus Harn.«

●●●

Das päpstliche Rom

Verschiedene Quellen

Das kanonische Alter
bezeichnet eine festgesetzte Anzahl von Lebensjahren, die die Kanoniker, d. h. ursprünglich die nach festen Regeln (Kanon) zusammenlebenden Priester, erreicht haben mußten, um bestimmte geistliche Würden zu erlangen. Diese Forderung findet sich zuerst im 11. Kanon der Synode von Neocäsarea (zwischen 314 und 325), wo als Grund für diese Beschränkung angeführt wird, auch Christus habe erst im Alter von 30 Jahren die Erleuchtung empfangen und zu lehren begonnen. In dem genannten Kanon wird für die Wahl des Presbyters (Priesters) das 30. Lebensjahr als Vorausbedingung gesetzt, dasselbe später für den Bischof. Für die Diakonen bestimmte der 1. Kanon der Synode zu Hippo (399) das vollendete 25. Lebensjahr. Diese Bestimmungen wurden seitdem vielfach wiederholt und grundlegend nur wenig verändert.
Wir gebrauchen das Wort in übertragenem Sinne von Menschen, bei denen wir infolge ihres Alters ein bestimmtes Maß von Vernunft und Gesetztheit des Wesens voraussetzen zu können meinen.

Gregor I.

Ad maiorem Dei gloriam
(Zum größeren Ruhme Gottes)
Diesen Ausdruck finden wir zum ersten Mal bei Papst Gregor dem Großen (540–604) in den 593 oder 594 geschriebenen »Dialogi« I, 2: »Sed ad maiorem dei gloriam vicit pietas.« Später kommt die Wendung häufig in den »Canones et decreta oecumenici concilii Tridentini« (1545–63) vor und wird danach wohl zitiert.

Verschiedene Quellen

In partibus infidelium
(Im Gebiete der Ungläubigen)
war ein späterer Zusatz (abgekürzt: i. p. i.) zum Titel derjenigen Bischöfe, die infolge der Besitznahme christlicher Gegenden durch die Sarazenen im 7. Jahrhundert aus ihren Sprengeln vertrieben worden waren. Da die Kirche aber die einmal rechtlich erworbenen Ansprüche prinzipiell aufrechterhalten wollte, weihte sie auch weiterhin Bischöfe für solche Bischofssitze, ohne daß sie dort aber ihre Funktionen ausüben konnten. Der Ursprung dieser Institution wird auf das 692 in Konstantinopel abgehaltene Trullanische Konzil zurückgeführt.

Verschiedene Quellen

Mea culpa, mea culpa, mea maxima culpa
(Meine Schuld, meine Schuld, meine übergroße Schuld)

steht in dem Schuldbekenntnis der katholischen Messe, dem Confiteor, wo es im Zusammenhang heißt: »Confiteor deo omnipotenti, beatae Mariae Virgini ... et vobis, fratres, quia peccavi nimis cogitatione, verbo et opere: mea culpa, mea culpa, mea maxima culpa.« Die Worte drücken das dreifach gesteigerte Schuldbekenntnis des Priesters im Hinblick auf die drei Arten der Sünde in Gedanken, Worten und Werken aus. Es ist bisher nicht möglich gewesen, festzustellen, wann diese Worte in den Kanon der Messe aufgenommen wurden. Die ältesten Sakramentarien und Ritualbücher der römischen Kirche weisen keine Spur von dieser Formel des Confiteor auf.
Das einfache »mea culpa« findet sich nachweislich zuerst in der Schrift des Heiligen Ulrich (gest. 1093). Die doppelte Wiederholung der Worte mit dem Zusatz »maxima« an zweiter Stelle bietet nachweislich zum ersten Mal ein »Missale«, Codex 417 der »Bibliotheca Barberina« in Rom. Vermutlich ist der Kardinal Jakob Cajetan in der ersten Hälfte des 13. Jahrhunderts der Verfasser.

Urbi et orbi
(Der Stadt und der Welt)

Das von Jean Mabillon in seinem »Museum Italicum« (Paris 1689) als »Ordo Romanus XIII.« herausgegebene »Caeremoniale Romanum editum iussu Gregorii X.« schreibt vor, daß, nachdem die Papstwahl im Konklave vollzogen, der erste Kardinaldiakon dem neuen Papst den Mantel mit den Worten: »Investio te de Papatu Romano, ut praesis urbi et orbi« (Ich bekleide dich mit der römischen Papstwürde, auf daß du vorstehest der Stadt und dem Erdkreise) umlegt.

Patricius

Papam habemus.
(Wir haben einen Papst.)

Nach Patricius: »Rituum ecclesiasticorum SS. Romanae Ecclesiae« III wird die vollzogene Wahl des Papstes dem Volk mit den Worten verkündet: »Annuntio vobis magnum gaudium: Papam habemus« (Ich verkündige euch eine große Freude: wir haben einen Papst), worauf der Name des neuen Papstes mitgeteilt wird.

Sic transit gloria mundi.
(So vergeht der Ruhm der Welt.)

Bei Patricius finden wir die Vorschrift, daß, wenn der neue Papst zur Krönung die Peterskirche betritt, der Zeremoniar dreimal ein Bund Werg auf einem Rohrstab an einer Kerze anzündet und bei jedem Mal ausruft: »Pater sancte, sic transit gloria mundi.« (Heiliger Vater, so vergeht der Ruhm der Welt.)

Ecclesia triumphans
(Die triumphierende Kirche)
und
Ecclesia militans
(Die streitbare Kirche)

Clemens V.

Diese Bezeichnungen der Kirche für die im Himmel vereinigten Geister der Seligen und der Kirche für die noch auf Erden wandelnden und erst im Wirken für die Kirche nach jener Gemeinschaft strebenden Gläubigen finden wir nachweislich zum ersten Mal in einem Brief des Papstes Clemens V. (1305–1314) an Philipp den Schönen von Frankreich aus dem Jahr 1311.

Advokat des Teufels
(Advocatus diaboli)

Verschiedene Quellen

Diese Bezeichnung verdankt den Institutionen der Selig- und Heiligsprechung (»beatificatio« und »canonisatio«) der katholischen Kirche ihre Entstehung. Beide erfolgen erst nach sehr sorgfältigen Verhandlungen der sogenannten »Congregatio rituum«, d. h. eines aus Kardinälen, Prälaten und Fachgelehrten (Konsultoren) bestehenden Kollegiums. Dabei hat der sogenannte »Promotor fidei« (Glaubensanwalt) über die Verdienste des zur Selig- oder Heiligsprechung Vorgeschlagenen zu entscheiden und festzustellen, ob sich die Verehrung für ihn auch lange genug nach seinem Tode erhalten hat. Von einem in diesem Sinne erteilten Auftrag ist zum ersten Mal unter Leo X. (1475–1521) bei der Kanonisation des heiligen Laurentius Giustiniani die Rede. Einen Promotor fidei ernannte erstmals Clemens XI. im Jahr 1708. Der Volksmund nannte den Promotor fidei daraufhin scherzhaft einen »advocatus diaboli«, italienisch »avvocato del diavolo«.

Weißt du denn nicht, mein Sohn, mit wie wenig Verstand die Welt regiert wird?
(An nescis, mi fili, quantilla prudentia mundus regatur?)

Julius III.

In einer portugiesischen Sammlung von Kernsprüchen aus dem Jahr 1733 wird von Papst Julius III. (1550–1555) erzählt, er habe einem portugiesischen Mönch, der ihn bemitleidete, weil er mit der Herrschaft über die ganze Welt belastet sei, geantwortet: »Wenn Ihr wüßtet, mit wie wenig Aufwand von Verstand die Welt regiert wird, so würdet Ihr euch wundern.« Dies ist wahrscheinlich der Ursprung des obenstehenden Wortes.

Index und ***Auf dem Index stehen***

Pius IV.

leiten wir ab von dem »Index librorum prohibitorum«, dem Verzeichnis der durch den Heiligen Stuhl verbotenen Bücher, das erstmals 1559 unter Papst Pius IV. veröffentlicht wurde. »Auf dem Index stehen« bedeutet danach, daß ein Werk verboten ist.

Das päpstliche Rom

Pius V.

Er hat sich löblich unterworfen.
(Laudabiliter se subiecit.)

Diese Formel hat ihren Ursprung in dem Bücherverbot der katholischen Kirche. Wenn die 1571 von Pius V. (1566–72) eingesetzte Index-Kongregation ein Buch als gefährlich oder bedenklich auf den »Index librorum prohibitorum« gesetzt hatte, so wurde dem Verfasser Zeit gelassen, seinen Widerruf zu erklären. Dieser wurde mit den Worten: »Auctor laudabiliter se subiecit et opus reprobavit« zum Ausdruck gebracht. Da der zweite Teil des Satzes oft zu viel besagte, wurde häufig nur der erste Teil auf dem Index beigefügt.

Verschiedene Quellen

Und sie bewegt sich doch!
(Eppur si muove!)

Mit diesen Worten soll Galileo Galilei (1564–1642) die von der römischen Kirche erzwungene Abschwörung von seiner Lehre der Bewegung der Erde um die Sonne begleitet haben. Es handelt sich hierbei aber nur um eine Anekdote, deren Quelle wohl Abbé A. S. Jrailhs »Querelles littéraires« (Paris 1761) ist.

Sie sollen sein, wie sie sind, oder sie sollen nicht sein.
(Sint, ut sunt, aut non sint.)

Daß der Jesuitengeneral Lorenzo Ricci kurz vor der Aufhebung des Jesuitenordens durch Papst Clemens XIV. (21. Juli 1773) diesem gegenüber jede Reform des Ordens mit diesen Worten zurückgewiesen habe, ist nach J. Crétineau-Joly, »Clément XIV et les Jésuites« (Paris 1848) eine Erfindung Caracciolis in seinem Roman »La vie du pape Clément XIV.« (Paris 1775); Ricci habe seit der Wahl Clemens' XIV. zum Papst überhaupt keine Unterredung mit ihm haben können. Tatsächlich sei das berühmte Wort von Papst Clemens XIII. (1758–1769) gesprochen worden, als der französische Gesandte Kardinal de Rochechouart 1761 eine wesentliche Änderung der Ordensverfassung von ihm verlangte.

• • •

Italien

C. Borgia

Entweder Cäsar oder nichts
(Aut Caesar aut nihil)

lautete die unter einer Büste Cäsars angebrachte Devise Cesare Borgias (1478–1507). Ihr Vorbild ist ein Wort Caligulas (Sueton, »Caligula« 37), mit dem er seine unerhörten Verschwendungen beschönigte: »Aut frugi hominem esse oportere aut Caesarem.« (Man müsse entweder sparsam sein oder ein Cäsar.)

Verschiedene Quellen

Geld, Geld und nochmals Geld

Nach Lodovico Guicciardini, »L'hore di ricreatione« (Venedig 1607; die 1. Ausgabe erschien 1565) antwortete der Marschall Gian-Jacopo Trivulzio (1448–1518) auf die Frage Ludwigs XII., was für Rüstungen und Vorräte zur Eroberung des Herzogtums Mailand nötig seien: »Tre cose, Sire, ci bisognano preparare, danari, danari e poi danari.« Danach sagen wir: »Zum Kriegführen sind drei Dinge nötig: Geld, Geld und nochmals Geld«, was verkürzt auch in der obenstehenden Form zitiert wird.

Sie ist groß in ihrem Fache, aber ihr Fach ist klein
(Elle est grande dans son genre, mais son genre est petit)

sagte die Sängerin Angelica Catalani (1782–1849) von der Sängerin Henriette Sontag an der Tafel des Beerschen Hauses in Berlin.

Risorgimento

(Wiederauferstehung) ist für die italienischen Einheitsbestrebungen zwischen 1815 und 1870 die geflügelt gewordene Bezeichnung.

Italien ist ein geographischer Ausdruck
(L'Italie est une expression géographique)

schrieb Fürst Metternich (1773–1859) in einer Zirkulardepesche vom 6. Aug. 1847 an Graf Apponyi, die gleichlautend auch an die Botschafter in London, Petersburg und Berlin ging und meinte damit, daß Italien für ihn kein politischer oder nationaler Begriff ist.

Pareto

Italien wird allein fertig werden.
(L'Italia farà da sè.)

Dieses gewöhnlich als Devise des italienischen Freiheitskampfes von 1849 hingestellte Wort wurde nach H. Reuchlin, »Geschichte Italiens« (2, 1, Leipzig 1860) vom damaligen Minister des Auswärtigen in Piemont, Pareto, »den Interventionsgelüsten der französischen Radikalen ins Gesicht geschleudert«. Treitschke, »Historische und politische Aufsätze« (Leipzig 1865) nennt es den Wahlspruch Cesare Balbos (1789–1853).

Victor Emanuel II.

König und Ehrenmann
(Re galantuomo)

Nach Massari, »La vita ed il regno di Vittorio Emanuele II. di Savoia« (Milano 1878; 1, 160) sagte der Minister d'Azeglio zu König Victor Emanuel II. (reg. 1849–1878) zu Beginn seiner Regierung: »Die Geschichte zählt so wenig Könige, die Ehrenmänner sind, daß es eine schöne Aufgabe wäre, jetzt die Reihe zu beginnen.« »Soll ich also dieser König-Ehrenmann sein?« fragte der König ihn lächelnd. Beim Jahresschluß wurde der König aufgefordert, seinen Namen in die

Volkszählliste der Stadt Turin einzutragen. Er schrieb in die Rubrik »Stand und Stellung«: »Re galantuomo« (König und Ehrenmann).

Freie Kirche im freien Staat
(Libera chiesa in libero stato)

war ein Grundsatz des Grafen Camillo Benso di Cavour (1810–61). Nach einer Mitteilung seiner Nichte, der Marchesa Alfieri, hat er das Wort schon 1848 gebraucht. Allgemein bekannt wurde es durch seine Rede in der Deputiertenkammer in Turin am 27. März 1861. »Libera chiesa in libero stato« waren auch seine letzten an den Pater Giacomo gerichteten Worte, als er bald darauf am 6. Juli desselben Jahres starb.

Schmerzensschrei
(Cri de douleur)

ist durch Cavour ein geflügeltes Wort geworden. Er wandte es 1856 auf dem Friedenskongreß in Paris an, als er sich dort über den Druck beschwerte, den Österreich auf Italien ausübte. König Victor Emanuel griff das Wort vier Jahre später auf und sagte in seiner Thronrede vom 10. Januar 1859: »Den Verträgen treu, bin ich doch nicht taub gegen den Schmerzensschrei (grido di dolore), der aus allen Teilen Italiens zu mir dringt.«

●●●

Spanien

Verschiedene Quellen

Natürliche Grenzen

In den Vorverhandlungen zu dem am 2. April 1559 zwischen Frankreich einerseits und Spanien und England andererseits geschlossenen Frieden von Cateau-Cambrésis versuchte der Vertreter Heinrichs II. von Frankreich, der Herzog von Montmorency, für Frankreich das Piemont zu gewinnen. Diesen Anspruch lehnten die spanischen Unterhändler mit der Begründung ab, »que les montagnes constituent des frontières naturelles« (daß die Berge natürliche Grenzen bilden). Der Gedanke kommt schon 1444 in einem Manifest des späteren Königs Ludwig XI. vor und wurde Gegenstand einer lebhaften literarischen Fehde am Ende des 15. und Anfang des 16. Jahrhunderts. Vom Rhein als natürlicher Grenze soll zuerst Sieyès 1793 gesprochen haben, was später von Napoleon III. übernommen wurde.

Ei des Kolumbus

ist die Umänderung der volkstümlichen spanischen, von den Mauren übernommenen Redensart »Hänschens Ei«. In Calderóns (1600–1681) Lustspiel »La dama duende« (»Die Dame Kobold«, 1629) heißt es im zweiten Aufzug:

»Womit viele hoch erhabne
Geister sich umsonst bemühten,

Verschiedene Quellen

Um auf einen Tisch von Jaspis
Solches (ein Ei) aufrecht hinzustellen:
Aber Hänschen kam und gab ihm
Einen Knicks nur, und es stand.«

Die Redensart »Hänschens Ei« wurde dann von Vasari in seinen »Vite de' più eccellenti architetti, pittori e scultori italiani« (1550) umgestaltet auf den italienischen Baumeister Filippo Brunelleschi übertragen. Zu einer Versammlung von Architekten, die über die Krönung des unvollendeten florentinischen Dombaues Santa Maria del Fiore mit einer Kuppel beraten sollten, 1420 nach Florenz berufen, wollte er den anderen Baumeistern, die nach seinen theoretischen Ausführungen seinen Plan für unausführbar hielten, sein Modell nicht zeigen. Den deshalb erzürnten Künstlern machte er den Vorschlag, der solle die Kuppel bauen, dem es gelänge, ein Ei aufrecht auf eine Marmorplatte zu stellen. Als er selbst die Aufgabe löste, indem er die Spitze des Eies durch Aufschlagen auf die Platte eindrückte, und die anderen Baumeister sagten, das hätten sie auch gekonnt, antwortete er ihnen, so würden sie auch die Kuppel haben bauen können, wenn sie sein Modell gesehen hätten. Girolamo Benzoni, »Historia del mondo nuovo« (Venedig 1565) überträgt diese Erzählung auf Kolumbus, räumt jedoch ein, daß er den Vorgang, der sich nach der ersten Reise des Kolumbus auf einem ihm zu Ehren gegebenen Gastmahl des Kardinals Mendoza (1493) zugetragen haben soll, nur durch Hörensagen kenne.

Neue Welt

Ferdinand V.

König Ferdinand V. von Spanien (1479–1516) verlieh (nach Angelo Maria Bandini, »Vita e lettere di Amerigo Vespucci«, Florenz 1745) Kolumbus 1493 den Wappenspruch:
»Por Castilla y por Leon
Nuebo mundo alló Colon.«
(Für Castilien und Leon
Fand Kolumbus eine neue Welt.)

Es scheint, als tauche hier zum ersten Mal die Bezeichnung »Neue Welt« auf, die dann später namhafte Bedeutung erlangte. In deutscher Sprache erscheint der Ausdruck wohl zuerst im Titel der von Matthis Hüpfuff zu Straßburg 1505 gedruckten Übersetzung von Vespuccis Brief »De nova antarctica per regem Portugallie pridem inventa«: »Von der Nüwen welt«.

Krieg bis aufs Messer

Palafox

Mit der Bereitschaft, einen »Krieg bis aufs Messer« zu führen, antwortete der spanische Feldherr Don José de Palafox (1780–1847) bei der Belagerung von Saragossa 1808 auf die Aufforderung der Franzosen zur Übergabe der Stadt.

Aus Geschichte und Zeitgeschehen

Spanien

Mola

Die fünfte Kolonne
(La quinta columna)

Als der faschistische General Emilio Mola (1887–1937) mit seinen Truppen in vier Kolonnen 1936 gegen das republikanische Madrid vorrückte, nannte er in einer Rundfunkansprache die Franco-Anhänger in der Stadt »la quinta columna«. Dieser Begriff dient seitdem zur Kennzeichnung von Agenten, die auf dem Gebiet des Gegners tätig sind.

• • •

Frankreich

Verschiedene Quellen

Querelle d'Allemands
(Deutsche Zänkerei)

Dieser Ausdruck ist nach Forschungen des französischen Schriftstellers Eugène Grécourt eine tendenziöse Wortfälschung. In Nr. 9 der »Neuen Gesellschaftlichen Correspondenz« vom 31. Januar 1914 wird darauf hingewiesen, daß nach Grécourt der Ausdruck im 13. oder 14. Jahrhundert entstanden ist. Damals lebte in der Grafschaft Dauphiné eine weitverzweigte Familie Alleman, deren Mitglieder sich untereinander Schutz und Hilfe zugesagt hatten. Geriet einer von ihnen in Bedrängnis, indem ihm eine Erbschaft streitig gemacht oder seine Ehre angetastet wurde, so versammelte sich der Familienrat und beschloß, gegen die Widersacher Krieg zu führen. Dann sah man bewaffnete Banden und wußte, daß wieder eine »Querelle d'Alleman« im Gang war. Allmählich ging das Wort in den Sprachgebrauch über, und bezeichnete ganz allgemein einen Streit. Später vergaß man den rein französischen Ursprung des Ausdrucks und benutzte ihn zur Charakterisierung der Deutschen.

Durandus

Die Reformation der Kirche an Haupt und Gliedern
oder
Reform an Haupt und Gliedern

wird gewöhnlich als Hauptzweck der großen Konzilien des 15. Jahrhunderts bezeichnet, der Kirchenversammlungen zu Pisa 1409, zu Konstanz 1414–18 und zu Basel 1431–45. Schon 100 Jahre vorher war der Ruf nach der Reform laut geworden. Der von Philipp dem Schönen seit der Verlegung der päpstlichen Residenz nach Avignon (1309) in französischer Botmäßigkeit gehaltene Papst Clemens V. (1305–1314) berief für das Jahr 1311 ein Konzil nach Vienne. Schon in der Berufungsbulle vom 12. August 1308 hatte er alle Prälaten aufgefordert, Anträge über »die Verbesserung der Kirche und kirchlichen Personen« schriftlich zum Konzil mitzubringen. Von allen diesen beim Konzil eingereichten Gutachten ist uns aber nur eins erhalten, der »Tractatus de modo generalis concilii celebrandi« des jüngeren

Guilelmus Durandus, Bischofs von Mende (gest. 1328). Der Traktat ist zum ersten Mal in Paris 1545 gedruckt. Darin heißt es: »Videretur deliberandum, perquam utile fore et necessarium quod ante omnia corrigerentur et reformarentur illa quae sunt in ecclesia Dei corrigenda et reformanda, tam in capite quam in membris.« (Es scheint in Erwägung gezogen werden müssen, daß es sehr nützlich und notwendig sein würde, vor Allem das, was in der Kirche Gottes verbesserungs- und reformbedürftig ist, zu verbessern und zu reformieren an Haupt und Gliedern.)

Ludwig XI.

Divide et impera!
(Teile und herrsche!)

Da nach Prosper Merimée, »Chronique du règne de Charles IX« (1829), Ludwig XI. (1461–1483) die Devise »Diviser pour régner« ausgab, so mag auf diesen Ausdruck obenstehendes Zitat zurückzuführen sein. Vgl. Goethe, »Sprichwörtlich«:
»Entzwei' und gebiete! Tüchtig Wort;
Verein' und leite! Beßrer Hort.«

Bayard

Ritter ohne Furcht und Tadel
(Chevalier sans peur et sans reproche)

ist der Beiname des heldenmütigen Pierre Bayard (1476–1524). So wird er im Titel des Buches: »La tresioyeuse plaisante et recreative hystoire composée par le loyal serviteur des faiz gestes triumphes et prouesses du bon chevalier sans paour et sans reprouche, le gentil seigneur de Bayart ...« (1527) genannt. Doch führt auch Louis de La Trémouille (oder: La Trémoille; gefallen 1525 in der Schlacht bei Pavia) nach seinem Biographen Jean Bouchet den Beinamen des »Chevalier sans reproche«.

Franz I.

Alles ist verloren, nur die Ehre nicht!
(Tout est perdu, fors l'honneur!)

Franz I. (1494–1547) hat nach den meisten historischen Darstellungen nach seiner Niederlage und Gefangennahme in der Schlacht bei Pavia (24. Februar 1525) einen kurzen Brief an seine Mutter gerichtet, der nur aus diesem Satz bestanden haben soll. Tatsächlich war dieser Brief zwar kurz und enthielt auch diesen Gedanken, bestand aber aus einigen Wörtern mehr.

Aubigné

Staat im Staate

Dieser Ausdruck scheint aus der Zeit der Hugenottenkämpfe (1562–98) zu stammen. Zum ersten Mal finden wir ihn bei Théodore Agrippa d'Aubigné (1550–1630) in der zwischen 1610 und 1620 verfaßten Schrift »Du debvoir des roys et des subjects« (zuerst gedruckt in »Œuvres complètes«, Paris 1877). Hier heißt es unter den Anklagen der Katholiken gegen die Reformierten, daß das, was diese verlangten, »faire un Estat dans l'Estat« (die Errichtung eines Staates im Staat) bedeute.

Heinrich IV.

Paris ist eine Messe wert.
(Paris vaut bien une messe.)
Um zum König von Frankreich gekrönt zu werden, mußte der protestantische Heinrich IV. zuvor zum Katholizismus übertreten und soll dazu gesagt haben: »Paris (oder: La couronne) vaut bien une messe.« (Paris [oder: Die Krone] ist eine Messe wert.) Vielleicht ist es aber auch ein Spruch und Zuspruch seines Ratgebers Maximilian von Béthune, Baron von Rosny.

Ich wünsche, daß Sonntags jeder Bauer sein Huhn im Topfe hat.
(Je veux que le dimanche chaque paysan ait sa poule au pot.)
Heinrich IV. von Frankreich (reg. 1589–1610) sagte nach den der »Histoire du roy Henry le Grand« von Hardouin de Péréfixe (1681) angehängten »Paroles mémorables« zum Herzog von Savoyen: »Wenn Gott mir noch Leben schenkt, so will ich es so weit bringen, daß es keinen Bauer in meinem Königreiche gibt, der nicht imstande sei, ein Huhn in seinem Topfe zu haben.« Daraus wurde dieses geflügelte Wort abgeleitet.

Richelieu

Ultima ratio regum
(Der letzte Beweisgrund der Könige)
Nach Fleury de Belingen, »Les premiers essays de proverbes« (La Haye 1653) hat Richelieu alle Kanonen, die während seiner Amtsführung (1624–1642) gegossen wurden, mit dieser Inschrift versehen lassen. Man übersetzt sie auch in der Form: »Das letzte Wort der Könige«. »Ultima ratio regis« war seit 1742 die Kanonen-Inschrift auf allen Bronzegeschützen Friedrichs des Großen. Daß die »ultima razon de reyes« im Krieg Pulver und Kugeln seien, sagt auch Calderón in dem vor 1644 erschienenen Stück »In diesem Leben ist alles wahr und alles Lüge«.

Ludwig XIV.

L'État c'est moi.
(Der Staat bin ich.)
Dieses Ludwig XIV. (reg. 1643–1715) zugeschriebene Wort ist unverbürgt und zumindest nicht, wie allgemein angenommen, am 13. April 1655 vor dem Parlament gesprochen worden. Chéruel, »Histoire de l'administration monarchique en France« (1855) sagt: »Hierher (d. h. in jene Parlamentssitzung) versetzt man nach einer verdächtigen Überlieferung die Erzählung von dem Erscheinen Ludwigs XIV. im Parlament im Jagdrock, eine Peitsche in der Hand, und hierhin verlegt man die berüchtigte Antwort auf die Bemerkung des ersten Prä-

sidenten, der das Interesse des Staates hervorhob: ›Ich bin der Staat.‹ Statt dieser dramatischen Szene zeigen uns die zuverlässigsten Urkunden den König, wie er allerdings dem Parlament Schweigen gebietet, aber ohne einen unverschämten Hochmut zur Schau zu tragen.«

Desbarreaux

So viel Lärm um einen Eierkuchen mit Speck!
(Tant de bruit pour une omelette au lard!)

führen französische Schriftsteller auf den Dichter Desbarreaux (gest. 1675) zurück. Dieser bestellte während eines Gewitters an einem Freitag, also einem Fasttag, im Wirtshaus einen Eierkuchen mit Speck. Als der fromme Wirt dieses Gericht widerstrebend auftrug, erfolgte ein heftiger Donnerschlag, so daß der Ärmste vor Entsetzen in die Knie sank. Da ergriff Desbarreaux seinen Eierkuchen und warf ihn zur Beruhigung des Mannes mit jenen Worten aus dem Fenster.

Vincent

Laissez faire

Der Großkaufmann und Handelsintendant Jean Claude Marie Vincent, Seigneur de Gournay (1712–1759) sprach in einer Versammlung von Physiokraten, vermutlich im September 1758, das zur Parole der Freihandelsschule gewordene Wort: »Laissez faire, laissez passer!« (Lassen Sie machen, lassen Sie laufen!), mit dem er Gewerbe- und Handelsfreiheit forderte. Es wird heute meist zu dem allgemeinen Grundsatz: »den Dingen ihren Lauf lassen« erweitert. »Laissez-nous faire!« hatte schon ein Großkaufmann Legendre, wahrscheinlich François Legendre, der Verfasser eines damals verbreiteten Rechenbuches, in einer Versammlung von Kaufleuten gesagt, die Colbert, vermutlich 1680, zusammenberufen hatte, um über die Mittel zu beraten, wie der Handel zu fördern sei.

Pompadour

Nach uns die Sintflut!
(Après nous le déluge!)

soll die Marquise von Pompadour (1720–1764) nach der Schlacht bei Roßbach (1757) im Sinne von »wir leben frech und flott darauf los, nach uns geschehe, was da will!« gesagt haben. (Vgl. Mme. Du Hausset, »Mémoires«, Paris 1824: »Essai sur la marquise de Pompadour«.) Vielfach begegnet man der Auffassung, daß die Marquise von Pompadour das Wort vorahnend und nicht frivol gebraucht habe.

Verschiedene Quellen

Man muß nicht königlicher gesinnt sein als der König
(Il ne faut pas être plus royaliste que le roi)

wurde nach dem Vicomte de Chateaubriand, »La monarchie selon la Charte« (Paris 1816) unter Ludwig XVI. (reg. 1774–1793) geprägt. Der Ausdruck ist wahrscheinlich Vorbild oder Nachbildung des Ausdrucks »päpstlicher sein als der Papst«.

Liberté, égalité, fraternité!
(Freiheit, Gleichheit, Brüderlichkeit!)
lautet die Losung der am 26. August 1789 verkündeten Menschen- und Bürgerrechte.

Chamfort

Krieg den Palästen! Friede den Hütten!
(Guerre aux châteaux! Paix aux chaumières!)
Die erste Gesamtausgabe der Werke Sébastian Roch Nicolas Chamforts (1741–1794), von P.-L. Ginguené im Jahre III der Republik besorgt, enthält im 1. Band eine »Notiz über das Leben Chamforts«. Dort heißt es von ihm, er habe den in feindliche Länder ziehenden Soldaten obenstehenden Wahlspruch vorgeschlagen. Nach Archenholz, »Die Pariser Jakobiner in ihren Sitzungen« (Hamburg 1793) wurde in der Sitzung vom 22. Februar 1792 ein Brief der Sozietät der Stadt Béthune vorgelesen, in dem es hieß: »›Krieg den Palästen, Friede den Hütten!‹ ist der Wahlspruch aller Nationen.« In Deutschland hat Georg Büchner (1813–1837) diesen Spruch in einer Umformung übernommen (vgl. »Aus deutschen Schriftstellern«).

Maury

Sans-culottes
Nach Théodore-Henri Barrau, »Histoire de la Révolution« (Paris 1862) hat Abbé Maury (1746–1817) in der »Constituante«, unterbrochen vom lärmenden Volk auf der Tribüne, mit dem Ausruf: »Monsieur le Président, faites taire ces sansculottes« (… bringen Sie diese Hosenlosen zum Schweigen) diesen Ausdruck geprägt, der sich so erklärt, daß die Republikaner die sonst übliche Kniehose (culotte) mit der bis zu den Füßen reichenden langen Hose (pantalon) vertauscht hatten.
Nach L.-M. Prudhomme, »Révolutions de Paris« (1789–94) bezeichnet Camille Desmoulins Mitte August 1791 den Ausdruck »sansculottes« noch als ein »mot atroce«, also ein Schimpfwort. Ab Juni 1792 galt er jedoch schon als ehrender Parteiname der Pariser »prolétaires« und wurde dann auch in Deutschland bekannt. Wieland gebraucht ihn im »Neuen teutschen Merkur«, August 1792.

Sieyès

Sie wollen frei sein und verstehen nicht, gerecht zu sein.
(Ils veulent être libres et ne savent pas être justes.)
Dieses Wort zitieren wir nach einem Ausspruch Emanuel Joseph Sieyès' (1748–1836) in der konstituierenden Versammlung des 10. August 1789.

Ohne Redensarten
(Sans phrase)
Dieser Ausdruck wird irrtümlicherweise auf Emanuel Joseph Sieyès zurückgeführt, von dem der Satz: »La mort sans phrase« stammen soll.

Dies habe er bei der Abstimmung über die Art der Behandlung Ludwigs XVI. in der Konventsitzung vom 17. Januar 1793 gesagt. Das dem nicht so ist, geht aus dem »Moniteur« vom 20. Januar 1793 hervor. Sieyès stimmte danach mit: »La mort« (Auf Tod).

Perfides Albion

Verschiedene Quellen

ist nach den Feststellungen Feldmanns (»Frankfurter Zeitung« vom 5. Mai 1909, Nr. 124) ein Schlagwort der französischen Revolution, das in der Enttäuschung der republikanischen Franzosen über den Anschluß Englands an das franzosenfeindliche Bündnis der europäischen Großmächte nach der Hinrichtung Ludwigs XVI. (21. Januar 1793) seinen Ursprung hat.
A. Cartellieri weist im Juniheft 1917 der »Preußischen Jahrbücher« darauf hin, daß schon Otto von Sankt Blasien in seiner 1209/10 geschriebenen Chronik den Ausdruck »anglica perfidia« mit Bezugnahme auf das Verhalten von Richard Löwenherz bei der Einnahme von Akko 1191 angewandt habe. Die französische Herkunft des Königs nimmt Cartellieri zum Anlaß, in Frage zu stellen, ob eine für das englische Volk schon feststehende Charakteristik auf seinen König trotz dessen festländisch-französischer Abstammung übertragen wurde, oder ob etwa die Handlungsweise dieses Königs und seiner Vorgänger zu jener Charakteristik erst Anlaß gegeben habe.

Wandalismus

Grégoire

ist als Bezeichnung blinder Zerstörungswut durch Henri Grégoire, Bischof von Blois (1750–1831) geflügelt geworden. Er gebraucht es in einem Bericht an den Konvent vom 31. August 1794 (»Rapport sur les destructions opérées par le Vandalisme et sur les moyens de la réprimer«, gedruckt im »Moniteur« vom 30. September 1794). »Ich schuf dies Wort, um die Sache zu töten«, sagt er in seinen »Mémoires« (Paris 1837).
Doch ist die Bedeutung des Wortes in gleichem Sinne schon älter. Julius Miedel räumt in seinem Aufsatz »Vandalismus. Eine Ehrenrettung« (1905) gründlich mit der Fabel auf, die Wandalen hätten Rom verwüstet. Hier wird auch auf eine Quelle verwiesen, nach der es wahrscheinlich ist, daß der Volksname »Wandale« schon lange vor Grégoire in verächtlichem Sinne gebraucht wurde.

Nur die Toten kehren nicht zurück.
(Il n'y a que les morts qui ne reviennent pas.)

Barère

Bertrand Barère (1755–1841) sagte am 26. Mai 1794 im Konvent (»Moniteur« vom 29. Mai): »Wenn voriges Jahr die von Houchard befehligten Truppen alle Engländer vernichtet hätten, anstatt durch ihre Anwesenheit unsere Festungen zu vergiften, so wäre England in diesem Jahr nicht wiedergekommen, um unsere Grenzen anzugreifen.

Nur die Toten kehren nicht zurück, aber die Könige und ihre Sklaven sind unverbesserlich; sie müssen verschwinden, wenn Sie wollen, daß der Friede Bestand habe, wenn Sie wollen, daß die Freiheit gedeihe.«

Verschiedene Quellen

Jeunesse dorée
(Goldjugend)

Die männliche Jugend von Paris, die sich nach dem Sturz Robespierres am 9. Thermidor 1794 unter der Führung des früher radikal revolutionären Fréron zum Vorkämpfer der Gegenrevolution aufwarf, wurde von den Anhängern Robespierres »Jeunesse dorée« (Goldjugend) genannt. Der Jakobiner Duhem nannte sie am 27. Januar 1795 im Konvent »la brillante jeunesse« und »nation dorée«. Heute werden mit dem Ausdruck die reichen jungen Leute der Großstädte bezeichnet.

Doctrinaire

Mit diesem Wort charakterisierte man eine kleine Partei der französischen Kammer während der Restaurationszeit. Ihre Führer waren Royer-Collard, Camille Jordan und Deserre, der literarische Vertreter ihrer Ansichten in erster Linie und mit großem Erfolg Guizot. Ihr System bezweckte eine konstitutionelle Monarchie mit größerer Macht der Regierung als die Liberalen ihr zugestehen wollten, aber auch mit einer Beschränkung der Herrschergewalt. Seit jener Zeit gebraucht man das Wort »doktrinär« allgemein zur Bezeichnung starrer Verfechter politisch-wissenschaftlicher Theorien.

Panat

Sie haben nichts gelernt und nichts vergessen.
(Ils n'ont rien appris ni rien oublié.)

»Personne n'a su ni rien oublier, ni rien apprendre« (Niemand hat verstanden weder etwas zu vergessen noch etwas zu lernen) schrieb 1796 mit Bezug auf die Royalisten der Konteradmiral Chevalier de Panat (1762–1834) an Mallet Du Pan. Das Wort ist in der Umgestaltung: »Ils n'ont rien appris ni rien oublié« (Sie haben nichts gelernt und nichts vergessen) geflügelt geworden. Vielfach hat man es auch Talleyrand zugeschrieben.

Napoleon I.

La grande nation
(Die große Nation)

nannte General Napoleon Bonaparte die Franzosen in der Proklamation, die er am 11. November 1797 beim Verlassen Italiens »au peuple cisalpin« richtete (vgl. »Correspondence de Napoléon Ier«, Paris 1859). Er wiederholte das Wort oft und betonte noch am 31. Oktober 1816 auf St. Helena vor Las Cases (»Mémorial de Sainte-Hélène«, Paris 1823 f.), er habe es selbst erfunden. Das ist aber nach den Untersuchungen Feldmanns in der »Zeitschrift für deutsche

Wortforschung« XIII (1911/12) nicht richtig. Napoleon hat danach dem schon vorhandenen Wort durch seine Proklamation nur allgemeine Verbreitung verschafft.

Napoleon I.

Von diesen Pyramiden herab schauen vierzig Jahrhunderte auf euch
(Du haut de ces pyramides quarante siècles vous contemplent)

soll Bonaparte am 21. Juli 1798 vor der Schlacht bei den Pyramiden seinen Soldaten zugerufen haben. Seltsamerweise erwähnen zeitgenössische Berichte weder etwas von diesem Wort noch von einer Ansprache überhaupt. Weder in Bonapartes Depesche an das Direktorium (»Moniteur«, 20. Okt. 1798) noch in General Berthiers Brief aus Ägypten (ebenda, 22. Oktober), noch in dessen »Relation des campagnes du général Bonaparte en Égypte et en Syrie« (1799) findet sich etwas davon. Erst der ungenannte Verfasser einer »Histoire de Bonaparte, premier consul« (1803) führt das Wort als dessen Äußerung anläßlich seines Besuchs der Pyramiden am 12. August 1798 an. Bei P. Martin, »Histoire de l'expédition française en Égypte« (Paris 1815) finden wir dann die Ansprache: »Français, songez que du haut de ces monuments quarante siècles ont les yeux fixés sur vous.« Die gewöhnlich zitierte, oben angegebene Form hat Napoleon selbst durch General Gourgaud in den »Mémoires pour servir à l'histoire de France sous Napoléon, écrits à Sainte-Hélène par les généraux qui on partagé sa captivité« (Paris 1823) festlegen lassen, während er sie in seinen »Mémoires« (»Guerre d'Orient«) General Bertrand so diktierte: »Soldats, quarante siècles vous regardent.«

Verschiedene Quellen

Das ist mehr als ein Verbrechen, das ist ein Fehler
(C'est plus qu'un crime, c'est une faute)

soll der Polizeiminister Joseph Fouché (1763–1820) oder Talleyrand über die Hinrichtung des Herzogs von Enghien durch den damaligen Konsul Bonaparte (in der Nacht vom 20. zum 21. März 1804) gesagt haben. Der Kritiker und Schriftsteller Charles A. Sainte-Beuve, »Monsieur de Talleyrand« (Paris 1869) berichtet, daß das Wort von Boulay de la Meurthe (1761–1840) stamme, wie ihm ein Ohrenzeuge versichert habe.

Talleyrand

Die Sprache ist dem Menschen gegeben, um seine Gedanken zu verbergen.
(La parole a été donnée à l'homme pour déguiser sa pensée.)

Bertrand Barère, »Mémoires« (Paris 1842) erzählt, daß Talleyrand (1754–1838) 1807 in einer Unterredung mit dem spanischen Gesandten Izquierdo, der ihn an seine zugunsten Karls IV. von Spanien gemachten Versprechungen erinnerte, obenstehendes Wort gesagt habe.

Der Kaffee muß heiß wie die Hölle, schwarz wie der Teufel, rein wie ein Engel, süß wie die Liebe sein.

und

Talleyrand

Vor allen Dingen keinen Eifer!

(Surtout pas de zèle!)

Diese Worte werden auf Talleyrand (1754–1838) zurückgeführt. Das zweite Zitat wird auch als »Nur nicht zu viel Eifer!« (»Pas trop de zèle!«) wiedergegeben.

Fourier

Das Recht auf Arbeit

(Le droit au travail)

fordert Charles Fourier (1772–1837), Begründer eines genossenschaftlichen Sozialismus, in seiner Schrift »Théorie des quatre mouvements et des destinées générales« (Leipzig 1808 in franz. Sprache; dt. »Theorie der vier Bewegungen und der allgemeinen Bestimmungen«, Frankfurt 1966). Das Recht auf Arbeit wurde zu einer zentralen Forderung der Arbeiterbewegung. Bismarck sagte im Reichstag am 9. Mai 1884: »Geben Sie dem Arbeiter das Recht auf Arbeit ...!« Paul Lafargue (1842–1911), Schwiegersohn von Karl Marx, setzte sein Werk »Le droit à la paresse« (»Das Recht auf Faulheit«, 1883; dt. Stuttgart 1891) dagegen, in dem er mehr Freizeit für die Arbeiter forderte. Die Arbeiter sollten nicht wie Lohnsklaven schuften müssen, sondern auch das Leben genießen können. Sie seien nicht schuld an hemmungsloser Überproduktion.

Napoleon I.

Das ist die Sonne von Austerlitz!

(Voilà le soleil d'Austerlitz!)

Als am 7. September 1812 an der Moskwa die Sonne aufging, rief (nach Ségur: »Histoire de Napoléon et de la grande armée pendant l'année 1812«, Paris 1825) Napoleon I. seinen Offizieren mit diesen Worten die siegreiche Schlacht vom 2. Dezember 1805 ins Gedächtnis zurück.

Vom Erhabenen zum Lächerlichen ist nur ein Schritt

(Du sublime au ridicule il n'y a qu'un pas)

sagte Napoleon I. auf seiner Flucht aus Rußland zu seinem Gesandten de Pradt in Warschau (Dez. 1812; vgl. dessen »Histoire de l'ambassade dans le Grand-duché de Varsovie en 1812«, Berlin 1816). Auch in den »Mémoires« der Mme. de Rémusat (Paris 1880) heißt es: »Bonaparte hat oft gesagt, daß vom Erhabenen zum Lächerlichen nur ein Schritt wäre.« Er gab damit aber nur einem oft ausgesprochenen Gedanken seine bleibende Form. Der britisch-amerikanische Publizist Thomas Paine (1737–1809) schrieb schon 1794 (»The age of reason«): »Wenn Schriftsteller und Kritiker vom Erhabenen sprechen, so sehen sie nicht, wie nahe es an das Lächerliche grenzt.«

Jeder französische Soldat trägt den Marschallstab in seiner Patronentasche.
(Tout soldat français porte dans sa giberne le bâton de maréchal de France.)

Napoleon I.

Dieses Napoleon I. zugeschriebene Wort steht in »La vie militaire sous l'Empire« von E. Blaze (Paris 1837). Nach R. Alexandre, »Le musée de la conversation« ist es in ähnlicher Form im »Moniteur« vom 10. August 1819 zu finden, und zwar in einer Ansprache Ludwigs XVIII. an die Zöglinge der Militärschule von Saint-Cyr.

Die soziale Frage

ist, wie Heinrich von Treitschke in einer Vorlesung »Über den Sozialismus« am 5. März 1879 sagte, eine von Napoleon I. erfundene und auch von Napoleon III. angewendete Phrase, die später ein Schlagwort von inhaltsschwerer Bedeutung geworden ist.

Die Garde stirbt und ergibt sich nicht.
(La garde meurt et ne se rend pas.)

Verschiedene Quellen

Daß General Pierre Cambronne (1770–1842) diesen Satz in der Schlacht bei Waterloo am 18. Juni 1815 auf die Aufforderung der Engländer, sich zu ergeben, erwidert haben soll, hat dieser selbst, der bei Waterloo schwer verwundet gefangengenommen wurde, stets auf das entschiedenste in Abrede gestellt. Trotzdem hat man die Statue, die in seiner Geburtsstadt Nantes errichtet wurde, mit jenem Ausspruch geziert. Nach früheren Forschungen und H. Houssayes erschöpfender Untersuchung in seiner kleinen Schrift: »La garde meurt et ne se rend pas. Histoire d'un mot historique« (Paris 1907) ist wahrscheinlich der Dichter und Journalist Balisson de Rougemont der Erfinder des Wortes, das er in einem Artikel des »Journal Général de France« vom 24. Juni 1815 aber seinerseits dem General Cambronne in den Mund legt.

Pünktlichkeit ist die Höflichkeit der Könige
(L'exactitude est la politesse des rois)

Ludwig XVIII.

ist ein Wort Ludwigs XVIII. (reg. 1814–1824). (Vgl. K. E. Oelsners Brief aus Paris vom 8. Juli 1817, »Briefwechsel zwischen Varnhagen v. Ense u. Oelsner«, Stuttgart 1865; 1, 119).

Die hundert Tage
(Les Cent Jours)

Chabrol

nennt man das Zwischenreich von 1815 von der Landung Napoleons, von Elba kommend (1. März), bis Waterloo (18. Juni), obgleich es über diese Zeitdauer hinausging. Schuld an dieser unkorrekten Bezeichnung trägt der Seinepräfekt Chabrol, der den am 19. März aus Paris verschwundenen Ludwig XVIII. bei seinem Wiedereinzug am 8. Juli in seiner Ansprache »hundert Tage« aus Paris abwesend sein ließ. Die kurze Regierungszeit Kaiser Friedrichs III. vom 9. März bis 15. Juni 1888 bezeichnet man ähnlich als »Die Neunundneunzig Tage«.

Salvandy

Wir tanzen auf einem Vulkan.
(Nous dansons sur un volcan.)

Den Sturz der bourbonischen Herrschaft kündigte ein prophetisches Wort des Grafen Narcisse Achille Salvandy (1795–1856) an. Dieser, damals französischer Gesandter in Neapel, nahm an einem Ball teil, den der Herzog von Orléans (Ludwig Philipp) am 31. Mai 1830 im Palais Royal zu Ehren seines Schwagers, des Königs von Neapel, gab. In dem von verschiedenen Verfassern herrührenden, 1831 in Paris erschienenen Sammelwerk »Paris ou le Livre des cent et un«, erzählt Salvandy in dem Artikel »Une faite au Palais Royal«: »Als ich am Herzog von Orléans vorbeiging, dem man von allen Seiten Komplimente über die Pracht seines Festes machte, sagte ich jenes Wort zu ihm, welches die Zeitungen am folgenden Tage wiederholten: ›Das ist ein ganz neapolitanisches Fest, mein Prinz, wir tanzen auf einem Vulkan.‹« Goethe schreibt in den »Zahmen Xenien« III, Nr. 170: »Wir schlafen sämtlich auf Vulkanen« und der Komponist Johann Friedrich Reichardt 1809 bei der Schilderung des vergnügten Wiener Faschings: »Das nenn' ich mir lustig das Leben genießen, wenngleich ein Vulkan unter den Füßen drohend tobt.«

Verschiedene Quellen

Entente cordiale
(Herzliches Einvernehmen)

Dieser Ausdruck zur Bezeichnung des Verhältnisses zwischen England und Frankreich stammt nach Littré aus der Adresse der französischen Deputiertenkammer von 1840–41. Metternich, (»Nachgelassene Papiere«, Wien 1883) führt das Wort auf François Pierre Guizot (1787–1874) zurück. Nach R. Alexandre, »Le musée de la conversation« (Paris 1902) stammt es aus der Thronrede Ludwig Philipps vom 27. Dezember 1843 und ist lediglich die Übersetzung eines Wortes des englischen Ministers Lord Aberdeen, der es kurz vorher in einem Brief an seinen Bruder Sir Robert Gordon, den Gesandten in Wien, mit Bezug auf seine Politik Frankreich gegenüber gebraucht: »A cordial good understanding.«

Napoleon III.

Das Kaiserreich ist der Friede
(L'Empire c'est la paix)

zitieren wir nach Prinz Louis Napoleon (der spätere Kaiser Napoleon III.), der auf einer Rundreise durch Frankreich bei einem Bankett, das ihm die Handelskammer von Bordeaux am 9. Oktober 1852 gab, eine Rede hielt, in der der obenstehende Ausspruch auftauchte.

Ich bin da und ich bleibe da.
(J'y suis et j'y reste.)

Mac-Mahon

Diese Worte soll Mac-Mahon (1808–1892) während des Krimkriegs am 8. September 1855 in dem von ihm eroberten Sewastopol an seinen Oberbefehlshaber, der ihm mitteilen ließ, die Russen wollten die Hauptbastion in die Luft sprengen, mit Bleistift auf ein Stückchen Papier geschrieben haben.

Ein dunkler Punkt in der Vergangenheit

Napoleon III.

Am 26. August 1867 sagte (nach dem »Moniteur universel« vom 28. August) Napoleon III. in Lille: »Seit vierzehn Jahren sind viele meiner Hoffnungen in Erfüllung gegangen und große Fortschritte gemacht worden, es haben aber auch ›schwarze Punkte‹ (»points noirs«) unsern Horizont umwölkt.« Nach diesem Ausspruch bilden wir heute »einen dunklen Punkt in der Vergangenheit haben«.

Pariser Kommune
(Commune de Paris)

Verschiedene Quellen

Aus sozialer Not und wegen des von der Monarchie mitverschuldeten Krieges gegen Preußen 1870/71, der mit einer totalen Niederlage endete, übernahm das Zentralkomitee der Nationalgarde die Macht in Paris, was zur Konstituierung der sogenannten »Pariser Kommune« (»Commune de Paris«) am 28. März 1871 führte. Zwei Monate später schlug die französische Armee die sozialistische Stadtregierung der »Kommunarden« nieder. Die »Pariser Kommune« wurde in aller Welt als Versuch einer »Diktatur des Proletariats« (vgl. »Aus deutschen Schriftstellern«), einer Herrschaft der Mehrheit über die Minderheit, gefeiert oder verteufelt.

Niemals davon sprechen, immer daran denken!

Gambetta

Diese Aufforderung geht auf eine Rede des französischen Präsidenten Léon Gambetta (1838–1882) am 16. November 1871 in St.-Quentin zurück: »... ne parlons jamais de l'étranger, mais qu'on comprenne, que nous y pensons toujours.« Daraus entstand die oft wiederholte Mahnung, die sich auf die von Gambetta zitierte und beschworene »Würde der Besiegten« nach der französischen Niederlage im Krieg von 1870/71 gegen Deutschland bezog.

Opportunistische Republik

Clemenceau

nannte der republikanische Politiker Georges Benjamin Clemenceau (1841–1929) die Regierungszeit des französischen Präsidenten Léon Gambetta (1879–98) und machte damit die Begriffe »Opportunist« und »Opportunismus« durch seine heftigen Polemiken zu geflügelt gewordenen politischen Schlagworten gegen Politiker und eine Politik ohne feste Grundsätze.

Aus Geschichte und Zeitgeschehen

Frankreich

Verschiedene Quellen

Volksfront
(Front populaire)

Bei den französischen Parlamentswahlen am 26. April und 3. Mai 1936 siegte ein Einheitsbündnis der linken Parteien mit der Bezeichnung »Front populaire« (Volksfront). Dieser Ausdruck wird heute allgemein als Begriff für ein Bündnis, das (im Gegensatz zu dem der ursprünglichen »Front populaire«) neben sozialdemokratischen und kommunistischen Parteien auch linksbürgerliche einschließen kann, benutzt.

Kollaboration
(Collaboration)

Nach dem Überfall des Deutschen Reiches am 10. Mai 1940 arbeitete ein Teil der Franzosen mit der deutschen Besatzungsmacht zusammen; das französische Wort für Zusammenarbeit: »collaboration« ging danach als »Kollaboration« auch in den deutschen Sprachgebrauch ein.

• • •

Rußland und Sowjetunion

Verschiedene Quellen

Zar

ist die russische Form von Caesar, bedeutet also: Kaiser. Geflügelt blieb dieser Titel vor allem in Wortzusammensetzungen in übertragener Bedeutung, wie »Modezar« oder »Pressezar«.

Das dritte Rom

bilden wir nach einem Ausspruch des Zaren Iwan III. (1440–1505), der den Anspruch Moskaus (nach Rom und Byzanz) als »das dritte Rom« verkündete.

Potemkinsche Dörfer

Der Günstling der Kaiserin Katharina II., Fürst Gregor Alexandrovič Potemkin (1736–1791), hatte 1783 die Krim für das russische Reich erobert. Als im Januar 1787 die Kaiserin das neuerworbene Gebiet bereiste, versuchte er, sie durch schnell aufgebaute Dörfer, Häuserfassaden sowie militärische Schauspiele über dessen wahren, ärmlichen Zustand zu täuschen. Die sogenannten »Potemkinschen Dörfer« sind danach der Ausdruck für trügerische Vorspiegelungen, Verdeckung fauler Zustände durch ein glänzendes Äußeres und »Luftschlösser« geworden. Inwieweit die »Potemkinschen Dörfer« wirklich nur aus Fassaden bestanden oder ob sie eventuell nur mißgünstige Verleumdungen von politischen Gegnern waren, darüber streiten die Gelehrten. Die Vorstellung selbst findet sich unter anderem 1822 bei Jean Paul (»Der Komet« 3, 59): »… jene gemalten bloßen Dorf-Façaden Potemkins«.

Pahlen

Wenn man Omeletten backen will, muß man Eier zerschlagen (Quand on veut faire des omelettes, il faut casser des œufs)

zitieren wir nach einem Ausspruch des Generalgouverneurs von Petersburg, Peter Ludwig Graf von Pahlen (1746–1826), am 23. März 1801 in einer Verschwörung gegen Zar Paul, der zur Abdankung gezwungen werden sollte. Auf die Frage: »Aber wenn er sich sträubt? Wenn er Widerstand leistet?« antwortete er mit obenstehenden Worten.

Alexander I.

Retter Europas

war der Ehrentitel von Zar Alexander I. (1777–1825), der ihm anläßlich des Wiener Kongresses 1815 zuerteilt wurde; damit wurde sein und Rußlands Kampf gegen Napoleon gewürdigt.

Verschiedene Quellen

Tatarennachricht

In seinen Aufzeichnungen »Aus meinem Leben« (Berlin 1897ff.) berichtet Prinz Kraft zu Hohenlohe, daß am 30. September 1854 bereits bei der englischen Gesandtschaft in Wien, wo er damals Militär-Attaché war, die Meldung vom tatsächlich erst ein Jahr später erfolgten Fall der Festung Sewastopol eingetroffen sei. »Danach war ein von Konstantinopel nach Bukarest reitender Tatar einem anderen in umgekehrter Richtung reitenden begegnet und hatte es diesem mündlich erzählt, worauf beide, die Depeschen umtauschend, wieder zurückgeritten waren. Die Nachricht aber war nur mündlich und besagte, die Kapitulation sei abgeschlossen, das türkische Dampfschiff, das die Nachricht davon gebracht habe, habe den Hafen von Sebastopol vier Stunden vor dem Augenblick verlassen, in dem die Übergabe des Platzes erfolgen sollte, das Datum fehlte. Nach drei Tagen erfuhr man, daß an der ganzen Geschichte kein wahres Wort war. Die Sache ist jetzt in der Welt vergessen, aber der Name ist geblieben. Wenige Menschen, die jetzt noch eine Lüge mit dem Wort ›Tatarennachricht‹ bezeichnen, wissen, daß dieser Ausdruck für jede Lüge von jener am 30. September 1854 gebrachten Nachricht über die Einnahme von Sebastopol stammt.« Diese Ente war durch ein Börsenmanöver des Redakteurs Warren vom »Wanderer« in Wien ausgebrütet worden.

Lenin

Alle Macht den Sowjets!

In der ersten Revolution des Jahres 1917, der Februarrevolution, bildeten die von den Arbeitern und Soldaten gewählten Deputierten sogenannte »Sowjets« (Räte). In den »Aprilthesen« von 1917 hatte Lenin die kommenden Aufgaben der Revolution beschrieben. In einer Rede am 4. April 1917 in Petersburg erläuterte er die »Aprilthesen« und forderte: »Alle Macht den Sowjets!« Das wurde zur Losung der sogenannten »Oktoberrevolution« von 1917, die Anlaß zu mancherlei Abwandlung gab (z. B.: »roter Oktober«, »großer Oktober«).

Aus Geschichte und Zeitgeschehen

Rußland und Sowjetunion

Verschiedene Quellen

Vertrauen ist gut, Kontrolle ist besser.

»Vertraue, aber prüfe nach«, sagt eine russische Redensart, die Lenin gern zu zitieren pflegte; danach wurde obenstehende Redensart bei uns geläufig.

Stachanow-Bewegung

Die gewaltigen Anstrengungen in der Sowjetunion, den Sozialismus im eigenen Land aufzubauen, führten zur Aktivistenbewegung; sprichwörtlichen Ruhm erlangte dabei der Grubenarbeiter Aleksej Gregorievič Stachanow (1906–1977), der 1935 das Fünffache der geforderten Arbeitsleistung eines Arbeiters erbrachte. Durch ihn wurde daraufhin die »Stachanow-Bewegung« zum Begriff.

Großer Vaterländischer Krieg

Am 27. Jahrestag der Oktoberrevolution erließ Stalin (eigentl. Josef Vissarionovič Džugašvili; 1879–1953) den »Befehl des Obersten Befehlshabers, Nr. 220, Moskau 7. November 1944« (dt. Moskau 1946), in dem der Krieg gegen das Deutsche Reich zum ersten Mal als »Großer Vaterländischer Krieg« bezeichnet wurde.

Glasnost (Offenheit)
und
Perestroika (Umgestaltung)
sind Begriffe, die Generalsekretär Michail Gorbatschow (geb. 1931) im Plenum des Zentralkomitees der KPdSU als Demokratisierungsmaßnahmen ins Leben gerufen hat. Das Resultat der Bemühungen war die Auflösung der Sowjetunion im Jahr 1991.

• • •

Polen

Verschiedene Quellen

Finis Poloniae!
(Das Ende Polens!)

wurde dem polnischen Feldherrn Thaddäus Kościuszko (1746–1817) in Nr. 24 der amtlichen »Südpreußischen Zeitung« vom 25. Oktober 1794 in den Mund gelegt. Kościuszko sei in der Schlacht bei Maciejowice am 10. Oktober 1794 auf der Flucht in einem Sandhügel steckengeblieben; dort hätten ihm die Kosaken das Pferd unter dem Leibe erschossen und ihn, als er herabsprang, am Hinterkopf verwundet. Auf vier Stangen sei er in das Lager gebracht worden, wo er seinen Säbel abgeliefert und dabei gerufen habe: »Finis regni Poloniae!« In einem vom 12. November 1803 datierten Brief an den Grafen Louis Philippe de Ségur, der diesen Ausruf in sein »Tableau historique et politique de l'Europe de 1786–96« (Paris 1800) aufgenommen hatte, leugnet Kościuszko diesen Ausspruch allerdings ab.

Polen

Noch ist Polen nicht verloren.

Verschiedene Quellen

Die Polen antworteten auf den Kościuszko untergeschobenen Wehruf »Finis Poloniae!« mit dem von Joseph Wybicki (1747–1822) 1797 gedichteten Dombrowski-Marsch: »Jeszcze Polska nie zginęła ...«, dessen Übersetzung: »Noch ist Polen nicht verloren« geflügelt geworden ist. Dieser Marsch wurde zuerst von der polnischen Legion gesungen, die Dombrowski 1796 für Bonaparte in Italien sammelte. Später wurde das Lied polnische Nationalhymne.

•••

Großbritannien

Magna Charta

wird eine grundlegende Manifestation nach der »Magna Charta Libertatum«, der »Großen Urkunde der Freiheiten«, die am 15. Juni 1215 von König Johann ohne Land unter dem Druck der Barone und Stände erlassen wurde, genannt. In 63 Artikeln bestätigte und erweiterte dieses Gesetz deren Privilegien.

Ein Schuft, wer Schlechtes dabei denkt.
(Honi soit qui mal y pense.)

Eduard III.

Nach einer allgemein verbreiteten Annahme, die auf Polydor Vergils »Englischer Geschichte« (Basel 1570) beruht, geht die Stiftung des Hosenbandordens, des dem Rang nach ersten Ordens Englands, und sein Motto: »Honi soit qui mal y pense« auf König Eduard III. (1327–1377) zurück. Polydor Vergil ist der erste, der berichtet, daß die Gemahlin des Königs oder eine Hofdame bei einem Ball, während des Tanzes, ihr Strumpfband verloren habe. Der König habe es aufgehoben. Als er einige Hofleute lächeln sah, habe er den obigen Ausspruch getan und hinzugefügt, das Strumpfband werde bald so in Ehren kommen, daß mancher sich glücklich preisen würde, es tragen zu dürfen. Dieses Vorkommnis habe ihn zur Stiftung des Ordens veranlaßt. Die Hofdame soll die Gräfin Alix Salisbury, die Geliebte des Königs, gewesen sein. Das Stiftungsjahr des Ordens steht nicht fest; es schwankt zwischen 1344 und 1351. Eines der Ordenszeichen ist ein Knieband aus dunkelblauem Samt mit einem Rand, auf das das Motto in Gold eingestickt ist.

Puritaner

Verschiedene Quellen

nennen wir einen Anhänger reiner, unverfälschter Lehren nach den Mitgliedern einer etwa seit 1565 auftretenden englischen religiös-politischen Bewegung (engl. »puritan« von lat. »puritas«, Reinheit). Weil diese auch in moralischen Angelegenheiten enge Maßstäbe hatten, gilt die Bezeichnung »Puritaner« auch heute für sittenstrenge und prüde Menschen.

Walpole

Jeder Mensch hat seinen Preis.
(Every man has his price.)
Dieses Sir Robert Walpole (1676–1745) zugeschriebene Wort ist in dieser Form nicht von ihm gesagt worden. In den »Memoirs of the life and administration of Sir Robert Walpole« von William Coxe (London 1798) heißt es von ihm: »Redefloskeln verachtete er. Die Auslassungen vorgeblicher Patrioten schrieb er ihren oder ihrer Angehörigen eigennützigen Absichten zu und sagte von ihnen: ›Alle diese Leute haben ihren Preis!‹« 1861 schrieb Edward G. E. Bulwer-Lytton ein Lustspiel »Walpole, or Every Man has his Price.«

Verschiedene Quellen

Blaustrumpf
(Blue-stocking)
wurde eine Dame genannt, die sich unter Vernachlässigung ihrer Häuslichkeit ihren intellektuellen Interessen widmete. Das Wort hatte ursprünglich keineswegs die mißbilligende Nebenbedeutung, die dem Ausdruck später beigelegt wurde, vielmehr bezeichnete es meistens nur Gesellschaften, in denen das Kartenspiel verpönt und deren Hauptzweck geistvolle Unterhaltung war. Die Bildung solcher Gesellschaften schreibt man den drei Damen Mrs. Montagu, Mrs. Vesey und Mrs. Ord zu. In diesen Gesellschaften zeichnete sich durch Anmut in der Unterhaltung der Gelehrte Benjamin Stillingfleet (1702–1771) aus, der nachlässig gekleidet in blauen Kniestrümpfen erschien. Das soll den englischen Admiral Edward Boscawen, Viscount of Falmouth (1711–1761) veranlaßt haben, diese Versammlungen »Blaustrumpfgesellschaften« zu nennen, um damit zu bezeichnen, daß in ihnen nur geistige Begabung, nicht der glänzende Anzug den Ausschlag gab.
Das Wort »Blaustrumpf«, dem die Wörterbücher die ältere Bedeutung »Verleumder, Angeber, Teufel, Häscher« zuschreiben, kommt bereits bei Chrn. Weise (gest. 1708), Joh. Chr. Günther (gest. 1723), Dan Stoppe (gest. 1747) und Picander (Chr. Fr. Henrici; gest. 1764), also bei Dichtern aus Studentenkreisen vor, und zwar mit überwiegender Beziehung auf das weibliche Geschlecht in dem »etwas verschwommenen« Sinne: »unberufen sich um allerlei kümmerndes, klatschsüchtiges Doppelwesen«.

Nelson

England erwartet, daß jeder Mann seine Pflicht tun wird
(England expects that every man will do his duty)
lautete Viscount Horatio Nelsons (1758–1805) Tagesbefehl in der Schlacht bei Trafalgar am 21. Oktober 1805. Er sollte eigentlich heißen: »England confides ...« (nach A. T. Mahan, »The life of Nelson«, [London 1897] sogar: »Nelson confides«); da es hierfür aber keine Signalflagge gab, so wurde »expects« gesetzt. Die gewöhnlich zitierte, aber falsche Version: »England expects every man to do his

duty« ist wohl hauptsächlich durch Robert Southeys vielgelesenes Buch »The life of Nelson« (London 1813) verbreitet worden.

Wellington

Ich wollte, es würde Nacht oder die Preußen kämen!

soll Sir Arthur Wellesley, Herzog von Wellington (1769–1852) während der Schlacht bei Waterloo am 18. Juni 1815 ausgerufen haben.
Hierüber schreibt Hans Delbrück, »Das Leben des Feldm. Grafen Neithard von Gneisenau« (Berlin 1882): »›Unser Plan ist ganz einfach: die Preußen oder die Nacht!‹ war die Ordre, welche er ausgab. ›Aushalten bis auf den letzten Mann!‹« Und in der Anmerkung zu dieser Stelle heißt es: »Dies ist der richtige Wortlaut. Die gewöhnliche Version ... faßt die Situation des ganzen Tages dramatisch zusammen und ist insofern nicht ohne eine gewisse innere Wahrheit. Tatsächlich können sie (!) schon deshalb nicht so gesprochen sein, weil die Preußen ja schon um 4 1/2 Uhr im Gefecht waren.«

Sein Waterloo finden

ist seit der Schlacht bei Waterloo am 18. Juni 1815 als Bezeichnung für eine vernichtende Niederlage geläufig. Wellington benannte die Schlacht nach seinem Hauptquartier Waterloo, während Blücher sie nach seinem Lager Belle Alliance bezeichnete.

O' Connell

Der bestgehaßte Mann

Johann Jacoby erwähnt am 5. Juni 1848 in einer Rede vor Berliner Wahlmännern, daß Daniel O'Connell (1775–1847) sich einst den »bestgehaßten Mann« der drei Königreiche genannt habe. Das Wort ist vielfach auf andere übertragen und variiert worden. So sagte Bismarck bei den Kulturkampfdebatten im preußischen Landtag am 16. Januar 1874: »Gehen Sie von der Garonne, um mit der Gascogne anzufangen, bis zur Weichsel, vom Belt bis zur Tiber, suchen Sie an den heimischen Strömen der Oder und des Rheins umher, so werden Sie finden, daß ich in diesem Augenblicke wohl die am stärksten und – ich behaupte stolz! – die am besten gehaßte Persönlichkeit in diesem Lande bin.«

Layard

Der rechte Mann an der rechten Stelle
(The right man in the right place)

ist aus einer Rede Austen Henry Layards (1817–1894) entwickelt worden, die er am 15. Januar 1855 im englischen Unterhaus hielt. Dort sagte er: »Ich habe immer geglaubt, daß Erfolg das unvermeidliche Ergebnis sein werde, wenn man sowohl dem Landheere wie der Flotte freie Bewegung gönnte, und wenn wir den rechten Mann abordneten, um die rechte Stelle zu füllen.«

Gladstone

Hands off!
(Hände weg!)

Als Österreich im Herbst 1878 Bosnien und die Herzegowina besetzte, stieß der englische Minister William Ewart Gladstone (1809–1898) diesen drohenden Zuruf aus. Vielleicht dachte er dabei an Shakespeare, »Hamlet« 1, 4: »Hold off your hands!«, was Schlegel übersetzt: »Die Hände weg!«

Verschiedene Quellen

Made in Germany

Das englische Gesetz der Warenbezeichnung vom 23. August 1887 (»The Merchandise Marks Act«, 1887) schließt in Abschnitt 16, 1 alle im Ausland hergestellten Waren von der Einfuhr in England aus, die einem englischen Fabrikanten, Händler oder Kaufmann gehörende Namen oder Schutzmarken tragen. Als Ausführungsbestimmung hierzu heißt es in dem Bericht der Zollkommissare vom 14. November 1888: »So ist es z. B. erwünscht, daß zur Bezeichnung des Ursprungs deutsche Waren, die den Namen ›John Brown‹ tragen, mit der Hinzufügung ›Made in Germany‹ versehen werden«, und weiterhin wird ausdrücklich darauf hingewiesen, daß die Bezeichnung ›Germany‹ nicht genüge; »es ist durchaus erforderlich, die Aufschrift ›Made in Germany‹ zu setzen.«

Suffragette

wird eine Frau, die für ihre Rechte und die ihrer Geschlechtsgenossinnen kämpft, genannt. Das Wort leitet sich ab von dem lateinischen Wort »suffragium«, dt. Stimmrecht; seit 1906 verlangten englische Frauen als ersten Schritt zur politischen Gleichberechtigung das Stimmrecht.

Repington

Russische Dampfwalze

Im Ersten Weltkrieg wurde das mächtige russische Heer im Rücken des deutschen Heeres als »russische Dampfwalze« bezeichnet. Diese Formulierung geht auf Oberst Repington zurück, der in der Ausgabe der »Times« vom 13. August 1914 geschrieben hatte, daß man die Deutschen gegen die vorbereiteten Stellungen anstürmen lassen solle, wo sie sich die Schädel einrennen könnten: »Uns ist es nicht so eilig. Wir haben keine russische Dampfwalze (›Russian steamroller‹) hinter uns!«

Verschiedene Quellen

Appeasement

wurde die Beschwichtigungspolitik Großbritanniens gegenüber dem nach mehr Macht und Expansion strebenden Deutschen Reich zwischen 1933 und 1939 genannt. Seitdem wird jede zu nachgiebige Politik mit diesem Begriff bezeichnet.

Blut, Schweiß und Tränen
Winston Leonard Spencer Churchill sagte als neuer Premierminister Großbritanniens am 13. Mai 1940 im Unterhaus: »I have nothing to offer but blood, tears and sweat.« (Ich habe nichts zu bieten als Blut, Tränen und Schweiß.) Dieses wird verkürzt und umgestellt in obenstehender Form zitiert.

Aus Geschichte und Zeitgeschehen

Großbritannien

Churchill

Eiserner Vorhang
als Bezeichnung für einen undurchdringlichen Schutzgürtel ist schon seit langer Zeit als Redensart in Gebrauch; sie bezieht sich auf die feuerfeste Trennwand in einem Theater, die bei Bedarf die Bühne vom Zuschauerraum trennt. Durch Churchill wurde das Wort vom »eisernen Vorhang« neu geflügelt. In einer Rede am 5. März 1946 im Westminster College, Fulton, USA, sagte er: »An iron curtain has descended across the continent.« (Ein eiserner Vorhang hat sich quer durch den Kontinent gesenkt.)

●●●

Vereinigte Staaten von Amerika

Verschiedene Quellen

Yankee
entstand wahrscheinlich gegen Ende des 17. Jahrhunderts als Spitzname niederländischer Siedler in Nordamerika aus der Verkleinerungsform »Janke«, des Namens Jan. Im 18. Jahrhundert wurde der Name auf die Bewohner Neuenglands angewendet, im Sezessionskrieg war es ein Schimpfwort der Südstaaten für die Nordstaatler. Später wurde es als Spottwort für die US-Amerikaner in aller Welt und als Aufforderung in der Form: »Yankee go home!« benutzt.

Washington

Bruder Jonathan
Als George Washington (1732–1799) 1775 zum Oberkommandierenden der Revolutionsarmee ernannt worden war, soll er in einem Kriegsrat im Hinblick auf seinen Freund, den Gouverneur von Connecticut, Jonathan Trumbull den Älteren (1710–1785), auf dessen Urteil er großes Gewicht legte, gesagt haben: »Da müssen wir Bruder Jonathan zu Rate ziehen.« (»We must consult Brother Jonathan on the subject«.) Daher wurde später bei Problemen Washingtons Wort zitiert, sein Ursprung aber bald vergessen, und so wurde allmählich »Bruder Jonathan« zur sprichwörtlichen Bezeichnung des Nordamerikaners überhaupt. Der bibelfeste Washington mochte wohl bei seinem Ausspruch an Davids »Bruder Jonathan« gedacht haben.

S. Wilson

Uncle Sam
als Bezeichnung für den US-Amerikaner oder als Personifizierung der Vereinigten Staaten von Nordamerika stammt von Samuel Wilson (1766–1854) aus New York, der sich gegen Ende des 18. Jahrhunderts

mit seinem Bruder Ebenezer in Troy am Hudson niederließ und seines gemütlichen Wesens wegen von jedermann »Uncle Sam« genannt wurde. Er wurde während des zweiten Krieges Englands mit Amerika (1812–14) wegen seiner Gewissenhaftigkeit bei der Organisation von Armeelieferungen Proviantinspektor im englischen Heer. Die von ihm mit »U. S.« (United States) gezeichneten Lebensmittelsendungen wurden als Uncle Sams Sendungen gedeutet. (Vgl. auch: »Vossische Zeitung« vom 15. November 1898.)

Verschiedene Quellen

Amerika den Amerikanern

ist die geflügelt gewordene Zusammenfassung der Monroe-Doktrin. Präsident James Monroe (1758–1831) hatte am 2. Dezember 1823 in einer Botschaft an den Kongreß festgelegt, daß die europäischen Mächte sich nicht in Amerika einmischen sollten, so wie sich die USA aus den europäischen Konflikten heraushalten wollten. In den 30er Jahren des 19. Jahrhunderts wurde die Monroe-Doktrin zum Schlagwort, um die expansionistische Politik der USA in Mittel- und Südamerika zu rechtfertigen. Das obenstehende Schlagwort ist vielfältig abgewandelt immer wieder benutzt und mißbraucht worden.

Decatur

Recht oder Unrecht – mein Vaterland!
(Right or wrong – my country!)

Im April 1816 sprach der amerikanische Kommodore Stephen Decatur (1779–1820) in Norfolk den Toast aus: »Our country! In her intercourse with foreign nations, may she always be in the right, but our country, right or wrong!« Zitiert wird dieser Ausspruch verkürzt als »Recht oder Unrecht – mein Vaterland!« Vgl. Mackenzie, »Life of Stephen Decatur«, Boston 1846.

Wardman

Yellow Press
(Gelbe Presse)

Ab 1895 erschienen in der New Yorker Zeitung »The World« die Comics des Zeichners Richard Felton Outcault (1863–1928), in denen eines der darin dargestellten Kinder nach Einführung des Farbdrucks 1896 mit einem gelben Hemdchen bekleidet war. Nachdem die »World« aufgehört hatte, diese Bilder zu bringen, erschienen sie im »New York Journal«, und es entspann sich zwischen diesen beiden Sensationsblättern ein regelrechter Streit um das »Yellow Kid«. In einem Leitartikel der »New York Press« (Frühjahr 1896) über diesen Streit bezeichnete der Redakteur Ervin Wardman (1865–1923) beide Blätter als »Yellow press«, die »Gelbe Presse« und sprach vom »Yellow journalism«. Im Deutschen wurde dieser Ausdruck auch in »Regenbogenpresse« umgewandelt und dient als Bezeichnung für eine gewissenlose Sensationspresse.

Hay

Politik der offenen Tür

Am 6. September 1899 richtete der US-Staatssekretär John Hay (1838–1905) ein Rundschreiben an alle amerikanischen Botschafter im Ausland, um die Aufrechterhaltung der sogenannten »offenen Tür« in China zu sichern. Es wurde darin der Wunsch der Vereinigten Staaten ausgesprochen, daß die Märkte in China dem Handel der ganzen Welt geöffnet würden. Am 27. März 1901 wurde dann in Washington eine Sammlung aller zwischen den Vereinigten Staaten und den übrigen Mächten über die »Politik der offenen Tür« gewechselten Noten veröffentlicht.

Es ist wahrscheinlich, daß das Wort von der offenen Tür ursprünglich aus der Bibel stammt. Es handelt sich dort allerdings nicht um materielle Interessen, sondern um die günstige Gelegenheit, das Evangelium einzuführen. Wörtlich kommt die Wendung in der Offenbarung des Johannes 3, 8 vor, wo es heißt: »Ich weiß deine Werke. Siehe, ich habe vor dir gegeben eine offene Tür, und niemand kann sie zuschließen.«

Goldberger

Das Land der unbegrenzten Möglichkeiten (The country of unlimited possibilities)

als Bezeichnung für die Vereinigten Staaten von Amerika wurde zuerst 1902 von Ludwig Max Goldberger (1848–1913) auf einer Studienreise durch die USA geprägt. Als er in New York von einem Vertreter der »Associated Press« befragt wurde, welche Eindrücke er aus den Vereinigten Staaten in die Heimat mitnähme, sagte er nach der Fassung, in der die »New Yorker Staats-Zeitung« vom 3. Juni 1902 das Interview in deutscher Sprache veröffentlichte, unter anderem: »Europa muß wach bleiben. Die Vereinigten Staaten sind das Land ›der unbegrenzten Möglichkeiten‹.« Die in englischer Sprache erscheinenden amerikanischen Zeitungen brachten das Wort in der Fassung: »The United States is the country of unlimited possibilities.« Zum geflügelten Wort ist diese Bezeichnung aber erst geworden, als Goldberger nach seiner Rückkehr unter diesem Titel in der Berliner Zeitschrift »Die Woche« vier Abhandlungen und ein Buch (1903) veröffentlichte. In Schillers Gedicht »Poesie des Lebens« (1795) lesen wir vom erhabenen Flug des Geistes »ins grenzenlose Reich der Möglichkeiten«.

T. W. Wilson

Das Selbstbestimmungsrecht der Völker

als politischer Begriff geht auf den Präsidenten Thomas Woodrow Wilson (1856–1924) zurück, der in seinen Reden von »eigener Regierungsgewalt« (»self-government«, 14. Juni 1917) und im Zusammenhang mit politischer Herrschaft und Regierung von »Selbstbestimmung« (»self determination«, 11. Febr. 1918) gesprochen hat. (»The Public Papers of Woodrow Wilson«, New York, London 1927).

Verschiedene Quellen

Kalter Krieg

Bis zum Ende der Sowjetunion 1991 herrschte seit dem Zweiten Weltkrieg zwischen den Westmächten und der Sowjetunion und den später mit ihr verbündeten sozialistischen Staaten ein sogenannter »kalter Krieg«. Dieser Ausdruck dient als Bezeichnung von Feindseligkeiten, die kurz vor der Schwelle militärischer Auseinandersetzungen liegen. Die Verfechter eines Konfrontationskurses werden »kalte Krieger« genannt. Im amerikanischen Journalismus war der Begriff sehr geläufig. Vgl. Walter Lippmann (1889–1974), »The Cold War. A Study in US Foreign Policy« (London 1947).

Postmodern

ist eine allgemeine Bezeichnung für die geistigen Strömungen, die nach dem angeblichen Versagen und dem Ende der »Moderne« (aus dem Französischen des 18. Jahrhunderts, »neu«, »neuzeitlich«) wieder auf alte, überlieferte Formen und Gedanken zurückgreifen. Wahrscheinlich hat Peter Drucker (geb. 1909) den Begriff zuerst verwendet; in »The Landmarks of Tomorrow« (New York 1958) spricht er von der »postmodern world«.

Kennedy

Ich bin ein Berliner

sagte Präsident John Fitzgerald Kennedy (1917–1963) in deutscher Sprache während seiner Rede am 26. Juni 1963 vor dem Schöneberger Rathaus in Berlin.

Verschiedene Quellen

Make love, not war.

Die antibürgerliche Jugendbewegung in den USA, die 1965–68 gegen das sogenannte »Establishment« (ursprünglich: Niederlassung, später: Macht der Einflußreichen und Etablierten) seine sanfte Gewaltlosigkeit setzte, drückte mit dieser Losung ihren Protest gegen den Krieg, vor allem den Krieg der USA gegen Vietnam, aus.

Das ist sein Watergate.

Watergate heißt ein Gebäudekomplex in Washington, in dem die Demokratische Partei im Wahlkampf 1972 ihr Hauptquartier hatte. Auf Veranlassung von Präsident Richard Nixon (geb. 1913) drangen Mitglieder seines Wiederwahl-Komitees am 17. Juni in die Räume ein, um Abhörgeräte und anderes Spionagematerial anzubringen. Das ganze Ausmaß dieses sogenannten »Watergate-Skandals« deckten die Journalisten Bob Woodward und Carl Bernstein von der »Washington Post« auf. Zwei Jahre später mußte Nixon zurücktreten. Seitdem werden spektakuläre politische Skandale als »Watergate« bezeichnet oder erhalten die Silbe «… gate« angehängt (z. B. »Irangate«). Man sagt auch: »Das ist sein Watergate.«

Die Grenzen des Wachstums
ist der Titel einer Studie (»The Limits of Growth«, New York 1972; dt. Stuttgart 1973), die von Wissenschaftlern und Wirtschaftsfachleuten als »Bericht des Club of Rome« veröffentlicht wurde.

●●●

Deutschland und Österreich

Verschiedene Quellen

Die Zeiten ändern sich, und wir uns mit ihnen. (Tempora mutantur, nos et mutamur in illis.)
Dieses Wort soll nach Matthias Borbonius von Lothar I. (795–855), der vom Kaiser zum Mönch wurde, stammen: »Omnia mutantur, nos et mutamur in illis.« (Alles ändert sich und wir ändern uns mit.) Wir zitieren es abgewandelt in obenstehender Form.

Gang nach Canossa
Nachdem Kaiser Heinrich IV. (1056–1106) von Papst Gregor VII. (1073–1085) 1076 mit dem Bann belegt worden war, machte er sich ein Jahr später auf den Weg nach Canossa, wo der Papst weilte, und trat im Büßergewand vor ihn. Ob der Kaiser heuchelte oder nicht, der Papst mußte den Bann lösen. Seit damals spricht man von einem demütigenden Gang oder einer entwürdigenden Nachgiebigkeit als einem »Canossa-Gang« oder »Gang nach Canossa«.

Hie Welf, hie Waiblingen!
Daß dieser Ruf zuerst 1140 in der Schlacht bei Weinsberg getan worden sei, ist nach Jaffé, »Geschichte des Deutschen Reiches unter Conrad III.« (Hannover 1845) nicht gesichert. Waiblingen war der Name einer hohenstaufischen Burg in der Nähe von Stuttgart, wo der Staufer Konrad III. (Kaiser 1138–1152) gegen den bayerischen Fürsten Welf VI. kämpfte.

Hus

O heilige Einfalt! (O sancta simplicitas!)
soll nach Zincgref-Weidner, »Apophthegmata« (Amsterdam 1653), Johann Hus (1369–1415) auf dem Scheiterhaufen ausgerufen haben, als er sah, wie ein Bauer in blindem Glaubenseifer sein Stück Holz zu den Flammen herbeitrug. Doch wird schon in der lateinischen Fortsetzung der Kirchengeschichte des Eusebius (gest. 340) durch Rufinus (gest. 395) die »sancta simplicitas« erwähnt, mit der ein Bekenner auf dem ersten Konzil zu Nicaea (325) einen bis dahin unbelehrbaren Philosophen zum Schweigen brachte und bekehrte. Weder der Augenzeuge von Hus' letzten Stunden, Ulrich von Richental (»Chronik d. Constanzer Concils«, hrsg. v. Buck, Tübingen 1882) noch Petrus de Mladenowic (»Relatio de Mag. Joannis Hus causa«) erwähnen etwas von Hus' angeblichem Wort.

Aus Geschichte und Zeitgeschehen

Deutschland und Österreich

Verschiedene Quellen

Up ewig ungedeelt

In der berühmten »Handfeste«, die König Christian I. von Dänemark (reg. 1448–1481) nach seiner Wahl zum Herzog von Schleswig und Grafen von Holstein und Stormarn am 5. März 1460 zu Ripen ausstellte, und die fortan die Grundlage des schleswig-holsteinischen Staatsrechts bildete, heißt es: »Desse vorben. lande laven (geloben) wy na alle unseme vermoge holden an gudeme vrede, unde dat se bliven ewich tosamende ungedeld.« Die letzten Worte wurden in der Form «up ewig ungedeelt« zum Wahlspruch Schleswig-Holsteins.

Den gestrigen Tag suchen

erklärt sich aus Wolfgang Bütners »627 Historien von Claus Narren« (Eisleben 1572), wonach der Hofnarr Claus (gest. 1515) den Kurfürsten Johann Friedrich von Sachsen, der klagt: »Den Tag haben wir übel verloren«, tröstet: »Morgen wollen wir alle fleißig suchen und den Tag, den du verloren hast, wohl wieder finden.«

Tetzel

Sobald das Geld im Kasten klingt,
Die Seele aus dem Feuer springt.

Der Ablaßkrämer Johann Tetzel (1455–1519) pflegte zu sagen: »So balde der pfennige jns becken geworffen vnd clunge, so balde were die sele, dofur er geleget, gen hymel.« Hans Sachs in seinem Sang »Die Wittenbergisch Nachtigall, Die man yetz höret vberall« (1523) legte dann den Ablaßkrämern die Verse in den Mund:
»Legt ein, gebt euwer hilff und stewr
Und lößt die seel aus dem Fegfewr
Bald der guldin im Kasten klinget
Die Seel sich auff gen hymel schwinget.«
Daraus ist das obenstehende geflügelte Wort entstanden.
Zwar hat Tetzel in seiner Antithese gegen Luthers 27. These (»Statim ut iactus numus in cistam tinnierit, evolare dicunt animam«) gesagt, daß eine geläuterte Seele sich auch ohnedem zu Gott aufschwinge, aber er hat damit nicht ganz und umfassend die reinigende Kraft solcher Spende abgeleugnet. (Vgl. Kaiser, »Geschichtsquellen über Tezel«, Annaberg 1877.)

Luther

Hier stehe ich! Ich kann nicht anders. Gott helfe mir! Amen.

Mit diesen Worten soll Martin Luther (1483–1546) nach der Überlieferung am 18. April 1521 vor dem Reichstag zu Worms seine Antwort auf die Frage, ob er widerrufen wolle, beendet haben. Die obenstehende volkstümliche Fassung erscheint zuerst in der Wittenberger Ausgabe von Luthers Werken und ist daraus in alle anderen Ausgaben und Darstellungen übergegangen. Aber ein Vergleich der älteren Quellen, der gleichzeitigen handschriftlichen Berichte und der ersten Flugschriften führt zu der Erkenntnis, daß Luther nur die im Sprachgebrauch der Zeit üblichen Worte gesprochen hat: »Gott helf mir, Amen.«

Luther

Wenn ich wüßte, daß morgen die Welt untergeht, würde ich heute noch ein Apfelbäumchen pflanzen

soll ein Luther-Spruch sein; doch nirgends in seinen Schriften und veröffentlichten Gesprächen läßt sich dieser häufig zitierte Satz finden.

Verschiedene Quellen

Hornberger Schießen

Über den Ursprung dieser Redensart, die angewandt wird, wenn man sagen will, daß ein großer Aufwand aufgeboten wurde, ohne eine Wirkung zu erzielen, lassen sich nur volkstümliche Überlieferungen anführen. Danach haben die Einwohner des Schwarzwaldstädtchens Hornberg, das damals württembergischer Besitz war, in Erwartung eines fürstlichen Besuches, – wahrscheinlich handelte es sich um den Fürsten Eberhard Ludwig (1677–1733) – so lange die Böllerschüsse für den feierlichen Einzug des Landesherrn geprobt, bis ihnen zum Empfangstag selbst das Pulver ausging. Der Versuch, den Fürsten bei seinem Einzug ins Städtchen durch kräftiges, das Böllern nachahmendes Brüllen zu täuschen, mißlang natürlich. Ein anderer Erklärungsversuch geht auf einen Feldzug von 1000 Bürgern der Stadt Villingen gegen Hornberg im Jahre 1519 zurück, der in Heinrich Hugs »Villinger Chronik« (1495–1533) ausführlich geschildert wird. Die Villinger verhandelten mit den Bürgern und den Besatzungen des vorderen und hinteren Schlosses der Stadt. Die Verteidiger des hinteren Schlosses verweigerten die Übergabe und begannen ein mörderisches Schießen, daß die Äste von den Bäumen spritzten. Danach kapitulierte die Besatzung des hinteren Schlosses am Montag nach Palmsonntag und die Villinger besetzten die Stadt und beide Schlösser, weil der vorhandene Schießvorrat verbraucht war.

Nach Adam Riese

Diese Redensart pflegt bei den Ergebnissen sehr einfacher Rechenaufgaben angewendet zu werden. Sie geht auf Adam Riese, den bekanntesten unter den deutschen Rechenmeistern, zurück. Riese (1492–1559), auch Ries, Rys und Ryse geschrieben, wurde 1522 Rechenmeister in Erfurt, 1525 kam er in gleicher Stellung nach Annaberg und trat dort 1528 als Buchführer in den Bergwerksdienst. Sein erstes Rechenbuch erschien unter dem Titel: »Rechnung auff der linihen, gemacht durch Adam Riesen von Staffelsteyn anno 1518«. Es folgten noch drei andere Lehrbücher, von denen das im Jahr 1550 erschienene das grundlegende und beliebteste war. Im Gegensatz zu den meisten Rechenbüchern des 16. Jahrhunderts waren sie alle in deutscher Sprache abgefaßt.

Aus Geschichte und Zeitgeschehen

Deutschland und Österreich

Verschiedene Quellen

Verballhornen und *Ballhornisieren*

Von Johann Balhorn (oder Ballhorn), an dessen Namen sich diese Redensarten im Sinne von »verschlimmbessern« knüpfen, weiß man nur, daß er Buchdrucker in Lübeck war, vor 1574 starb, und daß aus seiner Druckerei Werke hervorgegangen sind, die sich über einen Zeitraum von mindestens 76 Jahren erstrecken. Die ersten erschienen wahrscheinlich schon vor 1527. Zum ersten Mal wird er in Joh. Petrus de Memels »Lustiger Gesellschaft« (1656) erwähnt, und zwar als Übersetzer lateinischer Verse. Die ganze Stelle aber ist zweifellos scherzhaft gemeint und läßt wohl darauf schließen, daß der Name schon damals sprichwörtlich war. Als »Verböserer« finden wir ihn dann zuerst in Joh. Balth. Schuppius' »Calender« (1659) angeführt. Für keine der Sünden aber, mit denen sein Andenken belastet worden ist, läßt sich ein Beweis erbringen. So soll er »das ABC-buch verbessert«, die Doppelbuchstaben ff, tt, ss eingeführt, »auctior et correctior« geschrieben und den Hahn, der auf der letzten Seite der Fibeln zu stehen pflegte, in einer Neuauflage ohne Sporen, dafür aber mit einem Korb voll Eiern gebracht haben u. a. m. Vgl. Arthur Kopp, »Von allerley Ballhornerey«, »Zeitschrift für Bücherfreunde« 6, 1902/03.

Der deutsche Michel

wird oft mit Zipfelmütze oder Schlafmütze dargestellt, um seine Rückständigkeit bzw. seine Verschlafenheit zu charakterisieren. In den »Sprichwörtern« des Sebastian Franck (Frankfurt 1541) ist »der teutsch Michel« als grob, blind und dumm längst bekannt. Es kann sein, daß der Begriff ursprünglich auf den wehrhaften Schutzheiligen der Deutschen, den Erzengel Michael, zurückgeht. Aus der Tugend der Tapferkeit wurde die Dummheit des blind und dumm dreinhauenden Kriegers.

Poysel

Die Türkei, der kranke Mann

Dieser Ausdruck erklärt sich aus dem Lied des Chorherrn des Klosters Baumburg in Oberbayern J. Albert Poysel: »Der Türk ist krank« (1683). Dort heißt es:

»Mein Hirn das schwindt, mein Haupt empfindt
Ohnmachten und Hinfallen;
…
Mein Alkoran und mein Divan
In schwerer Schwachheit liegen;
Mein g'habte Macht, mein g'führte Pracht
Liegen fast in den Zügen.«

Schon zu Ende des 17. Jahrhunderts hatte Sir Thomas Roe, Botschafter Jakobs II. in Konstantinopel, geschrieben, daß das Osmanenreich dem Körper eines alten Mannes gleiche, der, mit Krankheit behaftet, gesund erscheinen wolle, obwohl sein Ende nahe sei.

Alter Schwede

ist eine Bezeichnung, die Treitschke in einer Vorlesung an der Berliner Universität über die Geschichte des preußischen Staates (Sommer 1879) darauf zurückführt, daß der Große Kurfürst (1640–1688) alte gediente schwedische Soldaten in seine Dienste zu treten veranlaßte. Diese Leute seien vornehmlich zu Unteroffizieren gemacht worden, weil sie Rekruten gut zu drillen verstanden; sie hießen »die alten Schweden«.

Doktor Eisenbart

nennen wir heute scherzhaft einen unwissenden, dabei aber mit den schärfsten Mitteln eingreifenden Arzt oder auch einen mit lauter, marktschreierischer Reklame auftretenden Quacksalber nach Johann Andreas Eisenbart (1661–1727), den sein Grabstein auf dem Ägidienkirchhof in Hannoversch-Münden als »Kgl. Großbritannischen und Kurfürstl. Braunschweig-Lüneburgischen privilegierten Landarzt wie auch Kgl. Preußischen Rat und Hofokulisten« bezeichnet; den Doktortitel hat er nie besessen. Er war als Wanderarzt, als Augenoperateur, Stein- und Bruchschneider zweifellos tüchtig und erfolgreich, brachte sich aber allmählich durch immer unverschämtere Reklame um seinen verdienten Ruhm und wurde zu einer lächerlichen Figur. Sind aber seine Taten auf medizinischem Gebiet auch verschollen, so wird sein Name doch fortleben durch das wohl schon um die Wende des 18. und 19. Jahrhunderts entstandene, zuerst im »Neuen Kommersbuch« (Göttingen 1818) gedruckte Studentenlied: »Ich bin der Doktor Eisenbart.«

Küchendragoner

Leopold I.

In Fürst Leopolds I. von Anhalt-Dessau, des »alten Dessauers«, (1676–1747) »Stammliste der preußischen Regimenter von 1729« (hrsg. als Heft 8 der »Urkundlichen Beitr. u. Forsch. zur Geschichte d. preußischen Heeres«, Berlin 1905) heißt es vom Reiterregiment von Blanckensee Nr. 4: »Ist anno 1674 von denen Hofstaats- oder Küchendragonern des Ober-Schenken Grumbkow gerichtet und zum Leib-Regiment Dragoner ernennet worden.« Die jetzt gebräuchliche scherzhafte Bezeichnung »Küchendragoner« für eine derbe Küchenfee ist somit ursprünglich eine dienstliche Bezeichnung.

Nach der Anmerkung zu der oben angeführten Stelle hat zwar das genannte Regiment nicht offiziell diesen Namen geführt, wohl aber haben drei andere Dragonerregimenter dienstlich den Titel »Hofstaats- oder Küchendragoner« gehabt, weil sie von 1689–1704 den Dienst beim Hofstaat versahen. Der alte Dessauer übertrug den Namen auf jenes Regiment, weil es zuerst auch Dienste im Hofstaat des Kurfürsten von Brandenburg verrichtete.

Aus Geschichte und Zeitgeschehen

Deutschland und Österreich

Friedrich II.

In meinem Staate kann jeder nach seiner Façon selig werden.
Am 22. Juni 1740 berichteten Staatsminister v. Brand und Konsistorialpräsident v. Reichenbach an den preußischen König Friedrich II. (1712–1786), daß wegen der römisch-katholischen Soldatenkinder, besonders zu Berlin, römisch-katholische Schulen angelegt wären, die zu allerlei Unzuträglichkeiten geführt, namentlich aber Gelegenheit dazu gegeben hätten, daß gegen des Königs ausdrücklichen Befehl aus Protestanten römisch-katholische Glaubensgenossen gemacht worden wären. Sie fragten nun an, ob die römisch-katholischen Schulen bleiben, oder welche andere Antwort sie dem Generalfiskal geben sollten. Der König schrieb an den Rand: »Die Religionen Müsen alle Tolleriret werden, und Mus der Fiscal nuhr das Auge darauf haben, das keine der andern abrug Tuhe, den hier mus ein jeder nach Seiner Fasson Selich werden.« (A. F. Büsching, »Character Friederichs II., Königs von Preussen«, Halle 1788). Das Wort des Königs wurde in abgewandelter Form zum geflügelten Wort.

Seine verfluchte Pflicht und Schuldigkeit tun
In dem Aufsatz »Die Tänzerin Barbarina« erzählt Louis Schneider (»Der Bär«, Berlin 1880), Graf Dohna habe für seinen Haushofmeister C. L. Mayer, der sich darum bemüht hatte, die Tänzerin 1744 für Berlin zu gewinnen, eine besondere Belohnung beim König beantragt. Dieser soll geantwortet haben: »Kriegt nichts! hat nur seine verfluchte Schuldigkeit getan.« Diesen Ausspruch zitiert man gewöhnlich als »verfluchte (oder verdammte) Pflicht und Schuldigkeit«.

Der Philosoph von Sanssouci
nannte der preußische König Friedrich II. sich selbst, indem er 1750 die erste Sammlung seiner Werke unter dem Titel: »Œuvres du Philosophe de Sans-Souci. Au donjon du château. Avec privilège d'Apollon« drucken ließ.

Verschiedene Quellen

Er beißt auf Granit.
Diese Redewendung hat sich quellenmäßig noch nicht nachweisen lassen. Geflügelt wurde es durch den Fürsten Bülow. Dieser sagte in der Reichstagssitzung vom 8. Januar 1902 mit Bezug auf eine Äußerung des englischen Ministers Chamberlain über das grausame Verhalten der deutschen Truppen im Krieg von 1870/71: »Von so etwas gilt, was Friedrich der Große einmal sagte, als man ihm davon sprach, daß jemand ihn und die preußische Armee angegriffen hätte: ›Laßt den Mann gewähren und regt Euch nicht auf; er beißt auf Granit.‹« Bisher hat sich das Zitat weder in den Werken Friedrichs des Großen noch in seinem persönlichen oder politischen Briefwechsel nachweisen lassen.

Zieten aus dem Busch

Friedrichs II. Reitergeneral Hans Joachim von Zieten (1699–1786) erwarb sich diesen Namen schon 1744 durch die dem Feind im Feld sehr unbequeme und den bedrängten Waffengefährten höchst erfreuliche Plötzlichkeit seines Erscheinens. Noch heute sagt man deshalb, jemand komme so überraschend »wie Zieten aus dem Busch«. Vgl. auch Fontanes Ballade »Der alte Zieten«.

Der Fürst ist der erste Diener seines Staats

Friedrich II.

hat Friedrich der Große häufig, und zwar in französischer Form, geschrieben. So heißt es in seinen »Mémoires de Brandebourg« (zuerst gedruckt 1750): »Un prince est le premier serviteur et le premier magistrat de l'État.« Das Wort kehrt in verschiedenen Wendungen, bei denen statt »serviteur« einmal »domestique« und ein anderes Mal »ministre« gebraucht wird, an zahlreichen Stellen wieder. Außerdem steht es im »Politischen Testament Friedrichs des Großen« aus dem Jahr 1752.

Im selben Jahr erschienen Bolingbrokes »Lettres sur l'histoire« in französischer Übersetzung, die der König in jeder seiner größeren Bibliotheken besaß. In diesen schon 1735/36 geschriebenen Briefen heißt es im englischen Originaltext: »Even the king of such a limited monarchy as ours is but the first servant of the people.« (Selbst der König einer solch konstitutionellen Monarchie wie der unseren ist nur der erste Diener des Volkes.)

Immer auf dem Posten sein

Am Schluß des »Exposé du gouvernement prussien« Friedrichs des Großen heißt es: »Dies sind einige Betrachtungen und meine Gedanken über die Regierung dieses Landes, das, so lange es nicht eine größere Konsistenz und bessere Grenzen haben wird, von Fürsten regiert werden muß, die ›toujours en vedette‹ (immer auf dem Posten) sein müssen, mit gespitzten Ohren, um ihre Nachbarn zu überwachen, und bereit, sich von einem Tag zum andern gegen die verderblichen Pläne ihrer Feinde zu verteidigen.« Danach bilden wir das geflügelte Wort »auf dem Posten sein«.

Nahrung des Geistes (Nutrimentum spiritus)

lautet die Inschrift der 1780 vollendeten früheren Königlichen Bibliothek zu Berlin. Sie verdankt ihren Ursprung wohl dem Buch des Abbé Jean Terrasson »Sethos, Histoire ou vie tirée des monumens anecdotes de l'ancienne Égypte« (Amsterdam 1732). Friedrich der Große erwähnt sie in einem Brief aus Ruppin vom 23. März 1733 an General von Grumbkow in anerkennender Weise. Terrasson gibt als Inschrift der Bibliothek in Memphis an: »La Nourriture de l'Âme«

Aus Geschichte und Zeitgeschehen

Deutschland und Österreich

und fügt hinzu, sie sei umfassender als die der Bibliothek in Theben, die nach Diodor »Heilanstalt der Seele« geheißen habe.

Friedrich II.

Etwas niedriger hängen

beruht auf einem Ausspruch Friedrichs des Großen. 1781, als die Einführung der Kaffeeregie die Gemüter stark erregte, »reitet der König, nur von einem Reitknecht begleitet, durch die Jägerstraße und sieht schon von weitem, wie am Werderschen Markt das Volk sich drängt. ›Sie haben etwas auf Eure Majestät angeschlagen‹, berichtet der vorausgeschickte Heiduck, und jetzt nähergekommen gewahrt der König im Bilde sich selbst, kläglich auf einem Fußschemel hockend, eine Kaffeemühle zwischen den Knien, mit der Rechten mahlend, mit der Linken gierig nach den herausfallenden Bohnen greifend. ›Hängt es doch niedriger, daß die Leute sich nicht den Hals ausrecken‹, ruft er mit einer entsprechenden Handbewegung. Ungeheurer Jubel bricht aus, die Karikatur wird in tausend Fetzen zerrissen, unter lauten Hochrufen reitet der König langsam von dannen« (Koser, »König Friedrich der Große«, Berlin 1903).

Ich bin es müde, über Sklaven zu herrschen

soll nach Eduard Vehse, »Geschichte der deutschen Höfe«, Hamburg 1851ff., in einer Kabinettsorder Friedrichs des Großen von 1785 gestanden haben. Der Satz entspricht völlig Friedrichs Ansichten. Noch sechzehn Tage vor seinem Tod verfügte er in der Kabinettsorder vom 1. August 1786 über die Besiedlung urbar gemachten Landes bei Tilsit: »Die Bauern, welche da angesetzt werden, müssen ihre Güter alle eigentümlich haben, weil sie keine Sklaven sein sollen.«

Verschiedene Quellen

Unter aller Kanone

Aus seinen schulgeschichtlichen Studien über das Kurfürstentum Sachsen teilt Ernst Schwabe in der »Zeitschrift für den deutschen Unterricht« 19, 1905, 528f. folgendes mit: Die Schüler einer städtischen Lateinschule waren im 18. Jahrhundert besonders im Latein sehr verwahrlost, was den berechtigten Grimm der Väter der Stadt erregte. Auf ihre Veranlassung nahm daher der Oberpfarrer eine Visitation vor und ließ die Schüler ein Extemporale schreiben. Das Ergebnis war sehr unbefriedigend; denn in dem darüber an den Stadtrat erstatteten Bericht teilte er mit, daß er sich »einen canon zu fünf Zensuren gemachet (optime, bene, sic satis, male, pessime), daß aber leider viele Arbeiten so schlecht seien, daß sie nur als ›sub omni canone‹ bezeichnet werden können«. Die »Kanone« der bekannten Redensart »unter aller Kanone« ist also nichts anderes, als die absichtlich oder unabsichtlich verdrehte, »Kanon« genannte Zensurstaffel ehemaliger Pennäler, und aus der lateinischen Redensart wurde dann die scherzhafte deutsche Redewendung.

Die Zeiten sind vorbei!* *(Tempi passati!)

Joseph II.

geht auf Kaiser Joseph II. (1741–1790) zurück. Johann Wilhelm von Archenholtz, »England und Italien« (Leipzig 1785) erzählt bei der Beschreibung des Dogenpalastes in Venedig: »Unter andern ist hier die außerordentliche Begebenheit vorgestellt, wie Kaiser Friedrich I. 1177 vom Papst Alexander zu Venedig vom Bann mit großen Feierlichkeiten losgesprochen wurde. Der Kaiser liegt hier der Geschichte gemäß zu den Füßen des Papstes und erhält die Absolution. Es wird erzählt, daß man, als Kaiser Joseph II. diesen Palast besah, geglaubt habe, ihm dies Gemälde nicht zeigen zu dürfen, und daher bemüht gewesen sei, seine Aufmerksamkeit auf andere Gegenstände zu richten; allein vergebens. Der Kaiser ward es gewahr; man sagte ihm mit dem größten Glimpf, wovon die Rede sei, worauf er lächelnd versetzte: ›Tempi passati!‹« Das in Rede stehende Gemälde stammt von Federigo Zuccaro (gest. 1609).

Ruhe ist die erste Bürgerpflicht

Schulenburg-Kehnert

ist einem öffentlichen Anschlagzettel entlehnt, den der Minister Friedrich Wilhelm Graf von der Schulenburg-Kehnert (1742–1815) drei Tage nach der Schlacht bei Jena an die Straßenecken Berlins heften ließ und der lautete: »Der König hat eine Bataille verlohren. Jetzt ist Ruhe die erste Bürgerpflicht. Ich fordere die Einwohner Berlins dazu auf. Der König und seine Brüder leben! Berlin, den 17. Oktober 1806. Graf v. d. Schulenburg.« Willibald Alexis (d. i. Wilhelm Haering) benannte nach dem Zitat einen Roman (Berlin 1852) »Ruhe ist die erste Bürgerpflicht«.

Mit Gott für König und Vaterland

Friedrich Wilhelm III.

In der Beilage III, Abs. 5 zu Friedrich Wilhelms III. (1770–1840) Verordnung vom 17. März 1813 über die Organisation der Landwehr heißt es: »Jeder Landwehrmann wird als solcher durch ein Kreuz von weißem Blech mit der Inschrift ›mit Gott für König und Vaterland‹ bezeichnet, welches vorn an der Mütze angeheftet wird.« »Pro deo, rege et patria« (Für Gott, König und Vaterland) war zudem die Aufschrift auf den Fahnen verschiedener Landmilizen, die von Friedrich I. gestiftet waren und von Friedrich Wilhelm I. wieder aufgelöst wurden. Die Fahnen mußten im Zeughaus abgeliefert werden, von wo sie die Russen 1760 mit nach Petersburg nahmen.

Marschall Vorwärts!

Verschiedene Quellen

Nach Heinrich von Treitschke, »Deutsche Geschichte im 19. Jahrhundert« (Leipzig 1879) wurde Fürst Blücher am 19. Oktober 1813, während er die Russen gegen das Gerbertor in Leipzig führte, von den Kosaken mit diesem Ehrennamen begrüßt.

Aus Geschichte und Zeitgeschehen

Deutschland und Österreich

Verschiedene Quellen

Der Kongreß tanzt.

Am 23. November 1814 schrieb Jacob Grimm an seinen Bruder Wilhelm (»Briefwechsel zwischen Jacob und Wilhelm Grimm aus der Jugendzeit«, Weimar 1881) vom Wiener Kongreß, der im September begonnen hatte: »Wie dieser Tage der Prince de Ligne sagte: ›le congrès danse beaucoup, mais il ne marche pas.‹« Gewöhnlich wird dieses Spottwort des österreichischen Feldmarschalls Karl Josef Fürst von Ligne (1735–1814) in der Form: »Le congrès ne marche pas, il danse« (Der Kongreß geht nicht voran, er tanzt) zitiert. Es ist anzunehmen, daß auch der Fürst von Ligne nur zitierte. Er ist nicht der Schöpfer dieser Worte. Denn in seinem Gedicht »Herr Kongreß« (erschienen bereits 1814) sagt Friedrich Rückert vom Wiener Kongreß:

»Und hat nach einem schönen Plan,
Anstatt zu gehn, getanzt.«

(Vgl. »Aus Kino und Fernsehen«: »Der Kongreß tanzt«, Film von 1931).

Mehr Licht!

Es wird zu Unrecht behauptet, dieses seien Goethes letzte Worte vor seinem Tode am 22. März 1832 gewesen. Diese Legende geht auf eine mündliche Überlieferung zurück und ist offenbar aus einer Aufforderung Goethes an seinen Diener Friedrich entstanden: »Macht doch den zweiten Fensterladen (des Arbeitszimmers) auf, damit mehr Licht hereinkomme!« Diese Äußerung findet sich gedruckt zuerst im »Intelligenzblatt« 38 der »Allgemeinen Literaturzeitung« vom Juni 1832 mit dem Zusatz: »Dieses sollen seine letzten Worte gewesen sein.« Später wurde den Worten »Mehr Licht« ein übertragener Sinn untergelegt. Aus dem Bedürfnis heraus, in den letzten Worten lieber und verehrter Personen gewissermaßen ihr geistiges Vermächtnis, eine sie kennzeichnende Zusammenfassung ihres Strebens zu sehen, ist die prägnante Form und eine symbolische Auffassung der Worte entstanden, die des Dichters besondere, zeichenhafte Beziehung zum Licht und seine Abneigung gegenüber der Finsternis in jeder Hinsicht zum Ausdruck bringen sollte. Der Frankfurter Volksmund erklärt das Goethe-Wort anders. Goethe, der nie das Frankfurterische in seiner Sprache verloren hatte, wollte sich auf dem Sterbelager beschweren: »Mer lischt (hochdt.: Man liegt, wir liegen) …« und wollte hinzusetzen, was ihm der eintretende Tod verweigerte: »… hier so schlecht.«

Clausewitz

Der Krieg ist die Fortsetzung der Politik mit anderen Mitteln

wird, nicht ganz korrekt zitiert, dem General und Militärtheoretiker Carl von Clausewitz (1780–1831) zugesprochen. In seinem Werk »Vom Kriege« (»Hinterlassene Schriften« Bd. 1, Berlin 1832 ff.) sagt Clausewitz im Zusammenhang wörtlich: »Diese Einheit (zwischen dem Krieg und den anderen politischen Verhältnissen) nun ist der

Begriff, daß der Krieg nur ein Teil des politischen Verkehrs sei, also durchaus nichts Selbständiges. Man weiß freilich, daß der Krieg nur durch den politischen Verkehr der Regierungen und der Völker hervorgerufen wird … Der Krieg ist nichts als eine Fortsetzung des politischen Verkehrs mit Einmischung anderer Mittel.«

Baedeker

Baedeker

nennen wir einen hervorragenden Cicerone (einen wortreichen Reiseführer, so genannt nach dem wortgewaltigen U. Tullius Cicero), nach dem Koblenzer Buchhändler Karl Baedeker (1801–1859), der 1836 Prof. J. A. Kleins »Rheinreise von Mainz bis Köln, Handbuch für Schnellreisende« (Koblenz 1828) in zweiter Auflage neubearbeitet herausgab. Dieses Buch wurde der Vorläufer der allbeliebten Baedekerschen Reisehandbücher und anderer Reiseführer.

Verschiedene Quellen

Die Göttinger Sieben
und
Der beschränkte Untertanenverstand

1837 hob der König von Hannover die Verfassung seines Landes auf. Sieben Göttinger Professoren, W. E. Albrecht (aus Elbing), F. Chr. Dahlmann, H. Ewald, G. G. Gervinus, Jakob und Wilhelm Grimm und W. Weber, die anerkennend »die Göttinger Sieben« genannt wurden, protestierten dagegen. Von vielen Seiten erhielten diese Professoren beipflichtende Briefe, unter anderem auch eine von John Prince-Smith verfaßte Zustimmungsadresse aus Elbing an Professor Albrecht, von der eine Abschrift auch an den preußischen Minister des Innern, Gustav Adolf Rochus von Rochow (1792–1847), gesandt wurde. In dessen mißbilligender Antwort vom 15. Januar 1838 heißt es: »Es ziemt dem Untertanen, seinem Könige und Landesherrn schuldigen Gehorsam zu leisten und sich bei Befolgung der an ihn ergehenden Befehle mit der Verantwortlichkeit zu beruhigen, welche die von Gott eingesetzte Obrigkeit dafür übernimmt; aber es ziemt ihm nicht, die Handlungen des Staatsoberhauptes an den Maßstab seiner beschränkten Einsicht anzulegen und sich in dünkelhaftem Übermute ein öffentliches Urteil über die Rechtmäßigkeit derselben anzumaßen …« Daraus ist der Ausdruck »der beschränkte Untertanenverstand« entstanden. Georg Herwegh wandte es in seinem am 19. Dezember 1842 aus Königsberg an Friedrich Wilhelm IV. von Preußen gerichteten Brief an und wurde daraufhin aus Preußen ausgewiesen.

In den Erinnerungen von J. D. H. Temme (Feuilleton der »Frankfurter Zeitung«, 2. April 1879) heißt es: »Jener bekannte Satz des preußischen Polizeiministers von Rochow, vielmehr seines Geheimrats Seiffart: der beschränkte Untertanenverstand …« In einer Fußnote wird hinzugefügt: »Auch der Geheimrat Seiffart war nicht der Vater der

Verschiedene Quellen

berüchtigten Phrase vom beschränkten Untertanenverstande. Ein mir befreundeter Rat des Rochowschen Ministeriums teilt mir folgendes über die kleine Geschichte mit: ›... Die Angelegenheit gehörte zu dem Dezernat des Herrn Seiffart. Herr Seiffart hatte einen Hilfsarbeiter, einen hochmütigen, übermütigen jungen Assessor; ... er hatte auch den Bescheid auf den Elbinger Bericht abzufassen, und er hatte darin jene Phrase angebracht. Dem Herrn Seiffart war sie wohl aus der Seele geschrieben; er ließ sie stehen; auch der Herr von Rochow, wie feine Umgangsformen er auch besaß, war nicht der Mann, der sie hätte unterdrücken mögen.‹ Mein Freund nannte mir auch den Namen des jungen Assessors; ich erinnere mich desselben aber nicht mehr mit Bestimmtheit und mag daher hier nicht Gefahr laufen, vielleicht einen unrichtigen zu nennen.«

Heinrich LXXII.

Prinzipienreiter

Heinrich LXXII., Fürst Reuß zu Lobenstein und Ebersdorf (reg. 1825–1848, gest. 1853), hat durch einen seiner wunderlichen Erlasse der deutschen Sprache die Wendung »auf einem Prinzip herumreiten« und das daraus gebildete Wort «Prinzipienreiter« zugeführt. Dieser Erlaß stand im »Adorfer Wochenblatt«, wurde vom »Hallischen Courier« nachgedruckt, ging aus letzterem in die »Vossische Zeitung« (18. September 1845) über und lautet: »Ich befehle hiermit Folgendes ins Ordrebuch und in die Spezial-Ordrebücher zu bringen. Seit 20 Jahren reite Ich auf einem Prinzip herum, d. h. Ich verlange, daß ein jeglicher bei seinem Titel genannt wird. Das geschieht stets nicht. Ich will also hiermit ausnahmsweise eine Geldstrafe von 1 Thlr. festsetzen, der in Meinem Dienste ist, und einen Andern, der in Meinem Dienste ist, nicht bei seinem Titel oder Charge nennt.
Schloß Ebersdorf, den 12. Oktober 1844.
Heinrich LXXII.«
Doch sagt schon 1842 der Schulmeister Baculus in Lortzings Komischer Oper »Der Wildschütz«: »Der Herr Stallmeister reitet jetzt ein anderes Prinzip.« Der Ausdruck beruht hier auf der französischen Wendung: »être à cheval sur un principe«.

Hansemann

Beim Geld hört der Spaß auf.

Im ersten Vereinigten Landtag sagte am 8. Juni 1847 David Hansemann (1790–1864): »Bei Geldfragen hört die Gemütlichkeit auf«, was heute gewöhnlich in obenstehender Form zitiert wird.

Franz Joseph I.

Mit vereinten Kräften
(Viribus unitis)

lautet der von dem österreichischen Kaiser Franz Joseph I. durch »Allerhöchste Entschließung vom 12. Februar 1848« angenommene Wahlspruch. Dessen Schöpfer ist Joseph Ritter von Bergmann

(1796–1872), Lehrer der Söhne des Erzherzogs Karl. Das vom Kaiser am 4. März 1849 von Olmütz aus erlassene Manifest, durch das er die Auflösung des Reichstages von Kremsier verkündete, schließt: »Groß ist das Werk, aber gelingen wird es den vereinten Kräften.«

Verschiedene Quellen

Der kühne Griff

Dieser Ausdruck ist seit der deutschen konstituierenden Nationalversammlung geflügelt. Er stammt von dem Präsidenten Heinrich von Gagern (1799–1885), der in der 23. Sitzung am 24. Juni 1848 sagte: »Wer soll die Zentralgewalt schaffen? Meine Herren! Ich habe diese Frage von dem Standpunkte des Rechts und von dem Standpunkte der Zweckmäßigkeit vielfach beurteilen hören ... Ich tue einen kühnen Griff und sage Ihnen: wir müssen die provisorische Zentralgewalt selbst schaffen.« Der stürmische Jubel, mit dem Gagerns Wort aufgenommen wurde, sorgte für ein großes Echo, dabei hatte Gagern lediglich ein Wort seines Vorredners Karl Mathy (1807–1868) wiederholt: »Sollten die Regierungen einzelner Staaten unterlassen, dem Beispiele zu folgen, dem Beispiele treuer Pflichterfüllung gegen das gesamte Vaterland, welches die Versammlung, wie ich nicht zweifle, geben wird, dann meine Herren, ja dann wäre uns ein kühner Griff nach der Allgewalt nicht nur erlaubt, sondern durch die Not geboten.« Vielleicht schwebten ihm dabei Schillers Worte aus der »Geschichte des 30jährigen Krieges«, B. 3 vor, wo es heißt: »Die Geschichte ... sieht sich zuweilen durch Erscheinungen belohnt, die gleich einem kühnen Griff aus den Wolken in das berechnete Uhrwerk der menschlichen Unternehmungen fallen.«

Los von Rom!

gehörte als Schlagwort schon 1848 zum Rüstzeug der deutsch-katholischen Partei. Der Dichter Robert Hamerling, »Stationen meiner Lebenspilgerschaft« (Hamburg 1889) liefert dafür ein Zeugnis. Er nahm am 18. August 1848 als Student in Wien an einer deutschkatholischen Versammlung teil, in der der ehemalige katholische Priester Hermann Pauli das große Wort führte. Jeden Absatz seiner zündenden Rede schloß dieser mit den nach Art eines Kehrreims wiederkehrenden Worten: »Los von Rom.«

Jacoby

Das ist das Unglück der Könige, daß sie die Wahrheit nicht hören wollen

sagte Johann Jacoby (1805–1877) am 2. November 1848 als Mitglied einer von Friedrich Wilhelm IV. empfangenen Deputation der Berliner Nationalversammlung, nachdem der König nur schweigend die Bitte der Abgeordneten um Einrichtung eines demokratischen Ministeriums angehört hatte und dann den Raum verließ. Jacoby bat nochmals um Gehör, erhielt aber nur ein schroffes Nein, worauf er dem König obenstehenden Satz erbittert nachrief.

Unruh

Passiver Widerstand

In der Nacht vom 9. zum 10. November 1848, als die Bürgerwehr und die organisierten Arbeiter Berlins der Nationalversammlung ihren bewaffneten Schutz anboten, sagte der damalige Präsident der Versammlung, Hans Viktor von Unruh (1806–1886): »Ich wäre entschieden der Meinung, daß hier nur ›passiverWiderstand‹ geleistet werden könne, und daß die wahre Entscheidung über die schwere Krise, welche durch die jetzigen Ratgeber der Krone hereingebrochen ist, in der Hand des Landes liege.« Im weiteren Verlauf seiner Rede wiederholte er: »Wir dürfen, wenn wir den Boden im Lande nicht verlieren wollen, den Gewaltschritten der Krone nur passiven Widerstand entgegensetzen.« Wie schnell das Wort geflügelt wurde, geht daraus hervor, daß Bismarck es sofort aufgriff. Schon am 11. November schrieb er an seinen Bruder Bernhard: »Die gekränkte Eitelkeit der Berliner fängt an, einer nüchternen Beurteilung Platz zu machen, der passive Widerstand erweist sich mehr und mehr als Deckmantel der Schwäche.«

Verschiedene Quellen

Und willst du nicht mein Bruder sein, so schlag' ich dir den Schädel ein!

stammt aus einem antirevolutionären Spottlied des Jahres 1848. Es gibt nicht die Meinung der (überwiegend bürgerlichen) Revolutionäre wider, wie oft fälschlich behauptet wird. Es bezieht sich inhaltlich wohl vielmehr auf das jakobinische »La fraternité ou la mort« (Brüderlichkeit oder Tod), was in Abwandlungen bis in unsere Zeit gebraucht wird.

Hase

Mein Name ist Hase, ich weiß von nichts.

Karl Alfred von Hase berichtet in »Unsre Hauschronik« (Leipzig 1898) von seinem Bruder Victor: »Ende des vorigen Semesters (1854/55) hatte er einem fremden Studenten einen Dienst erwiesen. Dieser hatte das Unglück gehabt, im Duell einen andern zu erschießen, war auf der Flucht nach Heidelberg gekommen, von wo er in Straßburg über die französische Grenze wollte. Dazu aber brauchte er einen Paß oder sonst ein Legitimationspapier. Dieser Student wandte sich an Victor um Zuflucht und Hilfe. Nun war jeder Mißbrauch der Studenten-Legitimationskarte streng verboten; aber das ließ sich nicht verbieten, die Karte zu verlieren. Victor verlor sie, jener fand sie, kam glücklich über die Grenze und ließ dann die Karte wieder fallen. Sie wurde gefunden und als verdächtig dem Universitätsgericht übersandt. Zur Untersuchung gezogen, äußerte sich der junge Jurist sofort: ›Mein Name ist Hase, ich verneine die Generalfragen, ich weiß von nichts.«« Aus dieser Aussage, die damals in Heidelberg rasch bekannt wurde und bald die Runde durch deutsche Universitäten machte, ist mit Weglassung des juristischen Charakters die obenstehende bekannte Redensart geworden.

Blut und Eisen

Otto Fürst von Bismarck (1815–1898) sagte in einer Rede vom 30. September 1862 das berühmte Wort: »Nicht durch Reden und Majoritätsbeschlüsse werden die großen Fragen der Zeit entschieden – das ist der Fehler von 1848 und 1849 gewesen –, sondern durch Eisen und Blut.« Ähnlich äußerte sich Bismarck schon früher, am 22. März 1849, in der 14. Sitzung der Zweiten Kammer des Preußischen Landtages bei der Verhandlung über einen Amnestieerlaß: »Über diese Prinzipien wird nicht durch die parlamentarische Debatte, nicht durch Majoritäten von elf Stimmen eine Entscheidung erfolgen können; über kurz oder lang muß der Gott, der die Schlachten lenkt, die eisernen Würfel der Entscheidung darüber werfen.« Und am 12. Mai 1859 hatte er von Petersburg aus an den Minister von Schleinitz geschrieben: »Ich sehe in unserm Bundesverhältnis ein Gebrechen Preußens, welches wir früher oder später ferro et igni werden heilen müssen.« In der Sitzung des Abgeordnetenhauses am 28. Januar 1886 kam Bismarck auf das Wort zurück, indem er sagte: »Ich kann nicht dafür, daß ich damals mißverstanden worden bin. Es handelte sich um militärische Fragen, und ich hatte gesagt: Legt eine möglichst starke militärische Kraft, mit anderen Worten möglichst viel Blut und Eisen in die Hand des Königs von Preußen, dann wird er die Politik machen können, die Ihr wünscht; mit Reden und Schützenfesten und Liedern macht sie sich nicht, sie macht sich nur durch Blut und Eisen.«
Die Wortverbindung Blut und Eisen begegnet uns zum ersten Mal in Quintilians »Declamationes« (350), wo es heißt: »Caedes videtur significare sanguinem et ferrum« (Mord scheint Blut und Eisen zu bedeuten, d. h. eine Tötung durch eine Eisenwaffe, die Blut fließen läßt). Bismarck mochten bei seinem Ausspruch E. M. Arndts Verse aus dem Gedicht »Lehre an den Menschen« (1800; »Gedichte«, Greifswald 1811) vorschweben:

»Zwar der Tapfre nennt sich Herr der Länder
Durch sein Eisen, durch sein Blut«

oder eher noch Max von Schenkendorfs Gedicht aus dem Jahr 1813 »Das eiserne Kreuz« (»Gedichte«, 1815), in dem es heißt:

»Denn nur Eisen kann uns retten,
Und erlösen kann nur Blut
Von der Sünde schweren Ketten,
Von des Bösen Übermut.«

Aus Geschichte und Zeitgeschehen

Deutschland und Österreich

Bismarck

Macht geht vor Recht

ist eine Redewendung, die wir Bismarck zuschreiben. Diesen Satz hat er jedoch in dieser pointierten Form nicht gesagt. Am 27. Januar 1863 äußerte er im Abgeordnetenhaus: »Konflikte, da das Staatsleben nicht still zu stehen vermag, werden zu Machtfragen; wer die Macht in Händen hat, geht dann in seinem Sinne vor.« Maximilian Graf von Schwerin (1804–1872) erwiderte darauf: »Ich erkläre, daß ich den Satz, in dem die Rede des Herrn Minister-Präsidenten kulminierte: ›Macht geht vor Recht ...‹ nicht für einen Satz halte, der die Dynastie in Preußen auf die Dauer stützen kann ..., daß dieser Satz vielmehr umgekehrt lautet: Recht geht vor Macht.«

Bismarck war während dieser Rede seines Gegners nicht anwesend und erfuhr erst später, als er wieder in den Saal eingetreten war, daß man ihm den Satz: »Macht geht vor Recht« untergeschoben hatte. Er verwahrte sich dagegen, worauf Schwerin erwiderte, er glaube nicht gesagt zu haben, der Ministerpräsident habe diese Worte gebraucht, sondern nur, daß dessen Rede in diesem Satz kulminiere.

Noch am 1. Februar 1868 wehrte sich Bismarck dagegen im preußischen Landtag, als ihm Twesten eine Redewendung mißdeutete. Bismarck sagte damals: »Ich möchte nicht, daß aus diesem meinem Worte durch die Geburtshilfe des Herrn Vorredners ein fliegendes Wort gemacht werde wie aus einem früheren, welches ich auch niemals ausgesprochen habe, daß Macht vor Recht gehe.« Daß trotzdem ein ihm zugeschriebenes politisches Schlagwort daraus wurde, hat Bismarck häufig mit Bedauern erwähnt, so auch im Deutschen Reichstag in der Rede vom 1. April 1876, wo er für »Macht« das Wort »Gewalt« gebraucht.

Es sei auch auf die Bibelstelle Habakuk 1, 3 verwiesen, wo Martin Luther »Es geht Gewalt über Recht«, das er in der »Auslegung des Habakuk« als ein »gemein Sprichwort« bezeichnet, hinzufügte, ohne daß es im Text steht. Seit Agricola lautet dies in den Sprichwörtersammlungen: »Gewalt geht für Recht.« Baruch de Spinozas »Tractatus politicus« (1677) bietet: »quia unusquisque tantum iuris habet, quantum potentia valet« (weil jeder so viel Recht hat, als er Macht hat). In Goethes »Faust«, 2. Teil, Akt 5, »Palast« sagt Mephistopheles: »Man hat Gewalt, so hat man Recht.«

Roenne

Seiner Majestät getreue Opposition

Am 26. Februar 1863 sagte der Abgeordnete L. P. M. v. Roenne (1804–1891) bei den Beratungen über den in Polen ausgebrochenen Aufstand: »Und wenn irgend etwas uns einen Anspruch auf den Titel ›Seiner Majestät getreue Opposition‹ erwerben kann, so glaube ich, sind es unsere heutigen Debatten, ist es unser heutiger Beschluß.« Danach wurde obenstehender Ausdruck zum geflügelten Wort.

Büchmann

Seitdem Georg Büchmann (1822–1884) 1864 erstmals den »Zitatenschatz des deutschen Volkes« erscheinen ließ, wurde sein Name vielfach für Leute verwendet, die in ihre Rede häufig Zitate einfließen lassen. Man sagt z. B.: »Sie sind ja der reine Büchmann.« Der Name wird verallgemeinerd auch als Bezeichnung für andere Zitatensammlungen verwendet.

Bis an das Ende aller Dinge

Georg V.

Dieses Wort des Königs Georg V. von Hannover (1819–1878) entstand aus einer Verschmelzung mehrerer biblischer Wendungen. Wir zitieren es nach seiner aus Anlaß des fünfzigjährigen Besitzes von Ostfriesland am 15. Dezember 1865 veröffentlichten Proklamation. Der biblische Ursprung des Wortes wird aus vielen Stellen der Heiligen Schrift ersichtlich, z. B. 1. Petri 4, 7 heißt es: »Das Ende aller Dinge«; Psalm 72, 8: »Bis zur Welt Ende«.

Affenartige Geschwindigkeit

Krawani

An der Spitze des Morgenblattes der Wiener »Presse« vom 18. Juni 1866 steht in einem Artikel von August Krawani (1829–1900), der sich mit dem Deutschen Krieg 1866 befaßte: »Wien, 17. Juni. Die bis heute abend eingetroffenen Nachrichten entsprechen nicht der Wichtigkeit des Moments ... Hier konstatieren wir bloß, daß nach den eingetroffenen Nachrichten die Preußen viele Teile Sachsens besetzt haben, und daß preußische Truppen nicht bloß in Hannover und Kurhessen, sondern auch in Darmstadt eingerückt wären. Die Preußen entwickeln überhaupt eine affenähnliche Beweglichkeit.« Dieses Wort ist in Umgestaltungen wie »Affenartige Beweglichkeit«, »affenmäßige Geschwindigkeit« und anderen zum geflügelten Wort geworden.

Eine weiße Weste haben

Bismarck

Während der Friedensverhandlungen nach dem Deutschen Krieg in Nikolsburg im Juli 1866, in denen es unter anderem darum ging, ob die kriegerischen Operationen fortzusetzen seien oder eine Waffenruhe eintreten solle, fragte Bismarck, wie er in seinen »Gedanken und Erinnerungen« II, 41 selbst erzählt, den Grafen Moltke, »ob er unser Unternehmen bei Preßburg für gefährlich oder für unbedenklich halte. Bis jetzt hätten wir keinen Flecken auf der weißen Weste.« Im Oktober 1892 wiederholte Bismarck den Ausdruck in einem Gespräch mit Hans Blum in Varzin. Er sagte darin: »Wissmann sei aus Afrika mit einer vollständig tadellosen weißen Weste zurückgekommen.« (Vgl. Hans Blum, »Ein Tag in Varzin beim Fürsten Bismarck«, Leipzig 1892). Dieser Ausdruck ist in der Form »Eine weiße Weste haben« zum geflügelten Wort geworden.

Bismarck

Imponderabilien

Bismarck gebrauchte diesen durch ihn geflügelt gewordenen Ausdruck zuerst im Abgeordnetenhaus am 1. Februar 1868, indem er von den »Imponderabilien in der Politik« sprach, »deren Einflüsse oft mächtiger sind, als die der Heere und der Gelder«. Dann begegnen wir in der Reichstagsrede vom 11. Dezember 1874 dem Ausdruck »Imponderabilien in dem militärischen Selbstgefühle«, in der vom 27. März 1879 wieder denen »in der Politik, die oft viel mächtiger wirken, als die Fragen des materiellen und direkten Interesses, und die man nicht mißachten soll in ihrer Bedeutung«, und zudem in der vom 6. Februar 1888 dem »ganzen Gewicht der Imponderabilien, die viel schwerer wiegen als die materiellen Gewichte«.
Das Wort Imponderabilien für »Unwägbarkeiten« entstand im Gelehrtenlatein des 18. Jahrhunderts und drang zunächst ins Englische ein, später auch ins Französische und Deutsche. Hier bietet den vorläufig ältesten Beleg 1821 Jean Pauls »Komet« 2, 261.

Reptilienfonds

Dieser Ausdruck ist auf ein Wort Bismarcks zurückzuführen. Als es Anfang 1869 darum ging, das in Preußen bewahrte Vermögen des Kurfürsten von Hessen mit Beschlag zu belegen, wurde Bismarck, dem damaligen Ministerpräsidenten, der Vorhalt gemacht, er würde die ihm schon zur Verfügung stehenden geheimen Fonds, um unbekannte Summen vermehrt, zur Korruption der Presse und zu anderen sich der Aufsicht entziehenden Zwecken verwenden. Es handelte sich nämlich nicht bloß um die verhältnismäßig kleinen Einkünfte aus dem mit Beschlag belegten Vermögen des Kurfürsten, sondern auch um die Zinsen der 16 Millionen Taler, welche dem König von Hannover erst bewilligt, dann aber einbehalten würden, und mit deren Verwendung das Abgeordnetenhaus sich erst am Tag vorher beschäftigt hatte. Darauf antwortete Bismarck am 30. Januar 1869: »Ich bin nicht zum Spion geboren meiner ganzen Natur nach; aber ich glaube, wir verdienen Ihren Dank, wenn wir uns dazu hergeben, bösartige Reptilien zu verfolgen bis in ihre Höhlen hinein, um zu beobachten, was sie treiben. Damit ist nicht gesagt, daß wir eine halbe Million geheimer Fonds brauchen können; ich hätte keine Verwendung dafür und möchte die Verantwortung für solche Summen nicht übernehmen.« Aufgrund dieser Äußerung nannte man die einbehaltenen Gelder auch den »Reptilienfonds«.

Moltke

Getrennt marschieren, vereint schlagen

lautet ein berühmter Grundsatz der Moltkeschen Militärstrategie. Er ist jedoch in dieser Form von dem großen Feldherrn wohl nicht ausgesprochen worden. Er findet sich aber, wenn auch in etwas anderen Worten, in seinen Verordnungen für die höheren Truppenführer vom

Moltke

24. Juni 1869. Darin sagt Helmuth Graf von Moltke (1800–1891): »Ohne einen ganz bestimmten Zweck und anders als für die Entscheidung alle Kräfte zusammenzufassen ist daher ein Fehler. Für diese Entscheidung freilich kann man niemals zu stark sein, und dafür ist die Heranziehung auch des letzten Bataillons auf das Schlachtfeld unbedingt geboten. Wer aber erst an den Feind heran will, darf nicht konzentriert auf einer oder wenigen Straßen vorgehen wollen. Für die Operationen so lange wie irgend möglich in der Trennung zu beharren, für die Entscheidung rechtzeitig versammelt zu sein ist die Aufgabe der Führung großer Massen.«

Oppenheim

Kathedersozialismus

Heinrich Bernhard Oppenheim (1819–1880) richtete in der »Nationalzeitung« vom 7. Dezember 1871 gegen die jugendlichen Professoren der Nationalökonomie und Gegner des Freihandels und des »laissez faire, laissez passer« im wirtschaftlichen Leben einen Artikel mit der Überschrift »Manchesterschule und Kathedersozialismus« und gab 1872 die Schrift »Der Kathedersozialismus« heraus. Dieser Spottname für die historisch-ethische Richtung der Volkswirtschaft rief eine Flut von Gegenschriften hervor und blieb, ebenso wie die Bezeichnung »Kathedersozialisten«, die aber in jenem Artikel selbst nicht vorkommt, haften.

Verschiedene Quellen

Revolverpresse

ist die abwertende Bezeichnung für Zeitungen, die in Skandalen schwelgen und dadurch Erpressungen ausüben. Der Begriff kommt schon in »Die Grenzboten. Zeitschrift für Politik, Literatur und Kunst« (Leipzig 1873) vor. Karl Gutzkow (1811–1878) schreibt in »Rückblicke auf mein Leben« (Berlin 1875): »Die regelmäßigen Angriffe auf alles, was von mir ausging, kamen theils von einem elenden Subjekte in Frankfurt am Main, Namens Schuster, der einer der Ersten jener Pest von Autoren gewesen ist, die in den größeren Städten Deutschlands allmälig die ›Revolver-Presse‹ (La bourse ou la vie! – Die Geldbörse oder das Leben!) geschaffen haben.«

Virchow

Kulturkampf

wurde von Rudolf Virchow (1821–1902), dem Arzt und Politiker, in einem von ihm am 23. März 1873 verfaßten Wahlprogramm der Fortschrittspartei angewendet und ist durch ihn zum geflügelten Wort geworden. In diesem Programm heißt es: »Aber obwohl sie (die Fortschrittspartei) dabei nur zu oft unterlegen ist, so hat sie es doch als eine Notwendigkeit erkannt, im Verein mit den andern liberalen Parteien die Regierung in einem Kampfe zu unterstützen, der mit jedem Tage mehr den Charakter eines großen Kulturkampfes der Menschheit annimmt.« Hierüber sagte Virchow am 16. Oktober 1876 in Magde-

Virchow

burg: »M. H., bei der vorigen Wahl hat die Fortschrittspartei ein Wahlmanifest erlassen, in dem zuerst das Wort Kulturkampf gebraucht worden ist. Vielleicht wissen Sie nicht, daß ich der Erfinder dieses Wortes bin. Ich habe es zuerst in dieses Manifest, das ich verfaßt habe, hineingeschrieben und zwar mit vollem Bewußtsein; denn ich wollte damals den Wählern gegenüber konstatieren, daß es sich nicht um einen religiösen Kampf handle, nicht um einen konfessionellen Kampf, sondern daß hier ein höherer, die ganze Kultur betreffender Kampf vorliege, ein Kampf, der von diesem Standpunkte aus weiter zu führen sei.«

Virchow irrte jedoch. Er hat das Wort weder in einer allgemeinen, noch auch in der besonderen Bedeutung als Kampf des Staates gegen die Macht der katholischen Kirche zuerst gebraucht. Wir finden es bereits in einem im November 1858 verfaßten Aufsatz Ferdinand Lassalles (abgedruckt in den »Demokratischen Studien«, Hamburg 1861) im Sinne von: Kampf eines edlen Gemütes mit sich selbst und den Widerwärtigkeiten der Umwelt. In der jetzt fast allein gebräuchlichen Bedeutung aber steht es sogar schon 1840 in der anonymen Besprechung eines Buches über den Kampf der liberalen katholischen Schweiz mit der römischen Kurie (»Freiburger Zuschrift für Theologie« 4, 176).

Duden

Duden

So wie »der Baedeker« und »der Büchmann« ist auch »der Duden« zum Begriff geworden – für sein und manches andere Wörterbuch. Konrad Duden (1829–1911) veröffentlichte nach der preußischen Rechtschreibung sein »Vollständiges orthographisches Wörterbuch der deutschen Sprache« (Leipzig 1880).

Lasker

Gummiparagraph

Bei der ersten Lesung der Strafgesetznovelle, die eine strengere Bestrafung »der öffentlichen Angriffe gegen die Institute der Ehe, der Familie und des Eigentums sowie auch von Schmähungen der Behörden, der Staatsgewalt, des Reiches, der einzelnen Bundesstaaten, der Gesetze und Verordnungen schon dann, wenn der Angeklagte nicht wider besseres Wissen oder unter wissenschaftlicher Entstellung der Tatsachen handelte«, herbeiführen wollte, sagte der Abgeordnete Eduard Lasker (1829–1884) in seiner Reichstagsrede vom 3. Dezember 1875 mit Rücksicht auf die Dehnbarkeit des Gesetzentwurfs, die dem persönlichen Belieben und Empfinden des Richters alles überlasse: »Und wird der Tatbestand nicht von dem Gesetz mit unverkennbarer Deutlichkeit vorgezeichnet, dann bin ich durch solche ›Kautschukparagraphen‹ eingefangen, und wie man auch sonst in der Gesellschaft über mich denken mag, ich gehöre der Minderheit der Menschheit an, welche dem Strafgesetz verfallen ist. Darum ziemt dem Gesetzgeber nirgend größere Vorsicht gegen eine zu allgemeine und dehnbare Begriffsbestimmung, als in den Punkten, die unglücklicherweise in den politischen Kämpfen zum Tummelplatz der Kautschukgesetzgebung geworden sind.« Im heutigen Sprachgebrauch sagen wir danach »Gummiparagraph«.

Bismarck

Ein ehrlicher Makler

Im Reichstag sagte Fürst Bismarck am 19. Febr. 1878: »Die Vermittlung des Friedens denke ich mir nicht so, daß wir nun bei divergierenden Ansichten den Schiedsrichter spielen und sagen: so soll es sein, und dahinter steht die Macht des Deutschen Reiches, sondern ich denke sie mir bescheidener, ja ... mehr die eines ehrlichen Maklers, der das Geschäft wirklich zustande bringen will.« Nach dieser Rede wurde obenstehender Ausdruck zum geflügelten Wort.

Do-ut-des-Politik

Als August Bebel am 17. September 1878 im Reichstag auf den Umgang des Fürsten Bismarck mit Lassalle 1863 hinwies, erwiderte der Reichskanzler: »Unsere Beziehung konnte gar nicht die Natur einer politischen Verhandlung haben. Was hätte mir Lassalle bieten und geben können? Er hatte nichts hinter sich. In allen politischen Verhandlungen ist das do, ut des eine Sache, die im Hintergrund steht, auch wenn man anstandshalber einstweilen nicht davon spricht.« Kurz darauf widerholte er das Wort in derselben Rede und gebrauchte es auch später noch, so in den Reichstagsreden vom 3. Dezember 1884 und vom 10. Januar 1885. Dadurch ist »Do, ut des« (Ich gebe, damit du gibst) und, davon abgeleitet, die »Do-ut-des-Politik«, d. h. die Politik der gegenseitigen Konzessionen, geflügelt geworden. Die Formel »do, ut des« stammt ursprünglich aus dem römischen Recht.

Ein braves Pferd stirbt in den Sielen.

Am 4. Februar 1881 sagte Bismarck im Abgeordnetenhaus, Gedanken an seinen Rücktritt zurückweisend: »Wenn ich müde bin, werde ich ausruhen, aber in keiner Weise umkehren, und ich werde auf der Bresche sterben, so Gott will, vielleicht auf dieser Stelle dermaleinst, wenn ich nicht mehr leben kann. Ein braves Pferd stirbt in den Sielen.« Danach wurde obenstehender Ausdruck geflügelt.

Verschiedene Quellen

Die Politik verdirbt den Charakter

ist durch einen Prospekt geflügelt geworden, den das am 1. September 1881 von dem Verleger Bernhard Brigl begründete, von Friedrich Bodenstedt herausgegebene »Blatt für die Gebildeten aller Stände. Eine Zeitung für Nichtpolitiker« zu Neujahr 1882 versandte, um für das neue Unternehmen zu werben. Der Prospekt, der den späteren

Verschiedene Quellen

Chefredakteur der »Braunschweigischen Landeszeitung«, Eugen Siercke, zum Verfasser hatte, begann mit dem obigen Zitat und fuhr fort: »Diesen zwar paradox klingenden, aber ein Körnchen Wahrheit in sich tragenden Ausspruch eines berühmten Staatsmannes hat man noch niemals zuvor so oft wiederholen gehört.« In einem den Ursprung des Wortes behandelnden Aufsatz im »Berliner Tageblatt« vom 9. April 1916 vermutet Siercke in dem erwähnten Staatsmann einen der bekannteren Diplomaten des Wiener Kongresses 1814/15, Talleyrand, Metternich, Gentz oder einen anderen, ohne aber Genaueres angeben zu können.

Bismarck

Politische Brunnenvergiftung

Am 24. Januar 1882 nannte Fürst Bismarck im Reichstag, zweimal in derselben Rede, die im Wahlkampf vorkommenden Lügen und Entstellungen eine »politische Brunnenvergiftung«. Bereits am 18. Februar 1850 hatte er in der Zweiten Kammer von der »moralischen Brunnenvergiftung durch die Presse« gesprochen.

Wir Deutsche fürchten Gott, aber sonst nichts in der Welt.

In seiner Reichstagsrede am 6. Februar 1888 über das Bündnis Deutschlands und Österreich-Ungarns von 1879 sagte Bismarck mit Bezug auf Rußlands drohende Haltung das berühmte Wort: »Wir können durch Liebe und Wohlwollen leicht bestochen werden – vielleicht zu leicht –, aber durch Drohungen ganz gewiß nicht! Wir Deutsche fürchten Gott, aber sonst nichts in der Welt, und die Gottesfurcht ist es schon, die uns den Frieden lieben und pflegen läßt.« Es bezieht sich dabei auf viele ähnliche Redewendungen.
In der »Septuaginta« heißt es in Sprüche 7, 1: »Mein Sohn, fürchte den Herrn, so wirst du wohl leben, außer ihm aber fürchte keinen andern.« Bei Livius sagt König Philipp von Makedonien: »Neminem equidem timeo praeter deos immortales.« (Ich fürchte niemand außer den unsterblichen Göttern.)

Verschiedene Quellen

Lerne leiden, ohne zu klagen.

Die Herkunft dieses auch heute noch gebräuchlichen Wortes läßt sich nicht bestimmt angeben. Bis heute nicht nachgewiesen ist die Zuschreibung zu Kaiser Friedrich III., der mit diesen Worten 1888 seinen Sohn, den späteren Kaiser Wilhelm II., auf seinem Todeslager ermahnt haben soll.

Schlieffen

Mehr sein als scheinen

sagte Generalfeldmarschall Adolf Graf von Schlieffen (1833–1913) anläßlich seines 50jährigen Dienstjubiläums in der Berliner Kriegsakademie. Diesen Rat müsse sich »jeder Generalstabsoffizier zum Wahlspruch nehmen und kann doch gewiß sein, daß ihm zur Befriedigung seines Ehrgeizes noch Raum genug bleibt«. (»Gesammelte Schriften«, Bd. 2, Berlin 1913). Dieser Ausdruck ist auch in der umgestellten Form »Mehr Schein als Sein« geflügelt.

Schlieffen

Macht mir den rechten Flügel stark!
und
Kleine Ursachen, große Wirkungen
sollen nach Mitteilung seines Schwiegersohns General von Hanke Schlieffens letzte Worte gewesen sein. Wolfgang Foerster zitiert in »Graf Schlieffen und der Weltkrieg« (1. Teil, Berlin 1921) den Generalfeldmarschall mit den Worten: »›Es muß doch noch zur Schlacht kommen. Macht mir nur den rechten Flügel stark!‹ – diese Mahnung mischte sich in die letzten Fieberphantasien des Sterbenden.« H. v. Freytag-Loringhoven sagt hingegen in »Generalfeldmarschall Graf von Schlieffen« (Leipzig 1920), seine letzten Worte seien »Kleine Ursachen, große Wirkungen« gewesen.

Richthofen

Die janze Richtung paßt uns nich!
antwortete am 23. Oktober 1890 der Berliner Polizeipräsident Bernhard Frh. von Richthofen (1836–1895) dem Direktor des Lessing-Theaters Oskar Blumenthal in mündlicher Unterredung auf die Frage nach den Gründen des Aufführungsverbots von Sudermanns Stück »Sodoms Ende«.

Treitschke

Männer machen Geschichte
behauptet der Historiker und politische Publizist Heinrich von Treitschke (1834–1896) im 1. Band seiner »Deutschen Geschichte im 19. Jahrhundert« (Berlin 1879).

Staub

Kommentar überflüssig
ist nach Walter Kiaulehns »Berlin. Schicksal einer Weltstadt« (München, Berlin 1958) durch den Justizrat Hermann Staub (1856–1904) geflügelt. Staub hatte einen Kommentar zum Handelsrecht verfaßt, doch bei Verhandlungen pflegte er den Fall so klar darzustellen, daß er sagen konnte: »Kommentar überflüssig!« Doch die Richter lasen zur Sicherheit dennoch in seinem Kommentar. Als Staub gestorben war, so wurde schmunzelnd erzählt, hätte auf seinem Grabstein gestanden: »Hier liegt Staub. Kommentar überflüssig!«

Wilhelm II.

Völker Europas, wahret eure heiligsten Güter!
Nach einem Entwurf Kaiser Wilhelms II. (1859–1941; Deutscher Kaiser von 1888 bis 1918) führte 1895 der Professor an der Kasseler Kunstakademie Hermann Knackfuß (geb. 1848) eine allegorische Zeichnung mit obenstehender Textzeile aus.

Stumm

Scharfmacher

Im Herbst 1895 erklärte Karl Ferdinand Freiherr von Stumm (1836–1901) in einer Unterredung mit dem Delegierten der evangelischen Arbeitervereine, Pfarrer Lentze, er werde den Kaiser »scharf zu machen suchen zur Anwendung rückhaltloser Gewalt, zum Kampf auf Leben und Tod«. Aus dieser Äußerung erwuchs das Schlagwort »Scharfmacher«, das im politischen Schlagabtausch der Zeit eine große Rolle spielte.

Wilhelm II.

Blut ist dicker als Wasser.

Diesem Wort verschaffte Kaiser Wilhelm II. durch Anwendung bei verschiedenen Gelegenheiten weiteste Verbreitung und machte es so zu einem geflügelten; unter anderem auch dadurch, daß er dem Spruch im Hinblick auf die alte Stammesgemeinschaft zwischen Deutschen und Engländern den besonderen Sinn unterlegte: Die Blutsverwandtschaft sei stärker als die trennende See. Gewöhnlich weisen wir damit nur auf die Stärke der Blutsbande hin, ohne auf das Wort »Wasser« Gewicht zu legen. Als am 8.–12. Juni 1896 die »Institution of Naval Architects« ihre Jahresversammlung in Hamburg und Berlin abhielt, antwortete der Kaiser auf ihre telegraphische Huldigung: »Ich hoffe, daß der herzliche Empfang, den Sie hier gefunden haben, die Wahrheit des Spruchs ›Blut ist dicker als Wasser‹ bestätigt hat.«

Am 3. Mai 1900 wurde in Berlin zur Linderung der in Indien ausgebrochenen Hungersnot eine halbe Million Mark gesammelt. Die Überweisung dieser Summe kündigte der Kaiser dem Vizekönig von Indien durch ein Telegramm an, dessen Schluß lautete: »Möge Indien in dieser Handlung der Hauptstadt des Deutschen Reiches das warme Gefühl von Sympathie und Liebe erblicken, welches Mein Volk leitete, und das aus der Tatsache herrührt, daß Blut dicker ist als Wasser.« Ferner übermittelte er nach dem schmerzlichen Verlust, den die deutsche Flotte am 16. Dezember 1900 durch den Untergang der »Gneisenau« im Hafen von Malaga erlitten hatte, am 18. Dezember an den englischen Admiral Fisher in Malta die Nachricht: »Mein Konsul telegraphiert, daß Sie gütigst zwei Schiffe entsandten, um unseren armen Mannschaften in Malaga beizustehen. Ich beeile mich, Ihnen aufrichtig zu danken. Ihre Handlungsweise zeigt aufs neue, daß Seeleute in der ganzen Welt Kameraden sind, und daß Blut dicker ist als Wasser.« Außerdem gebrauchte er das Wort in einem Trinkspruch auf den Präsidenten der Vereinigten Staaten, Roosevelt, bei einem Festmahl des amerikanischen Botschafters Tower in Kiel am 26. Juni 1903.

Bieberstein

Flucht in die Öffentlichkeit

Der frühere Staatssekretär des Auswärtigen Amts Adolf Frh. Marschall von Bieberstein (1842–1912) äußerte als Zeuge in dem Prozeß gegen die Journalisten Leckert, von Lützow und andere am 4. Dezember 1896: »Wenn diese Herren (nämlich die Vertrauensmänner, deren sich der Kommissar der politischen Polizei von Tausch bediente) sich unterstehen, das Auswärtige Amt oder hohe Beamte oder mich anzugreifen, ... und ich erfahre davon, so flüchte ich mich in die Öffentlichkeit und brandmarke dieses Treiben in der Öffentlichkeit.« Dadurch schuf er die geflügelten Worte »sich in die Öffentlichkeit flüchten« und »Flucht in die Öffentlichkeit«.

Bieberstein

Unsere Zukunft liegt auf dem Wasser

Wilhelm II.

sagte Kaiser Wilhelm II. bei der Eröffnung des Freihafens in Stettin am 23. September 1898 in seiner Antwort auf die Rede des Oberbürgermeisters Hagen. Schon Georg Herwegh schrieb in seinem Gedicht »Die deutsche Flotte« (»Gedichte eines Lebens« 2, Zürich 1844):
»Und in den Furchen, die Kolumb gezogen,
Geht Deutschlands Zukunft auf.«

Die Deutschen nach vorn!

Verschiedene Quellen

Als während des chinesischen Boxeraufstands der Versuch, die Gesandten in Peking zu entsetzen, fehlgeschlagen war, und die dort anwesenden ungefähr 2000 Europäer und Japaner sich nach Tientsin zurückzogen, erteilte am 22. Juni 1900 der das Kommando führende Lord Seymor (geb. 1838) an den Führer der deutschen Abteilung, Kapitän von Usedom, beim Angriff auf das Fort Hsiku am Peiho den Befehl: »The Germans to the front!« Die deutsche Übersetzung dieser Anordnung wurde geflügelt.

Pardon wird nicht gegeben.

Wilhelm II.

Am 27. Juli 1900 verabschiedete Kaiser Wilhelm II. deutsche Truppen des internationalen Korps, das in China eingesetzt wurde. In Bremerhaven hielt der Kaiser seine berüchtigte »Hunnenrede«, in der er sagte: »Ihr wißt es wohl, ihr sollt fechten gegen einen verschlagenen, tapfern, gut bewaffneten, grausamen Feind. Kommt ihr an, so wißt: Pardon wird nicht gegeben, Gefangene werden nicht gemacht.« Weiter sagte er: »Wie vor tausend Jahren die Hunnen unter ihrem König Etzel sich einen Namen gemacht haben, der sie noch jetzt in Überlieferung und Märchen gewaltig erscheinen läßt, so möge der Name Deutscher in China auf tausend Jahre durch Euch in einer Weise bestätigt werden, daß niemals wieder ein Chinese es wagt, einen Deutschen auch nur scheel anzusehen.«

Die Waffen nieder!

Verschiedene Quellen

war Anfang des 20. Jahrhunderts auch in Deutschland die Losung der Menschen, die für Abrüstung und Frieden eintraten. Es war ursprünglich der Titel eines Romans (1889) und der Monatsschrift (1892–99) der österreichischen Schriftstellerin und Pazifistin Bertha Freifrau von Suttner (1843–1914), die 1905 den Friedensnobelpreis erhielt.

Fischer

Wandervogel

Der Student Karl Fischer (1881–1941) gründete am 4. November 1901 eine Jugendbewegung, deren Ziel ein einfaches, gemeinschaftliches Leben in der Natur war, Industrialisierung und Zivilisation wurden weitgehend abgelehnt. Die Bewegung gab sich den Namen »Wandervogel«, der heute noch scherzhaft jemandem gegeben wird, der gern wandert.

Wilhelm II.

Ich kenne keine Parteien mehr, ich kenne nur Deutsche

sagte Kaiser Wilhelm II. in seiner Thronrede bei der feierlichen Eröffnung der außerordentlichen Sitzung des Reichstags im Weißen Saal des Königlichen Schlosses zu Berlin am 4. August 1914. Der Kaiser nahm dabei Bezug auf seine am 1. August vom offenen Fenster des Pfeilersaales aus an die vor dem Schloß harrende Volksmenge gerichtete Ansprache, in der er gesagt hatte: »In dem jetzt bevorstehenden Kampfe kenne ich in meinem Volke keine Parteien mehr. Es gibt unter uns nur noch Deutsche.«

Verschiedene Quellen

Null-acht-fünfzehn

war die Zusatzbezeichnung des 1915 eingeführten leichten Maschinengewehrs, LMG 08/15, das aus dem schweren MG 08 entwickelt worden war. Die Soldaten bezeichneten dann allgemein etwas, was neu schien, aber schon alt war, mit der Bezeichnung 08/15. Hans Helmut Kirst (geb. 1914) nannte seinen kritischen Roman über die Wehrmacht »08/15« (3 Bände, München 1954/55), der auch verfilmt wurde.

Dolchstoßlegende

Die militärischen und die politischen Führer des Deutschen Reiches behaupteten gleich nach der Niederlage 1918, das Heer wäre unbesiegt gewesen, die Heimat hätte versagt, die Friedensbemühungen mancher Politiker, die Zersetzung durch den Marxismus, die Revolution schließlich wären wie ein Dolchstoß für das Heer gewesen; sonst wären zumindest bessere Friedensbedingungen möglich gewesen. So sagt z. B. der General der Infanterie a. D. v. Kuhl in »Das Ende des Kaiserlichen Heeres« (in: »Ehrendenkmal der Deutschen Armee und Marine 1871–1918«, Berlin 1928), die weitverbreitete Meinung seit 1918 wiedergebend: »Das Wort vom Dolchstoß in diesem Sinne ist keine Legende, wie von den Revolutionsgrößen behauptet wird, sondern eine unumstößliche, traurige Wahrheit.« Wahrscheinlich hat das Wort vom »Dolchstoß«, das auch von den Nazis noch verbreitet wurde, seinen Ursprung bei Erich Ludendorff (1865–1937), als Generalquartiermeister zusammen mit Hindenburg der oberste Militär im Weltkrieg. Adolf Köster veröffentlichte seine Schrift »Fort mit der Dolchstoßlegende!« (Berlin 1922), worin er gegen die Lüge vom Dolchstoß anging.

Sozialismus oder Untergang in der Barbarei!

Luxemburg

Diese warnende Alternative formulierte die Sozialistin Rosa Luxemburg (1871–1918), Mitbegründerin der Kommunistischen Partei Deutschlands (KPD), in der Zeitung »Die Rote Fahne« am 16. Dezember 1918.

Freiheit ist immer die Freiheit des anders Denkenden.

Aus Rosa Luxemburgs Schrift »Die Russische Revolution« (»Eine kritische Würdigung aus dem Nachlaß von Rosa Luxemburg«, Berlin 1922) wird: »Freiheit nur für die Anhänger der Regierung, nur für Mitglieder einer Partei – mögen sie noch so zahlreich sein – ist keine Freiheit. Freiheit ist immer nur Freiheit des anders Denkenden« zitiert.

Der Geist von Weimar

Ebert

Friedrich Ebert (1871–1925), der erste deutsche Reichspräsident, sagte in seiner Rede zur Eröffnung der Nationalversammlung in Weimar am 6. Februar 1919: »Jetzt muß der Geist von Weimar, der Geist der großen Philosophen und Dichter, wieder unser Leben erfüllen.« Danach wurde das verkürzte obenstehende Wort gebildet.

Die Polizei – dein Freund und Helfer

Grzesinski

ist ein Spruch, der auf den preußischen Innenminister A. Grzesinski (1879–1947) zurückgeht, der in »Tausend Bilder. Große Polizei-Ausstellung Berlin 1926« schrieb: »Nun hatte die Polizei-Ausstellung sich auch zum Ziel gesetzt, zu beweisen, daß die Polizei im modernen Volksstaat eine Volkspolizei ist und sein will, daß sie ihre Organisation, ihren Ausbau und ihre Ausbildung bewußt stellt unter die Devise: Freund, Helfer und Kamerad der Bevölkerung zu sein.«

Das Dritte Reich

Moeller van den Bruck

heißt die Programmschrift (Berlin 1923) der »konservativen Revolution«, verfaßt von Arthur Moeller van den Bruck (1876–1925). Goebbels begrüßte 1933 »die Verbreitung des für die politische Ideengeschichte der NSDAP bedeutungsvollen Werkes«.

Schmutz und Schund

Verschiedene Quellen

ist ein älterer Begriff, der am 18. Dezember 1926 im Reichsgesetzblatt amtlich wurde: als »Gesetz zur Bewahrung der Jugend vor Schund- und Schmutzschriften«.

Der totale Staat
und
Unterscheidung zwischen Freund und Feind
sind Begriffe aus der profaschistischen Staatsrechtslehre von Carl Schmitt (1888–1985), die er in »Der Begriff des Politischen« (Tübingen 1927) darlegt.

Spengler

Der Untergang des Abendlandes
nannte Oswald Spengler seine »Umrisse einer Morphologie der Weltgeschichte« (Bd. 1 »Gestalt und Wirklichkeit«, Wien 1918, Bd. 2 »Welthistorische Perspektiven«, München 1922), in denen er »Cäsarismus, Technokratie, Imperialismus und eine besondere Form des Sozialismus« forderte.

Blut und Boden
findet sich als Begriff schon im 2. Band von Spenglers »Untergang des Abendlandes«. Von den Nazis übernommen, benutzte es der spätere Reichsbauernführer W. Darré, »Neuadel aus Blut und Boden« (München 1930). Zum ersten Mal gebraucht Michael Georg Conrad diesen Begriff in »Von Emile Zola bis Gerhart Hauptmann. Erinnerungen zur Geschichte der Moderne« (Leipzig 1901), wo er sagt: »Im Geheimnis des Blutes und des Bodens ruht das Geheimnis der Kunst.«

Hitler

Mein Kampf
ist der Titel eines Buches von Adolf Hitler (1889–1945). Der »Führer« der NSDAP (Nationalsozialistische deutsche Arbeiterpartei), einer völkischen, antidemokratischen, antimarxistischen und antisemitischen Partei, schrieb es zum Teil in der milden Festungshaft nach dem mißglückten Putsch von 1923 (Bd. 1 »Eine Abrechnung«, München 1925, Bd. 2 »Die nationalsozialistische Bewegung«, München 1926). Seit 1936 erhielten alle Neuvermählten auf dem Standesamt ein Exemplar dieses Buches, in dem das meiste steht, von dem die Deutschen nach 1945 behaupteten, »davon nichts gewußt zu haben«. 1943 betrug die Auflage knapp 10 Millionen Exemplare.

Verschiedene Quellen

Kraft durch Freude
Die Nazis bestimmten und kontrollierten weite Bereiche auch des privaten Lebens. So konnten seit 1933 Ferienreisen unternommen werden, die von der KdF-Bewegung »Kraft durch Freude« organisiert wurden. Der Ausdruck wurde rasch allgemein gebräuchlich.

Göring

Kanonen statt Butter
war das zusammenfassende Motto einer Rundfunkrede Hermann Görings (1893–1946) von 1936, in der er wörtlich sagte: »Kanonen machen uns mächtig, Butter macht uns nur fett.«

Verschiedene Quellen

Entartete Kunst

Der Kunst- und Kulturbetrieb im Nazi-Regime war seit 1933 »gleichgeschaltet«. Es begann die »Säuberung« der deutschen Kulturlandschaft von »artfremden« und »undeutschen« Werken. Nachdem am 10. Mai 1933 schon die Bücherverbrennungen stattgefunden hatten, wurden in den Museen Bilder und Skulpturen entfernt und zerstört, ins Ausland verkauft oder in der Ausstellung »Entartete Kunst« gezeigt. Diese Ausstellung, die am 19. Juli 1937 in München eröffnet wurde, wurde in ähnlicher Form überall im Reich gezeigt. Eine Aktion »Entartete Musik« schloß sich an.
Herder dichtete 1807 für seine Sammlung »Stimmen der Völker« die »Zueignung«, in der es heißt:
»Laßt in die Herzen sie dringen, wie wahr das Herz sie hervordrang,
Laßt sie stoßen den Dolch in des Entarteten Brust.«
Hier hat der Begriff des Entarteten noch die Bedeutung von Falschem. Anders dann bei Max Nordau (d. i. Max Südfeld; 1849–1923) in seinem Werk »Entartung« (2 Bde., Berlin 1892/93), das dann später die nazistische Kunstauffassung beeinflußte.

Schönheit der Arbeit

Um von den wirklichen Zuständen in der Arbeitswelt abzulenken (in der Industrie wurde mit Hochdruck für den geplanten Krieg produziert), wurde am 16. Oktober 1937 in München die Ausstellung »Schönheit der Arbeit« eröffnet. Der Titel der Ausstellung war zugleich Schlagwort für die angeblich »neue Art« der Arbeit im Dritten Reich.

Quisling

Nach der Besetzung Norwegens durch deutsche Truppen 1940 erklärte sich der Rechtsradikale Vidkun Quisling (1887–1945), ein Anhänger Hitlers, zum norwegischen Ministerpräsidenten. Seine Gefolgschaft war gering, aber sein Name wurde als Synonym für einen Kollaborateur weit verbreitet.

Wollt ihr den totalen Krieg?

Goebbels

Am 18. Februar 1943 sprach der Propagandaminister Joseph Goebbels (1897–1945) im Berliner Sportpalast. Im Saal verkündete ein Spruchband: »Totaler Krieg – kürzester Krieg«. Goebbels sagte: »... Glaubt ihr mit dem Führer und mit uns an den endgültigen totalen Sieg des deutschen Volkes? ... Ich frage euch: Wollt ihr den totalen Krieg? Wollt ihr ihn, wenn nötig, totaler und radikaler, als wir ihn uns heute überhaupt noch vorstellen können?« Seit dieser fatalen Rede wird der Ausdruck »Totaler Krieg« für einen alle Bevölkerungsschichten einbeziehenden Krieg verwendet.

Becher

Auferstanden aus Ruinen
und der Zukunft zugewandt,
laß uns dir zum Guten dienen,
Deutschland, einig Vaterland.

In der Nachkriegszeit entstand aus den drei westlichen Besatzungszonen die Bundesrepublik Deutschland. Am 8. Mai 1949 wurde das Grundgesetz als vorläufige Verfassung (im Hinblick auf ein einiges Deutschland) gebilligt, am 23. Mai verkündet. Der erste Deutsche Bundestag konstituierte sich am 7. September. Dann wurde der »zweite deutsche Staat« auf dem Gebiet der sowjetischen Besatzungszone gegründet. Am 7. November 1949 konstituierte sich die Deutsche Demokratische Republik, die noch lange im Westen »Zone« hieß. Während in der BRD das »Deutschlandlied« von Hoffmann von Fallersleben zur Melodie von Joseph Haydn wieder zur Nationalhymne wurde, gab sich die DDR eine neue, die von Johannes Robert Becher (1891–1958) gedichtet und von Hanns Eisler (1898–1962) vertont worden war. Am 7. November 1949 wurde sie zum ersten Mal öffentlich gesungen. Die obenstehenden Anfangsverse werden häufig zitiert.

Heuss

Kollektivschuld und ***Kollektivscham***

In der Diskussion um die Schuld am Nationalsozialismus gab und gibt es die These von der sogenannten »Kollektivschuld« der Deutschen. Dagegen setzte der erste Bundespräsident der BRD, Theodor Heuss (1884–1963) im November 1949 den Begriff und die Mahnung der Kollektivscham. Beide Ausdrücke wurden zu geflügelten Begriffen.

Adenauer

Die Lage war noch nie so ernst

lautet das bekannteste geflügelte Wort Konrad Adenauers (1876–1967), der von 1949–1963 erster Bundeskanzler der Bundesrepublik Deutschland war.

Verschiedene Quellen

Wirtschaftswunder

Die Währungsreform, an deren Vorbereitung der spätere Wirtschaftsminister und Bundeskanzler Ludwig Erhard mitgearbeitet hatte, trat in den Westzonen am 20. Juni 1948 in Kraft. Sparguthaben wurden abgewertet, für 100 Reichsmark gab es 6,50 Deutsche Mark (DM). Jeder Bürger erhielt 40 DM, Unternehmer erhielten Schuldenerlaß. Kredite flossen in die Westzonen, Reparationsleistungen mußten nicht mehr erbracht werden, Demontagen wurden nicht mehr ausgeführt. Mit diesen Maßnahmen begann der wirtschaftliche Aufschwung bzw. das sogenannte »Wirtschaftswunder« im Westen Deutschlands.

Luftbrücke
und
Rosinenbomber

Verschiedene Quellen

Um zu verhindern, daß nach der Währungsreform die wertlose Reichsmark der Westzonen die Ostzone überschwemmte, sperrten die sowjetischen Behörden den Personenverkehr zu den Westzonen. Nun befahlen die Westmächte die Einführung der DM auch in Westberlin, worauf die Sowjets am 24. Juni den Güterverkehr zwischen den Westzonen und Berlin sperrten, aber Westberlin versorgen wollten. Die Amerikaner und die Engländer lehnten ab und versorgten Westberlin seit dem 26. Juni 1948 mit Flugzeugen aus der Luft. Danach wurden die »Luftbrücke« und die »Rosinenbomber« genannten Versorgungsflugzeuge, die dabei zum Einsatz kamen, zu geflügelten Begriffen.

Wohlstand für alle

Erhard

Als »Vater des Wirtschaftswunders« gilt Ludwig Erhard (1897–1977), Bundeswirtschaftsminister 1949–1963, dann Bundeskanzler 1963 bis 1966 als Nachfolger Konrad Adenauers. Sein Versprechen war »Wohlstand für alle«. Unter diesem Titel veröffentlichte er 1957 ein Buch.

Maßhalten

Der Begriff des »Maßhaltens« wurde durch die »Maßhalte-Appelle« Ludwig Erhards zum geflügelten Wort, mit denen er sich zum ersten Mal im Rundfunk am 7. September 1955 an die Deutschen wandte. Dort sagte er: »… so komme ich immer wieder auf das Maßhalten als wirtschaftliches Gebot…«

Unbewältigte Vergangenheit
und
Vergangenheitsbewältigung

Verschiedene Quellen

für den Umgang der Deutschen mit ihrer Nazivergangenheit sind Begriffe, die erstmals auf einer Tagung der »Evangelischen Akademie Berlin-West« im Sommer 1955 benutzt wurden.

Keine Experimente!

lautete der Slogan der CDU im Wahlkampf für die Bundestagswahl 1957. Seither sagt man vorsichtig abwartend auch: »Bloß keine Experimente!«

Nun siegt mal schön!

Heuss

sagte Bundespräsident Heuss anläßlich einer Ansprache an Teilnehmer eines Bundeswehrmanövers im Sommer 1958 beim Abschied. Später grübelte er darüber nach: »Bist du mit diesem Wort … für die Leute ein ›Militarist‹ geworden, oder bist du ein scherzender Ironiker geblieben …?« (»Die großen Reden«, Bd. 1, Tübingen 1956).

Höcherl

Etwas außerhalb der Legalität

Die Zeitschrift »Der Spiegel« veröffentlichte am 10. Oktober 1962 einen Artikel »Bedingt abwehrbereit« von Conrad Ahlers. Wegen Geheimnisverrats wurde der Herausgeber Rudolf Augstein verhaftet, die Redaktionsräume wurden durchsucht. In der Fragestunde des Deutschen Bundestages mußte Innenminister Hermann Höcherl (geb. 1912) zugeben, einen ähnlichen Fall anführend: »Offenbar ist hier auch so verfahren worden. Das ist, ich möchte einmal sagen, etwas außerhalb der Legalität.« Danach wurde obenstehendes Schlagwort zum geflügelten Wort.

K. Schiller

Eine konzertierte Aktion

Karl Schiller (geb. 1911), Bundeswirtschafts- (1966–72) und Bundesfinanzminister (1971–72) brachte zur wirtschaftlichen Stabilisierung Regierung, Gewerkschafter und Unternehmer dazu, in einer sogenannten »konzertierten Aktion« zusammenzuwirken. Den Begriff benutzte er erstmals am 16. Februar 1966 im Deutschen Bundestag.

Talsohle bzw. ***Talfahrt***
und
Flankierende Maßnahmen

Diese Begriffe wurden durch Karl Schiller geflügelt, der sie aus verschiedenen Bereichen in die Sprache der Ökonomie einbrachte. Gleiches gilt auch für »soziale Symmetrie«, »Bandbreite« und vieles mehr.

Mitscherlich

Die Unfähigkeit zu trauern

wurde von Alexander Mitscherlich (1908–1982) und Margarete Mitscherlich (geb. 1917) beklagt. Sie nannten so ihre »Grundlagen kollektiven Verhaltens« (München 1967). In der Auseinandersetzung mit dem Nationalsozialismus sagen sie: »Wo Schuld entstanden ist, erwarten wir Reue und das Bedürfnis nach Wiedergutmachung. Wo Verlust erlitten wurde, ist Trauer, wo das Ideal verletzt wurde, ist Scham die natürliche Konsequenz.«

Reich

Die sexuelle Revolution

war für die rebellische Jugend der 60er Jahre von großer Bedeutung. So hieß auch das Buch des Sexualwissenschaftlers Wilhelm Reich (1897–1956), eines Freud-Schülers und revolutionären Marxisten, das zuerst als »Die Sexualität im Kulturkampf« (Kopenhagen 1936) erschien. Die Neuausgabe (Frankfurt 1966) mit dem Untertitel »Zur charakterlichen Selbststeuerung des Menschen« beeinflußte viele junge Menschen, war ein geflügeltes Wort für die Erneuerung der sexuellen Beziehungen und gab auch einem deutschen »Aufklärungsfilm« den Namen: »Helga und die Männer – Die sexuelle Revolution« (1969).

Papiertiger

Dieser Ausdruck ist in Deutschland nach den »Worten des Vorsitzenden« von Mao Tse-Tung bekannt geworden. Mao sagt darin: »Alle Reaktionäre sind Papiertiger. Dem Aussehen nach sind sie furchterregend, aber in Wirklichkeit sind sie gar nicht so mächtig. Auf lange Sicht haben nicht die Reaktionäre, sondern hat das Volk eine wirklich große Macht.«

Unter dem Pflaster, der Strand
(Sous les pavés, la plage)

Der »Pariser Mai« des Jahres 1968, eine Zeit der Revolte und der Poesie, brachte viele Sprüche hervor, darunter auch obenstehenden Ausdruck, der auch bald in Deutschland gesagt wurde, um die Sehnsucht nach Veränderung auszudrücken. Daniel Cohn-Bendit, Studentenführer in Paris und Frankfurt, gründete später die Zeitschrift »Pflasterstrand«.

Alle reden vom Wetter. Wir nicht.

Das behauptete die Deutsche Bundesbahn in der Zeit der sogenannten Studentenunruhen des Jahres 1968. Der Sozialistische Deutsche Studentenbund (SDS) gab ein Plakat heraus, auf dem auch dieser Werbespruch zu lesen war – allerdings im Zusammenhang mit Abbildungen von Marx, Engels, Lenin, Mao.

Der lange Marsch durch die Institutionen

war der Weg, den manche Aktivisten aus der Außerparlamentarischen Opposition (APO) nach 1968 gingen; mit diesem auch ironisch gemeinten Begriff, der die Hoffnung in sich trug, in den Institutionen selbst, die man vorher bekämpft hatte, doch etwas bewirken zu können, erinnerten sie an den »langen Marsch« der chinesischen Revolutionäre unter Mao Tse-Tung 1934/35, der 12 500 Kilometer lang war und den Sieg der Revolution bedeutete.

Wer zu spät kommt, den bestraft das Leben

sagte der sowjetische Staats- und Parteichef Michail Gorbatschow 1989 in Ost-Berlin anläßlich des 40. Staatsjubiläums der DDR, wobei er sich damit auf Änderungen und Reformen bezog, die vorgenommen werden müßten.

Wir sind das Volk

war die Losung der nicht genehmigten Demonstrationen am 40. Jahrestag der DDR-Staatsgründung. Bei den daraufhin bald zur Tradition gewordenen »Montagsdemonstrationen« in der DDR änderte sich deren Wortlaut in: »Wir sind ein Volk.«

Aus Geschichte und Zeitgeschehen

Deutschland und Österreich

Brandt

Nun wächst zusammen, was zusammengehört.
Am 9. November 1989 wurden Grenzübergänge zwischen Ost und West an der Berliner Mauer geöffnet, am 22. Dezember 1989 wurde das Brandenburger Tor geöffnet; Willy Brandt (früher: Herbert Ernst Karl Frahm, der seinen in der Emigration angenommenen Namen beibehielt; 1930–92), 1957–66 Regierender Bürgermeister von Westberlin und 1969–74 Bundeskanzler, prägte anläßlich der abzusehenden Wiedervereinigung der zwei deutschen Staaten obenstehendes Wort.

Weizsäcker

Sich zu vereinen, heißt teilen lernen.
Nachdem die neugewählte Regierung der DDR mit der Regierung der BRD den Einigungsvertrag ausgehandelt hatte, wurde am 3. Oktober 1990 die Wiedervereinigung vollzogen. Bundespräsident Richard von Weizsäcker (geb. 1920) sagte in seiner Rede beim Staatsakt in der Berliner Philharmonie den obenstehenden Satz.

Aus der Werbung

Viele Slogans aus der bunten weiten Welt der Werbung sind in den allgemeinen Sprachgebrauch übergegangen und damit geflügelt geworden; andere hingegen, eben noch in aller Munde, sind bald wieder vergessen. Hier ist eine kleine Auswahl zusammengestellt, die natürlich nicht vollständig sein kann.

Der Duft der großen weiten Welt
war ein Werbespruch für die Zigaretten der Marke Peter Stuyvesant, der zum ersten Mal 1959 verwendet und schnell geflügelt wurde.

Neckermann macht's möglich
benutzte der Warenhaus- und Versandunternehmer Josef Neckermann seit 1960 als Werbeslogan, der vielfältig angewandt und abgewandelt wurde.

Aus deutschen Landen frisch auf den Tisch
wurde von der Gesellschaft für Absatzförderung der Deutschen Landwirtschaft im Jahr 1961 ins Leben gerufen.

Und läuft und läuft und läuft ...
Dieser Slogan charakterisierte nach 1962 die berühmte Langlebigkeit des Volkswagen-Modells Käfer.

Weißer geht's nicht
warb erstmals 1963 für die Waschkraft von Dash und wurde auch, scherzhaft, an den Spruch des Sokrates erinnernd, abgewandelt zu: »Ich weiß, daß ich nichts weiß, weißer geht's nicht.«

Der nächste Winter kommt bestimmt
wurde als Werbespruch 1963 von der Rheinischen Braunkohlenbrikett-Verkauf GmbH benutzt und wie die meisten Werbeslogans vielfach abgewandelt, obwohl er patentamtlich geschützt war.

Es gibt viel zu tun. Packen wir's an
lautete nach 1974 der Reklameslogan der ESSO-AG.

Pack den Tiger in den Tank
ist der Vorläufer des Werbespruchs »Es gibt viel zu tun …« von ESSO.

Test the West
heißt es auf Plakaten, in Anzeigen und in TV-Spots als Werbung für die gleichnamige Zigarette, was häufig auch scherzhaft abgewandelt wird.

Otto – find ich gut
lautet das oftmals abgewandelte Motto des gleichnamigen Versandhauses.

Nicht immer, aber immer öfter
wurde nach der Werbung für das alkoholfreie Clausthaler-Bier schnell zu einem vielzitierten geflügelten Wort.

Aus Kino und Fernsehen

Fernsehen Was Georg Büchmann 1864 noch nicht ahnen konnte: daß neben das gedruckte Wort als Mittel der Kommunikation auch andere Medien treten würden. Da ist vor allem der Film zu nennen, der seine Wirkung auf viele Menschen ausübt und Einfluß auf Mode, Verhalten und Sprache nimmt. Filme gibt es im Kino, im Fernsehen, auf Video und DVD, sind also ähnlich verfügbar wie Zeitschriften und Bücher. Das Fernsehen allerdings hat bisher trotz seiner flächendeckenden Verbreitung mit wenigen Ausnahmen kaum etwas aus eigenen Produktionen zum Zitatenschatz beigetragen. Fernsehserien und -shows übernahmen ihren Titel meist von bereits geflügelten Worten oder Redensarten (z. B. »Wetten daß …?), oder sie sind inzwischen schon wieder in Vergessenheit geraten (wer erinnert sich z. B. noch an Lou van Burgs »Der goldene Schuß«?).

Das Wort zum Sonntag

ist eines der berühmtesten Fernsehworte. Jeden Samstag wird seit Mai 1954 im Programm der ARD eine kurze religiöse Ansprache gehalten, abwechselnd von evangelischen und katholischen Sprecherinnen und Sprechern.

Ein Platz an der Sonne

und

Mit 5 Mark sind Sie dabei

zitieren wir nach der seit 1959 ausgestrahlten Fernseh-Lotterie »Ein Platz an der Sonne«. Beide Ausdrücke sind geflügelt, wobei der Titel der ARD-Sendung schon seit Inbers Roman (»Der Platz an der Sonne«, dt. 1929; vgl. »Aus slawischen Schriftstellern«) bekannt ist. Außerdem gab es einen amerikanischen Film mit diesem Titel (»A place in the sun«, 1951; dt. »Ein Platz an der Sonne«, 1952), in dem Elizabeth Taylor in einer Hauptrolle mitspielte. Der frühere Reichskanzler Fürst Bernhard von Bülow verlangte im Reichstag am 6. Dezember 1897 für das deutsche Volk »auch unseren Platz an der Sonne«.

●●●

Kino Im folgenden sind Filmtitel und Zitate aus Filmen aufgeführt, die zum Schatz der geflügelten Worte beigetragen haben, chronologisch nach der deutschen Erstaufführung oder Erstausstrahlung geordnet. Verfilmungen bereits in den allgemeinen Sprachgebrauch eingegangener literarischer Vorlagen sind hier nicht mehr aufgeführt (nur dann, wenn der Film durch seine Popularität Zitate aus unbekannten

Werken zu geflügelten Worten gemacht hat). Oft ist die eindeutige Zuweisung zu einem Urheber nicht festzustellen, da Filme das Ergebnis von Teamarbeit sind.

Wer wird denn weinen, wenn man auseinandergeht?
ist der Titel eines Films (Deutschland 1929), der nach dem gleichnamigen Lied von Hugo Hirsch gebildet wurde.

Der blaue Engel
heißt ein Film (Deutschland 1930, Regie: Josef von Sternberg) nach Heinrich Manns Roman »Professor Unrat« (wobei der Erfolg des Films bei manchen Buchausgaben zu einer Titeländerung führte) mit Emil Jannings und Marlene Dietrich.

Ich bin von Kopf bis Fuß auf Liebe eingestellt
ist ein Lied, das Marlene Dietrich in dem Film »Der blaue Engel« singt (Musik: Friedrich Hollaender).

Der Kongreß tanzt
ist der Titel eines operettenhaften Films um den Wiener Kongreß von 1815 (Deutschland 1931) mit den Stars Lilian Harvey und Willy Fritsch.

Das gibt's nur einmal, das kommt nicht wieder
Von den vielen Liedern (Text: R. Gilbert, Musik: W. R. Heymann) aus dem Film »Der Kongreß tanzt« wurde dieser Schlagertitel oft benutzt und abgewandelt.

Ein Lied geht um die Welt
heißt ein Lied aus dem gleichnamigen Film (Deutschland 1933), in dem die Geschichte eines italienischen Tenors erzählt wird (gesungen und gespielt von Joseph Schmidt). Ein Film mit demselben Titel (BRD 1958) erzählt »Die Joseph-Schmidt-Story«; der Sänger, überaus populär in Deutschland, mußte das Land 1933 verlassen, weil er Jude war.

Die Unschuld vom Lande
Dieser Titel eines Films mit Lucie Englisch (Deutschland 1933) war sehr beliebt und wurde schnell eine feste Redensart. 1957 erfolgte eine zweite Verfilmung mit Bibi Johns in der Hauptrolle.

Ich tanze mit dir in den Himmel hinein
singen Lilian Harvey und Willy Fritsch im Film »Sieben Ohrfeigen« (Deutschland 1937). Dieser Schlagertitel wurde später zum Titel eines Films mit Hannerl Matz (Österreich 1952).

Es war eine rauschende Ballnacht
ist der Titel eines Films um Peter Tschaikowsky (Deutschland 1939) mit Musik des russischen Komponisten und von Theo Mackeben; unter den Darstellern sind Marika Rökk und Zarah Leander.

Nur nicht aus Liebe weinen
singt Zarah Leander in dem Film »Es war eine rauschende Ballnacht«.

Frauen sind doch bessere Diplomaten
wird nach dem ersten deutschen Spielfilm in Farbe (1939, Erstaufführung 1941) gesagt; Hauptdarsteller waren Marika Rökk und Willy Fritsch.

... reitet für Deutschland
ist so geflügelt, daß es in unzähligen Abwandlungen benutzt wird. Der Film (Deutschland 1941) schildert, wie Willy Birgel in der Rolle eines gelähmten Offiziers auf seinem Pferd sportlichen Ruhm für Deutschland gewinnt. Der Film folgt der Buchvorlage von Clemens Laar nach den Erinnerungen des Freiherrn von Langen. Nach 1945 wurde der Film in einer entnazifizierten Fassung gezeigt.

Altes Herz wird wieder jung
heißt ein Film (Deutschland 1943) um einen alten Junggesellen (gespielt von Emil Jannings in seiner letzten Filmrolle), dessen Titel zum geflügelten Wort wurde (Regie: Erich Engel; Drehbuch: Walter Wassermann und C. H. Diller).

Die Frau meiner Träume
lautet der Titel eines Revuefilms (Deutschland 1944), in dem Marika Rökk das Lied von Willy Dehmel (Text) und Franz Grothe (Musik) »In der Nacht ist der Mensch nicht gern alleine« singt.

Die Mörder sind unter uns
heißt der erste deutsche Spielfilm der Nachkriegszeit. Wolfgang Staudte drehte ihn mit Hildegard Knef 1946 bei der DEFA und zeigt, wie die Nazi-Verbrecher als Biedermänner unter uns leben.

Dick und Doof
ist geflügelt seit den Filmen mit Stan Laurel und Oliver Hardy, die von 1927 bis 1940 unter dem Reihentitel »Laurel & Hardy« in den USA gedreht wurden und seit 1949 als »Dick und Doof« in Deutschland liefen.

Es liegt was in der Luft
heißt ein heiterer Film um Parfüm und Liebe mit Hans Moser (Österreich/Schweiz 1950).

Ein Amerikaner in Paris

»An American in Paris« heißt ein Film von Vincente Minelli (Regie; USA 1951; dt. 1952), dessen Titel, nach einem Musikstück von George Gershwin oft auch abgewandelt zitiert wird. Die Hauptrolle spielte Gene Kelly.

Spiel's noch einmal, Sam!
und
As time goes by
(Wie die Zeit vergeht)

In dem antifaschistischen Kultfilm »Casablanca« (USA 1942; Regie: Michael Curtiz), dessen deutsche Fassung erst 1975 durch die ARD wieder vollständig rekonstruiert wurde (seit 1952 war er durch die deutsche Bearbeitung zu einem harmlosen Liebes- und Gangsterfilm verstümmelt worden) sagt Ilsa (Ingrid Bergman) zu dem Pianisten: »Spiel's noch einmal, Sam!«, womit das Lied »As time goes by« gemeint ist. Auch dieser Titel wurde zum geflügelten Wort.

Ich schau dir in die Augen, Kleines

sagt Rick (Humphrey Bogart) in der deutschen Fassung von »Casablanca« zu Ilsa.

Don Camillo und Peppone

sind als Namensbezeichnungen für in Feindschaft freundschaftlich miteinander verbundene Menschen geflügelt. Nicht so sehr die Bücher des italienischen Schriftstellers Giovannino Guareschi (1908–1968), dessen erstes Buch um die beiden (»Mondo piccolo: Don Camillo«, 1948; dt. »Don Camillo und Peppone«, 1950) den Streit zwischen dem Dorfpfarrer und dem kommunistischen Bürgermeister humorvoll schildert und dem weitere Bücher folgten, sondern die Verfilmungen machten Don Camillo und Peppone berühmt. Der erste von sechs Filmen (Frankreich/Italien 1952; dt. 1952) präsentierte als »Don Camillo und Peppone« Fernandel und Gino Cervi in den Hauptrollen.

Sie tanzte nur einen Sommer

heißt ein schwedischer Film (»Hon dansade en sommar«, Schweden 1951; dt. 1952) mit Ulla Jacobsson, der durch sein Plädoyer für eine freie Liebe und durch seine damals unerhörten und so noch nie gezeigten Nacktszenen bekannt wurde.

Du sollst mein Glücksstern sein

heißt die deutsche Fassung des Films »Singin' in the Rain« (USA 1952; dt. 1953; Regie: Stanley Donen, Gene Kelly) mit Gene Kelly und Debbi Reynolds.

Ein Herz und eine Krone

wird gern in der Regenbogenpresse bei der höfischen Berichterstattung zitiert – nach dem Film »Roman Holiday« mit Gregory Peck und Audrey Hepburn (USA 1953; dt. 1953), der obenstehenden Titel in der deutschen Fassung erhielt.

Lohn der Angst

heißt ein Film um einen Nitroglyzerin-Transport in der Wüste (»Le salaire de la peur«, Frankreich 1952, Regie: Henri-Georges Clozot; dt. 1953) mit Yves Montand. Vorlage war der gleichnamige Roman von Georges Arnaud (d. i. Henri Girard).

Wenn der weiße Flieder wieder blüht

wird in dem gleichnamigen Film (BRD 1953) gesungen. Neben Magda Schneider und Willy Fritsch zeigt der Film Romy Schneider und Götz George, die als 15jährige jeweils ihre ersten Filmauftritte hatten.

Auf der Reeperbahn nachts um halb eins

ist als sprichwörtliche Redensart nach dem gleichnamigen Lied und Film (BRD 1954; Regie: Wolfgang Liebeneiner, mit Hans Albers, der auch singt, und Heinz Rühmann) bekannt geworden.

Blondinen bevorzugt

ist nach dem Film »Gentlemen Prefer Blondes« (USA 1953; dt. 1954 mit dem eingängigen Titel), der auf einem Roman von Anita Loos aus dem Jahr 1925 basiert, zum geflügelten Wort geworden. Diese Verfilmung (Regie: Howard Hawks) wurde durch die Stars Jane Russell und Marilyn Monroe zu einem Welterfolg.

Die Faust im Nacken

ist seit dem deutschen Titel des Films »On the Waterfront« (USA 1954; dt. 1954) mit Marlon Brando geflügelt.

Die Helden sind müde

wurde durch den Film »Les héros sont fatigués« (nach einer Erzählung von Christine Carnier; BRD/Frankreich 1954) mit Curd Jürgens und Yves Montand ein geflügeltes Spottwort.

Die Wüste lebt

lautet der Titel eines Films von Walt Disney (»The Living Desert«, USA 1954; dt. 1954), der gern zitiert und abgewandelt wird.

Rififi

nennen wir ein raffiniertes Verbrechen, wie es zum Beispiel im Film »Rififi« (»Du Rififi chez les hommes«, Frankreich 1955; dt. 1955;

Regie: Jules Dassin; Vorlage war der Roman gleichen Namens von Auguste le Breton) geschildert wird.

Die Saat der Gewalt
ist ein Film über die Probleme Jugendlicher in einem New Yorker Slum (nach einem Roman von Evan Hunter mit Glenn Ford in der Hauptrolle und der Musik von Bill Haley; USA 1955; Regie: Richard Brooks; dt. 1955, wobei der amerikanische Titel »The Blackboard Jungle« einprägsam umgewandelt wurde).

An einem Tag wie jeder andere
»The Desperate Hours« (USA 1955; dt. 1956) heißt ein Film von William Wyler nach einem Drehbuch von Joseph Hayes (nach dessen gleichnamigem Roman und Theaterstück) mit Humphrey Bogart in der Hauptrolle. Die deutsche Übersetzung des Titels wurde zum geflügelten Wort.

Denn sie wissen nicht, was sie tun
ist der deutsche Titel des Films »Rebel without a Cause« (Regie: Nicholas Ray; USA 1955; dt. 1956) mit James Dean und Nathalie Wood in den Hauptrollen. Der Titel bezieht sich auf die Bibelstelle Lukas 23, 34, wo Jesus am Kreuz sagt: »Vater, vergib ihnen, denn sie wissen nicht, was sie tun.«

Die Halbstarken
ist seit den 50er Jahren die Bezeichnung für Jugendliche, die sich nicht an die Normen der Erwachsenen halten. Das Wort selbst ist schon um 1900 gebräuchlich und wird dann für die Nachkriegsjugend abfällig benutzt. Will Tremper schrieb eine Erzählung »Die Halbstarken«, die mit Horst Buchholz und Karin Baal verfilmt wurde (BRD 1956) und den Ausdruck weithin bekannt machte.

Weil du arm bist, mußt du früher sterben
ist seit dem Illustrierten-Roman von H. G. Kernmayr und der Verfilmung unter dem gleichen Titel (BRD 1956) geflügelt.

Küsse, Kugeln und Kanaillen

Rote Lippen – blaue Bohnen

Morphium, Mord und kesse Motten
sind die deutschen Titel von Filmen mit Eddi Constantine, die ab 1956 zunächst in den deutschen Vorstadtkinos gezeigt wurden. Die französisch-italienischen Produktionen aus den Jahren 1955–57 avancierten inzwischen zu Kultfilmen.

Die Beine von Dolores

Dieser Ausdruck ist seit dem gleichnamigen Film (BRD 1957; Regie: Geza von Cziffra) und seinem Titelschlager von Michael Jary ein Begriff.

Einer kam durch

war schon durch einen Roman von Kendal Burke und James Leasor ein beliebter Spruch, besonders bekannt wurde er durch einen Film mit Hardy Krüger, in dem er einen deutschen Offizier spielt, der aus der Gefangenschaft flieht (»That One That Got Away«, Großbritannien 1957; dt. 1957).

Haie und kleine Fische

heißt ein U-Boot-Film nach dem gleichnamigen Illustrierten-Roman von Wolfgang Ott (BRD 1957; Regie: Frank Wisbar).

Hunde, wollt ihr ewig leben?

lautet der Titel eines verharmlosenden Stalingrad-Films (BRD 1958; Regie: Frank Wisbar) nach dem gleichnamigen Roman von Fritz Wöss.

Im Kittchen ist kein Zimmer frei

sagen wir nach dem Titel der deutschen Fassung von »Archimede, le clochard« (Frankreich/Italien 1959; dt. 1959) mit Jean Gabin in der Hauptrolle.

Manche mögen's heiß

ist nach der deutschen Fassung des Films »Some Like It Hot« (USA 1959; dt. 1959) von Billy Wilder (Regie) mit Marilyn Monroe, Tony Curtis und Jack Lemmon in den Hauptrollen zum geflügelten Wort geworden.

La dolce vita
(Das süße Leben)

ist seit dem gleichnamigen Film von Federico Fellini (Italien/Frankreich 1959; dt. 1960; mit Anita Ekberg) sowohl in der italienischen Fassung als auch in der deutschen Übersetzung geläufig. Schon in Goethes Schauspiel »Egmont« heißt es: »Süßes Leben!«

Sonntags nie!

Dieser Ausdruck ist genau wie die amerikanische Version »Never on Sunday« nach dem Film von Jules Dassin (Buch und Regie) »Pote tin Kyriaki« (Griechenland 1959; dt. 1960) mit Melina Mercouri geflügelt geworden.

Lieben Sie Brahms?
ist der deutsche Titel eines Films, der in der Originalfassung »Goodbye Again« heißt (USA 1960; dt. 1961; mit Ingrid Bergmann, Yves Montand, Anthony Perkins). Es ist eine Verfilmung des bekannten Romans »Lieben Sie Brahms?« von Françoise Sagan (geb. 1935).

Frühstück bei Tiffany
wurde seit dem Film mit Audrey Hepburn nach einem Roman von Truman Capote (»Breakfast at Tiffany's«, USA 1960; dt. 1962) zum geflügelten Wort.

Der häßliche Amerikaner
wird seit dem Roman von Eugène Burdick und William J. Lederer (»The Ugly American«) als Begriff für einen Amerikaner verwendet, der im Ausland rücksichtslos seine Interessen und die der USA vertritt. Vor allem die Verfilmung mit Marlon Brando (USA 1962; dt. 1963) machte die Bezeichnung geläufig.

Für eine Handvoll Dollar
ist nicht nur eine geflügelte Redensart, die in vielen Abwandlungen gebraucht wird, sondern auch der Titel des ersten sogenannten Italo-Westerns (»Per un pugno di dollari«; Italien/Spanien/BRD 1964; dt. 1965; Regie: Sergio Leone), der die internationale Karriere von Clint Eastwood als Schauspieler begründete. Die Fortsetzung (1965) hieß: »Für ein paar Dollar mehr« (»Per qualche dollaro in piu«). Ein amerikanischer Holzfäller-Film von 1952 (dt. 1960) hieß schon: »Für eine Handvoll Geld«.

Abschied von gestern
heißt der erste Spielfilm von Alexander Kluge (Regie) nach Motiven seines Buches »Lebensläufe« (BRD 1966).

Django
ist eine der berühmtesten Western-Figuren, die ihren ersten Auftritt in dem Italo-Western »Django« hatte (Italien 1966; Regie: Sergio Corbucci, mit Franco Nero als Django; dt. 1966). Der Erfolg in aller Welt führte zu vielen Folgefilmen, andere Western, die nichts mit Django zu tun hatten, wurden umgetitelt. Eine Fülle von Redensarten wurden mit dem Namen Django verbunden, z. B.: »Gott vergibt – Django nie.«

Zur Sache, Schätzchen
ist eine beliebte Aufforderung seit dem gleichnamigen Film (BRD 1967; Regie: May Spils) mit Uschi Glas und Werner Enke in den Hauptrollen.

Man lebt nur zweimal

Leben und sterben lassen

Sag niemals nie
Der britische Agent James Bond mit der legendären Nummer 007 ist eine Erfindung des Schriftstellers Ian Fleming (1908-1965); von den mit Sean Connery und dann mit Roger Moore nach Fleming gedrehten Filmen sind obenstehende Titel aus den Jahren 1966, 1973 und 1983 zu geflügelten Worten geworden.

Die Artisten in der Zirkuskuppel: ratlos
wird oft abgewandelt in Anspielung auf den Film von Alexander Kluge (Drehbuch u. Regie; BRD 1968) gesagt.

Easy Rider
ist in den deutschen Sprachschatz als Bezeichnung für junge und freiheitsliebende Motorradfahrer durch den gleichnamigen Film (USA 1969; dt. 1969) mit Dennis Hopper und Peter Fonda eingegangen. Der Film brachte das Lebensgefühl der damaligen amerikanischen Jugend adäquat zum Ausdruck.

Angst essen Seele auf
zitieren wir nach einem Filmtitel von Rainer Werner Fassbinder (Buch u. Regie; BRD 1973).

Der diskrete Charme der Bourgeoisie
(»Le Charme Discret de la Bourgeoisie«, Frankreich 1972; Regie: Luis Buñuel, der zusammen mit Jean-Claude Carrière das Drehbuch schrieb; dt. 1973) ist ein grotesk-antibürgerlicher Film.

Das große Fressen
wird nach dem Titel eines erbarmungslosen Schlemmer-Films von Marco Ferreri (»La Grande Bouffé«, Frankreich/Italien 1973; dt. 1973) zitiert.

In Gefahr und höchster Not bringt der Mittelweg den Tod
sagt man nach dem gleichnamigen Titel eines Films von Alexander Kluge und Edgar Reitz (BRD 1974).

Jeder für sich und Gott gegen alle
heißt ein Film von Werner Herzog (BRD 1974) um das Schicksal des Kaspar Hauser. Der Titel des Films wurde in der alternativen Szene bald geflügelt.

Ein Mann sieht rot

sagen wir nach dem gleichnamigen Film mit Charles Bronson (»Death Wish«, USA 1974; dt. 1974), in dem der fragwürdige Held aus Rache das Recht in eigene Hände nimmt.

Unter dem Pflaster ist der Strand

ist ein Spruch aus der Zeit des unruhigen Jahres 1968, den Helma Sanders als Titel für einen Film (BRD 1974) benutzte.

Ich denk', mich tritt ein Pferd

heißt ein deutscher Heimatfilm (1975). «Ich dacht', mich tritt ein Pferd« sagte der damalige Finanzminister Hans Apel in einem Fernsehinterview (ARD, Januar 1975). Wer dieses geflügelte Wort zuerst prägte, ist nicht festzustellen. »Ich glaub', mich tritt ein Pferd« heißt ein amerikanischer Film (»National Lampoon's Animal House«, 1975) in seiner deutschen Fassung von 1979.
Weitere Abwandlungen des Spruches waren die Folge, deren Ursprung sich nicht feststellen läßt, z. B.: «Ich glaub', mich knutscht ein Elch« (später auch als Filmtitel benutzt) und: «Ich glaub', ich steh' im Wald«, der später ebenfalls als Filmtitel Anwendung fand. Vielleicht liegt der Ursprung des letzten Spruchs in dem Kinderlied »Ein Männlein steht im Walde«.

Her mit den kleinen Engländerinnen

ist in vielen Abwandlungen geflügelt seit dem Film »A nous les petites Anglaises« (Frankreich 1975; dt. 1976).

Ich habe dir nie einen Rosengarten versprochen

wird als deutscher Titel des Films »I Never Promised You a Rose Garden« (USA 1977; nach einem Roman von Joanne Greenberg; dt. 1978) zitiert.

Star Wars
(Krieg der Sterne)

nannte George Lucas (Buch und Regie) seine spektakuläre Weltraumoper (USA 1977; dt. 1978). Der damalige US-Präsident bezeichnete daraufhin sein mit SDI (Strategic Defense Initiative) bezeichnetes Programm zur Stationierung eines umfangreichen Waffensystems mit Lasergeschützen und Weltraumraketen als »Star Wars«.

Unheimliche Begegnung der dritten Art

ist seit dem Science-Fiction-Film von Steven Spielberg (Buch und Regie; »Close Encounters of the Third Kind«; USA 1977; dt. 1978) in vielerlei Anwendung geflügelt.

Aus Kino und Fernsehen

Kino

Alien
als Bezeichnung für ein fremdartiges Wesen hat sich seit dem ersten »Alien«-Film (Großbritanien 1979; dt. 1979), den Ridley Scott (Regie) gedreht hat, durchgesetzt; die Schauspielerin Sigourney Weaver ist der Star weiterer »Alien«-Filme.

Marmor, Stein und Eisen bricht
heißt ein Schlager aus den 60er Jahren von Drafi Deutscher. Ein Film (BRD 1980/81) über das Leben des Sängers erhielt den gleichen Titel.

Die Götter müssen verrückt sein
sagt man nach der Filmkomödie »The Gods Must be Crazy« (Südafrika 1980, dt. 1982).

Kuck' mal, wer da spricht
sagen wir nach der Komödie »Look Who's Talking« (USA 1980; dt. 1990).

Der mit dem Wolf tanzt
(Dances with Wolves) ist der Leutnant John J. Dunbar, der von den Indianern den Namen »Der mit dem Wolf tanzt« erhält. Kevin Costner, der auch Regie führte, spielte den Titelhelden (USA 1990; dt. 1991). Der Titel dieses Films – wie auch der des nachfolgenden – erfuhr im allgemeinen Sprachgebrauch unzählige Abwandlungen.

Das Schweigen der Lämmer
(The Silence of the Lambs) heißt die Verfilmung des gleichnamigen Romans von Thomas Harris unter der Regie von Jonathan Demme um den kannibalischen Dr. Hannibal Lecter, gespielt von Anthony Hopkins (USA 1990; dt. 1991).

Das Leben ist wie eine Pralinenschachtel. Du weißt nie, was du kriegst
So zitiert in »Forrest Gump« der Titelheld (Tom Hanks) seine Mutter (USA 1993; dt. 1994).

Ich bin der König der Welt
sagt der arme Jack Dawson (Leonardo DiCaprio), nachdem er die Liebe der schönen und reichen Rose (Kate Winslet) gewonnen hat – im Film »Titanic« (Regie James Cameron; USA 1997; dt. 1998).

Ab durch die Hecke
(Over the Hedge) ist ein Dreamworks Animationsfilm (USA 2006) nach dem Comic von Michael Fry und T. Lewis. Seit dem Kinostart in Deutschland ist der Titel des Films ein geflügeltes Wort.

Personenregister

Das Personenregister umfaßt die Namen aller Urheber von Zitaten und weiterer Personen, auf die im erläuternden Text Bezug genommen wird. Diese Namen sind in alphabetischer Reihenfolge aufgeführt.

Die Zahlen verweisen auf die Seite der Nennung einer Person. Auf der jeweiligen Seite kann die Person auch mehrfach angeführt sein. Auf die Hauptnennung einer Person oder eines Werkes wird mit kursiven Zahlen hingewiesen.

A

B

C

D

E

F

G

L

N

O

P

Q

R

S

T

U

V

W

X

Y

Z

Deutsche Zitate und Schlagworte

Das Zitatenregister umfaßt alle im Text als Hauptnennung angeführten Geflügelten Worte. Diese sind nach den Anfangsbuchstaben des jeweils ersten Wortes in alphabetischer Reihenfolge angeordnet.

In das Verzeichnis der deutschsprachigen Zitate wurde zusätzlich ein Schlagwortregister eingearbeitet. Dieses verweist auf einzelne sinntragende Worte eines Zitats und bringt im Anschluß dessen Wortlaut in gekürzter Form.

Für fremdsprachige Zitate aus dem Englischen, Französischen und Italienischen sowie aus dem Lateinischen wurden separate Register zusammengestellt.

A

B

E

F

Gott

Götter

H

I

J

K

L

M

N

O

P

Q

R

T

U

V

W

X

Y

Z

Englische, französische und italienische Zitate

E

F

G

H

I

J

L

M

N

O

P

Q

R

S

T

U

V

W

Y

Lateinische Zitate

E

F

G

H

I

L

M

N

Q

R

S